Die Botschaft des Neuen Testaments

Herausgegeben von Walter Klaiber

Thomas Söding
Das Evangelium nach Lukas

Vandenhoeck & Ruprecht

Thomas Söding

Das Evangelium nach Lukas

Teilband 1: Lk 1,1–13,21

Vandenhoeck & Ruprecht

Bibliografische Information der Deutschen Nationalbibliothek:
Die Deutsche Nationalbibliothek verzeichnet diese Publikation in der
Deutschen Nationalbibliografie; detaillierte bibliografische Daten sind
im Internet über https://dnb.de abrufbar.

© 2023 Vandenhoeck & Ruprecht, Robert-Bosch-Breite 10, D-37079 Göttingen,
ein Imprint der Brill-Gruppe
(Koninklijke Brill NV, Leiden, Niederlande; Brill USA Inc.,
Boston MA, USA; Brill Asia Pte Ltd, Singapore; Brill Deutschland GmbH,
Paderborn, Deutschland; Brill Österreich GmbH, Wien, Österreich)
Koninklijke Brill NV umfasst die Imprints Brill, Brill Nijhoff, Brill Hotei,
Brill Schöningh, Brill Fink, Brill mentis, Vandenhoeck & Ruprecht, Böhlau,
V&R unipress und Wageningen Academic.

Alle Rechte vorbehalten. Das Werk und seine Teile sind urheberrechtlich
geschützt. Jede Verwertung in anderen als den gesetzlich zugelassenen Fällen
bedarf der vorherigen schriftlichen Einwilligung des Verlages.

Umschlaggestaltung: Grafikbüro Sonnhüter, www.sonnhueter.com
Satz: SchwabScantechnik, Göttingen
Druck und Bindung: ⊕ Hubert & Co. BuchPartner, Göttingen

Printed in the EU

Vandenhoeck & Ruprecht Verlage
www.vandenhoeck-ruprecht-verlage.com

ISSN 2567-9155
ISBN 978-3-525-56505-6

Vorwort zu Bd. 1

Lukas ist der Evangelist, der auch die Apostelgeschichte geschrieben hat. Dort führt er aus, dass es in der Verkündigung und Lehre, in der Liturgie und in der Praxis der Kirche nichts Wichtigeres gibt als Jesus – was er gelehrt und wie er gelebt hat, dass er gestorben und von den Toten auferstanden ist, vor allem aber: wer er war, ist und sein wird. Im Evangelium arbeitet Lukas heraus, dass Jesus das Reich Gottes mitten im Volk Gottes verkündet hat, um es neu zu sammeln und auf den Wegen der Nachfolge mit denen zu vereinen, die aus den Völkern, den „Heiden", zum Glauben an ihn und dadurch an Gott kommen. Die Geschichten beider Bücher sind durch einen gemeinsamen „Weg" verbunden: Es ist der Weg, den Gott zu den Menschen geht, damit die Menschen ihn zu Gott gehen. Die Wegbereitung geschieht durch den Täufer Johannes, der die Prophetie Israels bündelt; den Weg selbst geht und bahnt Jesus auf der Suche nach den Verlorenen (19,10), die Gott nie aus dem Blick verloren hat (vgl. 15,11–32).

In dieser Orientierung zeigen sich die Charakteristika des Lukasevangeliums. In einer Fülle farbiger Szenen wird die Person Jesu vor Augen geführt: als Messias der Armen, als leidender Gerechter, als menschlicher Retter. Nur er hat diese Heilssendung, aber er ist nicht einsam, sondern von Anfang an mit denen verbunden, die er in seine Nachfolge ruft, damit sie, trotz ihrer Schwäche, seine Botschaft weitertragen. Der Evangelist schreibt so, dass durch die Erzählung die Erinnerung an das Ereignis Jesus geschärft wird. Er schreibt nie so, dass er lediglich über Vergangenes informieren wollte; er schreibt stets so, dass sich alle, die sein Buch lesen, mit der Geschichte Jesu auseinandersetzen können. Das Evangelium stellt sie vor die Glaubensfrage und bietet jene Antwort an, für die Jesus sein Leben gegeben hat. Diese Wirkung hat bis heute nicht nachgelassen. Das Weihnachtsevangelium spricht für sich; das Gleichnis vom verlorenen Sohn ist zu einer erzählten Ikone Gottes geworden; die Emmaus-Geschichte beschreibt die Irrwege, die Menschen gehen, als Glaubenswege, die zur Erkenntnis führen. Der barmherzige Jesus hat in seiner Leidensgeschichte die Passionsfrömmigkeit tief geprägt; der christliche Festkalender mit Advent, Weihnachten, Fastenzeit, Karfreitag und Ostern, Christi Himmelfahrt und Pfingsten ist eine lukanische Mitgift. Selbst eine kleine Geschichte wie die legendarisch anmutende vom zwölfjährigen Jesus im Tempel hat eine enorme Kraft in der Entwicklung des Christentums als Bildungsreligion entfaltet. Der Bogen spannt sich von Bethlehem bis Nazareth und von Kapharnaum über Jericho bis nach Jerusalem. Der See Genezareth wird vor Augen gestellt, das Land der Bauern, Haus und Garten von Frauen, Paläste, Wegesränder und Obdachlosenplätze, nicht zuletzt der Tempel, der ein Haus des Gebetes sein soll, aber zu einer Räuberhöhle geworden ist. Kranke und Besessene finden im Evangelium ihren Platz, Sklavinnen und Sklaven, Tagelöhner und Heimarbeiterinnen, traurige Reiche und selige Arme.

Die kommunikative Kraft der Erzählung ist nicht künstlich. Das Evangelium stellt in literarischer Meisterschaft dar, was Jesus selbst mit seiner Verkündigung bewirken wollte: Umkehr und Glaube, damit Menschen schon hier und jetzt die Barmherzigkeit Gottes erfahren können, die allen Geschöpfen gilt. Im Glauben der Urgemeinde ist die Überzeugung zuhause, dass der Auferstandene und Erhöhte in derselben Intention wie der Irdische weiter wirkt: durch alle Menschen, die Gott in Dienst nimmt, vor allem diejenigen, die an Jesus glauben und deshalb Menschlichkeit mit dem Christusbekenntnis und der Erlösungshoffnung verbinden. Lukas teilt den Glauben der Urgemeinde, den ihm vermutlich Paulus erschlossen hat, und erzählt deshalb von Jesus, weil der Auferstandene kein anderer als der Irdische ist.

Die Abfolge der Szenen kann heute an einen Film denken lassen: Jedes einzelne Bild hat Bedeutung – und verändert sich in der Abfolge weiterer Bilder. Deshalb wird im Kommentar sowohl auf die Kompositionen von Kontexten als auch auf die Konstruktionen von Strukturen besonderer Wert gelegt. Immer wird deutlich, dass der Evangelist Regie führt, immer auch, dass Jesus in Szene gesetzt wird – so wie er in vielen verschiedenen Situationen, mit vielen verschiedenen Menschen, aus vielen verschiedenen Perspektiven Eindruck gemacht hat: bei Gegnern und bei Gläubigen, denen es um Gott und ihr Leben geht. Vieles wird ausgeblendet, was in den Augen des Evangelisten nur interessant wäre; was eingeblendet wird, soll Jesus als Christus kenntlich werden lassen. Schon im Vorspann (1,1–4) macht Lukas seine eigene Position und Perspektive deutlich: Er hat sorgfältig recherchiert und die Qualität seiner Quellen akribisch geprüft; er hat die Geschichte Jesu so erzählt, dass diejenigen, die skeptisch sind, ihr Urteil überprüfen, diejenigen, die keine Ahnung haben, ihr Wissen erweitern, und diejenigen, die glauben, der Frohen Botschaft sicherer sein können.

Der Kommentar soll die Position und Perspektive des Lukas sichtbar machen; er soll zeigen, wie der Evangelist das Gedächtnis Jesu pflegt; er soll

Vorwort zu Bd. 1 7

verdeutlichen, wie Lukas die Botschaft Jesu für seine Zeit übersetzt hat; worin ihre Bedeutung heute besteht, ergibt sich aus der literarischen, historischen und theologischen Analyse und Interpretation.

Der erste Band des Kommentars setzt mit der Verheißung zweier Geburten und dem glücklichen Anfang zweier Menschenleben ein: Johannes der Täufer und Jesus. Der Kommentar zeichnet nach, wie Lukas das galiläische Wirken Jesu dargestellt hat, mit der Feldrede als Zentrum, und wie Jesus sich auf den Weg nach Jerusalem macht, die Augen auf sein irdisches Ende und den Anfang der Auferstehung gerichtet. Im zweiten Teilband wird verfolgt, wie dieser Weg weiter verläuft und wie Jesus in Jerusalem stirbt, aber auch seinen Jüngern erscheint, um ihnen seinen Segen zu spenden und die Völkermission anzuvertrauen.

Mein großer Dank gilt Walter Klaiber für die Einladung zur Mitarbeit an seinem Kommentarprojekt: ein starkes ökumenisches Zeichen eines Mitstreiters bei der multilateralen Rezeption der „Gemeinsamen Erklärung zur Rechtfertigungslehre" (1999). Ein besonderer Dank gilt wiederum dem Lehrstuhl-Team in Bochum für zuverlässige Unterstützung, bei diesem Projekt vor allem Oscar Cuypers, Lara Droll und Wiebke Schwill. Für viele Hintergrundgespräche danke ich Aleksandra Brand und Miriam Pawlak.

Bochum/Münster im Januar 2023 *Thomas Söding*

Inhaltsverzeichnis Bd. 1

Vorwort zu Bd. 1 5
Einleitung 15

Auslegung 19

1,1–4	**Das Vorwort**	21
1,5–2,52	**Die Kindheitsgeschichte**	23
1,5–25	*Die Verheißung der Geburt des Täufers Johannes*	27
1,26–38	*Die Verheißung der Geburt Jesu*	32
1,39–56	*Der Besuch Marias bei Elisabeth*	37
1,57–80	*Die Geburt des Johannes*	42
2,1–20	*Die Geburt Jesu*	50
2,21–40	*Die Namensgebung und Darbringung Jesu im Tempel*	58
2,41–52	*Der zwölfjährige Jesus im Tempel*	66

3,1–4,13	**Die Vorbereitung des Wirkens Jesu**	69
3,1–20	*Das Wirken des Täufers Johannes*	71
3,21–22	*Die Taufe Jesu*	78
3,23–38	*Der Stammbaum Jesu*	82
4,1–13	*Die Versuchung Jesu*	84

4,14–9,50	**Jesus in Galiläa**	91
4,14–30	*Der Auftakt in Nazareth*	93
4,14–15	*Die Mission in Galiläa*	94
4,16–30	*Die Verkündigung in Nazareth*	96

4,31–44	**Das Wirken in Kapharnaum**	104
4,31–37	*Der Exorzismus im Gotteshaus*	106
4,38–39	*Die Heilung der Schwiegermutter im Haus des Petrus*	109
4,40–41	*Heilungen und Exorzismen am Abend*	111
4,42–44	*Aufbruch von Kapharnaum am nächsten Morgen*	112

5,1–6,16	Die Bildung der Jüngerschaft	114
5,1–11	*Die Berufung Simons zum Menschenfischer*	117
5,12–16	*Die Reinigung eines Aussätzigen*	122
5,17–26	*Die Heilung eines Gelähmten*	124
5,27–32	*Die Berufung des Levi*	129
5,33–39	*Die Frage des Fastens*	132
6,1–5	*Die Frage der Wegzehrung der Jünger am Sabbat*	135
6,6–11	*Die Heilung eines Mannes mit verdorrter Hand am Sabbat*	137
6,12–16	*Die Wahl der Zwölf Apostel*	139
6,17–49	Die Feldrede	143
6,17–19	*Das Auditorium der Feldrede*	145
6,20–26	*Die Seligpreisungen und die Weheworte*	147
6,27–36	*Das Gebot der Feindesliebe*	153
6,37–42	*Das Verbot des Verdammens*	163
6,43–45	*Die Ermunterung zur Herzensgüte*	166
6,46–49	*Das Haus auf dem Felsen*	168
7,1–8,3	Messianische Taten	170
7,1–10	*Die Heilung des Knechtes des Hauptmanns von Kapharnaum*	172
7,11–17	*Die Auferweckung des jungen Mannes von Naïn*	176
7,18–23	*Die Frage des Täufers nach dem Messias und die Antwort Jesu*	179
7,24–35	*Das Zeugnis Jesu über den Täufer Johannes*	182
7,36–50	*Die Vergebung der Sünden der liebenden Frau*	186
8,1–3	*Starke Frauen in der Nachfolge Jesu*	190
8,4–18	Die Gleichnisrede	193
8,4–8	*Das Gleichnis vom Sämann*	195
8,9–10	*Geheimnisse des Gottesreiches*	197
8,11–15	*Fruchtlosigkeit und Fruchtbarkeit: Die Gleichnisallegorese*	200
8,16–18	*Verbergen und Offenbaren: Der Zweck der Gleichnisse*	203
8,19–56	Auseinandersetzungen mit Jesus	204
8,19–21	*Die Verwandtschaft Jesu*	205
8,22–25	*Die Stillung des Seesturms*	207
8,26–39	*Der Exorzismus von Gerasa*	209
8,40–56	*Die Heilung der blutenden Frau und die Auferweckung der Tochter des Jaïrus*	213
9,1–50	Herausforderungen der Nachfolge	218
9,1–6	*Die Aussendung der Zwölf*	221
9,7–9	*Das Urteil des Herodes Antipas über Jesus*	224

Inhaltsverzeichnis Bd. 1 11

9,10–17	*Die Speisung der Fünftausend*	225
9,18–22	*Das Bekenntnis des Petrus und die Ankündigung des Leidens und der Auferweckung Jesu*	228
9,23–27	*Die Kreuzesnachfolge*	233
9,28–36	*Die Verklärung Jesu auf dem Berg*	236
9,37–43a	*Die Heilung des besessenen Jungen*	240
9,43b–45	*Die Leidensankündigung und die Jüngerfurcht*	243
9,46–48	*Der verfehlte Rangstreit der Jünger*	245
9,49–50	*Der fremde Wundertäter*	247

9,51–19,28 Jesus auf dem Weg nach Jerusalem 249

9,51–13,21 Die erste Phase der Reise– mit dem Blick nach Jerusalem 255

9,51–56	*Die Mahnung der Jünger angesichts der ungastlichen Samariter*	258
9,57–62	*Rufe in die Nachfolge*	262
10,1–20	*Die Aussendung der Zweiundsiebzig*	266
10,21–24	*Der Jubelruf Jesu*	276
10,25–37	*Das Doppelgebot und das Gleichnis vom barmherzigen Samariter*	280
10,38–42	*Maria und Martha*	287
11,1–4	*Das Vaterunser*	290
11,5–13	*Zwei Gleichnisse: Mut beim Beten*	298
11,14–36	*Die Auseinandersetzung mit Jesu Machttaten*	301
11,37–54	*Die Weherede Jesu*	311
12,1–3	*Die Kritik heuchlerischer Schriftgelehrter*	320
12,4–12	*Aufforderung zum furchtlosen Bekenntnis*	322
12,13–21	*Ablehnung einer Erbschaftsschlichtung*	326
12,22–34	*Warnung vor falscher Sorge*	329
12,35–48	*Mahnung zum treuen Dienst*	334
12,49–53	*Das Feuer Jesu*	340
12,54–59	*Die Nutzung der Zeit für Gerechtigkeit*	344
13,1–9	*Die Mahnung zur Umkehr*	347
13,10–17	*Die Heilung einer Frau am Sabbat*	351
13,18–21	*Die Gleichnisse vom Senfkorn und vom Sauerteig*	355

Ausgewählte Literatur 358
Kommentare 358
Monographien 359

Register 361

Inhaltsverzeichnis Bd. 2

Dieses Inhaltsverzeichnis gibt den Inhalt von Band 2 wieder
(ISBN 978-3-525-56516-2).

Vorwort zu Bd. 2		5
9,51–19,28	**Jesus auf dem Weg nach Jerusalem (Fortsetzung)**	15
13,22–17,10	Die zweite Phase der Reise – von Stadt zu Stadt und Dorf zu Dorf	15
13,22–30	*Die Wege ins Reich Gottes*	17
13,31–35	*Der Prophet Jesus in Galiläa und Jerusalem*	21
14,1–6	*Die Heilung eines Wassersüchtigen am Sabbat*	27
14,7–11	*Selbsterhöhung und Demut*	30
14,12–14	*Die Einladung von Armen*	33
14,15–24	*Das Gleichnis vom Festmahl*	36
14,25–35	*Der Anspruch der Nachfolge*	41
15,1–7	*Das Gleichnis vom verlorenen Schaf*	46
15,8–10	*Das Gleichnis von der verlorenen Drachme*	52
15,11–32	*Das Gleichnis vom verlorenen Sohn*	54
16,1–13	*Das Gleichnis vom schlauen Verwalter*	62
16,14–18	*Der falsche Umgang mit dem Gesetz*	68
16,19–31	*Das Gleichnis vom reichen Prasser und armen Lazarus*	73
17,1–10	*Das Dienen im Glauben*	78
17,11–19,28	Die dritte Phase der Reise – mitten durch Samaria und Galiläa	85
17,11–19	*Der dankbare Samariter*	88
17,20–21	*Die verborgene Gegenwart des Reiches Gottes*	94
17,22–37	*Das ausstehende Kommen des Menschensohnes*	97
18,1–8	*Das Gleichnis von der mutigen Witwe*	104
18,9–14	*Das Beispiel vom Pharisäer und Zöllner*	109
18,15–17	*Das Vorbild der Kinder*	113
18,18–30	*Die vergebliche Berufung des Reichen*	116
18,31–34	*Das Leiden und die Auferstehung Jesu als Erfüllung der Schrift*	123

Inhaltsverzeichnis Bd. 2

18,35–43	*Die Heilung eines Blinden bei Jericho*	126
19,1–10	*Jesus zu Gast bei Zachäus in Jericho*	130
19,11–28	*Das Gleichnis von den Minen*	134
19,29–24,53	**Jesus in Jerusalem**	139
19,29–48	Vom Einzug in Jerusalem bis zur Tempelaktion	140
19,29–40	*Der Einzug in Jerusalem*	141
19,41–44	*Die Trauer über die Zerstörung Jerusalems*	145
19,45–48	*Die Tempelaktion Jesu*	147
20,1–21,4	Streitgespräche über die Vollmacht Jesu	150
20,1–8	*Das Recht Jesu zur Tempelaktion*	151
20,9–20	*Das Gleichnis von den bösen Winzern*	154
20,21–26	*Die Kaisersteuer*	159
20,27–40	*Die Auferstehung der Toten*	162
20,41–44	*Die Messiasfrage*	167
20,45–47	*Die Warnung der Jünger vor Heuchelei*	169
21,1–4	*Das Opfer der Witwe*	171
21,5–38	Die Endzeitrede	173
21,5–6	*Die Ankündigung der Tempelzerstörung*	175
21,7–9	*Die Zurückweisung der Frage nach Zeiten und Zeichen*	177
21,10–19	*Die Not in der Welt*	179
21,20–24	*Die Zerstörung der Stadt*	183
21,25–28	*Das Kommen des Menschensohnes*	185
21,29–36	*Die Notwendigkeit der Wachsamkeit*	187
21,37–38	*Ein letztes Summarium des Wirkens Jesu*	190
22–23	Die Passionsgeschichte	192
22,1–2	*Der Todesbeschluss der Hohepriester und Schriftgelehrten*	197
22,3–6	*Der Entschluss des Judas*	198
22,7–13	*Die Vorbereitung des Paschamahles*	200
22,14–23	*Das Letzte Abendmahl*	203
22,24–38	*Mahlgespräche*	211
22,39–46	*Das Gebet am Ölberg*	219
22,47–53	*Die Gefangennahme Jesu*	223
22,54–62	*Die Verleugnung durch Petrus*	226
22,63–65	*Die Folterung Jesu*	229
22,66–71	*Die Verhandlung vor dem Hohen Rat*	231
23,1–5	*Die Anklage vor Pilatus*	234
23,6–12	*Die Konfrontation mit Herodes Antipas*	238
23,13–25	*Die Verurteilung durch Pilatus*	240
23,26–32	*Der Kreuzweg*	243
23,33–49	*Die Kreuzigung Jesu*	246
23,50–56	*Das Begräbnis Jesu*	254

24	Das Osterevangelium	257
24,1–12	*Die Auferstehungsbotschaft an die Frauen im leeren Grab*	259
24,13–35	*Der Glaubensweg der Emmaus-Jünger*	264
24,36–49	*Die Erscheinung vor den Jüngern in Jerusalem*	271
24,50–53	*Die Himmelfahrt*	278

Ausgewählte Literatur 280

Kommentare 280

Monographien 281

Register 284

Einleitung

Lukas ist ein begnadeter Erzähler. Deshalb ist er bei allen, die predigen und unterrichten, besonders beliebt. Die Tradition der Kirche hat in ihm einen Maler gesehen: weil er so farbig Menschen portraitieren und so treffend Szenen gestalten konnte. Er schönt nicht – er stellt ins Licht des Gottesglaubens, was sich ereignet hat, so dass sein Sinn hervortritt. Er arbeitet mit geprüfter Überlieferung, aber nimmt sich die Freiheit, seine eigene Handschrift zu pflegen, weil er durch Verdichtung, Verbindung und Verdeutlichung herausbringen will, woran er glaubt: dass Gott durch Jesus Geschichte geschrieben hat, der ganzen Welt zum Heil.

Die Erzählung ist nicht gefällig, sie ist tiefgründig, widerborstig, berückend. Sie soll zum Nachdenken anregen, zum Widerspruch reizen, zum Glauben führen. Lukas hat, unter den Bedingungen der Antike, ein historisches Interesse, das ihn zu einer Biographie Jesu führt. Sie ist keine Dokumentation im heutigen Sinn. Sie ist aber eine reflektierte Darstellung, die im Rückblick festhält, wie und wodurch Jesus Eindruck gemacht hat: bei denen, die ihm nachgefolgt sind. Sie wissen, dass er bei vielen Kritik ausgelöst hat und dass die Jünger selbst zahlreiche Holzwege gegangen sind, um schließlich doch etwas von seiner Botschaft und seiner Person, seinem Heilsdienst und seiner Ethik zu verstehen.

Die Erzählung des Lukas ist elementare Theologie. Der Evangelist setzt nicht bestimmte Glaubensüberzeugungen in erfundene Geschichten um; er greift in seinem Evangelium vielmehr auf, was schon lange vor ihm geglaubt und erzählt worden ist, weil sich in der Geburt, im Leben, im Sterben und in der Auferstehung Jesu Gott ereignet hat. Er informiert nicht über eine ferne Vergangenheit, sondern erschließt die lebendige Gegenwart des Evangeliums, weil Jesus von den Toten auferweckt worden ist: kein anderer als der Mensch, der in Bethlehem geboren, in Nazareth aufgewachsen und in Jerusalem gekreuzigt worden ist.

Lukas hat die Geschichte Jesu erzählt und einen zweiten Band folgen lassen: die Geschichte der frühen Evangeliumsverkündigung „in Jerusalem und ganz Judäa, in Samaria und bis ans Ende der Welt" (Apg 1,8). Im Rückblick auf Jesus hebt Lukas hervor, was Zukunft hat: Gottes Reich, das ewige Leben, der befreiende Glaube, die barmherzige Liebe. In der

„Apostelgeschichte" arbeitet er heraus, dass es in der jungen Kirche nichts Wichtigeres gibt, als die Erinnerung an Jesus lebendig zu halten: an seine Person, seine Botschaft, sein Leben, sein Sterben und seine Auferstehung. Das Evangelium ruft „das mit Jesus von Nazareth" (24,19) ins Gedächtnis, um Hoffnung auf Gott zu machen. So ist das Buch geschrieben worden, so will es gelesen werden – so ist es auch auszulegen.

Im Kanon steht Lukas seit alter Zeit an dritter Stelle: ein Signal, dass die Geschichte der Evangelien nicht mit ihm beginnt, aber ihn braucht. Er fußt auf dem Markusevangelium, dem er im Ganzen folgt, nicht ohne manche Streichungen; er greift mit der sogenannten Logienquelle uralte Jesustraditionen aus Judäa und Galiläa auf; fast die Hälfte seines Werkes ist „Sondergut": Material, das er selbst recherchiert hat, ohne dass es in anderen Evangelien Parallelen gäbe.

Die Titel, die allerdings nicht zum ursprünglichen Text gehören, schreiben: „(Evangelium) nach Lukas". Sie halten zum einen fest, dass es nur ein Evangelium gibt: die eine Frohe Botschaft des einen Gottes, die durch den einen Sohn, den Messias Jesus, ein für alle Mal verkündet wird, und dass es dieses Wort Gottes nur in menschlicher Vermittlung gibt – wie Menschen es mit ihren Ohren gehört, mit ihrem Herz verstanden und mit ihrem Mund verbreitet haben. Zum anderer hält der Titel fest, dass dieses Zeugnis des Evangeliums „Lukas" zu verdanken ist. Es gibt keine andere Zuschreibung. Gemeint ist der aus Phlm 24; Kol 4,14 und 2Tim 4,11 bekannte Begleiter des Paulus, der nach Kol 4,14 Arzt gewesen ist. Diese Tradition lässt sich über Irenäus bis zur Mitte des 2. Jh. zurückverfolgen (adversus haereres III 1,1). Die historisch-kritische Exegese hat lange Zeit ein Fragezeichen gesetzt, weil keine Beeinflussung speziell durch die paulinische Theologie erkennbar sei und Lukas Paulus den Apostel-Titel vorenthalte, der ihm selbst aber außerordentlich wichtig gewesen ist (Gal 1,1). Doch die Einwände überzeugen nicht. In der Apostelgeschichte finden sich durchaus Reflexe der paulinischen Rechtfertigungslehre (Apg 13,38–40; 15,9–11). Paulus selbst schreibt, dass er als früherer Kirchenverfolger nicht „würdig" sei, „Apostel genannt zu werden" (1Kor 15,9); Lukas grenzt Paulus nicht aus den Aposteln aus (vgl. Apg 14,5.14), sondern sagt, dass die Zwölf die idealtypischen Apostel sind. Entscheidend sind die „Wir-Passagen" der Apostelgeschichte. Sie als rein stilistisches Mittel zu deuten, überzeugt nicht, weil sie weder besonders spannend noch wichtig sind, sondern integrale Teil eines Gesamtwerkes, das der Autor auf seine Recherchen zurückführt (1,1–4; Apg 1,1–2). Die Wir-Passagen zeigen Lukas als Begleiter des Paulus auf der zweiten Missionsreise (spätestens) von Troas (nur) bis Philippi (Apg 16) und auf der dritten Missionsreise von Philippi bis Jerusalem (Apg 20–21) sowie dann auf der Reise des Paulus nach Rom (Apg 27). Wahrscheinlich war

Einleitung 17

Lukas ein „Gottesfürchtiger", der durch die Paulusmission zum Christusglauben gebracht worden ist.

Das Evangelium ist ebenso wie die Apostelgeschichte an Theophilos adressiert (1,4; Apg 1,1). Der Name („Gottesfreund") spricht für einen frommen Heiden griechischer Abstammung. Nach antikem Brauch bedeutet die Widmung an eine Persönlichkeit, dass sie die Entstehung eines Werkes ebenso wie seine Verbreitung fördert. Über Theophilos hinaus gehören also zum einen alle Gläubigen, die gleichfalls eine vertiefte Katechese brauchen, zur lukanischen Lesegemeinde; zum anderen kann das Buch durchaus auch in die antike Gesellschaft hineinwirken, in der die christlichen Gemeinden langsam ein Faktor zu werden beginnen, der kritisch beäugt wird, aber fair eingeschätzt werden soll.

Der Horizont sowohl der Entstehung, die eine intensive Recherche voraussetzt, als auch der Rezeption des Evangeliums, die durch die Apostelgeschichte vorgespurt wird, ist nicht nur eine kleine Region, sondern der gesamte Erdkreis. Bei Lukas stimmen Petrus und Paulus theologisch im wesentlichen überein. Der geographische Bogen spannt sich zwischen Galiläa, Jerusalem und Rom; der zeitliche Rahmen ist nicht durch eine akute Naherwartung eng, sondern durch ein geschichtliches Denken weit, sowohl im Rückblick auf die Geschichte Israels als auch im Ausblick auf die Mission. So wird Lukas bis heute gelesen: als ökumenisches Evangelium, das Generationen verbindet.

Das Werk ist nach dem Markusevangelium, also nach 70 n. Chr., dem Jahr der Tempelzerstörung, geschrieben worden, aber auch nicht sehr viel später, weil die Erinnerungen an Jesus frisch sind, gerade im „Sondergut". Bei Lukas kommen die Traditionen der Apostel mit denen aus der Familie Jesu zusammen. Sicher hat er als Begleiter des Paulus viel von Jesus gehört; aber der Auftrag des Theophilus verlangt neue Nachforschungen. Lukas wird klar, dass er sich im Grundgerüst an das Markusevangelium halten kann, aber sehr viel mehr Stoff zu integrieren hat. Er löst die Aufgabe dadurch, dass er der Geschichte des öffentlichen Wirkens und Leidens Jesu eine „Kindheitsgeschichte" voranstellt und österliche Erscheinungserzählungen nachordnet, beide höchst plastisch, bedeutungsvoll und populär bis heute. Wenn Lukas vom Wirken Jesu erzählt, nutzt er vor allem zwei Orte, um in die markinische Abfolge seine zusätzlichen Traditionen einzubringen: zum einen die Passage nach der Einsetzung der Zwölf (6,12–16), zum anderen die Szene mit dem Rangstreit der Jünger (9,46–50). An der ersten Stelle baut Lukas eine intensive Jüngerschulung ein, zu der die Feldrede gehört (6,20–49) und die auch Frauen einbezieht (8,1–3); an der zweiten baut er eine lange Reise nach Jerusalem ein (9,51–19,28), die Jesus mit denen unternimmt, die ihm nachfolgen.

Diese Sequenz ist charakteristisch. Nach lukanischer Darstellung geht Jesus einen kontinuierlichen Weg durch das ganze Land der Juden von Galiläa nach Jerusalem (vgl. 23,5; Apg 10,37–39). Lukas ist nicht an einem historisch zuverlässigen Itinerar interessiert; die stete Ausrichtung des Weges auf Jerusalem ist ihm vielmehr Ausdruck der inneren Einheit des Wirkens Jesu, die sich von ihrem Ende her erschließt: Tod und Auferstehung. Nach der Apostelgeschichte geht dagegen die Bewegung von Jerusalem aus in die Welt der vielen Völker hinein (Apg 1,8). Die Missionsreisen des Paulus werden von Lukas so dargestellt, dass Jerusalem immer die Ausgangsstation ist (Apg 12,25; 15,1–1–35; 18,22). Die Geradlinigkeit des Weges Jesu sieht Lukas als Zeichen dafür an, dass er von Gott bestimmt ist. Gottes Geist, der schon die jungfräuliche Geburt Jesu bewirkt hat (1,35), erfüllt von der Taufe an (3,22) Jesu öffentliches Wirken (4,1.14.18 u. ö.); er befähigt auch die nachösterlichen Zeugen, glaubwürdig und verständlich das Evangelium zu verkünden – bei allen Schwierigkeiten, die sie Gott machen, seine Gnade zu erweisen (Apg 1,5; 2,4.17–18 u.ö.). Jesus hat mit den Gleichnissen vom Verlorenen (15,1–32) diese Dynamik Gottes ins Bild gesetzt; er hat zum Abschluss seiner Reise im Haus des Zachäus erklärt, dass es der Sinn seines gesamten Wirkens sei, „zu suchen und zu retten, was verloren ist" (19,10).

Die Form des Evangeliums entspricht seinem Inhalt: Jesus bringt Gott zur Sprache, der ihn gesandt hat. Er geht mit Gott dorthin, wo er vergessen, verloren oder verraten, aber auch vermisst, gesucht und ersehnt wird. Sein Weg führt ihn ans Kreuz. Aber noch bis in sein Sterben hinein bleibt er Jesus, der „Sohn des Höchsten", dessen „Herrschaft kein Ende haben" wird (1,32–33). Die Auferweckung bringt es an den Tag. Lukas hat sein Evangelium auf Ostern hin geschrieben, weil er Jesus im Licht der Auferweckung zu sehen gelernt hat – und im Glauben weiß, dass in diesem Licht kein anderer als Jesus von Nazareth aufscheint, der bis in den Tod hinein das Reich Gottes verkündet hat.

Auslegung

1,1–4
Das Vorwort

[1]Da es schon viele unternommen haben, eine Erzählung über die Ereignisse abzufassen, die sich unter uns erfüllt haben, [2]wie sie uns die überliefert haben, die von Anfang an Augenzeugen und Diener des Wortes geworden waren, [3]schien es auch mir gut, allem von Anfang an genau nachzugehen, um es dir richtig aufzuschreiben, lieber Theophilus, [4]damit du die Zuverlässigkeit der Worte erkennst, in denen du unterwiesen bist.

Im besten Griechisch des Neuen Testaments klärt Lukas, literarischer Konvention folgend, das Thema, die Methode, den Anspruch und das Ziel seines Werks. Sein Prooemium verbindet das Ethos des Historikers mit dem Pathos des Theologen. Es zeigt idealtypisch, wie Tradition entsteht und dass Kreativität die Erinnerung schärft.

Das Prooemium (Vorwort) folgt antiken Gattungsschemata.

1,1–2	Der Blick in die Vergangenheit:	Qualitätsvolle Quellen
1,3	Der Blick in die Gegenwart:	Das eigene Projekt
1,4	Der Blick in die Zukunft:	Die Intention des Werkes

Parallelen bieten antike Geschichtsschreiber wie Flavius Josephus, die allerdings meist die Vortrefflichkeit des eigenen Werkes durch Abwertung von Vorläufern und Konkurrenten zu betonen versuchen. Lukas hingegen portraitiert sich als ein Autor, der die Tradition fortschreibt, um ihre Qualität zu sichern. Er ist ambitioniert – und deshalb nicht hypertroph.

Der Evangelist hat keinen unmittelbaren Zugang zur Jesus-Tradition; er sieht sich vielmehr als Glied einer längeren Traditionskette, die von den „Augenzeugen, die zu Dienern des Wortes geworden sind" über die „vielen", die bereits vor ihm den Versuch unternommen haben, eine „Erzählung *(diegesis)*" über Jesus zu schreiben **(1)**, bis hin zu ihm selbst reicht. Sein eigenes Buch (vgl. Apg 1,1) schreibt diese Überlieferung fort; sie ist ein Bericht, der den antiken Kriterien einer historisch relevanten Biographie entspricht. Die Ereignisse, die erzählt werden, haben eine Zukunftsbedeutung, die sich in der Gegenwart abzeichnet: als Erfüllung, heißt: Verwirklichung des verheißenen Gottesheiles (4,18–21: Jes 61,1–2). Lukas sieht sich selbst, sein Projekt und die Gemeinden, in denen er sich orientiert, in der österlichen Wirkungsgeschichte der Sendung Jesu. Die idealtypischen „Augenzeugen und Diener des Wortes" (2), auf die er sich beruft, sind die Zwölf Apostel. Sie sind selbst dabei gewesen (Apg 1,21–22), anders als Paulus; sie haben sich in den Dienst am Evangelium gestellt, anders als Kaiaphas und Pilatus. Zu den „vielen" früheren Versuchen dürfte er das Markusevangelium und könnte er die Logienquelle zählen, aber auch andere schriftliche Traditionen sowohl zur Geburt als auch zum Wirken, zum Leiden und zur Auferstehung Jesu.

Die Traditionskette, an die Lukas anknüpft, verbürgt ihm die Authentizität der Erinnerung an Jesus. Aufgrund ihrer Vielfalt stellt sich aber in der Gegenwart das Problem der richtigen Anordnung des Stoffes: Lukas hat gesammelt, um erzählen, aber auch aussortieren zu können. Er hat den Stoff neu geordnet (3), offenkundig nicht nach chronologischen, sondern nach theologischen Gesichtspunkten: Er will in einer umfassenden Erzählung darstellen, wie zusammengehört, was Jesus getan und gelehrt hat, welche Prioritäten er gesetzt hat und welche Bedeutung die Details haben. Ein Charakteristikum ist die Vielfalt der Begegnungen Jesu, die auf die Einheit des Evangeliums und die Wechselfälle des Lebens abgestimmt ist.

Das Ziel des Evangeliums besteht darin, Theophilus – mit anderen in seiner Lage, aber auch weitere Interessenten – der Zuverlässigkeit der Katechese zu vergewissern, die bereits erteilt worden ist (4). Lukas will sich von seinen Vorgängern nicht absetzen, aber tiefer in die christliche Bildungsarbeit einsteigen. Das erfordert, genau zu wissen, was „von Anfang an" (vgl. Apg 1,1–2.21) mit Jesus geschehen ist. Die Glaubwürdigkeit christlicher Katechese durch den guten Bericht vom Anfang zu begründen, ist das Ziel des Evangeliums wie der Apostelgeschichte.

Paulus wird nach Apg 26,26 geltend machen, die Geschichte habe sich „nicht in irgendeinem Winkel" zugetragen. Das Evangelium hat dieses Urteil im Vorhinein bewahrheitet. Das Prooemium erhebt einen kulturellen Anspruch, der literarisch gedeckt und theologisch begründet ist. Es ist Katechese in Form einer Erzählung, die den Lehrer Jesus zu Wort kommen lässt – auch in dem, was er über Gottes Heil, seinen Tod und seine Auferstehung sagt. Das Evangelium ist eine Biographie Jesu, die Bildung im Namen Gottes fördert. Die Jesusgeschichte geht die ganze Welt an. Lukas legt Rechenschaft über den Glauben ab, indem er erzählt, wie er entstanden und weshalb er begründet ist. Das Evangelium wird diesem Anspruch gerecht. Auch mit heutigen Augen gelesen, ist sein Informationswert ebenso hoch wie sein Orientierungswert. Der erste zeigt sich allerdings nur durch historische Kritik, der zweite durch theologische Analysen.

1,5–2,52
Die Kindheitsgeschichte

Während Matthäus von der Verheißung und der Geburt Jesu aus der Perspektive Josephs erzählt, verbunden mit dem Drama des Kindermordes, der Flucht nach Ägypten und der späteren Rückkehr (Mt 1–2), rückt Lukas Maria ins Bild. Sie ist eine Frau, die vorbildlich glaubt; sie stellt die wichtigen Fragen; sie öffnet ihr Ohr dem Wort Gottes und zieht die richtigen Konsequenzen; sie ist eine inspirierte Prophetin, die das *Magnificat* singt, und eine nachdenkliche Mutter, die im Gedächtnis behält, was mit ihrem Kind passiert. Zusammen mit ihren Verwandten Elisabeth und Zacharias, mit Joseph, mit Simeon und Hanna repräsentiert sie ein Judentum, das Gottes Geboten treu ist und von messianischen Erwartungen erfüllt ist. In diesem Judentum ist Jesus aufgewachsen; die kühnsten Hoffnungen auf Gott, die Israel hegt, werden, so der Evangelist, von Jesus noch übertroffen.
Das Kindheitsevangelium ist bei Lukas weit mehr als nur der Vorspann zum eigentlichen Evangelium. Es ist seine programmatische Eröffnung. Sie bringt die Verheißung Gottes zur Sprache, der sich die Sendung Jesu verpflichtet: die Sendung Israels, die Jesus bejaht und ausweitet, die Hoffnung auf Rettung, die weit über jede Erwartung hinaus erfüllt werden wird. Die Kindheitsgeschichten zeigen für Lukas, wie sich mitten im Judentum der Weg zu Jesus öffnet, weil Jesus selbst ihn bahnt; sie zeigen zugleich, von welchen jüdischen Wurzeln alle leben, die an Jesus glauben, weil die Völker durch Jesus mitten hinein in das Volk Gottes finden, das sich im Zeichen des Reiches Gottes radikal erneuert.
Die Theologie des Weges, die dem gesamten Doppelwerk abzulesen ist, prägt auch die Kindheitsgeschichte. Die Wanderung, die Maria von Nazareth durchs Gebirge nach Judäa zu Elisabeth macht, entspricht dem Weg, den Jesus nehmen wird, um den Sündern und Schwachen Gottes Heil zu bringen: Es ist ein Weg der Erniedrigung, die zur Erhöhung führt (vgl. 14,11; 18,14). Die Wege der Eltern in den Tempel zur Darstellung Jesu und zur Pilgerschaft beweisen nicht nur ihre jüdische Frömmigkeit, sondern stimmen auch damit überein, dass Jesus aus Galiläa nach Jerusalem in den Tempel ziehen wird, wo die Passion beginnt und die Verheißung eines neuen Gebetshauses aufbricht, das Gottes Willen entspricht. In der Theologie des Weges bleibt jede Station ebenso wichtig wie der Ausgangspunkt und das Ziel, und jede Etappe bleibt so wichtig wie das Ganze der Strecke. Wer das Evangelium und die Apostelgeschichte liest, kehrt immer wieder an den Anfang zurück; wer immer wieder tiefer in diesen Anfang hineinfindet, wird immer weiter über ihn hinaus-

geführt – wie das Kirchenjahr anzeigt, das stark lukanisch geprägt ist, mit Weihnachten und Ostern, Himmelfahrt und Pfingsten.

Die Kindheitsgeschichte wird durch die Einheit des Ortes und den Zusammenhalt der Personen verbunden. Das Evangelium spielt in Israel zwischen Nazareth und dem Bergland von Judäa, zwischen Bethlehem und Jerusalem mit dem Haus und dem Tempel, zwischen dem Hirtenfeld und der Krippe – in der weiten Welt. Es spielt in einer Zeit weltbewegender Ereignisse (2,1). Die entscheidenden Rollen haben Personen, die an diesem Ort und in dieser Zeit dadurch eng miteinander kommunizieren, dass sie sich auf Gott beziehen: fromme Juden, Männer und Frauen, Eltern und Kinder, Priester und Propheten, Hirten und Gelehrte.

Die lukanische Kindheitsgeschichte folgt zwei Kompositionsprinzipien, die einander bestärken: einer christologisch begründeten Steigerung von Johannes dem Täufer zu Jesus und einer theologisch orientierten Spannung zwischen Erzählung und Gebet. Johannes ist für Lukas (wie für alle Evangelien) der Vorläufer Jesu, Jesus ist der Messias auch des Täufers. Was sich ereignet, gibt Anlass zum Gebet; das Gebet meditiert das Geschehen und erhellt, wie Gott es lenkt. Lukas erzählt zuerst von der Verheißung der Geburt des Täufers (1,5–25), dann von der Verheißung der Geburt Jesu (1,26–38) und zuerst von der Geburt des Täufers (1,57–80), dann von der Geburt Jesu (2,1–20). Das Bindeglied ist Marias Besuch bei Elisabeth (1,39–56), die Folge der Geburt Jesu seine Darstellung im Tempel (2,21–40), mit dem Besuch des Zwölfjährigen (2,41–52) als Übergang zur Verkündigungsgeschichte. Marias Begegnung mit Elisabeth wird durch ihr Preislied aufgeschlossen (1,46–56: *Magnificat*), die Geburt des Täufers durch den Lobgesang des Zacharias (1,68–79: *Benedictus*), die Darstellung im Tempel durch das Danklied des Simeon (2,28–32: *Nunc dimittis*). Die drei *Cantica* im Stil der Psalmen werden von weiteren Glaubenszeugnissen gestützt: dem Dank Elisabeths für das Geschenk eines Kindes (1,25), ihrem Gruß an Maria (1,41–45) und der Prophetie Hannas über die Erlösung Israels (2,36–38). Alles wird überwölbt vom *Gloria* der Engel auf dem Hirtenfeld von Bethlehem (2,14).

1,5–25	Die Verheißung der Geburt des Täufers Johannes		
1,26–38	Die Verheißung der Geburt Jesu		
1,39–56	Der Besuch Marias bei Elisabeth	1,42	*Ave Maria*
		1,46–55	*Magnificat*
1,57–80	Die Geburt des Täufers Johannes	1,68–79	*Benedictus*
2,1–20	Die Geburt Jesu	2,14	*Gloria*
2,21–40	Die Namensgebung und		
	die Darbringung Jesu im Tempel	2,29–32	*Nunc dimittis*
2,41–52	Der zwölfjährige Jesus im Tempel		

1,5–2,52 *Die Kindheitsgeschichte*

Der Gang der Handlung ergibt sich daraus, dass Gott seinen Heilsratsschluss verwirklicht. Die Steigerung folgt seiner Dynamik. Elisabeth und Zacharias sind so alt, dass sie auf natürliche Weise keine Kinder mehr bekommen können; durch Gottes Schöpferkraft aber werden beide dennoch Eltern des Johannes, ähnlich wie bei Hanna (1Sam 2) und wie schon bei Sara und Abraham. Maria und Joseph hingegen werden Eltern, obwohl sie keinen sexuellen Verkehr haben: Maria ist Jungfrau und wird als solche Mutter, einzigartig in der Bibel. Diese Steigerung wird durch einen Gegensatz unterstrichen: Zacharias zweifelt, als ihm ein Engel die Geburt seines Sohnes verheißt, und wird deshalb mit Stummheit bis zur Geburt des Johannes geschlagen (1,20); Maria hingegen glaubt, als ihr der Engel die frohe Botschaft überbringt. Entscheidend ist die christologische Differenz: Johannes ist der, der „dem Herrn vorangehen" wird (1,17.76), als neuer Elija (vgl. Mal 3,23–24). Jesus aber ist der „Kyrios" (1,17.43; 2,11 u. ö.), der „Sohn des Höchsten" (1,32), der „Retter" (1,60; 2,11), der Messias (2,11.26; vgl. 2,38).

Lukas hat diese Erzählungen nicht frei gestaltet, sondern recherchiert, redigiert und arrangiert. Plausibel ist es, wenn die Täufer-Perikopen ursprünglich zusammengehören, tradiert von Johannes-Jüngern, die den Weg zu Jesus gefunden haben, und wenn die marianischen Überlieferungen von der Verkündigung bis zur Darstellung Jesu gleichfalls einen Strang gebildet haben, gebündelt von Familienmitgliedern Jesu. Lukas hat beide Erzählfäden zusammengeflochten und sie sprachlich angeglichen. Die *Cantica* haben eine eigene Tradition, die ebenso wie die Täufer- und Jesusperikopen judenchristliche Stimmen wiedergeben, die mit Jerusalem und Judäa verbunden sind, dem Tempel und den Gebeten Israels, die auch in Qumran und in anderen Reformbewegungen nachgedichtet und erweitert wurden. Lukas hat diesen Schatz genutzt, um die theologischen Dimensionen des erzählten Geschehens auszuleuchten. Er wählt die Sprache der Bibel, um den Geist einzufangen, in dem zwei Menschen zur Welt kommen, mit denen Gott viel vorhat.

Das Kindheitsevangelium verbindet einen soziologischen mit einem personalen Ansatz, beides theologisch gefüllt. Der soziologische lenkt den Blick auf die Institutionen jüdischen Lebens, die von Gottes Geist erfüllt sind und sich dadurch verändern; der personale stellt Menschen vor Augen, Männer und Frauen, die für Gott Zeugnis ablegen und dadurch innere Größe und Weite gewinnen. Soziologisch werden zwei Orte fokussiert: der Tempel und das Haus. Das Evangelium beginnt im Tempel, beim Opfer des Zacharias; die Kindheitsgeschichte endet im Tempel, beim zwölfjährigen Jesus. Das Opfer und das Gebet, das Lehren und Lernen korrespondieren miteinander – nicht bruchlos, sondern dramatisch. Zacharias bekommt es beim Opfer mit dem Engel zu tun, so dass es ihm die Sprache verschlägt; Jesus bringt durch seine jugendliche Weisheit die etablierten Lehrer zum Staunen; in der Mitte stehen die Eltern Jesu, besonders seine Mutter, die Unerhörtes über ihr Kind hören, da sie es Gott darbringen, also ihre unendliche Dankbarkeit gegenüber Gott zum Ausdruck bringen.

In personaler Prägung kommen Charaktere zum Vorschein, die mit den Orten verbunden sind. Im Haus leben Elisabeth und Maria, die eine in Schande, weil sie kein Kind empfangen hat, aber dann in der Freude, wider die Natur doch Mutter geworden zu sein, die andere in der Aufmerksamkeit für Gottes Wort, die sie auf die härteste Glaubensprobe stellt und schon ganz zu Anfang ahnen lässt, welchen Schmerz es ihr bereitet, dass ihr Kind der Messias ist, der den Weg Gottes zum Heil der Welt geht. An den entscheidenden Schnittstellen verlässt Maria das schützende Haus, zuerst in der Wanderschaft durchs Gebirge zu Elisabeth, dann auf den Feldern von Bethlehem bei den Hirten und ihrer Herde, da sie ihr Kind in eine Krippe legt. Sowohl die Präsenz in den zentralen Institutionen Israels als auch die Transzendenz im Gang des Heilsgeschehens prägen das gesamte Evangelium, das im Zeichen des geheimnisvollen Gottes steht, des ganz Anderen, der den Menschen näher ist, als sie selbst sich sind und dadurch mitten unter ihnen ein „Horn unseres Heiles" (1,69) errichtet, ein kraftvolles Zeichen göttlichen Erbarmens.

Die Personen geben diesem Geschehen ihr menschliches Gesicht. Die Gestalt der Elisabeth zeigt beispielhaft, welche unendlich weiten Sinnhorizonte sich im engen Rahmen einer jüdischen Frau aus Judäa öffnen, weil Gott Jesus gesandt hat und ihn nicht isoliert, sondern ihm den Weg bereitet: nicht ideologisch, sondern personal. Wegen der Menschlichkeit des Heiles kommen die Mütter ins Spiel. Elisabeth ist so wenig der Vorläufer wie Maria der Messias ist. Aber weder Johannes noch Jesus hätten ohne ihre von Gott begnadeten Mütter das Licht der Welt erblickt. Eine ähnliche Rolle spielt Hanna im Tempel: eine Betschwester, die sich als Prophetin erweist, eine Witwe, die ein Herz für alle Kinder dieser Welt hat, weil sie die Bedeutung des Jesuskindes erkennt, eine Fromme, die Gott nicht auf die Riten festlegt, die ihr heilig geworden sind, sondern sich von ihm überraschen lässt. Zacharias, der Priester aus dem Volk, der Gottes Engel begegnet, füllt eine uralte Rolle neu mit Leben: Er ist der Zweifler, der zum Glauben gelangt: Als Priester wird er Prophet, durch das eschatologische Handeln Gottes; wie es bei Samuel der Fall ist, bei Hannas und Kaiaphas aber sicher nicht, ist der Priester nicht nur ein Kultbeamter, sondern in einer Weise Mittler zwischen Gott und den Menschen, die seinen Glauben einfordert und einlöst, so dass er Gottes Wort frisch und authentisch verkündet. In Zacharias und Elisabeth erneuert sich die Familie Abrahams und Saras. Sie ist lebendig und auf wunderbare Weise fruchtbar; sie bricht die Grundinstitution Israels durch Gottes Barmherzigkeit und Gerechtigkeit auf. Sie lebt nicht aus sich selbst und für sich allein, sondern aus Gott heraus mitten in seinem Volk. Dadurch kann sich ein Heil verwirklichen, das über die Stämme und Familien Israels unendlich hinausreicht. Diesem Zacharias tritt Simeon zur Seite, ein Tempelprophet allererster Güte, der abseits der scheinbar großen Politik denjenigen erkennt, der die ganze Welt verändern wird, und am Rande der Tempelliturgie die entscheidenden Worte spricht, die der Wende von Unheil ins Heil Ausdruck verleihen, das Gericht für die Vollendung öffnen und die Passion für die Auferstehung vorbereiten. Alle vier Menschen gehören zu den Kleinen, den Übersehenen, den Verachteten, den scheinbar Unbedeutenden, mit denen Gott aber Großes vorhat und die es erkennen, weil sie nicht auf ihre Privilegien festgelegt sind, auf ihre Postulate und Prinzipien, sondern ihr Herz für das lebendige Wort Gottes öffnen. Dadurch verwandeln sie den Tempel und die Häuser; sie verbinden Innen und Außen, Heilig und Profan, Gott und die Menschen. Sie sind Vorbilder im Glauben für alle, die sich von Jesus den Sinn für Gott schärfen lassen.

1,5–25
Die Verheißung der Geburt des Täufers Johannes

[5]In den Tagen des Herodes, des Königs von Judäa, lebten ein Priester namens Zacharias, aus der Abteilung Abija, und seine Frau, von den Töchtern Aarons, und ihr Name war Elisabeth. [6]Sie waren beide gerecht vor Gott, bewandert in allen Geboten und untadelig in den Rechtssatzungen des Herrn. [7]Aber sie hatten kein Kind, weil Elisabeth unfruchtbar war, und beide waren fortgeschrittenen Alters. [8]Es geschah aber, als er in der Ordnung seiner Abteilung als Priester vor Gott diente, [9]da fiel gemäß der Sitte der Priesterschaft das Los des Rauchopfers auf ihn. Er ging in den Tempel des Herrn, [10]und die ganze Volksmenge war draußen im Gebet zur Zeit des Rauchopfers. [11]Da erschien ihm ein Engel des Herrn. Er stand zur Rechten des Räucheraltars. [12]Zacharias erschrak, und Furcht befiel ihn. [13]Es sagte zu ihm aber der Engel: „Fürchte dich nicht, Zacharias, denn deine Bitten wurden erhört: Deine Frau Elisabeth wird einen Sohn gebären, und du sollst seinen Namen Johannes nennen. [14]Und er wird dir Freude und Jubel sein, und viele werden sich über seine Geburt freuen. [15]Denn er wird groß sein vor dem Herrn, und Wein und Bier wird er nicht trinken, und er wird vom Heiligen Geist erfüllt sein vom Mutterleib an, [16]und viele Söhne Israels

wird er zum Herrn, ihrem Gott, bekehren, [17]und er wird vor ihm hergehen im Geist und in der Kraft Elias'. Er wird die Herzen der Väter zu den Kindern wenden und die Untreuen zur Weisheit der Gerechten; er wird das Volk zurüsten, sich für den Herrn zu bereiten." [18]Da sagte Zacharias zum Engel: „Woran soll ich das erkennen? Ich bin doch alt, und auch meine Frau ist fortgeschrittenen Alters." [19]Da erwiderte der Engel und sagte ihm: „Ich bin Gabriel, der vor Gott steht, und bin gesandt, zu dir zu reden und dir dies zu verkünden. [20]Und siehe, du wirst stumm sein und keine Kraft zu sprechen haben, bis zum Tag, da dies geschieht, weil du meinen Worten nicht geglaubt hast, die erfüllt werden zu ihrer Zeit." [21]Und das Volk wartete auf Zacharias und wunderte sich, dass er so lange Zeit im Tempel blieb. [22]Als er aber herauskam, konnte er nicht zu ihnen sprechen; da erkannten sie, dass er ein Gesicht im Tempel gesehen hatte; er gab ihnen Zeichen und blieb stumm. [23]Und es geschah, als die Tage seines liturgischen Dienstes erfüllt waren, da ging er weg in sein Haus. [24]Nach diesen Tagen empfing Elisabeth, seine Frau, und verbarg sich fünf Monate und sagte: „[25]So hat mir der Herr getan an Tagen wie diesen, da er auf mich geschaut hat, meine Schande unter den Menschen fortzunehmen."

Die Täuferperikopen der lukanischen Kindheitsgeschichte haben eine christologische Orientierung: Johannes ist der Vorläufer und Wegbereiter Jesu (vgl. 3,1–19). Jesus begründet die Tiefe der Freude über die Geburt des Johannes, die Dramatik des Zweifels, die Größe des Glaubens. Umgekehrt zeigen die Täuferperikopen, welch weite Horizonte die Geschichte Jesu eröffnet: Ein Ehepaar wird auf seine alten Tage noch ein Elternpaar; eine Frau wird von ihrer Schande befreit; ein Priester macht eine Gotteserfahrung mitten im Ritus; ein Glaubenslied entsteht – mitten aus dem Judentum für das Christentum.
Die Perikope baut einen Spannungsbogen auf, der die persönliche Dramatik der Geschichte mit der Vorsehung Gottes vermittelt.

1,5–7	Die Situation des Ehepaares: ihre Kinderlosigkeit		
1,8–23	Die Vision des Zacharias		
	8–10	Der priesterliche Dienst	
	11–20	Die Erscheinung des Engels	
		11–12	Der Auftritt des Engels
		13–17	Die Verheißung des Engels
		18	Die Skepsis des Zacharias
		19–20	Die Reaktion Gabriels: Das Zeichen der Stummheit
	21–23	Die Reaktion des Volkes auf die Stummheit des Priesters	
1,24	Die Schwangerschaft Elisabeths		

1,5–25 Die Verheißung der Geburt des Täufers Johannes 29

Zacharias wird als frommer Priester gezeigt, der zweifelt, als ihn Gott durch einen Engel direkt anspricht, aber seine Lektion lernt und zum Propheten wird, als ihm das Kind geboren und die Stimme wiedergegeben wird.

Die Geschichte setzt mit einer kurzen historischen Notiz ein (5). Herodes wird genannt, den einige Zeitgenossen den „Großen" nannten. Er war „König" von Roms Gnaden. Sein Herrschaftsgebiet umfasste (ohne streng gezogene Grenzen) auch Galiläa, Trachonitis, Gaulanitis, Peräa und das Gebiet der späteren Dekapolis. Genannt wird hier „Judäa", das Stammland, in dem die Geschichte spielt. Als „König von Judäa" hat ihn Augustus tituliert. Der Blick des Evangelisten richtet sich allerdings auf Zacharias. Zuerst werden sein Beruf und seine Ehe charakterisiert. Er dient als Priester am Jerusalemer Tempel; er ist nicht einer der Hohepriester, die auch politisch das Sagen hatten, sondern einer der einfachen Leutpriester, die für die kleineren, die alltäglichen Opfer zuständig gewesen sind. Zacharias gehört zur Gruppe „Abija". Nach 1Chr 24,10 ist dies die achte Dienstklasse oder Wochenabteilung der 24 priesterlichen Dienstordnungen (1Chr 24,6–19).

Seine Frau ist Elisabeth. Sie gehört zu den ebenso schwachen wie starken Frauen, die das lukanische Kindheitsevangelium prägen. Sie wird sich, da sie schwanger wird und Maria begegnet, als Prophetin erweisen. Sie ist Jüdin durch und durch, von ihrer Familie her, die zum Stamm des Mosebruders und Priesters Aaron gehört, und durch ihre Heirat mit dem Priester Zacharias, vor allem aber durch ihre messianische Hoffnung. Das Ehepaar wird als vorbildlich fromm charakterisiert (6). Beide leben dadurch „gerecht vor Gott", dass sie mit Wissen und Überzeugung der Tora folgen; „Werkgerechtigkeit" ist ihnen fremd, Gesetzestreue wichtig. Bei Zacharias strahlt die Frömmigkeit auf sein Priestertum aus. Es wird bei Lukas ohne jeden Vorbehalt positiv gekennzeichnet. Dass Elisabeth schwanger werden wird, ist freilich nicht die Belohnung für die Frömmigkeit des Paares, sondern die Voraussetzung dafür, dass sie das späte Glück der Mutterschaft so genießen kann, wie es Gott gefällt: als Erweis seiner Gnade, die ihr zugutekommt, so dass viele von ihr profitieren werden, und als Hinweis auf den Messias, den ihre Nichte Maria zur Welt bringen wird.

Elisabeth und Zacharias leiden unter ihrer Kinderlosigkeit (7). Das Problem wird (wie es dem Gattungsschema entspricht) nicht beim Mann, sondern bei der Frau gesucht, die „unfruchtbar" sei. Aufgrund ihres Alters scheint eine natürliche Empfängnis nicht mehr möglich, gesellschaftliche Schande – für die Frau – ist die Folge (V. 25). Im Hintergrund steht die Theodizeefrage: Warum kann es guten Menschen schlechtgehen? Diese Frage wird beantwortet – nicht theoretisch, sondern praktisch, nicht postulatorisch, sondern perspektivisch: Gott hat die Kraft und den

Willen, Leben zu schaffen, wo es zu Ende scheint oder noch gar nicht begonnen hat.

Der Evangelist setzt im Tempel von Jerusalem an, wenn er die Wende beschreibt. Der priesterliche Dienst, den Zacharias dort versieht, wurde im Wechsel ausgeübt. Jede Gruppe war zwei- bis dreimal jährlich für je eine Woche an der Reihe. Welcher der Priester die Arbeit zu tun hatte, bestimmte das Los. Entsprechend wird Zacharias in seiner priesterlichen Aufgabe beschrieben (8–10). Er hat das „Rauchopfer" darzubringen. Nach Ex 30,1–10 wird es auf einem eigenen Altar im Heiligtum, aber vor dem Vorhang des Allerheiligsten vollzogen, und zwar morgens (V. 7) und abends (V. 8), so dass unaufhörlich Weihrauch zum Himmel steigt. Das Volk bleibt „draußen" (V. 10).

Die entscheidende Wende erhält die Geschichte durch die Engelserscheinung im Tempel (1,11–20). Das Geschehen ist exzeptionell, auch im biblischen Rahmen der Gattung (11): Die rechte ist archetypisch die gute Seite. Die Furcht, die Zacharias befällt, ist unvermeidlich, weil er, ein Mensch, Berührung mit Gott hat, die ihn der Distanz innewerden lässt. Der Ort ist vorgegeben, weil nach Ex 30,6 der Altar der Ort der Gegenwart Gottes ist. Sie wird hier durch einen Engel, der sich später als Gabriel offenbart, konkretisiert. Zacharias empfängt von ihm eine Offenbarung (12), die nicht nur völlig überraschend seine Vaterschaft ankündigt, sondern auch alle entscheidenden Aussagen über seinen verheißenen Sohn enthält, den Täufer Johannes (1,13–17). Seine Reaktion ist Erschrecken: nicht nur Respekt, sondern auch Scheu, auf keinen Fall Angst, allerdings in jeder Hinsicht Ehrfurcht.

Die erste Charakterisierung des erhofften und verheißenen Kindes erfolgt durch den Namen, den Zacharias ihm geben soll: Johannes (13), zu Deutsch: Gott ist gnädig. Der Engel führt das Kind von seiner Wirkung her ein: dass er die Freude an Gott vermitteln wird (14) – jene, die Jesus bringen wird und die erstmals im Gloria des Weihnachtsevangeliums in himmlische Worte und Musik gefasst werden wird. Was der Name bedeutet, wird vom Engel fünffach qualifiziert: (1.) Johannes wird „groß sein vor dem Herrn" (15a), also eine wesentliche Aufgabe im Namen Gottes erfüllen und deshalb als Person höchst geachtet sein bei Gott; deshalb werden sich nicht nur die Eltern, sondern viele über Johannes freuen. (2.) Er wird keine Rauschmittel konsumieren (15b), also nüchtern sein (vgl. 7,33), wie ein Nasiräer, der sein Leben Gott weiht (Num 6,3; Ri 13,4). (3.) Er wird „schon im Mutterleib vom Heiligen Geist erfüllt" sein (15c), also bereits pränatal zu Gott gehören, wie Jeremias (Jer 1,5) und Jesaja (Jes 42,1). (4.) Er wird „viele Israeliten … zu Gott bekehren" (16), also ihnen Gott nahebringen als den, zu dem sie umkehren müssen, wie es dann seine öffentliche Predigt (3,1–20) realisieren wird. (5.) Er wird der

1,5–25 Die Verheißung der Geburt des Täufers Johannes 31

neue Elija sein **(17)**, der Vorläufer Jesu. Elija ist im Alten Testament der Prophet mit einer unabgeschlossenen Mission, der auf dem Feuerwagen in den Himmel entrückt worden ist (2Kön 2); er ist der Prophet, der wiederkommen wird, um das Volk zurück zu Gott zu bringen (Mal 3,23–24). Lukas schreibt seine Erzählung in diese Prophetie ein: Johannes wird die Rolle des Elija spielen – auf seine ganz eigene Art.

Zacharias reagiert mit einer Frage, die Zweifel offenbart. Der Zweifel ist vollauf begründet, weil es keine natürliche Möglichkeit gibt, dass der Kinderwunsch doch noch erfüllt wird **(18)**. Dieses Problem legt der Engel offen, der jetzt seinen Namen, Gabriel („Held Gottes"), und seine Funktion nennt: vor Gott zu stehen **(19)**. In dieser Perspektive kann er Zacharias kritisieren: dass er nicht wirklich mit Gott rechnet, seinem Schöpfer und Erlöser, für den er doch als frommer Jude lebt und den er als treuer Priester feiert **(20)**. Deshalb muss er verstummen: Er hat nichts mehr zu sagen, sondern muss erst wieder zu sprechen lernen, indem er sich von Gott überraschen lässt. Die Dramatik der Angelophanie deckt kein individuelles Glaubensproblem des Zacharias auf, sondern die Unglaublichkeit der ganzen Geschichte.

Das Volk versteht, dass Zacharias ein Gotteszeichen erhalten hat, kann es aber nicht einordnen **(21)** – und Zacharias kann sich nicht erklären **(22)**. Der Kult wird durch den Engel für das neuschöpferische Handeln Gottes geöffnet – die Menschen müssen es erst noch begreifen.

Während großes Schweigen herrscht, handelt Gott – und Elisabeth wird schwanger **(23–24)**. Sie reagiert ebenso dialektisch wie dialogisch. Sie zieht sich zurück, um das Geheimnis der Empfängnis zu wahren – fünf Monate lang, bis sich die Schwangerschaft nicht mehr verbergen lässt; sie spricht aus, und spricht aus, was alle angeht, auch wenn es noch nicht zu merken ist **(25)**. Sie erinnert sich, schon in anderen Umständen, an die „Schande", die ihr die Kinderlosigkeit in den Augen der Menschen gebracht hat. Da sich das antike Kultursystem entlang des Gegensatzes von „Ehre" und „Schande" aufbaut, ist dieser Rückblick bezeichnend. Nach einem verkehrten Tun-Ergehen-Zusammenhang wird die Kinderlosigkeit als gerechte Strafe Gottes für ein (heimliches) Fehlverhalten und deshalb als Schandfleck gesehen. Wie grundfalsch dieses Urteil ist, zeigt sich an einer Frau wie Elisabeth – die es aufdeckt, weil Gott auf sie „geschaut", d. h. sie wahrgenommen und die Ehre, die sie bei ihm immer hatte, auch unter den Menschen geltend gemacht hat.

> Johannes der Täufer entzündet nach Lukas neu die Hoffnung Israels auf den Messias – in allen Widersprüchen, die er auslöst. Dieser Prophet kommt nicht aus dem Nichts. Er kommt aus Gottes Gnade mitten in Israel. Für diese Hoffnung stehen seine unmögliche Empfängnis durch eine Mutter, die nach bio-

logischen Maßstäben der Antike schon viel zu alt ist; für sie steht auch der angefochtene Glaube seines Vaters, der sein Glück nicht fassen kann und deshalb mit Stummheit geschlagen wird. Der Engel zeigt die Zukunft dieses Kindes: Heil in Israel, das sich allen Völkern erschließen wird. Jesus wird diese Hoffnung bewahrheiten – und nie den Täufer vergessen (7,24–30), der ihm den Weg bereitet hat (3,1–20). Das Evangelium beginnt mit einem Zeugnis, dass Gott die Hoffnung wider alle Hoffnung bewahrheitet. Wie dies geschehen wird und wie sehr es die Welt verändert, lässt sich der Geschichte des Täufers und Jesu ablesen. Lukas hat Überlieferungen aus Jüngerkreisen des Täufers und der Familie Jesu zu Schlüsselmomenten im Warteraum der Zukunft gestaltet, die der Messias mit Gottes Gnade füllen wird.

1,26–38
Die Verheißung der Geburt Jesu

[26]Im sechsten Monat wurde der Engel Gabriel von Gott in eine Stadt Galiläas namens Nazareth gesandt [27]zu einer Jungfrau, die mit einem Mann namens Joseph aus dem Haus Davids verlobt war, und der Name der Jungfrau war Maria. [28]Und er kam zu ihr und sagte: „Gegrüßt seist du, Begnadete, der Herr ist mit dir." [29]Sie aber erschrak ob des Wortes und überlegte, was dieser Gruß bedeuten könne. [30]Da sagte der Engel ihr: „Fürchte dich nicht, Maria. Denn du hast Gnade bei Gott gefunden. [31]Und siehe, du wirst schwanger werden und einen Sohn gebären und sollst seinen Namen Jesus nennen. [32]Er wird groß sein und Sohn des Höchsten genannt werden, und es wird Gott, der Herr, ihm geben den Thron seines Vaters David. [33]Und er wird herrschen über das Haus Jakob bis in Ewigkeit, und seiner Herrschaft wird kein Ende sein." [34]Da sagte Maria zum Engel: „Wie soll das geschehen, da ich keinen Mann erkenne?" [35]Da antwortete ihr der Engel und sagte ihr: „Der Heilige Geist wird über dich kommen und die Kraft des Höchsten dich überschatten. Deshalb wird auch, der geboren wird, heilig genannt werden, Sohn Gottes. [36]Und siehe, Elisabeth, deine Verwandte, hat auch einen Sohn empfangen, in ihrem Alter, und ist jetzt im sechsten Monat, sie, die als unfruchtbar galt. [37]Denn bei Gott ist kein Ding unmöglich." [38]Da sagte Maria: „Siehe, ich bin die Magd des Herrn; mir geschehe nach deinem Wort." Da verließ sie der Engel.

So wie Zacharias „ein Engel des Herrn" erschienen ist (1,11), nämlich Gabriel (1,19), so erscheint er auch Maria (1,26). Beide Male ist die Sendung durch Gott entscheidend. Aber während der eine, der Priester, die Offenbarung mitten im Tempel direkt am Altar empfängt (1,11), wird die andere, die Frau, zu Hause aufgesucht (1,26). Die Erwartung ist, dass im

1,26–38 Die Verheißung der Geburt Jesu   33

Tempel die entscheidende Offenbarung geschieht; aber im Evangelium werden die Dinge auf den Kopf gestellt: Das Entscheidende geschieht im Privaten, im Kleinen und Unscheinbaren; es geschieht an und mit dieser Frau, der Mutter Jesu.

Die Verkündigungsszene ist nach dem Muster einer Erscheinungsgeschichte aufgebaut; es wird so ausgestaltet, dass zusammen mit der Rolle des Engels auch die Rolle Marias gestärkt wird.

1,26–27	Der Auftrag an Gabriel
1,28	Der Gruß an Maria
1,29	Die stille Rückfrage Marias
1,30–33	Die Verkündigung an Maria
1,34	Die offene Rückfrage Marias
1,35–37	Die Erklärung für Maria
1,38a	Die Einwilligung Marias
1,38b	Der Schluss der Geschichte

Das Schwergewicht der Erzählung liegt in der Verkündigung an Maria (1,30–33). Hier geht es um Jesus. Auch die Erklärung, die Maria erhält, setzt bei Jesus an (1,36). Um des Kindes willen ist aber auch die Mutter wichtig. Maria wird nicht zum willenlosen Instrument des Heilshandelns Gottes, sondern aktiv in das Geschehen einbezogen. Sie zweifelt nicht, wie Zacharias es getan hat, fragt aber – und erhält Antworten, die ihr zu denken geben. Das Erschrecken ist weniger akzentuiert als die Offenheit; statt der Unwürdigkeit wird die Unmöglichkeit thematisiert.

Im Zentrum der Erzählung steht Jesus. Maria hat bei Lukas die wichtigste Nebenrolle in der Heilsgeschichte. Ihr verkündet Gabriel, was Gott ihm aufgetragen hat **(26)**. Der sechste Monat knüpft an den fünften Monat an, bis zu dem Elisabeth ihre Schwangerschaft geheimhält (1,24). Er weist auf die drei Monate voraus, die Maria bei Elisabeth bleibt (1,56): bis zur Geburt des Täufers. Sie ist in Nazareth zuhause; sie ist mit Joseph verlobt, aber noch nicht verheiratet **(27)** und hatte mit ihm noch keinen sexuellen Verkehr (V.34). Gabriel kennzeichnet Marias Person und ihre Rolle in Gottes Heilsplan **(28)**. Der Gruß *(chaire)* enthält im Griechischen eine implizite Aufforderung zur Freude. Man kann auch paraphrasieren: „Freue dich". Maria ist „begnadet"; die Gnade besteht in der Erwählung als Mutter Jesu, des Sohnes Gottes (V.30). Im Griechischen steht die Gnade *(charis)* phonetisch und grammatisch nahe bei der Freude *(chairo)*. Die Begnadung ist kein Ereignis der Vergangenheit, sondern der bleibenden Gegenwart, verifiziert dadurch, dass Gott „mit" ihr ist, die sich ihrerseits auf Gottes Seite stellen wird: durch und mit

34   *1,5–2,52 Die Kindheitsgeschichte*

Jesus. Maria bedarf der Gnade. Sie ist nicht die Erlöserin, sondern bringt den Erlöser zur Welt. Weil sie es tut, spielt sie eine einzigartige Rolle im Heilsgeschehen: als Mutter Jesu, als Gläubige Israels.
Maria wird ihrer Berufung gerecht. Sie überlegt **(29)**, sie fragt (V. 34), und sie bekennt sich (V. 38). Ihr Erschrecken (V. 29) spiegelt – wie bei Zacharias (1,12) – ihre Sensibilität für Gott. Ihr Nachdenken spiegelt – anders als die Rückfrage des Zacharias (1,18) – ihre Offenheit, auf Gott zu hören und zu ihm zu sprechen.
Gabriel bringt zuerst eine jüdisch getönte Messiashoffnung zum Ausdruck (Vv. 31–33), dann eine pneumatologisch geöffnete Verheißungstheologie (V. 35). Seine Worte haben starke Resonanzen sowohl im Alten Testament als auch im Lukasevangelium und in der Apostelgeschichte. Sie sind basale Christologie. Die Aufforderung, sich nicht zu fürchten **(30)**, spiegelt die Überlegung Marias, die sich einem Gottesboten gegenüber weiß. Die „Gnade", die sie gefunden hat, bezieht sich nicht auf eine Schuld, die ihr vergeben werden müsste, sondern auf das Kind, dessen Mutter zu werden, sie berufen ist. Die Verkündigung geht vom Namen Jesu („Gott hilft") aus **(31)**, deutet ihn aber nicht (wie Mt 1,21), sondern beschreibt die Heilssendung Jesu.
Wie Johannes (1,15) wird Jesus „groß" sein **(32)** – aber anders als er: Seine Größe ist seine Messianität; seine wahre Größe zeigt sich deshalb in seinem Dienst (22,27; vgl. 9,48). Während Johannes „Prophet des Höchsten" (1,76a) heißen wird, weil er dem Herrn vorangeht (1,17.76b), wird Jesus „Sohn Gottes genannt werden": weil er es im präzisen Sinn der Engelsbotschaft ist (1,35). Als solcher wird er nach der Taufe (3,21–22 par. Mk 1,9–11) wie auf dem Berg der Verklärung (9,35 par. Mk 9,7) offenbart, aber nicht verstanden; als „Sohn Gottes" wird er in Versuchung geführt, besteht sie aber (4,1–13 par. Mt 4,1–11); als „Sohn" hat er die intimste Kenntnis des Vaters (10,22 par. Mt 11,27); als „Sohn Gottes" bekennt sich Jesus vor den Hohepriestern – und wird an Pilatus ausgeliefert (22,70). Als „Sohn des Höchsten" ist Jesus der Davidssohn (1,32–33). Davidssohnschaft und Gottessohnschaft sind eng verwandt (20,41–44 par. Mk 12,35–37). Die Davidssohnschaft wird genealogisch über Joseph rekonstruiert (1,27; 3,23), der sich des Kindes annimmt, ist aber in die Gotteskindschaft eingeordnet (3,38), die sich jetzt heilstiftend zu realisieren beginnt. Die Davidssohnschaft konkretisiert sich in der Übernahme der messianischen Königswürde, die nach 2Sam 7 eine ewige Herrschaft begründen wird **(33)**. Nach 19,28–40 ist der Königsweg Jesu allerdings die *via dolorosa*. Das „Haus David" ist Israel, ins Zeichen der messianischen Verheißung gestellt (2Sam 7).
Maria fragt zurück **(34)**: keine ungläubige Abwehr, sondern eine gläubige Neugier. Sie ist realistisch, aber nicht pessimistisch. Sie weiß, dass

es keine natürliche Erklärung gibt. Sie hatte keinen Geschlechtsverkehr – weder mit Joseph noch mit einem anderen Mann. Alle späteren Theorien von vorehelichem Sex, einem Seitensprung oder gar einer Vergewaltigung sind an den Haaren herbeigezogen.

Gabriel beantwortet die Frage Marias. Die Gottessohnschaft wird in der zweiten Engelsankündigung auf den Heiligen Geist zurückgeführt (35–37). Maria empfängt Jesus als Jungfrau. Die Jungfrauengeburt erscheint der Moderne als Mythos im Evangelium. Aber diese Auffassung ist selbst ein Mythos. Es gibt keine religionsgeschichtlichen Parallelen, die nicht in ganz andere Richtungen wiesen, vor allem zu potenten Göttern, die sich Frauen unterwerfen, um sie zu schwängern. In Ägypten gehört eine heilige Hochzeit zur Pharaonenideologie: Ein Gott zeugt in Gestalt eines Mannes mit der kommenden Königin ein Kind, das dann als Gottes Sohn gilt, während die Frau zwar Jungfrau sein musste, es aber nach dem Geschlechtsakt nicht mehr ist. Der Mythos dient der Legitimation der Herrschaft. Im Hellenismus ist er als ägyptische Überlieferung bekannt; er wird zur Metapher für die Göttlichkeit bedeutender Männer. So greift ihn der römische Dichter Vergil auf, der in der Geburt des Augustus den Beginn eines Goldenen Zeitalters feiert (*Bucolica* 4). Die neutestamentliche Tradition wurzelt nicht im Mythos, sondern im Judentum. Für den jüdischen Theologen Philo von Alexandrien haben Sara Isaak, Rebekka sowohl Esau als auch Jakob und Lea Ruben als Jungfrauen geboren (*De Cherubim* 45–47), weil die Stammväter göttliche Tugenden verkörpern, die Gott allein vermitteln kann. Für das Neue Testament ist aber die messianische Deutung des „Immanuel" entscheidend (Jes 7,14; vgl. Mt 1,23). Während das Kind, dessen Geburt der Prophet ankündigt, im ursprünglichen Kontext nicht identifiziert wird, entwickelt es sich in der alttestamentlichen Rezeption zu einer Messiasgestalt (Jes 9; 11). In der Septuaginta, der griechischen Übersetzung, die im Judentum stark verbreitet gewesen ist, wird die „junge Frau" des hebräischen Textes als „Jungfrau" verstanden: weil ihr Kind, messianisch gedeutet, sich nicht der männlichen Zeugungskraft verdankt, sondern Gott. Dem entspricht auf der männlichen Seite das Bild von Jes 11, dass der Stammbaum Davids abgehauen ist, die Wurzel Isais aber noch Kraft hat und ein neues Reis hervorsprießen lässt. Auf der männlichen wie der weiblichen Linie kommt der Glaube Israels zum Ausdruck, dass Gott auch dort, wo es keine menschlichen Möglichkeiten gibt, einen neuen Anfang setzen kann und wird, der alles zum Guten fügt – und dass es nur Gott ist, dem eine solche Wende zugetraut werden kann. Dieser Glaube verbindet sich mit einer messianischen Deutung von Ps 2,7, wonach Gott zum König sagt: „Mein Sohn bist du, heute habe ich dich gezeugt" (vgl. 3,21; Apg 13,33). In diese Linie einer unbändigen Hoffnung auf Erlösung, die

36 *1,5–2,52 Die Kindheitsgeschichte*

Gott erfüllt, indem er den Menschen einen Menschen schenkt, durch den er selbst seine Verheißungen erfüllt, gehört das Zeugnis der Jungfrauengeburt bei Matthäus ebenso wie bei Lukas.

Jesus wird nicht durch die Jungfrauengeburt zum Sohn Gottes, sondern als Sohn Gottes wird er von der Jungfrau Maria geboren – und an dieser Geburt wird er als Sohn Gottes erkennbar; deshalb wird von ihr erzählt. V. 35 spricht metaphorisch von der geistgewirkten Empfängnis. Gottes Geist und Gottes Macht gehören zusammen; es ist Kreativität pur, die herrscht. Das entscheidende Argument ist Gottes Allmacht. Später wird Jesus es als die einzige Möglichkeit einführen, dass Menschen gerettet werden (18,27). Das Beispiel Elisabeths ist eine Analogie. Wenn sie in ihrem hohen Alter noch Mutter hat werden können, darf nichts ausgeschlossen werden, was Gott zum Guten fügen kann – selbst die Mutterschaft der Jungfrau Maria nicht. Die zweite Botschaft des Engels begründet die erste. Jesus ist ein Geschenk Gottes, ganz und gar. Lukas hat keine Inkarnationstheologie (wie Joh 1,1–18). Aber Jesus kommt mit Gottes Geist in die Welt.

Entscheidend ist Marias Schlussantwort **(38)**. Zum einen stellt sich Maria als Dienerin („Magd") ganz Gott zur Verfügung. Zum anderen hört und befolgt sie das Wort Gottes. Dieses Wort hat Schöpferkraft. Es gebietet, indem es beruft. Diesem Ruf ist Maria gehorsam. Vom Schlusswort her erklärt sich der gesamte Prozess als Entdeckung des Glaubens. Die positive Antwort schließt nicht aus, dass Maria bei Lukas weiter nachfragt und lernt. Aber sie schließt ein, dass sie Jesus seinen Weg gehen lässt – bis ans Kreuz. Dadurch, dass der Engel Maria verlässt, öffnet sich der Raum des Lebens, den der Glaube füllt. Maria geht voran – zuerst auf dem Weg zu ihrer Tante Elisabeth (1,39–56).

Maria wird bei Lukas stärker beachtet als in allen anderen Schriften des Neuen Testaments. Die Legenden einer tiefen persönlichen Beziehung zu Lukas können auf sich beruhen bleiben: Lukas hatte einen Sinn für die Mutter Jesu. Sein Interesse passt genau zu den Überzeugungen des Judentums, dass Jesus Jude durch seine jüdische Mutter ist; es hat einen Anklang bei Paulus, der von Jesus schreibt, er sei „geboren von einer Frau, gestellt unter das Gesetz" (Gal 4,4), um diejenigen zu befreien, die ihr Heil nicht in Werken des Gesetzes, sondern im Glauben an Jesus Christus suchen sollen (Gal 2,16). Anders als im Koran ist Maria bei der Empfängnis aktiv beteiligt – durch Gottes Gnade. Sie stimmt dem Wort Gottes zu. Sie überwindet ihre Demut und gibt ihm ihr Ja. Wenn der Engel sie verlässt, ist sie nicht allein, sondern mit Gott vereint, für Jesus, dem sie das Leben schenken wird. Maria ist bei Lukas ein menschlicher Charakter: als Mutter, als Jüdin, als Hörerin des Wortes, als aufmerksame Beobachterin, die nicht sofort versteht, was es mit ihrem Kind auf sich hat, aber für das offenbleibt, was sich mit Gottes Hilfe entwickeln wird. Sie ist nicht nur eine leibliche, sondern auch eine geistige Verwandte von Elisabeth. Sie steht in der Tradition ihrer Namenspatronin, der Prophetin Mirjam. Sie findet im *Magnificat* die richtigen Worte, um auszudrücken und einzuordnen, was ihr geschehen ist, mitten in Israel, mitten in der Welt. Ob es einen Messias gibt, dessen Vater Gott ist, ohne dass er einen biologischen Vater hat, ist eine Glaubensfrage – bis heute, wie bei der Auferstehung. Es gibt keine natürliche Erklärung. Maria spricht es bei Lukas selbst an. Alle Vermutungen über einen Ehebruch sind antichristliche Polemik seit der Antike. Lukas wahrt die Intimität einer Offenbarung, die zutiefst persönlich ist. Die Empfängnis und Geburt des Gottessohnes sind *per definitionem* ohne Analogie; historische und naturwissenschaftliche Erklärungen oder Abweise können deshalb nicht greifen. Der Glaube ist frei, sich nicht auf eine biologische Theorie festzulegen, wo es keine geben kann: Er ist offen für den Messias Gottes.

1,39–56
Der Besuch Marias bei Elisabeth

[39]Maria aber stand auf in diesen Tagen und ging eilends ins Bergland in eine Stadt Judäas [40]und kam in das Haus des Zacharias und begrüßte Elisabeth. [41]Und es geschah, als Elisabeth den Gruß Marias hörte, hüpfte das Kind in ihrem Bauch, und Elisabeth wurde vom Heiligen Geist erfüllt, [42]und sie rief mit lauter Stimme aus und sagte:

„Gesegnet bist du unter den Frauen
und gesegnet ist die Frucht deines Leibes.

[43]Wie wird mir, dass die Mutter meines Herrn zu mir kommt? [44]Denn siehe, als die Stimme deines Grußes in mein Ohr drang, da hüpfte und jubelte das Kind in meinem Bauch. [45]Selig, die geglaubt hat, dass vollendet wird, was ihr vom Herrn gesagt worden ist.“
[46]Da sagte Maria:

„Hoch preist meine Seele den Herrn,
[47]und mein Geist jubelt über Gott meinen Retter.
[48]Denn auf die Demut seiner Magd hat er geschaut.
Sieh doch, von nun an preisen mich selig alle Geschlechter.
[49]Denn Großes hat der Mächtige mir getan,
und sein Name ist heilig.
[50]Und sein Erbarmen währt von Geschlecht zu Geschlecht
bei allen, die ihn fürchten.
[51]Er übt Kraft aus mit seinem Arm,
er zerstreut, deren Herz voll Hochmut ist.

**⁵²Er stürzt die Mächtigen vom Thron
und erhöht die Demütigen,
⁵³die Hungernden füllt er mit Gütern
und lässt die Reichen leer ausgehen.
⁵⁴Er nimmt sich seines Knechtes Israel an
und denkt an sein Erbarmen,
⁵⁵so wie er gesprochen hat zu unseren Vätern,
zu Abraham und seinem Nachkommen auf ewig."**

⁵⁶Maria aber blieb drei Monate bei ihr und kehrte dann in ihr Haus zurück.

Unmittelbar nach der Verkündigung macht Maria sich auf, um ihre Tante Elisabeth zu besuchen – nicht um zu überprüfen, ob der Engel die Wahrheit gesagt hat, sondern weil sie ihm glaubt und deshalb die Nähe zu ihrer Tante sucht. Im kompositorischen Zentrum der Kindheitsgeschichte lässt Lukas zwei jüdische Frauen zu Wort kommen, die beide inspiriert sind und beide den Glauben des ganzen Gottesvolkes zum Ausdruck bringen. Elisabeth ist ganz Mutter; sie reagiert auf das Hüpfen ihres Kindes im Mutterleib (1,41a). Als Mutter des Täufers wird sie zur Prophetin, weil sie vom Geist Gottes „erfüllt" wird (1,41b) – wie später Simeon und Hanna.

Die Erzählung ist so aufgebaut, dass es zu einem Dialog der Frauen kommt, die beide prophetisch reden und die Bedeutung des Kindes wie aber auch der Mutter Jesu im Horizont der Heilshoffnungen Israels charakterisieren.

1,39–40	Marias Besuch bei Elisabeth	
1,41–45	Elisabeths Gruß an Maria	
	41	Das Hüpfen des Kindes im Mutterleib
	42	Der Segen auf Maria *(Ave Maria)*
	43–44	Das Zeugnis des ungeborenen Kindes
	45	Die Seligpreisung Marias
1,46–55	Das Gotteslob Marias *(Magnificat)*	
	46–49	Der Blick auf Maria
		46–47 Das Lob Gottes
		48 Der Preis der Demut
		49 Gottes Handeln an Maria
	50–53	Der Blick auf die Armen
		50 Gottes Erbarmen über alle Generationen
		51 Gottes Macht gegen menschlichen Hochmut

52	Gottes Sturz der Mächtigen
	und Erhöhung der Niedrigen
53	Gottes Hilfe für die Hungernden
	und Entzug für die Reichen
54–55	Der Blick auf Israel
54	Das Erbarmen
55	Die Verheißung
1,56	Marias Fürsorge für Elisabeth

Zwischen den prophetischen Worten gibt es starke Resonanzen. Elisabeth erkennt die Bedeutung derjenigen, die selbst ihren Ort in der Heilsgeschichte kennt, der durch ihr Kind, Jesus, bestimmt wird. Die Demut Marias, die sich in ihrem Weg zu Elisabeth und in ihrem Beistand der Schwangeren erweist, entspricht der Demut Jesu, den Weg des Dienens zu gehen (22,27).

Der Weg, den Maria nimmt **(39–40)** ist von Nazareth aus ca. 150 km lang und nicht ungefährlich. Entscheidend ist allerding, *dass* Maria sich auf den Weg macht – so wie es zeit seines Lebens ihr Sohn machen wird. Der Besuch zeigt ihre Familiensolidarität; er zeigt darin auch, was sie im Magnificat besingen wird: Gott macht die Demütigen stark.

Der Erzähler weiß, was Elisabeth erst später besprechen wird (V. 44): Ihr Kind hüpft in ihrem Leib **(41)**. Es reagiert auf den Gruß, mit dem Maria sich bei Elisabeth vorstellt. Das Hüpfen ist pränatale Prophetie: Das ungeborene Kind Elisabeths erkennt das ungeborene Kind Marias und freut sich über sein Kommen. Dieser archaische körperliche Vorgang entspricht einem ebenso archaischen spirituellen: Elisabeth wird „vom Heiligen Geist erfüllt" – demselben, dem Maria ihr Kind verdankt. Elisabeth wird zur Prophetin.

Sie erkennt das Paradoxe der Situation: Es entspricht zwar durchaus der Konvention, dass die junge Nichte der älteren Tante bei einer späten Geburt beisteht; aber es ist alles andere als selbstverständlich, dass sich die Mutter des Messias auf den Weg zur Mutter seines Vorläufers macht. Elisabeth wendet die Paradoxie der Situation ins Positive, indem sie die Situation von Gott her bedenkt. Das geschieht im *Ave Maria* **(42)**. Das zentrale Stichwort heißt „Segen" (griech.: *eulogein* – gutheißen, lat. *benedicere*, daher: „gebenedeit"). Indem Elisabeth Maria („du") anredet, preist sie Gott als den, der Maria gesegnet hat. Maria wird aber nicht für sich allein gesegnet, sondern mit ihrem Kind zusammen, auf dem der Segen Gottes liegt und durch das er sich verbreitet. Zwischen der Segnung Mariens und Jesu besteht keine Parallelität, so als ob die Segen getrennt werden könnten und einander ergänzen müssten; vielmehr herrscht das typisch biblische „Achtergewicht": Maria ist um Jesu willen, mit ihm und auf ihn hin gesegnet.

Elisabeth weiß im Geist um das Heilshandeln Gottes. Sie weiß um die Verkehrung der Rollen. Deshalb fragt sie: „Wie wird mir ...?" (43). Sie bekennt sich indirekt zum Herr-Sein Jesu, der noch gar nicht geboren ist. Sie weiß sich persönlich geehrt – durch die Mutter, die wegen ihres Kindes selbst aller Ehren wert ist. Als Mutter erkennt Elisabeth im Heiligen Geist die Gnade, weil ihr Kind ihr das Zeichen gegeben hat (44). Das Segensgebet („Gesegnet bist du ...") führt auf dem Weg über die Selbstvergewisserung („Wie wird mir ...?") zu einer Seligpreisung der Gläubigen („Selig, die geglaubt hat ..."), die von der Inspiration Elisabeths gedeckt ist (45). Der Glaube macht selig – auch Maria. Maria hat Gott Glauben geschenkt: Elisabeth deutet ihr Verhalten bei der Verkündigung, vor allem ihr abschließendes Ja zu Gottes Wort (1,38). Die Verkündigung, der sie Glauben geschenkt hat, ist eine Verheißung, die alle Zukunft bestimmt; diese Zukunft vergegenwärtigt der Glaube, zu jeder Zeit.

Das *Magnificat* (Vv. 46–55) überliefert Lukas als charakteristisches Glaubenszeugnis Marias. Es ist das erste Beispiel der *Cantica*. Es ist als Psalm aufgebaut, mit dem *parallelismus membrorum*, den variierenden Doppelversen, als wesentlichem Stilmittel. Das *Magnificat*, als Mariengebet überliefert, ist von Anfang an ein Frauengebet, wie Hannas Danklied wegen der Geburt Samuels (1Sam 2). Das Lied hat drei Teile: Zuerst erklingt ein Gotteslob im eigenen Namen (1,46–49), dann dankt die Beterin für Gottes Handeln zugunsten der Armen (1,50–53); schließlich erfolgt die Übertragung auf den „Knecht" Gottes, sein Volk Israel (1,54–55). Da Israel oft auch als Tochter Zions (Jes 62,11; Sach 9,9) oder als Braut Gottes (Jes 61,10) angesehen wird, entsteht eine metaphorische Verbindung zum ersten Teil, zur „Magd" des Herrn.

Das Lob der Beterin (46–49) gilt dem „Gott Israels" – so wie im dritten Teil die Israelperspektive dominieren wird. Er ist der „Herr" (1,46) und der „Retter" (1,47): Seine Macht ist Güte. Das Gotteslob ist höchste Anerkennung und freudigster Jubel; die Größe Gottes wird beim Namen genannt; der Grund zur Freude wird ausgesprochen (Vv. 46–47). Die Organe des Gotteslobes sind „Seele" *(psyché)* und „Geist" *(pneûma)*. In der biblischen Anthropologie kennzeichnet beides das Wesen des Menschen, als Geschöpf in seiner Beziehung zu Gott, die seine Identität ausmacht. V. 48a nennt den entscheidenden Grund: Die „Demut" der „Magd" findet bei Gott wohlwollende und anerkennende Aufmerksamkeit, weil er – wie in den Versen 50–53 ausgeführt werden wird – die Gebeugten aufrichtet. Diesem Gott folgen die Menschen und preisen für alle Zeit die selig, die Elisabeth seliggepriesen hat. Wenn es eine ökumenische Marienverehrung geben sollte, dann auf den Spuren Elisabeths.

Der zweite Teil (Vv. 50–53) erschließt weite Horizonte der Geschichte Israels im Stile der Psalmen. Diejenigen, die Gott „fürchten" (50), setzen

1,39–56 Der Besuch Marias bei Elisabeth 41

darauf und profitieren davon. Die entscheidenden Kategorien sind „Erbarmen" und „Kraft" **(51)**. Aus der Kombination ergibt sich das Revolutionäre des Handelns. Es zeigt sich in verschiedenen Umstürzen, die alle auf einen einzigen zurückgehen: den Umsturz von der Sünde zur Gerechtigkeit. Die Hochmütigen werden „zerstreut", d. h. auf ihre wahre Größe zurückgeworfen, die nichts ist. Die Mächtigen werden vom Thron gestürzt, weil Gott die Macht antritt und alles Unrecht beendet **(52)**. Die Demütigen werden erhöht, weil sie sonst nicht zu ihrem Recht kommen (vgl. Vv. 46–49). Die Reichen stehen mit leeren Händen da, weil sie sich die Taschen auf Kosten anderer gefüllt haben **(53)**. Noch wichtiger ist das positive Gegenüber derer, die ganz unten sind und ganz nach oben kommen. Die Hungernden werden mit denjenigen Gütern beschenkt, die sie entbehren müssen; sonst würden sie nicht überleben. Die Aussagen gelten universal, auch wenn sie in der Glaubensreflexion Israels getroffen worden sind. Durch Gottes Revolution werden die Verhältnisse nicht auf den Kopf gestellt, sondern geradegerückt.

Was im ersten Teil einerseits auf Maria, andererseits auf die Tochter Zion gedeutet werden kann und im zweiten Teil unter das Vorzeichen der weltweiten Gerechtigkeit Gottes gestellt worden ist, wird im Schlussteil **(54–55)** auf das Volk, den „Knecht" Gottes, Israel, übertragen. Israel liegt am Boden, wird aber erhöht; das Volk Gottes wird von eigener und fremder Schuld gebeugt, aber aufgerichtet. Gott erweist seine Kreativität, weil er treu zu seinen Verheißungen steht. Mit Abraham wird die Segensverheißung für alle Völker aufgerufen, gebunden an seinen Nachkommen *(spérma)*. Das Wort steht, anders als in den meisten Übersetzungen, im Singular: Er hält die Möglichkeit einer messianischen Deutung offen (vgl. Gal 3,16). Der Heilsuniversalismus klingt im ersten Teil an, wenn „alle Geschlechter" in die Seligpreisung Elisabeths einstimmen, und im zweiten Teil, wenn Gott ohne jedes Ansehen der Person Gerechtigkeit schafft.

Alle drei Teile haben bei Lukas eine christologische Dimension: Gott ist der Retter Marias und aller, die glauben wie sie, weil er ihr Jesus geschenkt hat, der Gottes Reich aus Israel heraus verwirklicht (1,32–33). Jesus ist – wie schon der Name sagt – Gottes Hilfe für die Welt: die Verkörperung seines Erbarmens, die Verwirklichung seiner Kraft. Jesus ist der treue Sohn Israels, der durch seinen Heilsdienst alle Völker zu Gott führt.

Maria lässt ihren Worten Taten folgen **(56)**. Sie steht ihrer Tante während der Schwangerschaft bei, auch wenn sie selbst schwanger ist. Sie geht nach drei Monaten wieder zurück, weil Johannes geboren ist und auch um ihr eigenes Kind und sich zu schützen, das in Bethlehem geboren werden soll (2,1–20).

42   *1,5–2,52 Die Kindheitsgeschichte*

Das *Magnificat* ist ein Lied, das zwei Frauen miteinander verbindet: Maria und Elisabeth, indem es zwei Kinder miteinander verbindet: Jesus und Johannes. Es ist ein Lied, das die Kirche mit Israel verbindet. Vor allem ist das *Magnificat* ein Lied, das Himmel und Erde verbindet, und zwar dadurch, dass Maria, die Mutter, vor Gott zum Ausdruck bringt, wieviel ihr Jesus bedeutet, ihr Kind. Gott handelt, zum Heil der Menschen, und zwar nicht irgendwann, sondern hier und jetzt, durch dieses Kind, diesen Jesus, der „heilig und Sohn Gottes genannt werden wird" (1,35). Diese Dimensionen gewinnt das *Magnificat*, weil es, ganz in der Sprache der Psalmen gedichtet, durch den Kontext des Kindheitsevangeliums sein Bedeutungspotential anreichert. Dem *Magnificat* geht das *Ave Maria* voran: ein prophetisches Willkommen Elisabeths. Wenn es zum Gebet wird, wie vor allem in der katholischen Kirche, darf es nicht vom Kontext der Verheißung Jesu abgelöst werden, der den messianischen Umschwung bringen wird. Beide Kinder sind noch nicht geboren – aber sie bestimmen schon Gottes Geschichte mit den Menschen. Sie kommunizieren miteinander, durch inspirierte Menschen, ihre Mütter, die guter Hoffnung sind. Lukas hat Elisabeth und Maria die Worte der Gebete in den Mund gelegt und beide Frauen dadurch so kenntlich gemacht, wie sie im Horizont der Messiashoffnung erscheinen.

1,57–80
Die Geburt des Johannes

[57]Als aber bei Elisabeth die Tage ihres Gebärens erfüllt waren, gebar sie einen Sohn. [58]Da hörten ihre Nachbarn und Verwandten, dass der Herr an ihr sein großes Erbarmen erwiesen hat, und sie freuten sich mit ihr. [59]Und es geschah am achten Tag, dass sie kamen, das Kind zu beschneiden, und riefen es nach seines Vaters Namen Zacharias. [60]Da erwiderte seine Mutter und sagte: „Nein, sondern er wird Johannes heißen". [61]Und sie sagten zu ihr: „Niemand aus deiner Verwandtschaft trägt diesen Namen." [62]Sie aber winkten seinem Vater, wie er wolle, dass er heiße. [63]Da erbat er eine Tafel und schrieb: „Johannes ist sein Name." Und alle staunten. [64]Da wurde auf der Stelle sein Mund geöffnet und seine Zunge, und er sprach und lobte Gott. [65]Und alle Umstehenden befiel Furcht, und im ganzen Bergland von Judäa verbreitete sich dieses Wort. [66]Und alle, die es hörten, nahmen es sich zu Herzen und sagten: „Was wird nur aus diesem Kind werden? War doch die Hand des Herrn mit ihm."
[67]Und Zacharias, sein Vater, wurde vom Heiligen Geist erfüllt und redete prophetisch und sagte:

> „[68]Gepriesen sei der Herr, der Gott Israels,
> denn er hat auf sein Volk geschaut
> und ihm Erlösung verschafft.

1,57–80 *Die Geburt des Johannes* 43

[69]Und er hat ein Horn unseres Heiles erweckt
im Haus seines Knechtes David.
[70]So hat er gesprochen von Ewigkeit
durch den Mund seiner heiligen Propheten,
[71]Rettung vor unseren Feinden
und aus der Hand aller, die uns hassen.
[72]Er hat Erbarmen erwiesen an unseren Vätern
und seines heiligen Bundes gedacht,
[73]des Eides, den er unserem Vater Abraham geschworen hat,
uns zu geben, dass wir, [74]furchtlos aus Feindeshand befreit,
ihm dienen [75]in Heiligkeit und Gerechtigkeit vor ihm all unsre Tage.
[76]Und du, Kind, wirst Prophet des Höchsten heißen,
denn du wirst dem Herrn vorangehen und ihm den Weg bereiten,
[77]du wirst seinem Volk die Kenntnis des Heiles geben
in der Vergebung ihrer Sünden
[78]durch das herzliche Erbarmen unseres Gottes,
in dem uns besuchen wird das aufstrahlende Licht aus der Höhe,
[79]allen zu leuchten, die in der Finsternis sitzen und im Schatten des
Todes,
um unsere Schritte zu lenken auf den Weg des Friedens."

[80]Das Kind aber wuchs auf und wurde stark an Geist und war in der Wüste
bis zu den Tagen seines Auftrages für Israel.

Wie Elisabeth es prophezeit hat (1,25), fällt die gesellschaftliche Schande
von ihr ab, als sie das verheißene Kind geboren hat. Der Blick des Evangeliums richtet sich jetzt auf das Kind. Das erste ist sein Name. Elisabeth
folgt dem Wort des Engels: „Johannes". Zacharias unterstützt seine Frau,
erst schriftlich, was seine Glaubenstreue beweist; dann wird, wie vom
Engel angekündigt, seine Zunge gelöst (Vv. 57–63). Als der Stumme,
der wieder sprechen kann, wird Zacharias zum inspirierten Dichter und
Beter (V. 64). Die Menschen, die zuerst Elisabeth ob ihrer Kinderlosigkeit geschmäht haben und ihr dann die Namensgebung nicht abnehmen
wollten, sind immerhin beeindruckt, wenn sie auch noch nicht zum
Glauben gekommen sind (Vv. 65–66).
Die Perikope ist so aufgebaut, dass das Geschehen, die Geburt des Täufers, durch das Glaubenslied des Zacharias gedeutet wird.

1,57–66	Das Geschehen	
	57–58	Die Geburt des Täufers
	57	Das Ereignis
	58	Die Freude der Verwandten und Bekannten

	59–64	Die Namensgebung	
		59	Die Beschneidung
		und die Erwartung des Namens Zacharias	
		60	Die Namensgebung durch die Mutter: Johannes
		61–62	Das Insistieren der Verwandtschaft
		63	Das schriftliche Zeugnis des Zacharias
		64	Das Gotteslob des Zacharias
	65–66	Das Echo des Volkes	
		65	Das Staunen
		66	Die Frage nach der Bedeutung des Kindes
1,67–79	Die Deutung im *Benedictus*		
	67	Einleitung	
	68–75	Der Lobpreis Gottes	(„Er")
		68–69 Der Dank an Gott	
		70–73a Die Verheißung	
		73b–75 Die Berufung zum Dienst	
	76–77	Die Verheißung über das Kind	(„Du")
		76a	Die Stellung des Kindes
		76b	Die Sendung des Kindes
		77	Die Wirkung des Kindes
	78–79	Die Freude des Volkes	(„Wir")
		78	Das Aufstrahlen des Lichtes
		79a	Die universale Ausweitung
		79b	Die Begründung der Friedensaktion

Die Geschichte erzählt, wie die Geburt des Täufers das Leben aller verändert, zuerst der Mutter und des Vaters, aber auch der Verwandtschaft und des ganzen Volkes: Gott öffnet den Raum der Zukunft; Neues wird entstehen. Zacharias öffnet die ambivalente Situation, indem er in einem Psalm sein Gotteslob ausspricht. Das Benedictus hat drei Teile, die aufeinander aufbauen: Gottes Lobpreis richtet sich auf die Erfüllung seiner Verheißung, Israel zu retten. Diese Erfüllung beginnt mit der Geburt des Johannes, weil er der ist, den der Engel charakterisiert (1,30–33.35) und Elisabeth prophezeit hat (1,42–45). Die Sendung des Täufers startet die Friedensaktion Gottes, von der das ganze Volk profitiert – auch wenn nur wenige (inspirierte) Menschen dies erkennen und ausdrücken. In der Abfolge zeigt sich das Gattungsmuster eines Lobpsalmes; das neugeborene Kind ist sein Anlass und sein Thema. *Der erste Teil* (Vv. 68–75) ist im Stil eines alttestamentlich-jüdischen Gotteslobes gehalten. Das Leitwort ist: Er. Gott wird zu seiner Ehre nichts durch die menschliche Lobpreisung hinzugefügt; vielmehr wird umgekehrt Gott dadurch gelobt, dass beschrieben wird,

1,57–80 Die Geburt des Johannes 45

was er zu Gunsten der Beter getan hat. Deshalb richtet sich das Gebet nicht – wie die Bitte oder Klage – direkt an Gott, sondern wird vor Gott gesprochen: in seiner Gegenwart, aber als indirekte Einladung aller, die vor ihm stehen (ob sie es wissen oder nicht), das Gebet mitzusprechen und damit Gott die Ehre zu geben. *Der zweite Teil* (Vv. 76–77) richtet in diesem Kontext den Blick auf das Kind, das Gott verwirklichen lässt, was er verheißt. Das Leitwort ist: Du. Im Gebet wird ein Portrait des Täufers gezeichnet, das seine einzigartige Rolle im Vorfeld des Messias beschreibt. *Der dritte Teil* (Vv. 78–79) charakterisiert die Reaktion des Volkes, zu dem Johannes gesandt ist, wie der Messias gesendet werden wird. Das Leitwort heißt: Wir. Hier kommen, in der Stimme des Zacharias, diejenigen zu Wort, die das gesamte Gebet sprechen, weil sie ihren Standort in die Perspektive der eschatologischen Vollendung einzeichnen.

Was Zacharias verheißen wurde (1,13–17) tritt ein: Elisabeth bringt das Kind zur Welt **(57)**, das sie empfangen hat (1,24–25). Ihr Umfeld reagiert so positiv **(58)**, wie früher die Menschen meinten, Elisabeth wegen ihrer Kinderlosigkeit (1,25) schmähen zu müssen. Der böse Verdacht, Gott bestrafe eine schwere Schuld, weil der Kinderwunsch lange Zeit unerfüllt blieb, war immer falsch und wird nun endgültig wiederlegt. Der Hinweis auf Gottes Erbarmen bereitet schon den Namen des Kindes, Johannes, vor (V. 60).

Wie später Jesus (2,21) wird auch Johannes am achten Tag beschnitten **(59)**, wie es jüdischer Brauch ist. Die Beschneidung besiegelt die Zugehörigkeit zum Gottesvolk der Abrahamskinder (Gen 17,10–13). Sie ist mit der Namensgebung verbunden. Die Bekannten und Verwandten, die sich kümmern, gehen davon aus, dass der Sohn wie sein Vater heißt, Zacharias; denn so ist es Brauch. Aber Johannes entspricht nicht der Konvention. Die Mutter drückt es aus **(60)**. „Johannes" heißt: Gott ist gnädig. Das Erbarmen Gottes, dem sich das Kind verdankt (V. 58), wird zum Kennzeichen dieses Kindes: Es ist sein Lebensprogramm, auch wenn er – entgegen dem neutestamentlichen Text (3,1–20) – meist nur als Gerichtsprophet gesehen wird.

Das Umfeld kann nicht glauben, was die Mutter über den Namen ihres Kindes sagt **(61)**, weil es der Konvention widerspricht, und wendet sich, den Standards einer patriarchalischen Kultur gemäß, an den Vater **(63)**. Zacharias kann zwar, gemäß dem Wort des Engels stumm geworden (1,20), nicht sprechen. Aber als Priester kann er selbstverständlich schreiben. Auf eine Schiefer- oder Wachstafel notiert er den Namen: „Johannes"; er bestätigt, was seine Frau Elisabeth gesagt hat (V. 60), und nimmt vorweg, was er im *Benedictus* ausführen wird: welch wichtige Rolle das Kind in Gottes Heilsplan spielen wird. Das Staunen der Menge

46 1,5–2,52 *Die Kindheitsgeschichte*

ist nicht unbedingt ungläubig, bringt aber das Problem zum Ausdruck, Gottes Überraschung zu verstehen.

Wegen seines Unglaubens, den er der Verheißung des Engels entgegengebracht hat, war Zacharias stumm geworden (1,18–20). Jetzt, da er sich zu seiner Frau und zu seinem Kind stellt, wird seine Zunge gelöst **(64)**. Was er sagt, ist Gotteslob – wie es im *Benedictus* ausgeführt werden wird (Vv. 68–79).

Die Reaktion auf die Geburt des Johannes und auf das Sprechen des Zacharias wird doppelt geschildert. Zuerst kommen die Nahestehenden zu Wort **(65)**: Sie werden von heiliger Furcht erfüllt. Was sich bei Elisabeth und Zacharias mit Johannes ereignet hat, löst große Resonanz aus – wie später die Geburt Jesu in Bethlehem, dank der Hirten, die nicht schweigen von dem, was ihnen offenbart worden ist (2,17–18.20). Hier wird das Bergland von Judäa genannt, die nähere Umgebung, von Ramallah bis Hebron, Jerusalem inbegriffen. Die Wirkung ist positiv **(66)**. Was die Ohren hören, geht zu Herzen, berührt also die Menschen in der Mitte ihrer Person. Sie erkennen am Zeugnis des Zacharias und an der Geburt des Täufers, zu der es nach menschlichem Ermessen nicht mehr hätte kommen können, dass Gott seine Hand im Spiel hatte – wie es nach der Überzeugung Elisabeths und dem Psalm des Zacharias auch war (Vv. 68–79). Was Johannes vorhat und tun wird, ist noch die Frage; aber wenn Jesus später erklären wird, dass der Täufer im Volk auf große Resonanz gestoßen ist und nur die Elite sich in Zurückhaltung geübt hat (7,24–30), wird hier der Keim der Aufmerksamkeit gelegt: in der Sensibilität für die Zeichen Gottes mitten im Leben (3,1–20).

Zacharias deutet das Geschehen und öffnet seinen Sinnhorizont **(67)**. Er redet inspiriert, als Prophet, wie vor ihm seine Frau Elisabeth (1,41–47) und Maria (1,46–55) und nach ihm sowohl der greise Simeon als auch die Prophetin Hanna (2,21–40). „Prophetisch" heißt: im Wissen um die Zeichen der Zeit (12,56), in der Erinnerung an die Geschichte Gottes mit seinem Volk und in der Erwartung der kommenden Vollendung. Der Psalm, den Zacharias anstimmt, vollzieht im ersten Teil (Vv. 68–75) einen Dreischritt vom begründeten Lob (Vv. 68–69) über die realisierte Verheißung (Vv. 70–73) zur aktuellen Berufung (Vv. 74–75). Gegenwart, Vergangenheit und Zukunft werden dadurch ins Verhältnis gesetzt: Gott verbindet sie in der Dynamik seines Heilshandelns. Die drei Aspekte entsprechen dem Wort des Engels. Sie gehören zusammen. Zacharias konzentriert sich auf das Was und Wozu, während Gabriel auch das Wie der Verkündigung des Johannes vorhergesagt hatte. Die Sprache ist allgemein, intensiv, aber formelhaft. Ein direkter Bezug auf den Kontext fehlt; die indirekten Bezüge sind aber sehr stark, weil in alttestamentlicher Gebetssprache die Struktur des Heilshandelns Gottes exakt erfasst ist. Im *Auftakt*

1,57–80 *Die Geburt des Johannes* 47

(Vv. 68–69) antizipiert Zacharias die Vollendung dessen, was durch Johannes erst nur vorbereitet werden wird. Das macht den Vertrauensbeweis des Priesters so groß. Er betet vor denen, die zum Glauben an Gott kommen sollen. *Im Mittelteil* (Vv. 70–73a) wird die Heilsgegenwart, die alle Zukunft erschließt, auf die Heilsgeschichte der Verheißung Gottes bezogen. Dadurch erklärt sich das Vergangenheitstempus des Auftaktes (Vv. 68–69) als realisierte Eschatologie. In der Fortsetzung wird die Verheißung namhaft gemacht, die mit der Geburt des Täufers so vergegenwärtigt wird, dass sie alle Zukunft erschließt. *Im Schlussteil* (Vv. 73b–75) wird die Berufung Israels ins Wort gebracht, die durch die Sendung des Täufers die entscheidende Wende einleiten wird.

Im einleitenden Lob (**68–69**) wird deutlich, dass der Gott Israels in seinem Volk einen Sprecher findet, der das Heilsgeschehen erkennt und ausdrückt. Zacharias spricht für alle, die auf Gott bauen, mögen es auch wenige sein. Er spricht für viele, die auf die prophetische Stimme Einzelner angewiesen sind, um ihre Hoffnung nicht zu verlieren. Das *Benedictus* versammelt auf engem Raum wesentliche Attribute Gottes, die aus einer Theologie (vor allem) der Psalmen zu gewinnen sind: seine Bindung an Israel, seine Nähe zu Israel, die ihn das Volk zu seinem Heil besuchen lässt, seine Entschiedenheit zur Erlösung Israels, sein Handeln in Israel durch die Sendung eines Retters aus Israel. Das „Horn des Heiles" (vgl. 2Sam 22,3; Ps 18,3) ist – eine Tiermetapher – die Spitze seiner Macht, die er durch Menschen wahrnimmt, weil das Böse besiegt werden muss, damit das Leben entsteht.

Gott verheißt durch den Mund seiner Propheten (**70**) – so wie er jetzt durch den Priester-Propheten Zacharias redet, der auf die Aktualität des Gotteswortes, die Gültigkeit der Verheißung und die Bedeutung seines Kindes für das Kommen des Messias setzt. Propheten deuten die Gegenwart, erschließen die Vergangenheit und weisen den Weg in die Zukunft; heilig sind sie, weil sie, von Gott berufen, ihrer Sendung treu bleiben. „Von Ewigkeit" heißt: tief verwurzelt in Gottes Heilsratschluss und deshalb glaubwürdig. Gott erfüllt seine Verheißung als Retter vor allen Feinden. Ps 106,10 klingt an: „Er rettete sie aus der Hand derer, die sie hassten, erlöste sie aus der Gewalt des Feindes." (**71**). Dem Blick nach außen – auf die abgewehrte Gefahr – folgt der Blick nach innen (**72**): Gott schenkt seinem Volk, das nicht nur von seinen Feinden bedrängt wird, sondern auch sich selbst schadet, sein Erbarmen. Das Erbarmen ist das Mitleid, das aus dem Herzen Gottes strömt. Diese Emotion folgt aus dem „Gedenken" Gottes: einer Vergegenwärtigung der Vergangenheit, die Gott in seinem Gedächtnis wachruft und dadurch aktualisiert. Der Bund ist der Sinaibund, der durch den Neuen Bund der Eucharistie (22,20; vgl. Jer 31,31–34) nicht abgelöst, sondern erfüllt wird, d. h. seine eschatologische Bedeutung realisiert. Der „Eid" **(73)**, den Gott nach der Opferung Isaaks Abraham – im Sinne einer Selbstverpflichtung – geschworen hat (Gen 22,26–27), zielt auf die universale Segensverheißung, die Gott Abraham und seinem Nachkommen mit auf den Weg gegeben hat (Gen 12,1–3).

Das gegenwärtige Geschenk besteht in der Ermöglichung eines authentischen Gottesdienstes **(74–75)**. Zacharias macht transparent, dass er nicht nur vor dem Volk, sondern auch im Volk und für das Volk betet, damit es mit ihm beten wird. Die Befreiung (V. 74) ruft das *Magnificat* ins Gedächtnis (1,46–55); der Dienst Gottes „in Heiligkeit und Gerechtigkeit" (V. 75) das Priestertum des Zacharias (1,5–6.8–9).

In diesem Rahmen wird Johannes dreifach gekennzeichnet (Vv. 76–77). Zacharias betet weiter vor dem Volk zu Gott – aber nun so, dass er sein Kind direkt anschaut und anredet: „Du". (1.) Er ist „Prophet des Höchsten" **(76)**, also Prophet Gottes selbst. (2.) Die Prophetie konkretisiert sich in der Wegbereitung (vgl. Mal 3,1) für den „Kyrios" Jesus – im Sinn von Mal 3,23–24. Johannes ist also dadurch ein Prophet, dass er Jesus den Weg bereitet; er bereitet Jesus den Weg, indem er dem Wort Gottes seine Stimme leiht (vgl. Mt 11,2 par. Lk 7,27; Mk 1,2). (3.) Johannes wird als Vorläufer Jesu – durch die Taufe der Umkehr – das Volk Gottes mit der Vergebung der Sünden beschenken, so dass es sich auf Jesus vorbereiten kann **(77)**.

Die Charakterisierung des Täufers in der Kindheitsgeschichte stimmt genau zur Darstellung seines Wirkens (3,1–20) und zu den Reflexen auf die Täuferpredigt in überlieferten Worten Jesu (7,24–35 par. Mt 11,7–19). Die „Größe" des Täufers (1,15a) wird von Jesus selbst attestiert werden (7,28). Johannes steht an der heilsgeschichtlichen Schwelle von „Gesetz und Propheten" und des Gottesreiches, dessen Nähe Jesus verkündet (16,16). Dass Johannes als Asket (1,15b) lebt, wird in der Erzählung durch das Stichwort „Wüste" angespielt (3,2); Jesus wird es nach Lukas aufgreifen (7,24–25.33–34) und kritisieren, wie Johannes wegen seiner Askese kritisiert wird. Die Inspiration des Täufers (1,15c) wird durch seine Predigt öffentlich (20,1–8 par. Mk 11,27–33). Dass Johannes die Menschen in Israel neu zu Gott bekehrt (1,16) und ihnen die Sünden vergibt, wird an der Verkündigung „der Umkehr und der Taufe zur Vergebung der Sünden" (3,3) festgemacht, die bei Lukas zwei Brennpunkte hat: die Erwartung des kommenden Gerichts (3,7–9) und die Erwartung des „Stärkeren", des Messias (3,16–17). Die – nur bei Lukas überlieferte – Standespredigt (3,10–14) und die Kritik des Tetrarchen Herodes Antipas (3,19), die zu seinem Martyrium geführt hat (3,20), konkretisieren die Umkehrpredigt ethisch. Dass Johannes Vorläufer Jesu ist (1,17.76b.77), wird später mit Hilfe von Jes 40,3–5 (nach der Septuaginta) biblisch-

1,57–80 Die Geburt des Johannes 49

theologisch noch breiter verankert (3,4–6 par. Mk 1,2–3) als durch den doppelten Verweis auf Mal 3,23–24 in der Zacharias-Tradition. Später wird Jesus selbst den Bezug zu Elija (über Maleachi) herstellen (7,27). Dass Johannes „Prophet" ist (V. 76), wird von Jesus noch bekräftigt (7,26): „mehr als ein Prophet", nämlich der „Vorläufer". Die wechselseitige Abstimmung zeigt die Prägung der Kindheitsgeschichte durch die Verkündigung Jesu, die im Licht des Osterglaubens hervortreten wird, und die Prägung der lukanischen Kindheitsgeschichte durch die Täufertraditionen, die in das Evangelium eingepasst werden.

Der Schluss **(78–79)** greift das Gotteslob auf (Vv. 74–75) und verbindet es mit dem Geschenk des Johannes. Die Verheißung des Friedens präludiert das *Gloria* (2,14); der Akzent liegt darauf, dass das Friedensangebot auch angenommen wird. Die Lichtmetaphorik ruft die jesajanischen Heilsverheißungen wach (Jes 9). Die Sündenvergebung gehört zur Taufe, deren Heilswirkung auch in der Erkenntnis Gottes liegt: dass er barmherzig ist.

Mit einer kurzen Notiz überbrückt Lukas die Zeit bis zum Auftritt des Täufers Johannes **(80)**: Geist – Wüste – Israel werden Markenzeichen seiner Mission, die auf die „Erlösung" Israels aus ist (1,68). Johannes wird seinen eigenen Weg gehen: den Gott ihn führt, als Vorläufer des Messias.

Das *Benedictus* ist ein jüdisches Gebet mitten im Neuen Testament, das in die christliche Liturgie gelangt ist. Es verschafft dem Judentum im Christentum eine Stimme; es qualifiziert die jüdisch-christlichen Beziehungen: theologisch und spirituell. Es ist ein Friedensgebet, das den Hass überwinden kann: weil es zur Umkehr ruft und die Notwendigkeit der Veränderung in der Verheißung verortet, die Gott allein erfüllen kann. Es relativiert nicht die Hoffnung auf den Messias, der den Namen Jesus trägt, sondern verortet sie in der Gottesgeschichte Israels. Johannes kommt noch kein einziges Mal zu Wort, aber er wird die folgende Szene beherrschen und wahrmachen, was über ihn prophezeit worden ist. Das Kindheitsevangelium stellt ihn als Verwandten Jesu vor; die Verkündigungsgeschichte wird ihn als prophetischen Partner präsentieren, der ihm den Weg bereitet, so wie Jesus von ihm in den höchsten Tönen spricht. Die Stärke des Johannes ist seine Schwäche: dass er nicht der Messias ist und auch nicht sein will (vgl. 3,15). Er steht dem Messias am nächsten: als Prediger der Umkehr mitten in Israel und als Täufer im Jordan, wohin auch Jesus kommen wird. Die Kindheitsgeschichte zeigt am Beispiel des Johannes, dass Gott verwandtschaftliche Beziehungen nicht verschmäht, um Heilsgeschichte zu schreiben, dass aber die natürlichen Bindungen nicht über den Glauben entscheiden, sondern dass ganz im Gegenteil Gott selbst es ist, der sowohl Elisabeth und Zacharias als auch Maria und Josef mit einem Gotteskind beschenkt. Die Erzählungen erklären sich aus Familientraditionen im Umkreis des Täufers, die sich mit Überlieferungen aus seiner Jüngerschaft decken. Die literarische Gestaltung ist durchgreifend. Die Verbindung der Erzählung mit dem *Benedictus* ist lukanisch. Das Gebet gehört in die christliche Liturgie, von Anfang an bis heute.

2,1–20
Die Geburt Jesu

[1]Es geschah aber in jenen Tagen, dass ein Gebot vom Kaiser Augustus ausging, den ganzen Erdkreis aufzuschreiben. [2]Dieser Zensus war der erste, er geschah, als Quirinius über Syrien herrschte. [3]Und alle gingen, sich aufschreiben zu lassen, ein jeder in seine eigene Stadt. [4]Da ging auch Joseph aus Galiläa, aus der Stadt Nazareth, hinauf nach Judäa in die Stadt Davids, die Bethlehem heißt, weil er aus dem Hause und Geschlechte Davids war, [5]um sich einzutragen mit Maria, seiner Angetrauten; die war schwanger. [6]Es geschah aber, als sie dort waren, dass sich die Tage erfüllten, da sie gebären sollte, [7]und sie gebar ihren Sohn, den Erstgeborenen, und wickelte ihn in Windeln und legte ihn in eine Krippe, denn in der Herberge war kein Platz für sie. [8]Und Hirten waren in jener Gegend auf dem Felde bei den Hürden und hielten Nachtwachen bei ihrer Herde. [9]Und siehe, der Engel des Herrn trat zu ihnen, und die Herrlichkeit des Herrn umstrahlte sie, und sie fürchteten sich sehr. [10]Und es sagte ihnen der Engel: „Fürchtet euch nicht! Denn siehe, ich verkündige euch eine große Freude, die dem ganzen Volk bereitet ist; [11]denn heute ist euch der Retter geboren, der ist Christus, der Herr, in der Stadt Davids. [12]Und das habt zum Zeichen: Ihr werdet ein Kind finden, in Windeln gewickelt, in einer Krippe liegen." [13]Und plötzlich war mit dem Engel die Fülle der himmlischen Heerscharen, die lobten Gott und sprachen:

[14]„Ehre sei Gott in der Höhe
und Friede auf Erden den Menschen seines Wohlgefallens."

[15]Und es geschah, als die Engel von ihnen fort in den Himmel gefahren waren, da sagten die Hirten untereinander: „Auf, lasst uns nach Bethlehem gehen und dieses Ereignis sehen, das der Herr uns kundgetan hat." [16]Und sie kamen eilends und fanden Maria und Joseph und das Kind in der Krippe liegen. [17]Als sie es aber sahen, gaben sie Kunde von dem Wort, das ihnen über dieses Kind gesagt worden war. [18]Und alle, die es hörten, staunten über das, was ihnen die Hirten gesagt hatten. [19]Maria aber bewahrte alle diese Worte und bewegte sie in ihrem Herzen. [20]Und es kehrten die Hirten zurück und priesen und lobten Gott für alles, was sie gehört und gesehen hatten, wie es ihnen gesagt worden war.

2,1–20 Die Geburt Jesu   51

Das Weihnachtsevangelium nach Lukas ist nicht nur ein literarisches Meisterwerk, sondern auch ein theologisches Zeugnis erster Güte. Seine Popularität ist bestens begründet. Es spannt den weltweiten Rahmen der Jesusgeschichte auf und konzentriert sich auf die Geburt eines Kindes als Verheißung ewigen Heiles.

Das Weihnachtsevangelium ist ohne Parallele im Neuen Testament. Die charakteristische Sprache im Ton der griechischen Bibel Israels, die Weite des Blicks, die Dichte der Atmosphäre, die Tiefe der Theologie – alles weist auf Lukas selbst als Erzähler hin. Die Gemeinsamkeiten mit dem matthäischen „Kindheitsevangelium" gehen über elementare Berührungspunkte nicht hinaus: Jesus, Maria, Joseph, Bethlehem, Jungfrau. Sie zeigen im Ursprung eine vorlukanische Tradition, die am ehesten in judenchristlichen Kreisen Judäas und der Familie Jesu zu suchen ist. Dort hat Lukas von der Geburt Jesu aus der Jungfrau Maria in Bethlehem gelesen oder gehört, im Zusammenhang mit der Verkündigung (1,26–38). Joseph und Bethlehem sind neu eingeführt; während Gabriel die Schwangerschaft ankündigt, ist sie jetzt eingetreten. Maria empfängt ihr Kind in dem Moment, da der Engel sie anspricht. Als Schwangere geht sie zu Elisabeth und kehrt nach drei Monaten zurück. Lukas hat diese Überlieferung im Ganzen grundlegend überarbeitet, so dass sie jetzt seinen Stempel trägt.

Die Erzählung hat einen klaren Aufbau, der einfangen soll, dass Entscheidendes passiert ist, weil Gott gehandelt hat.

2,1–5	Der Weg nach Bethlehem
2,6–7	Die Geburt Jesu in Bethlehem
2,8–16	Die Offenbarung an die Hirten
2,17–20	Die Reaktionen auf die Geburt Jesu

Das entscheidende Ereignis wird nur knapp erzählt (Vv. 6–7). Die Zurückhaltung spiegelt die Bedeutung: Der Anfang spielt sich im Kleinen ab. Durch die Botschaft der Engel an die Hirten wird der theologische Sinn des Geschehens erhellt. Die Einleitung (Vv. 1–5) erschließt den weltpolitischen („ökumenischen") Horizont, die Ausleitung (Vv. 17–20) spielt typische erste Reaktionen durch, die zeigen, welche Zukunft dem Kind eröffnet werden wird. In der zentralen Offenbarungsszene wird das Weihnachtsevangelium eng mit der Verkündigungsszene verbunden: Der „Retter", „geboren" in der „Stadt Davids" (V. 11), ist, der „groß sein und Sohn des Höchsten genannt werden" wird, weil „Gott, der Herr, ihm den Thron seines Vaters David" geben wird (1,32). Gabriel kündigt den an, der „heilig genannt werden" wird, „Sohn Gottes" (1,35); der Engelschor über dem Hirtenfeld verbindet Gottes Ehre im Himmel mit dem Frieden auf Erden (V. 14). Die nachdenkliche Haltung Marias (V. 19) passt genau zur vorangehenden Verkündigungsszene (1,26–38) und zu den nachfolgenden Perikopen in Jerusalem (2,34–35.51). Das Weihnachtsevangelium verklammert die Theologie der Verheißung mit der Christologie der Versöhnung und öffnet die intime Begegnung zwischen Gabriel und Maria für die weltweite Friedensmission, die Jesus startet und die nachösterlich aktuell bleibt.

Das Weihnachtsevangelium gilt weithin als Legende. Erstens stimmten die Angaben mit Augustus und Quirinius nicht; zweitens gäbe es keine Engel; und drittens sei wegen der Prophetie von Mi 5,1–2 die Geburt Jesu in Bethlehem ein theologisches Postulat, das durch das Weihnachtsevangelium erfüllt werde; es handele sich im Kern um ein christologisches Bekenntnis, das nachträglich in die Form einer Geschichte gegossen worden sei. Alle drei Einwände überzeugen allerdings nicht, sowenig ein Historismus in der Exegese angezeigt wäre.

Tatsächlich ist ein weltweiter Zensus aus den antiken Quellen nicht belegt. Allerdings gibt es unter Augustus die über das ganze Imperium verbreitete Tendenz, Einwohnerlisten anzulegen, um die Militärpflicht und die Kopfsteuer kontrollieren zu können, und Vermögensaufstellungen (Kataster) zu organisieren, um Grundsteuer erheben zu können. Nach dem Monumentum Ancyranum (II 2–11) hat Augustus 7 v. Chr. den Zensus der römischen Bürger abgeschlossen. Es ist zwar nicht üblich, aber in Ausnahmefällen belegt, dass man den Stammsitz der Familie aufsuchen musste, um sich in die Bürger- oder Steuerlisten einzutragen. Lukas setzt zwar die Geburt Jesu zu Lebzeiten des Königs Herodes voraus (+ 4 v. Chr.); Quirinius war aber erst 6 n. Chr. Statthalter von Syrien; damals hat er, nachdem Judäa römische Provinz geworden war, dort eine neue Steuerveranlagung *(apotimesis)* veranlasst (Apg 5,37; Josephus, De bello Judaico VII 253; Antiquitates Judaicae 17,355; 18,1.26). Dem könnte eine frühere *apographe,* eine Auflistung (2,1–2), vorausgegangen sein, die Quirinius als kaiserlicher Sonderbeauftragter von Syrien aus organisiert hätte. Sie ist allerdings aus anderen Quellen nicht belegt. Ob Lukas eine Wissenslücke füllt, die andere Quellen offenlassen, ist strittig. In jedem Fall zeichnet er mit der Eröffnung des Weihnachtsevangeliums ein weltweites Panorama, in das der Weg nach Bethlehem gehört. Nach Mt 1 ist Bethlehem die Heimat Josephs, der dort mit seiner Familie in einem „Haus" lebt (Mt 2,11); aber diese Angabe passt nicht zur Krippe des Weihnachtsevangeliums. Nach Lukas stammt Joseph wie Maria aus Galiläa und geht zur Einschreibung nach Bethlehem, weil dort seine Familie Wurzeln hat. Die Geburt Jesu in Bethlehem ist das historische Wissen, das Lukas recherchiert und erzählerisch plausibilisiert hat, um die weltgeschichtliche Bedeutung der Geburt Jesu zu verdeutlichen,

2,1–20 Die Geburt Jesu 53

während Matthäus voraussetzt, der Davidide Joseph gehöre nach Bethlehem, in die Davidsstadt.

Eine Engelerscheinung lässt sich mit den Mitteln historisch-kritischer Exegese weder verifizieren noch falsifizieren. Die eigentliche Diskussion findet auf der Ebene des Weltbildes statt: Rechnet man mit göttlicher Offenbarung durch Gottes „Boten" (Engel) oder nicht? Das 20. Jh. war überaus skeptisch. Letzthin scheint die Frage aber wieder offen und muss vor esoterischen Antwortversuchen geschützt werden. Engelerscheinungen gehören zu mystischen Erfahrungen, die genau jene Dimension der Wirklichkeit erschließen, die sie als Gottes Schöpfungs- und Erlösungswerk, als Raum seiner Offenbarung, seines Lebensschutzes, seiner Wegbegleitung, seiner Rettung begreifen lassen.

Für das Judentum ist die Vorstellung charakteristisch, dass der Messias der Sohn Davids ist (2Sam 7,14–16). Mi 5 legt Gewicht auf den Ort Bethlehem und löst sich wie Jes 11 von der davidischen Genealogie. In Bethlehem spielt die Salbung Davids durch Samuel (1Sam 16); der Ort erinnert an den prophetischen Ursprung seiner Königsherrschaft. Lukas hat aber inmitten all dieser Bezüge die Episode nicht als Legende, sondern als Teil seiner historischen Biographie Jesu verstanden (1,1–4). Die Angaben zum Zensus verdichten eine Tendenz in einer einmaligen Aktion. Unabhängig von Lukas bezeugt auch Matthäus die Geburt in Bethlehem. In der Ironie von Joh 7,27.41–42 ist sie vorausgesetzt: Die Skeptiker wissen gar nicht, wie recht sie haben, wenn sie darauf bestehen, dass der Messias nicht in Nazareth geboren sein kann. Es gibt im Neuen Testament keine Alternative zu Bethlehem, auch in den Apokryphen nicht. Jesus heißt „von Nazareth" auch bei Matthäus und Lukas, die offenbar keinen Widerspruch zur Geburt in Bethlehem gesehen haben, sondern den Herkunftsort der Familie bezeichnen wollen, an dem Jesus aufgewachsen ist. Bethlehem beruht am ehesten auf Familientradition, wie andere Episoden der Kindheitsgeschichte auch. Diese Überlieferung steht im Schatten der galiläischen Jesusüberlieferung; Lukas, der Historiker unter den Evangelisten, hat sie aufgrund seiner Recherchen ins Licht gerückt.

Die Eröffnung **(1–5)** baut einen starken Kontrast auf. Augustus, der römische Kaiser, setzt die ganze Welt in Bewegung – aber das Heil der ganzen Welt hängt daran, dass Joseph mit Maria nach Bethlehem geht, damit Jesus dort geboren wird. Lukas sieht in dieser Konstellation Gott am Werk. Das Ereignis wird genauer datiert: Quirinius (45 v. – 21 n. Chr.) ist unter Augustus einer der einflussreichsten Politiker in der Levante. Für die Zeit ab 6 n. Chr. ist seine Statthalterschaft in Syrien belegt; er hatte die Hauptverantwortung für die Neuorganisation Judäas als römische Unterprovinz, einschließlich der Organisation einer Steuerveranlagung (Apg 5,37; Iosephus, Antiquitates Judaicae 17,355; 18,1.26). Ob er bereits früher von Syrien aus auch in Judäa aktiv war, wird von der kritischen Forschung vereinzelt verteidigt, meist aber bestritten – weshalb dann Lukas ein Fehler unterlaufen sein müsste. Einen weltweiten Zensus hat es, soweit die Quellen sprechen, nicht gegeben, wohl aber eine Tendenz, die römische Herrschaft weltweit auch finanzpolitisch zu sichern (Monumentum Ancyranum II 2–11: Zensus römischer Bürger 7 v. Chr.). Jesus ist auch nach Lukas unter Herodes geboren worden, der 4. v. Chr. gestorben ist. Bethlehem gilt der historisch-kritischen Exegese wegen Mi 5,1 f. (vgl. Mt 2) als Postulat, ist aber der von Matthäus und Lukas unabhängig überlieferte Ort der Geburt Jesu. Er wird „Jesus von Nazareth" genannt, auch bei Lukas, weil er dort aufgewachsen ist.

Die effektvolle Reduktion des Berichtes über die Geburt (6–7) lässt für Sentimentalitäten keinen Raum. Sie verbietet nicht die Suche nach Anschaulichkeit, warnt aber vor Moralisierungen, von denen die Volksfrömmigkeit in vielen Krippenspielen voll ist. Die Verse erwecken zwei Eindrücke: Armut und Fürsorge. Die Reise führt das Paar aufs Feld vor der Stadt und das Kind in die Krippe, die Fürsorge zeigt sich in den Windeln. Die Herberge ist ein Gastraum, der an die Synagoge oder an ein Wirtshaus angeschlossen sein kann oder privat zur Verfügung gestellt wurde. Dass er belegt war, ist unglücklich; aber von Hartherzigkeit spricht das Evangelium nicht. Die Krippe ist ein Futtertrog. Die Notlage wird von Maria und Joseph gemeistert. Von der Krippe schließt die lateinische Tradition auf den „Stall". Die Ostkirche hingegen folgt Justin (Dialogus 58,5): „Joseph nahm, da er in jenem Ort nirgends Unterkunft finden konnte, in einer Höhle in der Nähe des Dorfes Quartier". Archetypisch ist beides.

Weder für die Krippe und die Windeln oder die Hirten gibt es eine mythische Vorlage, anders als die religionsgeschichtliche Schule behauptet, die z. B. auf den Mythos des Osiris verweist, den sein Bruder Seth in einem maßgefertigten Holzkasten lebendig begraben wollte; für beides gibt es auch kein biblisch-messianisches Muster, so populär das Bild der Hirten auch ist. Symbolische Bedeutung gewinnen Krippe und Windeln erst durch die Weihnachtsgeschichte. Ohne historische Erinnerung sind die erzählten Details nur schwer zu erklären; auch jenseits von Faktenchecks behalten sie ihren Symbolwert.

Die Erzählung kann schnell verkitscht werden, ist aber realistisch. Sie ist auch theologisch stimmig: Der Davidide Joseph ist kein Thronprätendent. Deshalb finden sich im Weihnachtsevangelium statt des Palastes die Hütte, statt eines Hofstaates die „heilige Familie", statt des Thrones die Krippe, statt diplomatischer Delegationen die Hirten von Bethlehem.

Die theologische Deutung (Vv. 8–17) wird mit der Engelserscheinung auf dem Hirtenfeld in Bethlehem gegeben. Das kleine Bethlehem ist durch

2,1–20 Die Geburt Jesu 55

Mi 5,1 und die Davidsgeschichte geadelt (V. 11). Die Hirten **(8)** gehen in der Heimat Davids dem Beruf Davids nach. Die Nachtwache gehört zu ihrer Arbeit. Die Hirten werden – selten und von späten rabbinischen Texten – als Lumpen verdächtigt, stehen aber kaum stellvertretend für die Sünder, derer Jesus sich besonders annehmen wird (5,32). Sie sind jedoch arm; sie gehören zu den vielen Armen, die Jesus durch seine Sendung reich machen wird (6,20–21). Der „Engel des Herrn" tritt zuerst allein auf **(9)**, während die Heerscharen von Engeln ihm folgen werden (Vv. 13–14). Der Engel, Gottes Bote, hat für die Hirten ein Evangelium, das an das Volk Israel adressiert ist **(10–11)**. Die Israelthematik ist bei Lukas messianisch aufgeladen (1,32–33). Jesus wird als „Retter" verkündet *(sotér)*. Der Titel wird von hellenistischen Herrschern reklamiert, ist aber bei Lukas für Gott selbst reserviert (1,48; vgl. Ri 3,9.15; Ps 24,5 u. ö.). Das ist die Pointe: Das neugeborene Kind repräsentiert Gott. Dass Jesus der Heiland, der Retter, ist, erzählt Lukas mit starker Betonung. In seiner Antrittspredigt zu Nazareth (4,16–23) präsentiert Jesus sich als Träger des Geistes, der den Armen das Evangelium verkündet (vgl. Jes 61,1–2). Die Davidsstadt verweist auf die Davidssohnschaft des Messias (18,18–39; 20,41–44). Die Heilungsgeschichten betonen das Mitleid Jesu mit der Not der Armen; die Gleichnisse vom Verlorenen (15,1–32) verdeutlichen den unermüdlichen Einsatz Jesu, um diejenigen zu retten, die andere endgültig verloren geben (vgl. 19,10). „Christus" und „Kyrios" sind messianische Hoheitstitel, typisch für Lukas, die Gott und seinen Gesalbten so eng zusammenbringen, wie es nur geht. Diese Verkündigung hat zwei Anker: „Heute", nämlich eine bestimmte Vergangenheit von fortwährender Aktualität (4,21; 5,26; 13,32–33; 19,5–9; 23,43), und „euch" (Dativ), nämlich „für euch", um euretwillen, zu euren Gunsten – den Hirten als Vertretern des ganzen Volkes. Die Geburt hält alles zusammen und klärt, dass Gottes Heil nicht irgendwo in Utopia, sondern mitten in der Welt passiert, mitten in Israel, an der Peripherie von Bethlehem.

Zur Verkündigung gehört – in der Bibel nicht unerwartet – ein Zeichen **(12)**. Hier dient es nicht zur Zurückweisung der Skepsis (wie bei Zacharias nach 1,20) oder zur Unterstützung des Glaubens (wie bei Maria nach 1,36), sondern zur paradoxen Bewahrheitung: Die königliche Herrschergestalt, die mit den schönsten Worten der biblischen Hoffnung angekündigt worden war, wird als Wickelkind in einer Krippe gefunden werden. Das „Zeichen" lenkt den Blick nicht auf etwas anderes, von dem aus man ableiten soll, dass Jesus der Messias ist, sondern auf ihn selbst – als Krippenkind. Präziser lässt sich die Dialektik der Christologie, dass im Menschen Jesus Gott begegnet, kaum ausdrücken. Die Alten Meister, die ein Kreuz in die Krippe gemalt haben, wussten genau, was sie taten.

Die Botschaft des Engels erschließt den Horizont des Messiasglaubens für Jesus und Jesus für den Sinn der Erlösungshoffnung (13). Die ganze „Fülle" tritt in Erscheinung: wegen der Geburt des Messias, in dem sich Gottes Heil verwirklicht. Jesus hat eschatologische Heilsbedeutung für Israel und für die ganze Welt. Was den Hirten gleich zu Anfang offenbart wird, besingen im Anschluss die himmlischen Heerscharen so, dass sie Himmel und Erde verbinden (14). Das *Gloria* besteht im Griechischen aus zwei Nominalsätzen: ein hebraisierender Stil, der in der Liturgie des Urchristentums geläufig ist. Die Ehre gebührt Gott im Himmel, weil sie ihm eignet; ihm die Ehre zu erweisen, heißt nicht, sie zu mehren, sondern sie wahrzunehmen und auf sich wirken zu lassen. Was die Engel verkünden, ist Feststellung und Verheißung. Ob man mit Konjunktiv („sei") oder Indikativ („ist") übersetzt: Der Engelgesang ist ein performativer Akt, der bewirkt, was er besagt, weil er ausdrückt, was ist. Die Geburt Jesu im Stall von Bethlehem offenbart Gottes Gottheit, den Glanz seiner Wahrheit und Einzigkeit, weil Gott Liebe ist. Jesus verkörpert die ganze Ehre Gottes, schon als kleines Krippenkind, weil durch Jesus Gott mitten unter den Menschen ist, um ihnen sein ganzes Heil zu schenken.

Die Ehre Gottes im Himmel wirkt den Frieden der Menschen auf Erden. Es ist ein Friede, der zwar Unrecht, Gewalt und Blut nicht von der Erde bannt, aber darin besteht, dass der Tod nicht das letzte Wort hat, sondern, wie das Kreuz offenbart, durch den Tod, den Jesus stirbt, besiegt wird, so dass im Vorfeld der endgültigen Vollendung „Zeiten des Aufatmens" (Apg 3,20) genossen werden können. Das ist der „Frieden auf Erden", den es inmitten aller Kriege bereits gibt. Er nimmt den Glanz der himmlischen Ausstrahlung auf – ganz im Gegensatz zum modernen Verdacht, der eine Gott sei der große Diktator, der Menschen knechten wolle. Dieser Friede auf Erden gilt den Menschen, denen Gottes „Wohlgefallen" *(eudokia)* gilt: seine Gnade, seine Huld, seine Liebe. Die lateinische Übersetzung *bonae voluntatis*, die philologisch korrekt ist, wurde im Zuge eines produktiven Missverständnisses anthropologisch gedeutet, von daher kommen die „Menschen guten Willens", eine wegweisende Öffnung derer, die an Gott glauben, für all diejenigen, die ein gutes Herz haben. Aber die Blickrichtung des *Gloria* ist eine andere. Worin Gottes Wohlgefallen besteht und wem es gilt, wird Jesus durch sein Wirken, sein Sterben und seine Auferstehung offenbaren: im ewigen Leben, in der Vergebung der Sünden, in der Erneuerung aber auch bereits des irdischen Lebens, besonders den Armen, den Kranken, den Sterbenden, den Sündern zugute. Gottes Ehre und der Menschen Friede gehören zusammen, weil Gott nicht Unfrieden stiftet, sondern Frieden (vgl. 1,79). Die Jünger Jesu werden zu Friedensaposteln (10,5). Beim Ein-

2,1–20 Die Geburt Jesu 57

zug in Jerusalem wird Jesus als Friedenskönig auf dem Davidsthron ausgerufen werden (19,38).

Die Engel treten von der Bühne ab (15). Die Hirten folgen der Engelsbotschaft augenblicklich und finden alles so, wie es vorhergesagt worden ist (16). Es sind nur die Engel, die ihnen verbürgen, dass sie in der archetypischen Vater-Mutter-Kind-Situation den geborenen Retter sehen. Dass sie „Kunde geben", erweist sie als Glaubenszeugen: Sie machen bekannt. Damit erschließen sie Maria und Joseph einen Deutungshorizont, der sich durch die Engelserscheinung öffnet.

Zum Schluss werden unterschiedliche Reaktionen auf das Ereignis der Geburt und der Erscheinung durchgespielt. Diese Reaktionen sind beispielhaft; sie nehmen jene vorweg, die Jesu Leben und Sterben auslösen werden – mit einer allerdings klaren Verschiebung ins positive Spektrum. Die Hirten verkünden (17), indem sie bei Lukas berichten, was ihnen gesagt worden ist und was passiert ist. Die Leute, die es aus dem Mund der Hirten hören, „staunen" (18). Das ist kein Glaube, aber ein Aufmerken, dass Unerhörtes passiert ist, und eine Aufmerksamkeit, dass der Kontrast zwischen der himmlischen Botschaft der Engel und der irdischen Realität des Krippenkindes nach Aufklärung verlangt. Maria (von Joseph ist wieder keine Rede) verkündet nicht, sondern verwahrt die Worte der Hirten, die die Engelsbotschaft wiedergeben, in ihrem Herzen wie in einer Schatztruhe (19). Sie schließt sie dort aber nicht ein, sondern bringt sie zusammen (wie man das griechische Verb *symbállein* ganz wörtlich auch übersetzen kann): Sie entdeckt ihren Zusammenhang, den sie als gläubige Frau und Mutter findet, weil sie alles auf Gott bezieht und von ihm her zu verstehen versucht, vor allem ihr Kind. Dieses Reflektieren ist ein Grundzug des lukanischen Marienbildes. Es entspricht Marias Verhalten bei der Verkündigung (1,26–38) und bei der folgenden Szene vom zwölfjährigen Jesus im Tempel (2,51): Lukas portraitiert sie als Frau aus dem Volk mit Herz und Verstand. Die Hirten bleiben die Verkünder des Evangeliums – nicht nur an der Krippe, sondern in ihrer Umgebung (20). Sie bereiten damit sowohl dem Täufer Johannes als auch Jesus den Boden.

Lukas hat die Weihnachtsgeschichte auf der Basis der ihm vorliegenden (palästinisch-judenchristlichen) Tradition so auserzählt, dass sie als Geburtsgeschichte des Messias Israels, des Retters und Friedensfürsten der ganzen Welt gehört werden kann. Diese Perspektive ist die des Christusglaubens, die durch die gesamte Lebensgeschichte, auch durch den Tod und entscheidend durch die Auferweckung Jesu geöffnet wird. In der Wiedergabe der himmlischen Offenbarungsworte sieht Lukas sich frei, den christologischen Gesamtsinn der Geschichte Jesu im Lichte der alttestamentlichen Schrift zu Gehör zu bringen. In der Szenerie arrangiert er die ihm überlieferten Elemente so, dass die Weihnachtsgeschichte als Weihnachtsevangelium verkündet werden kann. Damit erfüllt sie ihre Funktion, die geschichtliche Erinnerung an Jesus so zu schärfen, dass er als Gottessohn geglaubt werden kann. Das Weihnachtsevangelium berührt viele Menschen, nicht nur die engagierten Kirchenmitglieder. Sein Geheimnis ist die Einfachheit, die ein schlechterdings überwältigendes Ereignis, die Geburt eines Kindes, in den größten Zusammenhang stellt, den der Verbindung von Himmel und Erde. Das Heilshandeln Gottes vollzieht sich auf menschliche Weise an und mit Menschen: einer Mutter, die ein Kind gebiert, und Hirten, die auf den Feldern Bethlehems im Traum nicht daran gedacht haben, dass sich ihnen die Erfüllung davidischer Messiashoffnungen erschließt. Je einfacher das Evangelium verstanden wird, desto mehr bekommt der Glaube Nahrung; und je menschlicher der Glaube wird, desto göttlicher wird die Menschlichkeit.

2,21–40
Die Namensgebung und Darbringung Jesu im Tempel

[21]Und als acht Tage erfüllt waren, dass er beschnitten wurde, gab man ihm den Namen Jesus, der vom Engel genannt worden war, bevor er im Leib empfangen wurde. [22]Und als die Tage ihrer Reinigung erfüllt waren gemäß dem Gesetz des Mose, gingen sie hinauf nach Jerusalem, ihn dem Herrn darzubringen, [23]so wie geschrieben steht im Gesetz des Herrn: „Alles Männliche, das den Mutterschoß öffnet, wird dem Herrn heilig genannt", [24]und ein Opfer zu geben gemäß dem im Gesetz des Herrn Gesagten: „Ein Paar Turteltauben oder zwei junge Tauben".
[25]Und siehe, ein Mensch war in Jerusalem mit Namen Simeon; dieser Mensch war gerecht und fromm, da er den Trost Israels erwartete, und der Geist des Herrn war auf ihm. [26]Und ihm war geweissagt worden vom Heiligen Geist, den Tod nicht zu sehen, bevor er den Christus des Herrn sähe. [27]Und er kam im Geist in den Tempel, während die Eltern das Kind Jesus hineintrugen, um an ihm zu tun, was des Gesetzes Sitte war. [28]Da nahm er es auf den Arm und lobte Gott und sagte:

„[29]Nun entlässt du deinen Knecht, Herr,
gemäß deinem Wort in Frieden.
[30]Denn meine Augen haben dein Heil gesehen,
[31]das du vor allen Völkern bereitet hast:
[32]Licht zur Offenbarung der Heiden
und Ehre deines Volkes Israel."

[33]Und sein Vater und seine Mutter staunten über das, was über ihn gesagt wurde. [34]Und Simeon pries sie und sagte zu Maria, seiner Mutter:

2,21–40 *Die Namensgebung und Darbringung Jesu im Tempel* 59

„Siehe, dieser wird gesetzt, dass viele in Israel fallen und aufstehen, und zum Zeichen, dem widersprochen wird [35](auch durch deine Seele wird ein Schwert dringen), dass die Gedanken aus den Herzen vieler offenbar werden." [36]Und es war Hanna, eine Prophetin, eine Tochter Phanuels aus dem Stamm Asser, vorgerückten Alters, die mit ihrem Mann sieben Jahre nach ihrer Jungfräulichkeit zusammen war [37]und jetzt eine Witwe von vierundachtzig Jahren war, die nicht vom Tempel wich, um mit Fasten und Gebeten zu dienen Nacht und Tag; [38]und sie trat zu der Stunde herzu, lobte Gott und sprach über ihn zu allen, die auf die Erlösung Jerusalems warten. [39]Und als sie alles gemäß dem Gesetz des Herrn vollbracht hatten, kehrten sie nach Galiläa zurück in die Stadt Nazareth. [40]Das Kind aber wuchs auf und wurde stark, erfüllt von Weisheit, und Gottes Gnade war mit ihm.

Die Perikope führt die biographische Linie weiter: Geburt – Beschneidung – Darbringung. Sie vertieft die Verwurzelung Jesu im frommen Judentum der Stillen im Lande. Sie öffnet aber auch die theologischen Deutungshorizonte der Geschichte Jesu. Simeon (2,28–32) und Hanna (2,38) konkretisieren die Heilshoffnungen Israels, die sich mit der Geburt Jesu zu erfüllen beginnen; Simeon schaut aber auch schon auf die Passion und Auferstehung Jesu voraus (2,34–35).
Die Perikope entspricht dem Episodenstil der vorangehenden Passagen: kurze Szenen, nach ihrer Signifikanz ausgewählt, mit wenigen, charakteristischen Personen an herausragenden, symbolträchtigen Orten und prägnanten, bedeutungsschweren Worten.

2,21	Die Beschneidung Jesu	
2,22–24	Die Darbringung Jesu im Tempel	
2,25–35	Die Prophetie des Simeon	
	25–27	Die Beschreibung Simeons
	28–32	Das Gebet über Jesus *(Nunc dimittis)*
	33–35	Die Prophetie für Maria über Jesus
2,36–38	Die Prophetie der Hanna	
2,39–40	Die Rückkehr nach Nazareth	

Die Handlung spielt im Tempel, weil dort Kult und Prophetie zuhause sind. Während aber mit Zacharias das Priestertum betont wurde (1,5–25), sind hier Laien am Zug: die Eltern Jesu, Simeon und Hanna, die den Tempel als Ort der Opfer und Gebete schätzen. Die Ortsangaben sind programmatisch. Zu Bethlehem passen Jerusalem und der Tempel.

60   1,5–2,52 *Die Kindheitsgeschichte*

Im Tempel offenbart sich Gott – wieder beim Opfer, das die Eltern Jesu darbringen.
Weder Jesus noch seine Eltern sagen ein einziges Wort. Aber sie sind die Hauptfiguren. Jesus steht im Mittelpunkt: Er ist der Erstgeborene, der beschnitten und ausgelöst werden muss; seinetwegen geht der Weg von Bethlehem (2,1–20) zuerst nach Jerusalem und dann erst wieder heim nach Nazareth (2,39). Die Eltern treten als Paar auf (2,22–24.27.33.39–40). Maria allerdings wird eigens hervorgehoben: als Schmerzensmutter (2,34). Diese Betonung liegt auf der Linie lukanischer Mariologie.

Die Geschichte ist nicht ohne historische Probleme, weil die „Darbringung" (oder: Darstellung) eher ein Postulat als eine ständige Praxis, gar eine feste Vorschrift gewesen ist. Aber sie passt zur Überlieferung von der Geburt Jesu in Bethlehem. Wie hoch auch immer der Fiktionsanteil gewesen ist, geht die Geschichte auf ein Judenchristentum zurück, das den Tempel wie das Gesetz hochhält und Jesu Judesein unterstreicht: Familie, Ritus, Gesetz, Gebet, Prophetie – Gott sei Dank gibt es einen großen Einklang, den Lukas hervorhebt.

Die Beschneidung (V. 21) und die Darstellung Jesu (Vv. 22–24) werden von Lukas als jüdische Riten dargestellt, die dem „Gesetz des Mose" (2,22) resp. dem „Gesetz des Herrn" (2,23.24.39) entsprechen. Die ausdrücklichen Zitate in V. 23 (Ex 13,2.12.15) und in V. 24 (Lev 12,8; vgl. 5,11) unterstreichen die Gültigkeit des Gesetzes für diejenigen, die den Brauch halten. Lukas diskutiert in der Kindheitsgeschichte nicht die Verbindlichkeit der Vorschriften für Christen (wie es auf dem Apostelkonzil nach Apg 15 geschehen wird), sondern schildert ihre Einhaltung als Erweis jüdischer Frömmigkeit. Die Eltern Jesu stehen in dieser Frömmigkeit nicht allein, sondern finden nach Elisabeth und Zacharias mit Simeon und Hanna weitere Geistesverwandte. Die lukanische Pointe ist, dass das Gesetz eine „Sitte" begründet (V. 27), ein Ethos *(éthos)*. Dieses Ethos des Gesetzes ist eine Einstellung, die sich nicht nach dem Buchstaben, sondern nach dem Geist richtet und nicht Äußerlichkeiten, sondern Innerliches zum Ausdruck bringt: freiwilligen Gehorsam gegen Gottes Wort; bewusste Zugehörigkeit zum Judentum; praktizierte Frömmigkeit. Nach Lukas wird nicht die Heilsfrage am Ethos des Gesetzes festgemacht, welche Erwartung Petrus wie Paulus auch nach Lukas rechtfertigungstheologisch kritisieren werden (Apg 13,38–39; 15,7–12), sondern umgekehrt die Heilsfrage in diesem Ethos gestellt und beantwortet, durch Gottes Gnade.

Die Beschneidung Jesu **(21)** findet, wie in Gen 17,12 vorgeschrieben, acht Tage nach der Geburt statt. (Deshalb ist der 1. Januar gemäß einer aus dem spanischen Mittelalter stammenden Tradition das Fest der Beschneidung des Herrn.) Die Beschneidung markiert Jesu Judesein körperlich, so wie

2,21–40   Die Namensgebung und Darbringung Jesu im Tempel   61

die folgende „Darbringung" im Tempel, vierzig Tage nach der Geburt, die spirituelle Seite der Zugehörigkeit betont (2,22–40). Das körperliche Merkmal ist für Judenchristen bis heute wichtig. Paulus selbst hat zwar darum gekämpft, dass die Männer, die aus den Heidenvölkern kommen, nicht beschnitten werden (die Beschneidung von Frauen hat Gott sei Dank kaum eine Rolle gespielt); aber seinen Musterschüler Timotheus, den Sohn einer jüdischen Mutter, hat er beschneiden lassen (Apg 16,1–3), und im Römerbrief hat er die Beschneidung nicht verachtet, sondern als „Zeichen" gedeutet, nämlich als „Siegel der Glaubensgerechtigkeit", die durch den Messias erfüllt wird (Röm 4,11). Diese Sicht passt gut zum Lukasevangelium.

Zur Beschneidung gehört die Namensgebung (die der franziskanischen Bewegung besonders wichtig ist). Der Evangelist lenkt zur Verkündigungsszene zurück (1,31): Die Mutter soll ihrem Kind den Namen Jesus geben – und alle werden ihn so nennen, angefangen in seiner Familie. (Die Ostkirche kennt das „Jesusgebet", das meditativ immer nur wieder den Namen „Jesus" ausruft.) Der sprechende Name „Jesus" wird seine Wahrheit beweisen. Die prophetischen Stimmen sagen es an. Wo sie gehört werden, ist Weihnachten live.

So wie acht Tage nach der Geburt die Beschneidung vorgesehen ist, so 40 Tage später die „Reinigung" und „Darbringung" **(22–24)**. Beide Riten unterscheiden sich stark, werden von Lukas aber komplementär verstanden. Die „Reinigung" ist alttestamentlich vorgeschrieben, die Überführung der Wöchnerin aus der Geburtsphase, die durch Blutverlust und Nachblutungen gekennzeichnet sein kann, in das alltägliche Leben (Lev 12,1–8); wer unrein ist, kann am Kult nicht teilnehmen; wer gereinigt ist, nimmt wieder am normalen Leben des Gottesvolkes teil. Als Reinigungsopfer ist ein Schaf vorgesehen; falls die finanziellen Mittel nicht reichen, dienen Tauben als Ersatz (vgl. Lev 5,11). Die Kindheitsgeschichte illustriert hintergründig, dass die Familie zwar keineswegs zu den Ärmsten der Armen gehörte, aber durch den Weg von Nazareth nach Bethlehem finanziell stark eingeschränkt ist. Weil die Mutter im Blick steht, spielt Maria in der Erzählung eine Hauptrolle – um Jesu willen.

Die „Darbringung" – traditionell „Darstellung" genannt – ist die Feier der Verbindung zwischen Gott, dem Kind und seinen Eltern. Nach Ex 13,2 wird Gott jede männliche Erstgeburt dargebracht – in einem Opfer. Ein Opfer ist eine symbolische Gabe, die darstellt, was gegeben ist, und deshalb rituell gibt, was empfangen worden ist, damit das Geschenk bleibt, dem Schenker aber gedankt wird. Mit einem Opfer Gott dazu bewegen zu wollen, etwas zu tun, was er nicht will, wäre Magie, das Gegenteil biblischer Frömmigkeit. Im Opfer aber Gott die Dankbarkeit für das auszudrücken, was er geschenkt hat, ist ein authentischer

Ausdruck des Glaubens. Ein Opfer des Glaubens versucht nicht, Gott zu besänftigen, sondern bringt die Barmherzigkeit Gottes zum Ausdruck. Ein Kind ist das wertvollste Geschenk, das Eltern empfangen können. Deshalb ist es ein Gotteskind. Die „Erstgeburt" wird hervorgehoben, weil das erste Kind einer Mutter stellvertretend für alle weiteren steht. Das „Männliche" wird hervorgehoben, weil Jungen im patriarchalischen Weltbild der Antike eine besondere Bedeutung haben.

Die alttestamentliche Basiserzählung ist Gen 22: Isaak wird von Abraham geopfert – in Form des Widders, der sich einstellt. Die Opferung geschieht auf dem Berg Morija, der nach traditionell jüdischer Auffassung der Tempelberg ist. Insofern besteht eine hintergründige Beziehung zur Passion Jesu. Abraham erhält Isaak zurück, weil er ihn gegeben hat (vgl. Hebr 11,19). Nach Ex 13,2 sieht das Gesetz vor, dass jede männliche Erstgeburt „als heilig erklärt" wird. „Heilig" ist keine ethische, sondern eine soteriologische Kategorie: Die Zugehörigkeit zu Gott ist entscheidend. Die Heiligung ist hier ein Ritus, eine Weihe. Liturgisch wird dargestellt und bewirkt, dass der Erstgeborene Gott gehört. In Ex 13 wird der Ritus heilsgeschichtlich eingeordnet. Gott hat die Erstgeburt der Ägypter erschlagen, aber Israel gerettet. Deshalb wird zwar jedes erste männliche Tier geopfert (Ex 13,5), aber jeder erste Knabe „ausgelöst" (Ex 13,12), d. h. durch ein Opfer Gott übereignet, wie es Gen 22 vorgibt. Jesu Eltern üben diesen jüdischen Brauch aus und machen dadurch öffentlich, wer Jesus ist. Seine Heiligkeit ist nicht exklusiv, sondern stellvertretend. Er ist der Heilige, der heiligt, also Menschen zu Gott führt.

In diesem Moment tritt Simeon auf: als Prototyp des jüdischen Frommen, der zum Propheten wird. Dass er nach Lukas „gerecht und fromm" **(25)** war, drückt eine denkbar hohe Wertschätzung aus; Gerechtigkeit verweist auf das Sozialverhalten, Frömmigkeit auf die Religionsausübung. Beides gehört nach der Tora zusammen und findet im Tempel seinen genuinen Ort (1,5–6). Seine Gerechtigkeit und Frömmigkeit machen ihn zu einem Hoffenden. Seine Erwartung richtet sich auf den „Trost Israels", heißt: auf die Befreiung des Gottesvolkes vom Bösen, die Beendigung seiner selbst- und fremdverschuldeten Knechtschaft, die Überwindung einer Traurigkeit, die aus der Sünde resultiert, und die Begründung einer Freude, die von Gott selbst kommt.

Diese Erwartung ist ihm durch eine „Weissagung", eine prophetische Inspiration, zu eigen geworden **(26)**. Diese Prophetie hat über sein Leben entschieden. Sie stellt ihn in den Warteraum der Zukunft: Vor seinem Tod werde er den Messias sehen, der die Verheißung verwirklicht. Wann es soweit ist, kann ihm wiederum nur im Geist offenbart werden. Dieser Moment ist bei der Darstellung Jesu und der Reinigung Mariens gekommen. Der Geist selbst schafft diesen Kairos **(27)**.

2,21–40 Die Namensgebung und Darbringung Jesu im Tempel 63

Simeon hat zwei große Szenen. Zuerst betet er – im Blick auf sich selbst. Er gilt als der „greise" Simeon, weil das *Nunc dimittis* ein Todesgebet ist (Vv. 29–32). Dann prophezeit er – mit Blick auf Maria. Er hat die ganze Zukunft Jesu vor Augen, besonders seine Passion, und blickt deshalb auf die Art und Weise, wie Jesus als Messias die Verheißung verwirklicht (Vv. 34–35). Beide Male hat er das Jesuskind auf dem Arm (28). Jesus ist der Bezugspunkt seines Lebens. Auf ihn hat er alle Jahre gewartet; mit seinem Anblick, kann er in Frieden sterben.

Das *Nunc dimittis* (29–32) ist ein kurzes, starkes Hoffnungsgebet. Es richtet sich an Gott, den Herrn (1,29), der machtvoll sein muss, um seinen Heilsplan zu verwirklichen, und treu, dass es tatsächlich geschieht. „Dein Wort", „dein Heil", „dein Volk" sind die Ankerpunkte. Das Gebet spricht ein „Knecht" Gottes, der ganz im Gehorsam gegen Gott lebt und darin das (wenn auch späte) Glück seines Lebens findet. Das Kind auf seinem Arm personifiziert das „Heil" Gottes (1,30), das Simeon in „Frieden" sterben lässt, weil es eine Zukunft des Lebens jenseits des Todes gibt. Das Heil hat eine universale Dimension. Es sind alle Völker erfasst: weil es nur einen Gott gibt und seine Verheißung der ganzen Welt gilt. Das „Licht", das die Völker erleuchtet, ist das Licht der Wahrheit Gottes, die in seiner Gnade besteht. Die „Herrlichkeit" Israels ist die Realität seiner Erwählung, in der die Vollendung aufleuchtet, und die Verwirklichung seiner Mission, für Gott und sein Heil einzutreten, für das Jesus gekommen ist (vgl. Jes 42,6; 49,6). Das *Nunc dimittis* ist ein Pendant zum *Gloria* (2,14). Betont sind die jüdische und die personale Perspektive. Beides zusammen ermöglicht neue Identifikationen und Interpretationen – im universalen Maßstab.

Die Eltern staunen (33): Sie ahnen, was Gott mit ihrem Kind vorhat, und haben doch noch nicht den Glauben, der erst durch das Leben, den Tod und die Auferweckung Jesu begründet werden wird. Joseph verschwindet später aus dem Blickwinkel des Evangelisten; die traditionelle Exegese erklärt dies mit seinem Tod. Maria gehört zum Kreis derer, die nach Ostern beisammen sind und den Heiligen Geist empfangen werden, der zum Zeugnis befähigt (Apg 1,13–14.16; 2,1).

Die Prophetie Simeons an die Adresse Marias (34–35) ist die erste Andeutung des Todes Jesu, der im Rahmen seiner Sendung durch die Auferstehung als Heilsereignis offenbart wird. Das Wort ist ein Zeugnis prophetischer Christologie. Es verwendet keinen Hoheitstitel, erklimmt aber schwindelerregende Höhen und ist keine Glaubensformel, aber eine starke Glaubensaussage. Dass Jesus „gesetzt" ist, verweist auf seine Bestimmung durch Gott – die aber nicht eine Fremdbestimmung, sondern eine Selbstbestimmung ist, wie das Evangelium ausführen wird, da Jesus im Gehorsam gegenüber dem Vater seine Freiheit verwirklicht. Im Zentrum steht eine Dialektik von Fallen und Aufstehen. Oft wird so gedeutet, dass einige fallen, andere aufstehen. Aber beide Teilsätze haben dasselbe Subjekt: viele, nämlich alle. Der Auftakt in V. 34b beschreibt ein Drama, das Israel in die Krise, aber durch sie hindurch zum Glück führt, das Simeon schon kennt.

Die Fortsetzung in V. 34c bringt den Umschwung auf den Punkt. Jesus ist „ein Zeichen, dem widersprochen wird". Widerspruch löst nach dem lukanischen Doppelwerk vor allem die Predigt von Kreuz und Auferstehung aus (Apg 13,44–45; 28,22): weil sie Kreuz und Auferstehung des Christus Jesus sein sollen. Jesus weist die Forderung eines „Zeichens" zurück, das ihn legitimieren soll, weil dies den Kriterien wahrer und falscher Prophetie (Dtn 13,2–6; 18,18–22) widerspricht, wonach Wunder gar nichts beweisen, und er selbst dieses Zeichen ist – als lebendiger Gottessohn und auferweckter Gekreuzigter. Das „Zeichen des Jona" (11,29–30 par. Mt 12,39–40) ist Jesus selbst: in der paradoxen Wirkung seiner Predigt, die Widerspruch auslöst, um zum Heil zu führen. Der Widerspruch ist notwendig, weil ohne ihn das Überwältigende der Heilsbotschaft nicht erkannt werden könnte. In Vers 35b wird diese Dialektik in den „Herzen" und „Gedanken" der Menschen lokalisiert. Es ist das Charisma der Prophetie, die Gedanken in den Herzen zu erkennen; es ist die Gabe des Erlösers, sie zu Gott zu führen. In den Herzen der Menschen ist das Nein zum Gekreuzigten, aber auch das Ja zum Messias (3,15). Beides wird stimuliert – und von Gott zum Guten geführt, zum Glauben an Jesus: nicht zwangsläufig, aber in begnadeter Freiheit.

Die Adresse an Maria wird durch die Parenthese V. 35a konkretisiert. Maria leidet am Widerspruch, den Jesus erfährt; er prallt an ihr nicht ab, sondern trifft sie ins Mark. Die Prophetie Simeons bringt die lukanische Theologie des Todes Jesu auf den Punkt: Sie erschließt sich nicht durch eine Formel, sondern durch eine Geschichte, deren Dramatik der Prophet beschreibt.

Dem „greisen" Simeon tritt die Witwe Hanna zur Seite. Auch sie wird zuerst als Typ vor Augen gestellt, bevor sie mit ihrer Botschaft Gehör findet. Lukas skizziert eine – nach den Maßstäben jüdischer Antike – vorbildliche Biographie (36–37). Hanna gehört – wie Elisabeth (1,5–6) – zu einer alten jüdischen Familie, die sich bis auf die Söhne Jakobs zurückführt. Sie ist „Prophetin" (im Griechischen steht die weibliche Form), in der Nachfolge Mirjams, der Schwester des Mose. Als Prophetin ist sie im Tempel zuhause. Während der Priester Zacharias spontan zum Propheten wird (1,67) und Simeon, vor allem aber auch im Kairos einer Begegnung Elisabeth und Maria inspiriert sprechen, übt Hanna ihren Beruf aus und wird so zur Zeugin Jesu. Hanna war nach gut jüdischer Sitte verheiratet. Vor ihrer Hochzeit war sie Jungfrau. Sie hat aber nach

2,21–40 Die Namensgebung und Darbringung Jesu im Tempel 65

dem Tod ihres Mannes nicht wieder geheiratet. Die Monogamie über den Tod hinaus gilt als besonders fromm; es passt zum Leben Hannas als Prophetin im Tempel. Mit 84 Jahren ist Hanna nach antiken Maßstäben sehr alt (vgl. Ps 90,10). Sie verbringt ihr Leben mit Fasten und Beten im Tempel – so wie auch die Urgemeinde nach Apg 2,46 täglich zum Tempel geht, um dort zu beten. Von Hanna wird kein prophetisches Wort überliefert, aber eine Zusammenfassung ihrer Botschaft **(38)**. Das Vorzeichen ist das Gotteslob, wie es genau zur Kindheitsgeschichte passt. Die „Erlösung" Israels ist der Horizont. Die „Erlösung" (1,68; 24,41) lässt sich politisch wie theologisch als Befreiung aus der Sklaverei verstehen. Es wird ein Preis gezahlt, der das Leben aufwiegt. Dieser Preis ist letztlich das Leben Jesu selbst. Thema der Prophetie ist Jesus, der „Heiland" und Erlöser Israels und aller Völker.

Der Rahmen schließt sich **(39)**: Es wird von den Eltern Jesu „alles" erledigt, was das „Gesetz des Herrn" vorsieht – und eher mehr als weniger, weil die Zeichensprache so reich ist. In diesem Rahmen ereignet sich die Prophetie, die über den Ritus hinausweist – in die Zukunft Jesu und des ganzen Gottesvolkes hinein.

Abschließend wird Jesus in Farben gezeichnet, die jüdische Weisheits- und Bildungstheologie verbindet **(40)**. Lukas charakterisiert – als Übergang zur Folgeperikope vom zwölfjährigen Jesus im Tempel (2,41–52) – zum einen das körperliche Wachstum, das wie bei jedem gesunden Menschenkind stattfindet, und zum anderen das geistige, das in eine jüdische Kultur führt. Die „Weisheit", von der Jesus immer mehr erfüllt wird, ist ein Geschenk Gottes; sie besteht in der Fähigkeit, die Welt zu sehen, wie sie ist, weil sie als Gottes Schöpfung betrachtet wird. Gottes „Gnade" ist sein Wohlgefallen; sie ist „mit ihm", weil Jesus nicht etwa im Zuge seiner Sendung zu einem willenlosen Werkzeug seines allmächtigen Vaters wird, sondern ein „Du", der „geliebte Sohn" (3,21–22), der seinen Weg in Freiheit geht, um Gottes Willen zu erfüllen. Der Bildungsweg, der zum wahren Menschsein Jesu gehört, wird im Folgetext veranschaulicht: Jesus ist ein Schüler, der zum Lehrer wird, weil Gott sein Lehrer ist (2,41–52).

Im Unterschied zur apokryphen Tradition sind die kanonischen Evangelien äußerst zurückhaltend, was die Kindheit Jesu angeht. Lukas wagt sich am weitesten vor. Die folgende Szene mit dem zwölfjährigen Jesus im Tempel (2,41–52) führt bereits an die Schwelle der Adoleszenz. V. 40 ist keine Ausnahme von der Regel, aber ein Platzhalter, der in Jesus einen vorbildlichen Typ zeichnet – passend zu V. 52 und mit immenser Wirkungsgeschichte für das christliche Menschenbild. In V. 40 ist die Pointe, dass erstens Leib und Seele zusammengehören und zweitens Weisheit und Gnade. Beides entspricht der alttestamentlichen Anthropologie. In V.52 ist die Pointe, dass Gottes- und Nächstenliebe nicht nur in ethischer, sondern auch in anthropologischer und sozialer Hinsicht eine Einheit bilden. Die Image-Frage ist theologisch in der Gottesebenbildlichkeit des Menschen begründet. Jesus verwirklicht das Ideal eines weisen Lebens in Gottesfurcht von Kindesbeinen an. Inmitten aller Widersprüche, die er erfährt, kommt er aber groß und gut heraus, weil er das Menschliche verwirklicht, der er ganz auf Gott setzt. Der Kern der Erzählung ist historisch, passend zur Bethlehem-Tradition, stimmig für das Judentum der Zeit, zurückgehend auf die Familie Jesu. Lukas hat seine schriftstellerische Kunst bemüht, um die Szene als messianisches Präludium erklingen zu lassen.

2,41–52
Der zwölfjährige Jesus im Tempel

[41]Und es zogen seine Eltern jedes Jahr nach Jerusalem zum Paschafest. [42]Und es geschah, auch als er zwölf Jahre alt war, dass sie gemäß dem Festbrauch hinaufzogen. [43]Und nachdem die Tage beendet waren, kehrten sie zurück, der junge Jesus aber blieb in Jerusalem. Und seine Eltern bemerkten es nicht, [44]weil sie glaubten, er sei bei Reisegefährten. Sie zogen einen Tagesmarsch; dann suchten sie ihn bei Verwandten und Bekannten. [45]Und weil sie ihn nicht fanden, kehrten sie nach Jerusalem zurück, um ihn weiter zu suchen. [46]Und es geschah nach drei Tagen, da fanden sie ihn im Heiligtum mitten unter den Lehrern sitzen, wie er sie hörte und befragte. [47]Alle, die ihn hörten, gerieten außer sich über seinen Verstand und seine Antworten. [48]Und als sie ihn sahen, waren sie außer sich, und seine Mutter sagte zu ihm: „Kind, weshalb hast du uns das angetan? Siehe, dein Vater und ich haben dich voll Schmerz gesucht." [49]Da sagte er zu ihnen: „Was habt ihr mich gesucht? Wusstet ihr nicht, dass ich in dem sein muss, was meines Vaters ist?" [50]Aber sie verstanden das Wort nicht, das er ihnen gesagt hatte. [51]Da gingen sie mit ihm hinab und kamen nach Nazareth; und er war ihnen gehorsam. Und seine Mutter bewahrte alle Worte in ihrem Herzen. [52]Und Jesus nahm zu an Weisheit und Alter und Gnade bei Gott und den Menschen.

Die kurze Szene vom zwölfjährigen Schüler Jesus mitten unter den Lehrern im Tempel gehört zu den Episoden des Neuen Testaments mit der stärksten Wirkung auf die christliche Didaktik. Wenn Jesus ein wissbegieriger und intelligenter Schüler war, von dem seine Lehrer noch etwas lernen konnten, haben Analphabetismus, Desinteresse an der Welt und Fundamentalismus keinen Platz im Christentum. Die Szene spiegelt die hohe Bedeutung der Bildung im Judentum, von der auch das Christentum profitiert.

2,41–52 *Der zwölfjährige Jesus im Tempel* 67

Die historisch-kritische Exegese hat die Szene allerdings mit einem Fragezeichen versehen und ins Reich der Legenden verbannt, als sozusagen apokryphe Wucherung im Neuen Testament. Tatsächlich ist sie die einzige im gesamten Neuen Testament, die den Jugendlichen Jesus zeigt. Sie ist sicher keine historische Reportage, fängt aber wesentliche Momente ein, die für die Familie Jesu typisch gewesen sind. Es handelt sich um eine ideale Szene, die an Familientradition anknüpft und ein theologisches Schlaglicht auf die Identität Jesu vor seiner öffentlichen Wirksamkeit wirft.

Die Aufmerksamkeit der Exegese richtet sich meist auf die Geschichte der Eltern Jesu. Die Erzählung ist aber so strukturiert, dass Jesus die Hauptperson ist: als vermisster und dann, gefunden, als verständiger und vermittelnder Sohn.

2,41–42	Die Pilgerreise nach Jerusalem
2,43–45	Die Suche nach Jesus
2,46–50	Die Auffindung Jesu
2,51–52	Die Rückkehr nach Nazareth

Das theologische Zentrum liegt in der Szene des Wiedersehens: einerseits im Bild, das Jesus abgibt, andererseits im Wort, das er sagt. Beides korrespondiert miteinander – und macht Eindruck. Maria ist diejenige, die ihre Lektion lernt.

Die Familie Jesu gehört zu den Frommen in Israel (2,21–24.39); deshalb nimmt sie an der Wallfahrt nach Jerusalem teil **(41)**. Die Pilgerreise war nicht zwingend vorgeschrieben, aber guter Brauch: für Lukas eine Ausdruckshandlung aktiven Judeseins und offen für den Glauben an den Messias, der mit Jerusalem verbunden ist. Jesus wird in den Rahmenversen rollenkonform beschrieben. Das Alter von zwölf Jahren **(42)** verweist in der Antike auf die Schwelle zum Erwachsenwerden. Aus späteren Zeiten ist im Judentum die Praxis der Bar Mitzwa bezeugt, einer rituellen Einführung junger Juden in die Welt der Erwachsenen, die mit der Übernahme religiöser Rechte und Pflichten verbunden ist (Aboth 5,21). Anfänge wird es in neutestamentlicher Zeit gegeben haben. In V.43 wird er als Jugendlicher gekennzeichnet (*paîs* – Luther 1912: Kind; Luther 2017: Knabe; NRS: boy). Seine Mutter sieht ihn freilich immer noch als „Kind" (V.48: *téknon*).

Aus dem Alter Jesu erklärt sich, dass sein Fehlen auf der Rückreise am ersten Tag bis zur Nacht unbemerkt bleibt **(43–45)**. Die Sorge der Eltern bricht sich dann Bahn, sie hindert aber auch daran, Jesus zu finden. Zwar suchen sie ihn zuerst bei Verwandten und Bekannten; dann gehen sie zurück nach Jerusalem; sie sehen die Stadt aber nur als Ort, wo sie ihr Kind zuletzt gesehen haben, nicht jedoch als Stätte des Tempels, wie Jesus sie sieht (V. 49). Wegen ihrer Befangenheit dauert ihre Suche jene drei Tage, die das Zeitmaß der gottgewollten Wende zum Guten anzeigen (9,22; 13,32–33; 18,33; vgl. Hos 6,2).

Im Zentrum der Geschichte tritt Jesus allerdings aus dem Rollenmuster heraus. Er wird nicht als Schüler zu Füßen der Lehrer gezeichnet, sondern kommuniziert mit ihnen auf Augenhöhe (46–47). Er ist noch nicht der Lehrer, der ihnen gegenübersteht, aber der Schüler, der nicht nur lernt, sondern auch lehrt. Sein Gegenüber sind „Lehrer", die professionell Theologie und Jurisprudenz treiben, und zwar am herausragenden Ort des Tempels, in der führenden Schule des Judentums. Jesus „hört" ihnen aufmerksam zu und stellt kritische Fragen (V. 46); er gibt aber auch Antworten (V. 47). Alle, die ihn hören, bewundern seinen „Verstand" *(sýnesis)*. Das Wörterbuch bietet auch „Auffassungsgabe", „Urteilskraft" und „Scharfsinn" als Übersetzung an; nichts davon wäre falsch. Über Inhalte verlautet noch nichts; die Form ist wesentlich. Der Rahmen zeigt an, worum es gegangen sein muss: um das Gesetz Gottes im Heiligtum.

Auf die Frage seiner Mutter hin (48), die einen leisen Vorwurf mit großer Sorge verbindet, erklärt sich Jesus zweifach (49): Einerseits „muss" er dort sein, wo er ist, im Heiligtum Gottes, weil er der Sohn Gottes ist, dazu bestimmt, den Tempel von Grund auf zu erneuern (19,45–48) und als Lehrer für Gott einzutreten (20,1–21,36). Andererseits ist für ihn der Tempel das, „was meines Vaters ist". Die Szene erinnert daran, dass der Tempel in Jerusalem auch ein Lehrhaus gewesen ist. Dafür dient die Stoa, die Halle Salomos am Eingang (Apg 3,11; 5,21.25). Die Erklärung bezeugt ein ungewöhnliches Selbstbewusstsein des Gottessohnes gegenüber seiner Mutter. Diese Beziehung ist bei Lukas nicht psychologisch, sondern christologisch zu erklären. Der zwölfjährige Jesus sprengt bereits so entschieden alle Erklärungsmuster, wie es der erwachsene Jesus tun wird, der mit „ungefähr 30 Jahren" (3,23) in die Öffentlichkeit tritt.

Weder Maria noch Joseph verstehen, was Jesus sagt (50). Das heißt für Lukas: Ihnen geht noch nicht die volle Bedeutung der Lehre Jesu auf, die ein Selbstportrait ist. Er ist Sohn Gottes; er bereitet das Haus Gottes zu einem Haus des Gebetes (19,45–48); er gibt sein Leben in den Dienst Gottes hin, der den Menschen eschatologisch zu Gute kommt. Zu diesem Selbstbewusstsein gehört die Demut. Deshalb hält der Evangelist fest (51), dass Jesus sich in die Familienstruktur einordnet, das 4. Gebot mit einer kindgerechten Adaption im Herzen, und darin erwachsen wird. Die Rollenkonformität rundet das Bild jüdischen Familienlebens ab, von dem die ganze lukanische Kindheitsgeschichte geprägt ist.

2,41–52 Der zwölfjährige Jesus im Tempel 69

Der Schlussvers **(52)** hat ähnlich stark das Bild Jesu im Sinne einer christlichen Humanität beeinflusst wie die Szene vom Schüler. Der Faden vom Schluss der weihnachtlichen Erzählungen (2,40) wird aufgenommen. Jesus ist ein Mensch, bei dem Gottes- und Menschenliebe eins sind. „Weisheit" ist auch eine Altersfrage, weil Wissen und Lebenserfahrung wachsen, „Gnade" *(cháris)* – die Einheitsübersetzung schreibt: „Gefallen", die Elberfelder „Gunst" – ist hier nicht die rettende Macht der Erlösung, sondern die Wahrnehmung und Anerkennung, die nicht verdient, sondern gewährt wird. „Gnade" bei Gott ist Liebe, die stetig wächst, weil sie vollkommen ist; „Gnade" bei Menschen ist Freude über ein Gotteskind, auch wenn noch unklar bleibt, wie es sich entwickeln wird.

Jesus beginnt als Zwölfjähriger zu reden – und selbstbewusst seine Beziehung zu Gott zum Ausdruck zu bringen. Vorher wird über ihn gesprochen – mit Engelszungen, die Gottes Heilswillen zur Sprache bringen. Gott steht zu Israel und David; er bleibt seiner Verheißung treu – auf eine ganz unerwartete, schier unglaubliche, aber nicht unsinnige, sondern ganz im Gegenteil unfassbar positive Art und Weise: durch die Geburt Jesu aus der Jungfrau Maria, durch seine Offenbarung auf den Hirtenfeldern von Bethlehem, durch die doppelte Prophetie im Tempel von Jerusalem, auch durch seine Bildung, die ihn mitten in Israel über die Schulweisheit hinaushebt – wie weit, wird das Evangelium zeigen: so weit, wie Gabriel es Maria verheißen hat. Jesus mit zwölf Jahren ist ein Kind an der Schwelle zum Erwachsenen. Die frühkindliche Prägung ist stark; die göttliche Herkunft beginnt sich mit der menschlichen Geschichte zu vereinen. Sobald Jesus, als Jugendlicher, frei agieren kann, sucht er die Verbindung mit Gott. Er steht Rede und Antwort. Kaum eine Szene hat sich positiver auf die Bildung junger Christenmenschen ausgewirkt als die Szene des gelehrigen Schülers im Tempel, der bereits zum Lehrer wird.

3,1–4,13
Die Vorbereitung des Wirkens Jesu

In der Erzählung von der Geburt des Täufers Johannes und der Geburt Jesu, seiner Beschneidung und Darbringung im Tempel bauen die knappe Notiz vom Aufwachsen des Täufers (1,80) und die kurze Episode vom zwölfjährigen Jesus im Tempel (2,41–52) Brücken zur Geschichte des öffentlichen Wirkens beider Akteure, die auf unterschiedliche Weise von Gott gesandt, aber darin eng aufeinander bezogen sind. Lukas er-

70 3,1–4,13 *Die Vorbereitung des Wirkens Jesu*

zählt zuerst von der Täuferpredigt (3,1–20) und lässt dann drei christologische Einführungs-Szenen folgen: die Taufe im Jordan mit der Offenbarung der Gottessohnschaft Jesu (3,21–22), die Genealogie Jesu, die bis zu Adam zurückreicht und über ihn auf Gott, den Schöpfer (3,23–38), sowie die Versuchung, die Jesus besteht (4,1–13). Danach beginnt die Geschichte seiner Verkündigung, in der er zuerst das Feld in Galiläa bestellt (4,14–9,50).

Mit der Kindheitsgeschichte eröffnet Lukas das Evangelium. Indem er zeigt, wie eng Johannes und Jesus miteinander verbunden sind und wie deutlich sie sich sowohl voneinander unterscheiden als auch aufeinander beziehen, bereitet er auf doppelte Weise das öffentliche Wirken – und indirekt auch schon die Passion – Jesu vor. Zum einen konkretisiert er, auf welche Weise Johannes dem „stärkeren" Messias den Weg bereitet – worauf Jesus später explizit zurückkommen wird (7,24–35; 20,1–8): Johannes predigt eine Umkehr, die das ganze Leben daran orientiert, dass Gott den Retter senden wird, der den Heiligen Geist empfängt und spendet. Zum anderen qualifiziert der Evangelist Jesus: Derjenige, der schon vom Mutterleib an Gottes Sohn ist, wird als solcher von Gott offenbart und gesendet; derjenige, den Maria zur Welt gebracht hat, wird in die Geschichte nicht nur Israels, sondern der Menschheit eingeordnet; derjenige, der weiß, wer sein Vater ist, wird vom Teufel in Versuchung geführt, damit er ihn zurückweisen und einen Freiraum der Gnade eröffnen kann.

3,1–20	Das Wirken des Täufers Johannes
3,21–22	Die Taufe Jesu
3,23–38	Der Stammbaum Jesu
4,1–13	Die Versuchung Jesu

In der Vorbereitung werden wesentliche Aspekte des Wirkens Jesu deutlich gemacht. (1.) Jesus ist nicht auf sich allein gestellt. Sein Wirken wird angebahnt. Johannes der Täufer bündelt die Prophetie Israels in der Stunde, nachdem der Messias geboren ist (2,11) und nun auftreten wird (3,23). Der Täufer ist ihm in seiner Botschaft von Gottes Heil verwandt, das durch das Gericht verwirklicht wird, auch wenn Jesus der Messias ist, Johannes aber sein Wegbereiter. Johannes hat nach Lukas bereits gezeigt, wie in der eschatologischen Erwartung ethische Verantwortung aufgebaut werden kann; sie auszuführen, wird ein großes Thema der Verkündigung Jesu sein. (2.) Jesus ist zwar Sohn Gottes von Anbeginn; aber Lukas schafft in seinem gesamten Evangelium weiten Raum dafür, dass und wie Jesus seine Gottessohnschaft und die mit ihr verbundene Heilssendung wahrnimmt und annimmt. In dieser Reflexion ist sein wahres Menschsein ernstgenommen, einschließlich der

3,1–20
Das Wirken des Täufers Johannes

Freiheit, in der er seinen Weg geht. Was über dem Jordan dem ganzen Volk geoffenbart wird, bewährt Jesus im Zwiegespräch mit dem Teufel, der ihm die ganze Welt zu Füßen legen, aber Gott zum Feind machen will. (3.) Jesus setzt in Israel an, weil er die Sendung des Volkes bejaht; aber seine Mission ist universal, begründet in seinem Menschsein.

[1]Im fünfzehnten Jahr der Regierung des Kaisers Tiberius, als Pontius Pilatus Judäa regierte und Tetrarch von Galiläa Herodes war, Philippus aber, sein Bruder, Tetrarch von Ituräa und vom Land Trachonitis und Lysanias von Abilene Tetrarch, [2]unter dem Hohepriester Hannas und Kaiaphas, erging das Wort Gottes an Johannes, den Sohn des Zacharias, in der Wüste. [3]Und er kam in die ganze Gegend des Jordan und verkündete die Taufe der Umkehr zum Nachlass der Sünden, [4]wie geschrieben steht im Buch der Worte des Propheten Jesaja: „Stimme eines Rufers in der Wüste: Bereitet den Weg des Herrn. Macht gerade seine Straßen. [5]Jedes Tal soll aufgefüllt und jeder Berg und Hügel soll niedrig gemacht werden, und das Krumme soll gerade werden und das Raue zu glatten Wegen, [6]und alles Fleisch wird das Heil Gottes sehen." [7]Da sagte er zu den Scharen, die zu ihm hinauskamen, um sich von ihm taufen zu lassen: „Schlangenbrut, wer hat euch gezeigt, dem kommenden Zorn zu entfliehen? [8]Bringt also Früchte, würdig der Umkehr, und fangt nicht an, zu euch selbst zu sagen: Wir haben ja Abraham zum Vater. Denn ich sage euch: Gott kann aus diesen Steinen Abraham Kinder erwecken. [9]Schon ist die Axt an die Wurzel der Bäume gelegt. Jeder Baum also, der keine gute Frucht bringt, wird ausgehauen und ins Feuer geworfen." [10]Da fragten ihn die Scharen: „Was sollen wir dann tun?" [11]Er antwortete und sprach zu ihnen: „Wer zwei Hemden hat, soll mit dem teilen, der keines hat, und wer zu essen hat, mache es ebenso." [12]Es kamen auch Zöllner, dass sie sich taufen ließen, und sagten zu ihm: „Lehrer, was sollen wir tun?" [13]Er antwortete ihnen: „Fordert nicht mehr, als was festgesetzt ist." [14]Da fragten ihn auch Soldaten und sagten: „Und was sollen wir tun?" Und ihnen sagte er: „Misshandelt und erpresst niemanden. Und begnügt euch mit eurem Sold." [15]Da das Volk voller Erwartung war und alle in ihrem Herzen überlegten, ob nicht Johannes selbst der Messias sei, [16]antwortete Johannes und sagte zu allen: „Ich taufe euch nur mit Wasser; es kommt aber, der stärker ist als ich, dem ich die Riemen seiner Sandalen zu lösen nicht würdig bin, der wird euch taufen im Heiligen Geist und mit Feuer. [17]Die Schaufel hält er in der Hand, seine Tenne zu reinigen und den Weizen in seine Scheune zu sammeln, die Spreu aber

72   *3,1–4,13 Die Vorbereitung des Wirkens Jesu*

zu verbrennen in unauslöschlichem Feuer." [18]**Mit diesen und anderen Mahnungen verkündete er dem Volk.** [19]**Der Tetrarch Herodes aber, den er zurechtgewiesen hatte wegen Herodias, der Frau seines Bruders, und wegen all des Bösen, das Herodes getan hatte,** [20]**fügte zu allem noch dies hinzu, dass er Johannes ins Gefängnis warf.**

Lukas startet die Geschichte des öffentlichen Wirkens Jesu mit einem Portrait des Täufers und seiner Mission, weil er der Vorläufer ist, der Jesus den Weg bereitet. Diese Aufgabe entspricht seiner göttlichen Bestimmung (1,76–77). Wie er seine Mission erfüllt, ist aber nicht vorherbestimmt, sondern wird von ihm selbst in Szene gesetzt: durch die Taufe und die Predigt, die Wüste und den Jordan.

Der Passus hat nach der geschichtlichen Einbindung und vor der biographischen Ausleitung eine Hauptaussage über die Umkehr-Verkündigung des Täufers, die dreifach entfaltet wird: kritisch, ethisch und eschatologisch.

3,1–2	Das geschichtliche Umfeld des Täufers
3,3–6	Die Umkehrpredigt des Täufers im Horizont der Prophetie
3,7–9	Die Notwendigkeit der Umkehr: Die Kritik der Kinder Israels
3,10–14	Die Konsequenz der Umkehr: Wegweiser im Alltag
3,15–18	Die Perspektive der Umkehr: Hoffnung auf den Messias
3,19–20	Der Hinweis auf das Martyrium des Täufers

Die Abfolge der Teile ist konsistent. Mit Hilfe von Jesaja wird der theologische Stellenwert der Täuferpredigt bestimmt: Er ist von Gott definiert: am Wendepunkt einer Befreiung, in den Dimensionen des Exodus. Er steht im Zeichen der Umkehr, die durch die Taufe besiegelt wird. Dass die Umkehr ausnahmslos notwendig ist, wird zuerst ausgeführt, mit einer radikalen Kritik an den Kindern Israels, die sich ihrer Heilsprivilegien nicht rühmen dürfen (Vv. 7–9). Wie die Umkehr gelebt werden kann, wird sodann grundsätzlich und paradigmatisch im Blick auf zwei prekäre Berufsgruppen, Zöllner und Soldaten, konkretisiert (Vv. 10–14); schließlich öffnet sich der Blick für die Zukunft Gottes: das Kommen des „Stärkeren", der nicht mehr nur mit Wasser, sondern mit dem Feuer und dem Heiligen Geist taufen wird (Vv. 15–18). Der Schluss weist voraus auf den gefangenen Täufer, der noch nach der Person Jesu fragen wird (7,18–23).

Lukas hat verschiedene Täufertraditionen kombiniert, um sein Bild zu zeichnen. Es vermittelt den facettenreichsten Eindruck des Neuen Testaments. Im wesentlichen orientiert sich Lukas an Markus: „Taufe der Umkehr zum Nachlass der Sünden" (3,3; vgl. Mk 1,4), Bezug auf „Jesaja"

3,1–20 Das Wirken des Täufers Johannes 73

(3,4–6; vgl. Mk 1,2–3), Ankündigung des Stärkeren, der nicht nur mit Wasser taufen wird (3,16; vgl. Mk 1,7–8). Allerdings hat Lukas die markinische Sicht erheblich erweitert. Zum einen integriert er die Täufertradition der Logienquelle, die auch in Mt 3,1–12 eingearbeitet ist: die Kritik der „Schlangenbrut" mit der Aufforderung, „Früchte" der Umkehr zu bringen (3,7–9; vgl. Mt 3,7–10), und das Bild der Worfschaufel, mit der die Spreu vom Weizen getrennt wird (3,17; vgl. Mt 3,12). Zum anderen hat er die Überlieferung aufgenommen, dass Johannes der Täufer auch Ethik betrieben hat, jüdisch verwurzelt und eng mit der Jesu verwandt (3,10–14).

Die genaue geschichtliche Einordnung, die Lukas vornimmt **(1–2)**, hat einen theologischen Sinn. Das Evangelium wird mitten in der Welt verkündet; sowohl Johannes als auch Jesus sind Personen der Weltgeschichte (vgl. 2,1–2); was sie zu sagen haben, ist politisch brisant, weil es Gott und seinen Messias ins Spiel bringt; ihre Sendung wird von äußeren Umständen beeinflusst, auch wenn sie nicht mit der Zeit untergeht, sondern in der Zeit Gottes Heil verkündet. Typisch für die Antike sind die indirekten Zeitangaben, ungewöhnlich ist die Häufung, zumal in der Kombination globaler und lokaler, politischer und religiöser Namen. Tiberius war römischer Caesar von 14 bis 37 n. Chr.; sein fünfzehntes Jahr war, nach üblicher Zählung, 28 n. Chr. Pontius Pilatus war von 26 bis 36 n. Chr. sein judäischer Statthalter. Die Tetrarchen (Luther: „Vierfürsten") sind Söhne des „großen" Herodes, der vor seinem Tode 4 v. Chr., mit den Römern abgesprochen, testamentarisch verfügt hat, dass sein Reich in vier Teilen vererbt würde. Archelaos, der Judäa regieren sollte, wurde 6 n. Chr. abgesetzt; seitdem wurde Judäa, zur kaiserlichen Provinz Syrien gehörend (vgl. 2,1–2), durch einen römischen Ritter direkt verwaltet. In Galiläa hingegen herrschte Herodes Antipas, der bis zu seiner Absetzung 39 n. Chr. auch – von Lukas nicht erwähnt – das transjordanische Peräa unter sich hatte und – von Lukas stark betont – eine üble Rolle als Mörder des Täufers (vgl. 3,19–20) und als gefährlicher Landesherr Jesu spielte (9,7–9; 13,31–35; 23,8–12). Philippus (+ 34 n. Chr.) beherrschte die nordöstlich liegenden Regionen von Ituräa und Trachonitis. Lysanias, in anderen Quellen nicht erwähnt, regierte mit Abilene die Gegend westlich des Hermon im heutigen Libanon. Den politischen Machthabern entsprechen die beiden entscheidenden Hohepriester, die ihrerseits nicht nur kultische, sondern auch politische Aufgaben hatten. Hannas war von 6–14 n. Chr. selbst amtierender Hohepriester, nach seiner Absetzung durch die Römer aber weiterhin höchst einflussreich. Kaiaphas, sein Schwiegersohn (Joh 18,13), war als leitender Hohepriester 18–37 n. Chr. tätig (Josephus, Antiquitates Judaicae 18,95); beide werden zwar von Lukas dort nicht namentlich erwähnt, sind aber entscheiden-

74   *3,1–4,13 Die Vorbereitung des Wirkens Jesu*

de Figuren beim Prozess gegen Jesus (22,66–71). Auf unterschiedliche Weise sind die Mächte präsent, die Jesus zu Tode bringen werden, ohne jedoch Gottes Reich besiegen zu können.

So wichtig aber all diese Männer auch waren – für Lukas sind sie nur Kulisse für den, der allein etwas zu sagen hat: Johannes der Täufer **(2b)**. Im Stil alttestamentlicher Prophetie wird er eingeführt (Jes 38,4; Jer 1,2.4.11 u. ö.): Gottes Wort wird für ihn zum Ereignis; es schafft Fakten, indem es ihm einen Auftrag erteilt, dem er Folge leisten wird. Für Lukas steht Johannes in der Reihe der Propheten Israels, zu der, als Prophet der Propheten, auch Jesus gehört, von Johannes angekündigt. Der Täufer geht an den Jordan in die Wüste **(3)**: Er ruft die Erinnerung an den Exodus wach und an den Zug durch den Jordan (Jos 3): aber nicht als Apotheose der Heilsgeschichte Israels, sondern als Mahnung, zurück an den Anfang zu gehen und das Land der Verheißung neu zu besiedeln, nachdem es durch die Sünden, auch der Israeliten, kontaminiert worden ist.

Johannes ist ein strenger Prophet, der harte Kritik übt, auch an den Bußwilligen; aber er ist kein Untergangsprophet, sondern weist einen Ausweg aus der Not der Sünde und des Todes, die er ähnlich hart anspricht wie zu ihren Zeiten Amos, Hosea, Micha und Jesaja. Diesen Ausweg weist die Taufe der Umkehr. Die Taufe ist ein Abwaschen oder eher ein Untertauchen, das an jüdische Reinigungsriten anknüpft, aber einen eigenen Sinn gewinnt, der durch den Bezug auf den Kommenden entsteht. Die Umkehr *(metánoia)* ist ein Umdenken, das eine Wende des Lebens um 180° zur Folge hat: weg von der Selbstreferenz hin zur Orientierung an Gott. Für diesen radikalen Neubeginn steht die Taufe. Während Josua das Volk trockenen Fußes über den Jordan geführt hat, dessen Wasser wie Mauern standen (Jos 3,15–16), verlangt Johannes, sich dem Wasser des Jordan auszusetzen: durch ein Untertauchen, das den Tod bedeutet, und ein Wiederauftauchen, das für das neue Leben steht (vgl. 3,21). Die Heilswirkung ist der Nachlass der Sünden – nicht an die Opfer im Tempel gebunden, sondern im Vorgriff auf die eschatologische Erlösung, die der Messias bringen wird. Wie groß das Unheil der Sünde ist, wird aus der Gerichtspredigt klar: Es stehen nicht nur einzelne Gesetzesübertretungen im Blick; es herrscht vielmehr eine falsche Grundeinstellung, die sich auf die eigene Sendung des Gottesvolkes Israel bezieht. Die Jordantaufe kann diese Sünde überwinden, weil sie das Verständnis des Volkes Gottes auf eine neue Basis stellt: die der messianischen Erwartung, die ihr tief eingeschrieben ist. Über den genauen Ort der Johannestaufe gibt es Streit, der sogar die Politik zwischen Israel und Jordanien belastet. Aus Mk 1,5 geht hervor, dass an eine „Wüste" am Jordan gedacht ist (vgl. Joh 1,23). Mt 3,1 lokalisiert sie in Juda. Aufgrund von Joh 1,28 („in Bethanien, jenseits des Jordan"; vgl.

3,1–20 Das Wirken des Täufers Johannes 75

Joh 10,40) wird mithilfe der Karte von Madaba oft nach Bethabara im Wadi Al-Kharrar unweit des Toten Meeres am Ostufer des Jordan auf dem Gelände des sog. Eliasberges gewiesen. Allerdings nennt Joh 3,23 auch „Änon bei Salim, wo viel Wasser war …“. Dieser Ort wird schon von Eusebius (Onomasticon, p. 40) im nördlichen Samaria lokalisiert, 12 km südlich von Beth Shean (Skythopolis). Historisch braucht keine Alternative zu bestehen, wenn Johannes „in der ganzen Jordangegend“ getauft hat.

Der theologische Sinn der Taufe wird durch ein langes Reflexionszitat des Evangelisten kenntlich gemacht (**4–6**). Es steht bei Jesaja, und zwar am Beginn des zweiten Teiles, der dem Trost des Volkes gewidmet ist (Jes 40,1–2), das einen Weg aus dem Untergang in ein neues Leben finden darf. Auch im Markusevangelium wird auf Jesaja verwiesen, allerdings in einer freien Kombination mit Ex 23,20 und Mal 3,11; Lukas hat das Zitat begradigt. Johannes selbst ist der „Rufer“, heißt: der Sprecher Gottes. Nach dem hebräischen Urtext wird ein Weg „durch die Wüste“ gebahnt; nach der Septuaginta tritt der Rufer wie bei Lukas „in der Wüste“ auf. Die Wüste ist ein Ort des Rückzuges, aber auch der Vorbereitung. Der Täufer zitiert den Exodus, wie Lukas mit Hilfe von Jesaja aufdeckt: Dort, wo Gottes Volk am Ende schien, beginnt seine Geschichte neu; dort, wo es zur großen Krise der Tempelzerstörung kommen wird, sind schon die Ressourcen gefüllt, um die Zukunft zu gestalten. Die entscheidende Aufgabe des „Boten“, der Johannes ist: die Wegbereitung für den „Herrn“, d.h. für Gott, der in der Person Jesu kommt. Dieses Kommen verändert die Welt; deshalb verändert sich die Natur: Alles, was sich dem Kommen Gottes in den Weg stellt, wird aus dem Weg geräumt – in erster Linie die Sünde. Das Ziel ist die eschatologische Vollendung – die bereits beginnt. Sie geht nicht nur Israel an, sondern wird „allem Fleisch“, heißt: allen Geschöpfen zuteil. Jesaja öffnet einen denkbar weiten Horizont der Heilshoffnung, dessen Zentrum Israel ist; ihm folgt Lukas – der Jesus als das Zentrum Israels sieht, wie es die Engel auf dem Hirtenfeld verkünden (2,10–11) und Simeon ebenso wie Hanna im Tempel prophezeit haben (2,31–32.38).

Scheinbar im größten Kontrast zur Heilsverheißung, aber wie bei den kanonisch gewordenen Propheten Israels in dialektischer Einheit mit ihr steht ein scharfes Gerichtswort: „Schlangenbrut“ sind Menschen, die das Gift der Sünde in sich tragen und um sich verbreiten (**7**). Johannes redet diejenigen an, die zu ihm kommen. Jesus urteilt nach Lukas später, sie wollten einen „Propheten“ sehen (7,24–26). Ihnen darf nicht ein religiöses Leistungsdenken unterstellt werden, als ob sie dächten, Gott müsse ihren Einsatz auf dem Weg an den Jordan belohnen. Aber sie meinen in den Augen des Täufers, wie Lukas ihn portraitiert, aufgrund ihrer Abrahamskindschaft nicht in der Weise unter der Macht des Bösen zu stehen wie die Völker, die „Heiden". Ein solches Denken aber unterschätzt sowohl den Abgrund des Todes mitten im Leben als auch die Aussicht auf Rettung in dieser und in jener Welt. Johannes der Täufer folgt der Diagnose der jüdischen Apokalyptik seiner Zeit, die nach Lukas auch Jesus geteilt hat (13,1–9): Gottes Zorn trifft auch Gottes Volk. Das Bild der „Steine", aus denen Gott „Abraham Kinder erwecken" kann (8), bedeutet keineswegs, dass die Zugehörigkeit zu Israel nichts wert wäre, sondern im Gegenteil, dass sich Israel der Schöpferkraft Gottes verdankt – derselben, die Sünde in Liebe und Tod ins Leben zu wandeln vermag. Um zwischen Gut und Böse zu scheiden, was um der Verwirklichung umfassenden Heiles willen notwendig ist, muss Gott Gericht halten; denn ohne die radikale Vernichtung des Schlechten gibt es keine nachhaltige Verbesserung (9). Die Wende bewirkt Gottes „Zorn" (V. 7), der heilig und gerecht ist: seine Abscheu vor dem Bösen, die Platz für Neues schafft. Die Gerichtsbilder, die scharfe Schnitte vornehmen, dürfen nicht dazu verleiten, verschiedene Menschengruppen zu klassifizieren – und die eigene Person nach Möglichkeit freizusprechen; vielmehr laufen die kritischen Prozesse auch innerhalb eines jeden einzelnen Menschen ab: deshalb die Taufe der Umkehr zur Vergebung der Sünden (V. 3).

Nur bei Lukas steht, dass Johannes die radikale Erneuerung auch ethisch konkretisiert hat (10–14). Der Passus belegt, dass Johannes – jedenfalls bei Lukas – gezeigt hat, wie man aus der Umkehr heraus verantwortungsvoll leben kann. Drei Szenen werden geschildert. Zunächst fragen allgemein „die Scharen", wie sie nach der Taufe leben sollen (V. 10). Die Antwort des Täufers: durch solidarisches Teilen, also durch intensive Nothilfe, die keineswegs gegen sozialethische Langzeitprojekte ausgespielt werden darf, aber immer aktuell ist, wenn Menschen der Hilfe bedürfen; Kleidung und Nahrung sind elementare Lebensbedürfnisse, die erfüllt sein müssen (V. 11) – die jüdische Tradition der Werke der Barmherzigkeit verliert in der apokalyptischen Umkehrpredigt nicht ihre Bedeutung. Sodann werden zwei Berufsgruppen genannt, die traditionell der Sünde verdächtigt werden: Zöllner (V. 12), die notorische Erpresser seien, und Soldaten, die ein blutiges Handwerk verübten (V. 14). Weder die einen noch die anderen werden von Johannes verbannt; vielmehr werden beide an ihr Berufsethos verwiesen: Die Zöllner sollen sich an die festgesetzten Tarife halten (V. 13), die Soldaten sich mit dem Sold begnügen und niemanden auspressen (V. 14). Die Forderungen sind nicht apokalyptisch angeschärft; sie sind allgemeingültig.

Die eschatologische Perspektive eröffnet die dritte Ausführung der Umkehrpredigt (15–18). Lukas rechnet mit einer Messiashoffnung, die eher im Verborgenen blüht, aber große Teile des Volkes erfasst (V. 15). Auch

3,1–20 Das Wirken des Täufers Johannes 77

Johannes, der exzeptionelle Prophet, kommt als Messias-Kandidat in Betracht (vgl. Joh 1,19–20). Dies muss er jedoch zurückweisen, weil ihm seine Rolle als Wegbereiter bewusst ist. Er verweist von sich selbst weg hin auf den Messias – im Vergleich zu dem Johannes selbst so gering sei, dass er noch nicht einmal den geringsten Dienst ihm zu leisten würdig wäre: die Riemen der Sandalen zu lösen. Diesen Kommenden (vgl. 7,18–19) kennzeichnet Johannes dreifach: (1.) Er ist „stärker" – weil ihm die Kraft Gottes eignet, die Versöhnung nicht nur anzusagen, sondern auch zu verwirklichen. (2.) Er wird nicht nur „mit Wasser" taufen, also den Dreck der Sünde abwaschen, um Leib, Geist und Seele für die Begegnung mit dem Messias zu reinigen, sondern „im Heiligen Geist und mit Feuer", also in der Kraft Gottes selbst, die das Leben erneuert, und nicht ohne die Läuterung, die jede Sünde verbrennt, damit Gottes Heil entsteht. Das archetypische Bild des Feuers (vgl. V. 9) wird aufgenommen und mit einem weiteren Urbild der Gerichtsprophetie verbunden: Auf der Tenne wird die Spreu vom Weizen getrennt; die nach dem Worfeln zurückgebliebene Spreu wird verbrannt (vgl. Jes 47,14; Mal 3,19; vgl. Zef 2,2), während der Weizen in die Scheune gesammelt wird (V. 17). Diese Aufgabe übernimmt der Messias, der das Werk des Johannes vollendet. Der Unterschied zwischen Johannes und Jesus besteht also bei Lukas nicht darin, dass jener das Gericht, dieser aber die Vergebung verkündet, sondern darin, dass Johannes ankündigt, Gott werde durch das Gericht Heil schaffen, und Jesus diese Prophezeiung wahr macht.

Lukas beschließt die Täuferperikope nach einem kurzen Summarium (V. 18) mit einer historischen Information über die Gefangennahme des Täufers durch Herodes Antipas **(19–20)**. Markus hat eine kleine Opernszene überliefert, mit dem Schleiertanz der Tochter und dem Kopf des Propheten auf einer Schale (Mk 6,17–29); Josephus berichtet von einem kaltblütigen Mord an einem missliebigen Kritiker (Antiquitates Judaicae 18,116–199). Lukas folgt Markus darin, dass Johannes die Ehe des Herodes mit der geschiedenen Frau seines Bruders kritisiert habe, was Josephus übergeht, spricht aber auch allgemein von den vielen Missetaten des Tetrarchen, die Johannes kritisiert habe, so dass die Verhaftung erfolgt und später die Ermordung, von der Lukas berichtet. Die plastische Gastmahlszene bei Markus lässt Lukas weg, wohl, weil er nicht von der Historizität überzeugt war. Mit der kurzen Notiz greift der Evangelist den Dingen voraus. Johannes wird sich aus dem Gefängnis noch an Jesus wenden (7,18–23); Jesus wird sich entschieden auf die Seite des Täufers stellen (7,24–35). Zusammen treten sie für Israels Zukunft ein – gegen die Protagonisten der Weltgeschichte, die eingangs erwähnt worden waren (3,1–2), aber zusammen mit Jesaja und allen anderen Propheten Israels.

Lukas zeichnet ein vielschichtiges Bild des Täufers Johannes. Er hält Israel die Sünde vor, ohne die Perspektive der Vergebung zu verstellen. Er kündigt den „stärkeren" Messias an, ohne den Ernst einer notwendigen Entscheidung zu verschleiern. Er füllt den Raum, den die Umkehr in Verbindung mit der Messiashoffnung öffnet, mit ethischen Weisungen, die nicht einen weltabgewandten Radikalismus, sondern einen solidarischen Realismus fördern. Historisch ist das lukanische Portrait des Täufers besonders plausibel. Josephus hat ihn als prophetischen Moralisten gezeichnet (Antiquitates Judaicae XVIII 116–119); Lukas integriert als einziger Evangelist die Ethik, passend zum Bild der „Früchte", die auch nach der Redenquelle die Umkehr erweisen sollen (3,8; vgl. Mt 3,8). Aber wie Matthäus hat er (auf der Basis der Redenquelle) die eschatologische Perspektive des Gerichtes geöffnet, das zum Heil führt, und wie Markus – und Johannes – eine christologische Spur gelegt, passend zum Bild der Sandalen, deren Riemen zu lösen Johannes nicht würdig sei (3,16; vgl. Mk 1,7). Wahrscheinlich sind Täuferjünger die Tradenten; Lukas hat ihr Zeugnis geprüft und literarisch geformt.

3,21–22
Die Taufe Jesu

²¹Und es geschah, als alles Volk getauft wurde und auch Jesus getauft wurde und betete, dass sich der Himmel öffnete ²²und der Heilige Geist auf ihn herabkam, leibhaftig sichtbar wie eine Taube, und eine Stimme aus dem Himmel erscholl: „Du bist mein geliebter Sohn, an dir habe ich Gefallen gefunden."

Die kurze Erzählung von der Taufe Jesu im Jordan hat eine grundlegende Bedeutung für das gesamte Evangelium, weil sie die Gottessohnschaft Jesu aus dem Bereich des Privaten (1,26–38) in die Öffentlichkeit bringt. Sie knüpft an die Schilderung der Johannespredigt und ihrer großen Resonanz in ganz Israel an (3,3.7): Jesus lässt sich als Teil des Volkes taufen, als Kind Israels.
Allerdings ist nicht die Taufe selbst das Thema, sondern das, was sich aus ihrem Anlass ereignet: die Offenbarung der Gottessohnschaft Jesu. Lukas hat in aller Kürze sorgfältig eine stimmige Abfolge skizziert:

3,21a	Die Taufe Jesu im Jordan
3,21b	Die Öffnung des Himmels beim Gebet Jesu
3,22a	Die Herabkunft des Heiligen Geistes
3,22b	Die Stimme aus dem Himmel

Lukas hat sich an der markinischen Vorlage orientiert (Mk 1,9–11), sie aber – im Rahmen seiner literarischen Freiheit – redaktionell verändert.

3,21–22 *Die Taufe Jesu* 79

Der wesentliche Unterschied besteht darin, dass die Taufe bei Markus eine „geheime Epiphanie" (Martin Dibelius) ist, bei Lukas aber „alles Volk" erreicht. Anders als Mt 3,17 („Dies ist …") lässt Lukas es aber bei der direkten Anrede Jesu aus dem geöffneten Himmel: „Du bist …". Es ist also die innigste Beziehung, die Liebe zwischen dem Vater und dem Sohn, die nicht vor anderen verborgen bleibt, sondern in ganz Israel bekannt wird: weil sie nicht nur die beiden betrifft, sondern auf das ganze Volk und in alle Welt ausstrahlt, um den Heiligen Geist zu verbreiten, dessen Feuer das Böse verbrennt und das Gute aufscheinen lässt (vgl. 3,16). In dieser Offenbarung liegt die Schlüsselbedeutung der Szene: Jesus wird nicht zum Sohn Gottes gemacht, sondern als Sohn Gottes berufen und offenbart. Er wirkt in der Kraft der Liebe Gottes; denn er wird mit dem Heiligen Geist ausgestattet, der ihn von jetzt an öffentlich wirken lässt. Diese Offenbarung spielt sich vor aller Augen ab, so dass sich allen die Glaubensfrage stellen kann, ob Gott so ist, wie Jesus ihn verkündet, und Jesus der ist, der im Heiligen Geist nicht nur über Gott spricht, sondern aus Gottes Liebe heraus redet und handelt. Im Unterschied zu Markus hat Lukas auch das Gebet Jesu eingeführt (V. 21b), ein Leitmotiv seines Evangeliums (vgl. 5,16; 6,12; 9,16.18.28–29; 11,1–4; 22,39.46), das die Intensität der Gottesliebe Jesu vor Augen führt und bestens zur späteren Perikope über das Bestehen der Versuchung (4,1–13) passt. Schließlich hat Lukas noch die „leibhaftige" Sichtbarkeit der Taube betont: wohl im Interesse, metaphorisch die Realität der Offenbarung zu unterstreichen, die dem Heilswillen Gottes geschuldet ist.

Dass Jesus sich wie alles Volk taufen lässt **(21a)**, ist ein Teil seiner Sendung. Bei Matthäus wird problematisiert, ob der Stärkere nicht eigentlich Johannes taufen müsse (Mt 3,15–16); in der apokryphen Tradition wird überlegt, warum Jesus, der doch von Sünden frei sei, sich der Taufe der Umkehr unterzogen habe (Nazaräer-Evangelium 8). Lukas konzentriert sich wie Markus auf das Faktum – das seinen eigenen Sinn hat. Denn Jesus solidarisiert sich mit Israel; er geht nicht nur einen Weg zu, sondern auch mit den Sündern. Er unterzieht sich der Taufe der Umkehr aus Solidarität mit denen, zu deren Rettung er auf die Welt gekommen ist. Johannes markiert die Spitze der religiösen Bewegung, ohne die es keine Vorbereitung auf Gottes Rettungsaktion gäbe; die Taufe der Umkehr ist der klarste Ausdruck einer Hoffnung auf Besserung: Jesus bejaht beides – nach Lukas nicht, weil er selbst Schuld zu bekennen hätte, sondern weil er sie sich zu eigen macht, um mit der Geist- und Feuertaufe die Verheißung der Johannestaufe zu bejahen.

Das Gebet, das Lukas über Markus hinaus nennt **(21b)**, korrespondiert der Öffnung des Himmels (vgl. 5,16; 6,12; 9,18.28–29; 11,1; 22,41): Jesus öffnet sich Gott, der den Himmel vor dem ganzen Volk öffnet. Der offene Himmel ist ein Bild für die Zuwendung Gottes zu den Menschen, die Kommunikation mit ihnen, die Mitteilung des Geistes (vgl. Testament des Juda 24,2). Auch in der Antike wurde es symbolisch verstanden (Joseph und Aseneth 14,2; syrischer Baruch 22,1). Dass der Himmel aufreiße, ist ein Wunsch beim Propheten Jesaja (63,19); dass diese Hoffnung sich mit Jesus bewahrheitet, ist die Glaubensüberzeugung der Evangelien. Lukas unterstreicht das personale Moment durch das Beten Jesu; durch die Öffentlichkeit der Szene macht er klar, dass die Öffnung Gottes für Jesus nicht exklusiv, sondern positiv zu sehen ist, so dass alle einbezogen werden können: das ganze Volk, das zum Jordan zog (V. 21), und mit ihm alle Völker unter dem Himmel.

Symbolisch ist auch das Motiv der Taube; wenn Lukas das Leibhaftige betont, das zu sehen war, stimuliert er nicht einen Pseudo-Realismus, sondern macht das Bild als Bild kenntlich. Den Code liefert das Hohe Lied; dort symbolisiert der Vogel die Liebe (Hld 2,14), die im Frühjudentum auf die Liebe zwischen Gott und seinem Volk bezogen worden ist. Das Bild öffnet die Augen für die Herabkunft des Geistes. Er kommt nicht „als", sondern „wie" ein Taube, deren schwungvolle Flugbahnen schon die Antike beeindruckte.

Der Geist, der auf Jesus herabkommt **(22)**, personifiziert die Liebe des Vaters zum Sohn, der Jesus sich im Gebet öffnet. Der Geist kommt auf Jesus herab, um auf ihm zu bleiben, wie er kurze Zeit später mit Jes 66,1–2 bei seiner Antrittspredigt in Nazareth bezeugen wird (4,18–20), und ihn zu erfüllen, so dass er die Versuchung besteht (4,1). Der Heilige Geist ist bei Lukas, der sein Wirken stark betont, der Motor der Mission, die Grenzen überschreitet (1,17), die Kraft der Inspiration, die den Verstand von Menschen nicht aus-, sondern einschaltet (1,41.67; 12,12), auch den Jesu (10,21), und die Gabe des Lebens an die Menschen, die Gott brauchen (11,13). Lukas kennt keine ausgeführte Trinitätstheologie; aber der Heilige Geist ist bei ihm nicht nur eine Energie, sondern ein Subjekt, das agiert, um Menschen mit Gott zu verbinden: aus Gnade in Freiheit.

Gleichzeitig mit der Herabkunft des Geistes ertönt die Stimme Gottes aus dem offenen Himmel. Sie redet Jesus in der 2. Person an: „Du", und offenbart dadurch, dass Jesus, der Sohn, für Gott, den Vater, eine Person ist, ein Gegenüber, von ihm unterschieden, aber mit ihm vereint. Was die Himmelsstimme sagt, ist die Kombination zweier Gottesworte aus der Bibel Israels: „Du bist mein geliebter Sohn", ruft Ps 2,7 auf, die Ansprache des Königs, der auf dem Thron Israels Platz nimmt und eine weltweite Herrschaft antritt; schon im Alten Testament und im Judentum ist dieser König eschatologisch-messianisch gedeutet worden; in diese Deutung schreibt Lukas – mit Markus – die Christologie ein. Jesus wird nicht im Augenblick der Anrede zum Sohn Gottes, der er vorher nicht gewesen

3,21–22 *Die Taufe Jesu* 81

wäre, sondern es wird offenbar, dass er es ist: ihm und allem Volk. Die Linie des messianischen Königtums zieht Lukas, verbunden mit dem Reich Gottes, weit aus, bis zum Einzug Jesu in Jerusalem (19,28–40) und zum Kreuz, da er als „König der Juden" hingerichtet wird (23,38). Dass Jesus der „geliebte" Sohn Gottes ist, setzt Lukas (mit Markus) hinzu: Der geliebte ist der einzige Sohn, dem die ganze Zuneigung des Vaters gilt: die so groß ist, dass sie überfließt auf die Menschen, zu denen Jesus gesandt ist.

Der zweite Teil des Gotteswortes ruft Jes 42,1 auf: das erste Lied vom Gottesknecht, der einen prophetischen Verkündigungsauftrag in Israel mitten unter den Völkern ausübt und sich für Gottes Gerechtigkeit einsetzt, aber nach dem vierten Lied (Jes 53) einen gewaltsamen Tod erleidet und ihn nicht den Tätern zur Last legen will, sondern von Gott als Opfer angenommen zu werden erhofft, damit die Sünde gesühnt, d. h. dargestellt und überwunden wird. Lukas nimmt diese Spur beim Letzten Abendmahl auf, wenn Jesus beim Becher vom Blut spricht, das er „für euch", heißt: für die Zwölf als Repräsentanten des ganzen Gottesvolkes, „vergossen" hat (22,20). Dass Gott an seinem Sohn – der sein geadelter Knecht ist (Apg 3,13.26) – „Gefallen" hat, entspricht seiner Liebe, die voraussetzungslos ist, weil sie es ist, die Leben schafft. Das griechische Tempus ist Aorist: die Feststellung dessen, was ist, weil es Gott im Sinn hat. Er entscheidet sich nicht etwa unter vielen möglichen Kandidaten in diesem Moment ausgerechnet für Jesus, sondern bringt zum Ausdruck, was er selbst mit der Verkündigung an Maria (1,26–38) durch seinen Geist ins Werk gesetzt hat: dass Jesus von Nazareth als sein Sohn geboren worden ist, damit er als Retter wirkt (2,11.14). Der Aorist öffnet Zeithorizonte, die durch die Verheißungsgeschichte Israels gefüllt werden. Jesus könnte nicht der messianische Retter sein, wenn er es erst mühsam werden müsste und nicht immer schon wäre.

Mit knappen Worten beschreibt Lukas eine christologische Schlüsselszene, die aus dem – österlich inspirierten – Glauben an Jesus gespeist wird und ein unzweifelhaft historisches Ereignis, die Taufe Jesu im Jordan, in einen theologischen Kontext stellt, der seine Bedeutung erhellt. Jesus *wird nicht*, er *ist* Gottes Sohn, der als solcher in sein messianisches Amt eingesetzt wird und in der Liebe Gottes zu wirken vermag: Gottes Wohlgefallen will er nicht für sich behalten, sondern verbreiten – wie es die Engel von Bethlehem besungen haben (2,14). Er lässt sich taufen, um sich auf die Seite des Johannes zu stellen, der Israel zur Umkehr ruft (3,1–20). Seine Taufe verdichtet seine gesamte Sendung: die Teilhabe am Leben der Sünder, den Hinabstieg in den Tod, den Aufstieg ins Leben: im Dialog mit Gott, seinem Vater. Die Taufe ist ein sicheres historisches Ereignis im Leben Jesu. Es hat eine grundlegende theologische Bedeutung, die durch die literarischen Gestaltungen der Evangelisten zum Ausdruck kommt. Lukas bleibt beim „Du" Gottes, das zur öffentlichen Liebeserklärung wird.

3,23–38
Der Stammbaum Jesu

[23]Und Jesus war, als er anfing, ungefähr dreißig Jahre alt, Sohn, wie man meinte, Josephs, Elis, [24]Mattats, Levis, Melchis, Jannais, Josephs, [25]Mattitjas, Amos', Nahums, Heslis, Naggais, [26]Mahats, Mattitjas, Schimis, Josechs, Jodas, [27]Johanans, Resas, Serubbabels, Schealtiëls, Neris, [28]Melchis, Addis, Kosams, Elmadams, Ers, [29]Joschuas, Eliësers, Jorims, Mattats, Levis, [30]Simeons, Judas, Josephs, Jonams, Eljakims, [31]Meleas, Mennas, Mattatas, Natans, Davids, [32]Isais, Obeds, Boas', Salmons, Nachschons, [33]Amminadabs, Admins, Arnis, Hezrons, Perez', Judas, [34]Jakobs, Isaaks, Abrahams, Terachs, Nahors, [35]Serugs, Regus, Pelegs, Ebers, Schelachs, [36]Kenans, Arpachschads, Sems, Noachs, Lamechs, [37]Metuschelachs, Henochs, Jereds, Mahalalels, Kenans, [38]Enoschs, Sets, Adams, Gottes.

Die Genealogie Jesu passt ins Gattungsschema einer antiken Biographie; sie hat aber eine theologische Dialektik, die auf die Christologie der Gottessohnschaft Jesu abgestimmt ist. Es ist das Interesse von Herrschern, einen möglichst langen Stammbaum vorweisen zu können, der am besten durch Generationen hindurch bis zu einer Gottheit führt; Dynastien leben von diesen Genealogien. In ihnen verbinden sich zwei Kriterien antiker Kultur: zum einen die Autorität des Alters, die vererbt werden kann, und zum anderen die Vermischung des Menschlichen mit dem Göttlichen, die auch den Nachkommen übernatürliche Kräfte verspricht. Der Stammbaum Jesu bricht mit beidem – um eine neue Form zu finden, die Alt und Jung, Tradition und Innovation, Göttliches und Menschliches im Zeichen des Gottesglaubens Israels verbindet.
Der Stammbaum hat eine Gliederung, die erst auf den zweiten Blick zu erkennen ist. Die lange lukanische Liste von 77 Namen ist nicht sichtbar gegliedert (wie die matthäische), folgt aber einem 7er-Schema: Von Jesus bis zu Serubbabel, der für das babylonische Exil steht, werden 3 × 7 Namen gelistet, weitere 3 × 7 führen zum Davidssohn Nathan weiter; es folgen zwei Siebenerreihen bis zum Abrahamssohn Isaak und wieder 3 × 7 Namen von Abraham bis Adam.

3,23–27a	Drei Mal sieben Namen von Jesus bis Serubbabel	*Nachexilisch*
3,27b–31	Drei Mal sieben Namen von Schealtiëls bis Nathan	*Vorexilisch*
3,31–34a	Zwei Mal sieben Namen von David bis Isaak	*Richterzeit*
3,34b–38	Drei Mal sieben Namen von Abraham bis Adam	*Vorzeit*

Hintergründig spielt das apokalyptische Schema der 12 Weltzeitalter eine Rolle (4Esra 14,11). Mit Jesus endet die 11. Woche; die 12. ist die

3,23–38 *Der Stammbaum Jesu*   83

Gegenwart, die österliche Zeit, in der Lukas schreibt: wissend, dass sie
so schnell nicht enden wird.

Die Genealogie Jesu im Lukasevangelium greift ein alttestamentliches
Gattungsschema auf, durch das in der Tora mit den Namen von Menschen in Generationenfolgen *(Toledot)* lange Zeiträume überbrückt werden, in denen Gott immer neues Leben schafft (Gen 4,17–5,23; 10,1–32;
11,10–32; 25,12–18.19–26; 36,1–43; 37,1–36; vgl. 1Chron 1,29–42), und in
den Geschichtsbüchern Menschen durch ihre Herkunft charakterisiert
werden (1Chron 2–9; Rut 4,18–23; Esr 7,1–5). Mit ihnen teilt Lukas die
Patrilinearität, von ihnen unterscheidet er sich durch die Schlusspointe
der Gottesabstammung.

Eine Parallele zur Genealogie Jesu steht im Matthäusevangelium (Mt 1,2–
17); dort führt die Linie von Abraham über David in drei Mal vierzehn
Generationen zu Jesus herab (Mt 1,17) – um an der entscheidenden Stelle
das genealogische Prinzip zu brechen und Raum für die Jungfrauengeburt
zu schaffen (Mt 1,16.18–25). Ein Vergleich zeigt, dass es neben zahlreichen
Gemeinsamkeiten auch gravierende Unterschiede und klare Widersprüche
gibt – ein Hinweis darauf, dass die Texte unabhängig voneinander entstanden sind, beide als Ergebnisse christlicher Schriftgelehrsamkeit. Die
Übereinstimmungen ergeben sich daraus, dass an einigen Knotenpunkten
und auf manchen Wegstrecken die Bibel selbst die Maßstäbe setzt: mit
David vor allem, aber auch mit Abraham, die genealogisch eingeordnet
sind; die Abweichungen zeigen, dass nicht etwa gesichertes Wissen über
Familienstammbäume tradiert, sondern postulierte Zusammenhänge kreiert werden. Lukas führt die Linie aufsteigend von Jesus bis zu Adam –
und Gott. Matthäus konzentriert sich demgegenüber auf die Reihe von
Abraham an, weil er mit ihm die Segensverheißung für alle Völker
(Gen 12,3) aufrufen will, die dialektisch mit der Davidssohnschaft ver-
mittelt ist. Lukas verfolgt hingegen eine Spur rückwärts, die bis in die Ur-
geschichte (Gen 1–11) und sogar zur Schöpfungserzählung führt; auf diese
Weise öffnet er den universalen Bezugshorizont, in dem sich die Sendung
Jesu in Gottes Schöpferkraft und Verheißungstreue ereignet, so dass jeder
Mensch einbezogen werden kann (vgl. Apg 17,26–28a).
Der Stammbaum wird durch eine kurze Regiebemerkung eingeleitet
(23a), die Jesu Alter nennt, da er, nach der Taufe (3,21–22), öffentlich auf-
zutreten beginnt. Nach biblischem Zeitmaß ist er mit dreißig Jahren im
besten Alter (vgl. Gen 11,14.22; 41,46; Num 4), wie auch an David zu sehen
gewesen ist (2Sam 5,4). Das Ungefähre entspricht den antiken Usancen. Es
passt historisch in einen Korridor, wenn Jesus (knapp) vor 4 v. Chr., dem
Tod des Herodes, geboren worden und 30 n. Chr. hingerichtet worden ist,
zumal wenn das Johannesevangelium richtigliegt, dass Jesus nicht nur ein
Jahr, sondern zwei bis drei Jahre öffentlich gewirkt hat.

Auf der letzten Etappe, von Sem bis Adam, folgt die Liste **(23b–38)** genau Gen 5, auf der vorletzten, von Abraham bis zu Sem, orientiert sie sich an Gen 11,10–26 sowie an den Büchern der Chronik (1Chron 1,28–34; 2,1–15) und Rut (4,18–22); von David bis zu Abraham arrangiert die Genealogie 2 × 7 Namen, die teils der Tora und den Geschichtsbüchern abgelesen (vgl. 1Chron 3,17–18), teils aber sonst unbekannt sind; sie decken sich nicht mit den matthäischen Namen, weil dort die Davidskindschaft von Salomo her geführt wird, also über die königliche Spur, während Lukas die Nebenlinie mit Nathan (2Sam 5,14; 1Chron 3,5) ansteuert, also die Skandalgeschichten der Herrscherdynastie beiseitelässt und stattdessen die Erinnerung an die Leidensgeschichte Israels aufruft, die lange vor dem Exil beginnt und es auch überdauern wird (Sach 12,12). Für die nachexilische Zeit kann sich Lukas zwar von Schimi bis Serubbabel an 1Chron 3,19–24 anlehnen, die ersten Namen müssen aber aus anderen als den biblischen Quellen geschöpft sein. Schon beim Vater Josephs gibt es die Abweichung, dass Matthäus Jakob, Lukas aber Eli nennt, wohingegen die Namen der Urgroßväter übereinstimmen und hernach die Linien auseinandergehen. Die Widersprüche lassen sich nicht ausgleichen; weil Lukas näher an Familientraditionen als Matthäus ist, hat er beim Namen des Großvaters im Zweifel den Vorzug vor Matthäus.

Die Genealogie zeigt, in welch weiten Horizonten und von welch großer Höhe aus jener Jesus gesehen werden muss, der in Galiläa zu wirken begonnen hat; die Eingangsnotiz zeigt, worauf die Weltgeschichte von Anfang an aus ist, wenn sie mit den Augen Gottes betrachtet wird. So aufwendig das genealogische Schema ist: Die christologische Pointe ist seine Brechung. Lukas hat sie am Anfang und am Ende markiert. Dass Jesus als Sohn Josephs nur galt (V. 23), während er es biologisch für Lukas nicht war, relativiert mit dem Stammbaum das gesamte genealogische Prinzip, passend zum Schlussgenitiv: „Gottes"; dass aber jedes Adams- ein Gotteskind ist, zeigt, dass Gott seine Schöpferkraft in jede Generationenfolge einbringt, ohne an die männliche Zeugungskraft gebunden zu sein. Jesus ist zu hundert Prozent Mensch – und zu hundert Prozent Gottes Sohn. Er ist es als Sohn Davids und Abrahams für alle Welt, als neuer Adam, der Gott und Mensch vereint.

4,1–13
Die Versuchung Jesu

[1]Jesus aber, voll des Heiligen Geistes, wandte sich vom Jordan weg und wurde im Geist in der Wüste geführt, [2]vierzig Tage, um vom Teufel versucht zu werden. Und er aß nichts in jenen Tagen, und als sie endeten,

4,1–13 *Die Versuchung Jesu* 85

hungerte ihn. ³Da sagte ihm der Teufel: „Wenn du Gottes Sohn bist, sag diesem Stein, dass er Brot werde"; ⁴und es erwiderte ihm Jesus: „Geschrieben steht: ‚Der Mensch lebt nicht vom Brot allein.'" ⁵Und er führte ihn hinauf und zeigte ihm alle Königreiche des Erdkreises in einem Augenblick, ⁶und es sagte ihm der Teufel: „Dir werde ich all diese Vollmacht und ihren Glanz geben, weil sie mir übergeben ist und ich sie gebe, wem ich will. ⁷Wenn Du vor mir niederfällst, soll sie ganz dein sein." ⁸Und Jesus erwiderte ihm: „Geschrieben steht: ‚Vor dem Herrn, deinem Gott, sollst du niederfallen und ihm allein dienen.'" ⁹Da führte er ihn nach Jerusalem und stellte ihn auf die Zinne des Tempels und sagte ihm: „Wenn du Gottes Sohn bist, stürz dich von hier hinab; ¹⁰denn geschrieben steht: ‚Er wird seinen Engeln für dich befehlen, dass sie dich behüten', ¹¹und: ‚Sie werden dich auf Händen tragen, dass dein Fuß nicht anstößt an einen Stein.'" ¹²Und Jesus erwiderte ihm, indem er sagte: „Gesagt ist: ‚Du sollst den Herrn, deinen Gott, nicht versuchen.'". ¹³Und als der Teufel alle Versuchung beendet hatte, stand er ab von ihm bis zu einer günstigen Zeit.

Die Versuchung Jesu gehört ebenso zu den Schlüsseltexten der christologischen Offenbarung im Lukasevangelium wie die Taufe und die Verklärung Jesu. Sie beleuchtet allerdings die Kehrseite: Jesus, der mit Gott verbunden ist, wird gerade deshalb vom Teufel in Versuchung geführt. Freilich ist die Pointe, dass er die Versuchung mühelos besteht, weil er sich an das Wort Gottes hält, das in der Heiligen Schrift überliefert ist. Die Versuchung geschieht nicht nur zum Schein, sie ist real. Aber sie erweist die Festigkeit der Bindung Jesu an Gott. Er kann nur in Versuchung geführt werden, weil er frei ist; er kann seinen Weg nur gehen, weil er sich ganz in Gott verwurzelt. An dieser Verbindung scheitert der Teufel.

Lukas bietet ein Schema, das nach einer kurzen Einleitung (Vv. 1–2) und vor einer kurzen Ausleitung (V. 13) drei Szenen aufbaut, die immer von einer Initiative des Teufels ausgehen, und immer mit einem Schriftwort Jesu aus dem Deuteronomium kurz und knapp beantwortet werden. Der Aufwand, den der Teufel treibt, wird immer größer; die Antworten Jesu bleiben gleich prägnant. Der Teufel setzt in der Wüste an (V. 3) und führt dann hoch hinaus an einen Punkt, von dem aus die ganze Welt zu überblicken ist (V. 5), um schließlich in Jerusalem aufzutrumpfen, auf dem Dach des Heiligtums (V. 9). Er setzt beim kreatürlichen Hunger Jesu an (V. 3), zitiert eine Perversion der Reich-Gottes-Botschaft Jesu (Vv. 6–7) und argumentiert am Ende sogar mit der Heiligen Schrift, die Jesus immer im Munde führt (Vv. 10–11). Aber weil Jesus sein Hören auf Gottes Wort (V. 4), seine Verehrung des einen Gottes (V. 8) und seinen

Gehorsam gegenüber Gott (V. 12) geltend macht, prallt der Teufel an ihm ab: Jesus öffnet einen Freiraum für sein Wirken. Die drei Schriftzitate gehören sehr eng zusammen: Der „Mensch", der „nicht vom Brot allein" lebt (V. 4), hat den Glauben Israels an den einen Gott internalisiert (V. 8) und wird deshalb aus seiner Gottesbeziehung kein Privileg machen, das er auf die Probe stellt (V. 12).

4,1–2	Einleitung:	Die Szenerie
4,3–4	1. Versuchung:	Wüste
		Den Hunger stillen
		Antwort: Dtn 8,3
4,5–8	2. Versuchung:	Oben
		Die Weltherrschaft übernehmen
		Antwort: Dtn 5,29; 6,13
4,9–12	3. Versuchung:	Zinne des Tempels in Jerusalem
		Sich herabstürzen und aufgefangen werden
		Antwort: Dtn 6,16
4,13	Ausleitung:	Der Freiraum der Zukunft

Im synoptischen Vergleich (Mk 1,12–13; Mt 4,1–11) zeigt sich, dass Lukas nicht der sehr knappen Erzählung bei Markus, sondern der ausgeführten Tradition folgt, die auf die Redenquelle zurückgehen wird. Von dort stammt das Dreierschema mit den Motiven des Brotes, der Königsmacht und der Engelshilfe; auch die Antworten Jesu mit Verweis auf das Deuteronomium, das 5. Buch Mose, sind dort vorgegeben; sie stimmen im wesentlichen mit der Parallele überein. Allerdings endet Matthäus mit einem Weltenberg und der Versuchung der Weltherrschaft, während Lukas auf Jerusalem zielt. Beide Arrangements passen vorzüglich zu den literarischen Strategien und theologischen Intentionen der Evangelisten. Welche Konstellation ursprünglich ist, lässt sich kaum entscheiden, zumal es nicht sicher ist, wie fest der Text der Logienquelle gewesen ist. In jedem Fall fügt sich die lukanische Folge bestens zur Theologie des Weges und zur zentralen Stellung Jerusalems im Doppelwerk.

Dass Jesus tatsächlich in Versuchung geführt worden ist, gehört zu seinem wahren Menschsein; es hat auch eine christologische Relevanz, wie der Hebräerbrief ausführt, weil die Versuchungen zeigen, dass der Erlöser mit der Schwäche der Menschen mitfühlen muss, um aus innerer Anteilnahme die Rettung herbeizuführen (Hebr 2,18; 4,15). Die Ausgestaltung dieses Motivs ist bei Lukas – wie bei Matthäus und etwas anders bei Markus – aber sehr stark literarisch-theologischen Intentionen verpflichtet.

4,1–13 *Die Versuchung Jesu* 87

Der „Teufel", der Jesus in Versuchung führt, ist der Versucher selbst. Das griechische Wort, *diabolos*, demaskiert den, der alles durcheinanderbringt: Gott und Götze, Gut und Böse, Leben und Tod. Überlegungen zur personalen Realität des Teufels gehen in die Irre: Der Teufel ist nicht Person, sondern Un-Person (Joseph Ratzinger); er ist nicht real, sondern zerstört alles, was ist. Der Teufel macht in der Bibel erst spät Karriere, z. B. im Buch Hiob, wo er Gott davon überzeugen will, dass alle Menschen nur Egoisten seien – womit er scheitert. Die Wurzeln der Vorstellung liegen im Mythos; seine Adaption in der Bibel ist charakteristisch für das Denken der Zeit: Der Teufel soll das Böse nicht erklären, sondern seine Unerklärlichkeit sichtbarmachen, seine Sinnlosigkeit: dass es nicht zu rechtfertigen ist. Die Moderne spricht lieber von psychischen Mächten oder kulturellen Gespenstern, blendet dabei aber aus, dass es im Raum zwischen Himmel und Erde, in den Spannungen zwischen dem Heiligen und dem Profanen, Kräfte gibt, die sich einer natürlichen Erklärung entziehen, aber zerstörerisch wirken. Wenn die Bibel vom Teufel spricht, konstruiert sie nicht einen metaphysischen Dualismus, nach dem es einen guten und einen bösen Gott gäbe, sondern nennt das Böse beim Namen, damit es offen bekämpft werden kann.

Jesus besiegt den Teufel. So erklärt sich die Eingangsszenerie **(1–2)**: Jesus ist voll des Heiligen Geistes, der nach der Taufe mit der Himmelsstimme auf ihn herabgekommen war (3,21–22). Jesus wird nicht in die, sondern in der Wüste geführt: dort, wohin er gegangen ist, um sich auf seine Sendung vorzubereiten. Bereits Johannes, der „Rufer" hat dort gewirkt (3,4), aber ohne die teuflische Versuchung, der Jesus ausgesetzt wird. Er wird von Gott geführt, damit er die Versuchung besteht: in Verbundenheit mit ihm. Kein anderer Mensch würde diese Versuchung kennen, keiner sie bestehen; deshalb sollen die Jünger im Vaterunser bitten: „Führe uns nicht in Versuchung" (11,4) – im Glauben, um nichts anderes als um das zu bitten, was Gottes Heilswillen entspricht (vgl. 22.40.46). Als Sohn Gottes hat Jesus in der Liebe des Vaters die Kraft, die Versuchung zu bestehen; nur deshalb setzt Gott ihn ihr aus – ohne dass die Abweisung des Teufels ein Automatismus wäre: Sie stammt aus der Freiheit Jesu in seiner Liebe zu Gott, die der Treue zu seiner Sendung Leben verleiht. Die Abweisung des Teufels bewährt die Einheit zwischen dem Vater und dem Sohn, ohne die es keine Heilsvermittlung durch Jesus gäbe.

Die Wüste ist der Ort, an dem Johannes im Jordan taufte, um die Sünden zu vergeben und auf den Kommenden vorzubereiten (3,3); indem Jesus sich in der Wüste dem Teufel aussetzt, geht er dem Übel auf den Grund: Nicht nur Sünden werden vergeben, die Sünde selbst wird besiegt. Die Versuchung antizipiert, was der Sinn der gesamten Sendung ist; beim

Letzten Abendmahl hat Jesus sie verdichtet, vollzogen und vergegenwärtigt (22,19–20). Dieser Sieg setzt den vollen Einsatz Jesu voraus, die ganze Hingabe seiner Person. Auch die Versuchung ist eine Geschichte auf Leben und Tod – mit gutem Ausgang.

Die vierzig Tage rufen das Gedenken des Exodus wach, mit den vierzig Fastentagen, in denen Mose sich auf die Sinaioffenbarung vorbereitet hat (Dtn 9,9.11.18; 10,10 u. ö.), abgestimmt auf die vierzig Jahre der Wüstenwanderung (Dtn 1,3; 2,7; 8,2.4 u. ö.) und nachgeahmt in Elijas Wanderung zum Horeb (1Kön 19,8). Die Wüstenzeit dient der Vorbereitung Jesu auf seine Sendung, ebenso wie das Fasten eine spirituelle Konzentrationsübung ist, damals wie heute in vielen Religionen erprobt. Dass die Vorbereitung in der Zurückweisung der Versuchung durch den Teufel besteht, spiegelt die eschatologische Bedeutung der Sendung Jesu und zeigt die menschliche Dramatik der Auseinandersetzung Jesu mit ihr.

Der Teufel setzt mit seiner ersten Attacke (3) beim Hunger in der Wüste an, also an dem Ort, wo Gott seinen Sohn führt, und bei der menschlichen Folge des Fastens, mit dem Jesus sich auf sein öffentliches Wirken vorbereitet. Der Teufel will Jesus dazu verleiten, sich durch den Rückgriff auf seine privilegierte Stellung bei Gott den Mangel, die Armut, die Niedrigkeit zu ersparen, seine Angewiesenheit auf die Welt, in der er lebt. Würde Jesus dies allerdings tun, würde er sich von den Menschen entfernen, die all dies in der einen oder anderen Form zu erleiden haben – mit denen Jesus aber mitleidet, um Gottes willen. Die Antwort, die Jesus gibt (4), ist deshalb ein Plädoyer für Humanität: Der „Mensch", der „nicht vom Brot allein" lebt (Dtn 8,3), lebt von Gott und seinem Wort – wie es in der Fortsetzung heißt, die Matthäus zitiert; er lebt nicht nur seinen Bedürfnissen. Armut ist dem Menschen eine Not, aber keine Schande. Er muss und darf um sein tägliches Brot beten (11,3) und auch dafür arbeiten; er hat ein Recht darauf. Aber wenn es ihm versagt wird, bleibt er Mensch.

Die zweite Attacke (5–7) setzt bei der Reich-Gottes-Predigt an. Sie ist mit Jesus verbunden, (4,43; 8,1; 9,11; 10,9.11), weil er das Evangelium Gottes verkündet (4,18–19: Jes 61,1–2). Mit dieser Frohen Botschaft macht Jesus das Vorrecht Gottes vor allen Herrschern dieser Welt geltend – auch wenn er sagt, man solle Steuern zahlen (20,20–26). Das Reich Gottes ist universal, es ist „ökumenisch", wie sich auf Griechisch sagen lässt. Es steht außerhalb jeder Konkurrenz irdischer Potentaten. Deshalb zeigt der Teufel Jesus nicht nur ein besonders mächtiges Imperium (z. B. das römische), sondern in einem Moment alle Reiche dieser Welt, synchronisch wie diachronisch. Er kann es, weil sie ihm – von Gott – „übergeben" sind. Damit ist nicht die Politik vom

4,1–13 Die Versuchung Jesu 89

Teufel; vielmehr setzt Gott auch in der Politik auf die Freiheit und Verantwortung von Menschen. Das Reich Gottes zielt nicht auf einen Gottesstaat, in dem der Höchste als Diktator durchregieren würde, sondern auf die Fundamentalunterscheidung von Politik und Religion. Aus ihr lassen sich Freiheit und Verantwortung ableiten, so oft es allerdings auch Missbrauch und Unrecht gibt – das Jesus scharf beim Namen nennen wird (22,25–26). Der Teufel verbindet sein Angebot mit der Bedingung, dass Jesus vor ihm niederfällt – und ihn damit als Gott anerkennt. Diese Bedingung ist keine zusätzliche Kondition, die von weit hergeholt wäre, sondern die Innenansicht der Offerte: Würde Jesus die Weltherrschaft anstreben, würde er sich von Gott selbst abschneiden und dem Teufel überantworten, also dem Nichts. Wäre er der politische Kosmokrator, wäre er selbst ein Anti-Gott, ein Teufel. Die Antwort (8) zielt deshalb nicht nur auf die Kritik von Machtgier, sondern auf das Hauptgebot (Dtn 6,4–5) und seine Varianten (vgl. 10,27): Gott allein, dem einzig-einen, gebührt alle Ehre; Jesus opponiert nicht gegen den Vater, sondern lebt als Sohn von ihm, mit ihm und auf ihn hin. Er ist kein subalterner Gott, wie der Subordinationanismus lehrte, um Gottes Gottheit zu wahren, sondern der geliebte Sohn des himmlischen Vaters, der die Menschen an seiner Gottesliebe teilhaben lässt, indem er sich ihnen bis zum letzten hingibt: größte Macht als radikale Hingabe.

Hier setzt die dritte Versuchung an, die bei Lukas mit besonderer Sorgfalt gestaltet ist, um die Perfidie des Teufels zu veranschaulichen (9–11): Weil er im Bereich des Politischen abgeblitzt ist, spielt der Teufel jetzt die Karte des Heiligen aus. Er führt Jesus dorthin, wo Israel die Parusie des Menschensohnes erhofft. Er zitiert Ps 91,11–12, das Gebet eines großen Vertrauens in Gott: der niemand tiefer fallen lässt als in seine eigene Hand. Die Übertragung durch den Teufel ist blasphemisch, weil das, was nur erhofft werden kann, auf die Probe gestellt würde, als ob es nicht geglaubt würde. Deshalb antwortet Jesus erneut, indem er die Metaebene bespricht (12): Dtn 6,16 erinnert an das Murren des Volkes auf dem Weg durch die Wüste bei Massa und Meriba, als es angeblich nichts zu essen und zu trinken gab und die Fleischtöpfe Ägyptens verlockender schienen als das Land der Verheißung. Der Kontext zeigt, dass weder die erste, die existentielle, noch die zweite, die politische Versuchung vergessen sind. Sie werden jetzt auf die Gottesbeziehung als solche übertragen. Gott zu versuchen, hieße, sein Gottsein im Eigeninteresse auszunutzen, um ihn sozusagen gegen sich selbst in Stellung zu bringen. Das wäre perverse Theologie, die – wie die teuflische Exegese – nur scheinbar, aber nicht wahrhaftig mit dem rechnet, was Gottes ist.

Die Wirkung ist groß, aber nicht definitiv **(13)**: Jesus hat den Teufel besiegt, der eine Weile von ihm ablassen wird, so dass Jesus böse Geister vertreiben kann (11,18–21), wie er Kranke heilt und der Wahrheit die Ehre gibt. Allerdings wartet der Teufel bei Lukas auf seine Chance – und wird sie nutzen, um Judas zu seinem Gefangenen zu machen, dass er Jesus den Hohepriestern und deren Militär übergebe (22,3). Im Griechischen steht *kairós:* Es wird die Stunde der Auslieferung sein, die Jesus aber zum Momentum seiner Hingabe macht. Die Versuchung gehört untrennbar mit der Passion zusammen, aber auch mit der Auferstehung, weil Jesus sie besteht, indem er indirekt auf das Himmelsbrot, auf das Gottesreich und auf die Nächstenliebe verweist.

Alle Versuchungen sind in der Welt der Erzählung real; sie sind nicht allgemein menschliche, so als ob Jesus nur als Vorbild dastehen würde, das es nachzuahmen gilt; Lukas erzählt mit seiner Tradition vielmehr von spezifischen Versuchungen des geliebten Sohnes Gottes – der freilich ganz und gar Mensch ist und deshalb nicht nur Bedürfnisse hat, sondern auch sein eigenes Herz sprechen lassen und sich seine eigenen Gedanken machen muss. Später wird Lukas vom Gebetsringen Jesu in Gethsemane erzählen (22,39–46) und zuvor vom Zuspruch Jesu zu seinen Jüngern im Abendmahlssaal, dass sie mit ihm in seinen „Versuchungen ausgehalten" haben (22,28). Die Nachahmung Christi ist deshalb in den Glauben an Jesus eingebunden, nicht umgekehrt. Dass Jesus als Sohn Gottes ganz Mensch und als Mensch ganz Sohn Gottes ist, bietet dem Teufel die Angriffsfläche und ist zugleich die Grundlage wie der Antrieb der Zurückweisung. Alle drei Versuchungen sind nur echt, weil Jesus – so Lukas – die Macht hätte, Steine in Brot zu verwandeln; er hätte die Freiheit, sich gegen Gott zu stellen und sein eigenes Regiment zu errichten; Gott würde ihn auffangen, wenn er sich von der Tempelzinne herabstürzte. Jesus hat diese Macht, weil er als Mensch der Gottessohn ist; er nimmt sie nicht wahr, sondern weist den Teufel ab, weil er Sohn Gottes als Mensch ist: Er entzieht sich weder der menschlichen Kontingenz noch der politischen Gewalt oder der tödlichen Gefahr, die gerade vom Tempel ausgehen wird (19,47–48). Er setzt sich vielmehr allem aus, indem er es wahrnimmt, hinnimmt und annimmt: Er steigt nicht aus der Lebens- und Leidensgeschichte aus; er sucht den Tod nicht, aber nimmt ihn auf sich; er setzt Gottes Verheißung nicht aufs Spiel, sondern bewahrheitet sie. Er besteht die Versuchung, indem er sich auf Gott bezieht, auf seine Sohnschaft und seine Sendung. Dass Jesus in Versuchung geführt worden ist, gehört zur Realität seines Menschseins, wie Lukas es darstellt, und arbeitet die Christologie des wahren Menschseins heraus, die von Ostern her einleuchtet.

4,14–9,50
Jesus in Galiläa

Das Wirken Jesu in Galiläa – und ansatzweise in Judäa – bildet bei Lukas einen eigenen Teil der Jesusgeschichte. Es ist doppelt gerahmt, einerseits sowohl durch die Eröffnung in der Kindheitsgeschichte (1,5–2,52) als auch durch die Vorgeschichte, die mit dem Täufer Johannes einsetzt und über die Taufe Jesu zur Versuchung (3,1–4,13) führt, andererseits durch den sog. Reisebericht, ein lukanisches Proprium, das über zehn Kapitel hinweg – ohne genaue Ortsangaben – Jesus auf einer Verkündigungswanderung mit Blick auf Jerusalem sieht (9,51–56), bis er über Jericho in der Stadt des Tempels ankommt (19,1–27).

In diesem Rahmen entwickelt sich eine narrative Programmatik, die Theologie pur ist: Alle wichtigen Themen seiner Verkündigung spricht Jesus in Galiläa an. Auf dem Weg vertieft er seine Verkündigung. Sie gewinnt durch Gleichnisse und Lehrgespräche an Anschaulichkeit. Jesus spricht über Gott, sein Reich und seinen Willen; er kündigt sein Leiden und seine Auferstehung an. Er schult seine Jünger und bemüht sich um das Volk. Er setzt sich mit professionellen Kritikern auseinander und zeigt im Streit den Logos wie das Ethos des Evangeliums auf. Die Fortsetzung auf der Reise nach Jerusalem bestätigt im Rückblick die Grundlegung in Galiläa. Hier, an der Peripherie Israels, entsteht das Zentrum der Jesusbewegung, das seinerseits in Bewegung ist – überall dorthin, wo Jesus ist.

In der Passionsgeschichte ist gerade bei Lukas Galiläa nicht vergessen, sondern voll präsent, durch eine Szene, die nur er überliefert: die Vorführung Jesu vor seinem galiläischen Landesherrn Herodes Antipas, der ihn fälschlicherweise für den wiedergekommenen Täufer Johannes hält (9,7–9) und nun ein vertrautes Wort mit Jesus wechseln will, von ihm aber mit Verachtung gestraft wird, was Herodes mit einer Verspottung quittiert (23,6–12).

Nach der Apostelgeschichte erscheint der Auferstandene den Zwölfen und vielen weiteren Jüngern in Jerusalem, um ihnen vierzig Tage lang das Reich Gottes zu verkünden, wie er es in Galiläa getan hat (Apg 1,3–7). Mit dieser Botschaft werden sie in alle Welt gesendet (Apg 1,8). Galiläa ist also bei Lukas nicht der Sehnsuchtsort einer fernen Vergangenheit, sondern der Brennpunkt einer kontroversen Gegenwart, in der sich die Heilsfrage stellt und von Jesus mit voller Hingabe beantwortet wird.

Die Galiläa-Perikopen lassen eine narrative Dramatik erkennen, die auf die Dynamik der Heilssendung Jesu abgestimmt ist. Jesus startet an der ersten Station, seiner Heimatstadt Nazareth (4,14–15.16–30), erweitert dann seinen Wirkungskreis um Kapharnaum, die Heimat seiner ersten Jünger (4,31–44), am See Genezareth, wo er sie bei der Arbeit beruft (5,1–11), macht sich von dort aus auf, um in verschiedenen Häusern das Wort Gottes zu verkünden und die neue Lebensordnung der Gottesherrschaft zu propagieren (5,12–6,11), hält auf freiem Feld seine erste programmatische Rede (6,12–16.17–49), überschreitet Grenzen, die religiös oder natürlich gesteckt scheinen (7,1–50), knüpft am Weg neue Verbindungen, vor allem durch seine Gleichnisse (8,1–21), und gewinnt an Weite, indem er auf seinen Tod und seine Auferstehung vorzubereiten beginnt (9,1–50). Die Anordnung der Szenen ist nicht unplausibel, aber ersichtlich nicht an einem historischen Itinerar Jesu interessiert, sondern an einer Dramatik der Verkündigung, die vor Ort beginnt, um neue Orte zu gewinnen: auf der Suche nach denen, die Gott nie aus dem Blick verloren hat (vgl. 19,1–10).

Lukas hat sich im wesentlichen auf Markus gestützt, dem er allerdings nicht sklavisch folgt, sondern mit Kürzungen und einer starken Erweiterung mit Material aus der Redenquelle und dem Sondergut sowohl zur Lehre Jesu (6,20–49) als auch zu den Machttaten (7,1–50).

Die lukanischen Perikopen greifen, vermittelt durch seine Traditionen (1,2), Erinnerungen an Jesus aus Galiläa auf, die der Evangelist durchgehend stilistisch bearbeitet hat, um im Rückblick das herauszuarbeiten, was für Jesus typisch ist, und im Ausblick festzuhalten, was theologische Orientierung gibt: vom Gottes- und Menschenbild bis zur Ethik, von der Heilung bis zum Heil, von der Jüngerschaft bis zur Mission. Die Erinnerungsdichte ist differenziert, aber tendenziell hoch, so wie auch die schriftstellerische Gestaltung nicht nur oberflächlich, sondern tiefgreifend ist.

Der Evangelist lässt eine bunte Folge von Szenen entstehen, in denen Jesus immer unterwegs und zugewandt ist. Die Eindeutigkeit seiner Heilsbotschaft trifft auf das pralle Leben – und verändert Menschen, möglichst zum Guten.

	Eröffnung: Das Gnadenjahr des Herrn
4,14–30	Der Auftakt in Nazareth
4,31–44	Das Wirken in Kapharnaum
	Anspruch: Die Nachfolge des Menschensohnes
5,1–6,16	Die Bildung der Jüngerschaft
6,17–49	Die Feldrede
	Zuspruch: Die Geheimnisse des Gottesreiches
7,1–8,3	Messianische Taten
8,4–18	Die Gleichnisrede
	Reaktionen: Glaube in Bewährungsproben
8,19–56	Auseinandersetzungen mit Jesus
9,1–50	Herausforderungen der Nachfolge

4,14–30 *Der Auftakt in Nazareth* 93

In der Fülle der Szenen zeichnet sich ein narratives Programm ab, das Lukas nicht als Erzähler reflektiert, aber durch die Abfolge der Episoden verwirklicht. Am Anfang steht die programmatische Eröffnung der gesamten öffentlichen Verkündigung Jesu, mit der Antrittspredigt in Nazareth (4,14–34); dieser Auftakt wird durch einen Tag vollmächtigen Wirkens Jesu in Kapharnaum konkretisiert, an dem Jesus Besessene befreit und Kranke heilt (4,31–44). Die Fortsetzung dient der Ausweitung und Qualifizierung: Zuerst erzählt Lukas, wie Jesus, beginnend mit dem reichen Fischfang (5,1–11), Menschen in seine Nachfolge ruft; dann lässt der Evangelist die Feldrede folgen (6,17–49), und zwar als Jüngerschulung, die allen Interessierten offensteht. Das Ethos, das er fordert, hat er zuvor selbst erwiesen: in seiner Vollmacht, die es ihm erlaubt, Menschen von ihrer Not und Schuld zu befreien. Diese Praxis ist Motivation für die Nachfolge und Maßstab, aber auch Grundlage für das Wirken seiner Jünger. Der Anspruch Jesu ist durch seine Heilssendung gedeckt, die den Zuspruch des Evangeliums bewahrheitet: in Taten (7,1–8,3) und in Worten (8,4–18). Die „Geheimnisse des Gottesreiches" werden sichtbar (8,10). Dass diese Manifestationen des Gottesreiches zu Reaktionen führen sollen, die dem Glauben dienen, ist vielfach vorbereitet, tritt aber im Anschluss in den Vordergrund, wenn der Evangelist den Fokus der Aufmerksamkeit einerseits auf diverse Auseinandersetzungen mit Jesus legt (8,19–56), andererseits auf die Herausforderungen der Nachfolge, denen sich vor allem die Jünger stellen müssen (9,1–50), wenn sie mit Jesus nach Jerusalem hinaufziehen werden (9,51). Lukas gestaltet Jesu Wirken in Galiläa so, dass die Frohe Botschaft in ihrer befreienden Kraft unverkürzt zur Geltung kommt. Er stößt qualifizierte Wirkungen an: jene, die mit Gottes Hilfe zum Glauben und zur Nachfolge führen. Die Buntheit der Farben bleibt erhalten, die der Fülle der Erinnerungen entspricht; die Grundlinie der Sendung Jesu kommt klar heraus: von der programmatischen Eröffnung über den Anspruch des Menschensohnes, der im Zuspruch Gottes begründet liegt, bis zu den Reaktionen des Glaubens und der Nachfolge. Zahlreiche Querverbindungen verdichten das Netz der Bezüge, das durch die Erzählung seine Spannung gewinnt. Jesus ist der Messias aus Galiläa, Galiläa wird zur Landschaft der Hoffnung für alle, die an den Christus Jesus glauben.

4,14–30
Der Auftakt in Nazareth

Alle synoptischen Evangelisten gestalten mit großer Sorgfalt den Beginn des öffentlichen Auftritts Jesu. Alle Szenen sind programmatisch. Markus stellt ein profiliertes Summarium des Wirkens Jesu an den An-

94   *4,14–30 Der Auftakt in Nazareth*

fang (Mk 1,14–15), das sowohl den Ort als auch die Zeit, vor allem aber den Inhalt der Verkündigung Jesu markant charakterisiert: die Nähe des Reiches Gottes, aus der Umkehr und Glaube folgen. Matthäus folgt Markus, reflektiert aber ausführlich den Ort des Wirkens, nämlich Galiläa, das am Meer liegt und die Straße am Meer umfasst; dort beginnt die Verkündigung, die den verlorenen Schafen des Hauses Israel (Mt 10,6; 15,24) mitten unter den Heiden gilt (Mt 4,12–17). Lukas führt eingangs zurück nach Nazareth, in die Heimat Marias (1,26–38; 2,39.51), knüpft also deutlicher als Markus (Mk 1,9) an die Familiengeschichte Jesu an – und schließt sie für das öffentliche Wirken Jesu auf. Auch Markus (Mk 6,1–6a) und Matthäus (Mt 13,54–58) kennen eine Nazareth-Szene, allerdings später angeordnet und eher auf den Unglauben und den Misserfolg Jesu fokussiert, erzählt mit dem Leitmotiv vom typischen Geschick des Propheten, der bei den Seinen kein Gehör findet. Lukas zieht diese Episode an den Anfang und gestaltet sie stark aus, mit Hinweis auf eine Liturgie, eine Schriftlesung, eine Exegese und eine dramatische Auseinandersetzung Jesu, die lebensgefährlich ist, aber den Weg Jesu nicht hindern kann. Lukas ist ebenso programmatisch wie Markus und Matthäus, aber auf andere Weise, weil er sowohl die Wurzeln Jesu (Nazareth, Familie, Synagoge) als auch die Programmatik Jesu (Schriftauslegung, Salbung, Befreiung, Verkündigung) stark hervorhebt.

| 4,14–15 | Die Mission in Galiläa | Das Typische |
| 4,16–30 | Die Verkündigung in Nazareth | Das Paradigmatische |

Die Nazareth-Perikope ist knapp kontextualisiert (4,14–15), so dass das, was Lukas von Jesus in seiner Heimatstadt überliefert, als nicht einmalig, sondern typisch erscheinen kann. Eine programmatische Predigt ist die Verkündigung in der Synagoge (4,16–31) auf der Erzählebene nicht im historisierenden, sondern im hermeneutischen Sinn. Lukas lässt Jesus sagen, was – im Rückblick betrachtet – seine Grundbotschaft ist.

4,14–15
Die Mission in Galiläa

[14]Und Jesus kehrte in der Kraft des Geistes zurück nach Galiläa, und sein Ruf erscholl im ganzen Land. [15]Und er lehrte in ihren Synagogen und wurde von allen verehrt.

Während die Menschen von Johannes dem Täufer aus dem Land, in dem sie leben und arbeiten, leiden und sterben, bangen und hoffen, in die Wüste an den Jordan gerufen werden (3,3–5), macht Jesus sich aus der

4,14–15 Die Mission in Galiläa 95

Wüste (4,1–11) selbst auf den Weg, um den Menschen in ihrem Alltag und an ihren Feiertagen zu begegnen. Diese Zuwendung passt zu seiner Botschaft vom nahegekommenen Reich Gottes (4,43); sie steht für seine Suche nach den Verlorenen (19,10).

4,14a	Aktion:	Das Wirken Jesu in Galiläa
4,14b	Reaktion:	Die Verbreitung des Rufes Jesu
4,15a	Aktion:	Die Lehre Jesu in den Synagogen
4,15b	Reaktion:	Die allgemeine Verehrung Jesu

Die Verse sind parallel gebaut: Sie kennzeichnen zuerst die Aktionen Jesu, dann die Reaktionen von Menschen, zunächst (V. 14) allgemein, dann (V. 15) konkret im Blick auf die Lehre in Synagogen, die direkt im Anschluss paradigmatisch und programmatisch ausgeführt werden wird (4,16–30). Auch Markus schreibt summarische Darstellungen Jesu; Lukas hat im selben Stil frei formuliert.

Die eingangs betonte Rückkehr nach Galiläa **(14)** bindet die Eröffnungsgeschichte an das Kindheitsevangelium zurück: Nazareth, die Heimatstadt Jesu (zuletzt 2,51), liegt in Galiläa, von wo aus Jesus an den Jordan zu Johannes dem Täufer gewandert ist (3,21–22), bevor er für vierzig Tage in die Wüste gezogen ist (4,1–13). Galiläa ist seit gut hundert Jahren wieder judaisiert. Im Land, dem ehemaligen Nordreich, leben auch viele Heiden (denen Jesus sich nicht verweigert). Galiläa ist für Israel Peripherie, das Zentrum ist Jerusalem, auch für Lukas. Aber Gott wirkt an den Rändern, um die Mitte zu erschließen, wie die Verkündigung an Maria beispielhaft zeigt (1,26–38). Das Pendant wird die programmatische Predigt Jesu sein, die direkt im Anschluss erzählt wird (4,16–30).

Der Aktivposten ist wieder der Heilige Geist. Er ist bei der Taufe auf Jesus herabgekommen, als er nach seiner Taufe gebetet hat (3,21–22). Er hat Jesus in die Wüste geführt, auf dass er dort vom Teufel versucht werde – und die Versuchung bestehe (4,1). In diesem Geist ist Jesus empfangen worden (1,45). In diesem Geist lebt und wirkt er als Sohn Gottes. Darauf wird er in seiner Synagogenpredigt zurückkommen (4,18) und die Geistbegabung mithilfe von Jes 61,1–2 theologisch einordnen.

Das „ganze" Land (V. 14) und „alle" (V. 15) passen zusammen. Lukas will summarisch das Programm Jesu anzeigen (das man mit Mk 1,14–15 par. Mt 4,12–17 verbinden kann): Jesus sucht die Öffentlichkeit; er schließt niemanden aus, so wenig er irgendjemanden zwingt. Lukas nennt weder genaue Orte noch genaue Zeiten. Aus 4,23 ist zu erschließen, dass Kapharnaum mit gemeint ist (vgl. Mk 1,21–39); aber der Blick reicht weiter: Lukas hat einen längeren Zeitraum vor Augen, den er aber nicht berechnet, sondern eröffnet sieht. Indirekt wird deutlich, dass der Evangelist nicht nur von wenigen Tagen, sondern mindestens von ein paar Wochen spricht, bis Jesus Nazareth erreicht (4,16–30).

Sein Ruf eilt Jesus voraus (V. 14). Er wird ihm durch seine Verkündigung gerecht (15), durch die er ihn auslöst. Jesus „lehrt", weil er nicht nur Behauptungen aufstellt, sondern Zusammenhänge erschließt, die der Wahrheit des Glaubens entsprechen, und nicht nur Disziplin einfordert, sondern Verstehen ermöglicht. Das Lehren passt zur Prophetie, weil Prophetie nicht irrational, sondern rational ist, gerade wenn sie den Bereich des Menschenmöglichen, des Wahrscheinlichen und Analogen überschreitet. Das Lehren qualifiziert das Verhältnis von Glaube und Vernunft; die Offenbarung des Evangeliums macht Sinn – die Lehre vermittelt ihn. Die „Synagogen" sind die bevorzugten Orte, weil sie Brennpunkte jüdischen Lebens sind. Jesus will nicht, wie seit dem 19. Jh. oft zu lesen stand, das Judentum überwinden, sondern ist nur aus dem frommen Judentum seiner Zeit heraus zu verstehen, wie auch die Kindheitsgeschichte veranschaulicht, so sehr er eschatologisch-neue Horizonte eröffnet: in Israel für Israel und die Völker.

> Jesus lässt sich religionsgeschichtlich als Prophet und Rabbi beschreiben; beides entspricht dem christologischen Interesse des Lukas an der Geschichte Jesu: weil der Messias das Wort Gottes verkündet und vermittelt, so dass es verstanden und angenommen werden kann. Die Religionsgeschichte reicht aber nicht aus, um Jesus bei Lukas zu verstehen: Die Theologie ist entscheidend. Gott und Geist bestimmen Jesu Lehre, die mit seiner Person einhergeht. Nach Lukas weiß Jesus sich von einer großen Zustimmung des Volkes getragen – was Ausnahmen (4,16–30) nicht ausschließt und die Kritik der Pharisäer nicht verstummen lässt, aber auf indirekte Weise der universalen Bedeutung des Evangeliums entspricht.

4,16–30
Die Verkündigung in Nazareth

[16]Und er kam nach Nazareth, wo er aufgewachsen war, und ging, wie gewohnt, am Sabbat in die Synagoge und stand auf, um vorzulesen; [17]und es wurde ihm das Buch des Propheten Jesaja überreicht, und er öffnete das Buch und fand die Stelle, wo geschrieben steht: „[18]Der Geist des Herrn ist auf mir; denn er hat mich gesalbt. Den Armen das Evangelium zu bringen, hat er mich gesandt: dass ich den Gefangenen die Entlassung verkünde und den Blinden das Augenlicht, die Zerschlagenen in Freiheit setze [19]und ein Gnadenjahr des Herrn ausrufe." [20]Dann schloss er das

4,16–30 Die Verkündigung in Nazareth

Buch, gab es dem Diener und setzte sich. Die Augen aller in der Synagoge waren auf ihn gerichtet. ²¹Da begann er, ihnen zu sagen: „Heute hat sich diese Schrift in euren Ohren erfüllt." ²²Und alle legten Zeugnis ab über ihn und staunten über die Worte der Gnade, die aus seinem Mund gekommen waren, und sagten: „Ist er nicht der Sohn Josephs?" ²³Da sagte er zu ihnen: „Sicher wollt ihr mir dieses Sprichwort sagen: ‚Arzt, heile dich selbst! Was wir gehört haben, dass es in Kapharnaum geschehen ist, tu auch hier in deiner Vaterstadt.'" ²⁴Und er sagte: „Amen, ich sage euch: Kein Prophet ist anerkannt in seiner Vaterstadt. ²⁵Wahrhaftig, ich sage euch: Viele Witwen gab es in den Tagen Elias in Israel, als der Himmel drei Jahre und sechs Monate verschlossen war und große Hungersnot herrschte, ²⁶und zu keiner von ihnen wurde Elias gesandt, nur nach Sarepta in Sidonien zu einer verwitweten Frau. ²⁷Und viele Aussätzige gab es in Israel unter dem Propheten Elisa, und keiner von ihnen wurde gereinigt, nur Naaman, der Syrer." ²⁸Da wurden alle in der Synagoge, die dies hörten, von Zorn erfüllt, ²⁹und sie standen auf und trieben ihn aus der Stadt und führten ihn bis zum Abhang des Berges, auf dem die Stadt erbaut war, um ihn hinabzustürzen. ³⁰Er aber ging mitten durch sie hindurch und machte sich auf den Weg.

Lukas stellt die Verkündigung Jesu in Nazareth als programmatische Eröffnung dar, die für sein gesamtes Evangelium und seinen gesamten Weg typisch ist. Jesus kommt in seine Heimat (Vv. 23–24), nach Galiläa (V. 16), zu seiner Familie (V. 22) und seinen Nachbarn (V. 22), nachdem er bereits vorher in Kapharnaum gewirkt hatte (V. 23), ohne dass Lukas davon erzählt hätte. Jesus nimmt am Sabbatgottesdienst der Synagoge teil (V. 16), so wie er dies regelmäßig getan hat (Vv. 14–15). Er verkündet das Wort der Heiligen Schrift (Vv. 16–19 – Jes 61,1–2), er deutet die Schrift mit Bezug auf sich selbst, auf das Hier und Jetzt seines Wirkens (Vv. 20–21), er löst mit dieser Auslegung ungläubiges Staunen aus (V. 22), das – anders als zuvor (V. 15) – zum Widerspruch führt. Indem Jesus diesen Widerspruch antizipiert und interpretiert, auf den er wegen seines prophetischen Anspruchs stoßen wird, verschärft er ihn und klärt ihn dadurch (Vv. 23–29); durch die Anfeindung hindurch geht er seinen Weg, den Gott ihm zeigt (V. 30).
Lukas hat die Szene so gestaltet, dass Jesu gesamtes Evangelium im Kleinen dargestellt wird: Inspiration und Intention, Mission und Passion.

4,16–21	Position	
	16–17	Der liturgische Rahmen
	18–20	Die Schriftlesung (Jes 61,1–2)
	21	Die Auslegung

4,22–30	Reaktion und Reflexion		
	22	Das ungläubige Staunen der Leute von Nazareth	
	23–27	Die kritische Reflexion Jesu	
		23	Der Anspruch in Nazareth auf ihn
		24	Der Widerspruch in Nazareth gegen ihn
		25–27	Die Analogien in der Schrift
			25–26 Das Beispiel Elijas in Sarepta
			27 Das Beispiel Elischas in Syrien
	28–29	Die Aggression gegen Jesus	
	30	Der Weg Jesu durch die Menge	

Beide Teile bilden eine Einheit. Es ist das Evangelium Jesu, das den Widerspruch und die Aggression auslöst, aber auch den weiteren Weg Jesu weist, den einer Auferstehung mitten hinein ins Leben. Die Klarheit der Position, die Jesus bezieht, erklärt die Heftigkeit der Reaktion und die Intensität der Reflexion. Das Evangelium, das Jesus während eines Gottesdienstes mit dem Propheten Jesaja verkündet, indem er sich selbst verkündet, lässt das Motiv des Widerstandes ermessen, aber auch die Art und Weise deutlich werden, wie Jesus ihn überwindet.

Die lukanische Gestaltung der Nazareth-Perikope weicht stark von der markinischen und matthäischen Erzählung ab. Lukas zieht sie an den Anfang des Evangeliums, um von vornherein den kritischen Impetus Jesu, die Dialektik der Gnade, die Notwendigkeit und Wirklichkeit der Rettung vor Augen zu führen. Auch Markus und Matthäus überliefern den Anstoß, den Jesus durch seine Weisheit und seine Taten erregt; aber nur Lukas gestaltet die Gottessdienstszene und bringt das Jesaja-Zitat ein, wahrscheinlich auf eigene Rechnung, was in der Antike ein Vorrecht des guten Historikers ist, wenn der Gesamtsinn stimmt (Thukydides, Historiae 22). Nach allen drei Evangelien reagiert Jesus mit dem Sprichwort vom verkannten Propheten; aber während Markus und Matthäus nur kurz vom Unglauben sprechen, gestaltet Lukas eine dramatische Szene, die beinahe zu einer Tragödie geführt hätte, wenn sie nicht im letzten Moment durch die Zielstrebigkeit Jesu noch einen guten Ausgang genommen hätte. Lukas verweist auf Elija und Elischa, auf die Witwe von Sarepta (1Kön 17,8–16) und den aussätzigen Syrer Naaman (2Kön 5,1–27), und expliziert damit Motive, die tief in der synoptischen Jesustradition verankert sind, aber nur an dieser einen Stelle auf den Punkt gebracht werden: Jesus wird immer wieder im Licht beider herausragender Propheten gesehen, die mit Wort und Tat Gott verkündet haben – nicht nur in Israel.

Der Schlüssel zur Interpretation der gesamten Perikope ist der Bezug zur Prophetie Israels. Es entsteht ein vielstimmiges Gespräch. Die Prophetenstellen legen sich wechselseitig aus, indem Jesus sie auslegt und sich mit

4,16–30 *Die Verkündigung in Nazareth* 99

ihrer Hilfe auslegt. Das Gesprächsthema lautet: Gott schenkt durch seinen Gesandten den Armen das Leben, nicht nur in Israel, sondern auch darüber hinaus. Im Zentrum steht die Lesung von Jes 61,1–2, die Jesus pointiert auslegt (V. 21). Die Jesajaworte stehen im Kontext einer Heilsverheißung, die an einen messianischen Propheten gebunden ist. Der Ausschnitt, den Lukas bildet, blendet zwei Momente aus: die Perspektive auf Zion und das Gericht über die Völker – nicht, weil die Israelperspektive unwichtig geworden wäre oder das Gericht Gottes ausfiele, sondern weil der Fokus auf die Universalität der Heilsverkündigung gelegt werden soll. Im Predigtgespräch, das den Widerspruch aufdeckt und zuspitzt, um ihn zu überwinden (Vv. 24–27), nennt Jesus mit Elija und Elischa zwei Vorkämpfer des Monotheismus: Beispiele aus der Prophetie Israels, die zeigen sollen, dass Gott nicht an die von ihm selbst geschaffenen Grenzen Israels gebunden ist, sondern darüber hinaus in der ganzen Welt wirkt, für alle Zeit und Ewigkeit. Auch hier ist der Fokus, den der Evangelist legt, signifikant: Elija wird nicht als Berserker ins Gedächtnis gerufen, der die Baalspriester getötet hat (1Kön 18), sondern als Nothelfer, Elischa weder als Anstifter zum Aufstand Jehus (2Kön 9) noch als sagenhafter Wundertäter in Israel, sondern als Gottesmann, der sich mit dem aussätzigen Syrer eines doppelt Unreinen annimmt.

Die Szene beginnt mit einer Charakterisierung Jesu (16–17): dass er am jüdischen Glaubensleben voll teilgenommen hat und aus der Heiligen Schrift Israels lebt, auch wenn er nicht bei einem Rabbi Unterricht genommen hat (vgl. Apg 4,13), sondern als Autodidakt Gott selbst zum Lehrer hat. Der Sabbat ist der Festtag, dessen Heiligkeit und Menschenfreundlichkeit Jesus selbst erläutern wird (6,1–13). Der Gottesdienst am Sabbat ist der wichtigste Ritus; die lukanische Erzählung gehört zu den ältesten Zeugnissen, dass Schriftlesung und -auslegung wesentliche Elemente sind. Aus späteren Quellen lässt sich ablesen, dass auf die Tora-Lesung eine Propheten-Lesung folgte, gemäß einem Grundsatz jüdischer Schrifthermeneutik, dass die Propheten das Gesetz auslegen. Dass Anwesende eingeladen werden, das Wort zur Auslegung zu ergreifen, ist eine Praxis, die bis heute Spuren hinterlässt. Der Ort ist die Synagoge: ein Gotteshaus, das auch Schulhaus und Schatzhaus ist, nicht unbedingt immer in einem eigenen Gebäude, sondern womöglich in einem Privathaus, das sich der Gemeinde öffnet. Ob in Nazareth eine eigene Synagoge existiert hat, wird wegen der geringen Größe des Ortes und mangels archäologischer Funde teils bezweifelt, schließt aber Zusammenkünfte der jüdischen Gemeinde nicht aus. Die Synagogen sind im Judentum des Zweiten Tempels populär geworden – nicht als Gegensatz zum Jerusalemer Heiligtum, das als Opferstätte einzig ist, sondern als Repräsentation vor Ort, auf der ganzen Welt, sogar in der Diaspora. Lukas hat die

Szene mit großer Sachkenntnis stilisiert und plausibilisiert, ohne dass vorausgesetzt werden müsste, eine Originalszene werde maßstabsgerecht wiedergegeben.

Das Jesajazitat **(18–19)**, das Jesus in der Schriftrolle, die ihm gereicht wird, sucht und findet (wohl, weil der Abschnitt in der Perikopenordnung vorgesehen ist), ist bei Lukas ein erzähltes Selbstportrait Jesu in den Farben der Prophetie Israels. Der erste Hauptsatz benennt die Salbung, die folgenden Sätze qualifizieren die Sendung, die aus ihr folgt. Sie besteht grundlegend in der Verkündigung des Evangeliums an die Armen und wird dann konkretisiert: Gefangene, Kranke und Gewaltopfer werden beispielhaft genannt. Der Schluss greift mit dem „Gnadenjahr" wieder auf den Anfang zurück: die Weite der Frohen Botschaft, den Kairos des Reiches Gottes.

Die Geistverleihung und die Salbung verweisen zurück auf die Taufe (3,21–22). Jesus wird durch sie nicht zum Sohn Gottes, der er für Lukas immer schon ist (1,31–32.35), sondern wird in die Aufgabe der öffentlichen Verkündigung des Evangeliums eingeführt – wie der prophetische Sprecher in Jes 61. Der Geist, der aus dem offenen Himmel auf Jesus am Jordan herabgekommen ist (3,22), erfüllt ihn (4,1) und bleibt auf ihm, indem er Jesus mit dem Vater und durch ihn mit den Menschen verbindet. Seine Sendung bindet Jesus an Gott zurück (9,48; 10,16) und lässt ihn seinen Weg der Verkündigung (4,43) – und später des Leidens (13,34) – gehen. In der Kraft Gottes bringt Jesus nicht eine schwache Kopie, sondern das starke Original des Evangeliums zur Sprache: der Frohen Botschaft, die alles Unheil in Heil, alle Zweifel in Glauben, alle Ängste in Freude zu verwandeln vermag. Im Griechischen steht nicht das Substantiv „Evangelium", sondern das Verb „evangelisieren" (4,43; 7,22; 8,1; 9,6; 16,16; 20,1). „Evangelium" (vgl. Apg 20,24) ist ein Wort, das im Neuen Testament nicht einen Text, auch nicht nur einen Inhalt, sondern einen Prozess beschreibt: das heilswirksame Verkündigen in Wort und Tat, aus Gottes Kraft, das Lukas, geleitet vom Jesajawort, mit der Sendung Jesu verbindet (vgl. Röm 1,16–17). Die Salbung zielt auf die Sendung, die Sendung auf die Verkündigung des Evangeliums: So kommt es als Gottes Wort, als Gottes Segen, als Gottes Gnade unter die Leute. Jesus stellt sich in den Dienst dieses Evangeliums und gibt ihm sein Gesicht: Es wäre keine Frohe Botschaft ohne ihn; kein anderer könnte seine Stelle als Verkünder einnehmen – ihm muss, kann und soll man sie glauben, und ihm ganz persönlich gilt der Glaube, der das Evangelium bejaht.

Jesus weiß sich, so Jesajas Vorgabe, mit dem Evangelium zu den „Armen" gesandt, die er seligpreisen wird (6,20–21). Wer die „Armen" sind, lässt das gesamte Evangelium an immer neuen Beispielen entdecken. Es sind in erster Linie die Sklavinnen und Sklaven, die Ausgebeuteten, die Mar-

4,16–30 *Die Verkündigung in Nazareth* 101

ginalisierten und Diskriminierten, die hungern und weinen müssen (6,21). Aber der Blick reicht weiter: zu den schuldig Gewordenen, den Kranken, den Gequälten, den Opfern physischer und psychischer Gewalt. So sind die drei Beispiele zu deuten: Die Gefangenen werden befreit, in welchem Gefängnis auch immer sie sich befinden, weil selbst Übeltätern nicht die Vernichtung, sondern die Erneuerung als Menschen gebührt; die Blinden werden wieder sehen können, unabhängig davon, wie lange ihre Augen geschlossen sind und ob sie zu Lebzeiten je geöffnet werden; die Zerschlagenen werden von ihrer Not befreit, wer immer sie als Menschen zu brechen versucht hat.

Das „Gnadenjahr" ruft die Erinnerung an das „Jobeljahr" wach (Lev 25,8–10), dass nach jedem siebten Sabbatjahr, in jedem 50. Jahr, alle, die versklavt sind, freigesetzt, alle Schulden erlassen und die ursprünglichen Besitzverhältnisse wiederhergestellt werden sollen: eingedenk dessen, dass Gott das Land dem Volk zu Lehen gegeben hat. Ob diese Praxis je real oder immer nur ideal gewesen ist, kann dahingestellt bleiben: Jesus sagt das „Gnadenjahr" bei Lukas mit Jesaja als Zeit der eschatologischen Erfüllung an. Es hat nicht nur 365 Tage; es ist auch nicht einfach immer und überall; es qualifiziert vielmehr jede Heilszeit als eine gewollte und bleibende, die immer wieder aktualisiert werden kann: wann und wo immer der Heilige Geist Fakten schafft. Was die systematische Theologie „präsentische Eschatologie" nennt, nimmt diese Zeitansage auf, die Realisierung der Heilsgegenwart Gottes, die irreversibel, weil definitiv gewollt ist. Die Ansage dieser Gnadenzeit ist ihr Anbruch: Wer glaubt, nimmt sie wahr und erfüllt sie mit Leben.

Zur Rezitation der prophetischen Schrift gehört die Deutung (20–21). Jesus gibt sie in einem einzigen Satz. Er ist hoch komplex und stark elementarisiert. Die Deutung ist eine christologische Personalisierung, eine kerygmatische Adressierung und eine eschatologische Aktualisierung. Das Wort des Jesaja ist *erstens* nur im Blick auf ihn selbst zu verstehen: den Lektor und Prediger, der messianischer Prophet und göttlicher Befreier ist. Es ist *zweitens* nur im Blick auf das Auditorium zu verstehen: Was verheißen ist, wird „erfüllt" – nicht nur „vor" (Luther), sondern „in euren Ohren", also durch das Hören und die Prozesse der Auseinandersetzung, die es auslöst; im Erfüllungsgeschehen sind diejenigen aktiviert, die es angeht. Der Fortgang der Erzählung zeigt, dass es sich keineswegs nur um Zustimmung handelt, sondern auch um harten Widerspruch und dessen Überwindung – in einer ähnlichen Dramatik, wie sie auch das Jesajabuch zeichnet. Das Schriftwort ist *drittens* nur im Blick auf die Zeit zu verstehen, auf den Moment der Verkündigung und des Hörens: „Heute". Es ist der Kairos eschatologischer Gegenwart, der zu jedem Moment sein kann, wie Jesus verheißt (vgl. 2,11; 5,26; 13,32–33;

19,9; 23,43) und die Jünger im Vaterunser beten können (11,1–4). Alle drei Aspekte gehören zusammen: Weil Jesus Menschen anspricht, die in Freiheit selbst antworten sollen, ist das Hören der Ort der Entscheidung. „Erfüllung" heißt Vergegenwärtigung, Verwirklichung, Erschließung – immer hier und jetzt, immer mit Israel und seiner Prophetie, immer für eine gute Zukunft, nie ohne die Menschen, die beteiligt sind, immer durch Jesus, der Gottes Heil personifiziert.

Die Reaktionen, die Jesus auslöst, zeigen eine große Ambivalenz **(22)**. Auf der hellen Seite steht ein großes Staunen (vgl. Mk 6,2) über die „Worte der Gnade", passend zum Schlusswort der Lesung: „Gnadenjahr des Herrn" (V. 19). Das Problem beginnt, wo die Hörer diese Worte mit dem vergleichen, der sie spricht: mit Jesus, der sie ihnen gesagt und gedeutet hat; es spitzt sich mit Verweis auf die Herkunft Jesu zu, die väterliche Abstammung durch Joseph. Beides bekommen die Mitbewohner Jesu nicht zusammen – wie bei Markus. Sie können sich nicht vorstellen, dass der Jesus, den sie von seiner Herkunft her so genau zu kennen meinen, der Gesalbte, der Messias Gottes sein soll, von dem Jesaja spricht.

Eine lukanische Ironie liegt darin, dass die Menschen in Nazareth Jesus als Messias deshalb ablehnen, weil sie in ihm den Sohn Josephs zu erkennen meinen (die Geschwister sind nicht erwähnt, anders als in Mk 6,2–3), Jesus jedoch, Lukas zufolge, vom Heiligen Geist gezeugt worden ist (1,34–35) und Joseph zwar als sein leiblicher Vater gilt, es in Wahrheit aber nicht ist (3,23–38). Würde also Jesus so gesehen werden, wie er von Gott in die Welt gesandt worden ist, würde die Frage nicht so aufbrechen, wie sie gestellt wird, auf dass sie eine negative Antwort finde. Das einleitende Motiv des Zeugnisses hat in diesem Kontext eine tiefe Mehrfachbedeutung: Anerkennung – Verwunderung – Ablehnung – Verkennung, von Jesus identifiziert und dadurch mit dem Evangelium in Verbindung gebracht.

Jesus antizipiert die Kritik, bevor sie sich artikuliert – weil er ist, was die Menschen in Nazareth bezweifeln: ein Prophet. Seine Antwort erfolgt in drei Schritten, die aufeinander aufbauen. *Zuerst* zitiert Jesus ein kritisches Sprichwort über kranke Ärzte, die sich nicht selbst helfen können **(23)**. Es bezieht sich direkt auf die angebliche Benachteiligung seiner Heimatstadt, tatsächlich aber auf seinen vermeintlich zu weit ausgreifenden Anspruch, obgleich er ihn einlösen kann und wird (5,31), und es nimmt bereits die Passion vorweg, da er am Kreuz von den Schaulustigen als hilfloser Arzt verspottet wird, der nie und nimmer ein Retter sein könne (23,35). In Nazareth wird zwar die ärztliche Kunst Jesu nicht bezweifelt – aber dass ausgerechnet diejenigen Menschen, die ihm als Mitbewohner am nächsten stehen sollten, (bislang) nichts davon gehabt hätten, trotz der großen Ankündigung Jesu, machen sie ihm, wie Jesus es erkennt und ausspricht, zum

4,16–30 Die Verkündigung in Nazareth 103

Vorwurf. Lukas hat solche Taten und Worte Jesu vorher nicht erzählt, aber vorausgesetzt und später ausgeführt (4,31–44 u. ö.). Die Markusparallele hatte die weitgehende Erfolglosigkeit Jesu überliefert und sie auf den Unglauben der Leute von Nazareth zurückgeführt (Mk 6,1–6a). Nach Lukas greift Jesus das Thema Fremdheit und Zugehörigkeit in einem Sinn auf, der die gesamte Erzählung durchzieht und sich noch zuspitzen wird, wenn auch der Unterschied zwischen Juden und Heiden aufbricht, um überwunden zu werden.

Danach zitiert Jesus das (von ihm geprägte) Sprichwort vom verkannten Propheten **(24)**, das in verschiedenen Varianten umläuft (Mk 6,4; Mt 13,57; Joh 4,44). Es greift eine selbstkritische Grundeinsicht Israels auf: dass es nämlich „nie" auf die Propheten gehört und sie im Gegenteil „immer" verfolgt hat (Neh 9,26). Dieses Urteil spiegelt insofern eine tiefe Wahrheit, als die Propheten, weil sie Gottes Wort in der Welt verkünden, immer auch Widerspruch auslösen – der aber nicht das letzte Wort zu sein braucht und es auch nicht sein darf, weil Gottes Offenbarung sonst Vernichtung bedeutete, was in sich widersprüchlich wäre. So ist es auch, eschatologisch verdichtet, bei Jesus (vgl. 12,51). Jesus reflektiert bei Lukas mit dem Sprichwort und dem prophezeiten Widerspruch, dass er mit Fug und Recht nicht in Nazareth mit seiner Verkündigung begonnen hat, sondern zuerst sonst im Land umhergezogen ist, um seine Botschaft zu verbreiten (4,14–15). Mehr noch nimmt er die anschließende Aggression vorweg und führt den Widerspruch gegen ihn auf seine Wurzel zurück: Die Menschen in Nazareth wollen über Jesus, d. h. über den Messias und letztlich über Gott bestimmen; aber sie wollen, wie Lukas sie zeichnet, nicht Gott, nicht den Messias, nicht Jesus über sich bestimmen lassen – was am Gegensatz zu Kapharnaum aufbricht.

Schließlich führt Jesus aus der Geschichte der Prophetie Israels Beispiele an, dass Gott Propheten nicht in ihre Heimat, sondern in die Ferne geschickt hat, damit sie dort wirken. Elija **(25–26)** wird in einer Hungersnot, die auch Israel heimgesucht hat, von Gott nach außerhalb gesandt, nach Sarepta, an der Mittelmeerküste nördlich von Galiläa zwischen Tyros und Sidon gelegen, um einer Witwe Mehl und Öl zum Brotbacken zu erwirken, deren Sohn er später von den Toten erweckt (1 Kön 17,8–24); Jesus wird später das ganze Volk Gottes speisen (9,10–17). Elischa **(27)** wird von Gott gesandt, um den Syrer (Aramäer) Naaman vom Aussatz zu heilen (2 Kön 5,1–27), obgleich es auch in Israel viele Aussätzige gab. Jesus wird später Aussätzige reinigen: in Galiläa (5,12–16) und später auf dem Weg nach Jerusalem (17,11–19), darunter auch einen Samariter. Diese Beispiele lenken einerseits auf den Anfang der Kontroverse zurück: auf die Irritation, dass der Arzt nicht bei den Seinen zu heilen beginnt, und führen andererseits das Prophetenmotiv fort: Propheten er-

104   *4,31–44 Das Wirken in Kapharnaum*

regen auch darin Anstoß, dass sie in die Ferne geschickt werden und die Grenzen zum Fremden überschreiten, weil sie wissen und wahrmachen, dass Gott auch dort wirkt, wo Israel nicht ist.

Die Menschen ereifern sich **(28–29)**, in blindem Zorn, der heilig sein will, aber zerstörerisch wird. Der Sturz vom Berg variiert das letzte Versuchungsmotiv (4,9–13); Jesus zeigt, was passiert, wenn er sich Gottes Hand anvertraut, ohne ihn in Versuchung zu führen: Er geht seinen menschlichen Weg als Messias **(30)**.

Im Dialog mit Jesaja und mit der Elija- wie der Elischa-Geschichte zeichnen sich eine theologische Geographie und Soziologie ab, die zur lukanischen Theologie des Weges passt. Jesus wendet sich den Armen in Israel von Anfang an so zu, dass die Grenzen des Volkes (7,1–10), des Todes (7,11–17), der Gefangenschaft (7,11–35) und der Sünde (7,36–50) überschritten werden. Er weckt und durchkreuzt das Verlangen der Seinen, ihn an Nazareth zu binden. So wie er in Israel die Grenzen überschreitet, nach Kapharnaum, so wird er über Israel hinaus wirken, grundlegend vor- und programmatisch nachösterlich (24,47; vgl. Apg 1,8). Die Theologie des Weges passt genau zu seinem Programmwort aus Jes 61,1–2, das Jesus rezipiert und interpretiert. Nach Lukas ist Jesus ein inspirierter Exeget, der eine inspirierte Exegese anstoßen will: nämlich eine Lektüre der Bibel Israels im Licht Jesu Christi und eine Wahrnehmung Jesu im Licht der biblischen Prophetie. Sein Anspruch löst den Widerspruch aus. Jesus soll auf seine Familie und seine Vaterstadt festgelegt werden; zwischen der Weite seines Anspruchs und der Enge seines Herkommens wird ein Gegensatz gesehen. Dieser Gegensatz ist typisch prophetisch. Das prophetische Wirken und das prophetische Leiden gehören genuin zusammen (V. 24). Jesus ist selbst arm, der er zu den Armen gesandt ist. Durch sein Leben und Leiden verifiziert er seine Sendung. Das „Gnadenjahr des Herrn" endet nicht mit dem Widerspruch in Nazareth, sondern beginnt erst, weil Jesus sich durch ihn nicht von seiner Sendung abbringen lässt, sondern, ihn zu bestehen, zu einem Teil seiner Mission macht. Der synoptische Vergleich zeigt die starke Gestaltungskraft des Evangelisten. Die Szene ist nicht historisch im modernen, aber im antiken Sinn des Wortes: Sie kennzeichnet Jesus so, wie er im aufmerksamen Rückblick von denen gesehen worden ist, die ihr Leben von ihm her verstehen.

4,31–44
Das Wirken in Kapharnaum

Wie bei Markus vorgezeichnet, erzählt Lukas von einem „Tag vollmächtigen Wirkens Jesu in Kapharnaum" (Rudolf Pesch), am See Genezareth, wo Simon (Petrus) und seine Familie leben (4,31–44). Lukas hat

4,31–44 *Das Wirken in Kapharnaum* 105

seine Quelle stilistisch bearbeitet und durchgängig gestrafft. Durch den Kontext verändert sich die Gesamtkomposition. Bei Markus entwickelt sich die Serie Verkündigung (Mk 1,14–15), Berufung (Mk 1,16–20), Vollmacht (Mk 1,21–34) bis zum Rückzug und Aufbruch Jesu in weitere Gebiete Galiläas (Mk 1,35–39). Bei Lukas steht die Reihenfolge: Verkündigung in Nazareth (4,14–30), Wirken in Kapharnaum (4,31–44), und zwar in der Synagoge (4,31–37), im Haus des Simon (4,38–39) und in der Stadt (4,40–41) mit dem Rückzug und Aufbruch Jesu (4,42–44) bis zur Berufung der ersten Jünger (5,1–11). Diese Reihenfolge hat einen genauen Sinn: Jesus kündigt an, was er tun wird (4,18–21), und beginnt genau das zu verwirklichen, was er verheißen hat (4,31–44). In Kapharnaum bewahrheitet er durch seine Worte und Taten das, was er in Nazareth gepredigt hat – so wie zuvor schon (4,14–15), nur dass Lukas es jetzt auf Basis seiner Quellen beispielhaft ausführt. Die spätere Platzierung der Berufungsgeschichte macht den Gehorsam der Jünger gegenüber dem Wort Jesu plausibel und erweitert das Blickfeld von der Teilhabe an Jesu Mission, die zentral bleibt, zur Sündigkeit der Jünger, die an ihr Anteil gewinnen. Der Evangelist arbeitet mit seinen Vorlagen so, dass er sich nicht sklavisch an seine Quellen hält, sondern sie neuschreibt, so dass nichts verfälscht, aber alles – in seinem Sinn – verdeutlicht wird.

4,31–37	Der Exorzismus	Sabbat	Synagoge
4,38–39	Die Heilung der Schwiegermutter		Haus
4,40–41	Heilungen und Exorzismen	Abend	Stadt
4,42–44	Aufbruch von Kapharnaum	Morgen	Land

Die Orte und Zeiten des Wirkens Jesu sind programmatisch und bilden das Rückgrat der Komposition. Kapharnaum, ein Städtchen von vielleicht zweitausend Einwohnern, ist der wichtigste Stützpunkt für die Galiläamission, weil dort Simon mit seiner Familie zuhause ist. Der *Sabbat* ist der beste Tag für die Wortverkündigung – wie in Nazareth (4,16), so auch jetzt in Kapharnaum (4,31). Die *Synagoge* ist ein Vorort nicht nur des religiösen Israel, sondern auch der Jesusmission. Nur indem Jesus am Gottesdienst Israels teilnimmt, kann er seine Verkündigung vom Reich Gottes aus innerer Anteilnahme dort vorbringen, wo er auf offene Ohren und Herzen setzen kann, aber auch Widerspruch provoziert, der es in sich hat (4,16–30). Das *Haus* ist die soziale Keimzelle des antiken Lebens und deshalb auch ein Vorzugsort des Wirkens Jesu. Weil Sabbat ist, geschieht die Heilung der Schwiegermutter des Petrus im Stillen (4,38–39). *Abends,* nachdem der Sabbat gemäß jüdischer Zeitrechnung geendet hat, öffnet sich die Szene – und nach der Synagoge und dem Haus kommt die *Stadt (pólis)* als Wirkungsstätte Jesu zum

106   *4,31–44 Das Wirken in Kapharnaum*

Vorschein: der öffentliche Raum, in dem das Wort Gottes wirken soll und kann (4,40–41). Die letzte Perikope schließt die idealtypische Raumkonstellation ab: Jesus gehört einerseits in die Einsamkeit, andererseits in die Öffentlichkeit des ganzen Landes und aller Städte (4,42–44). Nach Ende des Sabbats – also am frühen *Morgen* des Sonntags – macht Jesus sich auf den Weg aufs Land.

Die Erzählpartien sind durch ein breiteres Spektrum an Themen und Formen gekennzeichnet. Den Anfang konzentriert Lukas auf Exorzismen und Therapien, weil sie das Heilswirken Jesu konkretisieren; durch die Raum- und Zeitkonstellationen, (Sabbat/Werktag – Synagoge, Haus, Stadt, Land) klärt der Evangelist, in wie umfassender Weise Jesus in Kapharnaum das Evangelium, das er Nazareth angekündigt hat (4,16–30), beispielhaft verkündet.

4,31–37
Der Exorzismus im Gotteshaus

[31]Und er ging hinab nach Kapharnaum, einer Stadt in Galiläa, und lehrte sie am Sabbat. [32]Und sie gerieten außer sich über seine Lehre, denn sein Wort war voll Macht. [33]Und in der Synagoge war ein Mensch, der einen dämonischen, unreinen Geist hatte und mit lauter Stimme schrie: „[34]Heh, was ist mit uns und dir, Jesus, Nazarener? Bist du gekommen, uns auszutreiben? Ich weiß, wer du bist: der Heilige Gottes." [35]Da drohte ihm Jesus und sagte: „Schweig still und fahr aus ihm aus." Da riss ihn der Dämon in die Mitte und fuhr aus ihm aus, ohne ihm zu schaden. [36]Und großer Schrecken kam über alle, und sie sprachen miteinander, indem sie sagten: „Was ist dieses Wort? In Vollmacht und Kraft gebietet er den unreinen Geistern, und sie fahren aus." [37]Und sein Ruf verbreitete sich an jeden Ort der Umgebung.

Wie in Nazareth beginnt Jesus auch in Kapharnaum sein öffentliches Wirken in der Synagoge (vgl. 4,23). Allerdings bleibt es nicht bei der Predigt; ein spektakulärer Exorzismus folgt.

Die Erzählung ist so aufgebaut, dass Wort und Tat eine Einheit bilden.

4,31–32	Die Situation: Jesu Lehre in der Synagoge am Sabbat	
4,33–35	Der Exorzismus	
	33–34	Der Ausbruch des Dämons
	35	Die Austreibung durch Jesus
4,36–37	Die Reaktionen auf die Austreibung	
	36	vor Ort
	37	in der Umgebung

4,31–37 Der Exorzismus im Gotteshaus 107

Lukas richtet sich recht genau nach seiner markinischen Vorlage (Mk 1,21–39), die er eingangs kurz in den Kontext einpflegt und am Ende vorsichtig, aber entschieden so nachzeichnet, dass die christologische Pointe, die er sieht, klarer wird: Nicht nur die Kraft der Lehre und die befreiende Macht des Auftretens Jesu sind zu betonen, sondern auch die heilende Wirkung seiner Sendung.

Die größte hermeneutische Schwierigkeit macht das Motiv der Dämonen und des Exorzismus. Beides ist in der Welt des Neuen Testaments bekannt und auch in der heutigen Weltkultur weit verbreitet. In der westlichen Moderne aber wirkt es rätselhaft und manifestiert sich teils pathologisch. Dämonen sind im Neuen Testament, auch bei Lukas, über- und unmenschliche Mächte, die Menschen schaden, indem sie sich ihrer bemächtigen. Die geschilderten Phänomene wurden in der westlichen Moderne früher als Geisteskrankheiten diagnostiziert und würden heute als Epilepsie, als Hysterie, als Borderline-Syndrom therapiert werden. Die alte Welt hat diese Mittel nicht zur Verfügung. Die Evangelien sind durchweg nicht an Krankheitsanalysen, sondern an der Befreiung der Besessenen interessiert, die Jesus in der Macht Gottes wirkt. Die Dämonen stehen für die Unerklärlichkeit, die Sinnlosigkeit und die Zerstörungskraft des Bösen. Als „Geister" sind sie, so paradox es klingen mag, ansprechbar und damit beherrschbar: von jemandem, der die Macht Gottes selbst hat. Charisma und Ratio, Ethos und Therapie passen zusammen: im Evangelium.

Der Auftakt **(31)** knüpft an die Eröffnung der Galiläa-Serien an (4,14–15) und hebt zugleich das Besondere wie das Typische der erzählten Geschichte hervor. Der Schauplatz ist Kapharnaum, die Stadt, in der Jesus Gastfreundschaft bei seinen Jüngern finden wird. Zur narrativen Charakteristik Jesu gehört die Verbindung von Exorzismus und Lehre **(32)**. Lukas setzt (wie Markus) bei der Macht des Wortes an, weil Jesus kein Zauberer oder Schamane, sondern ein Prophet und als solcher der Messias ist (4,18–19 – Jes 61,1–2). Lukas hat die Einheit von Wort und Tat in der Nazareth-Perikope vorbereitet; nun wird sie erzählerisch ausgeführt. Die Wechselbeziehung ist entscheidend. Jesu Wort hat Kraft: Es befreit, immer, nicht nur bei einem Exorzismus, sondern mit seiner gesamten Sendung. Jesus vertreibt den Dämon allein durch die Macht seines Wortes; er braucht keine Tricks und Hilfsmittel: Er führt die offene Auseinandersetzung und gewinnt sie, für den besessenen Menschen. Die Austreibung der Dämonen enthält und erteilt eine Lehre: Gott befreit die Menschen nicht nur von ihrer Schuld, sondern auch von ihrem Schicksal und aus ihrer Selbstentfremdung.

Es kommt zur Konfrontation, weil es einen Besessenen in der Synagoge packt **(33)** und ein Dämon aus ihm spricht, der instinktiv die Bedrohung seiner Herrschaft durch Jesus bemerkt und ihr durch eine aggressive Rhetorik zuvorzukommen versucht (34). Erstens will er sich Jesus vom Leibe halten; zweitens will er seine Strategie durchkreuzen, weil er sie durchschaut zu haben meint, und drittens will er ihn beherrschen, weil er seine Identität kenne. Tatsächlich verfügen Dämonen im Neuen Testament über übernatürliche Kräfte und übernatürliches Wissen: Auf eine paradoxe Art hat der Dämon von Kapharnaum Recht mit dem, was er über Jesus sagt: Der Messias hat mit Dämonen nichts gemein; er hält sie auf Abstand – weil er sie fortschickt. Er ist wirklich gekommen, die Dämonen auszutreiben – weil er das Böse besiegt, auch in seiner teuflischen Gestalt. Er ist in der Tat der „Heilige Gottes" (vgl. 8,28; auch Joh 6,69) – aber so, dass nicht der Dämon über ihn, sondern er über den Dämon bestimmt. Das Bekenntnis von Dämonen ist nicht nur wertlos, weil es nicht von Herzen kommt (vgl. Jak 2,19); es ist auch unlauter, weil ein Dämon nicht glaubt, was es besagt, sondern sich dem Gegenteil verschreibt, dem Bösen. Weil Jesus Gottes Heiligkeit verkörpert, ist er der Befreier; weil er befreit, lehrt er, um den Glauben zum Verstehen zu führen; weil seine Lehre der Wahrheit dient, hat sie die Macht, zu befreien.

Jesus reagiert kurz und heftig (35). Das Schweigegebot demaskiert die unlauteren Motive: Das Richtige, vom Falschen gesagt, hat eine verheerende Wirkung. Jesus setzt auf den Glauben der Menschen, nicht auf mythische Komplizen, die ihm Macht verleihen könnten. Nur ein Glaube, der von Herzen kommt, kann ein Bekenntnis sprechen. Der Ausfahrbefehl zeigt die einzig relevante Richtung: Der Dämon soll den Menschen loslassen; sein Weg führt ins Nichts. Was Jesus sagt, geschieht augenblicklich. Noch im Moment des Ausfahrens wird deutlich, wie sehr der Dämon den Menschen nicht nur beherrscht, sondern zerrissen hat, so dass er nicht mehr er selbst sein konnte. Was immer der Dämon sich vorgenommen haben mag – er kann dem Menschen nicht mehr schaden.

Die Perikope endet wie bei Markus mit einer Frage (36). Diese Frage zeigt Offenheit – ist aber weder schon ein Bekenntnis noch bereits eine Skepsis. Sie ist insofern angemessen, als Wunder gemäß jüdischer Tradition nichts beweisen, auch wenn sie von einem Propheten ausgeführt werden; entscheidend ist vielmehr, ob durch seine Worte und Taten das Hauptgebot der Liebe zum einen Gott (Dtn 6,4–5) erfüllt wird (Dtn 13,1–4). Mit „Vollmacht" *(exousía)* und „Kraft" *(dýnamis)* haben sie die richtigen Schlüsselwörter gefunden – aber nur in Frageform. Von den Synagogenbesuchern in Nazareth unterscheiden sich die in Kapharnaum dadurch, dass sie die Frage offenlassen, ohne sich zu verschließen. Dadurch eröffnen sie Jesus Wirkungsmöglichkeiten, die er energisch nutzen wird, aber nicht ohne sehr kritisch zu bleiben (10,15) und auf die Notwendigkeit echten Glaubens zu dringen.

4,38–39 *Die Heilung der Schwiegermutter im Haus des Petrus* 109

In dieser Ambivalenz verbreitet sich das Jesusgerücht (37). Die ganze Umgebung wird von ihm erfüllt. Die Wirkung wird groß, aber nicht unproblematisch sein. Jesus wird das Beste daraus machen.

> Der Exorzismus in der Synagoge ist ein doppeltes Statement Jesu. (1.) Das Gotteshaus ist eine Heilstätte; Religion darf nicht krank oder besessen machen; sie befreit: Das realisiert Jesus. (2.) Gott ist nicht unrein, sondern heilig. Das muss in einem Gotteshaus wirklich werden. Durch seinen Exorzismus macht Jesus die Synagoge zu dem, was sie nach Gottes Willen ist: ein Haus des Lebens. Dass Jesus Dämonen ausgetrieben hat, jedenfalls in seinen und seiner Zeitgenossen Augen, ist historisch verbürgt. Hätte er dieses Charisma nicht besessen, hätte er den Menschen, denen es am dreckigsten ging, nicht helfen können. Markus, auf den Lukas zurückgeht, stellt die reale Geschichte Jesu vor Augen, wie sie ihm überliefert worden ist. Lukas ist ihm gefolgt und hat durch seine Bearbeitung die theologische Bedeutung des Geschehens unterstrichen. Jesus von Nazareth hat „böse Geister" ausgetrieben und Menschen von Dämonen befreit; die Erzählung veranschaulicht diese Überlieferung in geradezu klassischer Form.

4,38–39
Die Heilung der Schwiegermutter im Haus des Petrus

[38]Er brach aber von der Synagoge auf und ging in das Haus des Simon. Simons Schwiegermutter hatte starkes Fieber, und sie baten ihn ihretwegen. [39]Und er beugte sich über sie und drohte dem Fieber, und es verließ sie. Sofort stand sie auf und bediente sie.

Wie bei Markus vorgegeben, lässt Lukas auf eine Szene in der Synagoge eine in einem Haus folgen. Beide Orte korrespondieren kulturell miteinander; deshalb sind sie auch theologisch signifikant: Der Öffentlichkeit entspricht die Privatsphäre. Hier wie dort verwirklicht und bewahrheitet sich die Botschaft Jesu; hier wie dort wird die jüdische Sabbatkultur bewahrt. Das Evangelium gehört mitten in die Welt, das sie von Grund auf verändert.
Gerade die Schlichtheit der Erzählung macht ihren Reiz aus. Eine schlichte Bitte, der Menschlichkeit gehorchend, führt zu einer schlichten Heilung, der Menschlichkeit gehorchend und ohne Aufhebens die Vollmacht des Messias ins Werk setzend.

4,38	Die Krankheit und die Bitte um Heilung
4,39	Die Heilung der Frau

Einfacher könnte die Geschichte kaum erzählt worden sein. Sie stellt eine Frau in den Mittelpunkt, die im Verborgenen geblieben wäre und durch ihre Krankheit ins Abseits gerät, aber durch Jesus auf die Beine kommt. Sie zeigt eine Familiensolidarität, die selbstverständlich scheint, aber dank Jesu eine Krankheit zu besiegen vermag. Lukas folgt Markus, ohne dass er den Text sehr stark verändert hätte.

Simon, später Petrus, ist als Familienoberhaupt vorgestellt **(38)**. (Andreas, sein Bruder, wird von Lukas hier nicht angeführt.) Noch ist von Nachfolge nicht die Rede (vgl. 5,1–11); aber Simon übt schon Gastfreundschaft. Diese Tugend wird auch in der urchristlichen Jüngermission wichtig werden (9,1–5; 10,5–6). Sie schafft eine niedrige Eingangsschwelle für die Mission, setzt sich nicht mit einem Defizit auseinander, sondern knüpft an eine alltägliche Tugend an und baut so auf der Bereitschaft der Menschen auf, etwas zu geben, wie auf der Bereitschaft Jesu und seiner Jünger, etwas von denen zu empfangen, zu deren Heil sie gesandt sind. Jesus lässt sich diese Freundlichkeit gerne gefallen; er wäre obdachlos in Kapharnaum, wenn ihm Simon nicht die Tür geöffnet hätte.

Die Heilung **(39)** vollzieht sich in drei Schritten. *Zuerst:* Simon und die Seinen bitten Jesus; die Schwiegermutter hat keinen direkten Kontakt, weil sie krank ist – und abgeschirmt, als Frau. Die Bitte zeigt Familiensolidarität und Fürsorge so klar wie ein Grundvertrauen zu Jesus. *Sodann:* Lukas erzählt keine Einzelheiten, keine schwierigen Therapien, sondern betont die Souveränität Jesu. Er folgt der Bitte, stellt sich vor die Kranke und beugt sich über sie, um ihr nahe zu sein; er bedroht das Fieber, wie er vorher den Dämon in der Synagoge bedroht hatte (4,35). Die Krankenheilung wird wie ein sanfter Exorzismus erzählt. Das Fieber ist wie ein böser Geist, der die Frau befallen hat. Es weicht, wie ein Schadensgeist von seinem Opfer ablässt. Diese dämonologische Deutung einer Krankheit ist populär. Lukas hat sie gegenüber der markinischen Vorlage verstärkt (Mk 1,31). Die Dämonologie wird aber von Lukas nicht vertreten, sondern vorausgesetzt. Sie bildet den Hintergrund, um das heilende Wirken Jesu als befreiendes hervortreten zu lassen. *Schließlich:* So wie sich die Heilung im antiken Haushalt rollenkonform vollzieht, so auch die Genesung. Die Schwiegermutter erfüllt ihre traditionelle Aufgabe im Haus, indem sie dient – womit alle Hausarbeiten gemeint sind. Im historischen Kontext ist nicht Unterwürfigkeit die Pointe, sondern Aktivität, die der Schwiegermutter jetzt wieder möglich ist; im theologischen Kontext ruft das Wort „dienen" den Grundsinn der Sendung Jesu (22,27) und der Jüngerschaft auf den Plan (22,26).

Die Schwiegermutter beginnt an ihrem Ort und auf ihre Weise mit der Nachfolge Jesu, bevor noch Simon Petrus berufen worden ist (5,1–11). So wie sich die Heilung im Stillen vollzieht, ohne ein einziges Wort, bekennt sich auch die Schwiegermutter ohne ein einziges Wort zu Jesus, der in den Kreis der Familie

4,40–41 *Heilungen und Exorzismen am Abend*

aufgenommen wird. Die Szene fängt ein geschichtliches Geschehen ein, das in der Familie Simons zur Überlieferung geworden ist.

4,40–41
Heilungen und Exorzismen am Abend

⁴⁰**Als die Sonne unterging, brachten sie all ihre Schwachen, die Krankheiten hatten, zu ihm; er aber legte jedem einzelnen von ihnen die Hände auf und heilte sie. ⁴¹Es kamen aber auch Dämonen von vielen heraus, die schrien und sagten: „Du bist der Sohn Gottes." Und er fuhr sie an, nichts zu sagen, weil sie wussten, dass er der Christus ist.**

Der Exorzismus in der Synagoge (4,31–37) und die Heilung im Haus (4,38–39) finden am Sabbat statt. Beides entspricht dem Gebot der Sabbatheiligung in der Tora und steht auch nicht im Widerspruch zur pharisäischen Auslegung, weil ein akuter Notfall behoben und eine unangenehme Erkrankung beendet werden, beides ohne körperliche Arbeit. Gemäß jüdischer Zeitrechnung endet der Tag am Abend. So wird es nach Ende der Sabbatruhe möglich, dass die Bewohner von Kapharnaum aktiv werden. Sie sind solidarisch mit ihren Kranken und vertrauen auf Jesus, indem sie alle, die zu schwach sind, um selbst zu gehen, zu Jesus bringen. Das Summarium verbindet die beiden charakteristischen Typen des therapeutischen Wirkens Jesu.

4,40	Heilungen
4,41	Exorzismen

Lukas folgt weiterhin Markus (Mk 1,32–34), auch wenn er die Passage sprachlich umformuliert, so dass sie besser in seinen eigenen Erzählstil passt und in einem weltläufigen Griechisch erscheint. Mit seiner Vorlage hatte Lukas zuerst von einer Dämonenaustreibung, dann von einer Therapie erzählt. In umgekehrter Reihenfolge werden beide Gattungen nun aufgerufen: Jesus ist Arzt und Exorzist; er hat intensiv und oft gearbeitet, nicht nur in Kapharnaum. Die Erzählungen, die das Evangelium bringt, sind Beispiele für viele andere Ereignisse, die nicht erzählt werden.

Die Vielzahl der Kranken, die Lukas (mit Markus) zugegen sieht, spiegelt die Größe der Not, unter der Israel leidet (**40**). Von Sünde ist (noch) nicht die Rede (5,17–26), von Elend schon. Jesus ist mit seinem heilenden und befreienden Wirken (4,18–19) nicht allein, sondern stößt auf Resonanz: Andere helfen ihm, der Heiland zu sein, der er sein soll und will. Jesus löst eine Welle der Hilfsbereitschaft aus. Sie macht die Not nicht gerin-

112   *4,31–44 Das Wirken in Kapharnaum*

ger; aber Jesus findet Menschen, die ihm dadurch zuarbeiten, dass sie menschlich sind. Das Gerücht, das sich verbreitet hat (4,37), hat nicht nur Neugier, sondern auch Empathie und Solidarität geweckt. Das Staunen in der Synagoge (4,36) wird ethisch produktiv.

Das Heilen wird in archaischer Anschaulichkeit geschildert. Die Handauflegung ist eine archetypische Geste: Heilung geschieht durch Berührung; die Hände sind Organe der Liebe. Jesus hat heilende Hände, weil er der von Gott gesandte Retter ist, der als Mensch unter Menschen für Gott eintritt. So viele auch immer kommen: Jede Therapie ist individuell: Es gibt keine Massenheilung; jeder einzelne Kranke wird berührt und geheilt. Jesus hat keinerlei Angst vor Verunreinigung und Ansteckung. Er strahlt Heiligkeit und Gesundheit, Leben und Segen aus. Nach dem Prinzip der Steigerung lässt Lukas Dämonen auftreten **(41)**. Sie haben offenbar vorher verborgen in den Kranken gelauert und kommen aus der Deckung, da die Heilung nahekommen soll. Lukas hat stärker als Markus Dämonen für Krankheiten verantwortlich gesehen, nicht pauschal, aber in bestimmten, wahrscheinlich besonders akuten Fällen. Die Dämonen werden aktiv, um Jesus zu widerstehen – wie ihr Vorreiter in der Synagoge von Kapharnaum (4,34). Sie erkennen wie er in Jesus den „Sohn Gottes"; sie schreien ihr Wissen heraus: als gequälte und quälende Versuche, seiner Herr zu werden. Sie müssen aber wie der Dämon in der Synagoge schweigen, weil ihr Wort, obgleich es sachlich richtig ist (3,22 u. ö.), falsch ist – wegen ihrer fatalen Intention, Jesus abzuwehren. Jesus lehnt den Beifall von der falschen Seite ab, weil Bekenntnis und Glaube untrennbar zusammengehören.

Nachdem Jesus in der Synagoge (4,31–37), und im Haus des Simon gewirkt hat (4,38–39), weitet er sein Wirken, da der Sabbat vorbei ist, auf die ganze Stadt aus. Er reagiert positiv auf diejenigen, die von ihm Hilfe erwarten, für sich und andere. Er wirkt nicht nur in geschützten Räumen, sondern auch in der Öffentlichkeit. Elementare Probleme von Menschen, Krankheit und Besessenheit, werden auf messianische Weise gelöst: durch Therapie und Exorzismus. Auch in Kapharnaum gibt es Widerstände (vgl. 10,15). Aber ein Vorgeschmack des Gottesreiches ist zu spüren. Die Szene greift Lokaltraditionen auf, die an Jesu Praxis anknüpfen, aber über Faktensammlungen hinausführen, weil sie den Horizont der Sendung Jesu ausfüllen.

4,42–44
Aufbruch von Kapharnaum am nächsten Morgen

[42]Als es Tag geworden war, zog er aus und ging an einen einsamen Ort, und die Menge suchte ihn und kam zu ihm und wollte ihn festhalten,

4,42–44 *Aufbruch von Kapharnaum am nächsten Morgen* 113

dass er nicht von ihnen gehe. [43]Er aber sagte zu ihnen: „Ich muss auch anderen Städten das Reich Gottes verkünden; denn dazu bin ich gesandt." [44]Und er verkündete in den Synagogen Judäas.

Wie bei Markus (1,40–44) bleibt Jesus nach Lukas nicht für immer in Kapharnaum, sondern bricht von dort auf, um weitere Kreise zu ziehen. Diesem Aufbruch geht der Rückzug Jesu in die Einsamkeit am frühen Morgen voraus (4,42). Auch wenn es nicht ausgedrückt wird, liegt es nahe, wie in der Vorlage Mk 1,35 an ein Gebet zu denken, das Lukas sonst oft betont (3,21; 5,16; 6,12; 9,18.28; 11,1).

Ein kleines Drama zeigt, wie Jesus jenseits von Kritik und Applaus seinen Weg geht: zu denen, die ihn brauchen.

4,42a	Der Rückzug in die Einsamkeit
4,42b	Der Versuch der Menschen, Jesus festzuhalten
4,43	Die Erklärung Jesu für seinen Aufbruch
4,44	Das Wirken Jesu im jüdischen Land

Die lukanische Erzählung basiert auf Mk 1,35–39. Während es aber nach Markus die Jünger sind, die Jesus für Kapharnaum gewinnen wollen (Mk 1,36), sind es bei Lukas, der noch keinen Ruf in die Nachfolge erzählt hat, die Menschen aus Kapharnaum selbst, die kommen, um Jesus nicht nur zu suchen, sondern auch festzuhalten.

Der Rückzug Jesu an einen „einsamen Ort" – im Griechischen steht dasselbe Wort wie „Wüste" (4,1) – dient seiner eigenen Sammlung, die seine Sendung erfüllt **(42)**. Die Einsamkeit ist für ihn ein Ort des Gebetes (5,16). Die Menschen aus Kapharnaum wollen ihn aber nicht gehen lassen. Zustimmung schlägt in Besitzdenken um – wie in Nazareth (4,22–24). Die spätere Kritik an Kapharnaum (10,15) wird vorbereitet. Jesus erklärt sich **(43)** – und wird dann seinem Willen folgen (V. 44). Er „muss" verkünden, weil er „gesandt" ist – von Gott (4,18–19). Das „Muss" ist kein Zwang, sondern die Konsequenz der Freiheit, in der Jesus nach der Offenbarung über dem Jordan (3,21–22) und nach der Abweisung des Teufels (4,1–13) seinen Weg geht: gebunden an Raum und Zeit, aber nicht an die Grenzen von Städten und Regionen, Religionen und Ethnien. Jesus muss „auch in anderen Städten" verkünden, wie vorher in Nazareth (4,16–30), weil seine Sendung darin besteht, möglichst vielen Menschen Gott nahe zu bringen (4,14–15). Er verkündet das „Reich Gottes"; bei Lukas wird hier, nebenbei, zum ersten Mal das zentrale Verkündigungswort eingeführt, das sich aus dem Jesajazitat in Nazareth indirekt ergibt (4,18–19 – Jes 61,1–2) und später auch bei Lukas programmatisch wird (6,20–21 u. ö.).

114   5,1–6,16 *Die Bildung der Jüngerschaft*

Was Jesus ankündigt, setzt er um **(44)**. Lukas greift auf die Eröffnung der
Galiläa-Mission zurück (4,14–15). Die Synagogen, als Versammlungs-
stätten und Gebetshäuser, bleiben die bevorzugten Orte des Wirkens
Jesu. „Judäa" bezeichnet hier nicht die römische Provinz im Unterschied
zu Galiläa, sondern das ganze jüdische Land einschließlich Galiläa
(vgl.1,5; 6,17; etwas anders 5,17).

Am Ende der kleinen Serie von Miniaturen über das Wirken Jesu in Kapharnaum wird der Horizont geöffnet, wie es für Jesus typisch ist, nicht nur nach
Lukas. Jeder einzelne Moment ist wichtig, jeder einzelne Mensch, jede einzelne
Begegnung und Berührung. Aber es darf nicht geklammert werden: Jesus ist
frei, sein Horizont ist weit, er ist der Messias für alle. Wenn er sich nicht auf
den Weg macht, kann er nicht der Messias der Armen und der Kranken sein.
Es ist von vornherein sein Ziel, in Israel alle für Gott und seine Herrschaft zu
gewinnen – und darüber hinaus Kreise zu ziehen. Lukas beachtet den Rahmen
der menschlichen Grenzen, die Jesus gesetzt sind; aber er deutet sehr früh an,
wie Jesus sie zu überwinden begonnen hat: durch Kontemplation und Mission.
In dieser Profilierung gewinnt das Summarium einen geschichtlichen Quellen-
wert – nicht historistisch, aber hermeneutisch: Durch Verallgemeinerung wird
eingefangen, was von Jesus im Gedächtnis geblieben ist.

5,1–6,16
Die Bildung der Jüngerschaft

Während Markus die Berufung der ersten Jünger direkt auf die Reich-
Gottes-Verkündigung Jesu folgen lässt, so dass sich die Konsequenz
Umkehr – Glaube – Nachfolge abzeichnet (Mk 1,14–15.16–20), entzerrt
Lukas diesen Zusammenhang, um einen anderen Spannungsbogen aufzubauen. Der Tag vollmächtigen Wirkens in Kapharnaum (4,31–44)
dient vor dem Hintergrund der Eröffnungspredigt in Nazareth (4,16–30)
als eine erste Hinführung der später berufenen Jünger zu dem, was Jesus
heilig ist und bewegt hat, so dass sie anders vorbereitet auf ihn reagieren
können.
Nach der Berufung der ersten Jünger (5,1–11) setzt Jesus weitere Zeichen, die seinen christologischen Anspruch markieren, indem sie seine
Heilsbedeutung exemplifizieren. Er fokussiert keineswegs nur die Auseinandersetzung um seine Person; vielmehr markiert er strittige Positionen, die der Befreiung durch Gott dienen und die Lebensnähe des
Glaubens aufzeigen. Die Berufung der Zwölf (6,12–16) öffnet diese Phase
für die Zukunft. Den Rahmen bildet das Leitmotiv der Mission, das zur
Sendung Jesu gehört. Seine Therapien spiegeln sich in seiner Öffnung

5,1–6,16 *Die Bildung der Jüngerschaft*   115

und Füllung des Sabbats. Im Zentrum stehen einerseits Essen, andererseits Fasten: elementare Formen des Alltags im Schnittfeld von Ritus, Logos und Ethos. Die Feldrede wird den ethischen Anspruch formulieren (6,17–49).

	Mission	
5,1–11	Die Berufung Simons zum Menschenfischer	(Mk 1,16–20)
	Therapie	
5,12–16	Die Reinigung eines Aussätzigen	Mk 1,40–45
5,17–26	Die Heilung eines Gelähmten	Mk 2,1–12
	Essen und Fasten	
5,27–32	Die Berufung des Levi	Mk 2,13–17
5,33–36	Die Frage des Fastens	Mk 2,18–22
	Sabbat	
6,1–5	Die Frage der Wegzehrung der Jünger	Mk 2,23–28
6,6–11	Die Heilung eines Mannes mit verdorrter Hand	Mk 3,1–6
	Mission	
6,12–16	Die Wahl der Zwölf	Mk 3,13–19

Die *Mission*, die Jesus mit der Berufung des Simon Petrus und anderer als Menschenfischer begründet (5,1–11), verdichtet sich in der Wahl der Zwölf (6,12–16), die er später als erste aussenden wird (9,1–6). In diesem Rahmen wird an drei wesentlichen Stellen die Verkündigung Jesu in Wort und Tat so markiert, dass durchweg die Schnittmengen mit dem Glaubensleben der Jünger, vor- wie nachösterlich, deutlich wird: im jüdischen Kontext. Erster Punkt: *Therapie*. An der Reinigung eines Aussätzigen (5,12–16) und an der Heilung eines Gelähmten (5,17–26) wird Jesu Vollmacht so deutlich, dass auch die spätere kirchliche Praxis im Umgang mit Aussätzigen und Sündern neu bestimmt wird. Zweiter Punkt: *Essen und Fasten*. Die Berufung des Levi führt zu einem Sündermahl, dessentwegen Jesus (5,27–32), und das Essen der Jünger führt zu einer Klärung des Fastens (5,33–36), dessentwegen die Jünger kritisiert werden; beides, Essen wie Fasten, sind elementare Lebensvollzüge von hoher religiöser Bedeutung, die das Leben in der Nachfolge Jesu bleibend bestimmen sollen. Der dritte Akzent wird mit dem *Sabbat* gesetzt. Sowohl das Motiv der Therapie als auch das des Essens werden weitergeführt. Jesus zeigt an wiederum zwei Beispielen, wie der Tag zu verstehen und zu feiern ist: an der Verteidigung der Jünger, die sich am Wegesrand mit Körnern versorgt haben (6,1–5), und an der Heilung eines Mannes mit verdorrter Hand (6,6–11), die klarstellt, dass der Sabbat dazu da ist, Gutes zu tun. In allen drei Sequenzen kommen der Ritus, der Logos und das Ethos des Evangeliums zum Ausdruck.

116   *5,1–6,16 Die Bildung der Jüngerschaft*

Im Unterschied zur ersten Serie in Kapharnaum verdichtet sich freilich diesmal der Widerstand gegen Jesus, weil immer wieder Gegner, vor allem Pharisäer, Einspruch gegen das erheben, was Jesus sagt und tut. In der Kapharnaum-Serie (4,31–44) haben die Taten Jesu für sich selbst gesprochen; sie haben eine denkbar große Zustimmung gefunden, wenn auch noch keinen Glauben, mit Ausnahme des Dienstes, den die Schwiegermutter des Petrus nach ihrer Heilung leistet: wenn die Implikationen der kleinen Szene nicht übersehen werden (4,38–39). Jetzt aber werden die Aktionen eingehend besprochen, regelmäßig im Streit. Zwar bleibt das Volk auf der Seite Jesu; aber die Experten haben Einwände, die von Lukas nicht übergangen werden. Er ist zwar unzweideutig in jedem einzelnen Fall auf der Seite Jesu; aber er verschweigt nicht, dass Jesus keineswegs nur Zustimmung gefunden hat. Er zollt mit dieser Transparenz nicht nur seinen Quellen Tribut (und dürfte – stilisiert – der historischen Realität entsprechen); er zeigt auch, dass sich in diesen Kontroversen die heilsamen Provokationen spiegeln, die notwendig sind, weil Jesus mit dem Wort Gottes unerhört Neues bringt. In den Kontroversen bricht aber auch ein durchaus produktiver Widerspruch auf, der durch seine Kritik aufdeckt, was auf dem Spiel steht, weil er von einer markanten jüdischen Position aus erhoben wird.

Die Konflikte dürfen nicht moralisiert werden; sie haben einen theologischen Grund. Lukas folgt in der Serie wieder Markus, der nach einer kurzen Wanderung Jesu nach Galiläa (Mk 1,40–45 par. Lk 5,12–16) eine Reihe galiläischer Streitgespräche folgen lässt (Mk 2,1–3,6 par. Lk 5,17–6,11). Aber wiederum arrangiert Lukas die Zusammenhänge ein wenig anders, erwähnt Kapharnaum nicht mehr (obgleich dies der überlieferte und wahrscheinlichste Schauplatz ist) und steigert so die beispielhafte Bedeutung: In jeder Stadt hätte es – ähnlich – passieren können und ist es – ähnlich – passiert. Diese Redaktion lässt erkennen, woran Lukas besonders interessiert ist: weniger an einer geographischen als an einer dramatischen Entwicklung. So wichtig ihm die Bewegung Jesu im Raum ist: Entscheidend sind für ihn die Prozesse der Auseinandersetzung, die Jesus auslöst.

Diese Dramatik ist in der Nazareth-Perikope angelegt (4,16–30); sie prägt das gesamte Evangelium. In der Berufung der Jünger stimuliert Jesus die denkbar positivste Reaktion von Menschen auf seine Person und sein Wort: Sie erkennen sich, wie Petrus, als Sünder, lassen sich aber von ihm beschenken und gewinnen. Demgegenüber zeigt sich später, dass es kontroverse Diskussionen gibt. Angesprochen werden basale Themen der jüdischen Alltags- und Festtagsreligion, die auch für Jesus grundlegende Bedeutung haben: Reinheit und Unreinheit (5,12–16), Schuld und Vergebung (5,17–26), Gemeinschaft mit Sündern (5,27–33), Essen

5,1–11   Die Berufung Simons zum Menschenfischer

und Trinken (5,34–39) und Sabbatruhe (6,1–5.6–11). Alle Themen sind auch in der pharisäischen Halacha wichtig. Wie von Markus vorgegeben, verfolgt Jesus auch bei Lukas eine klare Linie: Gottes Heiligkeit fordert nicht Gesetzeshärte, sondern Menschenliebe.

5,1–11
Die Berufung Simons zum Menschenfischer

[1]Es geschah aber, während das Volk sich um ihn drängte und das Wort Gottes hörte, da stand er am See Genezareth [2]und sah zwei Boote am Ufer liegen; die Fischer aber waren ausgestiegen und wuschen die Netze. [3]Da stieg er in eines der Boote, das Simons war; er bat ihn, ein wenig vom Land wegzufahren; dann setzte er sich und lehrte aus dem Boot die Mengen. [4]Als er zu reden aufgehört hatte, sagte er zu Simon: „Fahr hinaus ins Tiefe und werft eure Netze aus zum Fang." [5]Und Simon antwortete und sagte: „Meister, die ganze Nacht hindurch haben wir geschuftet und nichts gefangen. Aber auf dein Wort hin werde ich die Netze auswerfen." [6]Dies taten sie und fingen eine große Menge von Fischen, so dass ihre Netze zu reißen drohten. [7]Da winkten sie die Genossen im anderen Boot, zu kommen und mit ihnen zu bergen, und sie kamen und füllten beide Boote, so dass sie einsanken. [8]Als aber Simon Petrus es sah, fiel er vor Jesus auf die Knie und sagte: „Geh weg von mir, denn ich bin ein sündiger Mann, Herr." [9]Denn große Furcht hatte ihn ergriffen und alle mit ihm wegen des Fanges, den sie gemeinsam gemacht hatten, [10]so aber auch Jakobus und Johannes, die Söhne des Zebedäus, die Teilhaber des Simon waren. Und es sagte Jesus zu Simon: „Fürchte dich nicht; von nun an wirst du Menschen fangen." [11]Und sie brachten die Boote an Land und verließen alles und folgten ihm nach.

Der „reiche Fischzug", wie die Perikope oft tituliert wird, leitet eine neue Qualität der Beziehung zu Jesus ein: die explizite Nachfolge (letztlich) der Zwölf, deren Erster Simon – Petrus – ist. Diese Linie wird Lukas durch sein gesamtes Evangelium hindurch intensiv verfolgen: mit der Wahl der Zwölf (6,12–16), ihrer Aussendung (9,1–6), der die Aussendung der Zweiundsiebzig entsprechen wird (10,11–16), ihrer Vorbereitung auf seinen Tod und seine Auferstehung (18,31–34) bis zu ihrer Mahlgemeinschaft mit Jesus am Abend vor seinem Leiden (22,7–38) und ihrem österlichen Neubeginn.
Die Perikope hat einen dreifach gestaffelten Aufbau, der genau auf die Pointe des Menschenfischerwortes abgestimmt ist und im Sündenbekenntnis des Simon Petrus das Drama der Kirche einfängt: schuldig und doch gesandt zu sein, befähigt von Jesus.

5,1–3	Die Volksbelehrung	im Boot Simons
5,4–7	Der reiche Fang	nach dem Gespräch mit Simon
5,8–11	Die Berufung	angesichts des Sündenbekenntnisses Simons

In allen drei Szenen ist Jesus die entscheidende Figur: Er belehrt (Vv. 1–3); er befiehlt (Vv. 4–7); er beruft (Vv. 8–11). In allen drei Szenen ist Simon das Gegenüber Jesu: Er stellt Jesus sein Boot zur Verfügung (Vv. 1–3); er folgt der Aufforderung Jesu – mit einem Vertrauensbekenntnis (Vv. 4–7); er bekennt, Sünder zu sein – und wird von Jesus berufen (Vv. 8–11). Die enge Beziehung zwischen Jesus und Simon, die schon durch die Heilung seiner Schwiegermutter angebahnt wird, da Jesus sich im Haus des Simon aufhält (4,38–39), wird das gesamte Evangelium prägen, bis tief in die Passion hinein und weit in die Auferstehung hinaus. Lukas antizipiert diese ganz besondere Beziehung, in allen Höhen und Tiefen.

Lukas verändert mit seiner Perikope stark die Berufungsgeschichte bei Markus, die Matthäus aufgenommen hat (Mk 1,16–20; Mt 4,18–23). Markus und Matthäus gestalten eine ideale Szene der Berufung, die auf zwei Brüderpaare zielt, Simon und Andreas, Jakobus und Johannes. Im Hintergrund steht die Berufung Elischas durch Elija (1Kön 19,19–21). Allerdings wird die ländliche Szene aus dem Alten Testament an den See versetzt und mit dem Beruf der Jünger verknüpft. Aus Fischern werden Menschenfischer. Während Elischa seine bisherige Lebensgrundlage zerstört, verlassen nach Markus die Jünger, was bislang ihr Berufsleben ausgemacht hat, damit sie wieder zurückkehren können, wenn sie für die Mission brauchen, was sie besitzen.

Lukas hat zahlreiche Motive aufgenommen, die durch das Markusevangelium im Raum standen: den Ort, den See Genezareth, das Ufer und das Wasser, den Beruf der Jünger, die Fischerei, in Form einer Genossenschaft, wie Lukas erklärt (V. 7), das Waschen der Netze, das am frühen Morgen stattfindet, nach der nächtlichen Fischereiarbeit, vor allem das Menschenfischerbild, das am plastischsten und provokativsten ist. Aber er hat doch eine ganz eigene Szene geschaffen: nicht nur durch die vorangeschaltete Volksbelehrung, die an Mk 4,1–2 erinnert, sondern vor allem durch die Geschichte vom reichen Fischfang, die gerne (nicht aber im Text) als „Wunder" bezeichnet wird, und durch den Dialog mit Petrus, der existenzielle Dichte gewinnt: durch das Bekenntnis des Petrus, ein Sünder zu sein, und durch die Berufung des Sünders zum Apostel. Während Markus die Souveränität Jesu betont, die von den Jüngern fraglos anerkannt wird, arbeitet Lukas am Beispiel des Petrus heraus, wie mit den Jüngern sündige Menschen den heiligen Dienst der Verkündigung übernehmen können.

Zur lukanischen Version gibt es eine Parallele im johanneischen Osterevangelium (Joh 21,1–14). Dort geht es allerdings nicht um den Ruf

5,1–11 Die Berufung Simons zum Menschenfischer

in die Nachfolge, sondern um die Wiederbegründung der Gemeinschaft der Jünger mit Jesus, der von den Toten auferstanden ist; es findet sich auch kein explizites Schuldbekenntnis Simons, wohl aber im Anschluss die vielsagend dreifache Frage Jesu an seinen Jünger, ob er ihn liebe (Joh 21,15–17). Die historisch-kritische Redaktionsgeschichte neigte dazu, Joh 21,1–14 als Bearbeitung der lukanischen Geschichte zu interpretieren. Falls, wie es wahrscheinlich ist, der Vierte Evangelist das Lukasevangelium gekannt hat, ist ein Einfluss tatsächlich nicht auszuschließen. Allerdings ist die Figur des Lieblingsjüngers bei Lukas ebenso unbekannt wie die Zahl der Fische, die ins Netz gegangen sind. Bei Lukas fehlt auch der Kontext eines Ostermahles. Eine alternative Erklärung besteht darin, dass beide Evangelientexte auf eine gemeinsame Tradition zurückgehen, die unterschiedlich ausgestaltet worden ist. Lukas setzt das Menschenfischerwort (Mk 1,17) ins Bild und gestaltet die galiläische Tradition als eine vorösterliche Szene. Die Johannesschule ergänzt die österlichen Jerusalem-Traditionen (Joh 20) um Galiläa-Episoden, die stark an das irdische Wirken Jesu anknüpfen. Im kanonischen Wechselspiel reflektieren beide Erzählungen die ebenso ambivalente wie zentrale Rolle des Simon Petrus, die durch Jesu Ruf in die Nachfolge begründet ist.

Die einleitende Szene **(1–3)** nimmt frühere Motive auf: die rege Predigttätigkeit Jesu (4,14–15. 43–44), die aber nun ins Freie verlegt wird und nicht nur am Sabbat, sondern auch im Alltag stattfindet, mitten bei der Arbeit; das Lehren, also die schlüssige Darlegung des Wortes Gottes mit Sinn und Verstand, die eine kritische Auseinandersetzung und eine vernünftige Zustimmung erlaubt (4,15.31–32) und nicht im Gegensatz zum „Evangelisieren" und „Verkünden" (4,43–44) steht, sondern mit ihm untrennbar zusammengehört; das große Interesse des Volkes, das jetzt nicht durch die Heilungen Jesu motiviert ist (wie in 4,40–41), sondern durch seine Worte. Lukas kennzeichnet die Lehre Jesu als „Wort Gottes" (V.1). Ob die Menschen sie auch so gehört haben, sagt er nicht, problematisiert es aber auch nicht: Der Anspruch ist gesetzt: wie die Menschen sich zu Jesus verhalten, wird sich zeigen; dass es kontrovers sein wird, soll die gesamte Passage belegen. Die Jünger spielen zuerst eine prominente Nebenrolle. Dass sie bei der alltäglichen Arbeit als Fischer (nach erfolglosem Fischzug in der vergangenen Nacht) sind, zeigt nicht ihr Desinteresse an Jesu Wort, sondern Jesu Interesse an ihnen, der ihre Arbeit aufgreift, um sie zu neuen Menschen, zu Arbeitern für das Reich Gottes zu machen. Petrus gewährt Jesus in seinem Boot Gastfreundschaft – so wie vorher im Haus (4,38–39). An dieser Szene knüpft die später sprichwörtlich gewordene Metapher vom Schiff der Kirche an (vgl. Mk 4,35–41 par. Lk 8,22–25).

120   5,1–6,16 *Die Bildung der Jüngerschaft*

Die zweite Szene **(4–7)** fokussiert nicht das *Wie* eines Wunders, sondern das *Dass* eines Geschehens, dem von vornherein eine symbolische Bedeutung innewohnt. Im Folgenden (Vv. 8–11) wird das Bild aufgenommen und ausgedeutet. Der Erzähler lenkt die Aufmerksamkeit auf den Beginn und das Ende des Fischzugs. Zum einen: Im Dialog zwischen Jesus und Petrus wird sowohl das scheinbar Unmögliche des Auftrages als auch das unglaubliche Vertrauen des Petrus deutlich (5,4–5). Zum anderen: Auf dem See wird die Fülle des Fanges deutlich, aber auch die Solidarität der Fischer (5,6–7). Die Geschichte erweckt den Eindruck, dass Jesus nicht am Ufer wartet, während die Jünger arbeiten, sondern dass er mit ihnen hinausfährt. Er bleibt mit ihnen im Boot – so dass Simon später im Schiff vor ihm in die Knie gehen kann (V. 8). So wird es auch immer wieder auf Bildern dargestellt – im Unterschied zur Szene von Joh 21, wo Jesus am Ufer bleibt. Was Jesus sagt, hat durchweg eine symbolische Bedeutung, passt aber gleichfalls zur Erfahrungswelt der Fischer. Die Wassertiefe mitten auf dem See ist das Bild der großen Missionsaufgabe, die bewältigt werden soll; das Auswerfen der Netze spielt bereits auf das abschließende Menschenfischerbild an (V. 10). Simon weiß aus Erfahrung, dass das Fischen bei Nacht oder im Morgengrauen weit größere Erfolgsaussichten hat als ein Fischzug am helllichten Tag. Er macht mit dem Hinweis auf die vergebliche Mühe aber nicht einen Einwand geltend, sondern baut den Kontrast zu seinem Vertrauensbekenntnis auf: „Auf dein Wort hin", heißt: im Vertrauen auf dich – weil du es sagst, weil du es bist. Die engste Beziehung entsteht zum Bekenntnis Marias: „Mir geschehe nach deinem Wort" (1,38). Beide sprechen als fromme Juden, die auf unterschiedliche Weise Gottes Wort mit Jesus verbinden. Der Erfolg stellt sich unmittelbar ein: Die Netze sind zum Bersten gefüllt.

Die dritte Szene **(8–10)** bildet den Höhepunkt: nicht der reiche Fischfang, sondern die Berufung zum Menschenfischer. Sie ereignet sich in einem Dialog zwischen Simon (V. 8) und Jesus (V. 10b). Der engere Kontext illustriert die Szene: zuerst die gemeinschaftliche Ergriffenheit der Jünger (Vv. 9.10a), dann der gemeinsame Entschluss, alles zu verlassen und Jesus nachzufolgen (V. 12). Das Wort des Simon entspricht seiner Geste: Die fußfällige Verehrung, wie sie im Kern nur Gott gebührt (V. 8), drückt überwältigte Teilnahme, höchste Anerkennung und tiefste Demut aus. Die Geste reagiert nicht auf ein „Wunder", das gar nicht dargestellt ist, sondern auf das Wort, das Jesus gesagt und das sich als wirkmächtig erwiesen hat (V. 5). Simon reagiert auf Jesus nicht nur so, wie Menschen typischerweise angesichts des Göttlichen reagieren, denen ein *mysterium tremendum et fascinans* (Rudolf Otto) aufgeht, so dass sich Erschrecken und Anziehung paaren. Simon bekennt auch nicht lediglich eine bestimmte persönliche Schuld. Er beschreibt vielmehr realistisch die *conditio humana,* eine wesentliche Bestimmung des Menschseins: Jeder Mensch begeht Sünden und ist deshalb sündig; keiner kann sich von seiner Schwäche, seiner Versuchung, seinen Fehltritten lossprechen, weil nie nur die eigene Person im Blick steht (die sich selbst oft am wenigsten einen Fehler vergeben kann), sondern immer auch andere im Spiel sind: Gott und die Nächsten, deren Recht und Würde verletzt worden sind (auch wenn es verdrängt wird oder angeblich nur das Beste für Gott und die Anderen gewollt wird). Bei jedem Menschen lassen einzelne Fehler auf tiefergreifende Probleme schließen, die nicht zu beheben, nur an den Symptomen kurieren ließe. Deshalb bekennt Simon nicht nur, gesündigt zu haben, sondern ein sündiger Mensch zu sein (V.8). Angesichts Jesu bricht bei Simon die Erkenntnis seiner Identität auf: Seine dunkle Seite wird offengelegt – und mit ihr die eines jeden Jüngers und eines jeden Menschen. Das Bekenntnis des Simon ist eine Parallele zum paulinischen Verständnis der Sünde und der Sünder als anthropologische Grundverkehrung, nur narrativ statt reflexiv.

Das Wissen um die eigene Sündigkeit führt zu einer paradoxalen Intervention: Simon will, dass Jesus, der Heilige, von ihm, dem Sünder, Abstand hält, damit er sich nicht verunreinige. Dieser Wunsch ist wahr und falsch zugleich; das ganze Petrusdrama ist in diesem einen Wort vorgezeichnet: Simon will, bis in die Passion hinein, Jesus vor dem Kontakt mit dem Bösen bewahren – obgleich doch Jesus selbst es dadurch besiegt, dass er es annimmt und auf sich nimmt. Jesus reagiert auf das Bekenntnis Simons mit einem Wort, das eine Berufung in Form einer Verheißung ist. Während nach Mk 1,17 Jesus „Ich" sagt, um den Jüngern anzukündigen, zu was er sie machen werde, sagt er bei Lukas zu Simon „Du" (V.10), um ihn auf das vorzubereiten, was von diesem Moment an seine Aufgabe, sein Beruf, ist und seine Zukunft bestimmen wird. Die Antwort Jesu ist genau auf das Bekenntnis Simons abgestimmt. Das einleitende „Fürchte dich nicht" ist topisch, aber adressiert: Simon soll seinen Respekt in Energie verwandeln, indem er Jesus zutraut, seine Sünde zu überwinden. Diese Dialektik wird Simons Versuchung und Stärkung bleiben (22,23).

„Menschenfischer" ist ein plastisches, aber ein negativ besetztes Wort. Es spießt das bis heute gängige Vorurteil auf, dass Mission Bauernfängerei sei: Verführung, um Menschen zu überreden, und offene oder verborgene Gewalt, um sie zu beherrschen (Jer 16,16). Für Jesus ist allerdings die Hyperbolik typisch. Er liebt die Zuspitzung und Übertreibung, um eine Alternative zu profilieren. Durch die Überspitzung wird deutlich, wie Jesus Mission in Wahrheit versteht: nicht als Überredungskunst, sondern als Überzeugungsarbeit, nicht als Einfangen, sondern als Freilassen von Menschen, nicht als Massenphänomen, sondern als Einzelfallprüfung. In der erzählten Geschichte macht das Wortspiel deutlich, dass durch die Berufung die Jünger nicht verbogen werden, sondern sie selbst werden – in Dimensionen, die ihnen vorher verborgen waren und die ihnen auch erst langsam aufgehen werden.

Simon reagiert, zusammen mit den anderen Jüngern, vorbildlich **(11)**. Sie „verlassen alles" – was aber nicht heißt, dass sie es verachten, sondern dass sie sich von ihm lösen, um neue Aufgaben zu übernehmen, die sie neu herausfordern, ohne dass sie alles verneinen, gar zerstören müssten, was ihr bisheriges Leben ausgemacht hat. Der Bezug zu Kapharnaum bleibt erhalten. Die Missionsreisen Jesu, an denen sie teilnehmen, sind auf Zeit angelegt und führen immer wieder heim – bis Jesus nach Jerusalem aufbrechen wird (9,51).

Die Erzählung wird von der historisch-kritischen Exegese – deren hermeneutischen Prämissen gemäß – als Metapher gedeutet: als erzähltes Gleichnis, herausgesponnen aus dem Menschenfischerwort. Tatsächlich ist die Symbolik unverkennbar (wie auch Joh 21,1–14 beweist). Freilich hat die Erzählung nichts Mirakulöses an sich. Sie bleibt – für die antike Welt – im Rahmen der Schöpfungsordnung. Ein Tatsachenbericht ist sie aber nicht, auch in damaligen Augen. Folgt man der Gattung, gibt die Erzählung keine bestimmte Episode aus dem Leben der Jünger wieder, sondern verdichtet eine Glaubenserfahrung, die Jesu Jünger in ihrem Berufsalltag mit Jesus gemacht haben, so dass ihnen deutlich geworden ist, welche Erfahrungen sie mit Jesus machen können und welche Lebensaufgabe auf sie zukommt.

5,12–16
Die Reinigung eines Aussätzigen

¹²Und es geschah, als er in einer der Städte war: Siehe, da war ein Mann voller Aussatz. Als er aber Jesus sah, fiel er auf sein Angesicht und bat ihn, indem er sagte: „Herr, wenn du willst, kannst du mich reinigen." ¹³Da streckte er seine Hand aus und berührte ihn und sagte: „Ich will, sei rein." Und sofort wich der Aussatz von ihm. ¹⁴Da gebot er ihm, niemandem etwas zu sagen, sondern wegzugehen: „Zeig dich dem Priester und opfere zu deiner Reinigung, wie Mose es geboten hat, ihnen zum Zeugnis." ¹⁵Aber desto mehr breitete sich das Wort um ihn aus, und viele Scharen kamen zusammen, zu hören und geheilt zu werden von ihren Krankheiten; ¹⁶er selbst aber war zurückgezogen in der Einsamkeit und betete.

Aussatz (griechisch: *lépra*) ist nicht unbedingt mit der heutigen Lepra identisch, einer (wie man inzwischen weiß) Infektionskrankheit, die zu starken Veränderungen an der Haut, an Nerven und Knochen führt; sie ist hoch ansteckend und vor allem in den unteren sozialen Schichten ver-

5,12–16 Die Reinigung eines Aussätzigen   123

breitet. Die antiken Diagnosen sind unschärfer: Lepra kann jede Form von Hautkrankheit bezeichnen, die mit Schuppen und Flechten einhergeht (vgl. Lev 13–14). Wegen dieser Symptome gilt der Aussatz als eine besonders schwere Form der Unreinheit; denn als unrein gilt alles, was Menschen ausscheiden und was damit zur Sphäre des Todes gehört. Man rechnete mit einem äußerst hohen Ansteckungsrisiko, und zwar nicht nur auf der medizinischen, sondern vor allem auf der religiösen Ebene. Deshalb ist Quarantäne das Mittel der Wahl. Aussatz führt in die soziale Isolation. Der Kult ist verboten. Priester überwachen Reinheit und Unreinheit; sie sind die Experten, die einerseits eine Ansteckung, andererseits aber auch eine Genesung feststellen. Aussatz als Unreinheit ist archaisches Denken; Israel hat es in die Tora integriert und dadurch theologisch identifiziert, aber auch sozial zivilisiert. Jesus braucht keine Scheu vor einer Berührung zu haben, weil er sich nicht mit der Krankheit ansteckt, sondern umgekehrt die Kranken mit seiner Gesundheit ansteckt.

Die lukanische Geschichte ist so gestaltet, dass in den Hintergrund rückt, *wie* Jesus geheilt hat. Die Emotionen werden deutlich weniger als bei Markus betont. Im Vordergrund stehen die Effekte: für den Kranken und für Jesus. Jesus braucht keine Angst zu haben, sich anzustecken; er breitet vielmehr die Reinheit aus. Aber er bekommt Probleme mit dem Erfolg, den er hat. Er kann sich der Mengen kaum erwehren.

5,12–14	Das Heilungsgespräch
12	Die Bitte des Aussätzigen
13a	Das Heilungswort Jesu
13b	Die Feststellung der Wirkung
14	Der Auftrag, die Reinigung bestätigen zu lassen
5,15–16	Die Reaktionen auf Jesus und die Reaktion Jesu

Die Auseinandersetzung mit der Reinigung nimmt nahezu so viel Platz ein wie die Therapie selbst. Das Heilungsgespräch selbst zeigt eine große Nähe zwischen dem Aussätzigen und seinem Helfer, Jesus. In dieser Nähe vollzieht sich die Reinigung. Lukas baut auf der markinischen Vorlage auf (Mk 1,40–45), macht die Erzählung aber einfacher und klarer, allerdings auch etwas glatter.

Im Zentrum des Heilungsgesprächs steht der Wille Jesu **(12–14)**. Der Unreine appelliert an ihn, weil er Jesus zutraut, zu tun, was er will (V. 12). Das Können verweist auf die Macht, die Jesus von Gott her zukommt. Die Antwort Jesu zeigt, dass die Hoffnung nicht vergeblich war. Jesus braucht keine Hilfsmittel. Er berührt den Aussätzigen – Zeichen seiner Nähe: ohne jede Angst vor Ansteckung. Er sagt, was er will: dass der Mensch rein wird – und damit geschieht es (V. 13a). Die Reinigung, die erbeten und

124   5,1–6,16   *Die Bildung der Jüngerschaft*

gewährt wird (V.13b), ist nicht nur die körperliche Wiederherstellung, sondern zugleich die soziale und kulturelle Integration in das Volk Israel. Dem dient die Überweisung an den Priester (V.14), der nach der Tora die Kompetenz und das Recht hat, ein Gesundheitszeugnis auszustellen, so dass der ehemals Aussätzige ein Recht hat, wieder ein normales Leben führen zu können. Das Schweigegebot dient dem Schutz des Mannes, für den es jetzt nichts Wichtigeres gibt, als das Attest zu erhalten.

Die Wirkung ist enorm **(15–16)**. Während nach Markus der Geheilte selbst das Schweigegebot durchbricht, verbreiten bei Lukas die Menschen, die offenbar Zeugen geworden sind, den Ruhm Jesu. Lukas kritisiert diesen Eifer nicht, deckt aber die Ambivalenz auf: Jesus zieht sich in die Einsamkeit – griechisch: die Wüste – zurück, um zu beten. Er ist nicht nur ein aktiver, sondern auch ein spiritueller Mensch. Er braucht den Rückzug, um Kraft zu tanken. Lukas beschreibt nicht eine bestimmte Abfolge, sondern ein gleichzeitiges Geschehen. Jesus sucht nicht den Beifall der Menge, findet ihn aber; er zieht sich zurück, aber die Leute kommen zu ihm; er verweigert sich nicht ihren Hoffnungen, aber er markiert mit dem Gebet (vgl. 3,21; 6,12; 9,18.28–29; 11,1; 22,41), dass Gott allein die Hoffnung erfüllen lässt und dass er mit Gott als Mensch, als Jude, als Sohn in Verbindung steht.

Neben der Krankheit und Besessenheit ist die Unreinheit ein weit verbreitetes Übel, das Jesus als Retter behebt. Er besitzt die Vollmacht und die Kraft Gottes, seinen Heilswillen in die Tat umzusetzen. So breitet sich die Frohe Botschaft aus und verbindet Menschen mit Gott. Jesus stößt diese Prozesse an; aber er kontrolliert sie nicht vollständig, sondern stellt sich proaktiv auf unterschiedliche Konstellationen ein. Lukas macht zu Beginn keine genaue Ortsangabe: Für ihn ist die Szene typisch. So ist auch die geschichtliche Frage zu beantworten: Jesus hat nicht nur Kranke geheilt, sondern auch Aussätzige gereinigt (7,22); die Episode, von der Lukas erzählt, setzt die Überlieferung idealtypisch in Szene.

5,17–26
Die Heilung eines Gelähmten

[17]Und es geschah an einem der Tage, als er lehrte, dass auch Pharisäer und Gesetzeslehrer dabeisaßen, die aus jedem Dorf Galiläas und Judäas gekommen waren und aus Jerusalem. Und die Kraft des Herrn war da, auf dass er heile. [18]Und siehe, Männer trugen auf einer Bahre einen Menschen, der gelähmt war, und versuchten, ihn zu ihm zu bringen und vor ihn zu legen, [19]und weil sie nichts fanden, wie sie ihn zu ihm bringen könnten, wegen der Menge, stiegen sie auf das Dach und ließen ihn durch die Ziegel hinunter mit der Bahre mitten vor Jesus. [20]Und als Jesus

5,17–26 Die Heilung eines Gelähmten 125

ihren Glauben sah, sagte er: „Mensch, deine Sünden sind dir vergeben."
[21]Da begannen die Schriftgelehrten und die Pharisäer zu überlegen und sagten: „Wer ist dieser, der Lästerungen redet? Wer kann Sünden vergeben außer dem einen Gott?" [22]Jesus aber kannte ihre Überlegungen und antwortete, indem er zu ihnen sagte: „Was überlegt ihr in euren Herzen? [23]Was ist leichter, zu sagen: ,Deine Sünden sind dir vergeben', oder zu sagen: ,Steh auf und geh umher'? [24]Damit ihr aber erkennt, dass der Menschensohn Vollmacht hat, auf der Erde Sünden zu vergeben", sagt er zu dem Gelähmten: „Ich sage dir, steh auf und nimm deine Bahre und geh in dein Haus." [25]Und der stand sofort auf vor ihnen, trug, worauf er gelegen hatte, ging weg in sein Haus und lobte Gott. [26]Und Aufregung ergriff alle, und sie wurden von Furcht erfüllt und sagten: „Unglaubliches haben wir heute gesehen."

Während die Reinigung des Aussätzigen (5,12–16 par. Mk 1,40–45) ebenso wie zuvor der Exorzismus in Kapharnaum (4,31–37) einen außerordentlichen Erfolg Jesu in der Öffentlichkeit bewirken (vgl. 4,40–41), zeigt die Heilung des Gelähmten, dass und wie die charismatische Autorität Jesu, die diese Wirkung zeigt, auch Widerspruch auslöst. Der heikle Punkt ist allerdings nicht die Heilung eines Gelähmten, sondern die Vergebung seiner Sünden. Aus dem Widerspruch ergibt sich, dass nicht nur ein zwischenmenschliches Verzeihen gemeint sein kann – was auch nur dann sinnvoll gewesen wäre, wenn der Mann Jesus etwas angetan hätte. Die Vergebung der Sünden hat vielmehr genuin theologische Dimensionen: Sie ist die Vorwegnahme der endgültigen Versöhnung am Ende aller Zeiten.
Die Erzählung ist so aufgebaut, dass die Vergebung im Mittelpunkt steht, während die Heilung den Rahmen bildet.

5,17	Die Situation		
5,18–19	Der schwierige Weg zu Jesus		
5,20–24a	Die Vergebung der Sünden		
	20	Das Vergebungswort Jesu	
	21	Der Widerspruch der Schriftgelehrten und Pharisäer	
	22–24	Die Antwort Jesu	
		22	Die Herzenskenntnis Jesu
		23	Die Gegenfrage nach dem Gewicht der Worte
		24a	Die Vollmacht des Menschensohnes
5,24b–25	Die Heilung als Erweis der Vollmacht		
	24b	Das Heilungswort Jesu	
	25	Die Ausführung durch den Geheilten	
5,26	Der Beifall der Leute		

Lukas folgt weitgehend der markinischen Vorlage (Mk 2,1–12). Dort ist die Verbindung von Heilung und Vergebung vorgezeichnet; dort ist auch die Vollmacht des Menschensohnes das theologische Zentrum. Lukas hat aber, wie immer, sprachlich verbessert und den Kontext verändert. Der Auftakt (17) ist wie ein weiteres Summarium geschrieben (vgl. 4,40–41). Ort und Zeit interessieren Lukas weniger; wichtig ist das Typische, nicht so sehr das einzelne Detail. Der Radius des Einflusses, den Jesus ausübt, ist wiederum weit: Galiläa, Judäa und Jerusalem sind vertreten, und zwar nicht mehr allein durch das einfache Volk, sondern auch durch theologische Experten. Pharisäer sind die Anhänger einer jüdischen Reformbewegung, die neutestamentlich in ein schlechtes Licht gerückt werden, auch bei Lukas; Schriftgelehrte sind Juristen und Theologen, die sich durch die Auslegung der Tora mit dem Alltagsleben wie mit den Grundüberzeugungen des in sich vielfältigen Judentums befassen. In den Pharisäern und Schriftgelehrten sammelt sich bei Lukas diejenige theologische Kompetenz, die gegen Jesus ins Feld geführt werden soll, weil sie auf profilierte Weise die jüdische Identität reklamiert, während Jesus, wie Lukas ihn mit seiner Überlieferung zeichnet, seinerseits als Jude die Schrift auszulegen, das Gesetz zu erfüllen und Gottes Wort zu verkünden beansprucht.

Die Geschichte beginnt (18–19), wie viele Heilungserzählungen beginnen: mit einem großen Vertrauensbeweis zu Jesus, der starke Widerstände überwindet. Hier sind die Probleme verdoppelt: durch die Krankheit und durch den Zustrom zu Jesus, der kein Durchkommen erlaubt. Die erste Schwierigkeit wird durch die tatkräftige Hilfe von Freunden gelöst, die zu Trägern werden, die zweite durch die pittoreske Aktion, die Dachziegeln des Hauses abzudecken, um den Gelähmten auf seiner Bahre direkt vor Jesus herabzulassen. (Lukas, als griechischer Stadtmensch, hat an ein Haus aus Stein gedacht; in der markinischen Vorlage steht ein palästinisches Lehmhaus vor Augen, dessen Dach aufgegraben werden kann.) Jesus erkennt in diesem Handeln „Glauben" (20): ein außergewöhnliches Vertrauen zu ihm, der Hilfe bringen werde, so wenig dies auch zu erwarten ist. Aus dem stummen Bekenntnis, das durch Solidarität und Freundschaftsdienste gedeckt ist, kann sich in der Perspektive der Erzählung ein gesprochenes Bekenntnis entwickeln, das in Jesus den Menschensohn sieht, begabt mit der göttlichen Vollmacht, die Vergebung der Sünden auf Erden zuzusprechen (V. 24).

Die Verbindung von Krankheit und Sünde, die sich im Spiegel der Verbindung von Heilung und Vergebung abzeichnet, wirft große Fragen auf. Sie bedeutet, dass Jesus in diesem Fall eine psychosomatische Wechselwirkung gesehen hat – zwischen einer Schuld (die nicht näher beschrieben wird) und einem körperlichen Gebrechen. Ob es sich bei der

5,17–26 Die Heilung eines Gelähmten 127

Lähmung um eine göttliche Strafe handelt oder um eine Selbstlähmung, bleibt offen. Es darf aus dem Zusammenhang nicht geschlossen werden, jede Krankheit verweise für Jesus auf eine verborgene Schuld. Dieses religiöse Vorurteil, das seine Jünger haben, weist Jesus nach der Parallelstelle Joh 9,1–3 vielmehr entschieden zurück. Es darf aber durchaus gefolgert werden, dass Sünde krank macht (und gar zum Tode führt; vgl. Röm 6,23: „Der Lohn der Sünde ist der Tod"), weil sie Leben zerstört: Sie schädigt nicht nur die Opfer, sondern vergiftet auch das Herz der Täter. Der Fokus der Geschichte liegt allerdings nicht auf der Ursachenanalyse für die Krankheit, sondern auf der Heilung, die als Vergebung eine neuschöpferische Kraft hat.

Der Einwand der Pharisäer und Schriftgelehrten **(21)** spricht eine Wahrheit aus, die aber – für Lukas – verdreht wird. Unbestritten ist, dass es ein Gebot der Liebe ist, Verzeihung zu gewähren (Lev 19,17–18). Aber damit auch die Gottesdimension deutlich wird, bedarf es der Opfer. Ihr gegebener Ort ist der Tempel, den Gott gestiftet hat. In Qumran-Texten gilt das Jerusalemer Heiligtum jedoch als so korrumpiert, dass mit Gottes Hilfe neue Orte und Riten der Sündenvergebung gefunden werden müssen. Die Jesustradition setzt noch tiefer an. Sie kennt die Verheißung einer eschatologischen Erlösung. Die Dimensionen des Tempelkultes werden durch diese Verheißung gesprengt, weil er auf dem Gesetz der Wiederholungen beruht, nicht aber das „Ein für alle Mal" und das „Einer für alle" der eschatologischen Erlösung kennt. Es bleibt dabei, dass Gott allein die Versöhnung wirkt. Aber bereits Johannes der Täufer hatte mit der Wassertaufe, die auf die Geist- und Feuertaufe des Messias verweist, eine neue Form der Vergebung gefunden (vgl. 20,4). Sie wird von Jesus ausgefüllt und ausgeweitet. Dass er zu dieser Erlösung den Auftrag und das Recht hat, glauben die Pharisäer und Schriftgelehrten nicht. Deshalb kommt es zum Widerspruch, der noch einmal die Glaubensfrage stellt: im Sinne des Gelähmten.

Jesus antwortet auf den Einwand **(22–24)** nicht so, dass er die theologische Voraussetzung, sondern so, dass er die theologische Konsequenz seiner Gegner kritisiert. Tatsächlich kann nur Gott in dem eminenten Sinn Sünden vergeben, der zur Debatte steht. Aber Jesus macht geltend, dass der „Menschensohn" – von Gott – auf Erden die Vollmacht, also das Recht und die Freiheit, dann aber auch die Aufgabe und die Verantwortung hat, Sünden zu vergeben. Jesus redet vom „Menschensohn" auch bei Lukas immer in der 3. Person, aber in deutlichem Bezug auf sich selbst. Der „Menschensohn" hat eine doppelte biblische Wurzel: Bei Ezechiel ist „Menschensohn" die regelmäßige Bezeichnung Gottes für den Propheten selbst, der als Mensch das Schicksal seiner Zeitgenossen teilt, aber von Gott erwählt und inspiriert ist, sein Wort zu verkünden. Bei Daniel ist „Menschensohn" die Bezeichnung für den Botschafter Gottes, der am Ende aller Tage von Gott kommt, um sein Reich zu errichten (Dan 7,13–14). „Menschensohn" bezieht sich bei Jesus nach Lukas (wie nach Markus und Matthäus) nicht nur auf die Wiederkunft, sondern auch auf das irdische Wirken in Gottes Vollmacht und später auf das Leiden, in dem sich der Heilsdienst Jesu vollenden wird. „Menschensohn" ist ein Hoheitstitel, der das Menschsein Jesu nicht verwischt, sondern ins Zentrum stellt. Die Vergebung der Sünden ist der Dienst des Menschensohnes, der im Namen Gottes die Menschen menschlich werden lässt – durch Heilung ebenso wie durch Vergebung. Dass der Menschensohn die Vergebung bewirkt, steht nicht explizit im Horizont jüdischer Hoffnung. Vielmehr führt er nach Daniel die endgültige Scheidung zwischen den Gerechten durch, die für das Reich Gottes bestimmt sind, und den Ungerechten, die für den Tod bestimmt bleiben. Dass aber der Menschensohn in den Evangelien auch der Erlöser ist, folgt aus der Identifizierung mit Jesus, der seine Heilssendung vollenden wird, aber bereits gegenwärtig vorwegnimmt. Das Vaterunser wird diese Sendung aufnehmen (11,4).

Um seine Vollmacht zu demonstrieren und damit den Glauben des Gelähmten wie seiner Träger zu erklären, entwickelt Jesus, bevor er sich als Menschensohn einführt, die Paradoxie von Leicht und Schwer (V.23). Es scheint leichter, die Sünden zu vergeben, weil man es angeblich nur zu sagen braucht – allerdings um den Preis einer möglichen Blasphemie. Tatsächlich ist es genau umgekehrt: Therapieren können viele; Vergeben kann nur der Menschensohn. Deshalb dient die Heilung zwar nicht dem Beweis für die Vollmacht Jesu, veranschaulicht sie aber. Erneut braucht Jesus nur zu sagen, was geschehen soll – und es geschieht (V.25).

Der Gelähmte reagiert, ohne viel Aufhebens zu machen, vorbildlich (25): Er bewährt den Glauben, den Jesus ihm zugesprochen hat (V.20). Er folgt der Anweisung Jesu und geht in sein „Haus", wo er, vor Ort, zum Anhänger Jesu wird. Er lobt Gott, weil er nicht nur für seine Heilung dankbar ist, sondern auch für die Vergebung, die er erlangt hat. Im Schlussecho (26), das griechisch von *parádoxa* spricht, von Unglaublichem, Unerklärlichem, scheinbar Widersprüchlichem, ist dieser Zusammenhang präsent – als Staunen, das sich nicht von der Skepsis gefangen nehmen lässt, aber den Schritt zum Glauben noch vor sich hat.

Der Kontrast zwischen Zustimmung und Skepsis wird immer schärfer. Auf der einen Seite steht der Glaube des Gelähmten und seiner Helfer, die größte Schwierigkeiten überwinden – die durch den Erfolg Jesu entstehen, der am Ende noch weiter gesteigert wird; auf der anderen Seite stehen mit den Schriftgelehrten und Pharisäern die theologischen Experten: keineswegs Heuchler, sondern Bedenkenträger mit Gründen, die aus ihrem Wissen um Gott resultie-

5,27–32 Die Berufung des Levi

ren. Dieser Kontrast baut die Spannung auf, die Verkündigung und Passion Jesu miteinander verbinden werden, wie schon in Nazareth vorgezeichnet, aber dort nur von den einfachen Leuten in der Heimat Jesu vertreten, hier hingegen von Menschen mit großem Einfluss. Die Gefahr für Jesus beginnt sich zuzuspitzen. Er muss und wird sich ihr aussetzen, um die Verlorenen zu retten. Die Heilung demonstriert die Vergebung, ist aber kein Schauwunder, das einen Beweis liefert. Sie hilft nicht nur dem Gelähmten, sondern auch den Leuten, einschließlich der Gegner, die Dimensionen des Wirkens Jesu zu erkennen. Dem Gelähmten wird deutlich, wie sehr Vergebung nicht nur die Seele, sondern auch den Leib und das ganze Leben erneuert. Den Zeugen wird deutlich, dass Jesu Vergebungszusage kein leeres Wort, sondern ein machtvolles Wort ist, das Leben verändert. Dass der geschichtliche Jesus Sünden vergeben hat, wird von Teilen der historisch-kritischen Exegese bezweifelt, weil es eine Konkurrenz zur Heilsvermittlung im Tode Jesu gäbe und die Interessen der frühen Kirche zu stark seien, als dass nicht mit Projektionen gerechnet werden müsse. Aber die Überlieferung ist so breit (vgl. 7,36–50) und tief, dass sie schwerer erklärt werden könnten, wenn sie nicht die Praxis Jesu selbst filtern und verstärken würde. Ohne die Bevollmächtigung Jesu hätte es keine Bußpraxis der Kirche gegeben. Lukas unterstreicht, dass dieselbe Intensität der Proexistenz, die Jesus in seinen Tod geführt hat (20,21–22), auch sein irdisches Wirken charakterisiert, zusammengezogen in den Heilungen.

5,27–32
Die Berufung des Levi

[27]Und danach ging er hinaus und sah einen Zöllner namens Levi an der Zollstätte sitzen und sagte ihm: „Folge mir nach!" [28]Da ließ er alles zurück, stand auf und folgte ihm nach. [29]Und Levi veranstaltete ein großes Essen in seinem Haus; viel Volk von Zöllnern war da und andere, die mit ihm saßen. [30]Da murrten die Pharisäer und ihre Schriftgelehrten gegen seine Jünger und sagten: „Was esst und trinkt ihr mit Zöllnern und Sündern?" [31]Da antwortete Jesus und sagte zu ihnen: „Nicht die Gesunden bedürfen des Arztes, sondern die Kranken. [32]Ich bin nicht gekommen, Gerechte, sondern Sünder zur Umkehr zu rufen."

Lukas bleibt – Markus folgend – beim Thema Sünde und Vergebung, aber nun nicht so, dass explizit von ihr gesprochen, sondern so, dass sie implizit praktiziert und im Blick auf ihre Folgen besprochen wird. Dies geschieht, indem – mit dem Bildwort zum Schluss – die innere Verbindung zu den Heilungen gezogen wird, die auch von den Gegnern Jesu – bislang – nicht verdächtigt worden waren.
Die Perikope hat zwei Teile, die aufeinander aufbauen. Was Jesus tut, wird besprochen; sein Handeln entspricht seinen Worten.

5,27–28	Die Berufung des Levi
5,29–32	Das Gastmahl des Levi
29	Die Festgesellschaft
30	Das Murren der Pharisäer und Schriftgelehrten
31–32	Die Antwort Jesu
31	Das Bildwort vom Arzt
32	Das Programmwort der Sendung

Schon der Ruf des Zöllners in die Nachfolge wirft die Frage des Umgangs Jesu mit Sündern auf, die sich in der Szene des Festmahles verschärft. Lukas hat seine markinische Vorlage (Mk 2,13–17) in allen Grundzügen übernommen, aber wiederum sprachlich überarbeitet und erzählerisch gestrafft.

Die Berufung des Levi **(27–28)** erfolgt anders als die des Simon (5,1–11). Zwar geschehen beide Berufungen aus der alltäglichen Arbeit heraus; bei beiden spielt auch das Motiv der Sünde eine große Rolle – aber auf andere Art und Weise. Weil er Zöllner ist, gilt Levi als notorischer Sünder. Denn zum einen arbeiteten Zöllner beruflich mit den unbeliebten Mächten zusammen. In Kapharnaum hatte dies zur Zeit Jesu nichts direkt mit den Römern zu tun, sondern mit den nahe bei Kapharnaum aneinandergrenzenden Gebieten des Herodes Antipas, der Galiläa, und Philippus, der im Nordosten Galiläas Ituräa, Gaulanitis und Trachonitis beherrschte (3,1–2). Zum anderen sind Zöllner professionell auf ihren finanziellen Vorteil bedacht, weil sie die Zollstätten gepachtet haben und sehen müssen, wo sie bleiben. Überhöhte Tarife und Betrügereien sind an der Tagesordnung. Für die damalige Welt genügt die Berufsangabe, um Levi den Sündern zuzuordnen.

Jesus beruft Levi in seine Nachfolge, anders als Simon mit der archaischen Aufforderung: „Folge mir nach!" Sie hat ihren genauen Sinn: Jesus ist immer vorne; wer ihm nachfolgt, wird ihn nie überholen, sondern immer in seinen Bahnen gehen, um ihn nachzuahmen und die Möglichkeiten der Sendung zu nutzen, die Jesus durch seinen Verkündigungsweg schafft. Nachfolge heißt, hinter Jesus herzugehen, im wörtlichen und vor allem im übertragenen Sinn des Wortes, um sich von ihm den Weg des Glaubens zeigen zu lassen. Levi reagiert auf den Ruf so prompt, wie es Simon und seine Gefährten getan haben (5,11): Er verlässt seinen bisherigen Beruf und sein bisheriges Leben. Aber Levi gehört bei Lukas (anders als der Zöllner Matthäus nach Mt 9,9–13) nicht zum Kreis der Zwölf. Auch das Menschenfischerbild – oder eine Variante – fehlt. Levi wird in der Nachfolge Jesu eine andere Aufgabe haben als Simon und die Zwölf. Aber er wird Jesus nachfolgen, auf seine Art. Es gibt bei Lukas keine Nachfolge erster und zweiter Klasse; es gibt vielmehr verschiedene

5,27–32 Die Berufung des Levi 131

Formen der Nachfolge, genau abgestimmt auf die Personen, die Jesus in seine Jüngerschaft beruft. Der lukanische Fokus liegt darauf, dass Jesus nicht nur Sünden vergibt und Sünder heilt, so dass sie ihr eigenes Leben (im Glauben) führen können (5,17–26), sondern sie auch bleibend in seine – körperliche, religiöse, spirituelle – Nähe holen kann, wenn er sie in die Nachfolge beruft.

Das Grundproblem, das mit der Berufung aufgeworfen wird, kommt im folgenden Disput beim Festmahl zum Ausdruck, das Levi organisiert. Dieses Festmahl **(29)** ist nicht nur ein gesellschaftliches, sondern auch ein religiöses Ereignis, weil es die prophetische Vision eines endzeitlichen Festmahles auf dem Berg Zion gibt (Jes 25,6–8), das zum Bild der Vollendung wird. Dieses Bild hat Jesus geliebt, auch in seiner Gleichnisrede (14,15–24). Die Einladung durch Levi verschafft ihm die Möglichkeit, ein Zeichen des Heiles mitten im Alltag der Welt zu setzen.

Die Pharisäer und ihre Schriftgelehrten werfen Jesus allerdings vor **(30)**, ein Gerechter dürfe nicht in schlechter Gesellschaft sein. Er müsse seiner Heiligkeit wegen Abstand halten, um sich nicht mit der Sünde anzustecken. Dieser Einwand wäre vollkommen richtig (1Kor 15,31: „Schlechter Umgang verdirbt gute Sitten.“), wenn Jesus nicht Jesus wäre, gesalbt und gesandt, das „Gnadenjahr des Herrn" auszurufen (4,19: Jes 61,2): In seinem Wirken, in seiner Verkündigung, in seiner Nähe zu den Menschen wird er nicht selbst sündig, sondern vergibt Sünden und befreit Sünder. Seine Jünger trifft die Kritik, die eigentlich ihm gilt. Die Gegner Jesu haben die religiöse Dimension der Szene also durchaus erkannt – aber erneut Jesus verkannt, weil sie ihn nicht als den Messias sehen. Sie wenden sich nicht direkt an ihn, sondern – wie nach Markus – an seine Jünger, die freilich nicht selbst antworten müssen, weil Jesus für sie spricht.

In seiner Antwort zeichnet Jesus ein doppeltes Selbstportrait. Zum einen: Er ist der Arzt der Kranken **(31)**. Sünde sieht er nicht nur als Schuld, die gebüßt, sondern zuerst als Not, die behoben werden muss; deshalb gehören die Heilungen und die Vergebung wie zwei Seiten ein und derselben Medaille zusammen. Zum anderen: Er ist der Gesandte, der Sünder zur Umkehr ruft **(32)**. Die Umkehr ist nicht die Bedingung, von Gott geliebt zu werden, sondern die Konsequenz, von Gott geliebt zu sein (vgl. 15,11–32). Ob es überhaupt Gerechte gibt, die der Umkehr nicht bedürfen, wird später im Gleichnis vom Pharisäer und Zöllner diskutiert (18,9–14). Entscheidend ist, dass es für Sünder die Möglichkeit einer Umkehr gibt: eines Neuanfangs: einer Abkehr vom Alten und einer Hinkehr zum Neuen, durch die Vergebung der Sünden (vgl. 19,1–10). Das Gastmahl bestätigt also keineswegs die Sünde von Sündern, es leugnet oder relativiert sie auch nicht. Es zeigt allerdings eine Zukunft jenseits der Schuld auf und lässt sie bereits jetzt beginnen, damit sich die Menschen ändern, wie Levi es vorgemacht hat (und auch Zachäus es nach 19,1–10 tun wird). Vergebung und Heilung gehören zusammen und erhellen gemeinsam die Heilsbedeutung Jesu.

Die Berufung des Levi ist eine der charakteristischen Aktionen Jesu, die Lukas ins Licht seines Evangeliums stellt: Sie provoziert, um die Augen für Gottes Gnade zu öffnen; sie schafft neue Möglichkeiten, indem sie Sünder nicht auf ihre Missetaten festlegt, sondern ihnen die Chance der Umkehr bietet – die nicht wenige ergreifen. Lukas hat fraglos – via Markus – eine geschichtliche Erinnerung geschärft: Levi war ein Zöllner, der zum Jünger geworden ist. Der Zusammenhang mit dem Gastmahl ist ein doppelter. Zum einen steht die Berufung des Levi nicht für sich allein, sondern hat eine gemeinschaftsbildende, elementar ekklesiale Funktion. Zum anderen ist das Gastmahl nicht nur ein erster Beweis, dass Levi seiner Bereitschaft zur Jesusnachfolge Taten folgen lässt, sondern auch der Ort, an dem im Horizont der Reich-Gottes-Hoffnung die Grundfrage diskutiert wird, wer ausgeschlossen werden muss und wer einbeschlossen werden kann. Wie Jesus in seinen Heilungen die Krankheit von Menschen überwindet, indem er Gottes Vollmacht geltend macht, so überwindet er auch die Schuld und die Not von Menschen, indem er Sünden vergibt (5,17–26) und eine Gemeinschaft stiftet, die aus der Vergebung lebt. Jesus ist der „Arzt" – für Leib und Seele (V. 31). Der Kern der Überlieferung ist historisch; die Form der Erzählung bringt die narrative Christologie des Lukas zum Ausdruck.

5,33–39
Die Frage des Fastens

[33]Sie aber sagten zu ihm: „Die Jünger des Johannes fasten viel und beten, desgleichen auch die der Pharisäer; deine aber essen und trinken." [34]Jesus aber sagte ihnen: „Ihr könnt die Söhne des Brautgemachs nicht fasten lassen, solange der Bräutigam bei ihnen ist. [35]Es werden aber Tage kommen, da wird der Bräutigam von ihnen genommen werden; dann werden sie fasten, in jenen Tagen." [36]Er sagte ihnen auch ein Gleichnis: „Niemand reißt von einem neuen Kleid ein Stück Stoff aus und flickt es auf ein altes Kleid; wenn aber doch, zerreißt man den neuen, und zum alten passt das neue Stück nicht. [37]Und niemand füllt neuen Wein in alte Schläuche; wenn aber doch, reißt der neue Wein die Schläuche, und er selbst läuft aus, und die Schläuche sind hin. [38]Sondern: Neuen Wein muss man in neue Schläuche füllen. [39]Und niemand, der alten Wein trinkt, will neuen; denn er sagt: ‚Der alte ist besser.'"

5,33–39 Die Frage des Fastens 133

Das Streitgespräch über das Fasten findet bei Lukas immer noch während des Festmahles statt, das Levi ausrichtet, so dass eine Mahlgemeinschaft Jesu und seiner Jünger mit Zöllnern und Sündern entsteht (5,29–32). Das neue Thema knüpft an das alte an, gibt ihm aber neue Wendung. Der Ton ist gleichermaßen kritisch. Die Kritiker sind identisch. Hier wie dort richten sie ihre Kritik an die Jünger; damit steht auch die Praxis der nachösterlichen Gemeinde im Blick – die sich auf Jesus beruft.

5,33	Die Frage nach der mangelnden Fastenpraxis der Jünger Jesu
5,34–39	Die Antwort Jesu
34–35	Das Bildwort vom Bräutigam und seinen Gästen
36	Das Gleichnis vom Flicken
37–39	Das Gleichnis vom Wein und den Schläuchen

Lukas hat die Perikope bei Markus – im selben Kontext – vorgefunden (Mk 2,18–22) und ist ihm im wesentlichen gefolgt, hat aber das zweite Bildwort ergänzt, weil er nicht nur den neuen Wein in neuen Schläuchen fordert, sondern auch die Qualität des alten anspricht (V. 39). Dadurch wird ein undialektischer Gegensatz, wie ihn Markion mit der Verwerfung des Alten Testaments aus der Überlieferung herausgelesen hat, im Ansatz unmöglich.

Das Fasten, nach dem Jesus gefragt wird **(33)**, ist eine basale Form religiöser Praxis, die in nahezu allen Religionen verbreitet ist. In dualistischen Systemen dient sie der Abkehr von den Verstrickungen ins Weltliche und dem Aufbau einer spirituellen Autarkie, die auch den Körper trainiert. In monotheistischen Systemen macht dieser Dualismus keinen Sinn. Aber Fasten ist eine körperliche Konzentrationsübung, die der Seele gut tut. Sie kann auf verschiedene Art und Weise Sinn haben: Trauer mit Trauernden, Solidarität mit Hungernden, Vorbereitung auf große Aufgaben, Entschlackung von ambivalenten Einflüssen, Besinnung auf Gott und die eigenen Stärken. Fasten ist deshalb typischerweise zeitlich befristet. Im Judentum ist das Fasten in dieser Form gängige Praxis.

Die Jünger der Pharisäer fasten, indem sie die von der Tora vorgeschriebenen Fastentage als Tage der Trauer und Buße halten, um nüchtern zu sein. Die Jünger des Täufers werden seine Ernährungsweise übernommen haben. Nach Markus und Matthäus hat er von „Heuschrecken und wildem Honig" gelebt (Mk 1,6 par. Mt 3,4), also sehr naturnah von dem, was die Wüste bereithält. Er verzichtet auf die Agrarprodukte des Kulturlandes; die Rückbewegung in die Wüstenzeit Israels ist ein Jungbrunnen der Erneuerung. Diese Praxis vermissen die Kritiker bei den Jüngern und deshalb auch bei Jesus. Sie fragen also erneut nach der Ernsthaftigkeit seiner religiösen Überzeugung, die seine messianische Sendung antreibt.

Jesus antwortet zweifach, zuerst direkt, indem er die messianisch geprägte Fastenpraxis seiner Jünger charakterisiert (5,34–35), dann parabolisch, indem er die Orientierung des Umgangs mit religiösen Traditionen prinzipiell bedenkt (5,36–39). Beides passt zusammen: Das Gleichnis erläutert die Fastenpraxis als typisch; was Jesus zum Fasten sagt, passt analog zu anderen Riten.

Die erste Antwort enthält ein messianisches Selbstportrait Jesu **(34–35)** im Bild des Bräutigams, der Hochzeit feiert mit der Tochter Zion, Israel (Jes 62,5). Die „Söhne des Brautgemachs" sind seine engsten Freunde, so etwas wie die Trauzeugen heute, die für ein schönes Fest sorgen. Solange der Bräutigam da ist, passt keine Fastenspeise, wohl aber das Festmahl, das Levi ausrichtet (5,29). Allerdings weist Jesus indirekt auch auf seine Passion hin. Dann wird auch Fastenzeit sein: im Gedenken an sein Leiden, in der Trauer um seinen Tod – und in der Vorfreude auf seine Auferstehung.

Die zweite Antwort **(36–38)** geht mit dem Gegensatzpaar Alt und Neu ins Grundsätzliche. Die Antike schätzt das Alte (anders als die Neuzeit, die immer alles „neu" haben will). So erklärt sich der erfahrungsgesättigte Spruch des Weinkenners in V. 39. Jesus aber verkündet das Neue, nämlich die Frohe Botschaft, die deshalb auch in neuen Formen, in neuen Riten und Motiven Ausdruck finden muss – ohne dass deshalb das Alte zu verachten wäre. Gemeinsam mit der Markusvorlage, aber noch stärker akzentuiert, plädiert Lukas für Passgenauigkeit: Neues und Altes haben je ihren Wert; sie dürfen nicht vermengt werden. Wenn jemand auf die absurde Idee käme, ein altes Gewand, das einen Riss hat, dadurch zu flicken, dass aus einem neuen ein Stück Stoff herausgetrennt und auf das alte platziert wird, ist das neue Gewand zerstört und das alte verunstaltet (V. 36). Wenn jemand jungen Wein abfüllen will, wird er niemals alte Schläuche nehmen, die durch den Gärungsprozess angegriffen und zerstört werden, sondern neue, damit sie halten und den Wein zum Genuss aufbewahren (Vv. 37–38). Auf den Anlass bezogen: Mit Jesus, dem Bräutigam, der aber von der Hochzeitsgesellschaft fortgenommen werden wird (Vv. 34–35), gewinnt das Fasten für seine Jünger eine neue Form. Sie passt nicht in die hergebrachten Riten, die von den Pharisäern und Schriftgelehrten gehütet werden; sie unterscheidet sich auch von der Askese des Täufers. Sie zerstört aber weder das eine noch das andere, sondern achtet es, ohne auf das Eigene zu verzichten.

Der Schluss **(39)** zeigt das Problem an, das Jesus analysiert: Wer dem Alten verhaftet ist, hat keinen Sinn für das Neue. Das ist das Problem, dass Jesus sich gerade den Pharisäern und Schriftgelehrten nicht richtig verständlich machen kann. Während die Bildworte zuvor die Vertreter des Neuen vor rabiaten Eingriffen in das Alte bewahren wollen, sind die Vertreter des Alten aufgefordert, sich dem Neuen zu öffnen.

6,1–5 *Die Frage der Wegzehrung der Jünger am Sabbat* 135

Das Fasten ist eine Ausdrucksform auch des Christusglaubens, zumal Jesus selbst vor dem Beginn seines öffentlichen Wirkens vierzig Tage in der Wüste gefastet hat (4,2). Aber durch sein Wirken, sein Leiden und seine Auferstehung gewinnt das Fasten eine neue Bedeutung und eine neue Zeit. Die neue Bedeutung ist die Teilhabe am Fasten und an der Passion Jesu, im Gedenken an sein Leiden und Sterben. Die neue Zeit ist die des Wechsels zwischen Freude und Trauer, Genuss und Verzicht. Nur wer zu fasten versteht, kann auch gut essen und trinken – und umgekehrt: dankbar gegenüber Gott, verantwortungsvoll gegenüber den Gütern der Erde. Die Szene ist idealisiert; sie passt gut zu vielen anderen Facetten der Reich-Gottes-Verkündigung Jesu: Sie schärft durch Erzählen die Erinnerung.

6,1–5
Die Frage der Wegzehrung der Jünger am Sabbat

[1]Es geschah aber am Sabbat, dass er durch die Felder ging und seine Jünger Ähren abrissen, mit ihren Händen zerrieben und aßen. [2]Einige der Pharisäer aber sagten: „Was tut ihr, was am Sabbat nicht erlaubt ist?" [3]Da antwortete ihnen Jesus und sagte: „Wisst ihr nicht, was David machte, als er hungerte, wie die mit ihm? [4]Wie er ins Haus Gottes ging und die Brote des Opfers nahm und aß und denen mit ihm gab, was zu essen nicht erlaubt ist, außer den Priestern?" [5]Und er sagte ihnen: „Der Menschensohn ist Herr des Sabbats."

Zwei Perikopen, die einander ergänzen und stützen, schließen die Reihe der Streitgespräche ab (6,1–5.6–11). Beide drehen sich um das Arbeitsverbot am Sabbat. Nach Ex 20,8–11 dient es der Verehrung Gottes, der selbst am siebten Tag von seinem Schöpfungswerk ruhte (Gen 2,1–4a), nach Dtn 5,12–16 hat es auch einen sozialen Sinn, weil Mensch und Tier Erholung garantiert sein soll, was Israel angesichts seiner eigenen Arbeitssklaverei in Ägypten klar sein müsse.
Die erste Szene macht sich an einer Kleinigkeit fest: dass die Jünger bei einem kurzen Weg ihren Hunger mit Ähren stillen, die sie am Wegesrand vom Acker nehmen, um die Körner zu essen (6,1). Da man am Sabbat nur kurze Wege machen darf, wäre es leicht möglich gewesen, noch ein wenig mit dem Essen zu warten. Desto deutlicher wird die Antwort Jesu.

6,1–2	Die Kritik der Pharisäer an den Jüngern	
6,3–5	Die Zurückweisung der Kritik durch Jesus	
	3–4	Das Beispiel Davids
	5	Die Vollmacht des Menschensohnes

Die Perikope knüpft locker an die Fastenthematik an (5,33–36); sie bereitet die Weiterführung der Sabbatthematik vor (6,6–11). Lukas folgt weiterhin Markus (2,23–28), hat aber durchaus gravierende Unterschiede. Zum einen korrigiert er einen sachlichen Fehler: dass der Hohepriester Abiathar geheißen habe (Mk 2,26). Zum anderen hat er die zum Sprichwort gewordene Sentenz gekürzt, dass der Sabbat um des Menschen willen und nicht der Mensch um des Sabbats willen geschaffen worden sei (Mk 2,28) – wofür es keine leichte Erklärung gibt, da sie eigentlich gut zur lukanischen Theologie gepasst hätte.

Die Kritik (1–2) übersieht nicht, dass nach Dtn 23,26 die Wegzehrung alltägliches Gewohnheitsrecht war, sieht jedoch einen Verstoß gegen das Arbeitsverbot am Sabbat, wie es auch Philo von Alexandrien (De vita Mosis 2,22) und die essenisch geprägte Damaskusschrift (CD 10,22–23) in neutestamentlicher Zeit tun. Es kommt den Kritikern nicht auf die Schwere des Verstoßes, sondern auf das Prinzip an. Sie fragen nach der (fehlenden) Erlaubnis, rufen also die Autorität der Tora auf. Sie adressieren die Jünger, aber sie wollen Jesus, den Lehrer, treffen. Ihr Engagement für den Sabbat passt zur Agenda der Pharisäer: das Leben in Israel zu heiligen, möglichst durch das ganze Volk, nicht zuletzt durch den Sabbat, der ein wichtiges Identifikationsmerkmal im Judentum des zweiten Tempels geworden ist und über die Tempelzerstörung hinaus an Bedeutung eher noch gewonnen hat.

Auf der prinzipiellen Ebene des Einwandes ist auch die jesuanische Antwort angesiedelt (3–5). Er argumentiert nicht kasuistisch, indem er Grenzfälle gegeneinander abwägt, sondern historisch und christologisch, indem er die Frage nach dem Sinn des Sabbats aufwirft und ihn stellvertretend für rituelle Vorschriften diskutiert. Er führt zunächst ein Beispiel für eine Regelverletzung aus der Heiligen Schrift an, die nach Auffassung der kanonisch gewordenen Autoren richtig gewesen ist: dass David, um seinen und seiner Leute Hunger zu stillen, mit Erlaubnis des Priesters sogar die Schaubrote verzehrt habe, die als Opfer im Tempel lagen (1Sam 21,1–7); Schaubrote sind ausgestellte Opfergaben für Gott, die ihm den Dank für seine Gaben abstatten sollen. Jesus statuiert sodann, dass der „Menschensohn", der in Gottes Vollmacht handelt (5,24), auch den Sinn feststellt und realisiert, der mit dem Sabbat verbunden ist – und dass es die Aufgabe der Pharisäer gewesen wäre, diese Autorität anzuerkennen. Die Beziehung zu David liegt nicht so sehr in der Kasuistik: keine Regel ohne Ausnahme; der Akzent liegt eher auf der Autorität: So wie David wusste, dass es in der Situation kein Sakrileg war, vom Schaubrot zu essen, um den Hunger zu stillen, so weiß Jesus, dass seine Jünger den Sabbat nicht gebrochen haben, als sie am Wege ein paar Körner abgerissen, gerieben und ge-

6,6–11 *Die Heilung eines Mannes mit verdorrter Hand am Sabbat* 137

gessen haben, sondern dass der Sabbat für eine solche Wegzehrung Raum gibt.

Der Sabbat ist heilig, auch für Jesus. Er ist ein Tag, der sich nicht durch Verbote definiert, sondern Raum zum Leben gibt. Jesus macht diesen Sinn deutlich: Als „Menschensohn" ist er „Herr" über den Sabbat; er nutzt diese Herrschaft, um die Augen auf das zu richten, was wichtig und was nicht so wichtig ist. Nicht so wichtig sind Detailregeln; wichtig ist der Grundsinn. David, der ein kultisches Gebot übertrat, weil es Wichtigeres gab, ist der Zeuge für Jesus, der das Ährenraufen toleriert, weil es unwichtig ist: ein Adiaphoron.

6,6–11
Die Heilung eines Mannes mit verdorrter Hand am Sabbat

[6]Es geschah aber am anderen Sabbat, dass er in die Synagoge ging und lehrte. Und es war dort ein Mensch, und seine rechte Hand war verdorrt. [7]Da beobachteten ihn die Schriftgelehrten und die Pharisäer, ob er am Sabbat heile, damit sie etwas fänden, ihn anzuklagen. [8]Er selbst aber kannte ihre Gedanken und sagte dem Mann mit der verdorrten Hand: „Steh auf und stell dich in die Mitte." Und er stand auf und stellte sich. [9]Dann sagte Jesus zu ihnen: „Ich frage euch: Ist es erlaubt, am Sabbat Gutes zu tun oder Schlechtes zu tun? Leben zu retten oder zu verlieren?" [10]Und er blickte zu allen um sich und sagte ihm: „Streck deine Hand aus." Der aber tat es, und seine Hand wurde wiederhergestellt. [11]Sie aber machten ihren Unverstand voll und beredeten untereinander, was sie Jesus antun sollen.

Lukas bleibt – mit Markus (Mk 3,1–6) – beim Sabbatthema. Wieder sind es Schriftgelehrte und Pharisäer (vgl. 5,30.32; 6,2), die Jesus bei einem Verstoß beobachten wollen; aber wieder, so erzählt es Lukas, weist Jesus sie zurecht: was allerdings keine Zustimmung begründet, sondern den Widerstand steigert. Diesmal ist der Fall existentieller: weil es um eine Therapie geht. Während die Dämonenaustreibung in Kapharnaum (4,31–37) unwidersprochen blieb, weil dort ein akuter Notfall behoben wurde, wird hier der Eingriff problematisiert.

6,6	Die Situation: Der Kranke in der Synagoge
6,7	Die heimliche Kritik: Die Beobachtung durch die Pharisäer
6,8–10	Die Aktion Jesu: Heilung und Gewissensfrage
8	Der Kranke im Mittelpunkt
9	Die Frage Jesu an die Pharisäer
10	Die Heilung
6,11	Die Reaktion der Pharisäer: Unverstand

Lukas folgt weitgehend Markus, dessen Vorlage er wiederum nur sprachlich leicht bearbeitet – so wie er in der gesamten Sequenz (ab 5,12 resp. 5,17) seiner Vorlage folgt, die ihm vertrauenswürdig und signifikant scheint.

Bei der Klärung der Situation (6) erwähnt Lukas über Markus hinaus eigens das Lehren (4,31.32; 5,17). Dass ein Mann mit einer „verdorrten" Hand am Gottesdienst teilnimmt, ist vollkommen unproblematisch und wird auch nicht weiter diskutiert. Welche Krankheit ihn plagt, ist nicht ganz klar: Jede Form von Durchblutungsstörungen oder vielleicht auch Diabetes ist vorstellbar. Es stehen keine religiösen Vorschriften im Raum; der Mann kann ohne Probleme die Hand bewegen (V. 10). Der Einwand der Schriftgelehrten und Pharisäer, der Gesetzeshüter, bleibt unausgesprochen (7): Es geht um das Arbeitsverbot, das der Tora zufolge die Schwachen schützen (Dtn 5,12–16) und Gott die Ehre geben soll (Ex 20,8–11). Dieses Verbot kennt sinnvolle Ausnahmen, z. B. bei Nothilfe. Aber der Mann ist weder akut noch schwer erkrankt; Jesus hätte ihm auch gut und gerne am folgenden Tag heilen können.

Jesus antizipiert den stummen Vorwurf gegen seine Heilkunst am Sabbat (8), weil er als Prophet weiß, was seine Gegner bewegt. Er fordert den Kranken auf, aktiv zu werden und in die Mitte zu treten: nicht als Demonstrationsobjekt göttlicher Pädagogik, sondern als Mensch, für den der Sabbat eine neue, seine einzig wahre Bedeutung bekommen soll.

Die Frage, die Jesus an seine Gegner richtet, ist suggestiv (9). Das Gebot, nach Möglichkeit anderen Gutes zu tun und Leben zu retten, gilt im Judentum an jedem Tag. Lebensrettung ist am Sabbat auch nach strenger Regelung erlaubt; die Frage ist nur, ob es Grenzen der menschlichen Hilfe gibt, die dadurch gesetzt sind, dass der Sabbat in besonderer Weise der Tag Gottes ist. Hier setzt Jesus mit seiner Überzeugungsarbeit an: beim Ethos des Sabbats, das der Tora abzulesen ist. Es ist klar, dass auch die Schriftgelehrten und die Pharisäer für das Leben und für das Gute optieren müssen. Die Frage bleibt allerdings, was diese Einsicht in diesem Fall bedeutet.

Die Aktion Jesu gibt die doppelte Antwort (10). Zum einen wird der Sabbat, wie von Gott gedacht, zu einem Tag des Lebens und des Heiles, nicht nur für die Seele, sondern auch für den Körper; der Mann ist der lebendige Beweis. Zum anderen erlaubt es die Vollmacht Jesu, dass er die Heilung ohne jeden körperlichen Einsatz vollbringt: Er braucht nicht (als Arzt) zu arbeiten, um den Mann zu heilen; es reicht, dass er ihn auffordert, seine Hand auszustrecken; in diesem Moment, ohne eine weitere Geste, vollzieht sich die Heilung. Jesus hat sie noch nicht einmal befohlen, sondern nur gewollt. Der Mann empfängt seine Gesundung, indem er sich sozusagen nach ihr ausstreckt. Dass Jesus sich zuvor um-

6,12–16 Die Wahl der Zwölf Apostel

139

blickt und alle ins Auge fasst, erinnert an seine Menschenkenntnis und schafft Aufmerksamkeit für den Kranken, der zum Geheilten wird. Jesus heilt, indem er den Kranken aktiviert (vgl. 14,1–6).

Die Schriftgelehrten und Pharisäer allerdings, die vor Ort sind, wollen sich laut Lukas gar nicht belehren lassen (11). Markus führt noch die Herodianer, die Anhänger des Antipas, an (Mk 3,6), wodurch die politische Brisanz des Konfliktes angedeutet wird (vgl. Mk 12,13–17); Lukas konzentriert sich auf die Sabbatfrage. Der Evangelist attestiert „Unverstand" *(ánoia)*, der sich mit dem Wunsch, Jesus schaden zu wollen, noch einmal gesteigert hat.

Jesus kommt dem Lukasevangelium zufolge aus einem frommen Judentum, dem der Tempel und die Beschneidung von Knaben, dem aber auch Opfer und Prophetie heilig sind. In seiner Sabbatlehre und -praxis, die Lukas (mit Markus) akzentuiert, bricht Jesus aus dieser Tradition nicht aus, sondern schreibt sie – auch gegen Widerstand – kreativ so fort, dass er den Grundsinn des Sabbats zum Vorschein bringt. Diese Fortführung äußert sich bei allem Respekt gegenüber dem Alten sowohl in der Notwendigkeit einer neuen Fastenpraxis, die das Fasten nicht schlechtredet, sondern seinen Ort auf die Person und die Botschaft Jesu abstimmt (6,1–5), als auch in den messianischen Möglichkeiten, am Sabbat Kranke zu heilen (vgl. 13,10–17; 14,1–6). Der Sinn des Sabbats besteht darin, den Menschen Gutes zu tun und ihr Leben zu erneuern, als Vorgeschmack auf das kommende Reich Gottes. Die Antwort auf das Ährenraufen ist explizit christologisch: Jesus ist „Herr", indem er den Sinn des Sabbats zur Geltung bringt (6,5); die Antwort auf die Kritik an seiner Sabbatheilung ist implizit christologisch: weil Jesus heilen will und kann, um den Sabbat zu einem Festtag des Reiches Gottes zu machen. Die Szene ist verdichtet – so, dass mit lukanischen Worten auf markinischer Basis ein Charakteristikum des geschichtlichen Jesus kenntlich wird.

6,12–16
Die Wahl der Zwölf Apostel

[12]Es geschah aber in diesen Tagen, dass er hinaus auf den Berg ging, um zu beten, und die ganze Nacht verbrachte er im Gebet zu Gott. [13]Und als es Tag geworden war, rief er seine Jünger herbei und wählte aus ihnen zwölf, die er auch Apostel nannte: [14]Simon, den er auch Petrus nannte, und Andreas, seinen Bruder, und Jakobus und Johannes und Philippus und Bartholomäus [15]und Matthäus und Thomas und Jakobus, den Sohn des Alphäus, und Simon, der Eiferer genannt wurde, [16]und Judas, den Sohn des Jakobus, und Judas Iskarioth, der zum Verräter wurde.

140   5,1–6,16 *Die Bildung der Jüngerschaft*

Wie die Sequenz, die Jesu Wort und Werk im Rahmen seiner Galiläa-Mission beispielhaft ausführt, mit der Berufung Simons beginnt (5,1–11), der sich andere anschließen, endet sie mit der Auswahl der Zwölf als Apostel (6,12–16). Dieser Rahmen erklärt die Zwischenstücke als – unausgesprochene – Lektionen Jesu für seine Jünger, die an seinen Worten und Taten erkennen können, wofür er gekommen ist; mit der Berufung Simons und der Wahl der Zwölf wird klar, dass die Überlieferungen einen Sitz im Leben der urchristlichen Gemeinden gewinnen sollen: Die Gläubigen sollen wissen, wie sie sich zu Aussätzigen, zu Kranken, zu Sündern, zum Fasten und zum Sabbat verhalten sollen – genau so, wie Jesus es ihnen gezeigt hat.

Für Lukas spielen die Zwölf Apostel eine Schlüsselrolle: grundlegend für die Zeit Jesu und den Übergang zur urchristlichen Mission (Apg 1,15–26) und deshalb prägend für jede kommende Zeit, die am Evangelium Jesu interessiert ist. Die Zwölf garantieren die Kontinuität zwischen der vor- und der nachösterlichen Verkündigung; sie können die Erinnerung an Jesus wachhalten; ihr Dienst am Wort, den sie aus ihrer Augenzeugenschaft ableiten können (vgl. 1,2), hat für Lukas entscheidende Bedeutung für die Qualität der Überlieferung.

6,12	Der Rückzug Jesu zum Gebet
6,13	Die Wahl der Zwölf
6,14–16	Die Namen der Zwölf

Lukas folgt weitgehend der markinischen Vorlage (Mk 3,13–19). Er fügt aber die Gebetsnotiz ein (6,12), kürzt die Angaben zur Vollmacht (Mk 3,14–15), weil er alles im Aposteldienst vereint weiß, und nimmt kleinere Nachjustierungen bei der Namensliste vor (vgl. Apg 1,13).

Der Rückzug **(12)** erinnert an das Ende des ersten Tages in Kapharnaum (4,42–44), das zum Auftakt einer weiter gefassten Missionsaktivität wird. Das Gebet deutet an, aus welchen spirituellen Quellen Jesus nach Lukas lebt (und regt seine Nachfolger an, es ihm gleich zu tun). Das Motiv des nächtlichen Betens ist ein Leitmotiv des Evangeliums, das immer wieder wichtige Entscheidungen und Situationen markiert (3,21; 5,16; 6,12; 9,18.28; 11,1). Hier wertet es die Einsetzung des Zwölferkreises auf, die wichtigste Handlung Jesu nach der Berufung zur Sicherung seiner Nachfolge – auch über seinen Tod hinaus.

Die Einsetzung des Zwölferkreises **(13)** erfolgt aus freien Stücken. Lukas rechnet mit einer größeren Anzahl von Jüngern, auch weiblichen Geschlechts (8,1–3), wie nicht zuletzt die Aussendung der Zweiundsiebzig zeigt (10,1), wie aber auch Levi beweist, der Jünger ist, ohne zu den Zwölf zu gehören (5,27–29). Aus dieser größeren Zahl wählt Jesus den

6,12–16 Die Wahl der Zwölf Apostel

engeren Kreis der Zwölf, der eine Schlüsselrolle gewinnen wird. Jesus „wählt", d. h.: Er entscheidet, er kreiert, er schafft Fakten. Zwölf ist die Symbolzahl, die an die zwölf Stämme Israels erinnert, abgeleitet nach Gen 49, dass Jakob (Israel) seine zwölf Söhne segnet, unter deren Nachkommen das Land Israel aufgeteilt worden sei (Jos 13–19) – eine ideale Konstruktion aus späterer Zeit, nicht eine reale historische Größe, aber inspirierend für das Judentum und das Christentum. Die Zwölfzahl steht für Ganzheit. Das Gottesvolk in seiner Fülle ist das der zwölf Stämme. Jesus knüpft an große Hoffnungen auf die vollständige Wiederherstellung des in der Geschichte schwer gebeutelten Gottesvolkes aus zwölf Stämmen an, so wie andere im zeitgenössischen Judentum auch. Die Aktualität dieser Hoffnung zur Zeit Jesu belegen auf Hebräisch die Tempelrolle aus Qumran und auf Griechisch die „Testamente der zwölf Patriarchen", beides charakteristische Zeugnisse frühjüdischer Reformtheologie. Jesus geht es – wie den wichtigsten jüdischen Parallelen, aber anders als später den Zeloten – nicht um das Land, sondern um die Menschen und nicht um die politische Herrschaft, sondern um die religiöse Erneuerung. Er setzt auf Inklusion, nicht auf Exklusion. Er will ganz Israel sammeln – in einer neuen, eschatologisch entscheidenden Initiative. Die Zwölf Apostel stehen für die zwölf Stammväter des neuen Gottesvolkes. Sie alle sind jüdisch, heben also Israel nicht auf, sondern füllen es mit Leben. Sie alle sind Männer, weil sonst das Zeichen nicht verstanden worden wäre: die Anknüpfung an die zwölf Stammväter Israels. Sie sind „Apostel", weil sich die Erneuerung Israels nur aus der Verkündigung des Wortes Gottes ergibt, zu der die Zwölf gesandt sind. Die Einsetzung des Zwölferkreises steht für den Anspruch wie für die Zusage Jesu: Israel hat als Ganzes Zukunft im Reich Gottes und auf Erden – durch Jesus.

Für Lukas ist es typisch, dass die Zwölf als Jünger Apostel und dass nur die Zwölf Apostel im eigentlichen Sinn des Wortes sind. Der Grund lässt sich aus einer Szene der Apostelgeschichte erschließen: der Nachwahl des Matthias, der den Posten von Judas Iskarioth einnehmen wird (Apg 1,15–26): Man muss das gesamte irdische Wirken Jesu beobachtet haben, um glaubwürdig den Auferstandenen als Jesus und Jesus als messianischen Gottessohn bezeugen zu können. Freilich heißen bei Lukas auch Barnabas und Paulus „Apostel" (Apg 14,5.15): aber nicht als Zeugen des irdischen Jesus, sondern als Gesandte Gottes, die von der antiochenischen Gemeinde getragen werden (Apg 13,1–3). Die „Zwölf Apostel" sind typisch für Lukas, und in dieser Prägnanz nur für ihn. Bei Paulus gibt es einen offeneren Begriff: „Apostel" heißt: Gesandter (im generischen Maskulinum, unabhängig von biologischen Geschlecht). Im engeren Sinn, durch das Abstraktum Apostolat angezeigt, ist der Begriff bei Paulus durch das Osterzeugnis geprägt und umschließt deshalb auch ihn selbst (1Kor 15,1–

11). Das Konzept der Zwölf Apostel hat Lukas aus Gründen der vor- und nachösterlichen Kontinuität stark gemacht. Er hat es aber nicht erfunden. Viele Spuren weisen in die Jerusalemer Urgemeinde selbst zurück, vorpaulinische Traditionen (1Kor 15,3–5) ebenso wie die Überlieferungen der Apostelgeschichte (Apg 8,1.3).

Die Namen (14–16) sind üblich; jüdische und griechische mischen sich, wie in Galiläa zu erwarten steht. Simon – Petrus – wird immer an erster, Judas Iskarioth immer an letzter Stelle genannt. „Petrus" ist ein metaphorischer Name, der „Fels" oder „Stein" heißt; so oder so zeigt er eine grundlegende Rolle Simons an: Er ist als Erster berufen worden (5,1–11); er wird auch als Erster den Auferweckten sehen (24,34). Bei Lukas findet sich keine explizite Einsetzung in einen Petrusdienst wie bei Matthäus (Mt 16,16–18); gleichwohl ist die Person stark gezeichnet, auch in seinem Versagen (22,54–62) wie später in seinem Zeugnis für das Wort Gottes, vor allem in Jerusalem (Apg 2–5; 8,14–26; 9,32–11,18; 12,1–19), auch als Unterstützer der antiochenischen Völkermission, die von Barnabas und Paulus vorangetrieben werden wird (Apg 15,7–11). Anders als Markus nennt Lukas nach Simon Petrus zuerst seinen Bruder Andreas, dann die Brüder Jakobus und Johannes, die bei Markus „Donnersöhne" heißen, nicht aber bei Lukas. Ein Simon war „Zelot" – was nicht heißt, dass Jesus eine Schlägertruppe in den Heiligen Krieg geführt hat, aber zeigt, dass er eine – wenn nicht repräsentative, so doch – breite Auswahl von Männern in seinen engsten Kreis berufen hat, ein Spiegelbild der damaligen (patriarchalischen) Gesellschaft. Bei Markus steht von Judas nur, dass er Jesus „übergeben", d. h. ausliefern werde; nach Lukas hat sich das Bild bereits – negativ – verfestigt: Judas erscheint als Verräter.

In Apg 1,13 begegnen dieselben Namen in etwas anderer Reihenfolge – bis auf Judas Iskarioth. Durch die Nachwahl des Matthias wird die Zwölferzahl wieder komplettiert (Apg 1,15–26). Aber nach dem Martyrium des Zebedaiden Jakobus (Apg 12,2) wird der Kreis nicht erneut durch eine Nachwahl geschlossen: Die Zwölf Apostel haben eine einmalige, keine dauerhafte Funktion für die Jüngerschaft. Sie stehen für den Übergang zwischen der vor- und der nachösterlichen Zeit. Sie sind für die österliche Mission und Gemeindebildung grundlegend. Sie brauchen Nachfolger, die nicht ihre Aufgabe weiterführen, sondern auf ihrem Dienst aufbauen, um neue Herausforderungen zu meistern, so wie nach der Apostelgeschichte nicht zuletzt Barnabas und Paulus. Das ist der Kern der ökumenisch immer noch strittigen, aber die Kirchen tief verbindenden *successio apostolica* (apostolischen Nachfolge), die um der *successio fidei* (der Nachfolge im Glauben) willen notwendig ist, weil es um der Lebendigkeit, der Substanz und der Kontinuität des Glaubens willen der Überlieferung des Zeugnisses von Generation zu Generation bedarf.

6,12–16 *Die Wahl der Zwölf Apostel* 143

So kurz die Szene ist, so grundlegend ist sie für Lukas. Jesus wirkt nicht allein, sondern auch durch seine Jünger, die er beruft, bevollmächtigt und sendet. Die Jüngerschaft ist vielfältig. Im Kern stehen die Zwölf. Jesus hat sie nicht berufen, um die Männerherrschaft in der Kirche zu etablieren, sondern um ein Zeichen für die Verwurzelung seiner Sendung in Israel zu setzen und seinen Anspruch auf die Sammlung ganz Israels zu markieren, den er durch die Suche nach den Verlorenen bewahrheitet (19,10). Die Wahl der Zwölf ist ein klares Zeichen, dass Jesus sein Evangelium für die Zeit nach Ostern öffnet – und dass es dann darauf ankommt, seine Botschaft nicht zu verfälschen, sondern zu sichern. Das Zeichen der Zwölf geht auf Jesus selbst zurück; Lukas hat es so stark betont wie kein anderer Evangelist.

6,17–49
Die Feldrede

Nachdem Lukas eine Serie von Szenen, die den Anspruch des Menschensohnes auf den Nachfolgeruf abgestimmt haben, mit der Wahl der Zwölf abgeschlossen hat (5,1–6,16), führt der Evangelist, erstmals nach der Antrittspredigt in Nazareth (4,18–27), die Lehre Jesu über kurze Stichworte hinaus inhaltlich aus: in der Feldrede (6,17–49). Das Jesajawort, das Lukas sich in der Synagoge zu eigen macht (4,18–20), hat sehr stark den Charakter einer Ankündigung dessen, was noch kommen soll. Die Feldrede zeigt, wie Jesus mit eigenen Worten seine Botschaft ausdrückt: gerichtet an die Jünger, damit die sie dann weitergeben können. Bei der Einsetzung der Zwölf folgt Lukas noch der markinischen Abfolge (Mk 3,13–19). Mit der Feldrede setzt er, gespeist aus Q, eigene inhaltliche Akzente, weit über Markus hinaus.
Die Feldrede, das Pendant zur Bergpredigt (Mt 5–7), fasst die Grundbotschaft Jesu kompakt zusammen. Häufig wird geurteilt, sie beginne erst ab V. 20. Aber die Szene davor gehört für Lukas gleichfalls zur Rede, weil sie das Auditorium kennzeichnet: Jesus schaut und redet seine Jünger an (V. 20), die ihrerseits nicht allein auf weiter Flur sind, sondern inmitten der Menge, die Jesus umringt und hört, was er seinen Jüngern sagt (6,17–19; vgl. 7,1).
Der Anspruch der Feldrede ist enorm. Deshalb ist sie von Anfang an Gegenstand intensiven Nachdenkens, wie die Forderungen Jesu erfüllt werden können. Allerdings ist die Ethik die Kehrseite der Heilszusage. Die Frage der Erfüllbarkeit, auf die es nie eine einfache Antwort gegeben hat und geben wird, spiegelt die Frage der Glaubwürdigkeit, auf die es gleichfalls keine einfache, sondern nur eine überlegte, dann aber auch entschiedene Antwort gibt, die ein ganzes Leben trägt und auch noch

durch den Tod hindurch. Wenn Gottes Verheißung so groß ist, wie Jesus sie verkündet, ist auch die Praxis der Feindesliebe möglich und nötig; und wo sie praktiziert wird, braucht sie den Horizont des Reiches Gottes, um umgesetzt zu werden.
Der Aufbau der Feldrede ist programmatisch.

6,17–19	Einleitung:	Das Volk auf freiem Feld um Jesus
6,20–26	Grundlegung:	Seligpreisungen und Weherufe
6,27–36	Zentrum:	Das Gebot der Feindesliebe
6,37–42	1. Folgerung:	Das Verbot des Verdammens
6,43–45	2. Folgerung:	Die Ermunterung zur Herzensgüte
6,46–49	Ausleitung:	Das Haus auf dem Felsen

Die Komposition lässt sowohl die wesentlichen Inhalte der Botschaft Jesu erkennen als auch ihr Gewicht und ihren Zusammenhang. Der Anfang und der Schluss bilden einen Rahmen: Diejenigen, die versammelt sind, um zu hören, sollen sich entscheiden; mit dem Bild des Hauses, das auf festem Grund festen Halt bietet, wird ihnen deutlich, wie gut das Vertrauen begründet ist, das sie Jesus schenken sollen.
Im Kern werden die theologischen Aspekte der Reich-Gottes-Predigt (4,43) deutlich. Die *Einleitung* (6,17–19) benennt das differenzierte Auditorium. Die *Grundlegung* ist eine Zusage (6,20–26), die nicht an Voraussetzungen gebunden ist, aber Alternativen kennt und Konsequenzen zeitigt: Die Seligpreisungen eröffnen einen Horizont der Theologie und der Anthropologie, der durch die folgenden Perikopen ethisch gefüllt wird; die Weheworte offenbaren die Dialektik der Heilsvermittlung. Im *Zentrum* steht das Gebot der Feindesliebe (6,27–36), das Gottes Barmherzigkeit umsetzt. Eine *erste Folgerung* betrifft den Umgang mit Sündern und Abweichlern, die nicht verdammt werden dürfen (6,37–42), eine *zweite Folgerung* die konstruktive Alternative, die Ermutigung zur Herzensgüte. (6,43–45). Die *Ausleitung* zeigt mit Bildworten die Notwendigkeit und Möglichkeit einer Alternative: die Entscheidung für das Evangelium (6,46–49). Jesus spricht vom Reich Gottes, das nicht fern, sondern nahe ist und nicht versagt, sondern geschenkt wird; er rückt – wie in seiner Antrittspredigt mit Jesaja (4,18–21: Jes 61,1–2) – die Armen, die Hungernden, die Weinenden und Verfolgten in den Blick, die meist übersehen, von Gott aber angeschaut werden (6,20–23); dem gegenüber sind die Reichen, die Satten, die Lacher und Angesehenen, die sich scheinbar einer besonderen Gunst Gottes erfreuen, tatsächlich in einer existentiellen Bredouille, aus der sie nur Gott befreien kann (6,24–26; vgl. 12,13–21). Der Unterschied bricht auf, weil Gott mit seinem Sohn und seinem Reich die Erlösung bringt und deshalb die herrschende Ungerechtigkeit beseitigt.

6,17–19 Das Auditorium der Feldrede 145

Die radikale Alternative zwischen dem Selig und dem Wehe der Eröffnung (6,20–26) wird mit der ebenso radikalen Alternative zwischen dem Haus auf Fels und dem Haus auf Sand der Ausleitung (6,47–49) in Beziehung gesetzt: Es gibt die Notwendigkeit, aber auch die Möglichkeit der Umkehr. Die Feldrede kontrastiert eine herzensharte (6,37–42) und eine herzensgute Frömmigkeit (6,43–46): Gnadenlose Gottesjustiz wird verurteilt, Gottesfurcht, die Gutes hervorbringt, wird prämiert. Die Entscheidungen sind notwendig, weil die Nähe des Gottesreiches, die Jesus in den Seligpreisungen zusagt, nicht selbstverständlich ist, sondern eine Glaubensfrage aufwirft, die nicht nur mit einem Lippenbekenntnis beantwortet werden kann. Das theologische Zentrum der Feldrede ist das Gebot der Feindesliebe (6,27–36), das im Blick auf das Richten (6,37–42) und das solidarische Handeln (6,43–46) konkretisiert wird. Im Gebot der Feindesliebe kommt nicht nur der ethische Anspruch Gottes zum Ausdruck, sondern auch seine Gerechtigkeit, die sich in der Zusage eines angemessenen, nämlich jedes Kalkül und jede Erwartung unendlich überbietenden Lohnes erweist (6,32–34), und seine Barmherzigkeit, die sich in der Feindesliebe Gottes selbst verwirklicht (6,35–36).

Der Vergleich mit Mt 5–7, der Bergpredigt, zeigt, dass Lukas die Kompaktversion bietet, wahrscheinlich in sehr großer Nähe zur programmatischen Rede Jesu, die in der Logienquelle überliefert worden ist. Die Bergpredigt hat alle Stoffe der Feldrede, führt sie aber (mit Sondergut und Markustraditionen) weiter aus. Der Duktus ist identisch. Die größten Unterschiede bestehen darin, dass Matthäus ausdrücklich die Gesetzestreue Jesu anspricht (Mt 5,17–30), die durch die sogenannten Antithesen (Mt 5,17–48) fraglich zu werden scheint aber bewiesen wird, eine lange Katechese über die drei guten Werke Almosen, Beten und Fasten gestaltet (Mt 6,1–18), teils mit Material, das aus Q stammt, von Lukas aber an eine andere Stelle gebracht wird, z. B. das Vaterunser (Mt 6,9–13 par. Lk 11,1–4), und eine längere weisheitliche Lehre Jesu über das Sorgen einflicht, das er als Versuchung der Armen betrachtet, an deren Seite und in deren Mitte Jesus steht (Mt 6,19–34): Lukas kennt auch diese Tradition, bringt sie aber später (12,22–34).

6,17–19
Das Auditorium der Feldrede

[17]Und er stieg mit ihnen herab auf ein Feld, und eine große Menge seiner Jünger und eine große Zahl des Volkes aus ganz Judäa und Jerusalem und von der Küste von Tyros und Sidon [18]kamen, um ihn zu hören und von ihren Krankheiten geheilt zu werden, und auch die von unreinen

146
6,17–49 Die Feldrede

Geistern Besessenen wurden geheilt. ¹⁹Und das ganze Volk suchte, ihn zu berühren, weil Kraft von ihm ausging, und er heilte alle.

Die Einleitung der Feldrede (6,17–19) verbindet Geographie und Theologie. Die Verse sind wie ein Summarium des Wirkens Jesu gestaltet (vgl. 4,40–41) und platzieren die folgende Feldrede deshalb mitten im Verkündigungsdienst Jesu, der Ansprüche geltend macht, indem er Gottes Gerechtigkeit und Barmherzigkeit umsetzt.

6,17–18	Das Zusammenströmen der Menge
6,19	Der Wunsch nach Heilung

Der erste Halbsatz **(17a)** verknüpft die vorangehende Perikope, die Einsetzung der Zwölf (6,12–16), die größte Intimität zum Zweck größter Öffnung schafft (die Zwölf sind „Apostel", die gesandt werden sollen), mit der neuen Situation, die eine Jüngerschulung inmitten großer Hörerkreise ist.

Jünger, wörtlich, Schüler sind nicht nur die Zwölf **(17b)**. Es gibt vielmehr eine „große Menge" von Menschen, die Jesus nachfolgen, Männer wie Frauen (8,1–3), weil sie sich für ihn entschieden haben, für sein Evangelium der Befreiung (4,18–19: Jes 61,1–2) und für den Gott, den Jesus verkündet. Sie brauchen keineswegs die gesamte Zeit mit Jesus zusammen gewesen und hinter ihm her gegangen zu sein, um von ihm zu lernen, indem sie sein Leben teilen. Diese Jünger stehen ihrerseits inmitten einer großen Menge von Menschen, die alle hören, was Jesus seinen Jüngern sagt, und sich entscheiden sollen, Jünger Jesu zu werden oder die Konsequenzen zu tragen, wenn sie es nicht tun. Die scharfen Alternativen der Feldrede haben hier – literarisch gestaltet – ihren „Sitz im Leben". Die erzählte Szene spricht für das Gegenteil von Hermetik: Jesus stellt laut Lukas Öffentlichkeit her: für Gott. Die Öffentlichkeit ist aber strukturiert. Jesus wird die Jünger anschauen und ansprechen: so dass alle mithören und ihre eigenen Schlüsse ziehen können (7,1).

Die geographischen Angaben erfassen ganz Israel resp. Palästina. „Judäa" ist wiederum nicht im Unterschied zu Galiläa zu verstehen (wie auch in 4,44), sondern meint das Land, in dem Juden wohnen. Jerusalem ist die jüdische Kapitale, die eine außerordentliche Bedeutung in der lukanischen Theologie des Weges spielt. Das Küstengebiet von Tyros und Sidon steht nicht mehr für das klassische Israel, sondern für das Land der Philister (der Phönizier) und zeichnet mithin einen Aspekt Universalismus in die Szenerie ein. Die Leute strömen zu Jesus **(18)**, um ihm neu und immer wieder so zu begegnen, wie er in Erscheinung tritt. Drei Aktionen werden genannt. Die Menschen können „hören", weil Jesus das Evange-

6,20–26 Die Seligpreisungen und die Weheworte 147

lium verkündet; sie können „geheilt" werden, weil Jesus als Arzt wirkt; sie können auch deshalb „geheilt" werden, weil Jesus die bösen Geister aus den betroffenen Menschen verjagt. Die „Kraft" *(dýnamis)*, die von Jesus ausgeht **(19)**, ist die Kraft Gottes selbst, die im Heiligen Geist zur Vollmacht Jesu wird. Das Volk vertraut auf sie. Mögen sie auch problematische Vorstellungen haben: Jesus wirkt, weil Gott das Beste aus der Situation macht.

> Wie in einem früheren Summarium (4,40–41) betont Lukas vor allem das Heilen, hier wiederum unter dem Aspekt, dass die Intention der Menschen fokussiert wird, die zu Jesus kommen. Das Bild ist unter vielen späteren Eindrücken entstanden; es soll festhalten, was für Jesus typisch gewesen ist: seine Offenheit für Menschen in Not wie seine Beliebtheit beim Volk.

6,20–26
Die Seligpreisungen und die Weheworte

20Da erhob er seine Augen zu seinen Jüngern und sagte: „Selig ihr Armen, denn euer ist das Reich Gottes. 21Selig, die ihr jetzt hungert, denn ihr werdet gesättigt werden. Selig, die ihr jetzt weint, denn ihr werdet lachen. 22Selig seid ihr, wenn die Menschen euch hassen und wenn sie euch ausgrenzen und schmähen und euren Namen als böse verwerfen wegen des Menschensohnes: 23Freut euch an jenem Tag und springt, denn siehe, euer Lohn im Himmel wird groß sein, denn das gleiche haben ihre Väter den Propheten angetan. 24Aber wehe euch Reichen, denn ihr habt euren Lohn dahin. 25Wehe euch, die ihr jetzt satt seid, denn ihr werdet hungern. Wehe euch, die ihr jetzt lacht; denn ihr werdet weinen und klagen. 26Wehe, wenn alle Menschen euch schönreden; das gleiche haben ihre Väter den Falschpropheten getan.

Die Feldrede beginnt nicht mit Forderungen, sondern mit Seligpreisungen: weil Gott nicht wartet, bis die Menschen sich eines Besseren besinnen, sondern – eschatologisch in Jesus – von sich aus handelt, um sie für sein Reich zu gewinnen. Den vier Seligpreisungen stehen vier Weheworte entgegen, die den Ernst der Lage spiegeln, die Notwendigkeit der Entscheidung und die Unabweisbarkeit eines Gerichtes, ohne das es kein Heil geben kann, wenn nicht Ungerechtigkeit herrschen soll. Aber die Abfolge ist signifikant. Das Wehe zeigt die dunkle Folie, auf der sich die Seligpreisungen desto klarer abheben, aber nicht die nachgeschobene Bedingung, die das Evangelium einschränkten. Die Weheworte gibt es um der Seligpreisungen willen, nicht umgekehrt.
Die Seligpreisungen und die Weheworte sind parallel gebaut.

Seligpreisungen			Weheworte		
6,20	Arme	Reich Gottes	6,24	Reiche	irdischer Lohn
6,21	Hungernde	Sättigung	6,25	Satte	Hungern
	Weinende	Lachen		Lachende	Weinen/Klagen
6,22–23	Verfolgte	Gotteslohn	6,26	Beliebte	irdischer Ruhm

Im synoptischen Vergleich mit Mt 5,3–12 zeigen sich basale Gemeinsamkeiten und charakteristische Unterschiede. Gemeinsam sind die Grundform der Seligpreisungen, die Seligpreisungen der Armen und Hungernden sowie der Verfolgten und die Verheißung des Gottes- resp. Himmelreiches. Die Gemeinsamkeiten erklären sich aus der Benutzung der Redenquelle. Unterschiedlich sind die längere Ausführung der Reihe der Seligpreisungen bei Matthäus, die Weheworte bei Lukas und Varianten in verwandten Versen (6,21 par. Mt 6,6; Lk 6,22–23 par. Mt 5,11). Die Unterschiede erklären sich nicht ohne weiteres als Redaktion von Q, sondern eher aus der Kombination mit anderen Traditionen. Beide Versionen spiegeln in stilisierter Form Jesu Wort und Botschaft: die lukanische durch gezielte Reduktion, die matthäische durch gezielte Kompilation.

Jesus schaut auf seine Jünger (20a). Sie sind die primären Adressaten der Feldpredigt, aber nicht die exklusiven (7,1). Es handelt sich nicht nur um die Zwölf, sondern um die Vielen, die an vielen Orten und auf vielen Wegen ihren Glauben zu leben versuchen, mitten im Volk, das sich um Jesus versammelt. Die Jünger (nicht nur männlichen Geschlechts) sind adressiert, weil sie zur Nachfolge bereit sind und deshalb auf das „Selig" bauen wie die Konsequenzen zu ziehen bereit sind. Sie sind nicht von der Menge abgeschottet, sondern für sie aufgeschlossen, weil Jesus – auch mit ihnen – gerade Verbindungen mitten hinein ins Volk schaffen will. Die Ethik legt die Schnittstellen, der Verheißung des Reiches Gottes folgend.

Die Seligpreisungen sind ebenso wie die folgenden Weheworte an die Jünger gerichtet, die sich vor die Alternative gestellt wissen, entweder dem Zuspruch des Anspruchs wie dem Anspruch des Zuspruchs Gehör zu schenken oder eben nicht – so wie die anderen auch. Die Forschung unterscheidet allerdings meistens so, dass sich zwar das „Selig" auf die Jünger richte, die Jesu Armut teilten, das „Wehe" jedoch auf andere Menschen, die in der Menge vorgestellt werden müssten. Aber die Grammatik spricht eine andere Sprache: Die Jünger sind durch die Beziehung zu Jesus nicht nur arm, sondern auch reich. Sie kennen die Verheißung, aber auch die Versuchung. Den Primat hat das Selig, weil die Alternative asymmetrisch ist: Es gibt ein qualitatives Übergewicht des Heiles, weil es von Gott geschenkt wird, während der Widerspruch nur von den Menschen kommt.

6,20–26 *Die Seligpreisungen und die Weheworte* 149

Die Seligpreisung (**20b–21**) ist eine Gattung, die sich sowohl in der paganen als auch in der biblischen, der jüdischen wie der christlichen Literatur findet. Die Forschung baut traditionell gerne Gegensätze auf, um die Unbedingtheit der Liebe Gottes zu betonen, die – angeblich – nur für das Christentum typisch sei. Diese Diversifizierung ist eine Projektion. *Zum einen* haben die Seligpreisungen in ihren Kulturen ein spezifisches Ethos: Griechische Beispiele (Euripides, fragmenta 256: „Selig, wer Verstand hat und Gott ehrt; das wird ihm zu großem Gewinn gemacht") rühmen das Glück gelingenden Lebens im Angesicht der Götter, die weisheitlichen des Alten Testaments feiern die Zugehörigkeit der Gerechten zur guten Ordnung der Schöpfung und des Bundes (Ps 1,1: „Selig, wer nicht dem Rat der Frevler folgt ..."), die frühjüdisch-apokalyptischen preisen die künftige Teilhabe der Gerechten am ewigen Leben (äthiopischer Henoch 58,2: „Selig seid ihr Gerechten und Erwählten, herrlich wird euer Los sein"). Jesus verkündet die erlösende Zueignung der Liebe Gottes durch die Gemeinschaft mit Jesus (vgl. 11,27–28). In allen Varianten wird göttlicher Segen verheißen, weit über Verdienste und Ansprüche hinaus. Der biblische Monotheismus markiert einen eindeutigen Ursprung, die jesuanische Verkündigung eine menschliche Vermittlung. *Zum anderen* zeigen die lukanischen (und vor allem die matthäischen) Seligpreisungen, wie farbig Jesu Hoffnungsbilder vom Reich Gottes sind. Die „Armen" sind nicht Objekte göttlichen Heilshandelns, sondern Subjekte, deren Misere Gott wendet. Die Seligpreisungen der Feldrede und der Bergpredigt fallen nicht aus dem antiken Gattungsspektrum heraus, sondern verstehen sich aus ihm, gewinnen ihm aber durch den Bezug auf das Reich Gottes und auf Jesus einen neuen Sinn ab. „Selig" ist mehr als „glücklich". „Überglücklich" kann passen – wenn die Gottesperspektive eingeblendet wird. „Selig" heißt: gesegnet von Gott, beschenkt von ihm, so dass eine große Freude entsteht, die das ganze Herz erfüllt. Seligkeit ist der Himmel auf Erden.
Die Seligpreisungen sprechen nicht immer neue, sondern immer ein und dieselbe Gruppe an, unter verschiedenen Aspekten, die einander wechselseitig erhellen. Armut führt zum Hunger und zum Weinen über die erlittene Not. Die Armen werden verfolgt – ohnehin, aber hier auch unter dem Aspekt, dass sie zu Jesus gehören, mit besonderer Brutalität. Armut ist bei Lukas im Kern materiell, besser: sozial gefasst (während Matthäus mit den „Armen im Geiste" die spirituelle Dimension betont). Die Armut geht mit Verfolgung, Marginalisierung, Diskriminierung, Verachtung einher. Das griechische Wort, *ptochós*, bezeichnet nicht nur die Bedürftigen *(pénes)*, sondern die Bettelarmen (vgl. Aristophanes, Pluto 551–552): Diese Armut ist ein Massenphänomen im Israel der Zeit Jesu. Die Seligpreisungen gelten also nicht einer kleinen Unterschicht

150 6,17–49 *Die Feldrede*

am prekären Ende der sozialen Leiter, sondern der breiten Masse der Bevölkerung, die als Sklavinnen und Sklaven, als Landarbeiter und Hausangestellte, als Witwen und Waisen, als Tagelöhner und Obdachlose ihr Leben fristen. So stark freilich der materielle und soziale Aspekt ist, so wichtig ist auch für Lukas ebenso der spirituelle. Die Armen sind – so schon die alttestamentlichen Psalmen – die Frommen, die auf Gottes Gerechtigkeit bauen und deshalb nicht nur ihr eigenes Wohlergehen im Blick haben. Bei Lukas wird dieser Zug durch den Plural deutlich: Es gibt nicht nur eine Solidarität mit, sondern auch unter den Armen. Arm ist auch, wer weiß, „nicht vom Brot allein" (4,4; vgl. Dtn 8,3) zu leben, aber Gott entbehrt.

Jesus kann die Seligpreisungen verkünden, weil er selbst die Armut der Armen teilt, freiwillig, denn er will mit den Armen solidarisch sein, er will die Ungerechtigkeit der Welt aufdecken, die im Gegensatz zur Gerechtigkeit Gottes steht, und er will für seine Verkündigung unabhängig sein, um sich von denen abhängig machen zu können, denen er die frohe Botschaft bringt. Die Jünger sollen seine freiwillige Armut teilen, nicht aus Verachtung von Geld und Besitz, sondern um ihres ethisch verantwortungsvollen Gebrauches willen (vgl. 16,1–13).

Die Verheißungen sind nicht jeweils neue, sondern immer die eine des Reiches Gottes, die verschieden konkretisiert wird – immer metaphorisch, immer mit starken Resonanzen im realen Leben. Das Reich Gottes wird den Armen zuteil, die auf Erden keinen Besitz haben (V. 20). Satt werden diejenigen, die jetzt deshalb hungern, weil man ihnen das Nötigste zum Leben nimmt (V. 21); die Bilder vom Reich Gottes als großes Festbankett, die Jesus in seiner Verkündigung vielfach inszeniert hat, auch beim Festmahl des Levi (5,29–32), leuchten im Hintergrund; das soziale Engagement innerhalb der Jüngergemeinde wird aufgerufen. Lachen, also sich des Reiches vollendeter Gerechtigkeit freuen, werden die, die jetzt weinen – über eigenes und fremdes Unglück, das aus Unrecht stammt und die Erlösungsbedürftigkeit der Welt offenbart. Freude und Jubel ist befreites Lachen. Es ist darin begründet, den gerechten Lohn zu erhalten – der mehr ist als Entgelt für geleistete Arbeit, nämlich dauerhafte Sicherung, mehr noch: Überfülle des Lebens im vollendeten Reich Gottes. Wer darauf hoffen darf, lebt ab sofort anders.

Die Seligpreisung der Verfolgten (**22–23**) bleibt in der Form der Gattung, weitet sie aber, weil sie anschaulich beschreibt, welche Armut, welcher Hunger, welche Tränen auf die Jünger zukommen werden, die um ihres Glaubens willen verfolgt werden. Die Diskriminierung und Drangsalierung gehört zu den brutalen Erfahrungen der Kirche – bis heute. Nach Lukas ordnet Jesus sie der Endzeit zu (21,12–13) – die schon begonnen hat; die Apostelgeschichte liefert eine Fülle von weiteren Exempeln, von

6,20–26 Die Seligpreisungen und die Weheworte 151

Jerusalem bis Rom. Nicht immer geht es gleich ans Leben; aber Verleumdungen, Hassbotschaften, Schmähungen und Marginalisierung sind psychische und soziale Attacken, die wehtun. Die Kehrseite ist die Freude derer, die lachen werden, auch wenn sie jetzt weinen müssen. Das Rollenmodell liefern die Propheten, die verfolgt werden, weil sie auf Gott setzen, und von ihm nicht im Stich gelassen werden, auch wenn sie ihr Leben verlieren (vgl. 4,24).

Die Weheworte **(24–26)** bauen scharfe Kontraste zu den Seligpreisungen auf. Zwischentöne passen nicht zur Redegattung, die zuspitzt, um Klarheit zu schaffen. Das „Wehe" ist ebenso eine prophetische Redegattung wie das „Selig". Nach Lukas gilt das „Wehe" auch den unbußfertigen Städten Chorazin und Bethsaïda (10,13), den Pharisäern, die das Gesetz so auslegen, dass nicht Wichtiges von weniger Wichtigem unterschieden wird (11,42–52), denen, die zum Abfall vom Glauben verführen (17,1), und dem Verräter Judas (22,22). An all diesen Stellen wird eine Schuld besprochen, im Namen Gottes, wie es dem messianischen Gottessohn – und nur ihm – gebührt. Das „Wehe" ist keine Verdammung (6,37–42), aber eine todernste Warnung. Von anderer Art ist das „Wehe" in der Endzeitrede (21,23), da es das Mitleid Jesu mit den in Kriegen verfolgten Frauen ausdrückt, denen niemand hilft. Zynisch wäre es, hier ein Gottesurteil erkennen zu wollen. Gemeinsam ist: Das „Wehe" liest die Zeichen der Zeit, die Schatten werfen. Es offenbart den Sinn für Recht und Unrecht. Es weist diejenigen in die Schranken, die auf Kosten anderer sich ein schönes Leben machen. Der Unterschied ist, dass in der Feldrede Jesus ein „Wehe" im Namen Gottes spricht, während er nach der Endzeitrede vor der unmenschlichen Brutalität warnt, die sich Gott und den Menschen entgegenstellt. In der Feldrede ist das „Wehe" eine prophetische Drohung, die vorwegnimmt, was kommen wird. „Wehe" ist das Gegenteil von „Selig": nicht nur Unglück, sondern Verderben. Das „Wehe" artikuliert ein Nein Gottes, des Gerechten, zu denen, die ungerecht sind. Es gilt nicht nur ihren Taten, sondern auch ihrer Person: weil sie es sind, die für ihr Tun und Lassen verantwortlich sind, nicht nur die Umstände.

Wie bei den Seligpreisungen werden nicht immer neue Typen, sondern immer dieselben jeweils neu vorgestellt: Wer als Reicher das „Wehe" Jesu hört, schlägt sich den Bauch mit Nahrung voll, die anderen fehlt – und gründet seinen ganzen Reichtum auf dieser Ausbeutung, lacht über das eigene Glück im Angesicht des Unglücks anderer, das sein eigenes Verhalten mit verursacht, hat ein enormes gesellschaftliches Image und lebt davon, wie dafür, ohne dass er einen Blick hinter die eigene Fassade erlaubt. Der Reichtum, dem das Wehe gilt, ist ein soziales, aber auch kulturelles Phänomen – und ein tiefes moralisches Problem, das ungerechte Strukturen voraussetzt und verursacht.

Wie bei den Seligpreisungen werden auch nicht immer neue Strafen angedroht, sondern es wird eine Gerichtsansage variiert. Wer das „Wehe" hört, darf nicht auf den himmlischen Lohn hoffen, der den verfolgten Armen verheißen ist (V. 23), weil er sein Leben auf irdischen Lohn gegründet hat. Der Hunger, der notwendig entsteht, wenn jemand sein Leben auf die satte Bedürfnisbefriedigung gesetzt hat, ist der Hunger nach Gott und seinem Reich: Er wird nicht gestillt werden, wenn die eigene Not mit materiellen Mitteln betäubt wird. Das „Weinen und Klagen" ist die Kehrseite jenes bitteren Lachens, dem das „Wehe" gilt. Es ist der Jammer eines Menschen über die eigene Misere, über ein verpfuschtes Leben, das er in Saus und Braus geführt hat. Die Gerichtsansagen ergänzen und erhellen einander. Sie sind nicht dazu da, Höllenängste zu schüren, sondern die fatalen Konsequenzen verfehlten Lebens aufzudecken. Entsprechend dem „Selig" der Verfolgten (Vv. 22–23) endet das „Wehe" mit denen, die sich – aufgrund ihrer Religion, ihres Wissens und ihres Status – eines hohen Ansehens erfreuen, aber Beifall von der falschen Seite einheimsen. Die „Falschpropheten", mit denen sie verglichen werden, setzen auf Spektakel (Dtn 13,2–5), so tun es ihnen diejenigen nach, die vor anderen gut dastehen wollen, indem sie sich auf Gott berufen (14,14). Auf diesem Denken und Handeln liegt kein Segen. Deshalb gilt das „Wehe".

Die Seligpreisungen bewirken wie die Weheworte das, was sie besagen, weil Jesus spricht. Die Seligkeit ist nicht eine schöne Zukunftsaussicht, sondern eine verheißene, wenn auch verborgene Wirklichkeit, die im Reich Gottes vollendet werden wird. Der spirituelle Reichtum der Armen, den Jesus anspricht, ist in Gott begründet; er muss sich aber auch sozial zeigen – die Berufung der Jüngergemeinde. Jesus redet so, dass seine Jünger wissen, wie er die Armen mit den Augen Gottes sieht. Nach Lukas sollen sich die Jünger selbst in den Armen wiedererkennen; nach Matthäus sollen sie wissen, wie Jesus sie sieht. Beides führt zur Folgerung, dass die Jünger die Armen so ansehen sollen, wie Jesus sie sieht. Die Seligpreisung segnet nicht Unrecht ab, sondern zeigt im Gegenteil, dass es nicht das letzte Wort hat, sondern jetzt schon durch die Nähe des Gottesreiches als Unrecht entlarvt wird, das gottwidrig ist. Die Seligpreisungen zielen auf eine Praxis, in der die Antizipation des radikalen Wechsels bereits Gegenwart ist – nicht vollendet, aber spürbar. Angesprochen sind die Jünger. Sie selbst sind gefordert, nicht nur Mitleid mit den Armen zu entwickeln, sondern ihr Los zu ändern. Nachösterlich ist dies die Aufgabe der Kirche. Die Weheworte sind keine Ansage ewiger Verwerfung, sondern eine Ansage gegenwärtig verborgenen Unheils, das von Gott am Jüngsten Tag aufgedeckt und im Vorgriff schon von Jesus offenbart wird. Jesus vollzieht das gerechte Gericht Gottes. Er verurteilt diejenigen, die sich auf Kosten an-

6,27–36 Das Gebot der Feindesliebe

derer bereichert haben, sich mit der Befriedigung ihrer Lebensbedürfnisse zufriedengeben, über das Leid anderer lachen und vor allem auf ihr eigenes Image bedacht sind. Das „Wehe" ist mehr als eine Warnung. Als Gerichtswort beleuchtet es die negative Seite jener Umkehr, deren positive Seite das „Selig" bewahrheitet. Die Weheworte durchkreuzen die populäre, von einem pervertierten Tun-Ergehen-Zusammenhang getragene Annahme, Erfolg sei ein Indikator von Gottes Gnade. Sie decken das Unrecht gesellschaftlicher Verhältnisse auf, in denen Unterschiede zwischen Reich und Arm Menschen um das Existenzminimum und um Lebensentfaltungsmöglichkeiten bringen. Das Gleichnis vom reichen Prasser und armen Lazarus liefert Anschauungsmaterial (16,19–31). Auch zu den christlichen Gemeinden gehören Reiche. Sie müssen die Konsequenz ziehen, ihr Selbstverständnis und ihr soziales Verhalten zu ändern, um Armut zu bekämpfen. Wie dies geschieht, wird in den Weheworten nicht erörtert. Die Feldrede gibt aber starke Hinweise. Die Seligpreisungen sind keine Vertröstungen, die Weheworte keine Demütigungen. Beide sagen die Wahrheit, die in den Augen Gottes zum Vorschein kommt. Die Seligpreisungen sind Verheißungen, die real sind, die Weheworte Gerichtsworte, die gleichfalls jetzt schon wirken. Die Bilder der Seligpreisungen und der Weheworte lassen sich mit den Gleichnissen Jesu abgleichen. Beide Gattungen vermitteln die Immanenz und die Transzendenz des Reiches Gottes. Die Seligpreisungen werden missbraucht, wenn sie nicht trösten, sondern vertrösten sollen. Diesen Missbrauch hat Karl Marx karikiert: „Die Hypotheke, welche der Bauer auf die himmlischen Güter besitzt, garantiert die Hypotheke, welche der Bourgeois auf die Bauerngüter besitzt" (Klassenkämpfe in Frankreich, MEW 7,56). Der theoretische Gegenbeweis gelingt schnell, schon mit den Weheworten. Aber auf den praktischen Nachweis kommt es an. Die Seligpreisungen gehen auf Jesus selbst zurück: der Form und den signifikanten Inhalten nach. Die Weheworte, die Matthäus nicht bezeugt, werden weit weniger gern mit Jesus von Nazareth verbunden; aber auch sie passen zum überlieferten Gesamt seiner Evangeliumsverkündigung, insbesondere weil sie den Ernst der Zusage Gottes und die Notwendigkeit betonen, dass Menschen sich von Gott für ihn gewinnen lassen müssen, wenn sie seiner Seligkeit teilhaftig werden wollen.

6,27–36
Das Gebot der Feindesliebe

[27]Aber euch, die ihr hört, sage ich: Liebt eure Feinde, tut Gutes denen, die euch hassen. [28]Segnet, die euch verfluchen. Betet für die, die euch schmähen. [29]Und wer dich auf die Backe schlägt, dem halte auch die andere hin. Und wer dir den Mantel nimmt, dem verweigere nicht das Hemd. [30]Jedem, der dich bittet, gib. Und wer dir das Deine nimmt, von

154   *6,17–49 Die Feldrede*

dem fordere es nicht zurück. [31]Wie ihr wollt, dass euch die Leute tun, tut ihr ihnen. [32]Wenn ihr nur die liebt, die euch lieben – welchen Dank habt ihr dann? Auch die Sünder lieben, die sie lieben. [33]Und wenn ihr euren Wohltätern Gutes tut – welchen Dank habt ihr? Auch die Sünder tun dasselbe. [34]Und wenn ihr denen leiht, von denen ihr zurückzuerhalten hofft – welchen Dank habt ihr? Auch die Sünder leihen Sündern, damit sie zurückerhalten. [35]Vielmehr liebt eure Feinde, tut Gutes und leiht denen, von denen ihr nicht zurückzuerhalten hofft. Dann wird euer Lohn groß sein, und ihr werdet Söhne des Höchsten, weil er gütig ist zu den Undankbaren und Bösen. [36]Werdet barmherzig, wie euer Vater barmherzig ist.

Das Gebot der Feindesliebe ist das Herzstück der Feldrede. Es macht das Ethos der Seligpreisungen transparent und benennt die alles entscheidende Konsequenz, die aus den Seligpreisungen und ihrer Reich-Gottes-Verheißung folgt. Das Gebot der Feindesliebe klärt auch, dass der Kontrast zwischen „Selig" und „Wehe" nicht Gegensätze fixiert, sondern ein Problem markiert, das durch die Barmherzigkeit Gottes und die Nächstenliebe der Menschen, die bis zur Feindesliebe geht, überwunden werden soll. Angesprochen und gefordert, mithin als ethische Akteure ernstgenommen, sind nicht nur die Reichen und Mächtigen, sondern auch die Armen und Verfolgten. Ihnen werden durch das Gebot nicht neue Lasten auferlegt, sondern neue Möglichkeiten eröffnet, die sie stärken.

Das Gebot der Feindesliebe ist bei Lukas komplex aufgebaut, so dass unterschiedliche Aspekte der Ethik aufeinander bezogen werden: Konkretionen, Begründungen und Varianten, die Machbarkeit und Anschaulichkeit verbinden. Der gesamte Passus hat ein Gefälle: von der steilen Forderung (V. 27a) zur tiefen Begründung (V. 36), auf dem Weg durch lebensnahe Konfliktfelder, auf denen ethische Entscheidungen notwendig und möglich sind, und von biblisch tief verwurzelten Geboten und theologischen Überzeugungen zur denkbar größten Weite der Goldenen Regel (V. 31). Das Grundgebot der Feindesliebe (V. 27a), das in V. 35a wiederholt wird, wird in mehreren Dreiklängen zugleich konkretisiert und variiert. Sie machen deutlich, dass die Feindesliebe keineswegs nur ein hehres Prinzip, sondern eine anspruchsvolle Praxis ist, die realistisch ist. Sie schließt ethische und spirituelle Dimensionen auf. Sie betrifft finanzielle und juristische Aspekte; sie umgreift soziale Marginalisierung ebenso wie religiöse Diskriminierung.

Durchweg wird aus der Perspektive der Armen, der Verfolgten, der Opfer gesprochen, die sich nicht mit ihrer Rolle zufriedenzugeben brauchen, weil Gott auf ihrer Seite ist.

6,27–30	Die Einführung des Gebotes	
	6,27a	Der Grundsatz: Feinde lieben
	6,27b–28	Ein erster Dreiklang an Konkretionen: Hass überwinden
	27b	Übeltätern Gutes tun
	28a	Fluchende segnen
	28b	Für Verleumder beten
	6,29–30	Ein zweiter Dreiklang an Konkretionen: Gewalt überwinden
	29a	Die andere Wange hinhalten
	29b	Das Hemd nach dem Mantel geben
	30	Geben und Nehmen lassen
	30a	Denen geben, die bitten
	30b	Von denen nicht zurückfordern, die genommen haben
6,31–35	Die Goldene Regel als Variante der Feindesliebe	
	6,31	Der Grundsatz
	6,32–34	Ein dritter Dreiklang an Konkretionen: Motivationen
	32	Nur Liebende lieben?
	33	Nur Wohltätern Gutes tun?
	34	Nur den Solventen leihen?
	6,35	Ein vierter Dreiklang an Konkretionen: Begründungen
	35a	Die Wiederholung des Grundsatzes: Feinde lieben
	35bc	Zwei positive Kontraste
	35b	Gutes Tun ohne Hintergedanken
	35c	Leihen ohne Rückgabegarantie
	35d	Die Verheißung des Lohnes
6,36	Die Barmherzigkeit Gottes als Maßstab	

Der synoptische Vergleich mit dem Matthäusevangelium lässt neben starken Gemeinsamkeiten, die am besten auf die Redenquelle zurückgeführt werden, auch deutliche Unterschiede erkennen. Matthäus hat in einer Sechserserie, die mit dem Gebot der Feindesliebe endet, immer eine antithetische Form („Ihr habt gehört, dass gesagt worden ist ... Ich aber sage euch: ..."). Bei Lukas steht zwar das markante: „Ich sage: ..." (V. 27), das Jesu Autorität stark betont. Die Antithesen aber gehen auf Matthäus zurück. Matthäus hat zwischen der fünften Antithese (Mt 5,38–42: Wider die Vergeltung) und der sechsten (Mt 5,42–48: Feindesliebe) unterschieden; bei Lukas finden sich zentrale Motive in einer einzigen

156 6,17–49 *Die Feldrede*

Sequenz, unter dem Leitmotiv der Feindesliebe. Die matthäische Konstellation ist redaktionell komponiert, die lukanische gibt die Komposition von Q wieder. Beide Versionen zeigen den Zusammenhang zwischen Gewaltverzicht und Feindesliebe, ohne allerdings Passivität zu propagieren oder Handlungsschwäche schönzureden. Weitere Differenzen betreffen Formulierungsdetails. Die sprachliche Form bei Matthäus wirkt oft archaischer; Lukas wird Q stilistisch überarbeitet haben, wie er den Markustext ebenfalls redigiert hat.

Das Gebot der Feindesliebe, tradiert über die Redenquelle (Q), ist Urgestein und Herzstück der Ethik Jesu, so stark die literarische Ausformung durch die Evangelisten ist. Die Stellung in der matthäischen Bergpredigt und der lukanischen Feldrede zeigt, dass im Urchristentum diese zentrale Stellung gesehen und tradiert worden ist. Paulus reflektiert sie in Röm 12,9–21. Auch im johanneischen Konzept der Bruderliebe ist sie vorausgesetzt. Lukas repräsentiert den älteren Inhalt und die jüngere Sprachform des Gebotes. Beide Versionen stimmen nicht nur im Grundsatz, sondern auch in der Notwendigkeit der Konkretisierung und in vielen Beispielen überein.

Die Anrede **(26)** markiert einen Einschnitt in der Rede, indem das Publikum (6,17–20) noch einmal aufgerufen wird. Die 2. Person Plural („Ihr") zeigt Nähe an. Das Zuhören ist nicht nur akustisches Wahrnehmen, sondern intensive Aufmerksamkeit (4,21), die zwar noch keine gläubige Zustimmung ist, aber zu ihr führen soll. Daraus folgt: Die Feindesliebe ist nicht eine Spezialethik für die Jünger Jesu, sondern für alle Menschen guten Willens geöffnet, zuerst in Israel, wo der Gottesglaube geteilt werden kann, dann bei den Völkern, die nicht zuletzt über die Ethik für das Reich Gottes gewonnen werden können. Die Ethik schreckt nicht ab, sondern rüttelt auf; sie schließt nicht aus, sondern lädt ein. Nach der Feldrede sind alle, die Jesu Botschaft hören, zur Feindesliebe gerufen. In erster Linie sind es seine Jünger: als stellvertretende Adressaten der Seligpreisungen und Weherufe (6,20–26). Lukas sieht die Jüngerschaft, also perspektivisch die Kirche, als Ort, an dem die Feindesliebe verwirklicht sein will, nicht nur innergemeindlich, sondern auch gegenüber Nicht-Christen (und berichtet in der Apostelgeschichte, dass dies in der Urgemeinde auch geschehen ist). Die Pointe ist ekklesiologisch: Die Jünger sollen realisieren, was in der Welt Frieden stiftet und Gerechtigkeit fördert.

Feindesliebe **(27a)** ist konsequente Nächstenliebe. Das geht *expressis verbis* aus der matthäischen Variante hervor (Mt 5,43–44), ist aber in der Sache begründet und wird auch bei Lukas deutlich. Der alttestamentliche Basistext, Lev 19,17–18, bezieht die Nächsten auf die Mitglieder des Volkes Gottes, wird aber zum einen auf die Fremden ausgeweitet (Lev 19,34)

6,27–36 *Das Gebot der Feindesliebe*   157

und hat zum anderen Situationen erlittener Feindschaft vor Augen, in denen sie bewährt werden muss. Lukas hat das Doppelgebot in Kombination mit dem Samaritergleichnis überliefert (10,25–37), um den Blick zu weiten: „Mein Nächster" ist nicht nur mein Stammesgenosse oder Glaubensbruder – auch ein Feind kann zum Nächsten werden oder sich als Nächster erweisen. Der Samariter, der unzweideutig positiv handelt, ist für Juden ein Erbfeind; ihn als Vorbild anzuerkennen, wie es der Gesetzeslehrer immerhin tut, ist bereits der erste Schritt in Richtung der Feindesliebe. Die Konsequenz der Nächstenliebe ist strittig, weil sich die Gerechtigkeitsfrage stellt: Die Feindesliebe darf nicht den Unterschied zwischen Gut und Böse, Täter und Opfer, Schuldig und Unschuldig einebnen. Sie darf auch nicht für das Überhandnehmen von Feindschaft verantwortlich sein. Sie muss im Gegenteil die Kraft aufbringen, Unheil zu überwinden. Genau dies wird in der Jesustradition deutlich.
Den Schlüssel zum Verstehen der Feindesliebe bildet das Leitwort „Liebe", das auf Griechisch *agapáo* heißt, passend zum Substantiv *agápe*. Dieses Wort wird in der Septuaginta für die Übersetzung des hebräischen Wortes *aháb*, das alle möglichen Formen von Lieben meinen kann, konsequent dann verwendet, wenn (1.) die Liebe Gottes zu Israel und einzelnen Menschen (Dtn 23,6), (2.) die Liebe sowohl des Volkes als auch Einzelner zu Gott (Dtn 6,4–5) und (3.) die Nächstenliebe gemeint sind (Lev 19,18). Der Zusammenhang ist signifikant. In der griechischen Philosophie gibt es die Tugend *agápesis*, die Anerkennung meint. Hier knüpft die Septuaginta an. Andere Begriffe für andere Typen der Liebe – *éros*, Begehren, *philía*, die Freundschaft, und *storgé*, die Eltern- und Kinderliebe – kamen als Übersetzung nicht in Betracht, weil ihre Grundbedeutung weder zur Liebe Gottes noch zur Gottes- und Nächstenliebe passt; dadurch wurde ein wenig beachtetes, aber verständliches Wort der griechischen Sprachwelt sehr stark aufgewertet, mit enormen Resonanzen nicht nur in der Theologie, sondern auch in der Philosophie und Literatur. Feindesliebe nimmt an der Liebe Gottes teil; deshalb hat sie Kraft, Tod in Leben zu verwandeln, zuerst bei der eigenen Person.
Die Feindschaften, die Jesu Gebot anspricht (6,27b–31), sind genau ausgewählt und scharf zugespitzt. Es geht um religiöse Verfolgung (V. 28; vgl. Mt 5,44), körperliche Gewalt, selbst wenn sie demütigen soll (Vv. 28–29; vgl. Mt 5,39), und soziale Diskriminierung bis hin zu Verleumdung (V. 28). Jede denkbare Grenze der Feindesliebe wird überschritten: der Familie und Verwandtschaft, des Freundeskreises, der Glaubensgenossen, der (mehr oder weniger) Guten, der Angehörigen des eigenen Volkes.
Wie aus Feindesliebe gehandelt wird, zeigt sich in den gleichfalls beispielhaften Konkretisierungen. Der erste Dreiklang verbindet grundlegende Aktionen, ethisch und spirituell. Am Anfang **(27b)** steht die einfache,

158 6,17–49 *Die Feldrede*

aber schwer zu erfüllende Aufforderung, denen Gutes zu tun, die der eigenen Person mit Hass begegnen. Was als Gutes zu gelten hat und wie der Hass sich äußert, wird nicht konkretisiert. Entscheidend ist der Grundsatz: durch das eigene Handeln den Zirkel der Gewalt und Gegengewalt aufzubrechen – nicht durch Verachtung, sondern durch Güte (vgl. Röm 12,21). Das Handeln steht am Beginn der Ausführung, weil Feindesliebe nicht nur eine Idee ist, sondern die Praxis bestimmt.

Es folgen **(28)** die Fürbitte für die Verfolger (V. 28a par. Mt 5,44) und der Segen sogar für Blasphemiker (V. 28b) – als Gegensatz zum Verfluchen und zur Bitte um ihre Vernichtung durch Gottes Strafgericht. Jesus selbst hat es am Kreuz vorgemacht (23,34); Stephanus wird ihn nachahmen (Apg 7,60). Die spirituellen und liturgischen Aspekte folgen auf die erste Aufforderung, weil sie die Beziehung zu Gott thematisieren und selbst dann noch Möglichkeiten der Solidarität aus dem Glauben erweisen, wenn wegen der Schwäche der eigenen Kräfte, der räumlichen Entfernung oder der Größe der zu lösenden Schwierigkeit eine Hilfs- oder Solidaritätsaktion nicht möglich ist. Vor allem wird durch die Fürbitte und das Segnen das eigene Herz gereinigt und geöffnet, so dass nicht Hass und Feindschaft, Rechthaberei und Glaubenshärte über das eigene Leben herrschen, sondern Liebe und Glaube.

Ein zweiter Dreiklang (6,29–30) verbindet die schwierigsten Aufforderungen der Feindesliebe: erlittener Gewalt nicht mit Gegengewalt oder Flucht zu begegnen, sondern sie zu unterlaufen. Zuerst stehen zwei Beispiele für Aggressionen: körperliche Gewalt und Raub, die erlitten werden **(29)** – anders als in der matthäischen Parallele, in der es um Pfändungsrecht geht (Mt 5,40). Auf diese Forderungen richtet sich die meiste Kritik, weil sie geeignet seien, das Böse Überhand nehmen zu lassen. Aber der Kontext zeigt, dass es anders ist. Denn es bleibt beim Vorzeichen, Hass nicht weiter anzufeuern, sondern durch das Tun des Guten, also durch moralische Aktivität, zu überwinden (V. 27b); es bleibt auch bei der Aufforderung, die eigene Gottesbeziehung als Ressource des Friedensstiftens zu nutzen (V. 28). Deshalb sind die Handlungen, zu denen Jesus nach V. 29 auffordert, weder Ausdruck von Passivität noch Anzeichen von Lebensfeindlichkeit. Es handelt sich vielmehr um paradoxe Interventionen, die einen hohen persönlichen Preis fordern, aber die Chance bieten, Beziehungen zu anderen Menschen, die Hass säen und Gewalt ausüben, zu verändern, auch aus der Position des Unterlegenen heraus. Opfer bleiben nicht in ihrer Rolle, sondern arbeiten an der Veränderung der Täter, weil sie nicht ihrerseits zu Tätern werden, sondern die erlittene Gewalt aushalten, indem sie sich ihr aussetzen, um ihr Unrecht aufzudecken. Das Prinzip der Vergeltung wird ausgehebelt. Feindesliebe erweist nicht innere Schwä-

6,27–36 *Das Gebot der Feindesliebe* 159

che, sondern innere Stärke, auch wenn sie Leidensfähigkeit und -bereitschaft voraussetzt, das Gegenteil von Leidenssehnsucht. Wer auch die andere Backe hinhält, läuft zwar Gefahr, weiter geschlagen zu werden, zeigt aber auch eine entwaffnende Reaktion, die deutlich macht, dass, wer geschlagen wurde, nicht auf Gegenschläge setzt, sondern auf Feindesliebe und dadurch den Gegner ins Leere laufen lässt. Wer einem Räuber oder Dieb noch mehr gibt, als der an sich gerissen hat, prämiert nicht die Gewalt, sondern steht für eine Ordnung ein, die das Eigentum achtet, ohne sich an den eigenen Besitz zu klammern, und für die Klugheit, einen Aggressor mit seinen eigenen Mitteln zu entwaffnen. Die Feldrede führt nicht weiter aus, wie diese Ansätze ausgebaut werden können; sie fokussiert den ersten Schritt, dem weitere folgen müssen, weil der Ansatz des Denkens und Handelns wegweisend ist. In diesen Konkretisierungen erhellt die Feindesliebe als radikalisierte Nächstenliebe (Lev 19,17–18), die im Kontext der Gottesliebe steht (10,25–37). Sie ist nicht das Einverständnis mit Unrecht und Schuld, schon gar nicht ihr schwächliches Hinnehmen, sondern im Gegenteil starkes, aber deshalb auch leidensfähiges Eintreten dafür, Böses durch Gutes zu überwinden (Röm 12,21).

Die beiden Ausführungen zum Bitten **(30)** führen diese Linie weiter. Wieder wird der Vorwurf erhoben, man lasse sich ausnutzen, wenn man jeder Bitte nachgebe und nichts zurückfordere. Aber dieser Einwand unterschätzt die Größe der Not, die andere zu Bittstellern werden lässt. Die Großzügigkeit ist das genaue Pendant zur Gewaltlosigkeit. Das Prinzip des *do ut des* wird durchbrochen. Wer sich Bitten nicht entzieht, mögen sie auch eigennützig sein, unterstützt nicht Egoismus, sondern beginnt, eine Alternative der Solidarität aufzubauen.

Lukas komponiert die Perikope so, dass die Goldene Regel **(31)** auf derselben Basisebene wie das grundlegende Prinzip der Feindesliebe (V. 27) und der abschließende Verweis auf Gottes Barmherzigkeit (V. 36) liegt. Die Goldene Regel greift den proaktiven Umgang sowohl mit Gewalttätern als auch mit Bittstellern auf, die zu den ersten Konkretisierungen der Feindesliebe gehören (6,27–30). Matthäus sieht es ähnlich, hat aber eine andere Komposition gewählt und die Goldene Regel (Mt 7,12) als Erfüllung des Gesetzes ausgezeichnet – ebenso wie das Doppelgebot der Gottes- und der Nächstenliebe (Mt 22,34–40). Die Goldene Regel ist nicht nur im Neuen, sondern auch im Alten Testament belegt (Tob 4,15; Sir 31,15); sie ist im zeitgenössischen Judentum bekannt (Aristeasbrief 270; hebräisches Testamentum Naphtali 1,6; Philo von Alexandrien, Hypothetica, nach Eusebius, praeparatio Evangelica VIII 7,6); sie ist aber weit darüber hinaus ein internationaler, interreligiöser und interkultureller Grundsatz der Ethik von Sokrates

160   *6,17–49 Die Feldrede*

bis Konfuzius und von der Antike bis in die Gegenwart. Zwar gibt es kritische Stimmen, die in der Goldenen Regel einen Ausdruck von Unmoral sehen, weil sie nicht selbstlos sei (Albrecht Dihle). Aber so wie das Gebot der Nächstenliebe auch die Selbstliebe umfasst, so setzt die Goldene Regel bei Menschen mit einem gesunden Selbstbewusstsein und klaren Vorstellungen von dem an, was sie wollen, weil es für sie gut ist – und bricht, gerade in der positiven Formulierung der Jesustradition, die Fixierung auf die Verwirklichung der Eigeninteressen auf, um die Aufmerksamkeit auf das zu lenken, was für andere gut und richtig sein mag: um es im Zeichen der Seligpreisungen (6,20–23) zu fördern.

Die Praxis der Feindesliebe steht unter der Verheißung himmlischen Dankes (Vv. 32–34) und Lohnes (V. 35). Weder das eine noch das andere vergiftet die Ethik, weil religiöse Egoismen befeuert würden. Vielmehr verweist beides auf Gottes Barmherzigkeit (V. 36), die mehr als ein großzügiges Entgegenkommen oder milde Nachsichtigkeit, sondern schöpferische Gerechtigkeit aus Liebe ist. Die Dreierserie, die Motivationen reflektiert **(32–34)**, deckt auf, dass es keinen ethischen Mehrwert hat, im Dunstkreis kalkulierter Gegenwerte zu verbleiben (vgl. 14,12–14). Anderen zu „leihen", nur damit man es – mit Zins und Zinseszins – zurückbekommt, ist kein moralisches Verhalten, sondern verträgt sich auch mit purem Eigennutz (V. 34b); wer so handelt, verdient und bekommt keinen „Dank" *(cháris):* bei Gott nicht, aber auch bei anderen Menschen nicht. Deshalb ist die Alternative besser **(35a)**, die rekapituliert, was zuvor bereits eingefordert worden war (V. 27): Feindesliebe, Gutes Tun und Leihen, auch wenn die Aussichten auf Rückerstattung ungünstig sind. Vor das Kalkül, der eigene Einsatz müsse sich auszahlen, soll das Handeln treten, das an der Not und am Bedarf, nicht aber an der Moralität des Nächsten Maß nimmt (vgl. 6,38). Hier ist keine Rückerstattung zu erwarten, auch wenn sie nicht zu verachten wäre. Das ethische Handeln ist frei – und deshalb ist es wegweisend. Kosten-Nutzen-Kalkulationen werden durch die Feldrede nicht diskreditiert; eher wird angefragt, welche Kosten entstehen und was ein wahrer Nutzen ist – und ob es nicht wichtigere Kriterien gibt: nämlich jene, die den Segen des Gottesreiches verbreiten.

Die Feindesliebe ist theologisch begründet. Der „Lohn" besteht in der Gotteskindschaft **(35b)**. Gemeint ist nicht, dass man durch gutes Verhalten etwas wird, was man vorher nicht war, sondern dass durch die Praxis der Feindesliebe die eigene Identität zum Ausdruck kommt, derer man innewird, indem man Jesu Weisung folgt. Durch die Verheißung wird die Ethik nicht korrumpiert. Das geschähe nur, wenn um des Lohnes willen der Feind geliebt würde – aber dann würde er nicht geliebt,

6,27–36 Das Gebot der Feindesliebe 161

sondern nur der Egoismus bedient werden. Durch die Verheißung wird aber die Verbindung von Gerechtigkeit und Barmherzigkeit, von Liebe und Vollendung aufgerufen, auf der die Ethik der Feindesliebe beruht. Die Verheißung öffnet der Ethik jene Zukunft, die nicht aufgrund moralischer Anstrengung, sondern aufgrund göttlicher Liebe entsteht.

Diese Liebe ist das Handeln und das Wesen Gottes selbst. Nach Lukas verweist Jesus auf Gottes Barmherzigkeit **(36)** – deren bestes menschliches Bild der Vater des verlorenen Sohnes ist (15,11–32). Gottes Barmherzigkeit sind sein Wille und seine Fähigkeit, die Gnade ins Recht zu setzen, nicht willkürlich, sondern seinem Heilsplan entsprechend. Angesichts von Schuld und Not ist es nicht möglich, durch Lohn und Strafe umfassende Gerechtigkeit zu verwirklichen; es bedarf vielmehr der vollen Kreativität Gottes, die von Herzen kommt und die Liebe sprechen lässt. (Nach Matthäus verweist Jesus auf Gottes Vollkommenheit – worunter nicht ein Superlativ an Tugend, sondern die Fülle des Lebens zu verstehen ist, der Güte, Treue und Geduld, ohne die es weder zur eschatologischen Vollendung käme noch Glücksmomente erfahrener und erwiesener Liebe entständen.) Die theologische Begründung ist notwendig, weil auch die Gegner der Feindesliebe sich auf Gott berufen, vor allem auf seine Gerechtigkeit. Wenn aber gesehen wird, dass Gottes höchste Gerechtigkeit seine Barmherzigkeit ist, weil nur sie umfassende Gerechtigkeit für alle erstehen lassen kann, zeigt sich die Logik. Paulus spricht explizit von der Feindesliebe Gottes – denen aufgegangen, die zum Glauben gekommen sind (Röm 5,5–7). Die *imitatio Dei*, Nachahmung Gottes, ist ein biblisch tief verwurzeltes Motiv. Es setzt die Einzigkeit Gottes nicht herab, sondern voraus. Es ist eine Nachahmung, die nur geschehen kann, wenn Gott Gott bleibt und kein Mensch denkt, Gott sein zu können. Da aber das Schöpferwirken und Heilshandeln Gottes dem Ethos der Liebe folgt, ist es möglich, dass Menschen sich so von Gott inspirieren lassen, dass sie das Gute, das er will und wirkt, bejahen, um es im eigenen Handeln umzusetzen: in der eigenen Verantwortung, unter den Bedingungen der eigenen Schwäche, aber mit dem Engagement des Glaubens. In dieser Theozentrik ist die Feindesliebe Zustimmung zu der Liebe, mit der Gott auch die Ungerechten und Sünder liebt – ohne ihre Sünde gutzuheißen, aber auch ohne ihnen wegen ihrer Schuld seine Zuwendung zu entziehen. Sie ist ebenso Zustimmung zu Gottes Gnade: die allen gibt, was sie zum Leben brauchen – und mehr als das, ohne auf Gegenleistungen zu rechnen. Gott selbst nimmt es in der Freiheit, in die er die Menschen entlassen hat, hin, von ihnen verraten, verkannt, verleumdet zu werden, ohne deshalb von seiner Liebe abzulassen. Diese Liebe, die sie selbst erfahren, kann und soll Menschen bewegen, auch ihre Liebe zu ihren Feinden zu entwickeln.

162 6,17–49 *Die Feldrede*

Feindesliebe ist anspruchsvoll. Aber gäbe es sie nicht, wäre die Welt dunkler. Man kann mit guten Gründen sagen, dass sie den Standpunkt der Moralität überhaupt bezieht, weil sie im Gegenüber den Menschen, theologisch: das Ebenbild Gottes, sieht, selbst wenn er ein schwerer Sünder ist, und weil sie in erlittenem Unrecht keinen Grund sieht, mit gleicher Münze heimzuzahlen. Auch wo von Altruismus gesprochen wird, muss die Feindesliebe einbezogen sein, wenn nicht doch die Eigeninteressen dominieren sollen. *Kritik am Gebot der Feindesliebe* entwickelt sich an zwei Stellen: Von ethischer Seite wird eingewendet, dass Feindesliebe überdehnt sei, weil zwischen Gut und Böse unterschieden werden müsse; von psychologischer Seite wird eingewendet, Feindesliebe sei kontraproduktiv, weil sie das Ego überfordere und deshalb unterdrückte Aggressionen schaffe, die unkontrolliert ausbrächen. Das ethische Problem lässt sich nur soteriologisch lösen; weil derjenige, der selbst aus reiner Liebe die Schuld der anderen ertragen und vergeben hat, Jesus, das Reich Gottes als umfassende Vollendung von Gerechtigkeit, Friede und Freude (Röm 14,17) verwirklicht. Das psychologische Problem lässt sich nur spirituell lösen: in der Nachfolge Jesu, die auf seine Kraft setzt, in den Nachfolgern das Gute zu tun. Das *Problem der Erfüllbarkeit* der Feldrede resp. der Bergpredigt und speziell des Gebotes der Feindesliebe bewegt Theologie und Kirche seit ältester Zeit. Eine erhebliche Verschärfung des Problems geschieht durch eine Emotionalisierung der Feindesliebe, die aber – in der Nachfolge Jesu – eine Praxis des Glaubens aus der Einheit von Gottes- und Nächstenliebe ist und als solche eingeübt, ausgebildet, gefestigt werden kann. Sie setzt die Suche nach dem besten Weg der Verwirklichung nicht aus, sondern ein. Sie entspricht aber darin der Gottesebenbildlichkeit aller Menschen und der Gotteskindschaft der zu Erlösenden, dass sie an der Unbedingtheit der Bejahung, die Gott ihnen zuteilwerden lässt, Anteil hat. Die Liebe zum Nächsten, auch zum Feind, ist die Bejahung seiner resp. ihrer Person. Aus der Liebe Gottes abgeleitet und der Liebe zu Gott entsprechend, macht die Feindesliebe Sinn. Das Gebot der Feindesliebe ist *angewandte Christologie*. Einerseits ist es Jesus, der das Gebot der Feindesliebe aufstellt, nach Matthäus im Gegensatz zur herrschenden Auslegung des alttestamentlichen Liebesgebotes, nach Lukas mit starker Betonung seiner personalen Autorität. Andererseits ist es Jesus, der das Gebot umfassend verwirklicht – vorbildlich in seinem Leben und Leiden, heilbringend in seiner Lebenshingabe aus reiner Liebe. Lukas hat, bis in die Passionsgeschichte hinein, markante Beispiele praktizierter Feindesliebe gestaltet (23,34). Bei Jesus passen Verkündigung und Verhalten zusammen; so zeichnet Lukas ihn. Feindesliebe ist ein Ausweis engagierter Jüngerschaft. Ohne dass der Zusammenhang relativiert würde, ist er klar. Es gibt kein Bekenntnis zu Jesus, das den Hass auf Feinde schüren dürfte, weder inner- noch außerkirchlich. Dass die ethische Performance häufig hinter den Ansprüchen zurückbleibt, desavouiert nicht das Bekenntnis, das ja immer dem Erlöser gilt. Entscheidend ist

6,37–42 *Das Verbot des Verdammens* 163

es, den Zusammenhang so eng wie möglich zu halten. Die *Rückfrage nach Jesus* gelangt zu einer differenziert positiven Antwort. Der synoptische Vergleich beweist die Intensität der Bearbeitung vor und in den Evangelien. Aber das Gebot der Feindesliebe geht auf Jesus selbst zurück: in der Intention, in den wesentlichen Paradigmen und in der Klarheit der Ansage wie der Begründung. Alles passt genau zusammen und zu anderen Leitmotiven seines Evangeliums; keine andere Quelle ist so markant profiliert. Feindesliebe ist das Markenzeichen der Ethik Jesu, gedeckt durch seine eigene Haltung.

6,37–42
Das Verbot des Verdammens

[37]**Richtet nicht, damit ihr nicht gerichtet werdet. Und verurteilt nicht, damit ihr nicht verurteilt werdet. Erlasst, und euch wird vergeben werden.** [38]**Gebt, und es wird euch gegeben werden: Ein gutes, gedrücktes, gerütteltes, überbordendes Maß wird euch in den Schoß gelegt werden; denn mit dem Maß, mit dem ihr messt, wird euch bemessen werden."** [39]**Er sagte ihnen auch ein Gleichnis: „Kann etwa ein Blinder einen Blinden führen? Werden nicht beide in eine Grube fallen?** [40]**Ein Jünger ist nicht über seinem Lehrer. Jeder aber, der ausgebildet ist, wird wie sein Lehrer sein.** [41]**Was siehst du den Splitter im Auge deines Bruders, den Balken aber im eigenen Auge siehst du nicht?** [42]**Wie kannst du deinem Bruder sagen: ,Lass, ich werde den Splitter aus deinem Auge ziehen', während du den Balken in deinem Auge nicht siehst? Heuchler, zieh zuerst den Balken aus deinem Auge, und dann wirst du den Durchblick haben, den Dorn im Auge deines Bruders herauszuziehen.**

Das Gebot der Feindesliebe baut zum Abschluss mit dem Verweis auf die Barmherzigkeit Gottes, des Vaters (6,36), eine Brücke zum Passus über das Richten. Er befasst sich nicht allgemein mit dem Justizwesen; im Fokus steht vielmehr die Rechtsprechung im Namen Gottes: eine Be- und vor allem eine Verurteilung anderer, die mit Berufung auf Gott vorgenommen wird (vgl. Mt 7,1–5). Sie differenziert nicht zwischen Moralität und Legalität, sondern will programmatisch beides zur Deckung bringen. Weil sowohl die Seligpreisungen (6,20–23), mit denen die Weheworte korrespondieren (6,24–26), als auch das Gebot der Feindesliebe (6,27–36) am Aufbau gerechter Verhältnisse durch die Überwindung von Not und Hass arbeiten, indem Gottes Reich und Barmherzigkeit das Fundament bilden, ist die Fortsetzung konsequent: Was passiert, wenn im Blick zu Gott ein – tatsächliches oder vermeintliches – Fehlverhalten anderer Menschen zutage tritt? Das Verbot, mit Verweis auf die Gerechtigkeit Gottes andere Menschen hinzurichten,

164 6,17–49 *Die Feldrede*

sei es physisch, sei es psychisch, folgt konsequent auf das Gebot der Feindesliebe.
Der Abschnitt wird durch eine Regiebemerkung des Erzählers (V. 39a) in zwei Teile gegliedert, die komplementäre Aspekte desselben Themas beleuchten.

6,37–38	Der Grundsatz: Vergebung statt Verdammung	
	37	Nicht Richten, nicht Verurteilen – Erlassen
	38	Geben – und Empfangen
6,39–42	Zwei Gleichnisse: Abschreckende Beispiele	
	39–40	Die blinden Blindenführer
	41–42	Splitter und Balken

Die grundlegende Mahnung, die sich aus dem Liebesgebot ergibt (6,37–38), wird parabolisch begründet. Häufig wird antipharisäische Polemik eingetragen. Aber Jesus fokussiert nach wie vor seine Jünger: Es geht um ihre Gefährdungen, die aus ihrem heiligen Wissen (6,20–26) und ihrem solidarischen Ethos (6,27–36) resultieren.

Lukas folgt der Redenquelle (vgl. Mt 7,1–5), sowohl in der Warnung vor dem hypertrophen Richten als auch im Bild vom Splitter und Balken, während die blinden Blindenführer (vgl. Mt 15,14) aus einer anderen Überlieferung eingespeist sind. Die Zusammenstellung ist stimmig, weil Lukas in aller Öffentlichkeit Versuchungen bespricht, denen die Jünger wegen ihrer besonderen Nähe zu Jesus ausgesetzt sind.

Das Richten, vor dem Jesus warnt (**37**), ist ein Hinrichten: eine nicht unbedingt körperliche, aber soziale, nicht zuletzt ekklesiale Tötung, die verbal und rituell erfolgen kann. Wer richtet, wie Jesus es kritisiert, muss sich auf Gott selbst berufen. Auf derselben Linie liegt das Verurteilen: Jesus entzieht nicht der irdischen Justiz den Boden, sondern einer Jünger-(und Kirchen-)Justiz, die über Leben und Tod entscheiden will: wenn nicht physisch, dann psychisch. Allerdings plädiert Jesus, lange verkannt, prinzipiell gegen die Todesstrafe: weil Menschen die Rolle Gottes spielen, wenn sie einem anderen Menschen das Leben nehmen. Nach dem Tun-Ergehen-Zusammenhang sprechen sich diejenigen, die so richten und urteilen, selbst das Gericht – wodurch die heilsdramatische Asymmetrie von Schuld und Vergebung aufgerufen wird: Gott verurteilt diejenigen, die in seinem Namen andere Menschen aburteilen. Der entscheidende Aspekt ist nicht die Schwere einer Schuld, sondern die Rolle, die Menschen einnehmen, wenn sie „richten". Die positive Alternative ist das „Erlassen", also die Vergebung der Schuld, wie sie der Feindesliebe angemessen ist. Sie steht unter dem Vorzeichen einer Verheißung, die der Feldrede von den Seligpreisungen an Kraft verleiht. Wegen der Dynamik

6,37–42 *Das Verbot des Verdammens* 165

des Heilshandelns Gottes gibt es – in der Nachfolge des Menschensohnes Jesus (5,24) – die Vollmacht, ja den Auftrag an die Jünger, Sünden zu vergeben, wo und wie immer es geht. Es herrscht das Prinzip der Gerechtigkeit: Gott sieht nicht auf die Person, sondern schaut ins Herz und beurteilt die Taten. Er handelt nicht anders, als die Menschen es verdient haben: wie sie es halten, so hält Gott es mit ihnen. Da aber Gottes Macht und Liebe unendlich größer ist als die der Menschen, wird die Gerechtigkeit nicht auf die nachträgliche Beurteilung von Gedanken, Worten und Werken reduziert, sondern in ihrer kreativen Kraft aufgerufen, Unrecht in Recht zu verwandeln, auch in den sündigen Menschen.

Das Geben **(38)** knüpft an Konkretionen der Feindesliebe an (6,33–35), die Hingabe ohne Hintergedanken propagiert – und versieht sie hier mit einer Verheißung, die von den Seligpreisungen (6,20–23) an die gesamte Feldrede prägt. In einem farbkräftigen Bild aus dem Landhandel wird die Asymmetrie zwischen menschlicher Gabe und göttlichem Lohn veranschaulicht: So viel – durch das Nachlassen von Sünden und den Verzicht auf ein sakralisiertes Strafgericht – Gott gegeben wird, der allein der Richter ist, und dem Nächsten, der selbst als schwerer Sünder nicht die Todesstrafe verdient: Gott gibt unendlich mehr. Diejenigen, die Gott so sehen, wie Jesus ihn zeigt, werden diese Gabe empfangen – und weitergeben können. Großzügigkeit führt zu noch mehr Großzügigkeit, durch Gott. Der Grund, auf eine definitive Verurteilung zu verzichten und zur Vergebung bereit, ja für sie aktiv zu sein, besteht nicht darin, dass es keine Schuld oder keine irdische Gerechtigkeit gäbe, sondern darin, dass Gottes Liebe stärker ist als jeder Hass und dass deshalb die Möglichkeit eines neuen Anfangs offenbleiben muss.

Die Blindheit **(39)** wird unter den Jüngern ausgemacht, nicht bei den Pharisäern, die an dieser Stelle nicht vor Augen stehen. Blind ist, dem Kontext zufolge, wer richtet, so dass er gerichtet, und verurteilt, so dass er verurteilt wird (Vv. 37–38). Die Jünger sind Schüler, die zu Lehrern werden sollen; sie müssen aufpassen, ihre Blindheit nicht weiterzugeben. Sie haben eine Verantwortung, so zu lehren, wie sie es von Jesus gelernt haben **(40)**. Ihr Problem, das Jesus vorausschauend anspricht, besteht darin, dass sie besonders hellsichtig zu sein meinen, wenn sie im Lichte Gottes andere Menschen beurteilen und – scheinbar der göttlichen Gerechtigkeit verpflichtet – verurteilen. Sie verkennen dann aber ihre eigene Rolle, nämlich ihre eigene Blindheit: weil sie sich an die Stelle Gottes setzen.

Das berühmte Sprichwort von Splitter und Balken **(41–42)** erklärt die anthropologische Korrespondenz zum theologischen Argument, dass Gottes Vorrecht nicht usurpiert und Gottes Gnade nicht torpediert werden darf. Wer andere beschuldigt, darf die eigene Schuld nicht übersehen.

166 6,17–49 *Die Feldrede*

Sie trübt das Auge, so dass auch die andere Person nicht richtig erkannt werden kann. Es fehlt der Durchblick. Erst durch Reue und Vergebung entsteht er – und dann ist nicht der Boden für unbarmherzige Richter bereitet, sondern für Selbstkritik angesichts schreienden Unrechts und für eigene Umkehr vor dem Ruf nach der Umkehr anderer. Das Bildwort besagt nicht, dass es diese Sehschwäche, die durch eigene Schuld verursacht wird, geben könnte, sondern dass es sie gibt – und dass deshalb die Pose der göttlichen Gerechtigkeit, die Menschen sich mit Berufung auf Gott anmaßen mögen, in den Untergang führt.

Das Wort vom Richten ist ein Schlüsselwort für staatliches und kirchliches Recht – oder sollte es doch sein. Das Recht dient nicht der Exekution eines unerbittlichen Strafwillens Gottes, sondern soll im Gegenteil beim Urteilen wie beim Strafen Menschlichkeit walten lassen und Feindschaft durch Gerechtigkeit überwinden (6,27–36). In der Jüngerschaft ist das Recht kein Fremdkörper; vielmehr muss das kirchliche Recht selbst dem Grundsatz gerecht werden, nicht an die Stelle Gottes selbst und seines Gerichts treten zu wollen. Angesichts expansiver Auslegungen des „göttlichen Rechts" *(ius divinum)* und systemischer Unbarmherzigkeit gegenüber Sündern, die vor allem gegen das 6. Gebot verstoßen haben, wie es kirchlich rigide ausgelegt wird, ist der kritische Hinweis, der genau das tief begründete und leicht missbrauchte heilige Gerechtigkeitsgefühl der Jünger anspricht, von größter Aktualität. Im Staat muss derselbe Vorbehalt gelten. Es kann keine Rede davon sein, dass die Feldpredigt der Polizei und dem Justizwesen den Boden entzieht. Strafen sind für den Staat notwendige Zwangsmittel in einer ungerechten Welt, die unter Zeitdruck steht und Menschen, die zu Opfern werden könnten, Schutz gewähren muss, ohne sie erlösen zu können. Alle irdischen Richter, in der Kirche oder im Staat, stehen ihrerseits unter dem himmlischen Richter. Das soll sie zur Mäßigung führen, zumal der Richtergott barmherzig ist. Das Kreuz, das in vielen Gerichtssälen hängt, soll diesen Zusammenhang klarmachen. Humanisierung des Rechtwesens und der Rechtsprechung liegt in der Perspektive der Feldrede wie der Bergpredigt. Thema, Sprachbilder und Ethos sind jesuanisch, auch wenn die Ausführung lukanisch ist.

6,43–45
Die Ermunterung zur Herzensgüte

[43]Es gibt keinen guten Baum, der schlechte Früchte, und keinen schlechten Baum, der gute Früchte trägt. [44]Denn jeder Baum wird an seinen Früchten erkannt. Man sammelt ja nicht Feigen aus Dornen, noch liest man vom Dornbusch Trauben. [45]Der gute Mensch bringt aus dem Schatz seines Herzens Gutes hervor, und der böse aus dem Bösen das Böse. Denn wes das Herz voll ist, des fließt der Mund über.

6,43–45   Die Ermunterung zur Herzensgüte   167

Mit einem neuen Bild wird eine weitere Folgerung aus dem Gebot der Feindesliebe gezogen. Während Jesus im Passus zuvor (6,37–42) vor einem verfehlten Gottesverhältnis warnt, das den schuldig gewordenen Nächsten verurteilt, ohne der eigenen Schuld inne zu werden, wird jetzt das positive Gegenstück gezeichnet: dass echte Gottesliebe echte Güte hervorbringt, die von Herzen kommt. Der Passus ist einfach aufgebaut: Ein Bild wird gezeichnet und ausgelegt.

6,43–44	Das Bild: Baum/Früchte – Feigen/Dornen – Dornbusch/Trauben
6,45	Die Übertragung: Der gute und der böse Mensch.

Die anthropologische Perspektive entspricht derjenigen, die im Bildwort vom Splitter und Balken gezeichnet worden war (6,41–42). Der Unterschied besteht darin, dass dort Selbstsichere zur Gewissenserforschung gerufen worden waren, während hier die Möglichkeit einer Alternative, aber auch die Konsequenz einer Entscheidung ins Bild gesetzt werden: Die Güte des Wortes Gottes und des Glaubens, die ins Herz der Menschen gesenkt wird, wirkt sich im Handeln aus; und vom Handeln kann man auf den Charakter wie auf den Glauben der Menschen schließen. Lukas folgt weiter der Redenquelle, hat aber die Kritik an falschen Propheten, die bei Matthäus deutlich wird (Mt 7,15), nicht aufgegriffen, sondern stattdessen das Motiv vom Schatz des Guten (vgl. Mt 12,33–35).

Die Metaphern **(43–44)** sind Alltagsweisheiten aus dem Leben von Bauern und Sammlern, Männern und Frauen. Was „gut" und was „schlecht" ist, erklärt sich aus der kultivierten Natur, in der es keine Qualitätsdiskussionen gibt. Die Übertragung rückt das Herz des Menschen ins Zentrum **(45a).** Es ist, biblisch gesehen, das Organ nicht nur des Fühlens, sondern auch des Denkens, des Sehnens, des Fragens, des Entscheidens, der personalen Integration, des Charakters. Im Menschen liegen Gut und Böse – nicht gleich verteilt, sondern von Mensch zu Mensch unterschiedlich, aber doch so, dass – um des Aufrüttelungseffektes willen plakativ – zwischen dem einen und dem anderen unterschieden werden kann: damit bei jedem Menschen die Gewissenserforschung stimuliert wird, wann und wie jeder Mensch einmal der eine und einmal der andere ist. Im richtigen Leben gibt es Grautöne – aber alle erklären sich aus Schwarz-Weiß-Mischungen. Die Feldrede stellt vor ethische Grundfragen. Im Licht des Kontextes ist es böse, im Namen Gottes Menschen vernichten zu wollen; gut ist es hingegen, in der Nachfolge Jesu der Barmherzigkeit Gottes Ausdruck zu verleihen. Ein böses Herz ist die Quelle von Bosheit und wird selbst vom Bösen vergiftet; ein gutes Herz aber bringt Gutes hervor und wird selbst dadurch vom Guten erfüllt.

168 6,17–49 *Die Feldrede*

Das abschließende Sprichwort (45b) stellt auf den Zusammenhang zwischen innerer Einstellung und äußerem Verhalten ab, auch beim Reden. Entscheidend ist also, das Herz mit Gutem zu füllen: durch Gott, der sein Wort sagt und den Menschen Jesus schenkt, mit dem Segen des „Selig" und mit der Barmherzigkeit, die Feindschaft überwindet. Sich das Herz füllen zu lassen, ist kein Automatismus, sondern ein personales Geschehen, in dem sich ein Mensch nicht nur auf sich selbst, sondern auf Gott und mit ihm auf andere Menschen bezieht.

Das Ethos der Menschlichkeit, das die Feldrede aus theologischen Gründen zeichnet, führt zu einprägsamen Bildern, die weit über den christlichen Traditionsraum hinaus Spuren hinterlassen, zumal sie aus der Weisheit Israels geschöpft sind, die ins Zeichen des Reiches Gottes gestellt wird. Die Feindesliebe gibt den Ton an; dass sie nichts mit Schwäche, sondern mit Güte zu tun hat, wird klar; dass Gottesliebe nicht tötet, auch Sünder nicht, sondern Leben schafft und gute Früchte hervorbringt, wie auch der Täufer Johannes sie gefordert hat (3,8), zeigt, dass die Feindesliebe keineswegs ein hehres Prinzip, sondern eine ebenso realistische wie ambitionierte Praxis ist. Das Bild fokussiert nicht die Möglichkeit der Umkehr und Erneuerung – die vielmehr vorausgesetzt sind und sich bewähren sollen. Die Ermunterung zu herzensguter Frömmigkeit gehört in die Schule der Nachfolge Jesu. Jesus selbst hat die Spur gelegt; der lukanische Text beruht auf dem Zeugnis derer, die ihr gefolgt sind.

6,46–49
Das Haus auf dem Felsen

[46]Was ruft ihr mich: ‚Herr, Herr', und tut nicht, was ich sage? [47]Jeder, der zu mir kommt und meine Worte hört und sie befolgt – wem er gleicht, werde ich euch zeigen: [48]Er ist gleich einem Menschen, der ein Haus baute, der grub und aushub und das Fundament auf Fels stellte. Als Hochwasser kam, stieß der Fluss gegen jenes Haus und konnte es nicht erschüttern, weil es gut gebaut war. [49]Wer aber hört und nicht handelt, ist einem Menschen gleich, der sein Haus ohne Fundament auf die Erde baute; als dann der Fluss anstieß, fiel es sofort zusammen, und der Einsturz jenes Hauses war gewaltig."

Ein letztes Bildwort rundet die Feldrede ab und macht die Eingangsalternative zwischen Selig und Wehe auf (6,20–26) – nun aber nicht mehr heilsdialektisch vermittelt, sondern ethisch alternativ. Jesus kommt es nach der Feldrede entschieden darauf an, die notwendigen Entschlüsse zu fassen und konsequent in die Tat umzusetzen, die sich aus der Annahme der Heilsbotschaft ergeben. Was Gut und was Böse ist, wird nicht

6,46–49 Das Haus auf dem Felsen 169

detailliert diskutiert, ebenso wenig wie in V. 45; es ergibt sich *sub specie Dei*, wenn Jesus die Augen öffnet. Der Passus ist ähnlich einfach aufgebaut wie der vorhergehende, allerdings chiastisch gewendet:

6,46–47	Die Alternative: Lippenbekenntnis oder Gehorsam
6,48–49	Das Bild: Ein Haus auf Fels oder auf Sand

Das Bild ist unmittelbar verständlich. Die vorangestellte Alternative spricht eine Versuchung an, die es nur in der Jüngerschaft gibt, die aber auch aktiv bekämpft werden kann. Die Feldrede endet wie die Bergpredigt, auf der gemeinsamen Basis der programmatischen Rede Jesu in Q (vgl. Mt 7,21–27). Lukas hat den Anfang kompakter als Matthäus gestaltet, aber nicht weniger markant ausgeführt.

Zu Jesus „Herr" *(kýrios)* zu sagen **(46)**, scheint die denkbar höchste Ehrung zu sein, weil „Kyrios" in der griechischen Bibel den Gottesnamen JHWH (gesprochen: *adonai*) wiedergibt und meinen lassen könnte, Jesus werde als Gott verehrt. Doch schon die Doppelung stimmt skeptisch: Sie kann der Versuch sein, sich die Aufmerksamkeit einer Person zu verschaffen, deren Interesse man nicht sicher ist, oder die eigene Bekenntnissicherheit doppelt zu demonstrieren. Zu Jesus kann man aber nur „Herr" sagen, wenn man ihm zugehört hat; er ist auch tatsächlich der „Herr" (2,11). Aber das Problem besteht darin, womöglich bei einem Lippenbekenntnis zu bleiben, während das, was Jesus sowohl zuspricht als auch fordert, nicht befolgt wird: Das Denken, Fühlen und Handeln, das Beten und Danken bleiben dann unberührt. Ohne „Früchte" zu bringen (6,43–44), hilft das Bekenntnis allerdings nichts, selbst wenn es die Form einer dringlichen Bitte annehmen sollte. (Die Kehrseite beleuchtet Paulus in Röm 10,9–10: Das Bekenntnis muss von Herzen kommen, also den ganzen Menschen prägen.)

Wer Jesus als Kyrios bekennt, muss auch tun, was er sagt **(47a)**. Was dies ist, wird in der Feldrede verdichtet; in erster Linie geht es um die Feindesliebe und ihre Konkretionen. Das „Haus" **(47b–49)** steht allegorisch für den eigenen Lebensentwurf, die eigene Familie, den eigenen Besitz und Beruf, durchaus auch für die Jüngergemeinde und in der Konsequenz für die Kirche. Es kommt auf gute Planung und Durchführung an (vgl. 14,28–30). Der Gegensatz zwischen Fels und Erde oder Sand erklärt sich vor dem Hintergrund der alttestamentlichen Metaphorik, dass Gott selbst der Fels ist, auf dem Israel errichtet ist (Dtn 32,4; 1Sam 2,2 u. ö.; Ps 18,3 u. ö.). Wer also Jesus folgt, gründet sich in Gott und wird dann den Stürmen des Lebens trotzen können. Wer hingegen im Irdischen seinen Lebenssinn sieht, wird scheitern – weil er den Weg alles

170   *7,1–8,3 Messianische Taten*

Irdischen geht. Zum Schluss (V. 49) steht eine Warnung – an die Jünger und an das gesamte Publikum, damit der Ernst der Lage deutlich wird und die Chance des Neuanfangs im Glauben ergriffen wird.

> Der Schluss der Feldrede setzt ihre grundlegende Bedeutung ins Bild. Glaube hat Konsequenzen, die zu ziehen, die Größe der Verheißung entdecken lässt: Sicherheit für das eigene Leben, das in Gott gegründet ist, und für das der Anderen, die entweder bereits die Herzensgüte aufbringen, die dem Evangelium entspricht, oder zumindest von der Feindesliebe und der aktiven Solidarität derer profitieren können, die Jesus nachfolgen. Die Feldrede hat die Gefahren der Jüngerschaft vor Augen: Der Fundamentalismus hat kein Fundament – Gerechtigkeit vollendet sich als Barmherzigkeit. Wer Jesus nachfolgt, kann Gott in seiner Güte nachahmen. Die Feindesliebe ist hoch anspruchsvoll, aber keine prinzipielle Überforderung, weil sie der Kreatürlichkeit des Menschen entspricht: geliebt zu sein, um lieben zu können. Sie geht auf älteste Jesusüberlieferung zurück und ist durchkomponiert worden, damit das, was als das Wichtigste gesehen wurde, im Gedächtnis bleiben kann. Das gilt auch für die farbigen Haus-Bilder, die bestens in das Repertoire Jesu passen. Auch die klare Ablehnung von Lippenbekenntnissen atmet voll und ganz den Geist Jesu.

7,1–8,3
Messianische Taten

Nach der Serie von Episoden, die auf die Bildung der Jüngerschaft hinauslaufen, um der Mission Jesu zu dienen (5,1–6,16), und nach der Rede über Gottes Reich, die Jesus auf freiem Feld hält (6,17–49), stellt Lukas eine Serie von Perikopen zusammen, die beispielhaft zeigen, dass und wie Jesus als Messias die Barmherzigkeit Gottes verwirklicht, von der er gesprochen hat (6,36). Wie er wirkt und welche Reaktionen er auslöst, wird in der anschließenden Gleichnisrede besprochen (8,4–18), sie macht im Rückblick klar, dass er in seinen Werken der Barmherzigkeit die „Geheimnisse des Gottesreiches" (8,10) offenbart.
Die Pointe der Erzählungen besteht darin, dass Jesus proaktiv Gottes Barmherzigkeit verbreitet und deshalb genau diejenigen besonders bedenkt, die anscheinend ausgegrenzt sind oder sich selbst für unwürdig halten. Jesus schlägt eine Brücke zu den Heiden, indem er den Knecht des Hauptmanns von Kapharnaum heilt (7,1–10), zugleich ein Zeichen des Friedens mitten in einer kriegerischen Welt. Jesus schlägt eine Brücke über den Tod, indem er den Sohn einer Witwe in Naïn zurück ins Leben ruft (7,11–17), zugleich ein Zeichen der wirksamen Hilfe gegen die Armut. Jesus schlägt eine Brücke zu Johannes dem Täufer, indem er seine

7,1–8,3 Messianische Taten 171

Frage nach dem Messias beantwortet (7,18–35), zugleich ein Zeichen der Solidarität mit dem Gefangenen. Jesus schlägt eine Brücke über die Sünde, indem er einer Frau die Vergebung zuspricht, die ihm die Füße salbt (7,35–50), zugleich ein Zeichen seines Einsatzes für Frauen. In all diesen Szenen ist es Jesus, der gibt, während andere empfangen – und sich beschenken lassen. Den passenden Gegenakzent setzt der Schluss der Sequenz (8,1–3); hier werden Frauen gezeigt, die Jesus nicht nur sehr viel verdanken, sondern auch sehr viel geben: Sie erweisen ihm gegenüber Werke der Liebe, ohne die seine Mission gar nicht hätte realisiert werden können. Lukas hat die Szenenfolge so komponiert, dass gravierende Kommunikationshürden deutlich werden, die von Jesus beiseite geräumt werden – nicht, weil es die Grenzen nicht gäbe, aber weil sie durchlässig sind: in der Kraft Gottes.

	Grenzüberschreitende Barmherzigkeit
7,1–10	Die Heilung des Knechtes des Hauptmanns von Kapharnaum
7,11–17	Die Auferweckung des jungen Mannes von Naïn
	Prophetische Verständigung
7,18–23	Die Frage des Täufers nach dem Messias und die Antwort Jesu
7,24–35	Das Zeugnis Jesu über den Täufer Johannes
	Frauensolidarität
7,36–50	Die Vergebung der Sünden der liebenden Frau
8,1–3	Starke Frauen in der Nachfolge Jesu

Lukas arrangiert die Szenenfolge so, dass drei Paare gebildet werden. Der Mittelteil markiert den christologischen Schwerpunkt, die beiden Seitenstücke verdeutlichen die in der Sendung des Messias angelegten Heilswirkungen. Im ersten Paar wird die *grenzüberschreitende Barmherzigkeit* Gottes greifbar. Jesus erweist seine Vollmacht über Krankheit und Tod, indem er den Knecht eines heidnischen Hauptmannes heilt (7,1–10), und den Sohn einer Witwe von den Toten auferweckt (7,11–17). Das zweite Paar bildet das christologische Scharnier. Lukas erzählt von einer *prophetischen Verständigung* zwischen Jesus und Johannes dem Täufer: erst, indem Jesus Johannes auf seine Messiasfrage antwortet (7,18–23), dann, indem Jesus sich auf die Seite des Täufers stellt (vgl. 16,16), indem er problematisiert, warum Menschen ihm gefolgt sind oder nicht (7,24–35). Am Ende der Sequenz stehen zwei Frauen-Erinnerungen, die zum einen den Einsatz Jesu für eine Verfemte (7,36–50), zum anderen aber auch den Einsatz vermögender Frauen für Jesus zeigen (8,1–3). Die messianischen Taten verweisen auf die messianische Person; der Christus Jesus stellt nicht sich selbst in den Mittelpunkt, sondern schafft den Raum der Freiheit, der im Glauben ausgefüllt werden soll.

172   *7,1–8,3 Messianische Taten*

Die Glaubwürdigkeit der Feldrede mit dem Ethos der Liebe, die auch die Feinde umschließt, beruht darauf, dass Jesus handelt, wie er redet, und sagt, was er tut – beides nicht aus eigener Machtvollkommenheit, sondern im Auftrag Gottes. So groß aber die Barmherzigkeit ist, die Jesus anderen Menschen erweist, so groß ist auch die Notwendigkeit, einerseits Möglichkeiten zu nutzen, die sich ergeben (7,1–10), andererseits Unklarheiten zu beseitigen, die auftreten (7,23–35). Beides wird in der Gleichnisrede angesprochen werden, wenn es einerseits um die Unfruchtbarkeit, andererseits aber noch viel mehr um die Fruchtbarkeit des Samens geht, den Jesus ausstreut (8,4–8). In der Auseinandersetzung um die Frau, die Jesus salbt, wird bereits ein Gleichnis als Argument eingeführt (7,36–50); in den anschließenden Gleichnissen wird mit der Aussaat wiederum etwas proaktiv Positives an den Anfang gestellt, das Wirkungen hat und am Ende die überreiche Fruchtbarkeit des Reiches Gottes begründet.

7,1–10
Die Heilung des Knechtes des Hauptmanns von Kapharnaum

[1]Sobald Jesus alle seine Worte beendet hatte vor den Ohren des Volkes, ging er nach Kapharnaum. [2]Ein Hauptmann hatte einen Knecht, der krank war und im Sterben lag; der war ihm teuer. [3]Als er von Jesus hörte, sandte er zu ihm Älteste der Juden, ihn zu fragen, dass er komme, seinen Knecht zu heilen. [4]So kamen sie zu Jesus und baten ihn inständig und sagten: „Er ist würdig, dass ihm dies gewährt wird; [5]denn er liebt unser Volk und hat uns diese Synagoge gebaut." [6]Jesus aber ging mit ihnen. Als er schon nicht mehr weit vom Haus entfernt war, schickte der Hauptmann Freunde und sagte ihm: „Herr, bemüh dich nicht; denn ich bin nicht wert, dass du einkehrst unter mein Dach. [7]Deshalb habe ich mich selbst nicht für würdig gehalten, zu dir zu kommen. Aber sprich nur ein Wort, und mein Diener wird gesund. [8]Denn auch ich bin ein Mensch, der unter Befehl steht, und habe unter mir Soldaten, und wenn ich diesem sage: ‚Geh', geht er, und jenem: ‚Komm', kommt er, und meinem Knecht: ‚Tu dies', tut er es." [9]Als Jesus das hörte, staunte er über ihn und wandte sich zum Volk, das ihm folgte, und sagte: „In Israel habe ich einen solchen Glauben nicht gefunden." [10]Und die ausgesandt waren, wandten sich zurück zum Haus und fanden den Knecht gesund.

Jesus ist wieder in Kapharnaum (vgl. 4,31–44), erweitert aber seinen Wirkungskreis vor Ort, weil bislang der Eindruck entstanden ist, Jesus arbeite als Jude nur unter Juden, während jetzt ein nicht-jüdischer Mensch, zudem ein Militär, Hilfe erlangt. Man darf aus dem Mann kei-

7,1–10 Die Heilung des Knechtes des Hauptmanns von Kapharnaum 173

nen Feind machen, weil er beste Beziehungen zur örtlichen Judenschaft pflegt, und auch keinen Römer, weil Lukas weiß (3,1–2), dass Galiläa nicht unter römischer Herrschaft stand. Gleichwohl ist klar, dass die Logik der Liebe (6,27–36) greift: Distanzen werden überwunden; Nähe entsteht; Menschen werden als Nächste wahrgenommen, die anscheinend viel zu weit weg sind; Gutes wird getan, ohne Gegenleistungen zu erwarten. Die bestehenden Unterschiede werden nicht geleugnet – aber zu Kommunikationsbrücken.
Der Aufbau der Geschichte lässt das Ungewöhnliche der Szene ebenso hervortreten wie das Typische der Barmherzigkeit Jesu.

7,1	Die szenische Einleitung
7,2–6a	Die Delegation der Synagogenältesten
	2–3 Die Initiative des Hauptmanns für seinen Knecht
	4–5 Die Übermittlung seiner Bitte durch die Ältesten an Jesus
	6a Die positive Reaktion Jesu
7,6b–8	Die Delegation von Freunden in der Nähe des Hauses
	6b–8 Die übermittelte Botschaft des Hauptmanns:
	6b Die Erklärung, Jesus nicht empfangen zu können
	7 Das Bekenntnis des Vertrauens
	8 Der Vergleich aus dem Militärwesen
7,9	Die Antwort Jesu:
	Das Staunen über den Glauben des heidnischen Hauptmanns
7,10	Die Feststellung der Heilung durch die Gesandten

Die Erzählung ist sehr stark dialogisch geprägt; schon der Aufbau zeigt das Thema: nicht nur die Heilung eines kranken Menschen, sondern die Kommunikation Jesu mit einem Heiden vor Gottes Angesicht, vermittelt durch Juden. Charakteristisch ist eine Kette von Stellvertretungen: Der Hauptmann wird zugunsten seines Knechtes aktiv. Die Synagogenältesten werden, vom Hauptmann um Fürsprache gebeten, bei Jesus vorstellig. Die Freunde, gleichfalls vom Hauptmann entsandt, lassen ihn sprechen, damit er seine Bitte ausdrücken kann. Die Gesandten stellen die Heilung fest. Alle werden von Jesus in Bewegung gesetzt und zusammengehalten, so dass die Heilung gelingt.
Die Erzählung ist dreifach überliefert: Die Versionen bei Matthäus (Mt 8,5–13) und bei Lukas (7,1–10) gehen auf die Logienquelle zurück. Eine Parallele ist die Heilung des Sohnes eines königlichen Beamten im Vierten Evangelium (Joh 4,43–53). Weil die Bearbeitungen durch Matthäus und Lukas sehr stark sind, lässt sich der genaue Wortlaut von Q kaum rekonstruieren, auch wenn das Grundmuster von dort stammt: die Bitte eines nicht-jüdischen Hauptmanns für seinen Knecht, das Motiv der Würde

174   *7,1–8,3 Messianische Taten*

und des Wertes, die Fernheilung, das Glaubensmotiv. Lukas zeichnet den Hauptmann als heidnischen Mäzen der Juden von Kapharnaum, der auf verlässliche Mittelsleute zurückgreifen kann und darin seine Demut zum Ausdruck bringt. Matthäus problematisiert, dass mit dem Hauptmann ein Heide Jesus um Hilfe bittet, der doch nur zu den „verlorenen Schafen des Hauses Israel" (Mt 15,24) gesandt ist; Matthäus zeigt aber, wie Jesus diese Hürde überwindet: weil er den Glauben eines Heiden inspiriert und so die Wallfahrt der Völker zum Zion antizipiert – die der Evangelist mit einer anderen Q-Tradition (vgl. Lk 13,28–29) einspielt. Lukas thematisiert, dass der Hauptmann seinerseits beste Voraussetzungen dafür geschaffen hat, dass es zur Heilung kommt, lange vor seiner Bitte.

Lukas schließt redaktionell die Feldrede (6,17–49) ab und knüpft an Kapharnaum (4,31–44) wieder an (1); er zeigt damit indirekt, dass Jesus keineswegs immer nur unterwegs gewesen, sondern immer wieder zu seinem Hauptstützpunkt Kapharnaum zurückgekehrt ist, der es durch die Gastfreundschaft Simons (4,38) geworden ist. Der Hauptmann wird solidarisch aktiv (2): für seinen Knecht *(doûlos)*. Es handelt sich um einen Sklaven, der als unfreier Diener zum Haushalt gehörte, wie es damals üblich war. Ob er jüdisch war oder nicht, interessiert Lukas nicht. Entscheidend ist, dass der Knecht dem Hauptmann ans Herz gewachsen ist; eine solche Nahbeziehung war nicht ungewöhnlich, so groß die soziale Ungerechtigkeit der antiken Ökonomie auch gewesen ist. Die Wertschätzung des Knechtes passt zur Wohltätigkeit des Hauptmanns, die von jüdischer Seite gerühmt wird (Vv. 4–5). Er hofft aufgrund von Hörensagen, dass Jesus helfen kann (3); der positive Ruf, der sich um Jesus verbreitet (4,14.37; 5,1.15.26; 6,17), hat auch ihn erreicht. Nach Lukas nimmt er aber vorweg, dass er, weil kein Jude, nicht „wert" *(hikanós)* ist (V. 6), dass er direkt zu Jesus und dass Jesus direkt zu ihm kommt. Deshalb schaltet er Mittelsmänner ein: „Älteste" (Presbyter), die den Synagogenvorstand von Kapharnaum bilden.

Die Abgesandten legen ein gutes Wort für den Hauptmann ein (4–5). Sie bezeugen ihm, „würdig" *(áxios)* zu sein, dass Jesus seiner Bitte entspricht; das Wort zielt auf ein Ethos, das Großzügigkeit mit Judenfreundlichkeit verbindet. Als Hauptmann (Centurio) ist er der Kommandeur einer kleinen militärischen Einheit, die für Ruhe und Ordnung sorgen soll und unter seiner Führung Frieden und Sicherheit garantiert, zum Wohlergehen für alle. Dass er großzügig die Synagoge unterstützt, ist ein nachhaltiger Beweis. Jesus selbst hat von diesem Mäzenaten indirekt profitiert, als er in der Synagoge gewirkt hat (4,33–37; 6,6–11); besonders gut passt die jesuanische Pointe, dass der Sabbat dazu da ist, möglichst viel Gutes zu tun (6,9). Der Hauptmann von Kapharnaum rückt in die Nähe der „Gottesfürchtigen", von deren Offenheit für das Wort Got-

7,1–10 *Die Heilung des Knechtes des Hauptmanns von Kapharnaum* 175

tes die Apostelgeschichte ein beredtes Zeugnis ablegen wird (Apg 10,2; 11,18; 13,16.26; 16,14; 17,4.17).

Jesus zögert nicht, der Einladung zu folgen **(6a)**, was ein helles Licht darauf wirft, wie partnerschaftlich er mit jüdischen Autoritäten umgehen konnte, zumal wenn es um Barmherzigkeit ging. Freilich kommt es nicht zu einer direkten Begegnung mit dem Hauptmann; es bleibt bei einer Fernheilung, weil der Hauptmann eine zweite Delegation schickt, da Jesus sich seinem Haus nähert, diesmal Freunde, von denen unklar ist, ob sie jüdisch sind oder nicht **(6b)**. Sie überbringen nicht nur eine indirekte, sondern eine direkte Botschaft. Zuerst erklärt der Hauptmann, nicht „wert" *(hikanós)* zu sein, dass Jesus zu ihm komme und er ihn beherberge. Oft wird (mit der Vulgata: *dignus*) „würdig" übersetzt. Aber in V. 4 steht im Griechischen ein anderes Wort *(áxios)*. Die „Würde" zeigt sich in der Untadeligkeit seines Ethos, die ihm aus berufenem Mund gerade attestiert worden ist (V. 4). Der „Wert" ist sein Status. Der Hauptmann verweist nicht auf eine Unwürdigkeit, sondern auf eine Unmöglichkeit, die sich aus seinem Status als Heide ergibt. Es wäre unangemessen, bekennt er, wenn Jesus zu ihm zu Besuch käme, weil er nicht nur nicht den geringsten Anspruch hat, sondern Jesus auch nicht richtig empfangen könnte. Gerade als gottesfürchtiger und judenfreundlicher Heide erschließt er sich dieses Wissen. Freilich bleibt er bei der Markierung der Grenze nicht stehen, sondern hält an seiner Bitte fest **(7)**: Er setzt ganz und gar auf die rettende Macht des Wortes Jesu. Damit erfasst er exakt das Wie und Wozu des heilenden Wirkens Jesu: Der Messias braucht keine medizinischen Hilfsmittel, sondern setzt die schöpferische Macht Gottes frei; sein Wort ist wirksam, weil es das Wort Gottes selbst ist. Ein einziges Wort reicht, im Gegensatz dazu, dass manche Therapeuten im Altertum viele Worte machen mussten und wollten, um Eindruck zu schinden; Jesus ist aber ganz auf den einen Gott konzentriert. Der Vergleich aus dem soldatischen Berufsalltag **(8)** wird zum Gleichnis der Vollmacht Jesu: Das Wort des Kommandanten ist ein Befehl, der ausgeführt wird, auch über Entfernungen hinweg, ohne dass er sich selbst in Bewegung zu setzen braucht. Ähnlich ist es im antiken Haushalt: Ein Knecht *(doûlos)* hat zu gehorchen; ein Herr muss zu befehlen wissen. Die Macht Jesu unterscheidet sich qualitativ von diesen Befehlsstrukturen; aber eine Analogie besteht, die der Hauptmann erkennt.

Jesus reagiert **(9)** mit einem Staunen, das höchste Anerkennung ausdrückt. Er ist positiv überrascht. Im Bekenntnis des Hauptmanns erkennt er ebenso wie in der Bitte „Glauben": ein abgrundtiefes Vertrauen, das in Gott selbst begründet ist; ein unausgesprochenes Glaubenszeugnis, das sich mit seinem Einsatz für den Knecht vereint; ein indirekt artikuliertes Wissen von der besonderen Heilssendung Israels, die sich aber

176 7,1–8,3 *Messianische Taten*

den Völkern nicht verschließt – vor allem die ungeschönte Anerkennung der eigenen Unfähigkeit, Jesus willkommen zu heißen, die sich mit der unbedingten Angewiesenheit auf sein „Wort" paart. Dass Jesus erklärt, „in Israel" einen solchen Glauben – bislang – „nicht gefunden" zu haben, diskreditiert weder die Nachfolge der Jünger noch das Interesse des Volkes, öffnet aber mitten in der irdischen Sendung Jesu den Blick für die Völker und den Glauben, der dort zu finden sein kann.
Lukas erzählt nicht von einem expliziten Heilungswort Jesu. Es ist mit der Anerkennung des Glaubens gegeben. Die Gesandten (10) finden im Haus des Hauptmannes alles so, wie Jesus es will: Der Knecht ist gesund. Die lakonische Feststellung unterstreicht die Vollmacht Jesu.

Die Erzählung, wie Jesus den schwerkranken Knecht des Hauptmannes von Kapharnaum geheilt hat, schafft eine Verbindung, die eigentlich unmöglich scheint, weil nach herrschender Meinung der Jude Jesus sich mit Heiden nicht abgeben darf. Lukas erzählt, wie es dennoch zu einer Begegnung kommt, die dem Knecht das Leben rettet. Auf den Faktoren, die diese Kommunikation ermöglichen, liegt der Fokus. Zum einen ist es der Hauptmann selbst, der sein Ethos der Fürsorge und Großzügigkeit mit seiner Sympathie für das Judentum und indirekt seiner Gottesfurcht vereint. Er findet zahlreiche Helfer, sowohl bei den jüdischen Ältesten als auch bei seinen Freunden. Zum anderen reicht die Macht des Wortes Jesu über jede Grenze hinaus, selbst die zwischen Juden und Heiden. Durch die indirekte Begegnung mit Jesus findet der Hauptmann zum Glauben. Er besteht im Kern darin, zu erkennen und zu bekennen, dass der Mensch bei aller Vorbildlichkeit schlechterdings nichts tun kann, um Jesus zu sich kommen zu lassen. Genau so kommt Jesus zu ihm: durch sein Wort, das heilt.

7,11–17
Die Auferweckung des jungen Mannes von Naïn

[11]Und es geschah danach, dass er in eine Stadt namens Naïn ging; seine Jünger und eine große Menschenmenge folgten ihm. [12]Als er in die Nähe des Stadttores kam, siehe, trug man gerade einen Toten heraus, den einzigen Sohn seiner Mutter, einer Witwe. Und viele Leute aus der Stadt begleiteten sie. [13]Als der Herr die Frau sah, hatte er Mitleid mit ihr und sagte zu ihr: „Weine nicht!" [14]Dann ging er zu der Bahre hin und fasste sie an. Die Träger blieben stehen, und er sagte: „Junger Mann, ich sage dir: Steh auf!" [15]Da richtete sich der Tote auf und begann zu sprechen, und Jesus gab ihn seiner Mutter zurück. [16]Alle wurden von Furcht ergriffen; sie priesen Gott und sagten: „Ein großer Prophet ist unter uns erstanden, weil Gott auf sein Volk geschaut hat." [17]Und die Kunde davon verbreitete sich überall in Judäa und im ganzen Gebiet ringsum.

7,11–17 Die Auferweckung des jungen Mannes von Naïn 177

Dass Jesus Tote ins Leben zurückrufen kann, gehört zu seinen messianischen Vollmachtstaten (7,23). Später wird er die Tochter des Jaïrus erwecken (8,40–56), jetzt überwindet er den Tod eines Kindes um seiner Mutter willen.

Die Erzählung ist einfach gehalten und so gestaltet, dass ohne alle Showeffekte das entscheidende Ereignis deutlich wird: die Totenerweckung, mit der Jesus nicht nur dem jungen Mann, sondern auch der Witwe hilft, die keine weiteren Kinder hat.

7,11–12	Die Situation am Stadttor	
7,13–15	Die Totenerweckung	
	13	Das Wort Jesu an die Frau
	14	Das Wort Jesu an den gestorbenen Sohn
	15	Die Auferstehung
		und die Rückgabe des Kindes an die Mutter
7,16–17	Das starke Echo	

Die Gliederung zeigt deutlich, wer im Mittelpunkt steht: die Witwe, die ihr einziges Kind verloren hat. Jesus stellt sie in den Mittelpunkt; er handelt nicht zuletzt um ihretwillen.

Naïn liegt gut 50 km von Kapharnaum entfernt in Untergaliläa **(11)**. Lukas beschreibt keinen geradlinigen Weg Jesu, sondern greift eine Episode für sein Wirken außerhalb Kapharnaums auf, die *pars pro toto* für Jesu Wandermission steht (vgl. 5,12–16). Die Logik der Abfolge erklärt sich dramaturgisch. Der Knecht des Hauptmanns ist sterbenskrank (7,2) – der junge Mann von Naïn ist gerade gestorben. Wie Jesus den einen heilt, ruft er den anderen ins Leben zurück. Er baut eine Brücke über die Grenze des Todes.

Die Situation wird mit wenigen Worten **(12)** präzise beschrieben. Kulturell: Die Toten wurden vor den Toren der Stadt bestattet; ein Trauerzug führt nach draußen; Verwandte und Bekannte nehmen an ihm teil. Sozial: Kinder müssen, wenn sie erwachsen werden, für ihre altgewordenen Eltern sorgen; eine Witwe, deren einziges Kind stirbt, ist mittellos. Der Gestorbene ist noch ein junger Mann (V. 14) – desto größer ist das Elend. Jesus kommt auf seiner Wanderung also in eine Situation nackter Not. Persönliche Trauer und soziale Misere überlagern sich.

Die Rettung erfolgt durch die Auferweckung des Toten **(13–15)**. Lukas erzählt die Totenerweckung wie eine gesteigerte Heilungsgeschichte. Jesus agiert von sich aus. Er reagiert um der Witwe willen, aus Mitleid (V. 13). Mitleid *(splagchnizomai)* ist eine Bewegung des Herzens, die Anteilnahme ausdrückt, aber nicht vertröstet, sondern tröstet und energisch hilft. Jesus greift ein, weil er mit der Frau leidet und ihr Leid beenden will. Der Mutter gilt das erste Wort. Sie soll nicht weinen – nicht, weil sie nicht trauern dürfte, sondern weil Jesus weiß, was er vorhat und es umgehend ins Werk setzen wird. Jesus geht zur Bahre und spricht den Toten an (V. 14): nicht, weil der scheintot wäre, sondern weil Gottes Wort die Grenze des Todes durchdringt. Im Hintergrund mögen archaische Vorstellungen stehen, dass die Seele noch eine Weile an den Körper gebunden ist, nachdem der Mensch gestorben ist. Aber diese Vorstellung steht nicht im Fokus. Jesus spricht den auf der Bahre liegenden Toten wie einen Gelähmten an, der sich aufrichten soll (vgl. 5,24). Das Wort Jesu hat Kraft. Es erreicht den Toten und besiegt den Tod.

Nachdem der Tote sofort auf Jesus hört und wieder lebt, reagiert Jesus, indem er ihn seiner Mutter zurückgibt (15): Das ist die eigentliche Pointe. Sie hat nicht nur ihr Kind wieder, um das sie trauert. Sie weiß sich auch beschützt von ihm. Der von den Toten Auferstandene kehrt ins irdische Leben zurück – und wird später sterben. Aber die Lebenszeit, die ihm geschenkt wird, ist höchst kostbar, zumal sie der Witwe hilft. Die Auferstehung ins irdische Leben ist ein Zeichen für die Auferstehung ins ewige Leben. Jesus demonstriert nicht seine Macht, Tote zu erwecken, sondern setzt sie ein, um dort zu helfen, wo jede Rettung zu spät zu kommen scheint.

Die Reaktion ist profiliert (16–17). Typisch ist die Konstatierung des Geschehens nach dem Ereignis. Hier bleibt es aber nicht bei allgemeinem Staunen und ehrfürchtigem Gotteslob. Es fällt vielmehr ein Würdename: „großer Prophet". Im Hintergrund steht, dass Elija in Sarepta (1Kön 17,17–24) und Elischa in Schunem den Sohn einer Witwe auferweckt haben (2Kön 4,20–37). Schon in der Aussprache nach seiner Antrittspredigt bezieht Jesus sich auf diese Tradition (4,26). Jesus wird mit Gott in Verbindung gebracht, der Gutes für sein Volk im Sinn hat und es durch Jesus verwirklicht. Gott schaut auf sein Volk – mit den Augen Jesu. Diese Reaktion ist noch nicht ein Christusbekenntnis, aber doch eine bemerkenswert positive Stellungnahme, die Ausschläge nach oben erlaubt, allerdings auch Abstürze nicht ausschließt.

Wie in den Heilungserzählungen ist die Totenerweckungserzählung nicht erzählt worden, um die Macht Jesu ins Licht zu stellen, sondern um zu zeigen, weshalb er sie einsetzt: um Barmherzigkeit walten zu lassen, sogar über den Tod hinaus. Die drohende Not der Witwe reicht als Motiv; sie braucht kein Wort zu sagen, damit Jesus erkennt, was sie braucht. Für antike Verhältnisse ist es eine Nahtoderfahrung, die Jesus in eine Freudenfeier der Auferstehung mitten im Leben verwandelt. Moderne medizinische Diagnosen helfen nicht weiter, um das historische Rätsel von Totenerweckungen zu lösen. Der Tod ist

7,18–23 Die Frage des Täufers nach dem Messias und die Antwort Jesu **179**

für Jesus keine absolute Grenze, dem Leben zu dienen. Erzähl- und Wortüberlieferungen schreiben diese Kraft ins Gedächtnis des Glaubens; für Lukas und seine Zeitgenossen ist die Auferweckung ein geschichtliches Geschehen, das sich nur mit Gott erklärt.

7,18–23
Die Frage des Täufers nach dem Messias und die Antwort Jesu

[18]Und Johannes berichteten seine Jünger über all dies. Da rief Johannes zwei seiner Jünger [19]und schickte sie zum Herrn, um zu sagen: „Bist du es, der kommen soll, oder sollen wir auf einen anderen warten?" [20]Zu ihm gekommen, sagten die Männer: „Johannes der Täufer schickt uns zu dir, um zu sagen: Bist du es, der kommen soll, oder sollen wir auf einen anderen warten?" [21]In jener Stunde heilte er viele von Krankheiten und Leiden und bösen Geistern, und vielen Blinden schenkte er das Sehen. [22]Da antwortete er und sagte ihnen: „Geht und berichtet Johannes, was ihr gesehen und gehört habt: Blinde sehen wieder, Lahme gehen, Aussätzige werden gereinigt und Taube hören, Tote werden auferweckt, Armen wird das Evangelium verkündet. [23]Und selig, wer an mir nicht Anstoß nimmt."

Das Jesusgerücht breitet sich nach Lukas nicht nur diffus aus, sondern stößt auch auf offene Ohren. Die wichtigsten sind die des Täufers Johannes, der nach Josephus in der Festung Machaerus östlich des Toten Meeres von Herodes Antipas eingesperrt worden ist (De bello Judaico 7,165–170). Im Blick auf seine Gefangenschaft entsteht eine der christologischen Schlüsselszenen der Galiläamission Jesu; denn jetzt geht es erstmals nicht nur um bestimmte Taten und Worte, sondern auch direkt um die Identität Jesu – der von sich selbst auf die Menschen verweist, denen er hilft, und auf Johannes, der ihn gefragt hat. Die Fortsetzung bildet eine Stellungnahme Jesu zum Täufer (7,24–35).
Einer klaren, aber vermittelten Frage folgt eine klare, aber vermittelte Antwort.

7,18–20	Die Frage des Täufers, übermittelt von Gesandten	
	18	Der Bericht der Jünger an den Täufer
	19	Der Auftrag des Täufers an zwei seiner Jünger
	20	Die Ausführung des Auftrages
7,21–23	Die Antwort Jesu	
	21	Die Situation: viele Heilungen
	22–23	Die Deutung der Situation mit Jes 26,19; 29,18; 35,5–6.

Jesus spiegelt mit seiner Antwort die Frage wider – indem er sie ins Licht der Bibel Israels hält, und zwar mit Hilfe der jesajanischen Prophetiemotive, die er auch schon in der Synagogenpredigt zu Nazareth gedeutet hat (4,18–20; Jes 61,1–2). Auffällig ist, dass Johannes fragt und nicht von sich aus Zeugnis für den Messias Jesus von Nazareth ablegt. Seine Frage offenbart allerdings nicht mangelndes Wissen oder fehlende Aufmerksamkeit bei der Taufe; Johannes will vielmehr von Jesus selbst hören, was er am Jordan über ihn gehört hat (3,21–22). Als Prophet ist ihm klar, dass er Jesus selbst das Wort erteilen muss. Auffällig ist auch, dass die Antwort den Fragesteller genau auf sich, auf seine Frage und auf die in ihr zum Ausdruck kommende messianische Erwartung zurückführt. Die Antwort ist die Einladung zu einer Reflexion: Jesus von Jesaja her zu deuten. Bei Jesaja sind die Heilungen Metaphern der noch ausstehenden Heilszukunft, bei Jesus Realsymbole der bereits einstehenden Heilsgegenwart. Matthäus hat eine sehr enge, etwas kürzer gehaltene Parallele (Mt 11,2–6): ein Indiz, dass Lukas – nachdem er die Totenerweckungsgeschichte von Naïn aus seinem „Sondergut" eingebaut hat (7,11–17), um die Antwort Jesu auf die Frage abzusichern – wieder der Redenquelle folgt. Bei Lukas passt die Frage genau zur Rolle des Täufers.

Johannes fragt, weil seine Jünger ihm von den Taten und Worten Jesu berichten **(18)**. Er sitzt im Gefängnis, weil er den König von Galiläa, Herodes Antipas, zu recht des Ehebruchs beschuldigt hat (3,17–18). Nach Matthäus hat er von den „Taten des Messias" gehört, also von seinen Heilungen und Dämonenaustreibungen, auch seinen kraftvollen Worten – so wie sie der Evangelist zuvor eindrucksvoll zusammengestellt hat (Mt 5–9). Nach Lukas berichten ihm seine Jünger. Was sie erzählen, führt der Evangelist nicht aus. Die Zusammenfassung in V. 21 gibt aber einen guten Eindruck.

Johannes formuliert die Messiasfrage Israels in der ersten Person Plural **(19)**, also stellvertretend für das ganze Volk. Dort waren zwar keineswegs alle messianisch bewegt; aber Lukas vermittelt den Eindruck, dass einige voller Hoffnung gewesen seien, allerdings auch voller Unsicherheit, wem sie ihr Vertrauen schenken könnten (3,15). Die Frage, die Johannes aus dem Gefängnis heraus an Jesus stellt, teilt die Messiashoffnung des Volkes. Johannes wird damit, auch als Gefangener, seiner prophetischen Rolle gerecht, die Gottes Engel ihm zugeschrieben (1,15–17) und die Zacharias ins Wort gebracht hat (1,76–78). Johannes formuliert sie im Anschluss an seine eigene Verkündigung (3,16–17). Seine Gerichtspredigt (3,7–9.17) ist für die eschatologische Heilsvermittlung geöffnet (3,16). Der „Stärkere", der nach ihm kommen soll (3,16), ist der Messias, in Gestalt des richtenden und rettenden

7,18–23 *Die Frage des Täufers nach dem Messias und die Antwort Jesu* 181

Menschensohnes. Johannes bezweifelt im Gefängnis nicht die Gültigkeit der Verheißung, sondern fragt nach der Identität Jesu. Er fragt nicht nach *einem,* sondern nach *dem,* der kommen soll. Er fragt also nach dem endzeitlichen Gesandten, dem Messias Gottes selbst, dem „Stärkeren", dessen Stärke in der Verwirklichung der Gottesherrschaft besteht.

Die Antwort auf die Messiasfrage, die die Täuferjünger Jesus getreu übermitteln **(20),** gibt Jesus selbst. Lukas erinnert zuerst in einem kurzen Summarium an das Wirken Jesu, von dem er bereits viele Beispiele geboten hat **(21).** Jesus weist die Delegation des Täufers nicht ab, sondern lässt sich auf ihre Frage ein **(22–23).** Aber er antwortet nicht einfach mit einem klaren Ja, sondern spiegelt die Frage zurück. Johannes hat fragen lassen, weil ihm seine Jünger von Jesus berichtet haben; die Jünger sollen nach Jesu Wort dem Täufer ihrerseits melden, was sie allenthalben hören und sehen: in der Nähe Jesu, auf dem Weg zu ihm und auf dem Weg wieder zurück. Jesus beantwortet die Frage, indem er sie in ein neues Licht stellt: Er beschreibt, was die Täuferjünger sehen und hören, mit Worten Jesajas, die er aber nicht ausdrücklich als Schrift oder als Prophetenstimme zitiert, sondern sich zu eigen macht (Jes 35,4–6). Bei Jesaja und in der jüdischen Exegese sind die verheißenen Wunder metaphorisch verstanden worden: Sie sind Bilder dafür, dass die Errettung eine neue Schöpfung ist. Jesus hingegen hat nach Lukas – und historisch – tatsächlich als charismatischer Therapeut gewirkt; er spricht seinen Taten eine metaphorische Bedeutung zu, indem er sie ins Licht der Prophetie Jesajas stellt: Sie verweisen auf das Reich Gottes, dessen rettende Nähe sie verwirklichen. Diese Deutung entspricht dem Grundsinn der Machttaten Jesu: Sie sind Verkündigung, weil Jesus Taten sprechen lässt; sie veranschaulichen die Leiblichkeit des schon gegenwärtig zu erfahrenden und künftig vollendeten Heiles; sie verweisen vorweg auf die Auferstehung des Fleisches, nämlich die Rettung des ganzen Menschen durch den Tod hindurch in Gottes Herrlichkeit. Die Verkündigung des Evangeliums an die Armen (4,18–19 – Jes 61,1–2) fasst alle guten Werke tatkräftiger Barmherzigkeit zusammen und öffnet sie für die guten Worte der Frohen Botschaft, die Jesus im Namen Gottes ausrichtet.

Die abschließende negative Seligpreisung **(23)** markiert nicht die dunkle Kehrseite der hellen Heilsverkündigung, sondern liegt auf der Linie der Seligpreisungen (6,20–23), die von den Weheworten unterstrichen werden (6,24–26). An Jesus „Anstoß" zu nehmen, hieße, um seinetwillen an Gott irre zu werden. Wer Jesus so radikal ablehnt, verschließt sich dem Segen seines Wirkens. Umgekehrt öffnet sich ihm, wer sich offen mit ihm auseinandersetzt.

Lukas hat die Szene mit einer sehr alten Tradition gestaltet, so dass ein theologisch stilisiertes, aber charakteristisches Portrait Jesu aus seiner Nahbeziehung zum Täufer entsteht. Die Frage, die Johannes stellt, spricht nicht gegen sein prophetisches Charisma, sondern beweist es. Johannes erkennt, dass Jesus, der „Stärkere" (3,16), anders ist, als alle es erwarten, er selbst einbezogen. Der Täufer erkennt auch, dass all das Wunderbare, das von Jesus zu erzählen ist, noch nicht die Frage beantwortet, wer er selbst ist. Johannes gibt Jesus die Gelegenheit, sich selbst zu erklären. Ohne dass ein einziger Hoheitstitel zitiert würde, ist die Antwort eine christologische Spitzenaussage, die mit Verweis auf die jesajanische Prophetie in die Hoffnungsgeschichte Israels eingeordnet wird. Jesus stellt sein Wirken in den Horizont der Heiligen Schrift Israels und der prophetischen Verheißungen. Auch wenn er ihn nicht in freier Form mit zitiert, schwingt der erste Satz der Prophetie mit: dass Gott selbst kommt, um sein Volk zu retten. Denn das ist genau die Grundbotschaft Jesu: dass Gottes Herrschaft kommt (10,9.11; 11,2). Sie kommt mit ihm, in ihm, durch ihn. Sie prägt sein Leben so ganz und gar, dass gesagt werden kann: Gott kommt mit seiner Herrschaft, wo Jesus kommt (vgl. 11,20; 17,20–21). Das ist die präzise Antwort auf die Frage des Täufers, weil sie Jesus so genau beschreibt, wie kein Dogma und kein Hoheitstitel es kann; denn jeder Hoheitstitel und jedes Dogma weiß lediglich das Ergebnis der Auseinandersetzung und Begegnung mit Jesus auf den Begriff zu bringen, nicht aber, die Begegnung selbst zu vergegenwärtigen.

7,24–35
Das Zeugnis Jesu über den Täufer Johannes

[24]Als die Boten des Johannes weggegangen waren, begann er zur Menge über Johannes zu reden: „Was zu sehen, seid ihr in die Wüste hinausgezogen? Ein Rohr, das im Wind schwankt? [25]Oder was zu sehen, seid ihr hinausgezogen? Einen Menschen in schönen Kleidern? Siehe, die in üppigen Kleidern und Luxus leben, wohnen in Königspalästen. [26]Oder was zu sehen, seid ihr hinausgezogen? Einen Propheten? Ja, sage ich euch, und mehr als einen Propheten. [27]Dieser ist, über den geschrieben steht: ,Siehe, ich sende meinen Boten vor deinem Angesicht; er wird deinen Weg bereiten vor dir.' [28]Ich sage euch: Unter den von einer Frau Geborenen ist niemand größer als Johannes; aber der Kleinste im Reich Gottes ist größer als er. [29]Und das ganze Volk hörte ihn, und die Zöllner gaben Gott Recht, indem sie sich mit der Taufe des Johannes taufen ließen. [30]Die Pharisäer aber und die Gesetzeskundigen haben Gottes Ratschluss beiseite getan, indem sie sich nicht von ihm taufen ließen. [31]Wem also vergleiche ich die Menschen dieses Geschlechtes, und wem gleichen sie? [32]Sie sind wie Kinder, die auf dem Marktplatz sitzen und einander zurufen: ,Wir haben euch auf der Flöte gespielt, und ihr habt nicht ge-

7,24–35 Das Zeugnis Jesu über den Täufer Johannes 183

tanzt', ,Wir haben Klagelieder gesungen, und ihr habt nicht geweint.'
[33]Denn gekommen ist Johannes der Täufer; er aß nicht und trank nicht,
und ihr sagt: ,Er hat einen Dämon.' [34]Gekommen ist der Menschensohn;
er isst und trinkt, und ihr sagt: ,Siehe, ein Fresser und Säufer, Freund
der Zöllner und Sünder.' [35]Und gerechtfertigt wird die Weisheit von all
ihren Kindern."

Die Szene mit den Täuferjüngern hat, wie Lukas es vorausgesetzt hat,
ein Publikum. Im Anschluss spricht Jesus es direkt an. Sein Ziel ist es
im Evangelium, dass die Hörerinnen und Hörer ihre Einstellung zum
Täufer Johannes überdenken und damit indirekt auch ihre Einstellung
zu Jesus klären. Vorausgesetzt ist die Erzählung von der Täuferpredigt
und dem großen Anklang, den sie bei sehr vielen, freilich nicht bei den
Pharisäern, gefunden hat (3,1–20). Die messianische Vollmacht, die aus
der Antwort auf die Täuferfrage resultiert, führt Jesus auch zu seinem
Zeugnis über den Täufer.
Die erzählte Rede Jesu ist komplex; denn sie arbeitet eine ambivalente
Einstellung heraus, die Risiken birgt, aber auch Chancen bietet.

7,24–30	Die Einstellung der Menschen und Jesu zu Johannes dem Täufer
24–26a	Drei rhetorische Fragen zur Sicht auf den Täufer Johannes: Die Menschen sind in die Wüste gezogen, um einen Propheten zu sehen.
26b–28	Drei korrespondierende Statements Jesu: Johannes ist der verheißene Vorläufer des Messias.
29–30	Drei kontrastierende Einstellungen zum Täufer Johannes: Das Volk hört, die Zöllner haben ihn anerkannt, die Pharisäer abgelehnt.
7,31–35	Bilder für die Geisteshaltung der Menschen
31–32	Das Gleichnis von den Kindern auf dem Marktplatz
33–34	und seine Übertragung auf die Kritik am Täufer und an Jesus
35	Der positive Ausblick: Die Rechtfertigung der Weisheit durch ihre Kinder

Die Grundstruktur auch dieser Erzählung ist durch die Redenquelle vorgegeben (vgl. Mt 11,7–19). Die Passage hat nach der kurzen Situations-
beschreibung (V. 24a) zwei Teile. Im ersten Teil arbeitet Jesus zunächst
heraus, dass es durchaus gute Gründe für den Weg der Menge an den
Jordan zu Johannes dem Täufer gegeben hat, wiewohl sie Johannes nicht
so gut gesehen haben, wie Jesus ihn sieht, und auch wenn Johannes selbst
die Menschen scharf kritisiert, die zu ihm kommen (3,7). Dann charak-

terisiert er die Extreme: den Widerspruch zwischen der Zustimmung derer, die Sünder sind, und dem Widerspruch derer, die es besser wissen müssten. Der zweite Teil weitet den Blick und nimmt die unterschiedlichen Reaktionen auf den Täufer als Beispiel für die Ambivalenz von Einstellungen Gott und seinen Boten gegenüber, zuerst mit Blick auf negative Reaktionen der Verweigerung, dann mit einem positiven Ausblick auf das Handeln Gottes selbst in der Zustimmung derer, die auf Gottes Weisheit setzen (V. 35). Die Struktur spiegelt die erzählte Intention Jesu: die Notwendigkeit, aber auch die Möglichkeit einer Entscheidung zu schärfen, die im Sinne des Glaubens getroffen wird.

Jesus lehrt das Volk, wie oft. Die rhetorischen Fragen (24–26a) dienen nicht der Diffamierung der Menschen, sondern der kritischen Klärung ihrer Motivation. Nach Lukas sind die Menschen aus Israel „in Scharen" zur Taufe gezogen (3,7), durchaus mit der Messiasfrage im Herzen (3,15); Johannes hat die Leute aber zurechtgewiesen, weil sie denken, aufgrund ihrer Abrahamskindschaft nicht unter der Macht der Sünde und des Todes zu stehen. Diese Ambivalenz deckt Jesus auf – um einen guten Ausgang zu weisen. Selbstverständlich wollte niemand ein schwankendes Rohr im Wind (V. 24) oder prächtige Kleider (V. 25) bestaunen, sondern jeder, der an den Jordan gezogen ist, wollte einen Propheten sehen, der predigt (V. 26a). Nur fragt sich, welchen Typ Prophet die Menschen in Johannes gesehen haben. Jesus stellt nach Lukas klar: Johannes ist „mehr" als ein Prophet (26b), heißt: Er ist der letzte Prophet vor dem Messias. Lukas hat den Täufer mit seiner Tradition als neuen Elija gezeichnet (3,4 – Jes 40,3), als Vorläufer des Messias, als Boten Gottes. Dies ist das Urteil Jesu (27). Er greift eine protomessianische Erwartung auf, die in Israel lebendig ist: dass Elija wiederkommen muss und wird, bevor der Messias kommt (vgl. Mal 3,23–24 – aus theologischen Gründen heute der Schluss des Alten Testaments). In dieser Sendung liegt die einzigartige Größe des Täufers (28); in dem, was und wen er ankündigt, liegt aber auch begründet, dass „der Kleinste" im Reich Gottes größer ist als er; denn das Reich Gottes, das Jesus verkündet und verwirklicht, ist das vollkommene Heil, das nicht mehr im Schatten von Tod und Verderben liegt, sondern ganz in Gottes hellem Licht erstrahlt (1,78–79). Welche Konsequenzen aus dieser Hoffnung für die Kriterien folgen, wer auf Erden „klein" und „groß" ist, hat Jesus im Abendmahlssaal geklärt: „Der Größte unter euch werde wie der Kleinste" (22,26) – ein fortlaufender Prozess, der nicht aufhört, bis alle die Größten sind, in Gottes Reich.

Kritisch reflektiert Jesus die Reaktionen in Israel auf Johannes (29–30). Das Volk hört – und weiß noch nicht recht, wie es antworten soll (Vv. 24–26). Dezidiert sind einerseits die Zöllner, als notorische Sünder eingeschätzt, und andererseits die Pharisäer, die im Ruf der Gerechtigkeit stehen. Ihre

7,24–35 *Das Zeugnis Jesu über den Täufer Johannes* 185

Reaktionen auf den Täufer Johannes sind von paradoxer Konsequenz: Während – wie bei Jesus selbst (5,27–32: Levi; 19,1–10: Zachäus) – die Zöllner sich besinnen und umkehren (V. 29), verhärten sich die Pharisäer, gleichfalls wie bei Jesus (V. 30). Die Paradoxie besteht darin, dass diejenigen, die – nicht grundlos – als Sünder eingeschätzt werden, die Chance der Umkehr ergreifen, während diejenigen, die programmatisch Gottes Heiligkeit zu ihrer Lebensmaxime machen wollen, die Chance verpassen (vgl. 18,9–14) – weil ihnen der Umkehrruf zu radikal ist oder weil sie skeptisch gegenüber seinen messianischen Untertönen sind. Für Jesus sind die Pharisäer auf dem Holzweg, weil sie verkennen, was Gott will und in seinem Willen fest beschlossen hat, wenn sie sich nicht von Johannes zur Umkehr und von Jesus zum Glauben rufen lassen. Gottes „Ratschluss" *(boulé)* ist sein konsequenter Entschluss, Unheil in Heil, Ungerechtigkeit in Gerechtigkeit und Unfrieden in Frieden zu verwandeln (vgl. Apg 2,23; 4,28; 13,36; 20,27). Dieses Heil ist das Programm Jesu (2,14) wie des Täufers (1,79), der sich auf ihn bezieht.

Im zweiten Teil seiner Rede (7,31–35) deckt Jesus die Spannungen auf, die im Auditorium bestehen. Er wendet sich an die „Menschen dieses Geschlechts" (31). Gemeint sind die Israeliten; sie sollen ihre Position klären – im Sinne Gottes, wie Jesus ihn offenbart. Er wählt – als guter Lehrer – ein Gleichnis, weil es wie ein Fenster den Blick für Gott öffnet, der sich Menschen offenbart und verbirgt, und weil es wie ein Spiegel die Menschen so zeigt, wie sie sind: in einem Licht, das von Gott ausstrahlt (1,78).

Das Gleichnis der spielenden Kinder (32) zeigt eine Alltagssituation, die konfliktreich ist: Die einen wollen Hochzeit, die anderen Beerdigung spielen, aber niemand spielt bei den anderen mit. Die Kinder auf dem Markt können sich nicht einigen und bleiben zerstritten, obwohl sie gut und gerne zusammen spielen könnten. Dieses Bild gilt es auf die kritischen Einstellungen zu Johannes dem Täufer und zu Jesus zu übertragen (33–34). Die einen sehen Johannes als Trauerkloß, der von einem Dämon besessen ist (vgl. 11,15), weil er asketisch lebt (vgl. 5,33), die anderen Jesus als Schnorrer, der nicht heilig ist, weil er mit Sündern isst und trinkt (vgl. 5,29–33). Die Botschaft Jesu ist nicht, das eine zu tun und das andere zu lassen, sondern das eine wie das andere zu tun – alles zu seiner Zeit, dann aber richtig. Johannes hat gefastet, weil er gewartet hat: auf den Messias. Jesus hat gegessen und getrunken, weil er der Bräutigam ist, der Gottes Hochzeit mit Israel feiert (5,35). Wie sehr er der „Freund der Zöllner und Sünder" (V. 34) ist, zeigt sich während seines gesamten Lebens und allerdings auch in seinem Sterben: Er steht nicht für die Kumpanei des Bösen, sondern für die Partnerschaft des Guten, das dem Bösen ein Ende bereitet.

186   *7,1–8,3 Messianische Taten*

Der Schluss öffnet eine weitere Ebene (35). Jesus spricht von der „Weisheit". Sie ist Gottes Schöpfungskunst; sein unbegrenztes Wissen um das, was die Welt im Innersten zusammenhält; seine umfassende Liebe, alles anzunehmen und zu vollenden, was er geschaffen hat (Weish 11,24). In der Theologie Israels wird die Weisheit oft als Frau vorgestellt (Spr 14,1): je nachdem als Mutter (Sir 24,18), als Tochter (Spr 8,30) oder als Braut (Weish 8,2). Diese Weisheit hat bei Lukas ein intimes Verhältnis zu Jesus – und er zu ihr: Gottes Weisheit erfüllt ihn; er wächst mit ihr von Kindesbeinen an (2,40; vgl. 2,52); mit Gottes Weisheit inspiriert er seine Jünger (21,15). Mit dem Bild der Henne, die ihre Küken schützt (13,34), zeichnet Jesus ein Selbstportrait in den Farben der Weisheit. Gottes Weisheit wird verachtet, wenn Jesus verleumdet und der Täufer verkannt werden. Beide werden sogar verfolgt und ermordet, weil nicht Gottes Weisheit die Gedanken der Menschen bestimmt, die Macht über die beiden Gottesboten haben, sondern ihr eigener Unverstand regiert, der sich in todbringender Gewalt zeigt. Gottes Weisheit wird aber nicht zerstört, sondern „gerechtfertigt", das heißt: in ihrem ureigenen Recht gegen alle zur Geltung gebracht, die Unrecht schaffen. Für dieses Recht der Weisheit werden „ihre Kinder" eintreten. Gott ist es, der handelt, aber durch Menschen, die Jesus folgen und in „Frau Weisheit" (Spr 14,1) ihre Mutter erkennen (Spr 8,32; Sir 4,11; Weish 9,4). Auf seinem Verkündigungsweg sucht und findet Jesus viele Menschen, die Gottes Weisheit Recht geben – häufig andere als die Erwarteten, aber durchweg Menschen, die ein gutes Herz haben. Ihnen verschafft Gott Recht – und deshalb seiner Weisheit.

Die Rede über Johannes den Täufer, die Lukas mit älteren Materialien komponiert, ist kein Original-Ton Jesu, sondern eine erzählerische Verdichtung jesuanischer Leitmotive, die wesentliche Klärungen vornimmt. Bei aller Kritik an den Pharisäern: Es gibt kein Schwarz-Weiß-Gemälde, sondern ein buntes Breitwandpanaroma, das Lukas zeichnet, wenn er die Reaktionen auf Jesus und auf den Täufer Johannes charakterisiert. Jesus will demnach weder halbe Entschlüsse noch schnelle Erfolge, sondern eine begründete Zustimmung, die Alternativen nicht ausblendet, aber das Original vorzieht. Kritische Auseinandersetzungen werden folgen; aber Gottes Weisheit wird siegen.

7,36–50
Die Vergebung der Sünden der liebenden Frau

[36]Einer der Pharisäer bat ihn, mit ihm zu essen, und er ging in das Haus des Pharisäers und setzte sich. [37]Und siehe, eine Frau war in der Stadt, eine Sünderin; da sie erfuhr, dass er im Haus des Pharisäers

7,36–50 *Die Vergebung der Sünden der liebenden Frau* 187

saß, brachte sie ein Alabastergefäß mit Öl, [38]trat von hinten an seine Füße heran, wusch sie mit ihren Tränen, trocknete sie mit den Haaren ihres Kopfes, küsste ihm die Füße und salbte sie mit dem Öl. [39]Als der Pharisäer, der ihn eingeladen hatte, das sah, dachte er: „Wenn er wirklich ein Prophet wäre, würde er wissen, was für eine Frau das ist, die ihn berührt: dass sie eine Sünderin ist." [40]Und Jesus antwortete und sagte zu ihm: „Simon, ich habe dir etwas zu sagen." Der aber: „Lehrer, sag, sprich." „[41]Zwei Schuldner hatte ein Geldverleiher. Der eine schuldete ihm 500 Denare, der andere 50. [42]Als beide es ihm nicht erstatten konnten, schenkte er es ihnen. Wer von ihnen wird ihn mehr lieben?" [43]Simon antwortete: „Ich nehme an, dem er mehr geschenkt hat." Er sagte ihm: „Du hast richtig geurteilt." [44]Und sich der Frau zuwendend, sagte er Simon: „Siehst du diese Frau? Als ich in dein Haus gekommen bin, hast du mir kein Wasser über die Füße gegeben; sie aber hat mit ihren Tränen meine Füße benetzt und mit ihren Haaren mich abgetrocknet. [45]Einen Kuss hast du mir nicht gegeben; sie aber hat, seitdem ich hereingekommen bin, nicht aufgehört, meine Füße zu küssen. [46]Meinen Kopf hast du nicht mit Öl gesalbt; sie aber hat mit Salböl meine Füße gesalbt. [47]Darum sage ich dir: Viele Sünden werden ihr vergeben, denn sie hat viel geliebt. Wem aber wenig vergeben wird, der liebt wenig." [48]Zu ihr sprach er: „Deine Sünden sind dir vergeben." [49]Da begannen, die mit ihm saßen, untereinander zu reden: „Wer ist er, dass er Sünden vergibt?" [50]Jesus aber sagte zu der Frau: „Dein Glaube hat dich geheilt. Geh hin in Frieden."

Die Erzählung gehört zum lukanischen „Sondergut". Der Evangelist greift ein Motiv auf, das er bereits bei der Heilung des Gelähmten eingeführt hat (5,17–26). Dort ist die Sündenvergebung skandalisiert, von Jesus aber als Wahrnehmung der gottverliehenen Macht des Menschensohnes erklärt worden. Hier hat sich die Lage noch verschärft: dadurch, dass es um eine Frau geht, deren Sünde notorisch ist, und dadurch, dass sie Jesus berührt, um ihm ihre Liebe zu erweisen. Jesus hat hier wie dort den Glauben als Grund der Vergebung angeführt.
Die Erzählung ist wie ein Lehrgespräch aufgebaut – bei dem die Frau Thema, aber nicht Objekt, sondern Subjekt ist.

7,36–38	Die Situation: Die Salbung Jesu durch die Frau beim Essen	
7,39–47	Der Dialog Jesu mit Simon, dem pharisäischen Gastgeber	
	39	Die stumme Kritik Simons
	40–43	Das Gleichnis Jesu von den ungleichen Schuldnern
	44–47	Das Lob der Frau im Unterschied zum Verhalten Simons
7,48–50	Die Vergebung der Sünden	

188 *7,1–8,3 Messianische Taten*

Für Lukas sind Mahlgespräche typisch (15,1–32) – die der Aufdeckung und Klärung von Kontroversen dienen.

Die Gastmahlszene ist farbig geschildert. Ungewöhnlich scheint, dass Jesus von einem Pharisäer eingeladen worden ist (36); aber es ist kein Einzelfall (14,1–24). Im Licht der Verse 44–47 scheint es keine besonders ehrenvolle Bewirtung gewesen zu sein, sondern eher ein alltägliches Mahl, vielleicht ein Testessen. Immerhin zeigt der Auftakt, dass Jesus keine Berührungsängste gegenüber einem Vertreter seiner Hauptkritiker hat – ein kleines Zeichen, dass ihn historisch viel mehr mit den Pharisäern verbunden hat, als die Evangelien erkennen lassen. Skandalös ist in den Augen der Zeitgenossen das Verhalten der Frau (37–38), die sich über elementare Anstandsregeln und Rollenmuster hinwegsetzt, indem sie zu Jesus vordringt, ihn intim berührt, an Fuß und Kopf, ihn küsst und salbt. Dass Frauen in der Nähe Jesu sind, ist für Lukas charakteristisch (vgl. 8,1–3) – Ausdruck seiner Offenheit und Warmherzigkeit, seiner Attraktivität und Aktivität, Grenzen durchlässig zu machen und Benachteiligte besonders zu ehren. Salbungen werden auch an anderen Stellen in den Evangelien erzählt: Lukas übergeht aber die Salbung Jesu vor seinem Tod im Hause Simons, des Aussätzigen, zu Bethanien (Mk 14,3–9 par. Mt 26,6–13; vgl. Joh 12,1–11), weil er Doppelungen grundsätzlich streicht. Er führt das Salbungsmotiv mit seiner Überlieferung an einer frühen Stelle ein und verschiebt den Fokus von der Christologie der Passion zur Heilsvermittlung im öffentlichen Wirken Jesu; dadurch kann er den Retter (2,14) auch als Anwalt der Frauen zeigen. Alle Salbungen im Neuen Testament sind Zeichenhandlungen von Frauen, die besondere Wertschätzung und Nähe ausdrücken, Hingabe und Zärtlichkeit – und deshalb in der religiösen Männerwelt auf Kritik stoßen. Jesus lässt sich berühren, küssen und salben: Er ist passiv, aber darin hoch aktiv – er lässt sich gefallen, was die Frau ihm Gutes tun will.

Die Salbung Jesu wird durch den Pharisäer skandalisiert (39), der Jesus zum Essen eingeladen hat (nach Mk 14 nehmen die Gäste, nach Mt 26 die Jünger, nach Joh 12 nimmt Judas Anstoß an der Salbung zu Bethanien). Die Problematisierung erfolgt ähnlich wie beim Gastmahl des Levi durch den Hinweis auf den Kontrast zwischen der Heiligkeit, die Jesus sich zuschreibt, und der Sünde, von der er Abstand nehmen müsse (5,27–32). Lukas stellt sich hingegen – mit Jesus – auf die Seite der Frau, weil sie, obgleich notorische Sünderin, Jesus aus Liebe etwas Gutes getan hat (während er nach der Bethanien-Tradition Partei ergreift, weil die Frau ihn als Christus – „Gesalbter" – auf seinen Tod hin salbt, der er selbst arm ist).

Simon, der Pharisäer, dessen Name jetzt fällt (40), hat zwar nur im Stillen einen Gedanken geäußert; als Prophet erkennt Jesus aber, was ihn

7,36–50 Die Vergebung der Sünden der liebenden Frau   189

bewegt (vgl. 6,8). Er argumentiert zuerst mit einem Gleichnis **(41–43)**, um es dann zu übertragen (7,44–47), wie oft bei Lukas (vgl. 7,31–32; 14,1–15,32 u. ö.). Schulden können aus verschiedenen Gründen entstehen: nicht nur aus Not, sondern auch aus Geldmangel um einer Investition willen. Die Geldwirtschaft war privatisiert; große Banken gibt es nicht. Kleine Makler wollen mit Hilfe von Zinsen und guten Investitionen einen Schnitt machen. 500 Denare sind ein gutes Jahresgehalt eines einfachen Arbeiters, 50 ein gutes Monatsgehalt. Die Summen sind nicht unerheblich, aber auch nicht unrealistisch. Desto eher erklärt sich der Schuldenerlass, den es durchaus gab – hier, weil bei den Schuldnern nichts zu holen ist. Motive werden nicht genannt. Nicht die Großzügigkeit des Gläubigers, sondern die Dankbarkeit der Schuldner steht im Fokus. Ihre Liebe ist Erleichterung über den Nachlass und die Wertschätzung des Gläubigers. Simon antwortet richtig: Wem mehr erlassen wurde, hat noch mehr Grund zur Dankbarkeit. Deshalb kann das Gespräch fortgesetzt werden.

Jesus schaut die Frau an und fordert auch Simon auf, sie anzusehen, also nicht nur über sie zu reden, als ob sie nicht da wäre **(44–46)**. Jesus lässt die Liebesbeweise der Frau Revue passieren, indem er sie mit dem offenbar nüchternen Empfang durch Simon vergleicht und dadurch positiv hervorhebt, als stellvertretende Gastfreundschaft, einem Gast von einem anderen Gast erwiesen. Jesus will nicht Simon kritisieren, dass er nicht üppig aufgetischt habe. Er vergleicht den Aufwand der Frau mit dem Simons und schlussfolgert daraus, dass sie ihn mehr liebt als er, weil er ihr mehr Schuld nachgelassen hat: längst, bevor er es ausgesprochen hat.

Jesus kündigt in der Anwendung die Vergebung an **(47)** – nach dem Grundsatz der Entsprechung. Dass die Frau „viel geliebt" hat, bezieht sich nicht etwa auf ihre erotische Karriere, wie einige meinen, die sie als Prostituierte hinstellen und damit das angeblich älteste Gewerbe der Welt aufwerten wollen, sondern auf das, was sie für Jesus getan hat. „Geliebt" heißt: Sie hat ihre Hoffnung auf ihn gesetzt; sie hat sich ihm anvertraut; sie hat ihm Gutes getan; sie will ihr künftiges Leben mit ihm teilen: das er ihr neu schenken möge. Die Frau ist ein Vorbild, weil sie in der Salbung nicht nur ihre eigene Liebe zu Jesus ausdrückt, sondern indirekt ihn auch als Messias, als Gesalbten, ehrt. Das Gespräch mit Simon dient einer möglichen Verständigung – zu der es aber nicht kommt, so wenig von einem Dissens die Rede ist. Simon scheint sich sein Urteil vorzubehalten.

Die Vergebung **(48)** erfolgt, in Analogie zur Sündenvergebung des Gelähmten (5,20), mit einem Zuspruch Jesu, der unmittelbar wirkt. Das Passiv zeigt an: Gott ist es, der vergibt – durch Jesus. Das Tempus (Aorist) stellt fest, was ist und bleibt: weil Jesus es sagt. Die Frau ist ihre Sünden los, wie schwer auch immer ihre Verfehlungen gewesen sein mögen. Mit seinem Vergebungswort stößt Jesus diesmal nicht auf massiven Protest **(49)**, sondern auf Skepsis. Sie wird persönlich, weil es um Jesus selbst geht (was theologisch richtig ist), aber belässt es bei einer Frage, ohne aggressiv zu werden (was die theologische Entscheidung offen lässt).

Den Schluss bildet ein Heilungswort **(50)**, das Lukas – wie Markus und Matthäus – sonst bei Krankentherapieerzählungen kennt (vgl. 8,48; 17,19; 18,42). Wie dort verweist es auf die rettende Kraft des Glaubens, den Jesus bei der Frau geweckt hat. Er hat den Glauben gesucht und gefunden. Sein Glaubenswort lässt erkennen, dass Sünde nie nur Schuld ist, die anderen weh tut, sondern auch Not sein kann, die aus Verletzungen hervorgeht und erst dann behoben ist, wenn der ganze Mensch erneuert ist. Jesus hat diese Kraft; um sie zu vergegenwärtigen, fügt Lukas die Tradition an die Stelle, wo die messianische Sendung Jesu an Dynamik gewinnt. Mit dem Wort Jesu endet die Perikope: Stärker könnte die Pointe nicht sein.

Die Heilung der Frau, deren Sünden Jesus vergibt, ist eine erzählte Ikone der Menschenfreundlichkeit Gottes. Die Frau geht über viele Anstandsgrenzen hinweg, um ihre Liebe zu Jesus auszudrücken. Jesus stellt sich auf ihre Seite, indem er sich ihre Liebesbeweise gefallen lässt und die Skepsis seines Gastgebers, des Pharisäers Simon, zu überwinden versucht: ohne jeden Druck, aber in entschiedener Klarheit, mit einem passenden Gleichnis und einer provokativen Übertragung. Lukas achtet darauf, dass nicht nur über die Frau gesprochen wird, sondern auch mit ihr. Zwar sagt sie in der Geschichte kein einziges Wort. Aber was sie tut, sagt mehr als tausend Worte. Jesus erkennt ihre Liebe – und in ihrer Liebe ihren Glauben. Dieser Glaube heilt – auch von der Sünde. Jesus weckt ihn; er spricht ihm seine rettende Macht zu: in der Autorität Gottes selbst. Die Szene, obgleich Sondergut, ist so typisch für Jesus, dass schlecht von einer Fiktion gesprochen werden kann; sie ist aber zugleich so programmatisch, dass die literarische Gestaltung durchgreifend ist. Beides, Tradition und Redaktion, gehört zusammen; beides prägt die lukanische Evangelienschreibung.

8,1–3
Starke Frauen in der Nachfolge Jesu

¹Und es geschah im Folgenden, dass er von Stadt zu Stadt und von Dorf zu Dorf zog und verkündigte und das Reich Gottes predigte. Und die Zwölf waren mit ihm, ²auch einige Frauen, die geheilt waren von bösen Geistern und Krankheiten: Maria, Magdalena genannt, aus der er sieben Dämonen getrieben hatte, ³und Johanna, die Frau des Chuza, Verwalter

8,1–3 *Starke Frauen in der Nachfolge Jesu*

des Herodes, und Susanna und viele andere, die ihnen mit dem dienten, was sie besaßen.

Im Gegensatz zu Markus und Matthäus hat Lukas eine wenigstens summarische Notiz über Frauen in der Nachfolge Jesu (8,1–3; vgl. 23,49 par. Mk 15,41–42). Sie knüpft an die Rechtfertigung der Sünderin an, die sich zu Jesus vorgewagt hat (7,36–50), und steht stellvertretend für weitere Szenen, die nicht im Neuen Testament stehen, auch wenn sie zur Geschichte Jesu gehören. Es gibt zahlreiche Jesusgeschichten mit Frauen in einer prominenten Nebenrolle. Aber selten sind die Frauen in einer starken Rolle, so dass sie einen schwachen Jesus unterstützen. Lk 8,1–3 ist eine Ausnahme von der Regel. Alle genannten Frauen verdanken Jesus, weil er sie geheilt und befreit hat, ihr neues Leben. Aber sie bleiben nicht im Gestus stummer oder ausdrücklicher Dankbarkeit, sondern entscheiden sich, zum einen mit ihm durchs Land zu ziehen und zum anderen ihn und die Zwölf mit dem Geld zu unterstützen, über das sie verfügen – in welcher Höhe und aus welchen Quellen, interessiert in dieser Perspektive nicht.

Gattungsgeschichtlich betrachtet, handelt es sich um ein Summarium, das, wie andere Beispiele (4,40–41 u. ö.), Typisches darstellt, ohne zu sehr ins Detail zu gehen. So wird hier nicht erzählt, wie die Frauen mit Jesus und den Zwölf gereist sind oder wie sie ihn und die Zwölf unterstützt haben. Aber es wird deutlich, dass für Lukas nicht nur eine kurze Episode gezeichnet wird, sondern eine ständige Praxis: ein Merkmal des Wirkens Jesu.

8,1	Der Verkündigungsweg Jesu mit den Zwölf
8,2–3	Die Weggemeinschaft der Frauen
2a	Das allgemeine Bild: Geheilte Frauen folgen Jesus nach
2b	Das erste Beispiel: Maria Magdalena
3a	Das zweite Beispiel: Johanna
	Das dritte Beispiel: Susanna
3b	Die Ausweitung des Blickes: Die Unterstützung Jesu durch Frauen

Der Fokus liegt auf den Frauen, weil Lukas hier herausarbeiten will, was für Jesus charakteristisch gewesen ist, ohne dass es ständig problematisiert worden wäre.

Jesus geht seiner gewohnten Arbeit nach **(1)**, der Verkündigung des Reiches Gottes (4,43). Er verkündet überall, in Stadt und Land: womit Lukas markiert, dass das Christentum durchaus eine starke Verankerung in den

Städten gesucht hat, aber keineswegs nur eine urbane Bewegung gewesen ist, sondern auch die Dörfer (die politisch zu den Städten gehörten) erfasst hat. Lukas ist aber nicht an geographischen Differenzierungen interessiert; er will zeigen, dass Jesus der Messias für alle ist.

Die Zwölf fehlen nicht, wie es ihrer Sendung entspricht. Aber sie sind nicht allein. Vielmehr werden auch namentlich Frauen genannt (2–3). Es handelt sich um Geheilte (von deren Therapien oder Exorzismen allerdings nicht erzählt worden war). An der ersten Stelle steht die in allen Evangelien erwähnte Maria Magdalena, die Jesus von Dämonen befreit hat (was nur hier überliefert ist), und die eine Schlüsselrolle bei der Auffindung des leeren Grabes und der anschließenden Verkündigung an die Apostel spielen wird (24,10). Neben ihr wird die Frau des galiläischen Spitzenbeamten Chuza, Johanna, genannt, die mithin zur gesellschaftlichen Elite Galiläas gehörte und auch zu den Frauen am Grab Jesu zählt (24,10), sowie eine sonst nicht bekannte Susanna, die aber in der lukanischen Lesegemeinde bekannt gewesen sein muss. Die Namen stehen *pars pro toto*, wahrscheinlich aufgrund ihrer Prominenz im sozialen Gedächtnis des Urchristentums. Die Frauen personifizieren, dass Heilungen und Befreiungen nicht nur gesund machen, sondern auch Aktivitäten freisetzen. Das „Dienen" ist nicht eine typisch weibliche Form der Unterordnung, sondern die überhaupt wichtigste Form der Nachfolge Jesu. Bemerkenswert ist, dass das Dienen hier nicht (wie in 4,39 par. Mk 1,31) auf den damals typisch weiblichen Tischdienst, sondern auf finanzielle Unterstützung bezogen wird, derer die Wandermissionare bedurften. Alle Frauen scheinen über diese Mittel verfügt zu haben; alle haben freiwillig gegeben, was sie hatten und wollten. Die Frauen finanzieren nicht nur die Mission Jesu, sondern um seinetwillen auch die der Apostel. Jesus verachtet das Geld nicht; er braucht und nimmt es.

Eine gemischt-geschlechtliche Gruppe von Nachfolgern ist selbst für die Kyniker, radikale Wanderphilosophen, kaum vorstellbar. Jesus durchbricht die Konventionen, weil er – selbst zölibatär lebend (vgl. Mt 19,19) – zu Frauen keine sexuelle, sondern eine spirituelle Beziehung aufbaut: wie zu Männern, und weil er allen Menschen die Nähe Gottes zusagt. Frauen sind in den Evangelien oft Leidtragende, denen Jesus ebenso großzügig wie vorurteilsfrei hilft. Hier aber sind sie starke Partnerinnen Jesu, die – offenbar finanziell unabhängig und gegen den Anpassungsdruck ihrer Familien – Jesus darin unterstützen, sein Missionswerk zu vollbringen. In der Antike sind Frauen meist ans Haus gebunden. Dass sie in der Öffentlichkeit auftreten, ist selten. Dass sie mit Jesus durchs Land ziehen, ist spektakulär. Sie sind Nachfolgerinnen Jesu, die zu Vorbildern für viele weitere Frauen geworden sind. So klein es ist: Lukas hat ein farbiges Erinnerungsbild der Jesusnachfolge gezeichnet.

8,4–18
Die Gleichnisrede

Im Abschnitt zuvor hat Jesus in einer Serie von Taten die Nähe des Gottesreiches aufleuchten lassen (7,1–8,3); er hat viel Zustimmung gefunden, aber auch Ablehnung. Einige wenige sind ihm gefolgt, Männer wie Frauen. Was bei der Verkündigung des Evangeliums geschieht, bespricht Jesus: in einer Gleichnisrede. Sie stellt die „Geheimnisse des Gottesreiches" (V. 10) ins Licht, die zuvor in Erweisen der Barmherzigkeit offenbar geworden ist.

Gleichnisse sind im gesamten Lukasevangelium – wie in allen synoptischen Evangelien – ein bevorzugtes Mittel der Didaktik Jesu. Für Lukas (und nicht nur für ihn) ist es typisch, dass Jesus mit Gleichnissen lehrt (5,33–39; 6,37–42; 7,31–35.41–43; 10,25–37; 11,5–8.9–13; 11,33; 12,16–21.36–40. 58–59; 13,6–9; 14,15–24; 15,1–32; 16,1–8.19–31; 17,7–10; 18,1–9.9–14; 19,11–27; 20,9–19 u. ö.). Sie haben nicht nur einen illustrativen, sondern einen argumentativen Wert, wie zuletzt das Plädoyer Jesu für die Sünderin gezeigt hat, der Jesus aufgrund ihres Glaubens vergibt (7,36–50), und wie später z. B. die drei Gleichnisse vom Verlorenen zeigen werden (15,1–32). Sie sind Bildgeschichten, die die Augen für Gottes Wirklichkeit in der menschlichen Lebenswelt öffnen und zugleich jede Vorstellung aufbrechen, wo Gott ist und wo nicht. Gleichnisse machen das Unsichtbare sichtbar und das Sichtbare durchsichtig. Als Metaphern bauen sie darauf, dass es eine Analogie zwischen Himmel und Erde gibt, die in der Einheit Gottes, des Schöpfers und Erlösers begründet ist. Als Geschichten erzählen sie kleine und große Dramen des alltäglichen und festtäglichen Lebens, frei erfunden, aber dem Leben abgelauscht, oft an der Grenze der Wahrscheinlichkeit, aber im Rahmen narrativer Logik, mit Identifikationsangeboten und verblüffenden Rollenwechseln. Sie verlangen eine Übertragung: nicht weil sie „uneigentliche" Rede wären, die nach einer begrifflichen Klärung schrie, sondern weil sie erkennen lassen, was sich eigentlich in der Welt *coram Deo* abspielt, und deshalb nach einer Aktualisierung im eigenen Leben rufen. Sie müssen gedeutet werden, weil es gilt, sie ins eigene Leben zu übertragen, was intellektuell oft leicht scheint, existentiell aber auf sehr viele Widerstände stößt. Diese Gleichnisse haben einen hohen didaktischen Wert, weil sie nicht nur Wissen vermitteln und Kompetenzen verleihen, sondern eine erzählte Welt entstehen lassen, in der durch Identifikation und Distanzierung eine neue Orientierung möglich ist: ein neuer Blick auf die Welt und das eigene Ich durch einen neuen Blick auf Gott.

Die Gleichnisrede Jesu hat zwei Teile. Die Gliederung spiegelt, dass Parabeln (auch) bei Lukas ausgelegt werden müssen, weil sie nicht selbstverständlich sind.

8,4–8	Das Gleichnis vom Sämann
8,9–18	Die Deutung des Gleichnisses vom Sämann
9	Die Frage der Jünger
10	Die erste Antwort: Sehen und Nicht-Sehen
11–15	Die zweite Antwort: Fallanalyse
16–18	Die dritte Antwort: Verbergen und Offenbaren

Für Lukas ist das Gleichnis ein christologisches Selbstportrait Jesu im Zeichen der Verkündigung des Wortes Gottes. Was Lukas gerade in Erinnerung gerufen hatte (8,1), wird jetzt besprochen: unter dem Aspekt, welche Wirkungen die Predigt Jesu auslöst, deren Qualität und Legitimität außer Frage steht. Das *Gleichnis vom Sämann* setzt die Verkündigung Jesu ins Bild, die *Deutung des Gleichnisses vom Sämann* erschließt die unterschiedlichen Reaktionen, die Jesus auslöst – im Wissen um das Übergewicht der Gnade Gottes. Die Jünger fragen nach dem Sinn des Gleichnisses und erhalten eine Deutung, die dreifach gestaffelt ist: Eingangs werden Sehen und Nicht-Sehen, ausgangs Verbergen und Offenbaren sowohl unterschieden als auch vermittelt: im Zentrum steht eine differenzierte Fallanalyse. Das Gleichnis vom Sämann inszeniert demnach die Dramatik des Verstehens; Gründe für Zustimmung und Ablehnung werden deutlich; Ziel bleibt die Offenbarung Gottes.

Der synoptische Vergleich zeigt ein gegenüber Markus stark komprimiertes Bild, während Matthäus die markinische Vorlage stark ausbaut. Lukas folgt Markus vom Sämannsgleichnis über die Jüngerfrage und die allegorische Deutung bis zur Erklärung über den Zusammenhang von Verbergen und Offenbaren (8,4–21 par. Mk 4,1–25). Allerdings schreibt er nicht ab, sondern glättet und strafft. Das Gleichnis von der selbstwachsenden Saat (Mk 4,26–29) übergeht er, das Gleichnis vom Senfkorn (Mk 4,30–32) bringt er später (13,18–19), wie bei Matthäus (Mt 13,31–33) verbunden mit dem Gleichnis vom Sauerteig (13,20–21), also wahrscheinlich aufgrund einer Tradition der Redenquelle. Die Gesamtkomposition zeigt, dass für alle Synoptiker, für Lukas ebenso wie für Markus und Matthäus, die Gleichnisse keineswegs leicht zu verstehen sind, sondern im Gegenteil die Frage des Verstehens zuspitzen, so dass sie differenziert beantwortet werden kann. Ein Schlüsselmotiv ist das Verstockungswort aus jesajanischer Tradition (Jes 6,9–10). Ihm korrespondieren Bildworte vom Leuchten, die auf den Primat der Offenbarung vor dem Verbergen hinweisen (8,16–18 par. Mk 4,21–25). Durch seine Redaktionsarbeit fokussiert Lukas das Hören und baut damit einen Kontrast zur folgenden Erzählung von den unverständigen Verwandten Jesu auf (8,19–21).

8,4–8
Das Gleichnis vom Sämann

[4]**Als viel Volk zusammenkam und aus jeder Stadt hin zu ihm zog, sprach er durch ein Gleichnis: „**[5]**Der Sämann ging aus, um seinen Samen zu säen. Und beim Säen fiel ein Teil an den Weg und wurde zertreten, und die Vögel des Himmels fraßen ihn auf.** [6]**Und ein anderer Teil fiel auf Fels, und ging auf und verdorrte, weil er keine Feuchtigkeit hatte.** [7]**Und ein anderer Teil fiel mitten unter die Dornen, und die Dornen gingen mit auf und erstickten ihn.** [8]**Und anderes fiel auf gute Erde und ging auf und trug Frucht, hundertfach." Als er dies gesagt hatte, sprach er: „Wer Ohren hat zu hören, höre."**

Das Gleichnis vom Sämann gehört zu den bekanntesten Gleichnissen Jesu. Es beeindruckt durch seine Mischung zwischen dem Alltäglichen und dem Exorbitanten, das in der quälenden Aufzählung der Misserfolge ebenso aufleuchtet wie in der gigantischen Quantifizierung des Erfolges. Die Parabel ist so aufgebaut, dass der Kontrast zwischen Fruchtlosigkeit und hundertfältiger Frucht vor Augen tritt.

8,4	Einleitung
8,5a	Die Aussaat
8,5b	Der Same am Weg wird zertreten und gefressen.
8,6	Der Same auf Fels verdorrt.
8,7	Der Same unter den Dornen wird erstickt.
8,8	Der Same auf gutem Boden bringt hundertfache Frucht.

Das Gleichnis arbeitet mit einer dramatischen Bildführung: Der Blick wird sukzessive zuerst nur auf drei Misserfolge gelenkt, die sich im Laufe der Zeit herausstellen: Der erste Samen wird sogleich weggepickt, der zweite wächst an, verdorrt aber, der dritte wächst auf, trägt aber keine Frucht. Der Same, der reiche Frucht trägt, wächst in derselben Zeit mit auf; aber der Gleichniserzähler lässt nicht darauf schauen, sondern spart sich das positive Bild für den Schluss auf, um den Kontrast zu erhöhen. Die Struktur des Gleichnisses übernimmt Lukas von Markus, bearbeitet es aber sprachlich.

Die Einführung **(4)** entwirft eine für Lukas typische Szene. Jesus ist als Lehrer sehr beliebt. Sein Auditorium kommt „aus jeder Stadt", gemeint ist hier: in Israel. Er lehrt vorzugsweise in Gleichnissen, also in Bildworten, die Bildgeschichten sind und an Alltagsdingen das Reich Gottes sichtbar machen. Das erste Gleichnis, das Lukas als solches kennzeichnet, hat eine Schlüsselbedeutung: Es steht für den Sinn aller Gleichnisse (8,9–

10) und wird Zug um Zug gedeutet (8,11–15), so dass es zum Spiegel der gesamten Missionsgeschichte wird.

Der erste Satz (5a) trägt das gesamte Gleichnis. Der Sämann macht seine Arbeit; er streut nur guten Samen. Die äußeren Umstände und die Bodenbeschaffenheit machen den Unterschied, ob ein Same Frucht trägt oder nicht. Gottes Schöpferkraft, die aus dem Saatkorn Frucht bringt, wird in Verbindung mit der menschlichen Arbeit zum Bild der Gottesherrschaft, die vollendet wird. Der Zusammenhang wird durch die Resonanz zweier Jesaja-Worte deutlich, die nicht zitiert werden, aber den Hintergrund beleuchteten. Bezugsvers für die Verkündigung ist Jes 55,10–11: „Denn wie der Regen und der Schnee vom Himmel fällt und nicht dorthin zurückkehrt, sondern die Erde tränkt und sie zum Keimen und Sprossen bringt, wie er dem Sämann Samen gibt und Brot zum Essen, so ist es auch mit dem Wort, das meinen Mund verlässt: Es kehrt nicht leer zu mir zurück, sondern bewirkt, was ich will, und erreicht all das, wozu ich es ausgesandt habe." Die Wirkung, die das Säen auslöst, wird in Jes 61,11 gespiegelt: „Denn wie die Erde die Saat wachsen lässt und der Garten die Pflanzen hervorbringt, so bringt Gott, der Herr, Gerechtigkeit hervor und Ruhm vor allen Völkern." Die menschliche Arbeit ist naturnah. Der Bauer erfüllt den Auftrag, die Welt zu gestalten (Gen 1,28). Dass der Satz bestens zur Verkündigung Jesu passt, lässt sich schwer übersehen.

Zuerst werden drei Misserfolge geschildert (5b–7), die sich im Laufe des Jahres erkennen lassen. Das Gleichnis besagt nicht, dass Dreiviertel der Saat verlorengehen; es lenkt nur den Blick darauf, dass sich die Fruchtlosigkeit eher zeigt als die Fruchtbarkeit. Bei der extensiven Landwirtschaft, die im Palästina der Zeit Jesu betrieben wurde, lassen sich die Misserfolge erklären: Es wurde nicht nach, sondern vor dem Pflügen gesät; es gibt keine exakten Grundstücksgrenzen; der Boden ist vielfach steinig; Pestizide sind unbekannt. Was Jesus erzählt, ist nicht absurd, sondern realistisch.

Die hundertfache Frucht (8a), die der gute Boden hergibt, bezieht sich nicht auf den Erntegesamtertrag, sondern metaphorisch auf das einzelne Korn. Bei den synoptischen Parallelen (Mk 4,8; Mt 13,8) gibt es die Staffelung dreißig-, sechzig-, hundertfach, weil eine Ähre knapp dreißig Körner trägt (27 damals wie heute), zuweilen – durch die antike Agrartechnik des Häufelns stimuliert – aus einem Korn zwei Halme emporsprießen konnten: und im ganz großen Glücksfall drei. Lukas übergeht diese biologisch-agronomische Anspielung. Die „Hundert" steht bei ihm für das schier Überwältigende einer reichen Ernte.

Der Schlussvers ist ein Aufruf (8b), der sich öfter findet (z. B. 14,25) und die notwendige Aufmerksamkeit fordert. Die Bedeutung des Gesagten wird unterstrichen; der nächste Passus wird vorbereitet. Es kommt auf das Hören an.

8,9–10 Geheimnisse des Gottesreiches　　　　　197

Das Sämanngleichnis arbeitet die Dramatik von offenkundigem Misserfolg und überwältigendem Ernteerfolg heraus. Dieser Kontrast lässt sich unterschiedlich deuten – je nachdem, in welcher Perspektive man ihn betrachtet. Wer zu den Skeptikern Jesu gehört, mag an den vielen Vergeblichkeiten zu erkennen meinen, die Botschaft Jesu tauge nichts – und soll sich dann darauf gefasst machen, eines Besseren belehrt zu werden. Wer zu den Anhängern Jesu gehört, mag ob der Misserfolge, die unverkennbar sind, zweifeln, zaudern und zagen, soll aber des endgültigen Erfolges gewiss sein, weil Gott auf Seiten Jesu ist. Bei Lukas ist das Gleichnis ans Volk adressiert (8,4) und arbeitet deshalb an dessen Neugier und Zögern. Später sprechen die Jünger Jesus an (8,9); ihnen erklärt er die Gründe für die Misserfolge (8,11–14), damit sie nicht resignieren, sondern sich die Ergebnisse erklären können – und damit sie ihre große Hoffnung nicht aufgeben, die sie für alle haben können. Bauern, die säen, hat es in der Menschheitsgeschichte schon sehr lange gegeben und wird es weiter geben, auch wenn die Techniken sich verändern. Das Gleichnis Jesu lässt in den Erfahrungen mit dem Säen und Wachsen Gott entdecken – und zwar so, dass die Glaubensfrage nach der Gültigkeit der Verheißung gestellt und die Chance erhöht wird, sie positiv zu beantworten. Zur Zeit Jesu spiegelt das Gleichnis seine eigene Sendung – in den Farben der Prophetie Israels. Zur Zeit des Lukas macht das Gleichnis zum einen im Rückblick die Sendung Jesu transparent, in den Dimensionen von Tod und Auferstehung, zum anderen im Ausblick die Sendung der Kirche, die in der Nachfolge Jesu ähnliche Dramen durchläuft. Diese Übertragung ist gattungskonform. Sie setzt sich in jeder Lektüre fort. Alle Rückschläge, die Gottes Herrschaft – gerade in der Verkündigung Jesu, aber auch in der Verkündigung seiner Jünger – zu erleiden hat, sprechen nicht gegen den sicher vorauszusehenden Ernteerfolg, der im Aussäen, d. h. im Wirken Jesu begründet ist. Das kann ebenso mutlosen Jüngern neue Kraft geben wie spöttische Gegner zum Nachdenken bringen. Das Gleichnis vom Sämann ist nicht „Urgestein" der Verkündigung Jesu, das unverändert weitergegeben worden wäre, sondern gehört zum Grundwasser seiner Botschaft, aus dem immer neu geschöpft werden kann. Lukas hat die Schlüsselbedeutung in seiner Überlieferung erkannt und mit eigenen Worten das Original neu zu Gehör gebracht.

8,9–10
Geheimnisse des Gottesreiches

⁹Seine Jünger fragten ihn, was das Gleichnis besage. ¹⁰Er aber sagte: „Euch sind die Geheimnisse des Reiches zu erkennen gegeben, den übrigen aber in Gleichnissen, damit sie sehend nicht sehen und hörend nicht verstehen.

Das Gleichnis muss gedeutet werden – wie alle Gleichnisse. Die Deutung ist anspruchsvoll. Der Erzähler Jesus wird zum Kommentator – in der Erzählung des Evangeliums. Die Perspektive der erzählten Auslegung ist

198   8,4–18 *Die Gleichnisrede*

nicht die Sachebene (weil die sachlichen und fachlichen Referenzen Alltagswissen sind), sondern die Beziehungsebene: weil es um den Glauben
geht. Wie bei Markus vorgegeben, hat die Deutung drei Aspekte: zuerst
wird – mit Hilfe des Verstockungsmotivs – das Reden in Gleichnissen
überhaupt erklärt (8,9–10), dann wird – in einer Allegorese, die Bild
für Bild den Text erläutert – das konkrete Gleichnis gedeutet (8,11–15);
schließlich wird die Deutung gedeutet – durch die Dialektik von Verbergen und Offenbaren (8,16–18). Die Verbindung zeigt die Prägnanz der
Parabel. Im synoptischen Vergleich (mit Mk 4,10–12) stellt sich heraus,
dass Lukas besonders offen die Dialektik des Verstehens erhellt.

8,9	Die Frage der Jünger
8,10	Die Antwort Jesu
	10a Die Gabe der Geheimnisse des Reiches an die Jünger
	10b Die Verschließung vor den „übrigen"

Im Vergleich mit Markus, der Vorlage (Mk 4,10–12), fällt vor allem auf,
dass statt vom Geheimnis im Singular von den Geheimnissen im Plural
gesprochen wird; auch der Verweis auf Jesaja ist neu formuliert: stärker
elementarisiert und offener formuliert.
Die Jünger fragen nach dem einen Gleichnis (9) – und damit nach allen
Gleichnissen. Dass sie fragen, spricht nicht gegen, sondern für sie. Sie
wollen von Jesus lernen, sowohl für ihr eigenes Leben als auch für die
Verkündigungsarbeit. Jesus antwortet dialektisch (10): Ihnen hat Gott
die „Geheimnisse des Reiches" Gottes „gegeben" (theologisches Passiv);
dadurch unterscheiden sie sich von den „übrigen", denen ein Gleichnis
ein Gleichnis bleibt. Die Wirkung ist kritisch: Die Gleichnisse sollen zum
Sehen führen, das nicht sieht, und zum Hören, das nicht versteht. Die
Entgegensetzung wird häufig so gedeutet, als ob Gott von vornherein
festlegen würde, wer sehen und wer blind sein wird. Das ist aber nicht der
Sinn des Satzes. Denn erstens gibt es bei den Gründen für Fruchtlosigkeit und Fruchtbarkeit, die im direkten Anschluss benannt werden, keine
Automatismen Gottes, sondern menschliche Dramen (8,11–15). Zweitens
verweist Jesus mit seiner Erklärung unausgesprochen auf Jesaja: „Ver-
fette das Herz dieses Volks und ihre Ohren verschließe und ihre Augen
verklebe" (Jes 6,10). Die Exegese redet vom Auftrag zur „Verstockung".
Die Verstockung ist ein soteriologischer Prozess, den Gott selbst anstößt,
um eine Reserve aufzuweisen, die von den Menschen ihm gegenüber aufgebaut wird. Verstockung ist nicht Verdammung. Sie ist zeitlich befristet.
Sie zielt auf Verstehen. Sie beschreibt aber eine Phase des Unverständ-
nisses, der Blindheit und Taubheit, die durchlebt und erlitten werden muss,
damit die Falschheit der bisherigen Wahrnehmungs- und Erwartungs-

8,9–10 Geheimnisse des Gottesreiches 199

muster deutlich wird, weil nur dann eine Veränderung möglich ist. Lukas verzichtet hier (nicht in Apg 28,26) auf das direkte Zitat; er konzentriert sich auf das Sehen und Hören, das elementar mit der Verkündigung Jesu verbunden ist und in den beiden folgenden Teilen besprochen werden wird. Lukas will keine Theologie der Verstockung Israels treiben, wie er häufig gedeutet worden ist, nicht ohne antijüdische Anklänge. Lukas will vielmehr die paradoxale Wirkung der Gleichnisse deutlich machen, die gerade in ihrer Eingängigkeit liegt, unabhängig davon, ob die Hörerinnen und Hörer jüdisch sind oder nicht. Weil sie das Reich Gottes vor Augen stellen, decken sie die Blindheit gerade derer auf, die angeblich schon alles über Gott und sein Reich wissen, von Jesus also nichts Gutes erwarten und deshalb Gottes Liebe unterschätzen.

Den Jüngern hingegen sind die „Geheimnisse des Reiches" Gottes „gegeben". In der Markusvorlage steht der Singular – wohl als Hinweis auf Jesus, der Gottes Reich personifiziert, ohne mit ihm identisch zu sein. Der Plural bei Lukas (und bei Matthäus) öffnet die Augen für die Vielzahl der Aspekte, die durch Gottes Reich erschlossen werden (Apg 1,3). Das eine Geheimnis zeigt sich in vielen Geheimnissen; die vielen Geheimnisse konkretisieren das eine Geheimnis, das Gott selbst ist. Die „Geheimnisse" sind nicht Rätsel, die es zu lösen gälte, sondern Phänomene, die sich nur von Gott her erkennen lassen. Die Jünger, denen die Geheimnisse „gegeben" sind (Perfekt), fragen Jesus (V. 9). Dieses Fragen bei der richtigen Adresse ist ein wesentlicher Teil des Verstehens. Die Gabe Gottes besteht gerade darin, richtig zu fragen. Wäre es anders, wäre das Geheimnis des Gottesreiches zerstört. Die Jünger werden als Fragende nicht von der Masse der anderen abgeschlossen, sondern für sie aufgeschlossen. Die Gabe der „Mysterien" besteht darin, dass ihre Fragen beantwortet werden. Indem den Jüngern diese Geheimnisse „gegeben" sind, verstehen sie das Evangelium Jesu: dass es nämlich ein Geheimnis ist, also dem menschlichen Verstand verborgen bleibt – was genau verstanden werden kann und dann nicht sprachlos und blind, sondern sprachfähig und hellsichtig macht. Die „übrigen", mithin alle, die nicht zu den Jüngerinnen und Jüngern Jesu gehören, stehen wie sie im Fokus des Handelns Gottes, aber an einer anderen Stelle. Lukas hat einen einzigen Satz konstruiert, der von der Gabe derselben Mysterien Gottes spricht, mit dem Unterschied, dass auf der Seite der Jünger das Verstehen steht, das sich nicht zuletzt im Fragen äußert, während auf der Seite der Anderen das Sehen nicht zum erkennenden Sehen und das Hören nicht zum Verstehen führt – weil nicht gefragt wird, sondern selbstverständlich scheinende Antworten gegeben werden, die in Wahrheit keine sind. In dieser dialektischen Finalbestimmung wird das, was sich durch die Gleichnisverkündigung auch ereignet, nämlich Unverständnis, auf Got-

200   *8,4–18 Die Gleichnisrede*

tes Handeln zurückgeführt. Durch diese Theozentrik wird es nicht etwa gutgeheißen, sondern in die Dialektik des Verstehens erhoben, der die Gesamtkomposition Ausdruck verleiht. Unverständnis ist kein Selbstzweck, sondern ein Mittel zum Zweck jenes Verstehens, das Gott den Glaubenden eröffnet.

Nach populärer Auffassung sind Gleichnisse nicht schwer, sondern leicht. Die Evangelisten sehen es anders. Gleichnisse sind auf der Ebene dessen, was sie erzählen, tatsächlich gut zu verstehen. Sie mögen an die Grenze der Wahrscheinlichkeit gehen – aber sie sind nachvollziehbar, mehr noch: Sie faszinieren und irritieren, sie reizen zum Widerspruch und begründen Zustimmung; sie schaffen Identifikationsangebote und verändern Rollenerwartungen. Doch gerade diese Klarheit und Offenheit wirft das Problem des Verstehens auf. Mit dem Erfassen des Wortlautes ist es nicht getan. Entscheidend ist die Übertragung. Hier brechen die Probleme des Verstehens auf – die freilich nicht nur auf die Gleichnisse bezogen sind, sondern auf die gesamte Verkündigung Jesu. Am Beispiel der Gleichnisse werden sie besprochen, weil sie typisch für Jesus sind: für seine Lehre, für seinen Blick zum verborgenen Gott, für seine Hinweise auf die Spuren Gottes im eigenen Leben, die von denen, die seine Gleichnisse hören, selbst entdeckt werden müssen. Gott ist es, der das Verstehen schenkt – aber nicht willkürlich, sondern im Gespräch mit den Menschen, die ihm Vertrauen schenken. Das Gleichnis vom Sämann bleibt der Maßstab: Mit Gottes Gnade müssen die Menschen, die sein Wort hören, ihm den Boden bereiten, dass es Frucht bringt, weil es verstanden und im Verstehen bejaht wird. Die Formulierung der Gleichnishermeneutik mit Verweis auf Jesaja ist nachösterlich gebildet; eine Verfälschung der Gleichnisdidaktik und -poetik Jesu ist sie nicht.

8,11–15
Fruchtlosigkeit und Fruchtbarkeit: Die Gleichnisallegorese

[11]Dies ist das Gleichnis: Der Same ist das Wort Gottes. [12]Die am Weg sind, die das Wort hören, aber dann kommt der Teufel und trägt das Wort aus ihrem Herzen, damit sie nicht glauben und gerettet werden. [13]Die aber auf Fels sind, die das Wort, wenn sie es hören, mit Freuden annehmen und keine Wurzeln haben; sie glauben für eine Zeit, aber in der Stunde der Verfolgung fallen sie ab. [14]Die aber unter die Dornen gefallen sind, die sind, die hören und von den Sorgen und dem Reichtum und den Freuden des Lebens erstickt werden und keine Frucht zur Reife bringen. [15]Die aber auf guter Erde, die sind, die mit einem guten Herzen gut das Wort hören, um es zu behalten; sie werden Frucht bringen in Geduld.

8,11–15 *Fruchtlosigkeit und Fruchtbarkeit: Die Gleichnisallegorese* 201

Im Zentrum der Deutungskomposition (8,9–18) steht die Gleichnisauslegung. Sie folgt den in der Antike weit verbreiteten (und bis heute beliebten) Grundsätzen der Allegorese: Das Gleichnis wird als ein symbolträchtiger Text gesehen, der nicht nur eine konzise Erzählung enthält, sondern auch eine Vielzahl von Einzelbezügen, die so auszudeuten sind, dass der Bedeutungsreichtum der Gleichniserzählung durch den Bezug auf das Evangelium und das menschliche Leben tiefer erschlossen wird. Die Allegorese bildet hier die Struktur des Gleichnisses ab, auch in der Gewichtung.

Durch die originäre Anlage der Parabel liegt auf den Erklärungen der Misserfolge ein besonderes Gewicht.

8,11	Der Same
8,12	Die auf dem Weg
8,13	Die auf Fels
8,14	Die unter Dornen
8,15	Die auf gutem Boden

Lukas folgt Markus und bearbeitet die Vorlage wiederum sprachlich, um ihren Duktus in seinem Sinn zu schärfen.

Die entscheidende erste Identifizierung betrifft den Samen selbst **(11)**. Die Deutung auf Gottes Wort liegt genau im Bildfeld des originären Gleichnisses und seiner alttestamentlichen Referenzen (Jes 55,10–11; 61,11). Die drei Misserfolge werden – psychologisch und kulturell plausibel – auf drei Konstellationen bezogen. Diejenigen „am Wege" **(12)** haben das Wort Gottes nie richtig in sich aufgenommen, weil es sie nie richtig erreicht hat. Der „Teufel" ist eine mythische Figur, die das Unerklärliche erklärt: Der Widersacher, von dem niemand sich einen Begriff oder ein Bild machen kann, wird aktiv. Die Fruchtlosigkeit offenbart kein moralisches, sondern ein soteriologisches Problem: dass die Umstände verhindern können, das Hören zum Verstehen zu führen. Dass es der Glaube ist, der rettet (zuletzt 7,50), ist vorausgesetzt – eine lukanische Parallele zur paulinischen Rechtfertigungslehre (Gal 2,16). Wenn der Glaube teuflisch verhindert wird, kann nicht die Verdammung das letzte Wort Gottes sein, sondern nur die neue Verkündigung, bis zum jüngsten Tag.

Diejenigen „auf Fels" **(13)** haben ein Charakterproblem, weil sie zwar aufgeschlossen und geradezu begeistert aufnehmen, was ihnen als Gute Nachricht gesagt wird, aber nicht zur Nachhaltigkeit fähig sind, was sich in mangelnder Leidensfähigkeit und Standfestigkeit zeigt; dass sie „keine Wurzeln" haben, bezieht sich nicht nur auf ihre Einstellung dem Evangelium gegenüber, sondern prägt sich in ihrem gesamten Leben aus –

202   *8,4–18 Die Gleichnisrede*

ohne dass an dieser Stelle die Gründe für die Wurzellosigkeit analysiert würden.

Diejenigen, die „unter die Dornen gefallen sind" **(14)**, haben ein Verhaltensproblem. Zwar haben sie zu glauben begonnen. Aber sie lassen sich davon abbringen, Frucht zu bringen, weil sie sich ablenken lassen. Drei Gründe werden genannt: erstens die Sorge um die Sicherung des Alltages (vgl. 12,22–32 par. Mt 6,25–33), die Gefahr, in der die Armen stehen; zweitens die Gier nach Reichtum (vgl. 16,9–13 u. ö.), die Versuchung der Reichen, denen das Wehe Jesu gilt (6,24–26), drittens der Hedonismus – nicht die Lebensfreude, die Gott dankbar ist, sondern eine Einstellung, die das Leben als letzte Gelegenheit sieht, aus der möglichst viel herausgepresst werden muss. Die Jünger sollen nicht den Stab über diese Menschen brechen (vgl. 6,37–42), müssen aber mit diesen Ablenkungen rechnen und können sich mit Verweis auf diese Gründe Misserfolge erklären – um zugleich selbstkritisch auf Gefahren zu achten. Die drei Beispiele schließen andere nicht aus. Ursachen können sowohl in den Umständen liegen als auch in Persönlichkeitsproblemen – die es nicht zu verdammen, aber zu erkennen und, soweit möglich, zu lösen gilt.

Die positive Alternative **(15)** „auf guter Erde" ist gleichfalls nicht deterministisch, sondern anthropologisch und soteriologisch entwickelt. Entscheidend sind weder Bildung noch Stand, Geschlecht oder Nation; es zählt nur das gute Herz. Dem Hören folgt das Behalten – im Sinn des Beachtens. Die Frucht wird sich einstellen, mag sie auch lange nicht gesehen werden. Geduld ist nicht Passivität, sondern gespannte Erwartung, die auf eine gute Gelegenheit hofft, die dann am Schopf ergriffen werden muss.

Die Deutung des Gleichnisses ist nicht im mindesten spalterisch oder deterministisch. Sie ist im Gegenteil motivierend und missionarisch. Zuvor ist mithilfe der Anspielung auf Jesajas Verstockungsauftrag geklärt worden, dass die Jünger, denen das Geheimnis des Gottesreiches gegeben ist, mit der Wirkung rechnen müssen, dass die Gleichnisse Jesu die Augen gerade dadurch verkleben, dass sie sie öffnen, und das Verstehen – im Sinn des Einverständnisses – gerade dadurch verhindern, dass sie klar und deutlich die Wahrheit sagen: weil sie gehört werden soll (8,10). Jetzt werden plausible Gründe für diesen Effekt genannt. Er schließt den Eintritt in die Jüngerschaft nicht aus; er behindert ihn, mindestens momentan; er lässt nach dem guten Herzen der Menschen suchen, das zu einer positiven Reaktion führen kann. In der Fortsetzung wird, wiederum in Bildworten, geklärt, aus welchem Grund diese Wirkungslogik entsteht (vgl. 8,16–18). Die Deutung ist auf markinischer Basis nachösterlich – aber mit jesuanischen Motiven von hoher Plausibilität gestaltet.

8,16–18
Verbergen und Offenbaren: Der Zweck der Gleichnisse

[16]Niemand zündet eine Leuchte an und stellt sie unter einen Scheffel oder unter das Bett, man stellt sie doch auf den Leuchter, damit, die eintreten, das Licht sehen. [17]Denn nichts ist verborgen, das nicht offenbar wird, und ist geheim, das nicht bekannt wird und ins Offene kommt. [18]Schaut also, wie ihr hört. Denn wer hat, dem wird gegeben, und wer nicht hat, dem wird genommen, was er zu haben meint."

Zum Abschluss der kurzen Gleichnisrede reflektiert Jesus nach Lukas den Zweck der Gleichnisse. Er greift auf die Dialektik von V. 10 zurück und zeigt endgültig, dass keine definitive Alternative, sondern eine dramatische Dynamik entsteht. Lukas folgt wieder Markus – und kürzt die Vorlage erneut, um den Duktus zu stärken.
Der Passus ist nach dem Schema Bild und Deutung gestaltet.

8,16	Das Bild:	Das Licht auf dem Leuchter
8,17	Die Anwendung:	Verborgenes wird offenbar
8,18	Die Konsequenz:	Richtiges Zuhören

Die Bilder sind archaisch, innerhalb wie außerhalb der Bibel. Ihre Klarheit macht die „Geheimnisse des Gottesreiches" transparent (8,10). Sehen kann blind machen, und Blinde können mehr als andere sehen: nicht, weil das Reich Gottes rein innerlich wäre, sondern weil seine Geheimnisse die Möglichkeiten menschlichen Erkennens übersteigen – was genau erkannt werden kann.
Das Licht, das auf den Leuchter gehört (16), ist das Evangelium, das Jesus verkündet – mit dem Heil, das er vermittelt. Durch seine öffentliche Verkündigung, mitsamt den Gleichnissen, setzt er nicht aufs Verbergen, sondern aufs Offenbaren. Freilich sieht das Licht nur, wer eintritt. Wer draußen vor der Türe bleibt, steht im Dunkeln (vgl. 8,9–10).
Das Verbergen, ohne das es kein Offenbaren gäbe (17), ist kein Selbstzweck, sondern – das Licht ist die Metapher der Wahrheit – dient dem Verkündigen: weil man nicht alles zur gleichen Zeit und nicht alles auf einmal sagen kann, ohne Menschen das Wort Gottes vorzuenthalten, und weil auch die Krisen des Verstehens, die entstehen, wenn das Wort Gottes verkündet wird, nicht darauf zielen, Menschen an ihre Grenzen zu führen oder gar scheitern zu lassen, sondern darauf aus sind, sie zu retten – durch den Widerspruch, durch das Gericht und durch den Tod hindurch.
Die Jünger sollen hören (18a) – und alle anderen auch (V. 8). Die soteriologische Dialektik kommt zum Schluss wieder zum Ausdruck (18b). Was

204   *8,19–56 Auseinandersetzungen mit Jesus*

man im Sinn des Evangeliums haben kann, ist das Verständnis des Wortes Gottes, das beim Verstehen immer größer wird. Was genommen wird, ist das Unverständnis. Das, was man nicht hat oder nur zu haben meint, als Haben zu begreifen, wäre fatal. Deshalb muss es genommen werden. Durch die Gleichnisse wird diese Dramatik in Szene entwickelt (vgl. 19,26).

Die Gleichnisse offenbaren die „Geheimnisse des Reiches" Gottes: Sie machen sichtbar, dass es unsichtbar ist; sie verbergen die Geheimnisse, um sie zu offenbaren. Die Verkündigung des Evangeliums ist keine einfache Information über seine Wahrheit; sie ist vielmehr eine Eröffnung, der sich die Menschen öffnen sollen, damit sie in Verbindung mit Gott treten und seine Nähe inmitten ihres eigenen Lebens und in dem der anderen Menschen ahnen, ohne es zu vereinnahmen. Jesus setzt auf die Offenbarung: die genuine Offenheit des Reiches Gottes, die sich den Menschen gerade dann erschließt, wenn sie nicht als Beliebigkeit, auch nicht als bloße Möglichkeit, sondern als Wirklichkeit des Heiles überkommt. Das Sämanngleichnis ist im Lukasevangelium programmatisch: Trotz aller Widerstände und Misserfolge wird Gott sich mit seinem Heilswillen durchsetzen; Jesus bringt ihn zur Sprache und öffnet die Türen der menschlichen Herzen für Gottes Reich. Lukas hat jesuanische Motive aufgegriffen und mit seiner Überlieferung ein Bild gestaltet, das ihn im Rückblick kenntlich macht.

8,19–56
Auseinandersetzungen mit Jesus

Wie in der Gleichnisrede reflektiert (8,4–18), löst die Verkündigung Jesu Widerspruch aus, begründet aber auch Glauben, der sich – durch Krisen – am Ende durchsetzen wird. Diese Programmatik bestimmt die folgende Serie von Erzählungen. Sie alle sind, direkt oder indirekt, Glaubensgeschichten. Lukas findet sie in seiner markinischen Vorlage (Mk 4,35–5,34), der er in Fortsetzung der Gleichnisrede (8,4–18; vgl. Mk 4,1–34) weiter folgt. Er stellt allerdings die Perikope von den wahren Verwandten Jesu um (8,19–21 par. Mk 3,31–35). Dadurch kann er die Dramatik des Verstehens, die das Gleichnis vom Sämann (8,4–8) aufbaut, gut in Szene setzen.

Lukas hat die Perikopen nicht nach dem Prinzip der Steigerung arrangiert, sondern nach dem dramatischen Effekt, gegenläufige Bewegungen auf das Leitmotiv des Glaubens und Verstehens hin zu orientieren.

	Aus der Nähe über die Entfernung zur Begegnung	
8,19–21	Die Verwandtschaft Jesu	Mk 3,31–35
8,22–25	Die Stillung des Seesturmes	Mk 4,35–41

8,19–21 *Die Verwandtschaft Jesu*

	Aus der Ferne in die Nähe zum Glauben	
8,26–39	Der Exorzismus von Gerasa	Mk 5,1–20
8,40–56	Die Heilung der blutenden Frau	Mk 5,21–43
	und die Auferweckung der Tochter des Jaïrus	

Am Anfang steht ein – bei Lukas nicht negativ motivierter – Wunsch der Herkunftsfamilie, zu Jesus zu kommen, der aber seine wahren Verwandten bei denen hat, die Gottes Willen tun (8,19–21); am Ende steht ein Diptychon vorbildlichen Glaubens: der blutflüssigen Frau und des Jaïrus, dessen Tochter Jesus von den Toten erweckt (8,41–56). In den Rahmen sind zwei gegenläufige Erzählungen gespannt: Die Jünger, die zum Glauben gerufen sind, fürchten sich angesichts der Stillung des Seesturms (8,22–25); der geheilte Gerasener, der nicht mehr von Dämonen geplagt wird, möchte Jesu Jünger sein und wird zur Mission in seine eigene Heimat geschickt (8,26–39). In der Abfolge der Szenen wird die Dialektik der Auseinandersetzungen mit Jesus hervorgehoben. Zuerst führt der Weg *aus der Nähe über die Entfernung zur Begegnung.* Die ihm am nächsten stehen sollten, seine Familienmitglieder und seine Jünger, haben die weitesten Wege vor sich. Danach führt der Weg *aus der Ferne in die Nähe zum Glauben.* Der besessene Gerasener, die blutende Frau und die gestorbene Tochter des Jaïrus sind so weit weg von Jesus, wie man es sich aus politischen, religiösen und biologischen Gründen nur vorstellen kann – aber alle finden zu ihm, weil er sich ihnen zuwendet.

8,19–21
Die Verwandtschaft Jesu

[19]Es kamen aber zu ihm seine Mutter und Brüder und konnten nicht zu ihm wegen der Menge. [20]Man meldete ihm: „Deine Mutter und deine Brüder stehen draußen und wollen dich sehen." [21]Er aber antwortete und sagte ihnen: „Diese sind meine Mutter und meine Brüder: die Gottes Wort hören und tun."

Die Verwandten werden von Nazareth nach Kapharnaum gekommen sein. Im Markusevangelium wird ein großes Konfliktpotential aufgebaut, weil seine Familie Jesus für verrückt erklären (Mk 3,20–21) und einfangen will, um ihn wieder in den Schoß der Familie zurückzuholen (Mk 3,31–35). In dieser Konstellation zeigen sich starke Differenzen mit Jesus in seiner Herkunftsfamilie – die freilich nicht ausgeschlossen haben, dass sich die Familienmitglieder später bekehrt und nach der Auferstehung eine wichtige Rolle in der Geschichte des frühen Christentums gespielt haben. Lukas hat die Szene weicher gezeichnet (ähnlich wie Mat-

206   8,19–56 *Auseinandersetzungen mit Jesus*

thäus). Maria und seine Brüder wollen Jesus nur treffen – ohne dass ein
Grund genannt würde. Die Veränderung passt damit zusammen, dass
Lukas schon im Kindheitsevangelium den Glauben Marias betont und
dass er unter dem Kreuz nicht nur die Frauen aus Galiläa (Mk 15,40–41),
sondern auch die „Bekannten" Jesu sieht (23,49).
Die kurze Szene ist so aufgebaut, dass Jesu Wort über die Familie Gottes
die Aufmerksamkeit auf sich zieht.

8,19	Der Versuch der Familie, zu Jesus zu kommen
8,20	Die Mitteilung an Jesus
8,21	Die Antwort Jesu: Gottes Wort als Kriterium

Die Verwandten haben ähnliche Schwierigkeiten **(19)**, zu Jesus zu gelangen, wie früher der Gelähmte (5,17–29 par. Mk 2,1–12). Die Mutter,
Maria, ist bestens eingeführt: als besorgte und nachdenkliche Frau, die
mit ihrem Sohn fühlt (2,19.51). Die „Brüder" sind Verwandte. Nahe-
liegend ist, sie als leibliche Geschwister zu sehen; aber das Neue Testament kennt auch einen offeneren Begriff von Brüdern und Schwestern
(vgl. Mk 6,3 und 15,40); für Lukas besteht jedenfalls kein Widerspruch
zur Überlieferung von der Jungfrauengeburt. Die Schwestern fehlen
hier, wohl weil es sich um eine Aktion in der Öffentlichkeit handelt, in
der antike Rollenklischees durchschlagen. Die Menge scheint ein Problem zu sein, dass die natürliche Familie zusammenkommt, die in der
Antike als heilig und in Israel als Keimzelle des Gottesvolkes gilt. Doch
durch Jesu Wirken werden die Verhältnisse umgekehrt: Die Menge ist
für die Familie Jesu kein Hindernis, sondern ein Vorbild. Die Menschen
wehren die Mutter und die Brüder Jesu nicht ab, sondern informieren
Jesus, dass sie ihn „sehen" wollen **(20)**. Lukas sieht kein Problem Jesu
mit seiner Herkunftsfamilie – aber er weitet den Blick für andere als die
biologischen Lebensbeziehungen.
Jesus nennt das Kriterium für die Zugehörigkeit zu seiner Familie **(21)**:
das aktive Hören des Wortes Gottes, das Jesus verkündet, und das über-
zeugte Erfüllen seines Willens, wie Jesus ihn verkündet. Diese Pointe
übernimmt Lukas von seiner Vorlage. Nach der Feldrede und der Gleichnisauslegung ist detailliert klar, was Jesus als Wort Gottes verkündet
und worin das Befolgen besteht. Neu ist, dass diese Aufnahme und
Umsetzung die Zugehörigkeit zu einer neuen Familie bedeutet. Das
Familienethos, das aus der Perikope spricht, ist dialektisch. Einerseits
wird durch die Kontaktschwierigkeit signalisiert, dass die Herkunftsfamilie keine Herrschaftsmacht über das Leben eines Einzelnen hat, wie
in der Antike üblich. Andererseits wird durch das klärende Wort Jesu
deutlich, dass durch seine Verkündigung eine neue Familie entsteht.

8,22–25 Die Stillung des Seesturms 207

Die kurze Perikope ist ein kleines Stück elementarer Ekklesiologie. Die Familie ist eine umfassende Sozial- und Wertegemeinschaft. Sie geht über Lehren und Lernen weit hinaus: Gemeinsames Leben ist das Ziel, wie die Urgemeinde es vormachen wird (Apg 2,42–47; 4,32–35). Nahbeziehungen sind charakteristisch. Männer und Frauen, Jung und Alt kommen zusammen – ohne dass der damals herrschende Patriarchalismus durchschiene. Die Perikope ist eine Einladung: sich der Familie Jesu anzuschließen – dadurch, dass man auf Gottes Wort hört, wie er es verkündet. Jesu Klärung zeigt aber auch den Anspruch: Familienmitgliedschaft setzt persönliche Entscheidung und konsequente Praxis der Nachfolge voraus. Die Herkunftsfamilie wird von der Gottesfamilie nicht etwa ausgeschlossen, sondern soll von ihr angezogen werden. Die Reaktion bleibt allerdings an dieser Stelle offen. Später haben Jesu Mutter und Brüder die Chance ergriffen (Apg 1,14). Lukas fängt Familientraditionen ein, auch hier; deshalb mildert er die in der markinischen Überlieferung herrschende Kritik ab. Die Pointe Jesu selbst hält er fest: Gott stiftet die entscheidenden Familienbeziehungen (18,18–30).

8,22–25
Die Stillung des Seesturms

[22]Es geschah aber an einem der Tage, dass er ein Boot bestieg, wie seine Jünger, und zu ihnen sagte: „Lasst uns ans andere Ufer fahren." Und sie fuhren ab. [23]Während sie segelten, schlief er ein. Und ein großer Sturm fuhr herab auf den See; sie wurden überflutet und gerieten in Gefahr. [24]Da kamen sie und weckten ihn, indem sie sagten: „Meister, Meister, wir gehen unter." Er aber wachte auf, bedrohte den Wind und die Wasserwogen, und sie beruhigten sich, und es trat Stille ein. [25]Er sagte ihnen aber: „Wo ist euer Glaube?" Sie aber fürchteten sich und staunten und sagten zueinander: „Wer ist dieser nur, dass er den Winden gebietet und dem Wasser, und sie gehorchen ihm?"

Bei der Stillung des Sturmes wird – ganz im Sinne des Gleichnisses vom Sämann und seiner Deutung – am Beispiel der Jünger gezeigt, dass Hören und Befolgen Prozesse sind, die mit Rückschlägen zu kämpfen haben, aber durch Jesus selbst zum guten Ende geführt werden können, auch wenn die Seinen es kaum zu begreifen vermögen. Die Geschichte gilt in der Moderne als „Naturwunder"; aber das Denken in Naturgesetzen ist dem Neuen Testament fremd: Die Welt ist Gottes Schöpfung, jeden Tag neu ins Leben gerufen. Jesus von Nazareth wirkt mitten in der Welt und macht sie immer wieder für Gottes Reich durchsichtig. Die Sturmstillung ist eine Epiphaniegeschichte: Gott ist der Herr aller Mächte und Gewalten. In der Macht Gottes handelt

208   *8,19–56 Auseinandersetzungen mit Jesus*

Jesus. In ihm scheint auf, wer Gott ist und was er will: die Rettung aus der Not.

Die Perikope ist so aufgebaut, dass nicht die spektakulären Begleitumstände im Blick stehen, sondern die Beziehungen zwischen Jesus und seinen Jüngern.

8,22	Die Überfahrt
8,23	Der Schlaf Jesu beim Sturm
8,24a	Die Klage der Jünger
8,24b	Die Beruhigung der Lage
8,25a	Die Frage Jesu nach dem Glauben
8,25b	Das staunende Fragen der Jünger

Im Vergleich mit der markinischen Vorlage (Mk 4,35–41) zeigt sich bei Lukas erneut der Trend, das Bild der Jünger weicher zu zeichnen. Während die Jünger nach Markus Jesus den Vorwurf machen, sich um sie nicht zu kümmern, konfrontieren sie ihn nach Lukas nur mit ihrer Angst; und während Jesus nach Markus ihren Unglauben tadelt, fragt er nach Lukas, wo der Glaube geblieben sei. Die Jünger fragen – das spricht für sie. Aber im Evangelium müssen sie auch zu Antworten kommen. Das wird dauern, aber passieren.

Der Auftakt **(22)** ergibt sich aus der missionarischen Aktivität Jesu: Er will nicht nur in Galiläa wirken, sondern auch jenseits des Sees Genezareth – wo er einen Besessenen von Dämonen befreien wird (8,26–39). Diese Ausweitung entspricht seiner göttlichen Sendung: Jesus ist der Messias aus Israel nicht nur für Juden, sondern auch für Heiden. Die stürmische Überfahrt lässt die Schwere der Aufgabe, die souveräne Sturmstillung die Größe der Vollmacht Jesu erkennen. Der Schlaf Jesu und das Toben der Elemente fallen zusammen **(23)**. Die Wellen schlagen ins Boot; die Situation ist gefährlich. Die Jünger wissen keinen anderen Rat, als Jesus zu wecken und ihm ihr Leid zu klagen **(24a)**. Sie reden ihn als Respektsperson an: „Meister" *(epistáta)*. Sie machen ihm keine Vorwürfe, bekennen ihm aber ihre Angst, unterzugehen – mit ihm. Jesus reagiert sofort **(24b)**. Er handelt, bevor er redet (V. 25a) – anders als bei Markus. Er agiert als Herr über die Elemente – in der Kraft Gottes (vgl. Ps 65,8; 89,10; 107,29; äthiopischer Henoch 60,16). Er „bedroht" den Wind und die Wellen: Er herrscht sie an, wie er Dämonen in die Schranken weist (4,35; 9,42; vgl. 4,29). Jesus weist mit Macht alle Kräfte zurück, die ihn hindern wollen, sein Ziel zu erreichen. Er spricht auch seine Jünger an **(25a)**: Er leugnet nicht, dass sie glauben wollen. Aber er stellt fragend fest, dass sie nicht glauben. Sie haben alles gesehen, tun sich aber mit dem Deuten schwer **(25b)**. Ihre Fragen sind richtig: Sie zielen auf die

8,26–39 Der Exorzismus von Gerasa   209

Person, und sie haben alle relevanten Beobachtungen beisammen. Aber sie kommen über das Fragen nicht hinaus. Deshalb bleibt ihr Glaube vage – wie Jesus weiß und durch seine Frage aufdeckt.

> Die Sturmstillung gehört zu einer Passage, die der Ausweitung des Wirkens Jesu dienen soll. Die elementaren Mächte scheinen sie hindern zu wollen. Aber Jesus ist stärker als sie. Deshalb wird er mit seinen Jüngern sicher das andere Ufer erreichen – und dort Dämonen austreiben (8,26–39). In der Sturmstillung ist das gute Ergebnis vorweggenommen – in jeder Phase des Lebens und Sterbens Jesu. Die Szene ist hoch symbolisch. Das Boot steht für das Schiff der Kirche – wobei die Metapher von dieser Perikope geprägt ist. Der schlafende Jesus, der aufwacht, verweist auf den, der gestorben ist und aufersteht. Die Jünger, die Angst haben, stehen für die Kirche, der es an Glauben mangelt. Die Symbolik macht die Sturmstillungsgeschichte zu einem Gleichnis der Kirche, die in schwerer See Kurs hält, weil Jesus mit ihr ist, selbst wenn die Seeleute überfordert sind. Eine naturalistische Erklärung geht fehl, auch wenn der See Genezareth Fallböen kennt. In der Geschichte versinnbildlichen die Winde die tödliche Gefahr der Kirche, die angesichts widrigster Umstände Kurs halten muss. Jesus faucht die Winde an, wie er Dämonen anherrscht. Er stiftet Frieden – von Gott, für die Menschen. Die historische Basis ist schwer zu erkennen, weil das naturwissenschaftliche Weltbild einen Vorgang wie den erzählten nicht vorsieht. Die Erzählung wahrt das Geheimnis einer Glaubenserinnerung seiner Jünger, die sie selbst nicht begreifen: vielleicht ein mystischer Moment elementarer Präsenz Jesu.

8,26–39
Der Exorzismus von Gerasa

[26]Und sie segelten in das Land der Gerasener, das am Ufer Galiläa gegenüber ist. [27]Als er aber an Land ging, begegnete ihm ein Mann aus der Stadt, der Dämonen hatte und lange Zeit kein Kleid anzog und nicht im Haus blieb, sondern bei den Gräbern. [28]Als er aber Jesus sah, schrie er auf, fiel vor ihm nieder und sagte mit lauter Stimme: „Was ist mit dir und mir, Jesus, Sohn des höchsten Gottes? Ich bitte dich, quäle mich nicht." [29]Denn er hatte dem unreinen Geist geboten, auszufahren aus dem Menschen. Denn lange Zeit hatte er ihn gepackt, und mit Ketten und Fußfesseln wurde er gebunden, und er zerriss die Ketten und wurde von dem Dämon in die Wüste getrieben. [30]Jesus aber fragte ihn: „Was ist dein Name?" Der aber sagte: „Legion"; denn viele Dämonen waren in ihn gefahren. [31]Und sie baten ihn, sie nicht zur Hölle fahren zu lassen. [32]Es weidete dort am Berg aber eine große Schweineherde. Und sie baten ihn, dass er ihnen erlaube, in jene einzufahren. Und er erlaubte es ihnen. [33]Da fuhren die Dämonen aus dem Menschen heraus in die Schweine, und die Herde

210   8,19–56 *Auseinandersetzungen mit Jesus*

raste den Hang hinunter und ertrank. [34]Als aber die Hirten sahen, was geschehen war, flohen sie und meldeten es in der Stadt und auf dem Land. [35]Da zogen sie hinaus, das Geschehene zu sehen und kamen zu Jesus und fanden den Menschen sitzen, aus dem die Dämonen ausgefahren waren, angezogen und vernünftig, zu Füßen Jesu, und sie fürchteten sich. [36]Es berichteten ihnen aber, die es gesehen hatten, wie der Besessene geheilt worden war. [37]Und es bat ihn die ganze Menge der Gegend um Gerasa, von ihnen fortzugehen. Er aber bestieg ein Boot und wendete sich zurück. [38]Es bat ihn aber der Mann, aus dem die Dämonen gefahren waren, mit ihm zu sein. Er aber entließ ihn, indem er sagte: „[39]Kehre zurück zu deinem Haus und erzähle, was alles dir Gott getan hat." Und er ging in die ganze Stadt und verkündete, was Jesus ihm getan hatte.

Nach einem ersten Exorzismus in der Synagoge von Kapharnaum (4,31–37), der durch ein Summarium (4,40–41) als beispielhaft ausgewiesen wird, folgt mit einiger Verzögerung ein zweiter: auf der anderen Seite des Sees Genezareth, im heidnischen Land. Die Schweine zeigen symbolisch die Unreinheit der Gegend an. Der Besessene wird zum Typ der Heiden, die unfrei sind, weil ihnen durch böse Geister der Zugang zu Gott verstellt wird, aber zum Glauben findet, weil Jesus ihn befreit.
Die Erzählung ist so aufgebaut, dass der Exorzismus nicht in chronologischer Reihenfolge, sondern nach dramaturgischen Gesichtspunkten erzählt wird. Die Reaktion der Betroffenen ist so wichtig wie das Geschehen selbst.

8,26–33	Die Vertreibung der Dämonen	
	26	Die Überfahrt Jesu
	27	Die Begegnung mit dem Besessenen
	28	Der Abwehrversuch der Dämonen
	29	Der vorangegangene Ausfahrbefehl
	30–33	Das exorzistische Gespräch
		30 Die Frage Jesu nach dem Namen
		31a Die Antwort: Legion
		31b.32a Die Bitte der Dämonen, in die Schweine zu fahren
		32b Die Erlaubnis Jesu
		33 Die Ausfahrt in die Schweine und deren Tod
8,34–39	Die Nachwirkung des Exorzismus	
	34	Die Reaktion der Schweinehirten
	35–37	Die Reaktion der Gerasener
		35 Die Besichtigung des Schauplatzes
		36 Der Bericht der Augenzeugen
		37 Die Bitte an Jesus, das Gebiet zu verlassen

8,26–39 Der Exorzismus von Gerasa

38–39	Die Reaktion des Geheilten
38	Die Bitte des Mannes, mit Jesus zu bleiben
39a	Der Sendungsauftrag Jesu für sein Haus
39b	Die Ausführung des Auftrages

Die komplexe Struktur passt zum Kontext: Lukas zeigt, wie sich langsam, aber sicher der Glaube auch außerhalb Judäas und Galiläas ausbreiten beginnt, der – wie der Hauptmann von Kapharnaum (7,1–10) zeigt – auch Heiden möglich wird.

Auf dem Reiseweg ist die Überfahrt (28) eine Exkursion. Jesus kehrt direkt wieder nach Kapharnaum zurück (8,40). Gerasa (vgl. Mk 5,1) gehört zur Dekapolis, einem Städtebund mit relativ hoher Autonomie am Rande des römischen Imperiums. Im Gebiet lebten nicht wenige Juden. Die Episode spielt aber in einem heidnischen Milieu, wie vor allem die Schweine belegen. Die Ortsangabe ist problematisch, weil der Ort ca. 30 km vom See entfernt liegt. Jüngere Handschriften lesen Gadara (Mt 8,28) oder (mit Origenes) Gergesa (Kursi), um das geographische Problem zu entschärfen. Lukas schreibt allerdings nicht von der Stadt, sondern vom „Land der Gerasener", das er sich offenbar – wie Markus – bis an den See ausgestreckt vorstellt.

Das Krankheitsbild ist von erschreckender Drastik (27). Nach heutigen Maßstäben leidet der Mann unter einer Borderline-Störung mit Tobsuchtsanfällen (8,29). Dass er in der Nekropole, an einem unreinen Ort, lebt (8,27), und in die Wüste getrieben wurde (8,29), zeigt seine soziale Isolation und passt in der antiken Geisteslandschaft zum Herrschaftsgebiet von Dämonen. Dass er sich nicht normal kleidete (8,27), deutet auf einen hysterischen Exhibitionismus hin, zeigt aber auch seine Verletzlichkeit. Dass die schwere Psychose auf Dämonen zurückgeführt wird, ist die antike Erklärung für eine unerklärliche und unbeherrschbar scheinende Krankheit.

Der Exorzismus ist eine Gesprächstherapie der besonderen Art (28–31). Die Dämonen sind hoch gefährlich, was sich an ihrem Namen „Legion" (Tausende) zeigt und an der brutalen Art, wie sie den Mann quälen (8,27.29). Auch im heidnischen Land der Gerasener verfügen sie über übernatürliches Wissen und kennzeichnen Jesus in ihrer heidnischen Vorstellungswelt als „Sohn des höchsten Gottes" (8,28). Dieses Bekenntnis sagt die Wahrheit, aber aus falschen Motiven. Die Dämonen wissen von vornherein, dass sie verloren haben, wenn Jesus kommt. Sie versuchen zwar anfangs, mit schwachen Mitteln Jesus abzuwehren, indem sie seinen Namen nennen (8,28; vgl. 4,34.41), bitten schnell aber nur noch um einen gnädigen Abzug (8,31). Sie antworten auf die Frage Jesu nach ihrem Namen: „Legion", und geben damit dreierlei zu er-

212   *8,19–56 Auseinandersetzungen mit Jesus*

kennen: dass sie sich unterwerfen; dass sie Krieg gegen den Menschen führen; und dass sie nichts Menschliches an sich haben, sondern eine multiple Persönlichkeitsstörung herbeiführen. Eine anti-römische Pointe liegt nahe, hinge aber in der Luft, weil in der Dekapolis keine Legion gestanden hat. Dass die Dämonen ausgerechnet auf die Schweine verfallen (32), ist eine Ironie der Geschichte: Schweine sind im Judentum unreine Tiere (Lev 11,7; Dtn 14,8). Dass sie – ungeachtet der geographischen Probleme – sich mit der ganzen Herde in den See stürzen und dort ertrinken (33), zeigt nicht die Rücksichtslosigkeit des Exorzisten Jesus, dem das Tierwohl gleichgültig wäre, sondern das Desaster der Besessenheit, das von Jesus beendet wird: Der Exorzismus hat eine reinigende Wirkung auf die gesamte Gegend. Diese Pointe bleibt zwar unausgesprochen, zeichnet sich aber vor dem Hintergrund einer jüdischen Kultur deutlich ab.

Die Wirkung ist ambivalent. Niemand kann leugnen, was geschehen ist, weil die Schweine fort sind, der Mann aber gesund ist. Die Schweinehirten fliehen vor Angst und Schrecken (34), um den Fall zu melden, der für sie gefährlich ist, weil sie befürchten müssen, für den Schaden haftbar gemacht zu werden, wenn sie nicht klären können, dass höhere Gewalt herrschte. Einwohner, die zum Tatort gehen, erkennen den Geheilten (35). Er ist wieder ein zivilisierter Mensch, der sich anständig kleidet und vernünftige Dinge sagt (was seine spätere Missionstätigkeit in Gerasa ermöglicht). Unabhängige Zeugen bestätigen die Heilung (36) und den Bericht der Hirten. Die Einwohner von Gerasa zeigen sich beeindruckt (37), haben aber Angst, dass Jesus ihnen noch mehr wirtschaftlichen Schaden zufügen wird, wenn er weiter so wirkt, wie er es hier getan hat. Deshalb bitten sie ihn, ihr Gebiet zu verlassen. Jesus fügt sich dem Wunsch; er verzichtet nicht auf Heidenmission, zwingt aber niemandem die Frohe Botschaft auf. Es kommt keinerlei Aggressivität auf: Jesus akzeptiert das Nein – und wird einen neuen Weg finden, Gerasa für das Evangelium zu gewinnen.

Im Gegensatz zum Wunsch seiner Landsleute will der Geheilte Jesu Jünger werden und ihm nachfolgen (38). Aber Jesus macht ihn zum Glaubensboten in seiner Heimat (39a). Auf diese Weise wird er die Ohren für die Verkündigung des Wortes Gottes im Land der Gerasener öffnen. Dass Jesus den Mann abweist, weil er kein Jude ist, spielt bei Lukas keine Rolle, weil er ihn ja zur Verkündigung qualifiziert sieht. Tatsächlich erfüllt der Mann den Auftrag vorbildlich, den Jesus ihm erteilt hat (39b) – ohne dass die Wirkung deutlich würde, die er erzielt hat.

Der Abstecher nach Gerasa ist nach der Heilung des Knechtes des Hauptmanns von Kapharnaum (7,1–10) ein zweiter Beleg dafür, dass Jesus seine

8,40–56 Heilung und Totenerweckung 213

Sendung mitten in Israel beginnt, um sie über die Grenzen des Landes Israel auszuweiten. Die Heilung des Knechtes erfolgte mitten in Israel; jetzt wird der See Genezareth zur Verbindung. Gerasa ist ein erstes Exkursionsziel, dem weitere folgen werden. Der Exorzismus zeigt die Größe der Schwierigkeiten an, die Jesus überwinden muss, um Freiraum für Gottes Reich zu schaffen, aber auch die Macht Jesu, die nicht auf Israel beschränkt bleibt, sondern ebenso Heiden befreit. Jesus treibt allerdings keine Zwangsmission; er akzeptiert den Wunsch der Gerasener, das Gebiet zu verlassen, zumal der Schwerpunkt seines Wirkens auf der galiläischen Seite des Sees liegt. Lukas hat aber gezeigt, dass durch die Grenzüberschreitung Jesu neue Menschen zu Nachfolgern werden können. Der Geheilte ist ein früher Missionar, der nicht zu den Zwölf gehört, aber segensreich wirkt – auch wenn Lukas seine Geschichte nicht weiter verfolgt. Die Geschichte hat einen historischen Haftpunkt; sie ist mit folkloristischen Motiven so erzählt, dass sie Eindruck machen kann: den, der zum Glauben führt.

8,40–56
Die Heilung der blutenden Frau und die Auferweckung der Tochter des Jaïrus

[40]Bei seiner Rückkehr folgte Jesus eine Menge; denn alle hatten auf ihn gewartet. [41]Und siehe, ein Mann mit Namen Jaïrus kam, der Vorsteher der Synagoge, und fiel Jesus zu Füßen und bat ihn, in sein Haus zu kommen, [42]weil seine einzige Tochter, etwa zwölf Jahre alt, im Sterben lag. Während er mitging, erdrückte ihn schier die Menge. [43]Und eine Frau war dabei, mit Blutfluss seit zwölf Jahren, die (Ärzten ihr ganzes Vermögen gegeben hatte, aber) von niemandem geheilt werden konnte. [44]Sie kam von hinten herzu und berührte den Zipfel seines Gewandes, und sofort stockte ihr Blutfluss. [45]Und Jesus sagte: „Wer hat mich berührt?" Als alle leugneten, sagte Petrus: „Meister, die Menge drängt sich um dich und stößt dich." [46]Jesus aber sagte: „Jemand hat mich berührt, denn ich merke, dass eine Kraft von mir ausgegangen ist." [47]Da die Frau sah, dass sie nicht verborgen blieb, kam sie zitternd und fiel vor ihm nieder und erzählte allen, weshalb sie ihn berührt hatte und wie sie sofort geheilt worden war. [48]Er aber sagte ihr: „Tochter, dein Glaube hat dich geheilt. Geh in Frieden." [49]Während sie noch redeten, kommt jemand vom Haus des Synagogenvorstehers und sagt: „Deine Tochter ist gestorben. Behellige den Lehrer nicht weiter." [50]Jesus aber, der es hörte, antwortete ihm: „Fürchte dich nicht, glaube nur, und sie wird geheilt werden." [51]Als sie zum Haus kamen, ließ er niemanden mit sich hineingehen, nur Petrus und Johannes und Jakobus und den Vater des Kindes und die Mutter. [52]Alle weinten aber und betrauerten sie. Er aber sagte:

"Weint nicht; denn sie ist nicht gestorben, sondern schläft." [53]Da lachten sie ihn aus; denn sie wussten, dass sie gestorben war. [54]Er aber legte ihr die Hand auf und rief: "Mädchen, steh auf." [55]Und es kehrte ihr Geist zurück, und sofort stand sie auf, und er gebot, ihr zu essen zu geben. [56]Und ihre Eltern gerieten außer sich. Er gebot ihnen aber, niemandem zu sagen, was geschehen war.

Lukas folgt dem Markusevangelium, wenn er nach dem Exorzismus in Gerasa (8,26–39) zwei ineinander geschachtelte Therapiegeschichten erzählt, die wiederum in Kapharnaum spielen, wo Jesus zuletzt geklärt hatte, wer zu seiner Familie gehört (8,19–21). Er kombiniert eine Heilungs- mit einer Totenerweckungsgeschichte. Beide Gattungen sind bereits eingeführt (4,38–39; 6,6–11; 7,11–17); durch die Kombination gewinnen sie an Dramatik und Bedeutungstiefe.
Die Verschachtelung kombiniert zwei Frauengeschichten, die tragisch verwoben scheinen, aber glücklich aufeinander abgestimmt sind.

8,40	Die Szene: Die Menge, die Jesus bei seiner Rückkehr erwartet		
8,41–42	Der Auftakt der Geschichte der Tochter von Jaïrus		
	41.42a	Die Bitte des Jaïrus an Jesus	
	42b	Die Erfüllung der Bitte	
8,43–48	Die Heilung der blutflüssigen Frau		
	43–44	Die Aktion der Frau	
		43	Die Krankheit der Frau
		44	Die Berührung Jesu in der Menge
	45–48	Die Reaktion Jesu	
		45a	Die erste Frage Jesu
		45b	Die Leugnung der Menschen und der Erklärungsversuch des Petrus
		46	Das Beharren Jesu auf einer Klärung
		47	Das Bekenntnis der Frau
		48	Das Heilungswort Jesu
8,49–56	Die Erweckung der Tochter des Jaïrus von den Toten		
	49–50	Die Todesnachricht auf dem Weg	
		49	Die Unglücksbotschaft
		50	Das Glaubenswort Jesu
	51–56	Die Totenerweckung	
		51–53	Die Vorbereitung
			51 Die Beschränkung des Zugangs zum Haus
			52a Das Weinen der Menge
			52b Das Verheißungswort Jesu
			53 Das spöttische Lachen der Leute

54–56	Die Tat	
	54	Das Auferweckungswort Jesu
	55a	Die Auferstehung der Tochter
	55b	Die Sorge Jesu um das Kind
	56	Das Schweigegebot an die Eltern

Lukas hängt sich nicht nur im Kontext, sondern auch in der Struktur und der Formulierung an die markinische Vorlage. Er bearbeitet sie dezent so, dass sie in den Duktus seines Evangeliums passt, erzählerisch wie theologisch.

Beide Geschichten sind eng miteinander verwoben. In beiden Erzählungen geht es um Hilfe für eine Frau. Die eine Frau ist zwölf Jahre alt, die andere leidet zwölf Jahre an einer Krankheit. Der Menschenauflauf, der entsteht, weil Jesus der Bitte des Synagogenvorstehers um Hilfe folgt, bietet der Frau die Chance, sich im Schutz der Menge an Jesus heranzustehlen, um sich die Heilung zu erschleichen. Der Aufenthalt, der dadurch entsteht, dass Jesus die Sache aufklären will, bewirkt eine Verzögerung, die scheinbar jede Hilfe für die Tochter zu spät kommen lässt. Die Souveränität und Sympathie Jesu lösen das Problem in beiden Fällen. Weder hier noch dort wirkt ein Automatismus. Hier wie dort wird ein offenes Gespräch geführt, in dem Jesus durch sein Wort das Geschehen nicht nur deutet, sondern bewirkt. Beide Erzählungen sind durch das Glaubensmotiv verklammert. Die blutflüssige Frau kommt zum Glauben nicht schon durch ihre Heilung, sondern im Gespräch mit Jesus. Glaube heilt und stiftet Frieden. Der Vater der totkranken Tochter soll angesichts des Todes auf Jesus vertrauen und darin Heilung finden, auch für seine Tochter. In beiden Fällen entsteht kein Wunderglaube, sondern ein Bekenntnis zu Jesus, das sich nicht in einem Hoheitstitel, aber durch Vertrauen beweist.

In einem weiteren Summarium (40) hält Lukas fest, dass Jesu Attraktivität nicht im Mindesten nachgelassen hat; die Leute haben ihm auch seinen Abstecher nach Gerasa (8,26–39) keineswegs übelgenommen, sondern freuen sich auf neue Begegnungen, neue Taten, neue Worte. Jaïrus ist einer von ihnen (41). Als Synagogenvorsteher gehört er zur örtlichen Führungsschicht. Er steht an der Spitze des Synagogenvorstandes; er erfüllt in dieser Position nicht nur kultische Aufgaben, wie die Organisation des Sabbatgottesdienstes, sondern auch kulturelle und soziale, wie die Gewährleistung von Unterricht und Caritas. Er wird Zeuge des Exorzismus (4,31–37) und der Heilung (6,6–11) gewesen sein, die Jesus in der Synagoge von Kapharnaum vollbracht hat. Er wird auch zu den Ältesten gehört haben, die bei Jesus ein gutes Wort für den Knecht des heidnischen Hauptmannes eingelegt haben (7,3–4). Jetzt wartet er wie kein anderer auf Jesus, aus Sorge um seine todkranke Tochter **(42)**. Während der Jüngling von Naïn (7,11–17) schon auf der Bahre zum Friedhof hinausgetragen wird, steht hier der Tod noch vor der Tür. Jesus folgt dem Wunsch ohne Zögern: Die Menge setzt sich in Bewegung. So kann es zur nächsten Begegnung kommen.

Die Heilung der Blutflüssigen gehört in die Serie von Frauengeschichten, die durch Jesus eine gute Wende nehmen. Die Frau leidet **(43)** an einer Frauenkrankheit, die nicht nur körperlich unangenehm ist, sondern auch erhebliche religiöse Folgen hat. Blutungen machen unrein (Lev 15,19–33). Deshalb schließen sie vom kultischen Leben Israels aus. Die Frau darf auch keine sozialen und sexuellen Beziehungen zu einem Mann aufnehmen. Sie folgt aber ihrer existentiellen Intuition **(44)**, ihre letzte Chance auf Heilung bei Jesus zu suchen. Sie berührt Jesus am Saum seines Gewandes. In dieser archaischen Geste zeigt sich magisches Denken. Die Frau stellt sich Jesus als einen mit Heilenergie aufgeladenen Wundermann vor, dessen therapeutische Kraft bei Berührung wie ein Funken überspringt. Tatsächlich tritt der Erzählung zufolge der Erfolg augenblicklich ein – was immer die heutige Exegese unter medizinhistorischen und hermeneutischen Gesichtspunkten erwägen mag.

Jesus schafft Klarheit, indem er die Frau dazu führt, Farbe zu bekennen. Dieser Zug ist stärker als bei Markus koloriert. Auf die Frage Jesu hin, wer ihn berührt habe, leugnen alle, auch die Frau **(45)**. Petrus beschreibt die Situation: das Gedränge der vielen Menschen, von denen jeder Jesus hätte anfassen können. So wäre es auch für die Frau möglich gewesen, sich im Schutz der Menge zu verstecken. Jesus aber beharrt auf seiner Frage **(46)**: Er will Klarheit – bei Lukas nicht, weil er überfordert gewesen wäre, sondern weil er die Frau aus der Heimlichtuerei in die Offenheit führen will. Die Frau erkennt, dass sie bereits von Jesus erkannt worden ist **(47)** und dass es nicht angehen kann, den Menschen nicht zu sagen, was passiert ist. Jesus weist sie daraufhin nicht zurecht, sondern bestätigt ihre Heilung, indem er sie auf den Glauben zurückführt **(48)**. Dieser Glaube ist nicht schon ihr unbändiger Wunsch, bei Jesus Heilung zu finden, auch wenn ihr Sehnen nicht verachtet wird. Er geht auch nicht in ihrer Hoffnung auf, nur durch die Berührung des Gewandes geheilt zu werden. Er ist vor allem in ihrer Entwicklung zu sehen, die zur offenen Begegnung mit Jesus führt, zu einem indirekten Bekenntnis, das die Öffentlichkeit nicht scheut. Dass der Glaube heilt, ist lukanische Soteriologie pur, festgemacht an der Vergebung der Sünderin (7,50) wie auch an anderen Kranken, die sich Jesus anvertrauen (17,19; 18,24).

Durch die Zwischeneinlage der Heilungsgeschichte von der blutflüssigen Frau (8,43–48) entsteht in der Jaïrusgeschichte eine fatal erscheinende Verzögerung, die es nötig zu machen scheint, alle Hoffnung fahren zu

8,40–56 Heilung und Totenerweckung 217

lassen (49). In Wahrheit wird sie neu begründet. Mit zwölf Jahren ist die Tochter des Jaïrus an der Schwelle vom Mädchen zur Frau. Ihre Krankheit wird nicht näher beschrieben; es interessiert nur, dass sie schwer und akut ist. Die Todesnachricht muss desto niederschmetternder gewesen sein, als Jaïrus befürchten muss, nur durch den Aufenthalt, der sich der Menschenfreundlichkeit Jesu verdankt, zu spät zu kommen. Der Fortgang wird dann zeigen, dass es nicht zu einer Konkurrenz der Hilfesuchenden kommt, bei der jemand den Kürzeren ziehen muss, sondern dass Jesus allen hilft, denen er begegnet und die sich ihm nicht verweigern (50). Jesus wendet sich an den Vater, um ihn zu trösten. Der Glaube kann den Tod besiegen – durch Gott. Deshalb wird im Glauben nicht nur die eigene Person gesund; wer glaubt, kann auch für andere eintreten.

Jesus lässt sich vom Tod nicht aufhalten (51). Er setzt fort, was er unausgesprochen Jaïrus zugesagt hatte: mit ihm zu kommen (V. 43). Am Haus angekommen, schafft er sofort eine intime Szene, weil das Geschehen große Diskretion verlangt, grenzwertig, wie es ist. Die drei engsten seiner Jünger sind dabei, Petrus sowie die Zebedäus-Söhne Johannes und Jakobus, auch der Vater und die (vorher nicht genannte) Mutter. Die Menge muss draußen bleiben: vollkommen zu Recht, wie sich zeigt, weil sie das Vertrauen auf Jesus verlacht, ohne das es keine Heilung gibt (V. 53). Jesus schützt die Eltern vor der Skepsis der Leute und die Tochter vor deren Neugier. Mit der Arkandisziplin antiker Magier hat Jesus nichts, mit der Diskretion guter geistlicher Begleiter sehr viel zu tun.

Der Tod berührt alle, nicht nur die Eltern, sondern auch die Menge derer, die sich vor dem Haus versammelt haben; die Tränen zeigen die Trauer an (52). Jesu Wort steht dagegen: nicht gegen das Mitgefühl, sondern gegen den Tod. Er ist nur ein Schlaf – ein archetypisches Bild, das durch die Auferstehungshoffnung neue Bedeutung erlangt. Lukas denkt nicht daran, dass das Mädchen nicht wirklich gestorben sei, sondern dass Jesus es zurückholen kann. Freilich erntet er Spott und Hohn (53), weil der Tod unbezweifelbar eingetreten ist. Die Szenerie passt, wenn Jesus gleichzeitig mit ihrem Zurücklassen (V. 51) die Menge anspricht (V. 52), bevor er das Haus des Jaïrus betritt. Die Totenerweckung ist denkbar einfach geschildert (54), durch eine Handauflegung und ein Wort der Anrede, ähnlich wie beim Jüngling von Naïn (7,11–17) oder wie bei einer Krankenheilung. Jesu Wort erreicht die Gestorbene noch. Im Hintergrund stehen populäre Vorstellungen längerer Schwellenzonen zwischen Leben und Tod. Weil Jesus das Mädchen anspricht, kehrt der Lebensgeist in sie zurück (55): der Atemhauch Gottes, der den Erdkloß Adam zu einem lebendigen Wesen gemacht hat (Gen 2,7). Jesus sorgt sich um die

218   *9,1–50 Herausforderungen der Nachfolge*

Tochter und vertraut sie wieder der Obhut ihrer Eltern an (56). Deren Schweigen soll die Größe des Geschehens spiegeln, das unfassbar Gute, das Jesus bewirkt hat. Selbstverständlich lässt sich nicht verheimlichen, dass die Tochter, die gestorben war, wieder lebt. Das Schweigegebot zielt auch nicht darauf, besondere Umstände der Totenerweckung zu verheimlichen. Es geht Jesus um den Schutz der Tochter, die nicht zum Vorzeigeobjekt seiner Wunderkraft gemacht werden soll.

Die beiden Erzählungen zeigen auf unterschiedliche Weise, wie Jesus als Retter agiert. Sie gehören zusammen, weil sie dasselbe Ethos beweisen und die gleiche Heilswirkung erzielen. Jesus überwindet nicht nur Krankheit und Unreinheit (vgl. 5,12–16), sondern auch den Tod (vgl. 7,1–10). Dass die Frau, die an Blutungen litt, „in Frieden" leben kann (V. 48), versöhnt mit Gott und den Menschen, ist das größte Geschenk, das Jesus ihr machen kann. Dass die Tochter des Jaïrus aus dem Schlaf des Todes aufgeweckt und ins – irdische – Leben zurückgerufen wird, ist nicht nur ihr eigenes Glück, sondern auch das der Eltern. Die Heilung der blutflüssigen Frau steht stellvertretend für die Verwirklichung einer gesegneten Lebensgemeinschaft im Gottesvolk, die Erweckung der Tochter für den Anbruch des ewigen Lebens mitten im irdischen. In beiden Fällen agiert Jesus nicht nur aus eigener Machtvollkommenheit, sondern für die und mit den Betroffenen. Die Frau macht durch Jesus eine starke Entwicklung durch: Von einer verzweifelten Hoffnung gelangt sie zum Glauben, von Heimlichtuerei gelangt sie zur öffentlichen Rede; von magischen Vorstellungen gelangt sie zu einer personalen Beziehung. Die Tochter des Jaïrus kann nichts für ihre Erweckung tun. Aber ihr Vater wird in seiner Bitte an Jesus bestätigt. Er bewährt den Glauben, den Jesus ihm als Grund der Hoffnung wider alle Hoffnung vorstellt (V. 50); im Glauben nimmt er an einer Heilung teil, die den Tod überwindet. Beide Frauen sind herausragende Beispiele für die Fruchtbarkeit des Samens, die Jesus im Sämannsgleichnis voraussagt (8,8). Beide Erzählungen beruhen auf geschichtlicher Erinnerung, die Lukas durch seine markinische Vorlage verbürgt sieht.

9,1–50
Herausforderungen der Nachfolge

Mit Lk 9,51 beginnt ein neuer Hauptabschnitt, der durch den Blick Jesu auf Jerusalem markiert wird. In dieser Perspektive wird Jesus seine Galiläamission fortsetzen und ausweiten, die in seinem Sendungsauftrag begründet ist, wie er es bereits in der Synagoge seiner Heimatstadt verkündet hat (4,18–20 – Jes 61,1–2). Auch sein Wirken in Galiläa ist nicht durch Abschottung, sondern durch Aufschließung charakterisiert.

9,1–50 *Herausforderungen der Nachfolge* 219

Der Blick richtet sich auf die Jünger, die Jesus nachzufolgen entschlossen sind, aber lernen müssen, was es heißt, Jesus Glauben zu schenken. Ihre früheren Schulungen (5,1–6,16; 8,4–18) sind nicht vergessen; aber angesichts des kommenden Leidens Jesu muss die Einführung in die Nachfolge weitergehen.

Die Zwölf werden ausgesendet, damit mehr Menschen erreicht werden (9,1–6). Später wird eine weitere Aussendung erfolgen: der zweiundsiebzig Jünger (10,1–16). Der Blick von außen auf Jesus wird reflektiert – zuerst durch Herodes Antipas (9,7–9), dann später vor dem Messiasbekenntnis des Petrus, das die positive Alternative mit ihren je eigenen Schwierigkeiten nennt (9,18–22). Das Volk wird gespeist (9,10–17) – durch die Jünger, so dass deutlich wird, dass es den Menschen an nichts mangelt, wenn Jesus sich auf den Weg nach Jerusalem begibt, sondern mehr als genug für alle da ist. Jesus kündigt sein Leiden und seine Auferstehung (9,22) und noch einmal eigens sein Leiden als Menschensohn an (9,43b–45); eine dritte Ankündigung wird folgen (18,31–33). Die Verklärung Jesu offenbart ausgewählten Jüngern seine Göttlichkeit – die nicht verstehen, was geschieht (9,28–36). Jesus heilt einen besessenen Jungen – dem seine Jünger nicht helfen können (9,37–43a). Er schlichtet den Rangstreit der Jünger (9,46–48) – der allerdings bis in den Abendmahlssaal weitergehen wird (22,24–26). Er weist die Reserve der Jünger an einem fremden Wundertäter zurück – und plädiert deshalb für ein breites Koalitionsbündnis (9,49–50). Jesus schließt mit Galiläa nicht ab, sondern schließt Galiläa für die Zukunft des Gottesreiches auf.

	Martyrie und Diakonie	
9,1–6	Die Aussendung der Zwölf	Mk 6,6b–13
9,7–9	Das Urteil des Herodes Antipas über Jesus	Mk 6,14–16
9,10–17	Die Speisung der Fünftausend	Mk 6,30–44
	Bekenntnis und Nachfolge	
9,18–22	Das Bekenntnis des Petrus und die Ankündigung des Leidens und der Auferstehung Jesu	Mk 8,27–31
9,23–27	Die Kreuzesnachfolge	Mk 8,34–38
	Unverständnis und Unvermögen	
9,28–36	Die Verklärung Jesu	Mk 9,2–13
9,37–43a	Die Heilung des besessenen Jungen	Mk 9,14–29
	Angst und Machtstreben	
9,43b–45	Die Leidensankündigung und die Jüngerfurcht	Mk 9,30–32
9,46–48	Der verfehlte Rangstreit der Jünger	Mk 9,33–37
9,49–50	Der fremde Wundertäter	Mk 9,38–41

In der Abfolge der Szenen kommt, von der Präsenz und Proexistenz Jesu getragen, das Drama der Jüngerschaft zum Ausdruck: *Martyrie und Diakonie* stehen am Anfang. Jesus sendet die Zwölf aus, weil er durch sie wirken will (9,1–6); er nimmt sie in Dienst, um durch sie das Volk zu speisen (9,10–17). *Bekenntnis und Nachfolge* nehmen den Impuls auf. Die Jünger sind bereit und willens, ihn als Christus zu bekennen (9,18–27), ganz im Gegensatz zu Herodes Antipas (9,7–9); aber sie tun sich mit dem Leiden schwer, das Jesus ankündigt. Deshalb werden sie zwar zur Kreuzesnachfolge gerufen (9,23–27), aber sie werden versagen, ohne dass deshalb ihre Beziehung zu Jesus endgültig zerbricht. Zuerst werden *Unverständnis und Unvermögen* klar: Auf dem Berg der Verklärung sehen drei Jünger zwar die göttliche Herrlichkeit Jesu, wissen sie aber nicht einzuordnen (9,28–36); obwohl sie helfen wollen, können sie nicht – und müssen sich von Jesus bei der Heilung des besessenen Jungen helfen lassen (9,37–43a). Danach kommen *Angst und Machtstreben* heraus. Im Abschluss prophezeit Jesus zwar sein Leiden; aber die Jünger reagieren mit Angst (9,43b–45) und kompensieren ihre Furcht durch Machtstreben: einerseits im Rangstreit untereinander (9,46–48), andererseits im Versuch, einen fremden Wundertäter auszugrenzen (9,49–50). Mit dieser offenen Problemanzeige endet das Wirken Jesu in Galiläa – die Geschichte geht weiter, auf den Weg nach Jerusalem (9,51), in das Leiden hinein und zur Auferstehung. Die Jünger werden mitgenommen – gegen ihr Widerstreben und zu ihrer Befreiung.

Die Abfolge ist prinzipiell durch Markus vorgegeben. Lukas hat aber eine eigene Linie gewählt. Ausgelassen hat er den Seewandel Jesu (Mk 6,45–52), ein Summarium des Wirkens Jesu (Mk 6,53–55), ein Streitgespräch über Rein und Unrein (Mk 7,1–23), die Heilung der Tochter einer Syrophönizierin (Mk 7,24–30), die Heilung eines Taubstummen (Mk 7,31–37), die Speisung der Viertausend (Mk 8,1–10), die Zurückweisung der Zeichenforderung (Mk 8,11–13; vgl. aber Lk 11,16.29), die Warnung der Jünger vor den Pharisäern und Schriftgelehrten (Mk 8,14–21) und die Heilung eines Blinden bei Bethsaïda (Mk 8,22–26). Möglicherweise hat der gesamte Passus im Markusexemplar, das Lukas gelesen hat, gefehlt. Weniger spekulativ ist die Erklärung, dass Lukas gezielt straffen will: Dopplungen werden vermieden, Umwege begradigt, neue Zusammenhänge hergestellt. Bei Markus ist die Passage ein kompositorisches und theologisches Schlüsselglied: Tod und Auferstehung Jesu werden explizit zum Thema; die Jünger versagen, immer wieder, weil sie ihr eigenes Fortkommen höher schätzen als die Nachfolge Jesu. Lukas hat die Spannungen nicht abgebaut. Aber ihm ist wichtig, dass bereits in Galiläa alle entscheidenden Themen der Verkündigung

9,1–6 Die Aussendung der Zwölf

Jesu präsent sind: Jesus hat sich voll und ganz eingebracht. Deshalb kann er nach Jerusalem gehen, ohne dass die Menschen in Galiläa etwas entbehren würden.

9,1–6
Die Aussendung der Zwölf

¹Er rief die Zwölf zusammen und gab ihnen Kraft und Vollmacht über alle Dämonen und um Krankheiten zu heilen. ²Und er sandte sie, das Reich Gottes zu verkünden und (die Schwachen) zu heilen. ³Und er sagte ihnen: „Nehmt nichts mit auf den Weg, keinen Stab, keine Tasche, kein Brot, kein Geld, noch sollt ihr zwei Gewänder haben. ⁴Und wenn ihr in ein Haus geht, bleibt dort und zieht von dort weiter. ⁵Und wenn sie euch nicht aufnehmen, geht heraus aus jener Stadt und schüttelt den Staub von euren Füßen, ihnen zum Zeugnis." ⁶Sie aber gingen hinaus und zogen über die Dörfer, um zu verkünden und überall zu heilen.

Jesus wendet sich zeit seines Lebens immer wieder Menschen zu, um ihnen die Nähe Gottes zu eröffnen und sie dadurch zum Glauben zu bewegen. Die Aussendung der Jünger steht in dieser Perspektive: Jesus erweitert durch seine Jünger – zuerst die Zwölf, dann, später, durch zweiundsiebzig Jünger (10,1–16) – den Radius seines Wirkens. Er will durch sie mit mehr Menschen in Kontakt kommen, als es ihm selbst möglich gewesen wäre. Im Umkehrschluss heißt dies: Er muss dafür Sorge tragen, dass Menschen, die nicht ihn persönlich treffen, dennoch die Chance erhalten, das Evangelium erstklassig zu hören, in Wort und Tat, so dass sie ohne Einschränkung Hilfe erfahren können und nicht als Gläubige hintangesetzt werden. Die Deutungsperspektive der Tradition war allerdings stark auf die Bevollmächtigung der Zwölf fokussiert, aus der ein kirchliches Recht abgeleitet wurde. Zu wenig stand im Blick, dass die Bevollmächtigung nicht Selbstzweck, sondern Mittel zum Zweck der Verkündigung und Heilsvermittlung ist – und also nicht der Erhöhung der Zwölf Apostel dient, sondern ihnen die Aufgabe stellt, diakonisch tätig zu werden.
Die Erzählung ist dreifach in den Kontext eingebunden. Sie nimmt erstens das vollmächtige Wirken Jesu auf, bei dem die Jünger bislang nur Zeugen gewesen sind. Sie führt zweitens die Zwölf in eine Phase der Selbstständigkeit, die sich aus der Nachfolge ergibt, und begründet eine neue Sammlung, die von den eigenen Erfahrungen geprägt ist (9,10). Sie bereitet drittens die Aussendung der zweiundsiebzig Jünger vor, die ebenso wie die Zwölf verkünden, damit Jesus noch mehr Menschen als durch die einmalige Aussendung erreicht (10,1–16). Diese Einbindung zeigt die

Wichtigkeit der Episode: Die Mission der Kirche ist vorösterlich angelegt; die nachösterliche Mission weitet die vorösterliche aus. Die Erzählung ist einfach aufgebaut.

9,1–2	Die Sammlung, Beauftragung und Bevollmächtigung der Zwölf
9,3–5	Die Anweisung Jesu
9,6	Die Ausführung des Auftrages

Die Erzählung ist hoch verdichtet. Sie lenkt den Blick auf den Willen Jesu. Die Zwölf sind gleichwohl nicht passiv; sie werden von Jesus aktiviert: Bleibend auf ihn angewiesen, gehen sie selbstverantwortlich den Weg, den er ihnen weist.

Ausgesandt werden die Zwölf (1), die Repräsentanten des Volkes Gottes (vgl. 6,12–16). Die Sendung dient also der Sammlung ganz Israels: des gesamten Volkes Gottes im Zeichen des Reiches Gottes (V. 2) – wie Jesus es begründet und begonnen hat. Die Sendung bedarf nicht nur der Beauftragung, sondern auch der Bevollmächtigung, weil die Jünger weder von sich aus noch in ihrer eigenen Kraft wirken können, sondern nur in der Kraft des Heiligen Geistes. Kraft *(dýnamis)* und Vollmacht *(exousía)*, auch Recht und Freiheit, gehören zusammen: Was die Jünger im Auftrag Jesu tun, ist nicht nur legitim, sondern auch legal, weil es im Auftrag Jesu erfolgt (vgl. 10,3), der seinerseits von Gott gesandt ist (4,18). Die Aussendung hat auch eine rechtliche Seite: Die Jünger sind Jesu Repräsentanten; der Begriff „Apostel" (6,13) fängt dieses Moment ein. Nach jüdischer Tradition vergegenwärtigen die Gesandten den, der sie sendet: „Der Gesandte ist wie der Sendende selbst" (Mischnah Berakhot 5,5). Für das Neue Testament ist das Motiv grundlegend (Mk 9,37 par. Lk 9,48; Mt 10,40; Lk 10,16; Joh 13,20; 20,21; 2Kor 5,20; Gal 4,14). Die Jünger personifizieren nicht nur die Gute Nachricht Jesu; sie repräsentieren ihn selbst. In der Beauftragung (2) wie in der Ausführung (V. 6) wird deutlich, dass sie kein anderes als das Evangelium Jesu weitergeben sollen. Das Stichwort „Reich Gottes" fällt (vgl. 4,43; 8,1); die Einheit von Wort- und Tatverkündigung wird betont (vgl. V. 6). Die Aussendung ist Nachfolge als Transfer: Jesus wird übermittelt – seine Vollmacht, seine Verkündigung, seine Person.

Auffällig sind die Regeln der Ausstattung (3): Selbst die einfachsten Formen der Reisevorbereitung, der Sicherung und Erleichterung des Weges sollen unterbleiben. Die Zwölf sollen aber nicht zu Hungerkünstlern oder weltverachtenden Asketen werden, sondern die Armut Jesu teilen, der seinerseits die Armut der Armen teilt. Die Habenichtse sind von der Großzügigkeit anderer abhängig. In diese Rolle begeben sich die Jünger. Die Verkündigung des Evangeliums ist eine Mission auf leisen Sohlen:

9,1–6 Die Aussendung der Zwölf 223

Den Adressaten wird nicht ein schlechtes Gewissen gemacht, sondern Gelegenheit gegeben, Gutes zu tun. Das ist die Schwelle, über die das Evangelium in die Häuser und Herzen gelangen kann, ohne sie zu okkupieren. Die Armut ist kein Trick, sondern Solidarität mit den Mittellosen, Ausdruck der eigenen Angewiesenheit auf Solidarität und Charakter der Freiheit, die im Glauben wurzelt. Es ist nicht an den Jüngern, so lange an verschiedene Türen zu klopfen, bis sie das relativ beste Quartier gefunden haben (4). Sie sollen sich mit dem Erstbesten zufriedengeben, um die Gastgeber nicht zu desavouieren, die eigene Integrität zu wahren und anderen die Chance zu geben, in den Missionaren den Geist Jesu wahrzunehmen.

Die Zwölf sollen auf die Gastfreundschaft setzen – aber sie nicht erzwingen. Sie müssen mit Ablehnung rechnen (5) – und können sich auch von denen lösen, zu denen sie gesandt sind. Weder sind sie zum Erfolg verdammt, noch sind diejenigen, denen sie das Evangelium bringen, zum Glauben verpflichtet. Das Abschütteln des Staubes von den Füßen ist kein Gestus der Verachtung oder Verdammung, wie oft interpretiert wird, sondern der Trennung. Man nimmt rein gar nichts mit – und wartet auf bessere Zeiten.

So, wie Jesus sie angewiesen hat, agieren die Zwölf (6); ihre Mission gilt dem ganzen Land, in erster Linie zunächst dem dörflich strukturierten Galiläa. Sie umfasst Wort und Tat, wie bei Jesus. Die Verkündigung tut gut, weil sie die Seelen erfüllt; die Machttaten sind Heilungen, die dem Körper gut tun, dem Leib, der Gottes Ebenbilder auszeichnet, wie verwundet und vernarbt er auch sei.

Die Aussendung der Zwölf, die auf die der Zweiundsiebzig abgestimmt ist (10,1–16), steht für die missionarische Dynamik der Sendung Jesu. Sie beruht auf geschichtlicher Erinnerung, wie die Vielfalt der Überlieferungen beweist, ist aber von Lukas mit der Unterscheidung zweier Missionen ekklesiologisch konturiert worden, wie der synoptische Vergleich zeigt. Er kann persönlich nicht alle Menschen erreichen; die Zwölf (6,12–16) werden von ihm beauftragt, ihre Sendung als „Apostel" wahrzumachen. Sie verkünden, was Jesus verkündet: das Reich Gottes. Sie helfen und heilen in der Not, wie Jesus hilft und heilt. Sie leben, wie Jesus lebt: in freiwilliger Armut. Sie kommen nicht mit Gewalt, um Gottes Macht und Wahrheit zu verbreiten, sondern auf den leisen Sohlen von Friedensboten, die niemanden zwingen, aber alle einladen. Die Breite der Überlieferung und die Passung zur Mission Jesu sprechen für historische Referenzen: Es gibt bereits vorösterlich eine Jüngeraussendung, wahrscheinlich nicht nur eine. Lukas hat sie stilisiert und ekklesiologisch aufgewertet: durch den Bezug auf die Zwölf, dem der auf die Zweiundsiebzig folgen wird (10,1–20).

224 9,1–50 *Herausforderungen der Nachfolge*

9,7–9
Das Urteil des Herodes Antipas über Jesus

⁷Es hörte aber der Tetrarch Herodes, was alles geschehen war, und war ratlos, weil von einigen gesagt wurde, Johannes sei von den Toten auferweckt worden, ⁸von anderen aber, Elias sei erschienen, von wieder anderen, einer der alten Propheten sei auferstanden. ⁹Herodes aber sagte: „Johannes habe ich enthauptet. Wer aber ist dieser, von dem ich solches höre?" Und er suchte, ihn zu sehen.

Herodes Antipas ist eine üble Figur der Zeitgeschichte. Er regiert von 4. v. – 39 n. Chr. über Galiläa und Ituräa. Dieser Teil war im Erbe des „großen" Herodes an ihn gefallen (3,1). Er, der „Fuchs" (13,32), ist Jesu Landesherr. Seine Residenz ist erst Sepphoris, dann das von ihm neu gegründete und nach dem römischen Kaiser benannte Tiberias. Er ist der Mörder des Täufers Johannes (Mk 6,17–29; Flavius Josephus, Antiquitates Judaicae XVIII 5,2 § 116–119; vgl. Lk 3,19–20). Er spielt bei Lukas eine unrühmliche Rolle in der Passionsgeschichte (23,7–11). Sein Ehrgeiz führt schließlich zu seinem Fall. 39 n. Chr. setzt Kaiser Caligula ihn ab und verbannt ihn nach Lyon, nachdem er den Königstitel für sich beansprucht hatte.
Die Szene ist so komponiert, dass das Schwanken des Herodes zum Ausdruck kommt. Er hört viel von Jesus und will sich sein eigenes Urteil bilden. Aber er liegt völlig falsch.

9,7–8	Die Stimme des Volkes in den Ohren des Herodes
9,9	Das Fehlurteil des Herodes

Lukas greift eine markinische Vorlage auf (Mk 6,14–15), gestaltet aber den Schluss offener, so dass er seine weiteren Herodes-Traditionen besser einbringen kann.
Herodes hat als Herrscher über Galiläa ein Ohr am Puls der Zeit und nimmt deshalb nicht nur wahr, was alles Jesus bewegt hat, sondern auch, welche Meinungen über ihn im Umlauf sind **(7–8)**. In einer späteren Szene dienen die Volksmeinungen als Gegenüber zum Messiasbekenntnis (9,18–22; s. dort). Hier dienen sie als Beleuchtung einer Bedrohungskulisse, die Herodes aufbaut (vgl. 13,31–33). Alle Einschätzungen, die über Jesus im Umlauf sind, sind nicht nur gut gemeint, sondern auch gut begründet. Sie greifen denkbar hoch, um Jesus gerecht zu werden, auch wenn sie seine Bedeutung nicht erfassen. Alle verbinden ihn mit der Prophetie, alle auch mit Tod und Auferstehung: so wie er selbst, aber doch entscheidend anders, als er selbst sich sieht, weil er das Reich Gottes verkündet, als Sohn Gottes.

9,10–17 *Die Speisung der Fünftausend*   225

Herodes sind diese Meinungen bekannt; er will sich sein eigenes Urteil bilden **(9)**. Bei Lukas glaubt er nicht an die Wiederkehr des Johannes oder eines der anderen Propheten – anders als bei Markus. Er ist ein Mörder, der im Bann des Todes steht. Seine Position bleibt unklar; sie ist nicht der Neugier, sondern der Angst und Mordlust geschuldet.

> Herodes ist bei Lukas ein Zyniker – wie im realen Leben. Er weiß, dass er den Täufer Johannes hat enthaupten lassen. Deshalb wartet er ab. Er will Jesus kennenlernen – und loswerden (vgl. 13,31). Die Zwischenszene zeigt, wie gefährlich die Situation für Jesus in Galiläa geworden ist, nicht erst später in Jerusalem. Er flieht aber nicht, sondern bietet Herodes Antipas die Stirn (vgl. 13,32), bis zuletzt auch mit seinem Wirken in Galiläa. Die Überlieferung ist alt; bei Lukas wird sie durch die denkwürdige Szene in der Passionsgeschichte (23,6–12) und eine spätere Kritik Jesu an Herodes (13,31–34) besonders plausibel.

9,10–17
Die Speisung der Fünftausend

¹⁰Und die Apostel kehrten zurück und erzählten ihm, was sie getan hatten. Und er nahm sie beiseite und begab sich allein mit ihnen zu einer Stadt namens Bethsaïda. ¹¹Die Mengen aber bemerkten es und folgten ihm. Er nahm sich ihrer an. Er sprach zu ihnen über Gottes Reich und machte gesund, die Heilungen nötig hatten. ¹²Der Tag aber begann sich zu neigen. Da traten die Zwölf zu ihm und sagten ihm: „Entlass das Volk, damit sie in die umliegenden Dörfer und Höfe gehen, um unterzukommen und etwas zu essen zu finden; denn hier sind wir an einem einsamen Ort." ¹³Er aber sagte ihnen: „Gebt ihr ihnen zu essen." Sie aber sagten: „Wir haben nicht mehr als fünf Brote und zwei Fische, wir müssten uns denn aufmachen und für dieses ganze Volk Speise kaufen." ¹⁴Denn es waren an die fünftausend Mann. Er aber sagte zu seinen Jüngern: „Lasst sie lagern auf Lagern zu je fünfzig." ¹⁵Und sie taten so, und alle lagerten sich. ¹⁶Er aber nahm die fünf Brote und die zwei Fische und blickte zum Himmel, segnete sie und brach sie und gab sie den Jüngern, sie dem Volk vorzusetzen. ¹⁷Und alle aßen und wurden satt. Und es wurde, was übrigblieb, in zwölf Körben getragen.

Die Speisungsgeschichten gehören zu den bekanntesten und umstrittensten „Wundergeschichten" des Neuen Testaments. Ab dem 18. Jh. wurden die Erzählungen als „Naturwunder" klassifiziert, weil Jesus angeblich Naturgesetze durchbrochen haben soll: entweder ein Indiz für die Göttlichkeit Jesu oder die Unglaubwürdigkeit des Evangeliums. Aber die Antike hat ein anderes Weltbild, im Judentum wie im Christentum vom Schöpfergott geprägt, der stets aktiv ist. Die heutige Exegese spricht von „Geschenkwunder" und sieht eine rein symbolische Deutung als einzig glaubwürdig an: Aus mehr als wenig macht Jesus mehr als genug. Seit den Kirchenvätern ist eine eucharistische Deutung der Speisungserzählung beliebt – nicht in dem Sinn, dass Jesus auf dem Feld in Galiläa bereits Eucharistie gefeiert hätte; aber das irdische Brot mache Hunger auf das himmlische Brot (vgl. Joh 6). Zum Letzten Abendmahl gibt es aber nicht nur elementare Gemeinsamkeiten, die in jüdischen Mahltraditionen wurzeln, sondern auch wesentliche Unterschiede in den Umständen, in der Form und im Inhalt.

Die Erzählung ist so aufgebaut, dass die Schwierigkeit, ja die Unmöglichkeit, dass die Jünger helfen können, unterstrichen wird – aber durch Jesus in eine unerwartete Möglichkeit verwandelt wird.

9,10–11	Der Hintergrund:	
	Das Interesse des Volkes an Jesus	
	und die Sorge Jesu um die Menschen	
9,12–14a	Die Aufdeckung des Problems	
	12	Der Vorschlag der Jünger: Selbstversorgung
	13a	Die Aufforderung Jesu: Essensausgabe durch die Jünger
	13b	Das Missverständnis der Jünger: Großeinkauf
	14a	Die Zahl der Gäste: 5000 Mann
9,14b–17	Die Lösung des Problems	
	14b	Die Aufforderung Jesu: Gruppenbildung
	15	Die Ausführung
	16	Gebet und Gabe Jesu durch die Jünger
	17	Erfolgsfeststellung

Jesus will und kann das Volk speisen: durch seine Jünger. Sie haben viel zu wenig in ihrem Reservoir. Jesus macht daraus mehr als genug für alle. Lukas folgt im wesentlichen dem Markusevangelium (Mk 6,30–44 par. Mt 14,13–21). Er lässt die Paralleltradition aus, die Speisung der Viertausend (Mk 8,1–10 par. 15,32–39); traditionell wird sie als Speisung der Heiden nach der Speisung der Juden gedeutet; Lukas hat aber bereits erzählt, dass auch in Galiläa Heiden leben, denen Jesus sich zuwendet.

Der Auftakt beleuchtet den Hintergrund (10). Jesus sucht mit seinen Jüngern Ruhe; er zieht sich nach Bethsaïda zurück, an den Norden des Sees, an einen einsamen Ort. Denn er und vor allem seine Jünger brauchen eine Zeit des Aufatmens und der Sammlung: zum Ausspannen, zum Erzählen, zum Beten, um zu verstehen, was passiert ist, die Gemeinschaft zu pflegen und neu zu Kräften zu kommen. Die Auszeit ist wichtig. Sie schottet Jesus aber nicht von den Menschen ab, die ihn brauchen und suchen (11). Wie

9,10–17 Die Speisung der Fünftausend

immer, weist er sie nicht ab, sondern hilft. Er verkündet Gottes Reich (vgl. 4,43; 8,1) und lässt Taten sprechen: Seine Heilungen sind Zeichen, die auf das Heil Gottes verweisen, jetzt und in Ewigkeit (7,22).

Der starke Zulauf scheint zum Problem zu werden, als es Abend wird **(12)**. Denn die Versammlung findet fernab der Zivilisation statt, an einem „einsamen Ort"; man kann auch übersetzen: in der Wüste. Die Jünger sind um die Menschen besorgt – nicht ohne Grund, weil der Tag lang geworden ist. Ihr Vorschlag zielt darauf, dass sich die Leute selbst helfen. Dazu müssten sie sich von Jesus entfernen, aber auch ihre Gemeinschaft auflösen, um zuzusehen, wie sie alleine zurechtkommen können. Lukas schildert keine drohende Hungersnot. Die Jünger kaschieren auch nicht einen leisen Vorwurf, Jesus habe sich so sehr um die Leute gekümmert, dass er sie vernachlässigt habe. Es wäre durchaus möglich gewesen, dass die Menschen sich hätten versorgen können.

Jesus hat aber anderes im Sinn **(13a)**. Er greift die Initiative der Jünger gerne auf – gibt ihr aber eine Wende. Sie sollen selbst den Menschen zu essen geben. Wenn dies geschieht, bleiben sie mit Jesus und untereinander verbunden. Jesus schreibt also den Jüngern eine wichtige Rolle zu: Sie sollen ihm dienen, die Gemeinschaft der Menschen mit ihm und deshalb auch untereinander zu verlängern. Hier ist das Thema der Perikope erreicht: an der Peripetie der Erzählung, die einerseits die Krise des Verstehens unter den Jüngern aufdeckt und andererseits die von Jesus gewollte Lösung begründet. Die Frage ist jetzt, wie die Jünger diesen Auftrag Jesu erfüllen werden.

Die Jünger problematisieren ihre begrenzten Ressourcen **(13b–14a)**, die so gering seien, dass sie dem Auftrag schwerlich nachkommen können. Sie selbst haben nicht mehr als fünf Brote und zwei Fische bei sich. Sie müssten selbst aufbrechen, um in der Umgebung Nahrung zu besorgen. Im lukanischen Text wird nicht gesagt, dies sei wegen der Menge der Menschen – 5000 Mann mit Familie – und der Höhe des Preises sowie der begrenzten Zeit, da es Abend wird, nicht zu schaffen. Es wird aber die Problematik deutlich – und die Voraussetzung, dass die Jünger nur mit dem Auftrag rechnen, dass sie aus ihren eigenen Kräften Abhilfe schaffen sollen, aber wissen, dies nicht zu können. Mit der Gabe, die in der Aufgabe enthalten ist, rechnen sie nicht. Sie rechnen nicht mit Jesus.

Jesus lässt sich auf das Kalkül seiner Jünger nicht ein, sondern setzt seine eigenen Initiativen und Maßstäbe **(14b)**. Die Jünger bleiben durch Jesus die Aktivposten, aber anders, als sie es sich vorstellen. Die Aufforderung an die Jünger, das Volk „zu je fünfzig" sich lagern zu lassen, verweist auf die Lagerordnung Israels beim Zug durch die Wüste (Ex 18,21.25). Es ist also das Volk Gottes in seiner von Gott gewollten Einheit, das sich im Kleinen bildet, wenn Jesus die Menschen speist. Die Jünger folgen genau der Anweisung Jesu, das Volk folgt der Anweisung der Jünger (15) – ein Moment vollkommener Einheit entsteht. Jesus füllt diesen Moment (16): durch sein Gebet über Brot und Fisch, das er in der Rolle des jüdischen Hausvaters spricht, tief verwurzelt in der Gebetstradition Israels, und durch seinen Segen über die Gaben der Schöpfung und der menschlichen Arbeit, die zu Zeichen des Heiles werden. Die Jünger teilen die Speisen aus, die Jesus aus seinem Gebet heraus bereitstellt: originäre Diakonie. Es ist mehr als genug für alle da (17). Die zwölf Körbe, die übrig bleiben, weil das Brot nicht verderben soll, sondern gesammelt wird, verweisen erneut auf das Volk Gottes in seiner ursprünglichen Ganzheit, die in der Endzeit wiederhergestellt werden soll (vgl. Apg 3,21). Weil Jesus „alternative Fakten" schafft, werden alle satt: ein paradiesischer Moment der vollendeten Gerechtigkeit und Gemeinschaft in der Wüste. Jesus ist nicht nur Lehrer und Heiland; er nährt das ganze Volk Gottes. Er ist im Gebet mit dem Vater verbunden; das führt zur Speisung. Brot und Fisch sind nicht nur archaische Nahrungsmittel der Bauern und Fischer, sondern auch Anzeichen der Erlösung. Die Menschen, die Jesus hören wollen und von ihm gespeist werden, repräsentieren das Gottesvolk in der Wüste. Sie bleiben bei Jesus und sind dadurch untereinander verbunden.

Die Erzählung ist gesteigerte Erinnerung an das Heilswirken Jesu mitten im Volk Gottes. Sie entzieht sich einer naturalistischen, technischen, magischen oder ethisierenden Deutung. Sie handelt von der Kraft des Betens Jesu, sozusagen vom bergeversetzenden Glauben des Messias. In dieser Theozentrik gewinnt sie eine symbolische Bedeutung – als Zeichen für die Kraft der Barmherzigkeit Gottes in der Liebe Jesu. Symbolistisch ist sie deshalb noch lange nicht zu deuten, etwa als Allegorese der Moral oder des Wortes Gottes oder der Kirche. Die Erzählung verdichtet vielmehr, was besonders gut zu den symbolträchtigen Gastmählern passt, die Jesus nicht nur mit wenigen Auserwählten, sondern mit vielen Menschen feiert. Die Verdichtung zielt auf die Macht des Gebetes, die Steigerung folgt der Logik des Senfkorngleichnisses (13,18–19 par. Mk 4,30–32).

9,18–22
Das Bekenntnis des Petrus und die Ankündigung des Leidens und der Auferweckung Jesu

[18]**Und es geschah, als er für sich allein betete, dass seine Jünger bei ihm waren. Und er fragte sie und sagte: „Für wen halten die Leute mich?"** [19]**Sie aber antworteten und sagten: „Für Johannes den Täufer, andere für Elias, wieder andere für einen der alten Propheten, der auferstanden ist."** [20]**Da sagte er ihnen: „Ihr aber, für wen haltet ihr mich?" Petrus aber**

9,18–22 Das Bekenntnis des Petrus und die Ankündigung des Leidens 229

antwortete und sprach: „Für den Christus Gottes." [21]Er aber fuhr sie an und gebot ihnen, niemandem etwas zu sagen. [22]Er sagte aber: „Der Menschensohn muss viel leiden und verworfen werden von den Ältesten und Hohepriestern und Schriftgelehrten und getötet werden und am dritten Tag auferweckt werden."

Das Messiasbekenntnis des Petrus ist im Lukasevangelium der Kontrast zum Fehlurteil des Herodes Antipas (9,7–9). Der entzieht sich einer Stellungnahme und bereitet Gewalt gegen Jesus vor. Petrus hingegen spricht im Namen der Jünger aus, was richtig ist – und steht doch erst am Anfang des Weges, Jesus als den zu erkennen, der er ist. Im Kontext des Lukasevangeliums ist die Frage, die Jesus stellt, eine Vergewisserung. Einerseits klärt er, nun auch im internen Kreis, welchen Eindruck er bislang bei den Volksmengen hinterlassen hat. Anderseits gibt er den Jüngern Gelegenheit zu einem Christusbekenntnis, das freilich noch der Vertiefung bedarf. Die Fragen, die Jesus stellt, dienen nicht der Selbstvergewisserung, weil er etwa über seine Person und seinen Weg im Unklaren wäre, sondern der Schulung seiner Jünger, die wissen sollen, in welchem Umfeld sie ihr Urteil bilden, worauf sie sich einstellen müssen und worin sie sich von anderen in ihrer Christusbeziehung unterscheiden.
Der Dialog zwischen Jesus und seinen Jüngern ist kurz und knapp, kritisch und konstruktiv.

9,18	Die Frage Jesu nach der Meinung des Volkes über ihn
9,19	Die Auskunft der Jünger
9,20a	Die Frage Jesu nach der Meinung der Jünger
9,20b	Die Antwort des Petrus im Bekenntnis zum Christus
9,21	Das Schweigegebot Jesu
9,22	Die Prophetie des Leidens und der Auferstehung Jesu

Es schließt sich direkt die Forderung der Kreuzesnachfolge an (9,23–27). Lukas folgt Markus (Mk 8,27–31), formuliert aber leicht um. Bei Markus findet das Gespräch in Caesarea Philippi statt; Lukas verzichtet, wie oft, auf eine Ortsangabe. Er lässt die Szene direkt auf die Volksspeisung folgen, weil er viele Perikopen aus dem Markusevangelium, die sich an sie anschließen, übergeht: vom Seewandel bis zu verschiedenen Heilungen und vom Streitgespräch über Rein und Unrein bis zur zweiten Volksspeisung und zum Gespräch mit den Jüngern über ihre Verstockung.
Die Situation ist intim (18), wie vor der Speisung der Fünftausend (9,10), dadurch noch gesteigert, dass Jesus in der Einsamkeit betet (vgl. 3,21; 5,16;

6,12; 9,28–29; 11,1; 22,41). Wie vor dem Vaterunser (11,1) ergibt sich aus dem Gebet eine Schulung der Jünger. Jesus fragt sie nach Volkes Stimme (9,2), die sie genau kennen. Die Leute denken sehr positiv über Jesus **(19)**. Aber was gut gemeint ist, ist noch nicht gut. Aus dem Kontrast zum Christusbekenntnis ergeben sich theologische Bezüge. Johannes hat den „Stärkeren" verkündet, der ihm nachkommt (3,16) – Jesus ist dieser Stärkere, wie sich bei der Taufe im Jordan zeigt (3,21–22). Johannes hat nur mit Wasser getauft (3,16) – Jesus wird mit dem Heiligen Geist taufen, wie sich endgültig zu Pfingsten erweisen wird (Apg 2). Elija ist ein Berserker des Monotheismus, der nicht nur auf dem Karmel, im Nordreich, also auf galiläischem Gebiet, dem synkretistischen Herrscherpaar, besonders der Königin Isebel, widersteht, sondern auch 450 Baalspropheten töten lässt (1Kön 18) – Jesus hingegen betet für seine Henker (23,34). Freilich hat Elija eine Bekehrung erlebt, weil ihm auf dem Horeb offenbart wird, dass sich Gott nicht im Sturm, nicht im Blitz und Donner, sondern im sanften Hauch eines Windes zeigt (1Kön 19,1–13). Vor allem ist der Bibel zufolge Elijas irdische Geschichte noch nicht abgeschlossen, weil er nicht stirbt, sondern in den Himmel entrückt wird (2Kön 2), so dass der Glaube entsteht, er werde wiederkommen und dem Messias den Weg bereiten (Mal 3,23–24). Jesus selbst hat sich nach Lukas *expressiv verbis* auf Elija bezogen (4,25–26) – aber genau dadurch geklärt, dass er sich nicht als diesen Wegbereiter gesehen hat: Der ist für ihn vielmehr Johannes der Täufer (1,17). Elija steht mit Mose neben Jesus auf dem Berg der Verklärung (9,30.33). Dass Jesus als einer der originären Propheten auferstanden sei, spielt das jüdische Geschichtsdogma ein, mit Esra und Nehemia sei die Zeit der Prophetie endgültig beendet – um es aufzubrechen. Tatsächlich ist Jesus ein Prophet, aber nicht die Nachahmung eines anderen Propheten, sondern das Original schlechthin: nicht nur als vollmächtig wirkender (7,16), sondern auch als verkannter (4,24; 7,39) und leidender Prophet (13,33; 22,64). Von keiner der genannten Figuren wendet Jesus sich ab. Er redet nicht nur in den höchsten Tönen von Johannes dem Täufer (7,24–35), sondern nimmt auch seine Umkehrbotschaft auf und führt sie weiter: dorthin, wohin sie Johannes selbst lenken wollte. Er bezieht sich auf Elija in seinem diakonischen Handeln an Heiden (4,25–26) und weitet es aus. Er ist als Christus Prophet, weil er das Wort Gottes verkündet und sich in seiner Botschaft explizit auf die Prophetie Israels bezieht (4,18–20 – Jes 61,1–2).

Die Jünger stehen mitten im Volk, das gut von Jesus denkt. Aber sie sind auf dem Weg der Nachfolge weitergekommen als die Menge, weil sie bereits viel von ihm mitgenommen haben. Sie verkünden in seinem Namen das Reich Gottes (9,1–6; vgl. 10,1–61). Deshalb fragt Jesus sie eigens **(20)**. Petrus spricht stellvertretend für alle anderen – nach 8,1–3 Männer und Frauen. Im Nachhinein bestätigt sich durch das Bekenntnis das Vertrauen, das Je-

9,18–22 Das Bekenntnis des Petrus und die Ankündigung des Leidens 231

sus ihnen mit der Sendung (9,1–6) entgegengebracht hat. Petrus bekennt sich zu Jesus als „Christus Gottes". „Christus" ist die griechische Form von „Messias", Gesalbter. Jesus hat das Motiv der Salbung in seinem Wort aus dem Buch des Propheten Jesaja aufgenommen (4,18–19 – Jes 61,1–2). Die Salbung ist ein archaisches Ritual der Priester- und Königsweihe, das bis heute sehr gut verstanden wird: Zartheit und Kostbarkeit spielen eine Rolle, Duft und Berührung. Durch die Salbung wird einem Menschen eine Ehre zuteil, die ihm gebührt und seine Zugehörigkeit zu Gott ausdrückt. Der Messias, der Christus, ist ein Gesalbter, den Gott berührt und auserkoren hat, um durch ihn in seinem Volk gegenwärtig zu sein. Der Genitiv „Gottes" schreibt die Theozentrik fest: Gott hat Jesus gesalbt und gesandt; er hat den Messias bevollmächtigt; er wird ihn auch rechtfertigen. Was genau Petrus sich bei seinem Bekenntnis gedacht hat, bleibt offen. Die jüdischen Messiasvorstellungen lassen sich typisieren. Der Messias kann ein König sein, weil er die Herrschaft Gottes aufrichtet (Ps 2). Nach einigen Texten ist er ein Krieger, nach anderen aber siegt er durch die Macht seines Wortes. Der Messias kann ein Prophet sein, weil er von Gott gesandt wird und dem Wort Gottes Geltung verschafft. Bei weitem nicht jeder Prophet ist Messias; aber einige Prophetentexte sind auch im Judentum messianisch gedeutet worden (Jes 42). Der Messias kann auch ein Priester sein, der die Aufgabe hat, das Volk mit Gott zu versöhnen. Diese Versöhnung braucht nicht an den Tempel gebunden zu sein; aber die Erneuerung des Kultes gehört zu den messianischen Aufgaben. In Qumran ist diese Hoffnung populär. Eine Brücke zum Prophetischen kann durch das Vierte Lied vom Gottesknecht (Jes 53) geschlagen worden sein, weil der Gottesknecht sein Leben opfert, um die Sünder zu rechtfertigen. Am populärsten war die königliche Vorstellung. Sie ist aber nur von den Zeloten konsequent militant interpretiert worden; die pharisäische Bewegung hat eher an die Macht des Wortes als des Schwertes geglaubt (vgl. Psalmen Salomos 17). Es gibt viele Querverbindungen. Für Lukas gibt es keine Widersprüche: Jesus verkündet und verwirklicht Gottes Reich; er verkündet das Evangelium als Wort Gottes; er ist der Erlöser, der die Menschen mit Gott versöhnt. Die gesamte neutestamentliche Christologie ist von dieser Erinnerung geprägt – die ihrerseits nicht im luftleeren Raum, sondern in der Tradition biblischer Theologie und urchristlichen Bekenntnisses entsteht.

Das Schweigegebot (21) diskreditiert nicht das Christusbekenntnis des Petrus, sondern bestätigt seine große Bedeutung – aber markiert auch die Schwierigkeit, es richtig zu verstehen, und den Vorbehalt, ihm beizupflichten, bevor die ganze Geschichte gelaufen ist, einschließlich der Passion und der Auferweckung.

Die Ankündigung des Leidens und der Auferweckung (22) führt über die Grenzen des Erhofften und Befürchteten hinaus, indem das, was entscheidend gegen den Christus zu sprechen scheint, sein Leiden und Sterben, gerade im Gegenteil als Ausweis seiner Sendung und Charakter seiner Person gesehen wird: verworfen zu werden und leiden zu müssen. Dass Propheten verfolgt werden, ist eine Erfahrung, die tief in das Gedächtnis Israels eingebrannt ist (Neh 9,26) und auch das Geschick Jesu bestimmt (4,14–30). Es gibt im Judentum auch grenzwertige Erfahrungen und Ideen eines durchbohrten und getöteten Propheten-Messias (Sach 13,3). Der prophetische Gottesknecht, der sein Leben gibt, um die Täter zu retten, hat messianische Dimensionen (Jes 53). So erklärt sich, was Jesus die Emmaus-Jünger lehrt, in der Schrift stehe, dass der Messias leiden müsse, „um so in seine Herrlichkeit zu gelangen" (24,24–25). Jesus markiert den Weg, den er gehen wird: durch den Tod zur Auferweckung. Beides ist wichtig – das eine ohne das andere wäre nichts. Von „Auferweckung" ist die Rede, um Gott als den Herrn über Leben und Tod zu verkünden, der Jesus aus dem Grab holt, während die Lukas gleichfalls wichtige Rede von der „Auferstehung" (18,31–34) den Sieg Jesu selbst über seinen Tod ausdrückt. Durch seinen Tod und die Auferweckung bewahrheitet er, dass er der Christus ist: nicht ein zweiter Johannes oder Elija und nicht nur einer der Propheten, sondern *der* Prophet Gottes, der Christus. Der „dritte Tag" (vgl. 18,33) ist der Tag der Wende zum Heil (Hos 6,2).

Lukas hat das Messiasbekenntnis des Petrus nicht wie Markus als Wendepunkt des gesamten Evangeliums, sondern als Klärung der messianischen Sendung Jesu in Galiläa erzählt. Auf der einen Seite zeigt sich, dass die Jünger ihre Lektion gelernt haben: Sie haben erkannt, dass Jesus der Messias ist und dass kein anderer Christus zu erwarten ist als Jesus. Auf der anderen Seite sind ihnen die Konsequenzen noch nicht deutlich. Aber sie sind auf dem richtigen Weg. Der entscheidende Anstoß kommt von Jesus. Der Messias ist nicht der strahlende Held der Weltgeschichte, sondern der verkannte König, der verfolgte Prophet, der geschmähte Priester. Er ist der Menschensohn. Unter dem Vorzeichen des Schweigegebotes wird klar, wie irritierend und provozierend diese Vorstellung ist, gerade weil sie an die tiefsten Schichten der Glaubensgeschichte Israels rührt. Der Tod des Messias ist nicht ein von Gott verhängtes Schicksal, sondern das Ergebnis einer Verwerfung durch die damaligen Protagonisten Israels – das von Gott radikal gewendet wird. Der Tod hat nicht das letzte Wort. Es gibt die Auferweckung „am dritten Tag" (Hos 6,1–2), an dem alles gut werden wird, weil Gott es so will. Lukas wird es erzählen. Die Szene ist idealisiert, aber sie fängt ein, dass für Jesus der Messiastitel kein Fremdwort gewesen ist und dass sich seine Jünger zu seinem christologischen Anspruch verhalten haben, der nicht in einem Hoheitstitel allein eingefangen werden kann, aber auch durch die Würdenamen zum Ausdruck gebracht wird.

9,23–27
Die Kreuzesnachfolge

[23]Er sagte aber zu allen: „Wer hinter mir hergehen will, verleugne sich selbst und trage täglich sein Kreuz und folge mir nach. [24]Denn wer sein Leben retten will, wird es verlieren; wer aber sein Leben verliert um meinetwillen, der wird es retten. [25]Denn was nutzt es dem Menschen, die ganze Welt zu gewinnen, sich selbst aber zu verlieren oder zu beschädigen? [26]Denn wer sich meiner und meiner Worte schämt, dessen wird sich auch der Menschensohn schämen, wenn er kommen wird in seiner und des Vaters Herrlichkeit und der heiligen Engel. [27]Ich sage euch aber: Wahrhaftig, einige, die hier stehen, werden den Tod nicht schmecken, bis sie das Reich Gottes sehen."

Mit dem Ruf zur Kreuzesnachfolge zieht Jesus die Konsequenz aus seiner Leidens- und Auferstehungsprophetie (9,22): Wer Jesus nachfolgt, wird den Weg des Leidens gehen, aber auch die Hoffnung auf die Auferstehung haben. Häufig wird nur der erste, nicht auch der zweite Teil gesehen. Wenn es geschieht, dann nicht selten kritisch: Selbstdemütigung sei das Ziel, der Gewinn des Lebens die vage Aussicht. Jesus baut hingegen eine Dialektik auf: Das Kreuz führt zur Auferstehung, die Hingabe zum Empfang, der Verlust zum Gewinn. Vom Ziel her gelesen: Die Verheißung ist das ewige Leben in der Auferstehung, das jetzt schon beginnt. Damit dieses Ziel auch wirklich erreicht werden kann, braucht es die Kreuzesnachfolge, weil die Menschen in ihrer Schuld und Schwäche, ihrer Angst und Hoffnung, ihrer Trauer und Freude sind, wie sie sind, und die Welt mit ihren Gütern und Übeln ist, wie sie ist, aber Gott nicht in den Dingen dieser Welt und den Gedanken der Menschen aufgeht.

Die kurze Rede ist eine Kaskade von Begründungen. „Denn" ist das Bindeglied. Nur der letzte Satz steht für sich. Er ist besonders betont.

9,23	Der Ruf zur Kreuzesnachfolge
9,24	[Denn] Lebensverlust führt zum Lebensgewinn und umgekehrt
9,25	[Denn] Weltgewinn nützt nichts, wenn er zum Ichverlust führt
9,26	[Denn] Der Menschensohn schämt sich derer, die sich seiner schämen.
9,27	[Amen, ich sage euch]
	Die Verheißung: Einige werden das Reich Gottes schauen

Die Verse 26 und 27 reißen den eschatologischen Horizont auf, in dem die Dialektik der Kreuzestheologie sich entwickeln kann: Ohne die Auferstehungshoffnung herrschte nur der Tod, ohne den Tod würde das Leben

234   *9,1–50 Herausforderungen der Nachfolge*

geleugnet. In der Abfolge der Gedanken orientiert Lukas sich weitgehend an Markus, im Wortlaut ändert er nur wenig (Mk 8,34–9,1). Der Ruf zur Kreuzesnachfolge (23) ist provokant formuliert – ganz bewusst. Er beginnt mit dem Archaischen: hinter Jesus her zu gehen, weil er den Weg zu Gott bahnt, und endet mit der Nachfolge, die diesem Auftakt entspricht. Der Ruf verbindet im Zentrum zwei harte Ansprüche, die miteinander korrespondieren. Sich selbst zu verleugnen, heißt nicht, sich gering zu schätzen, sondern über sich selbst hinauszudenken – auf Jesus Christus hin. So erklärt sich der Zusammenhang mit V. 26. Die Fähigkeit der Selbsttranszendierung ist die Bedingung der Möglichkeit ethischen Handelns wie religiösen Denkens. Durch den Bezug auf Jesus Christus, der zur Nachfolge ruft, wird diese Fähigkeit fokussiert: auf den, der mit Liebe auf jeden einzelnen Menschen schaut. Das Kreuz auf sich zu nehmen (vgl. 14,27), ist ein martialisches Alltagsbild aus dem antiken Justizwesen: Delinquenten, die zur Kreuzesstrafe verurteilt worden waren, mussten das Holz zur Richtstätte tragen (vgl. Joh 19,17): eine ungeheure Qual. Jesus verwendet das Wort metaphorisch; Lukas hat diese Metaphorik durch das Adverb „täglich" unterstrichen. Das Bild macht die Rückhaltlosigkeit des Einsatzes deutlich, einschließlich der Leidensbereitschaft um Jesu und des Evangeliums willen. Simon von Cyrene wird es vormachen: Das Kreuz Jesu wird zu seinem eigenen Kreuz (23,26).

Beide Bestimmungen gehören zusammen. Selbstverleugnung ermöglicht Leidensfähigkeit und erschließt (nicht Leidenssehnsucht, sondern) Leidensbereitschaft. Leidensnachfolge qualifiziert die Selbstverleugnung als Selbsteinsatz für andere, nicht als Selbstvernichtung. In diesem Zusammenspiel entwickelt sich das Ethos der Nachfolge. Lukas hat durch seine leichten Veränderungen des Markustextes (Mk 8,34) den existentiellen Charakter, zugleich aber die Alltagsrelevanz der Kreuzesnachfolge herausgearbeitet. Jesus propagiert nicht moralischen Heroismus, sondern die Annahme des Lebens, wie es ist, um Gottes willen. Mitten im Leben ist Gottes Reich zu finden, im Blick auf Jesus (17,20–21) und auf dem Angesicht eines jeden Menschenkindes.

Anthropologisch (24) begründet Jesus den Ruf zur Kreuzesnachfolge damit, das menschliches Leben nicht um sich selbst kreist, sondern sich im Verlieren gewinnt. Das Leitwort *psyché* heißt auch „Seele"; aber „Seele" steht dann nicht im Gegensatz zu „Geist" und „Leib", sondern im Zusammenhang mit dem ganzen Menschen, wie er von Gott und auf Gott hin erschaffen ist. Das hebräische *naefaesch* bildet die Referenz, die das Wort bibelgriechisch prägt. An dieser Stelle ist „Leben" die bessere Übersetzung, weil es um das Geschenk Gottes an die Menschen geht: dass es sie gibt und dass sie zur Vollendung bestimmt sind. Philo-

9,23–27 *Die Kreuzesnachfolge* 235

sophisch könnte man vom „Selbst" des Menschen reden. Es „retten" zu wollen, heißt, das eigene Leben so in die eigenen Hände zu nehmen, dass die Not, aus der es befreit werden muss, nur aus eigener Kraft behoben wird. Dieser Versuch muss scheitern, wegen der kreatürlichen Endlichkeit des Lebens, wie begründet und beflügelt auch immer der Selbstbehauptungswille eines Menschen ist. Das Leben zu verlieren, heißt, sich selbst zu investieren: im Sinn der Christusnachfolge (V. 23). Dem gilt die Verheißung der Auferstehung, täglich. Das Wort setzt eine relationale Anthropologie voraus, die durch die Gottesebenbildlichkeit geprägt ist. Jenseits von Egoismus und Altruismus kommen Gottes- und Nächstenliebe mit der Selbstliebe überein. Weil Menschen so sind, braucht sie die Kreuzesnachfolge nicht zu schrecken – wenn die Christusliebe nicht missbraucht, sondern so gelebt wird, wie Jesus sie zur Leitperspektive der Jüngerschaft erhebt. Das Leben wird verloren, wenn es an alles Mögliche verloren wird, das nur der Bedürfnisbefriedigung dient oder der Ablenkung. Entscheidend ist der Bezug zu Jesus: Er gibt dem Leben Sinn, dem irdischen wie dem ewigen: durch den Bezug auf Gott und die Nächsten, mitten in Gottes Schöpfung auf der Erde, über der sich der Himmel öffnet.

Die anthropologische Begründung der Kreuzesnachfolge, die durch das Verlieren zum Gewinnen führt, setzt Jesus nach Lukas dadurch fort **(25)**, dass er den Wert des Lebens eines jeden einzelnen Menschen betont, unabhängig von sozialem Status, Nation und Geschlecht, unabhängig auch von Intelligenz und Moralität, Erfolg und Prestige. Das eigene Leben selbst retten zu wollen, heißt, es horizontal einzugrenzen. Es um der Welt willen verlieren zu wollen, heißt, es zu verschleudern.

Ein drittes „Denn" öffnet den eschatologischen Horizont, mit Hilfe der Christologie **(26)**. Der „Menschensohn", Jesus selbst, vergibt Sünden (5,24), erneuert den Sabbat (6,5), rettet die Verlorenen (19,10; vgl. 7,34), wird leiden und sterben, aber auferweckt werden (9,22). Er wird auch am Jüngsten Tag kein unbarmherziger Rächer sein, der mit gleicher Münze heimzahlt, weil er missachtet worden ist. Er bleibt Jesus, der Retter der Bedrängten; seine Worte sind das Evangelium der Befreiung. Wer sich aber dessen „schämt", zerstört den Kontakt zu Gott, den Jesus vermittelt. Das „Schämen" ist ein Nein, das Jesus verachtet, weil er das eigene Ich in den Schmutz zu ziehen scheint. Das Nein des Menschensohnes gilt dem Nein, das ihm gilt. Nur so kann es überwunden werden: und sei es erst bei der Parusie, der Wiederkunft Christi (vgl. 17,22–37).

Am Schluss markiert Jesus das positive Pendant **(27)**. Das Wort wird meist als Naherwartungswort gedeutet. Lukas zeichnet Jesus aber nicht so, dass er nach nur wenigen Wochen, Monaten oder Jahren das Ende der Welt kommen sieht (17,20–37; 21,5–36). Er öffnet das aus Mk 9,1 über-

236 9,1–50 *Herausforderungen der Nachfolge*

lieferte Wort, indem er das Sehen des Reiches Gottes nicht „mit Macht" verbindet, sondern auch die verborgene Gegenwart seiner Geheimnisse (8,10) einspielt. Er verweist auf die Verklärung. „Einige" sind die drei, die von Jesus ausgewählt werden, mit ihm auf den Berg zu gehen (9,28). Was sie sehen werden, öffnet den Horizont für alle: futurisch-eschatologisch im Blick auf das vollendete Reich Gottes und präsentisch-eschatologisch im Blick auf Jesus, den messianischen Gottessohn.

Zusammen mit dem Messiasbekenntnis des Petrus und der ersten Ansage des Leidens und Sterbens Jesu (9,18–22) ist der Ruf zur Kreuzesnachfolge eine klare Ansage, dass alles auf dem Spiel steht, wenn es um Gott und sein Reich geht: Alles wird verloren, um mehr als alles zu gewinnen. Wie Jesus sein Leben einsetzt, um die Menschen mit Gott zu verbinden, sind auch diejenigen, die ihm folgen, auf Leben und Tod gefragt. Jesus prophezeit nicht, dass alle Menschen, die ihm nachfolgen, das Martyrium erleiden werden – obgleich viele es erleiden werden. Aber er sagt voraus, dass sich die eschatologische Rettung bei allen Menschen in den Dimensionen von Tod und Auferstehung abspielt. Der Grund ist nicht etwa, wie Friedrich Nietzsche mutmaßte, dass der Wert des irdischen Lebens zu verachten wäre. Im Gegenteil: Weil jeder Mensch in Gottes Augen unendlich wertvoll ist, haben auch alle die Aussicht auf die Auferstehung – die es nicht ohne den Tod gibt. Der medizinische *exitus* ist nur ein Fall unter vielen, der freilich jeden Menschen ereilt. Leben und Sterben ereignen sich „täglich" (9,23); dieser Zeitansage entspricht, dass Gottes Reich nicht fern, sondern nahe ist (9,28) – wer glaubt, wird es sehen (17,20–21). In dieser verborgenen Gegenwart Gottes ist begründet, dass Menschen ihr Leben gerade deshalb „verlieren", wenn sie es „retten" wollen und dass sie es gewinnen, wenn sie es für Gott und das Gute loslassen. Die Verheißung ist größer als die Furcht; das Leben ist stärker als der Tod. Die Worte sind in der Überlieferung ausgestaltet worden, aber sie gehen im Kern auf Jesus zurück, der sich weder Illusionen über sein eigenes Geschick gemacht noch seinen Jüngern keinen klaren Wein eingeschenkt hat, was in der Nachfolge auf sie zukommen wird.

9,28–36
Die Verklärung Jesu auf dem Berg

[28]Es geschah aber nach diesen Worten etwa am achten Tag, da nahm er Petrus und Johannes und Jakobus und ging auf den Berg, um zu beten. [29]Und es geschah, während er betete, dass das Aussehen seines Angesichts ein anderes wurde und seine Kleider strahlend weiß wurden. [30]Und siehe, zwei Männer sprachen mit ihm; es waren Mose und Elias. [31]Die erschienen in Herrlichkeit und sprachen über seinen Ausgang, der sich in Jerusalem erfüllen sollte. [32]Petrus aber und die mit ihm waren

9,28–36 Die Verklärung Jesu auf dem Berg

eingeschlafen, wachten aber auf und sahen seine Herrlichkeit und die zwei Männer, die mit ihm zusammenstanden. [33]Und es geschah, als sie sich trennten, dass Petrus zu Jesus sagte: „Meister, es ist gut, dass wir hier sind. Wir wollen drei Zelte bauen: eines für dich, eines für Mose und eines für Elias." Er wusste nicht, was er sagte. [34]Als er aber dies sagte, bildete sich eine Wolke und überschattete sie. Sie fürchteten sich, als sie in die Wolke hineinkamen. [35]Und eine Stimme erscholl aus der Wolke, die sagte: „Dies ist mein geliebter Sohn, den ich erwählt habe. Auf ihn sollt ihr hören." [36]Und während die Stimme geschah, wurde Jesus allein gefunden. Und sie schwiegen und erzählten niemandem in jenen Tagen, was sie gesehen hatten.

Die Verklärung Jesu ist eine Epiphanie: Jesu Göttlichkeit kommt mitten im Leben zur Erscheinung. Zuweilen wird sie als vorgezogene Ostererscheinung gedeutet; aber sie spielt diesseits von Golgotha. Andere sehen sie als vorgezogene Parusie; aber sie öffnet Zeiträume und schließt sie nicht: Sie motiviert das Hören, aus dem das Reden und Handeln folgen soll. Die Verklärung gehört zu den „Geheimnissen des Lebens Jesu", wie die katholische Theologie sie seit der Scholastik gerne nennt, weil es für sie keine rationale Erklärung gibt und sie doch die Person Jesu in seiner Zugehörigkeit zu Gott kenntlich machen. Die Erzählung knüpft an die Verheißung Jesu (9,27) an und bewahrheitet sie: In der Verklärung Jesu wird „einigen" das Reich Gottes offenbart. Jesus erstrahlt in Gottes Glanz, der in seinem Leben und Sterben verhüllt ist, auch wenn er ihn auszeichnet.
Die Erzählung hat einen einfachen Aufbau mit einem Dreischritt.

9,28	Der Aufstieg zum Berg	
9,29–35	Die Verklärung Jesu	
	29	Das Erstrahlen Jesu
	30–31	Das Gespräch mit Mose und Elija
	32–35	Die Offenbarung für die Jünger
		32a Der Schlaf der Jünger
		32b Die Vision der Jünger
		33 Der Vorschlag des Petrus, Hütten zu bauen
		34 Das Aufziehen der Wolke
		35 Die Stimme aus der Wolke
9,36	Das Schweigen der Jünger	

Wichtig ist nicht nur das Geschehen der Verklärung; gleich wichtig sind vielmehr die drei Etappen: Aufstieg – Gipfelerlebnis – Abstieg (vgl. 9,37). Den verklärten Messias sieht nur, wer sich von ihm selbst aus der Ebene

238   *9,1–50 Herausforderungen der Nachfolge*

des Alltäglichen hinauf zu Gott mitnehmen lässt. Die Verklärung ist eine Offenbarung als Verhüllung: Dem Strahlen der Verklärung entspricht der Schatten der Wolke. In der Audition wird erklärt, wer verklärt wird; in der Verklärung erstrahlt der, auf den die Jünger hören sollen. Beim Abstieg bleibt das Geheimnis der Offenbarung bewahrt.

Gegenüber der Markusversion hat Lukas das Jüngerunverständnis gemildert und zugleich die optische Achse verändert. Zum einen wird die Erscheinung objektiviert, weil Lukas erzählt, was war, während Markus überliefert, was sich den Jüngern gezeigt hat. Andererseits werden die Rollen der Jünger mit dem Schlafen und Aufwachen verstärkt: Die Jünger sehen und hören Unglaubliches – und erkennen ohne Worte, dass sie vom Gesehenen und Geschehen besser schweigen, weil sie es noch nicht verstanden haben. Sie brauchen kein Schweigegebot wie in der Vorlage (Mk 9,2–13); denn sie wissen selbst, dass ihnen eines der Geheimnisse des Reiches Gottes (8,10) anvertraut worden ist, das sie noch nicht verstehen.

Die Verklärung wird datiert **(28)**. Am achten Tag beginnt die Woche von vorne, die durch das Messiasbekenntnis und die Kreuzesnachfolge ausgezeichnet worden war (9,18–27). Der „Berg" wird nicht lokalisiert; früher hat man an den Hermon im südlichen Libanon, später an den Tabor gedacht – nachträgliche Zuschreibungen eines symbolischen Ortes, der sich aus der Offenbarungsgeschichte Israels ergibt: der Sinai mitten in Galiläa. Ausgewählt werden dieselben drei Jünger, die auch bei der Auferweckung der Tochter des Jaïrus anwesend sind (8,51). Beides sind grenzwertige Geschichte zwischen Himmel und Erde. Beide Male ist Diskretion angesagt: nicht Geheimniskrämerei, aber theologischer Datenschutz, der qualifizierte Zugänge nicht verstellt, sondern öffnet. Auf dem Berg will Jesus beten – wie oft nach dem Lukasevangelium (3,21; 5,16; 6,12; 9,18; 11,1).

Die Verklärung **(29)** ist ein offenbarungstheologisches Motiv, das entfernte Parallelen zu Heroenapotheosen aufweist, aber grundlegend anders zu verstehen ist. Im Glanz Gottes erscheint Jesus als Sohn Gottes. Im Hintergrund stehen einerseits die Sinaitheophanie, derer Mose gewürdigt worden ist (Ex 34), und andererseits die Himmelfahrt des Elija (2Kön 2). Beides sind Geschichten einer Begegnung von Himmel und Erde, die deutlich machen, dass die Fundamentalunterscheidung zwischen Schöpfer und Schöpfung Begegnungen in Dimensionen möglich macht, die alle irdischen Vorstellungen sprengen.

Jesus ist in seinem göttlichen Glanz einzigartig, aber nicht allein **(30–31)**. Er wird von Mose und Elija (anders als bei Markus in kanonischer Reihenfolge genannt) begleitet. Mose ist in der jüdischen Theologie nicht nur Gesetzgeber, sondern Prophet (Dtn 18,15). Elija (griechisch: Elias) ist der

9,28–36 Die Verklärung Jesu auf dem Berg

Prophet, der den Neuanfang der Prophetie personifiziert und damit für die Verheißung einsteht, Gott werde einen Propheten „wie Mose" senden (Dtn 18,15). Beide sind im Gespräch mit Jesus: als prophetische Zeugen seiner Passion und seiner Auferstehung; so ist der „Ausgang" Jesu, sein *éxodos*, zu deuten. Jerusalem ist messianischer Ort (vgl. 9,51).

Petrus, Jakobus und Johannes haben das Gespräch verschlafen (**32**). Deshalb haben sie aus ihm auch nichts gelernt, sondern bleiben verständnislos (V. 36). Petrus, (zu spät) aufgewacht, will den Moment festhalten und das Highlight einfrieren – gerade in dem Moment, da Mose und Elija sich von Jesus trennen, um in ihre Zeit, die Gott vergegenwärtigt, zurückzugehen und Jesus das Feld zu überlassen, der im permanenten Dialog mit ihnen steht. Die Zelte, die Petrus errichten will, erinnern an das Heiligtum Gottes auf der Wüstenwanderung. Die drei Jünger wollen die Bauarbeiter für ein Heiligtum des Reiches Gottes werden, in dessen Mitte Jesus steht, so dass – wie auf einem Triptychon – Mose und Elija auf ihn bezogen werden. Dem Wunsch zu folgen, hieße aber, die Vollendung als Apotheose zu deuten, als triumphale Himmelsreise ohne Passion. In der Himmelfahrt ist es anders (24,51; Apg 1,9). Petrus muss und wird es lernen.

Auf die unverständige Demut (**33**), die sublim besitzergreifend ist, reagiert Gott selbst: Erstmals nach der Taufe im Jordan (3,22) und letztmals im Evangelium wird von seiner Stimme erzählt (**34–35**). Die Wolke erinnert an die Offenbarung auf dem Sinai (Ex 34,5). Wie nach der Taufe steht bei Lukas die Christologie der Stärke im Vordergrund, die mit Ps 2,7 eingespielt wird: Jesus ist Gottes Sohn in Gottes Kraft, die in Gottes Herrlichkeit ausstrahlt. Sie wird bei Lukas über das Motiv der Erwählung mit Jes 42,1 verbunden, also mit einer Christologie der Schwäche, die die Verletzlichkeit des Gottesknechtes (Jes 53) ans Licht bringt. Über das Wort bei der Taufe hinaus werden – wie schon bei Markus – die Jünger adressiert. Eingespielt wird Dtn 18,15: Gott macht die Verheißung des Mose wahr, dass ein Prophet aus der Mitte des Volkes Gottes aufstehen wird, der zum Hören auf Gottes Wort führen wird. Hier öffnet sich die Verklärung der irdischen Zukunft Jesu und seiner Jünger, die im Zeichen des ewigen Reiches Gottes steht: Sie sollen und werden hören – und andere durch sie, solange die Zeit währt. Mose und Elija bezeugen die Szene.

Der Schluss ist Stille (**36**). Mose und Elija entschwinden; Jesus ist allein mit den drei Jüngern. Die verstehen, dass sie nicht verstehen. Sie schweigen – um später besser reden zu können (vgl. 8,16–18). Lukas hat das Unverständnis der Jünger, das Markus stark betont, nahezu in sein Gegenteil verkehrt: Die Jünger nehmen, was sie gesehen haben, mit sich, als Geheimnis, von dem sie erst dann erzählen, wenn ihnen der Sinn aufgegangen sein wird.

Die Verklärung offenbart Jesus als den, der er ist: als Sohn Gottes, im Glanz Gottes. Zeit seines Lebens geht Jesus den Weg der freiwilligen Erniedrigung, bis in den Tod. Auf dem Gipfel des Berges wird Jesus in dem Zusammenhang sichtbar, der für ihn wesentlich ist: Mose und Elija stehen für die Hoffnungsgeschichte Israels, in die Jesus sich hineinbegibt, wie er in sie hineingeboren ist (Lk 1–2), und aus der heraus er sich den Menschen zuwendet, die Gott retten will. Für Markionismus ist kein Platz: Altes und Neues Testament gehören untrennbar zusammen. Die Prophetie Israels hat für Lukas und seine Tradition eine christologische Sinnspitze, die Jesus personifiziert. Seine Gottessohnschaft erweist sich in seiner Prophetie. Die Jüngerschaft, die er bildet, lebt aus dem Wort Gottes, das Jesus verkündet. Es vermittelt das eschatologische Heil, dessen Herrlichkeit aufstrahlt. Das Unverständnis der Jünger kontrastiert mit dem Glanz Jesu – wird aber durch ihn ausgelöst, weil die drei Auserwählten die Herrlichkeit so wenig wie die Niedrigkeit Jesu (9,18–27) verstehen: bis sie selbst Teil des Paschageschehens geworden sein werden. Die Verklärung ist kein historisches Ereignis wie z. B. die Kreuzigung; aber die Erinnerung an das Gipfelerlebnis einer Verwandlung Jesu gehört ins Gedächtnisrepertoire der Jüngerschaft. Die Erzählung ist unerklärlich für das mechanistische Weltbild des Positivismus, aber erhellend für diejenigen, die Gott als Schöpfer und Erlöser in der Person Jesu am Werk sehen.

9,37–43a
Die Heilung des besessenen Jungen

[37]Es geschah aber am folgenden Tag, dass sie vom Berg herabkamen, da kam ihm eine große Menge entgegen. [38]Und siehe, ein Mann aus der Menge rief und sagte: „Lehrer, ich bitte dich: Schau auf meinen Sohn, denn er ist mein einziger. [39]Und siehe, der Geist nimmt ihn, und plötzlich schreit er und schüttelt ihn, mit Schaum und will nicht von ihm ablassen und reibt ihn auf. [40]Und ich habe deine Jünger gebeten, dass sie ihn austreiben, und sie konnten es nicht." [41]Jesus antwortete und sagte: „O, du ungläubiges halsstarriges Geschlecht, wie lange werde ich noch bei euch sein und euch ertragen? Bring deinen Sohn her." [42]Aber noch während er auf ihn zuging, riss ihn der Dämon und zerrte ihn. Jesus aber herrschte den unreinen Geist an und heilte den Jungen und gab ihn seinem Vater zurück. [43]Da gerieten alle außer sich über die Größe Gottes.

Wie bei Markus vorgegeben, gestaltet Lukas ein Gegenstück zur Verklärung auf dem Berg (9,28–36): eine turbulente Szene in der Ebene. Sie wird durch die Ohnmacht der Jünger ausgelöst, die einem kranken Jungen, für den sein Vater bittet, nicht helfen können. Jesus hingegen erweist sich erneut in der Macht Gottes als Retter, trotz widrigster Um-

9,37–43a Die Heilung des besessenen Jungen 241

stände. Exorzismen sind im Evangelium bekannt (4,31–37.40–41; 8,25–39; vgl. 9,1–6); auch der Glaube spielt bei Heilungen eine sehr große Rolle (5,20; 7,9; 8,48.50; vgl. 7,50). Hier aber liegt der Fokus darauf, dass selbst der Unglaube einer ganzen Generation Jesus doch nicht davon abbringt, Hilfe zu leisten und das Kind zu retten.

Die Szene ist – bis auf die eröffnende Einbindung in den Kontext – nach dem klassischen Muster einer Exorzismuserzählung gestaltet, mit der Variante einer Komplikation, die durch die Unfähigkeit der Jünger eingetreten war.

9,37–40	Die Eröffnung:	Der Fall des besessenen Jungen
	37	Die Begegnung Jesu mit der Menge
	38–40	Die Bitte des Vaters für sein Kind
9,41–42	Der Mittelteil:	Die Vertreibung des Dämons
	41	Die Klage Jesu über den Unglauben
	42	Die Austreibung des Dämons
9,43a	Der Schluss:	Das Staunen der Menge

Lukas hat die Überlieferung bei Markus gefunden (Mk 9,14–29), aber stark bearbeitet, so dass sie in sein Muster passt. Gestrichen hat Lukas zum einen den intensiven Dialog zwischen dem Vater und Jesus über die Macht und Ohnmacht des Glaubens (Mk 9,22–24), zum anderen die anschließende Belehrung der Jünger im Haus über das Gebet als einzig probates Mittel eines Exorzismus (Mk 9,28–29). Bei Lukas verschiebt sich der Fokus: Zum Abschluss der Galiläa-Mission ist die Geschichte ein Beispiel dafür, wie inmitten des Unglaubens, der auch seinen Jüngern nicht fremd ist, Jesus doch Gutes tun kann, das von Gott kommt und mit ihm verbindet.

Am Tag nach der Verklärung kommt es am Fuß des Berges zu einer neuen Begegnung Jesu mit der Menge **(37)**, die bei Lukas in ihrem Interesse an Jesus nicht nachlässt. Entscheidend ist aber nicht der Zulauf der Vielen, sondern die Not eines Einzelnen: des Vaters eines Jungen, der von einem „Geist" (V. 39) besessen ist. Er wendet sich an Jesus **(38)**, den er als „Lehrer" – jüdisch: Rabbi – anredet, weil er auf sein Wort zählt. Er bittet ihn, weil nur er ihm helfen kann. Die Bitte schreibt Jesus nichts vor: Nur dass er „schauen" soll, wie Gott auf das Menschenkind schaut, ist der Wunsch des Vaters, unterstrichen von der Beteuerung, der Sohn sei sein „einziger", was die Bedrohung des Kindes besonders groß erscheinen lassen soll und die Sorge des Vaters um ihn bis ins Unermessliche steigert. Um die Dringlichkeit seiner Bitte zu unterstreichen, gibt er eine farbige Krankheitsbeschreibung **(39)**. Heute würde wohl Epilepsie diagnostiziert werden. Damals galt sie als „heilige Krankheit", weil die erschreckende

Plötzlichkeit der Anfälle keine andere Erklärung zuzulassen schien, als an numinose Mächte zu denken, die den Betroffenen einerseits zu etwas Besonderem, andererseits zu jemand tödlich Bedrohtem machen. In der Abwesenheit Jesu, die sich durch die Verklärung ergibt (9,26–38), hatte der Vater die (übrigen) Jünger gebeten, ohne Erfolg **(40)**. Zwar hat Jesus die Zwölf mit der nötigen Vollmacht ausgestattet (9,1). Aber es gibt keine Wirkungsgarantie; die Jünger wollten wohl, konnten aber nicht helfen. Lukas hat das Versagen der Jünger nicht so stark wie Markus betont – verschweigen kann und will er es aber nicht, weil es fest zum Gedächtnisbild der vorösterlichen Nachfolge gehört.

Die Antwort Jesu ist von überraschender Härte und befreiender Souveränität **(41)**. Lukas hat die markinische Geschichte so neuerzählt, dass die Reaktion Jesu auf die Bitte und den Bericht des Vaters im Zentrum steht. Das Wort ist eine prophetische Scheltrede, die aber mehr noch eine Klage ist, gerichtet an Gott. Sie lässt erkennen, dass Jesus nicht unbelastet von den Schwierigkeiten ist, die sich ihm entgegenstellen, in erster Linie dem Unglauben. Jesus findet ihn in dieser „Generation", d. h. mitten im Volk Gottes, mitten in der Gegenwart. Er hat nicht nur eine bestimmte Alterskohorte vor Augen, sondern die Menschheit und das Gottesvolk Israel. „Unglaube" ist die Widerständigkeit gegen Gottes Wort. In Verbindung mit der Halsstarrheit ist der Unglaube ein Habitus, eine Untugend, die freilich weit mehr als ein moralisches Versagen ist: nämlich eine falsche Lebenseinstellung, die so tut, als ob es Gott nicht gäbe, wie Jesus ihn verkündet. Jesus hat aber in erster Linie nicht die Menge im Blick, schon gar nicht den Vater und sein krankes Kind, sondern seine eigenen Jünger, vor allem die Zwölf, die Gottes Volk repräsentieren, aber im Unglauben verharren. Fehlverhalten der Jünger im konkreten Einzelfall hat Lukas in seinem Evangelium oft abgemildert; die Grundproblematik des Unglaubens arbeitet er noch schärfer als die Seitenreferenten heraus. Bei seiner Berufung hat Petrus sich als Sünder bekannt (5,8). Jesus hat ihn gleichwohl zum Menschenfischer gemacht – aber damit nicht schon den Unglauben überwunden. Ihn muss und wird er aushalten und ausgleichen – nicht nur damals nach der Verklärung, sondern immer. Jesus selbst fällt es nicht leicht. Aber er weiß, dass es gut enden wird – Gott sei Dank. Jesus setzt sofort ein positives Zeichen.

Jesus lässt sich vom Unglauben nicht abbringen, das Kind zu heilen. Es kommt zu einer kurzen, aber heftigen Abwehrreaktion des Geistes **(42)**, die jedoch wirkungslos ist. Es reicht, dass Jesus ihn in die Schranken weist. So erfolgt durch die Austreibung die Heilung des Kindes. Typisch ist der Schluss: Jesus belässt es nicht bei seinem medizinischen Erfolg, sondern gibt das Kind dem Vater zurück, ähnlich wie er den toten Jüngling der Witwe von Naïn (7,15) und die gestorbene Tochter Jaïrus und seiner Frau

9,43b–45 Die Leidensankündigung und die Jüngerfurcht 243

(8,55–56) wiedergeschenkt hat, passend zu seinem Ethos der Familienliebe, die durch den Glauben radikal erneuert wird (vgl. 18,15–17).
Die Reaktion der Menge ist stark (**43a**). Sie tut gut daran, nicht nur die Macht des Exorzisten Jesus, sondern die Größe Gottes zu preisen, in dessen Vollmacht Jesus wirkt. Der „Unglaube" (V. 41) ist mit dem Gotteslob noch nicht aus der Welt; aber es wird klar, dass inmitten der Dunkelheit Lichtblicke möglich sind, die in die Zukunft weisen.

Die Heilung des besessenen Jungen ist ein Pendant zur Verklärung. Jesus handelt nicht nur in der Souveränität des Sohnes Gottes. Er spricht auch im Wissen, zu Gott zu gehören und inmitten all seines Einsatzes für andere doch der „Generation" gegenüberzustehen, die im Unglauben sich Gott versperrt, die Jünger auf besondere Weise. Deshalb ist die Vertreibung des Dämons ein Bild für die Überwindung des Unglaubens: Aus Unsinn wird Sinn, aus Besessenheit Freiheit, aus Tod Leben. Der Glanz vom Berg der Verklärung spiegelt sich darin, dass Jesus das besessene Kind seinem Vater zurückgibt. Der Unglaube, den Jesus überwindet, wird ihn das Leben kosten (9,44) – aber der Tod wird ihn nicht halten, sondern der Auferweckung weichen (vgl. 9,28–36). Das Licht der Herrlichkeit strahlt bis in die Finsternis des Unglaubens; Jesus setzt das richtige Zeichen, gerade angesichts des Unvermögens seiner Jünger. Es ist eine historische Erinnerung; an das Unvermögen der Jünger und das Vermögen Jesu, an die tödliche Macht von Dämonen und die befreiende Kraft des Messias. Lukas ist auf der Basis des Markusevangeliums von der historischen Substanz überzeugt, hat sie aber seinerseits so neu gestaltet, wie sie auch schon vor und durch Markus so gestaltet worden sein wird, damit sie in die Kontexte der Evangelien und ihrer Zeit passen.

9,43b–45
Die Leidensankündigung und die Jüngerfurcht

[43]**Als aber alle staunten über alles, was er getan hatte, sagte er seinen Jüngern: „**[44]**Lasst diese Worte in euren Ohren klingen. Denn der Menschensohn wird in die Hände von Menschen übergeben."** [45]**Sie aber verstanden dieses Wort nicht; es blieb ihnen verschlossen, so dass sie es nicht wahrnahmen, und sie fürchteten sich, ihn wegen dieses Wortes zu fragen.**

Lukas hat die Erzählung, wie Jesus das besessene Kind geheilt hat (9,37–43a), direkt mit der zweiten Leidensprophetie verknüpft (V. 44), die Jesus gegen Ende seines galiläischen Wirkens macht.
Die Situation ist nicht aufgelöst. Der Jubel über Gottes Größe hallt nach (9,42) – aber auch das Wort über den Unglauben dieser Generation ist nicht vergessen (9,41). Jesus greift beides in seiner Prophetie an seine Jünger auf – gerade weil er doch mit deren Unverständnis rechnen muss.

| 9,43b–44 Die Ankündigung des kommenden Leidens Jesu |
| 9,45 Das Unverständnis der Jünger |

Lukas greift die markinische Überlieferung auf (Mk 9,31), verändert sie aber stark, weil er sie neu in den – umgestalteten – Kontext einbaut und das Thema in den Mittelpunkt rückt, wie Heilsvermittlung in einer Welt des Unglaubens überhaupt möglich sein soll.

Jesus ergreift die Initiative, um den Freudenjubel, den die Menschen nach der Heilung des besessenen Kindes anstimmen, über sich selbst hinauszuführen **(43)** – in die Realitäten des Lebens und in die Hoffnung des Gottesreiches hinein. „Diese Worte" **(44)** beziehen sich auf seine kritische Klage (9,41). Sie dürfen nicht im Gotteslob angesichts seiner Macht über die Dämonen untergehen. Jesus hat zwar mit dem Sämanngleichnis geklärt, wie schwer das Hören ist, das zum Glauben führt, aber auch geklärt, dass Halsstarrigkeit und Verstocktheit nicht das traurige Ende der Gottesgeschichte herbeiführen, sondern in der Krise einen neuen Anfang des Glaubens setzen können (8,4–18). Hier richtet sich der Blick auf die dunkle Seite. Während Jesus in der ersten Leidensprophetie auch seine Auferstehung vorangekündigt hat (9,22), richtet er hier den Blick auf die Passion. Der Unglaube, den Jesus in dieser „Generation" (9,41) diagnostiziert, wird ihn das Leben kosten. Der Ausdruck, den Jesus nach Lukas findet, ist denkbar mild, die Wirklichkeit, die er voraussagt, denkbar hart. Der „Menschensohn", also der Gottessohn, der ganz und gar Mensch ist, wird „übergeben" *(paradídomi)*, d.h. der Macht anderer überantwortet. Das Verb kann juristisch die Überstellung an eine andere Instanz meinen, politisch die Auslieferung an eine andere Macht und moralisch den Verrat. Bei Lukas schwingt alles mit. Er blickt mit dem Vers weder speziell auf Judas, der Jesus dem Hohen Rat ausliefert (22,3–6), oder den Hohen Rat, der ihn an Pilatus überstellt (23,1–2), sondern auf die Missachtung und Verwerfung, die Verleugnung und Verachtung Jesu, die seinen Passionsweg bestimmen und begleiten wird: Menschen liefern den Menschensohn aus; damit liefern sie ihre Hoffnung aus. Jesus spricht seine Jünger an, weil sie – bis in die Kreuzesnachfolge hinein (9,23–26) – ihm am nächsten sein sollten, als seine Gesandten.

So klar aber Jesus spricht, so wenig stößt er bei seinen Jüngern, die doch seine Schüler sein sollten, auf Verständnis **(45)**. Lukas unterstreicht dreifach ihre mangelnde Einsicht (vgl. 18,34): Sie „verstehen" nicht; das Wort Jesu erschließt sich ihnen nicht, weil sie es noch nicht einmal richtig wahrnehmen; und sie fragen nicht nach, weil sie Angst vor der Antwort haben. Es bestätigt sich, was Jesus zuvor über den Unglauben dieser „Generation" gesagt hat (9,41). Er wird sich aber nicht beirren lassen; dadurch werden die Jünger nicht ihrem Unglauben ausgeliefert.

Die Leidensankündigung Jesu wiederholt nicht nur die erste Prophetie (9,20), die auch die Auferstehung umfasst, sondern setzt zwei neue Akzente. Zum einen führt sie weg von der Suche nach der historischen Schuld Einzelner am Tod Jesu, die später regelmäßig zu Antijudaismus geführt hat, sondern elementarisiert in radikaler Weise: Es sind Menschen, die den Menschensohn übergeben, ausliefern, verraten – so wie Jesus selbst sein Leben für diese Menschen gibt (22,20–21). Die Jünger verstehen vorösterlich das Entscheidende nicht (vgl. 18,34) – und werden auch nachösterlich nie auslernen, weshalb der Passionsweg der Heilsweg ist. Beides, das prophetische Wissen und die geradezu existentielle Begriffsstutzigkeit der Jünger, die guten Glaubens alles erwarten, nur nicht das Leiden ihres Meisters, gehören zur historischen Erinnerung, die in der synoptischen Tradition, auch durch Lukas, so ausgestaltet worden ist, dass der Osterglaube genährt wird, der seinerseits die Erinnerung an die Geschichte Jesu stärkt.

9,46–48
Der verfehlte Rangstreit der Jünger

[46]Es kam aber unter ihnen die Überlegung auf, wer von ihnen der Größte sei. [47]Jesus aber, der die Überlegung ihres Herzens kannte, nahm ein Kind in Empfang, stellte es neben sich [48]und sagte ihnen: „Wer dieses Kind in meinem Namen aufnimmt, nimmt mich auf; und wer mich aufnimmt, nimmt den auf, der mich gesandt hat. Denn der Kleinste unter euch allen ist groß."

Der Unverstand, mit dem die Jünger auf die Leidensankündigung Jesu reagieren (9,43b–45), setzt sich direkt fort; immer noch hält Lukas die Situation aufrecht, die durch den gescheiterten Heilungsversuch und die Klage Jesu über den Unglauben aufgebaut worden war (9,37–43a). Anstatt sich von Jesus belehren zu lassen, was es heißt, täglich das Kreuz auf sich zu nehmen (9,23), diskutieren die Jünger darüber, wer unter ihnen die Nummer Eins sei. Jesus stellt ein Kind an seine Seite, um das Denken über Größe und Kleinheit vom Kopf auf die Füße zu stellen.
Der Aufbau der Perikope dient dazu, die Alternative zum falschen Denken der Jünger attraktiv werden zu lassen.

9,46	Die fatale Überlegung der Jünger	
9,47–48	Die indirekte Antwort Jesu	
	47	Die Geste: Das Kind neben Jesus
	48	Das Wort Jesu
		48a Annahme und Repräsentation
		48b Die Dialektik der Größe und Kleinheit

Jesus antwortet auf den Rangstreit indirekt und dadurch eingehender, als er es durch eine Kritik der Jünger hätte tun können. Das Kind an der Seite Jesu wird zum sprechenden Zeichen für die einzigartige Größe, die den Kleinsten zukommt, und für die *repraesentatio Christi* durch die Schwächsten. Lukas folgt dem Markusevangelium, aber recht frei (vgl. Mk 9,33–37) – ein kleines Paradebeispiel dafür, wie er seine Aufgabe als historischer Erzähler umgesetzt hat.

Die Jünger fragen sich, „wer unter ihnen der Größte sei" **(46)**. Sie fragen weder Gott noch Jesus, sie fragen sich selbst. Das sagt schon alles. Nur wenn Nachfolge selbstreferentiell ist, kann sie dem spirituellen, ethischen, ekklesialen Egoismus frönen. Lukas nennt ihr Fragen eine „Überlegung" *(dialogismós)*, will aber nicht einen echten Dialog andeuten, sondern eine Art Selbstgespräch, das räsoniert statt zu reflektieren. Die Jünger wollen aus ihrer Nähe zu Jesus ein Privileg machen – und es auch gegenüber anderen Jüngern behaupten. Schlimmer könnte der messianische Menschensohn, der den Leidensweg geht, nicht missachtet werden – die Überlegung der Jünger ist eine Weise, Jesus zu verraten: Er soll ihrer Machtgier ausgeliefert werden.

Die Antwort Jesu setzt ein ebenso kleines wie starkes Zeichen **(47)**. Das Verb *(epilambáno)* wird meistens mit „nehmen" übersetzt – was grammatikalisch nicht falsch, aber semantisch nicht ganz präzise ist. Jesus nimmt das Kind in Empfang: Er macht es nicht zum Objekt, sondern sieht es als Subjekt: Er stellt es neben sich, so dass er mit dem Kind zusammen in aller Öffentlichkeit den Jüngern gegenübersteht: eine Aufwertung von Kindern, die typisch für Jesus ist (18,15–17).

Mit dem Kind an seiner Seite trifft Jesus zwei Aussagen **(48)**, die einander bestärken. Zum einen greift er das Motiv der Sendung auf, das auch bei der Aussendung der Apostel (9,1–6) eine große Rolle spielt: Der Gesandte steht für den ein, der sendet; er repräsentiert ihn. Der entscheidende Aspekt ist hier allerdings nicht die Entsendung, sondern die Aufnahme. Jesus beschreibt die Gastfreundschaft, die Willkommenskultur, die Großzügigkeit, ohne die es keine Wandermission in freiwilliger Armut gäbe. Jesus weitet freilich den Blick über seine offiziellen Delegaten hinaus: Ein Kind repräsentiert ihn so gut wie ein Apostel, wenn auch anders. Ob es sich um ein Mädchen oder einen Jungen handelt, bleibt offen – bewusst. Das eine Kind, das Jesus in die Mitte stellt, steht für alle Kinder dieser Welt. Wer dieses Kind „aufnimmt", nimmt Jesus auf, weil er sich mit jedem Kind identifiziert – eine starke Aussage (nicht nur) in der Antike, die auf (kleine) Kinder in der Regel wenig gibt. Die Aufnahme eines Kindes kann in seiner Familie bestehen, durch Adoption, durch Fürsorge oder auch nur durch einen freundlichen, respektvollen Umgang mit ihm. Jesus ist der Gesandte Gottes (4,18–20). Deshalb heißt Gott willkommen, wer

9,49–50 Der fremde Wundertäter 247

Jesus Tür und Herz öffnet – und jedes Kind repräsentiert Gott: als Ebenbild Gottes, als Bruder und Schwester Jesu.

Zum anderen kommt Jesus auf den Größenwahn seiner Jünger zurück (V. 46) und klärt die wahren Verhältnisse: Groß ist nicht, wer größer als andere sein will, sondern wer „klein" ist: leicht zu übersehen, schnell unterschätzt, zu oft nicht ernstgenommen. Wenn der Kleinste groß und also der Größte klein ist, werden die allgemein herrschenden Standards aufgehoben. Vor Gott sind alle Menschen gleich – und untereinander sollen sie nicht die eigene Größe auf Kosten anderer, sondern die Größe der Anderen anerkennen, gerade wenn sie „klein" sind.

Jesus ist als Kinderfreund ins kulturelle Gedächtnis eingegangen: wegen Szenen wie jener (vgl. 18,15–17), in der er den Jüngern eine Lektion erteilt, damit sie nicht nach der eigenen Größe, sondern nach der Würde, dem Wert, dem Recht der Anderen fragen. Das wäre der Kern ihrer apostolischen Sendung, in der sie Jesus und mit ihm Gott vergegenwärtigen – sie sind noch weit entfernt, diesem Auftrag zu entsprechen. Lukas hält fest, was ins historische Gedächtnis gehört: indem er es so aufschließt, dass die Gegenwartsbedeutung aufleuchtet.

9,49–50
Der fremde Wundertäter

⁴⁹Da antwortete Johannes und sagte: „Meister, wir kennen einen, der in deinem Namen Dämonen austreibt, und wehrten ihm, weil er nicht mit uns nachfolgt." ⁵⁰Jesus aber sagte ihm: „Hindert nicht; denn wer nicht gegen euch ist, ist für euch."

An den Schluss der langen Passagen über die galiläische Wirksamkeit Jesu stellt Lukas eine kurze Szene, die das Unverständnis der Jünger mit der Weite Jesu konfrontiert. Es mag sein, dass für den Evangelisten ein Eindruck aus der Aussendung der Zwölf (9,1–6) rekapituliert wird. In jedem Fall schließt sich insofern der Kompositionsring, als der Aussendung der Zwölf zu Beginn die Ausweitung des Blicks am Ende der Sequenz entspricht: Es gibt nicht nur die Zwölf, es gibt weitere Sympathisanten, die im Sinne Jesu zum Wohl anderer wirken, auch wenn sie ihm nicht nachfolgen und damit nicht zu seiner Jüngerschaft gehören. Die kurze Szene ist wieder ein knappes Frage-Antwort-Gespräch.

9,49	Der Bericht des Johannes:
	Die Hinderung eines fremden Wundertäters
9,50	Die Antwort Jesu:
	Plädoyer für Offenheit

248 9,1–50 *Herausforderungen der Nachfolge*

Die Szene, die mit der Heilung des besessenen Kindes einsetzt (9,37–43a) und durch die zweite Leidensansage Jesu (9,43b–35) theologisch vertieft wurde, geht nach der Kritik Jesu am Rangstreit der Jünger (9,46–48) direkt weiter mit der Klärung des nächsten Jüngerproblems, das nun nicht die internen, sondern die externen Beziehungen betrifft. Es ist immer noch der Tag, an dem Jesus nach der Verklärung vom Berg wieder herabgekommen ist (9,37). Lukas folgt Markus; er kürzt, um das Problem und seine Lösung zu fokussieren, ändert sonst aber nur wenig.

Der Zebedaïde Johannes (5,10), einer der Zwölf (6,14), mit Jesus besonders vertraut (8,51; 9,28), meint, von Jesus belobigt werden zu können **(49)**, wenn er ihm berichtet, dass die Jünger einen fremden Wundertäter in die Schranken gewiesen haben. Dieser Mensch treibt „im Namen" Jesu Dämonen aus, also unter Berufung auf ihn, seine Vollmacht in Anspruch nehmend. Dass er dies erfolgreich tut, wird nicht bestritten. Problematisch aber soll sein, dass er nicht zur Gemeinschaft derer gehört, die Jesus nachfolgen – unabhängig davon, ob nur die Zwölf (6,12–16; 9,1–6) oder der größere Kreis der Zweiundsiebzig (10,1–16) gemeint sind. Hinter dem Einschreiten steht – wie der Kontext anzeigt – erneut Herrschaftswille: Die Gruppe in der man am liebsten der Größte sein will, soll exklusiv bleiben.

Die Antwort, die Jesus gibt, öffnet das Denken **(50)**. Lukas kennt auch die negative Wendung: „Wer nicht mit mir ist, ist gegen mich" (11,23 par. Mt 12,30). Sie ist dort angebracht, wo Jesus in den Ruf der Besessenheit gebracht werden soll (11,14–23). Hier aber ist es anders: Die Zustimmung zu Jesus geht über den Kreis derer hinaus, die ihm nachfolgen. Diese Zustimmung sollen die Jünger nicht bekämpfen, sondern fördern – im Interesse derer, die von bösen Geistern befreit werden müssen.

Jesus verkündet die Nähe des Gottesreiches (4,23; 8,1), das unendlich größer ist als die Jüngerschaft (oder später die Kirche). So öffnet es auch Räume der Zustimmung zu Jesus und des segensreichen Wirkens in seinem Namen, die weiter sind, als die Jünger je kommen werden. Dies anzuerkennen, fällt den Jüngern zwar schwer, ist aber konsequent, wenn sie nicht die Herrschaft über das Reich Gottes reklamieren, sondern sich ihrerseits in den Dienst an Gottes Reich und deshalb an den Menschen stellen wollen. Die von Markus überlieferte Szene ist dem Leben abgeschaut: Die Verse sind hoch verdichtet und lassen dadurch tief blicken; Konkurrenzneid gehört von Anfang an zur Nachfolge Jesu – von Jesus wird er vorhergesehen und so kritisiert, dass er im Glauben an Gott überwunden werden kann. In dieser Offenheit endet die erste Phase des öffentlichen Wirkens Jesu, konzentriert auf Galiläa.

9,51–19,28
Jesus auf dem Weg nach Jerusalem

Lukas erzählt vom Wirken Jesu so, dass er auf die lange Phase des Wirkens in Galiläa eine lange Reise nach Jerusalem folgen lässt (9,51–19,28). Sie bildet einen weiteren Hauptteil des Evangeliums, bevor vom Wirken und vom Leiden, aber auch von der Auferweckung Jesu in Jerusalem erzählt wird (19,29–24,53). Jesus geht den Weg nach Jerusalem zusammen mit seinen Jüngern. Sie sind für ihn Nachfolger und Vorboten, Wegbereiter und Wegbegleiter, Mitarbeiter und Gesandte. Ihre Position bei Jesus ist bereits im ersten Teil seines öffentlichen Wirkens begründet worden (4,14–9,50). Auf den Wegen Richtung Jerusalem wird ihre Rolle ausgestaltet und eingeübt, erprobt und gefestigt.

Jesus hat seine öffentliche Verkündigung, die mit seiner Antrittspredigt in Nazareth begonnen hat (4,18–22), von vornherein darauf angelegt, die Verkündigung des Evangeliums nicht im Alleingang, sondern im Team zu organisieren. Deshalb geht er auf die Suche nach Menschen, die er beauftragen und senden kann, das Evangelium zu verkünden, das er selbst verkündet hat. Sie sind seine Jünger, wörtlich: seine Schüler. Nach 5,1–11 macht er Fischer, in erster Linie Simon Petrus, zu Menschenfischern; nach 5,27–28 macht er einen Zöllner, Levi, zu seinem Jünger; nach 5,35–37 sind die Jünger Gäste beim Hochzeitsfest des Messias und fasten deshalb nicht, solange Jesus bei ihnen ist; nach 6,1–6 begleiten sie Jesus, wie David von seinen Mitstreitern begleitet worden war, und dürfen sich deshalb am Sabbat versorgen; nach 6,12–16 erwählt er aus dem Kreis seiner Jünger die Zwölf Apostel; nach 6,20–49 sind die Jünger Adressaten der Feldrede, der Parallele zur Bergpredigt (Mt 5–7); nach 8,1–3 sind auch Frauen Jesus nachgefolgt; nach 8,9–10 sind die Jünger in die „Geheimnisse der Gottesherrschaft" eingeweiht; nach 8,22–25 haben sie auf dem stürmischen See Angst, auch nachdem Jesus den Sturm gestillt hat; nach 9,1–6 werden die Zwölf von Jesus ausgesendet, die Nähe der Gottesherrschaft zu verkünden; nach 9,10–17 setzt Jesus die Jünger ein, um das Volk, das nichts zu essen hat, zu speisen; nach 9,18–22 bekennen sich die Jünger, mit Petrus als Sprecher, zur Messianität Jesu; nach 9,23–27 ruft Jesus die Jünger zur Kreuzesnachfolge; nach 9,28–36 nimmt Jesus drei Jünger mit auf den Berg der Verklärung – und wieder herab in die Ebene (auf den Weg nach Jerusalem); nach 9,46–48 streiten die Jünger, wer von ihnen den höchsten Rang einnehme – so dass Jesus ihnen ein Kind als Vorbild zeigt; nach 9,49–50 beschweren sich die Jünger über einen fremden Wundertäter – und müssen sich von Jesus die Augen öffnen lassen: „Wer nicht gegen euch ist, ist für euch" (9,50). Die

Jünger sind die wichtigsten Menschen, die Jesus um sich schart. Lukas hat ein differenziertes Bild: Es gibt die Nachfolge der Zwölf Apostel, die den innersten Kreis bilden; es gibt die Nachfolge der 72 (vgl. 10,1–16); es gibt auch die Nachfolge der 5000 (vgl. 9,11), die mit Jesus sympathisieren, aber nicht alles für ihn verlassen, sondern nur alles von ihm empfangen. Diese Vielfalt ist programmatisch. Sie spiegelt die Unterschiede in den Voraussetzungen und Möglichkeiten, den Gaben und Aufgaben der Jüngerschaft.

Diese Linie der Nachfolge wird im nächsten Hauptteil weiterverfolgt. Er verbindet die Phase der anfängliche Galiläamission mit derjenigen der abschließenden Jerusalemmission. In der Forschung firmiert er als „Reisebericht". Einige Aspekte werden variiert: Die Jünger gehen mit auf dem Weg Jesu (9,52); nach der Aussendung der 12 erfolgt die der 72 (10,1–16); nach den Seligpreisungen der Feldrede (6,20–22) werden die Jünger wieder seliggepriesen (10,23–24), weil sie am Offenbarungswissen Jesu Anteil erhalten haben (10,21–22). Ihre Jüngerschaft ist Dienst am Werk des Meisters, der allein etwas bewegen und bewirken kann (17,1–10). Andere Aspekte sind neu: Die Reise wird in der Fremde gefährlich (9,52–56); nicht nur die Möglichkeiten, sondern auch die Schwierigkeiten der Nachfolge werden deutlich (9,57–62); die Jünger kommen bei Jesus in eine Schule des Betens (11,1–4.5–13); sie lernen, ihren Glauben – allein und als Gemeinschaft – vor Gott auszudrücken; sie sollen sich keine falschen Sorgen machen, sondern alles auf Gottes Fürsorge und auf die Gemeinschaft mit Jesus setzen (12,22–32). Der Reisebericht dient dazu, die Jünger mit auf den Weg zu nehmen, den Jesus geht, um sie auf den Weg vorzubereiten, den sie nach Ostern zu den Völkern gehen sollen. Die Passionsgeschichte wird dann zum Ernstfall der Jüngerschaft, weil die Kreuzesnachfolge gefragt ist. Die Jünger lassen Jesus allerdings im Stich und müssen nach Ostern neu in die Nachfolge gerufen werden.

Jesus ist mit seinen Jüngern dauernd zusammen, aber in der Regel nicht allein, sondern eng mit anderen verbunden. Sein Weg nach Jerusalem ist ein Weg zu den Menschen, die er sucht, um sie zu retten, wenn und weil sie verloren sind (19,10). Dieser Weg Jesu verwirklicht das Kommen Gottes zu den Menschen. Wohin Jesus kommt, dort erschließt sich die Nähe der Gottesherrschaft, die er verkündet (vgl. 21,31), auch durch den Mund seiner Jünger (10,9.11). Wo Jesus nahe ist, öffnet er denen, die er besucht, den Weg ins Reich Gottes. Er sucht insbesondere diejenigen auf, die weit entfernt von Gott und seinem Reich zu sein scheinen. Dies gilt auch für die Jünger, die nicht in den religiösen Zentren, sondern an der Peripherie zuhause sind, in Galiläa und in ihrem Beruf als Fischer, als Zöllner, als Bäckerin. Es gilt aber ebenso für die Samariter, die sich als Häretiker vom Gottesvolk abgekapselt zu haben scheinen und auf Jesus mit Gewalt

9,51–19,28 Jesus auf dem Weg nach Jerusalem 251

reagieren (9,52–56), aber zu Vorbildern werden können (10,25–37; 17,11–19); es gilt für die Frauen, die gesellschaftlich und religiös diskriminiert, von Jesus aber geachtet werden, so dass er nicht nur ihnen Hilfe bringt, sondern auch Hilfe von ihnen annimmt (10,38–42; vgl. 8,1–3) und nicht nur Respekt für sie fordert, sondern Frauen auch seligpreist (11,27–28); es gilt sogar für die Sünder, die sich nicht allein durch unglückliche Umstände, sondern durch eigene Schuld von Gott entfernt haben, ohne dass sich Gott von ihnen entfernt hätte (19,1–10); es gilt für die Reichen, die an ihrer Habgier ersticken (12,13–21), wenn sie sich nicht von ihrer Gier befreien lassen. Ihnen allen vermittelt er die Nähe Gottes – der sie sich allerdings versperren dürfen, um sie zu erfahren; es gilt für die Armen, die sich von den Sorgen ums Überleben nicht gefangen nehmen lassen sollen (12,22–32); es gilt für das ganze Volk, das Sünde und Schuld nicht bei anderen, sondern bei sich suchen soll (13,1–9).

Jesus sucht auf seinen Wegen aber auch diejenigen auf, die ihn kritisieren, weil sie glauben, selbst näher als er an Gott zu sein: die Kritiker aus dem Volk, die Jesus eine Usurpation göttlicher Vollmacht vorwerfen, weil sie einen Widerspruch zwischen dem Bekenntnis des einen Gottes und dem Anspruch Jesu erkennen (11,14–23), und die Pharisäer, die der Logik ihrer Gesetzesinterpretation folgen, wenn sie Jesus vorwerfen, auf seinem Weg zu weit zu gehen und die Grenze zwischen Gut und Böse, Gerechtigkeit und Sünde zu verletzen (11,37–54; 12,1–3; 16,14–15; 18,9–14; aber auch 13,31). Ihnen erschließt Jesus die Nähe Gottes, die sie nicht bemerken: durch seine Kritik an ihrer Theologie und ihrem Verhalten, ihren Erwartungen und Befürchtungen. Sie müssen ihre Position verlassen, um sich nicht vor Gott zu verschließen.

Jesus geht auf seinem Weg sehr weit – bis über körperliche und seelische Schmerzgrenzen hinweg; er überschreitet ethnische, soziale, sexuelle, ethische und religiöse Schranken, um *in persona* für Gott und seine Gnade einzutreten. Darin ist die Einheit des Lebens- wie des Leidensweges begründet. In der Begegnung kommt es zur Krise, weil sie eine Begegnung mit Gott ist. Die Begegnung führt zur Umkehr. In dieser Umkehr wird das bisherige Leben nicht zerstört, sondern gerettet.

Die Wege der Menschen zu Jesus verlaufen kreuz und quer. Es gibt eine echte Nachfolge Jesu, die von seinen Jüngern auf Jesu Wort hin begonnen worden ist, die aber nicht schon auf einen Königsweg des Verstehens führt, sondern durch tiefe Täler des Missverständnisses und der Glaubensschwierigkeiten zur Erfahrung führt, von Jesus weiter gesucht, geführt und gerettet zu werden. Es gibt eine echte Suche nach Jesus, die aber deshalb nicht schon in die Nähe Gottes führt, sondern bei denen, die Jesus nachfolgen wollen, zu einer Distanzierung führen kann (9,57–62), während Jesus auf seiner Suche nach den Verlorenen Zachäus findet (19,1–10). Es gibt eine echte Ablehnung Jesu, die aber nicht deshalb schon in den Abgrund führt. Vielmehr bleibt Jesus ja auf der Suche nach den Verlorenen in jeder Gestalt. Jesus führt den Streit um der Befreiung der Armen willen, denen er erschließen will, dass ein „Gnadenjahr des Herrn" begonnen hat (4,18–19 – Jes 61,1–2), das nicht nach 365 Tagen endet. Wer nicht mitfeiert, ist vor der Tür, wird und bleibt aber eingeladen (15,11–32). Es gibt eine echte Verlorenheit, die in den – sozialen, psychischen, religiösen – Tod führt; aber es gibt auch eine Auferstehung von den Toten: mitten im Leben und am Ende aller Tage (15,11–32). Die Wege der Verlorenen führen weg von Gott, weg von Jesus, weg vom Leben, weg von ihren Nächsten, weg vom eigenen Ich. Aber weil Jesus sich auf die Suche macht, können sie zu Wegen mit Jesus werden: wenn die Gefundenen tatsächlich umkehren und mit Jesus gehen wollen. Die Wege der Menschen mit Jesus verlaufen nicht im Gleichmarsch, sondern sind vielfältig, weil die Ausgangspunkte, Charaktere und Umstände unterschiedlich sind; sie bleiben aber nicht diffus, sondern werden im Evangelium fokussiert, weil sie auf das Reich Gottes gerichtet sind, genauer: auf seine Gegenwart, die im Jüngerkreis am dichtesten erfahrbar ist, aber ausstrahlt.

Der Hauptteil des Evangeliums wird dadurch abgegrenzt, dass Jesus einleitend Jerusalem in den Blick nimmt (9,51) und am Ende die Stadt erreicht (19,11–28), in die er festlich einziehen wird (19,29–40). Die gängige Kennzeichnung der Kapitel als „Reisebericht" ist allerdings erklärungsbedürftig. Denn weder handelt es sich um eine „Reise", die zielgerichtet mit klar definierten Stationen von A nach B führt, noch um einen „Bericht" im modernen Sinn des Wortes. Der eingeführte Begriff macht dennoch Sinn, wenn zum einen der Anspruch des Evangelisten ernstgenommen wird, eine Erzählung *(diégesis)* abzufassen (1,1), der nach antiken Maßstäben das Relevante in der Geschichte hervorhebt, und wenn die Reise eine Suche ist (19,10): eine Expedition in die Heimat als *terra incognita*, eine Erkundungsfahrt ins Reich Gottes, das „mitten" unter den Menschen ist (17,20–21): Jesus folgt nicht dem Drang, möglichst schnell von Galiläa nach Jerusalem zu kommen, sondern dem Willen Gottes, auf dem Weg dorthin möglichst viele Menschen anzusprechen und mitzunehmen: im buchstäblichen und im übertragenen Sinn. Es wird zwar gefragt, wie genau der Evangelist die Landkarte Palästinas vor Augen hatte; aber wer sich von der Vorstellung einer direkten Route verabschiedet, sieht, dass Jesus sich von Anfang an (9,52–56) und immer wieder (17,11–19) inmitten von Galiläa und Samaria befindet, bis schließlich Jericho erreicht wird (18,35) und Jerusalem nahe ist (19,11).

Auf der ersten Etappe ist Jesus durchaus unterwegs (9,62; 10,38), bleibt aber in Galiläa (vgl. 13,31). Vieles spielt sich vor Ort ab (10,17.25–11,1);

9,51–19,28 Jesus auf dem Weg nach Jerusalem 253

Jesus wird eingeladen (11,37), Menschen kommen zu ihm (11,29; 12,1; 13,1); er lehrt in einer Synagoge (13,10): Nicht die zielgerichtete Wanderung ist die Perspektive, sondern die intensive Präsenz dort, wo Menschen leben. Die zweite Etappe wird hingegen so eingeleitet, dass Jesus immer neue Städte und Dörfer besucht (13,22); der Abschied von Galiläa wird zum Thema (13,31–35). Allerdings zeichnet sich auch hier keine klare Route ab. Vielmehr ist typisch, dass Jesus in längeren Redepassagen kommentiert, was er beobachtet: als eingeladener Gast (14,1–24), als gesuchter Gesprächspartner (13,23–30; 14,25–35; 15,1–16,13), als Kritiker der Pharisäer (16,14–31), als Lehrer der Jünger (17,1–10). Wo immer die Gespräche stattfinden – Jesus bleibt bei seinem Evangelium. „Auf dem Weg nach Jerusalem" ist eine Angabe, die den Beginn des dritten Teiles anzeigt (17,11; vgl. 18,31). Jericho wird genannt (18,35; 19,1), bis Jerusalem „nahe" ist (19,11). Vorher bleibt es bei einer Bewegung im Raum, die Lukas nicht auf einer Landkarte markiert, aber dem Weg Jesu zuordnet. Jesus wird von ganz unterschiedlichen Menschen gebeten (17,12; 18,15) und gefragt (17,20; 18,18); er kümmert sich, wie immer, vor allem um seine Jünger (17,22–18,8): Dort, wo Ortsangaben stehen, ist es nicht anders. Deshalb darf im Umkehrschluss gefolgert werden, dass Lukas Jesus so zeichnet, wie er in der jüdischen Kultur seiner Heimat überall ähnlich aufgetreten ist oder hätte auftreten können; an den Stellen, wo er Zeiten und Orte nennt, wird er Lokaltraditionen aufgenommen und dann so bearbeitet haben, dass die Charakteristik herauskommt.

Der lange Abschnitt, der Jesus auf den Wegen seiner Verkündigung durch Galiläa und schließlich bis nach Jericho und an die Grenze Jerusalems führt, wirkt auf den ersten Blick ungeordnet, wird aber durch Wegnotizen in drei Etappen gegliedert.

9,51–13,21	Die erste Phase	mit dem Blick nach Jerusalem
		Fokus: Unterweisung der Jünger
13,22–17,10	Die zweite Phase	von Stadt zu Stadt und Dorf zu Dorf
		Fokus: Suche nach den Verlorenen
17,11–19,28	Die dritte Phase	mitten durch Samaria und Galiläa
		mit Jericho als Zwischenstation
		an die Grenze Jerusalems
		Fokus: Endzeit und Heilszeit

In diesen Passagen folgt Lukas weder einer thematischen noch einer geographischen Ordnung. Er schildert zwar ein kontinuierliches Nacheinander, verzichtet aber auf genauere Datierungen. Das Prinzip seiner Erzählung besteht darin, Jesus in immer neuen Konstellationen mit immer neuen Menschen in Verbindung zu bringen, so dass die Kommunikationsfähigkeit Jesu genau so plastisch wird wie die Vielfalt der Begegnungen und die Fülle der Aspekte, die zum Glaubensleben gehören. Immer wieder geht es in immer neuen Bezügen um die Nachfolge (9,57–62; 10,21–24; 12,35–48; 14,25–35; 17,7–10; 18,18–30), zu der die Mission gehört (10,1–20), und um die Umkehr (13,1–9), um die Gottes- und die Nächstenliebe (10,25–11,13), um den Streit über die Autorität Jesu (11,14–54), um die Kritik an der Heuchelei bei Pharisäern (12,1–3; 16,14–15), der eine wichtige Verständigung gegenübersteht (13,31–34), um die Aufforderung zum Bekenntnis (12,4–12), um die Herausforderung, mit viel und mit wenig Geld gut umzugehen (12,13–21.22–34; 16,9–13; 18,18–30), um das angemessene Verhalten bei Tisch (14,7–14), um Ehe und Ehescheidung (16,16–18) und um die Notwendigkeit der Vergebung (17,1–4), zum Schluss um den Besuch beim Oberzöllner Zachäus, bei dem Jesus das Programm seiner gesamten Sendung ausspricht: „zu suchen und zu retten, die verloren sind" (19,10). Es soll nach Lukas keinen Bereich des Alltags- und Festtagslebens geben, der nicht angesprochen und erschlossen würde. In der ersten Phase (9,51–13,21) steht die *Unterweisung der Jünger* im Zentrum, die freilich nicht aufhört, sondern weitergeht. In der zweiten Phase (13,22–17,10) liegt das Schwergewicht bei der *Suche nach den Verlorenen;* es ist nicht neu, sondern nimmt ein Leitmotiv Jesu auf, das seine Sendung von Anfang an prägt, und wird in der dritten Phase weitergeführt, bis zur programmatischen Sentenz, die das Gesamt der Sendung Jesu erfasst (19,10); gleichwohl ist die Schwerpunktbildung unverkennbar, nicht zuletzt mit den Gleichnissen vom Verlorenen (15,1–32): In dieser Suchbewegung müssen die Jünger Jesu ihren Standpunkt und ihre Perspektive finden, in den Spuren Jesu. Die dritte Phase (17,11–19,28) steht im Zeichen der *Endzeit und Heilszeit,* die bereits angebrochen ist (17,20–37), wie Jesus von Anfang an verkündet hat (4,18–21) und in der Endzeitrede, die sich um die Tempelzerstörung dreht, weiter ausführen wird (21,5–36). Nichts von dem bislang Ausgeführten wird überholt; aber die stärkere Betonung der Eschatologie weist indirekt schon auf Ostern voraus. In der Verschiebung der Akzente zeichnet sich eine Logik der Reich-Gottes-Verkündigung ab, die mit der Vielfalt des Lebens, der Fülle des Evangeliums und der Dramatik der Nachfolge vermittelt ist. Wenn man Kategorien der Dogmatik heranziehen will, fokussiert Lukas zuerst die Ekklesiologie, dann die Soteriologie zusammen mit der Ethik und schließlich die Eschatologie – nicht im schematischen Nacheinander, sondern im akzentuierten Miteinander.

In der Fülle seiner Aspekte ist der gesamte Hauptteil von kurzen, weitreichenden Segensworten Jesu durchzogen, vom Jubelruf des Messias über seine Sendung (10,21–22) bis zur Klärung seiner kritischen Prophe-

9,51–13,21 *Die erste Phase der Reise – mit dem Blick nach Jerusalem* 255

tie (12,49–53), von Seligpreisungen (10,23–24; 11,27–28) bis zur Kinderberührung (18,15–17), von Verheißungen des Glaubens (17,5–6) bis zur Leidens- und Auferstehungsankündigung (18,31–34), von Gleichnissen (13,18–19.20–21.22–30; 14,15–24; 15,1–32; 16,1–6.19–31; 18,1–8.9–14; 19,11–27), die die Augen für Gottes Geheimnis in der Welt öffnen, bis zu Prophetien der Gegenwart (17,20–21) und Zukunft des Gottesreiches (17,22–37), vom Vaterunser (11,1–4) bis zu Worten über das Schöpfungslicht im Menschen (11,33–36). Heilungen, die er wie in Galiläa wirkt, bewahrheiten diese Worte (13,10–17; 14,1–6; 17,11–19; 18,35–41). Diese Worte und Taten legen das Fundament sowohl seiner Religionskritik als auch seiner Rufe in die Nachfolge.

9,51–13,21
Die erste Phase der Reise – mit dem Blick nach Jerusalem

Die erste Phase des Weges Jesu, den Lukas nachzeichnet, ist von der Blickrichtung gen Jerusalem geprägt (9,51). Weder in den Themen noch in den Formen, weder bei den Orten noch bei den Personen gibt es einen markanten Unterschied zur bisher geschilderten Wirksamkeit Jesu in Galiläa und Umgebung (4,14–9,50). Aber der Evangelist markiert eine neue Zeit: die Nähe der Passion wie der Auferweckung Jesu; er klärt auch die Perspektive Jesu, der sich auf das einstellt, was auf ihn zukommt, und die Jünger für diese Orientierung gewinnen will. In den ersten Abschnitten geht es Jesus gezielt um ihre Schulung (9,51–10,24); er lehrt sie das Vaterunser (11,1–4); sie sind die Freunde, die Jesus zum furchtlosen Bekenntnis ermuntert (12,4–12); er warnt sie vor dem falschen Sorgen (12,22–32), mahnt sie zum vollen Einsatz (12,33–34) und klärt ihre Rolle als Knechte, die nur tun, was ihnen aufgetragen ist (12,35–48; vgl. 17,1–10). Die Themen knüpfen an die des ersten Hauptteils an, holen aber die Jerusalem-Motivik ein und arbeiten den Rangstreit auf, mit dem die vorhergehende Phase geendet hatte (9,46–48).
Die Jünger stehen freilich nicht allein. Auf der einen Seite stehen sie den ungastlichen Samaritern (9,52–56) und skeptischen Beobachtern aus dem Volk gegenüber (11,14–23.29–32; 13,1–9), besonders den Pharisäern und Schriftgelehrten (11,37–12,3), aber auch egoistischen Reichen (12,13–21); auf der anderen Seite werden ihnen Vorbilder vor Augen geführt: im Gleichnis der barmherzige Samariter (10,25–37), in der erzählten Realität Martha und Maria (10,38–42), aber auch eine Frau, die Jesu Mutter seligpreist (11,27–28). Durch diese Personen entsteht ein lebenspralles Bild der Sendung Jesu, der mitten im Leben Gott zur Sprache bringt.

	Klarstellungen zur Nachfolge	
9,51–56	Die Jünger angesichts der ungastlichen Samariter	
9,57–62	Rufe in die Nachfolge	Mt 8,18–21
10,1–20	Die Aussendung der zweiundsiebzig Jünger	Mt 10,7–16
10,21–24	Der Jubelruf Jesu und die Seligpreisung der Jünger	Mt 11,25–27
	Lehrgespräche über Gottes- und Nächstenliebe	
10,25–37	Das Doppelgebot	Mk 12,28–34
	und das Gleichnis vom barmherzigen Samariter	
10,38–42	Maria und Martha	
11,1–4	Das Vaterunser	Mt 6,9–13
11,5–13	Zwei Gleichnisse: Mut beim Beten	
	Kontroversen über Jesus und das Gesetz	
11,14–36	Die Auseinandersetzung mit Jesu Machttaten	(Mk 3,22–27)
11,37–54	Die Kritik von Pharisäern und Schriftgelehrten	(Mt 23)
	Jüngerschulung über Differenz und Solidarität	
12,1–3	Warnung vor heuchlerischen Pharisäern	(Mk 8,15)
12,4–12	Aufforderung zum furchtlosen Bekenntnis	Mt 10,28–33
12,13–21	Ablehnung einer Erbschaftsschlichtung	
12,22–34	Warnung vor falscher Sorge	Mt 6,25–33
12,35–48	Mahnung zum treuen Dienst	
12,49–53	Das Feuer Jesu	Mt 10,34–36
	Volksbelehrung über den Kairos Gottes	
12,54–59	Die Nutzung der Zeit	
13,1–9	Die Mahnung zur Umkehr	
13,10–17	Die Heilung einer Frau am Sabbat	
13,18–19	Das Gleichnis vom Senfkorn	Mk 4,30–32
13,20–21	Das Gleichnis vom Sauerteig	Mt 13,33

Durchweg agiert Jesus als Lehrer, mit Taten und mit Worten. Immer
wieder sind die Szenen auf ein klärendes, forderndes, ermutigendes,
rettendes Wort von ihm hin komponiert, immer zeigt der erzählte
Kontext die Bedeutungstiefe des Jesuswortes. In der Abfolge entsteht
ein Narrativ des Glaubens – ohne Vereinnahmungen, aber in der Konsequenz des Gottesreiches. Zuerst finden sich (nach 9,1–50) weitere
Klarstellungen zur Nachfolge (9,51–10,24); im Blick stehen diejenigen,
die Jünger werden wollen und sind. Dann formuliert das Samariter-
gleichnis ein neues Schwerpunktthema: *Lehrgespräche über Gottes-
und Nächstenliebe* (10,25–11,13) vermitteln, wie die Jesusnachfolge
gelebt werden soll. Den Ton setzt ein Gesetzeslehrer, mit dem Jesus
ein Gespräch führt, das aus Skepsis zur Überzeugung führt (10,25–37);
danach spricht Jesus mit Maria und Martha, mit denen er befreundet
ist, in deren Haus (10,38–42) und in der Einsamkeit mit seinen Jün-

9,51–13,21   Die erste Phase der Reise – mit dem Blick nach Jerusalem   **257**

gern (11,1–13); es sind menschlich tief verwurzelte Verständigungen über die beste Art, Gott die Ehre zu geben und Menschlichkeit zu fördern. Beide Klarstellungen nötigen allerdings zu *Kontroversen über Jesus und das Gesetz*, weil der Anspruch Jesu im Streit steht und an der Tora ermessen wird. Die Auseinandersetzungen werden einerseits in der Öffentlichkeit inmitten einer großen Menge um die Person Jesu (11,14–36), andererseits in einem Privathaus mit Pharisäern und Schriftgelehrten über die richtige Auslegung des Gesetzes geführt (11,37–54). Vor diesem Hintergrund greift Jesus den Nachfolgeruf (9,51–10,24) und die Klärungen zur Einheit von Gottes- und Nächstenliebe (10,25–11,13) in einer *Jüngerschulung über Differenz und Solidarität* auf: Vor wem müssen sie sich hüten? Wie müssen sie sich von anderen unterscheiden? Wie kann die Differenz zur Empathie werden? Diese Rede setzt bei der Kritik religiöser Heuchelei an (12,1–3), ermutigt zum Bekenntnis (12,4–12), klärt, worauf sich die Jünger konzentrieren und was sie lassen sollen (12,13–21), warnt sie vor der falschen Sorge, damit sie sich auf die Suche nach Gottes Reich machen können (12,22–34), mahnt sie zum treuen Dienst in schwieriger Zeit (12,35–48) und konfrontiert sie abschließend, als Höhepunkt, mit der Selbstvorstellung Jesu als Prophet, der durch das Gericht zum Heil führt (12,49–53). Den Abschluss der Etappe bildet eine *Volksbelehrung über den Kairos* Gottes. Es ist wieder eine öffentliche Ansprache der Menge, ausgehend von der Notwendigkeit, die richtige Zeit nicht zuverpassen (12,54–59) und die Notwendigkeit der Umkehr nicht zu verkennen (13,1–9). Mit einer Heilung am Sabbat (13,10–17) und zwei Gleichnissen (13,18–10.20–21) setzt Jesus zum Schluss die entscheidenden Wegmarken: die Zeit zu erkennen, das Momentum zu nutzen und die Konsequenzen zu tragen. In dieser Abfolge entsteht ein Katechismus im Gehen: eine didaktische Wanderung durch das Evangelium. Zugleich wird die gesamte Dynamik der Sendung Jesu deutlich: die Berufung, die Kontroversen, die Prägungen, die Ausweitung der Mission auch mit Hilfe der Jünger.

Die Komposition ist lukanisch. Der Blick in die Synopse lässt erkennen, dass viel Sondergut eingeflossen ist, dass der Evangelist aber auch Traditionen aus der Redenquelle und aus dem Markusevangelium aufgenommen hat. Er hat die markinischen Kontexte nicht berücksichtigt; ebensowenig wird er sich an den Aufbau einer von ihm genutzten Redenquellen-Version gehalten haben. Das bunte Bild ist gewollt. Lukas hat es entworfen, um die Unterweisung der Jünger nicht in der Abgeschiedenheit einer Schule, sondern auf den Straßen und Plätzen der Evangeliumsverkündigung zu platzieren: dort, wohin sie gesandt sind.

258 9,51–13,21 Die erste Phase der Reise – mit dem Blick nach Jerusalem

9,51–56
Die Mahnung der Jünger angesichts der ungastlichen Samariter

[51]Es geschah aber, als sich die Tage erfüllten, dass er hinaufgenommen werde, da wandte er sein Angesicht auf den Weg nach Jerusalem. [52]Und er schickte Boten vor seinem Angesicht her; sie gingen und kamen in ein Dorf der Samariter, ihm etwas zu bereiten. [53]Und sie nahmen ihn nicht auf, weil sein Angesicht auf den Weg nach Jerusalem gerichtet war. [54]Als seine Jünger Jakobus und Johannes das sahen, sagten sie: „Herr, willst du, dass wir sagen: ,Feuer falle vom Himmel und lösche sie aus?'" [55]Da wandte er sich um und wies sie zurecht. [56]Und sie gingen in ein anderes Dorf.

Der Hauptteil des Evangeliums, der Wege Jesu im Horizont von Jerusalem beschreibt, beginnt mit einem Eklat. Während Jesus zu seiner Passion und bis zu seiner Himmelfahrt vorausschaut, stößt er auf Ablehnung von Samaritern, die seine Verbindung zu Jerusalem stören wollen; und während die Jünger meinen, heilige Rache üben zu müssen, setzt Jesus auf Gott und deshalb auf Gewaltlosigkeit. Er folgt auch auf samaritanischem Gebiet der Regel, die er seinen Jüngern mit auf den Weg gegeben hat: auf Widerstand nicht mit Gewalt zu reagieren, sondern die nächste Chance zu suchen, Gastfreundschaft zu finden (9,4–5; vgl. 10,10–11).
Die Perikope beginnt mit der programmatischen Szenerie des gesamten Hauptteiles und beschreibt dann den Konflikt, den Jesus löst.

9,51	Die neue Zeit des Ausblicks nach Jerusalem	
9,52–55	Die Auseinandersetzung mit den Samaritern	
	52	Die Aussendung von Quartiermachern
	53	Die Ablehnung durch Samariter
	54	Der Vorschlag eines göttlichen Strafgerichtes
	55	Die Zurechtweisung durch Jesus
9,56	Die Fortsetzung des Weges	

Die Episode stammt aus dem Sondergut. Sie ist für das lukanische Jesusportrait charakteristisch, weil es die Entschlossenheit Jesu zur Mission (4,18–19) mit der Feindesliebe (6,27–36) verbindet. Dadurch eignet sich der Abschnitt auch bestens als Eröffnung des Reiseberichts: Der Evangelist lässt schon weit in Richtung Jerusalem schauen, ohne dass Jesus bereits Galiläa verließe; der Messias schickt seine Jünger voraus, wie er es später bei der Aussendung machen wird (10,1); sie sollen ihm ein Nachtquartier machen, wie später Petrus und Johannes den Abendmahlssaal vorbereiten werden (22,7–13).

9,51–56 *Die ungastlichen Samariter* 259

Die anderen Synoptiker haben kaum Samaria-Traditionen. Ähnlich ambitioniert wie die lukanische ist aber die johanneische Tradition, freilich anders geformt. Jesus spricht nach Joh 4 mit der Frau am Jakobsbrunnen. In diesem Gespräch bricht der Gegensatz zwischen Juden und Samaritern auf (Joh 4,9): Er wird insbesondere an der Differenz des Gebetsortes klar (Joh 4,20). Aber er wird auch überwunden, weil es eine gemeinsame Vergangenheit gibt, die durch Jakob personifiziert wird (Joh 4,12), und eine gemeinsame Zukunft, die durch die „Anbetung im Geist und in der Wahrheit" erschlossen wird (Joh 4,21–44); die Brücke bildet die Messiaserwartung der Samariter (Joh 4,25), die von Jesus nicht kritisiert, sondern erfüllt wird (Joh 4,26).

Der programmatische Auftakt (51) markiert die zeitliche Zäsur, die Lukas setzt. Jesus hat von Anfang an die Perspektive des Reiches Gottes (4,43; 6,20; 8,1 u. ö.); er hat auch von seinem kommenden Leiden gesprochen, das zur Auferweckung führen wird (9,22). Aber nach der Versuchung (4,9) war Jerusalem zwar als Ort genannt worden, von dem aus Menschen zu Jesus strömen (5,17; 6,17). Doch als Ziel des Weges Jesu war Jerusalem erst auf dem Berg der Verklärung mit Mose und Elija angesprochen worden (9,31). Jetzt nimmt Jesus selbst die Stadt in den Blick. Der Vers ist ein Erzählerhinweis. Lukas weiß, was Jesus bewegt. Er wählt die archaische Sprache der Bibel Israels, der Septuaginta, um anzudeuten, dass Gott seine Hand im Spiel hat: So erklären sich die erfüllten Tage. Es neigt sich nicht nur die Frist, die der irdischen Lebenszeit Jesu gesetzt ist, langsam dem Ende zu. Es sind die Tage auch mit Bedeutung „erfüllt": von Gott. Die Fülle erschließt sich von der Aufnahme Jesu in den Himmel her (24,50–51): Die Passion, die Auferstehung und die Erscheinungen am Ostertag sind einbeschlossen. Alles, was von Jesus erzählt wird, alles, was er sagt und tut, erschließt sich von dieser Fülle aus: als Vorverweis, als Vorwegnahme, als Vorgeschmack der Vollendung. Jesus selbst richtet sein Angesicht auf Jerusalem. Im Griechischen steht *prósopon*, das Äquivalent für Person. Es steht für das Gesichtsfeld und die Ausstrahlungskraft Jesu – und zwar nicht als Maskenspiel, so als ob Jesus nur in eine Rolle schlüpfte, sondern als Ausdruck seiner Identität, die zu seiner Sendung als messianischer Gottessohn führt. Jesus weiß sich von Gott angeschaut; er strahlt die Faszination Gottes aus. Jesus hat Jerusalem, den Vorort Israels, den Schauplatz auch seines Leidens, seiner Auferstehung und seiner Himmelfahrt, fest im Blick. Genauer noch: Er schaut auf den Weg, der vor ihm liegt, auf das Gehen, das sich in den Dimensionen von Tod und Auferstehung ereignet. So hält Jesus selbst, dem Evangelisten zufolge, sein Wirken, sein Leiden und seine Erhöhung zusammen – mit dem vollen Einsatz seiner Person.

260 9,51–13,21 *Die erste Phase der Reise – mit dem Blick nach Jerusalem*

Dass Jesus seine Jünger vorausschickt **(52)**, ist bemerkenswert, weil ihr originärer Platz hinter ihm ist, in seiner Nachfolge: Er geht ihnen voran, sie folgen ihm nach; er ist der Lehrer, sie sind die Schüler; er ist der Retter, sie sind die ersten Geretteten (5,1–11). Aber der Platz der Jünger hinter Jesus ist nicht statisch, sondern dynamisch. Deshalb sind die Jünger auch Begleiter Jesu; sie gehen „mit" ihm (22,28). Hier sind sie sogar Wegbereiter Jesu; sie gehen ihm voran, um Menschen auf Jesus vorzubereiten (vgl. 10,1; 19,29–45; 20,8–11). In all diesen Fällen betreten die Jünger einen Raum, den Jesus schon mit seinen Augen und seinem Sinn erschlossen hat: Er wendet sich nach Jerusalem (9,51) und geht deshalb durch Samaria; er ist von Anfang an in Galiläa unterwegs, so dass sein Ruf dort verbreitet ist (4,14–16.37); er scheint in Jerusalem und Umgebung Bekannte und Sympathisanten gewonnen zu haben, bei denen die Jünger anklopfen können. Bei Lukas ist es nicht so, dass die Jünger vorausgehen müssten, um Jesus irgendwohin zu locken, sondern so, dass sie auf ihn vorbereiten, der schon weiß, wohin er will. Jesus sendet sie dorthin voraus, wohin sie von sich aus nie gegangen wären, wo Jesus aber durch sie seiner Person, seinem Wort, seiner Heilswirkung den Boden bereitet haben will. Die gesamte nachösterliche Mission folgt diesem Prinzip. Der Primat Jesu ist durchgehend so stark, dass auch andere Positionen als die hinter Jesus, nämlich auch die neben und vor ihm, von den Jüngern besetzt werden können; denn er nimmt so sehr an ihrem Leben Anteil, dass sie auch an seinem Anteil nehmen können; und er ist ihnen so weit voraus, dass auch sie ihm vorausgehen können. Deshalb heißt es, dass er sie „vor seinem Angesicht" *(prósopon)* hersendet, so, wie er den Weg nach Jerusalem im Sinn hat (V. 51).
Der Weg führt in ein Dorf, in dem Samariter leben. Samaria war im Evangelium vorher nie genannt worden, auch nicht als Resonanzraum der Verkündigung Jesu. Es wäre auch nicht nötig gewesen, den Weg von Galiläa nach Jerusalem durch das Gebiet der Samariter zu nehmen. Da aber Lukas gar keine direkte Reise schildert, sondern das Hin und Her einer prophetischen Wanderung, die möglichst viele Orte aufsuchen will, ist die Ortsangabe stimmig (vgl. 17,11). Die Beziehungen der Juden zu den Samaritern sind zur Zeit Jesu äußerst angespannt. Juden und Samariter sind zwar eng miteinander verwandt und haben gemeinsame Wurzeln; aber sie sind miteinander verfeindet, weil sie seit Jahrhunderten politisch und religiös einen anderen Weg eingeschlagen haben.
Aus dieser Reserve erklärt sich die Ablehnung, die die ausgesandten Boten Jesu erfahren **(53)**. Die Samariter im Dorf wollen nicht dabei behilflich sein, dass Jesus mit Jerusalem Verbindung aufnimmt. Lukas

9,51–56 Die ungastlichen Samariter   261

verwendet dieselbe archaische Formel wie in V. 51, weil er eher die Perspektive und Intention als die Reiseplanung und Wegstrecke Jesu vor Augen führt. Die Ablehnung, die Jesus in Samaria erfährt, sticht von der breiten Zustimmung im Volk ab, die Jesus immer wieder unter Juden gefunden hat und finden wird. Zu Beginn dieser neuen Phase seines Wirkens wiederholt sich aber, was Jesus zu Beginn seiner Galiläa-Mission in seiner Heimatstadt Nazareth erfahren hat (4,16–30) – mit dem Unterschied, dass es für ihn dort lebensgefährlich war und er hier nur seine Pläne ändern muss.

Das Thema der Perikope ist aber nicht die Abweisung Jesu durch die Samariter, sondern die Reaktion der Jünger auf das Nein – und die Antwort Jesu auf die Reaktion der Jünger. Jakobus und Johannes wollen Gottes Strafgericht vom Himmel herabrufen und deshalb Feuer vom Himmel fallen lassen **(54)**. Die beiden Söhne des Zebedäus gehören von Anfang an zur Jüngerschaft (5,10); sie zählen zu den Zwölf (6,14); sie werden mit Petrus Zeugen, wie Jesus die Tochter des Jaïrus von den Toten erweckt (8,51) und auf dem Berg verklärt wird (9,28). Im Markusevangelium wird ihr Spitzname überliefert: „Donnersöhne", aramäisch: „Boanerges" (Mk 3,17). Die lukanische Szene passt dazu, auch wenn Lukas den Spitznamen nicht überliefert. Hinter dem Vorschlag steht eine Erinnerung an den Propheten Elija. Nach 2Kön 1 wirkt er in Samaria zweimal ein prophetisches Strafwunder: Feuer fällt vom Himmel und vernichtet Gesandtschaften des Königs, weil der zuerst nicht Gott, sondern „Beelzebul" um Heilung angefleht hatte. Die beiden Jünger sehen mithin Jesus als einen zweiten Elija – trotz der Klarstellung Jesu in 9,18–22. Er soll Gottes Strafe auf die unbotmäßigen Samariter herabrufen.

Jesus wendet sich aber um und weist die beiden Jünger zurecht **(55)**. Er muss also wieder vorne gewesen sein, als er erfahren hat, dass er in Samaria nicht willkommen ist. Er wendet sich seinen Jüngern (hinter ihm) zu, um sie aufzuhalten, die ihm mit Gewalt Bahn brechen wollen, und weist die beiden zurecht, so wie er zuvor allen Jüngern eingeschärft hat, seine Messianität nicht auszuplaudern (9,21). Wie die Korrektur erfolgt ist, bleibt offen. Nach einigen jungen Handschriften folgt: „Ihr wisst nicht, welchen Geistes ihr seid. Der Menschensohn ist nicht gekommen, der Menschen Leben zu verderben, sondern zu retten." Der Vers ist nicht original, aber sachgerecht; er trifft genau den Sinn der Sendung Jesu.

Jesus löst die Situation, indem er mit seinen Jüngern in ein anderes Dorf geht **(56)**. Wegen der Fortsetzung (9,57–62) wird es nicht ebenfalls in Samaria, sondern in Galiläa gelegen haben. Jesus bleibt seiner Linie treu, die er auch in den Aussendungsreden vertreten hat (9,5) und vertreten

262 9,51–13,21 *Die erste Phase der Reise – mit dem Blick nach Jerusalem*

wird (10,10–12). Er hat seine Boten geschickt, die vorausgegangen und in das samaritische Dorf gekommen waren (V. 52), wo sie abgewiesen worden waren (V. 53). Die Jünger, die es sehen, weist er an, keine Rache zu üben, sondern einen Schlussstrich zu ziehen und sich neuen Zielen zuzuwenden, ohne diejenigen abzuschreiben, bei denen er nicht willkommen ist.

Das theologische Thema ist religiöse Gewalt und ihre Überwindung. Die Antwort Jesu ist sein Weg nach Jerusalem, in den Tod hinein und durch ihn hindurch. Die Szene spiegelt die traditionelle Feindschaft zwischen den historischen und religiösen Geschwistern, die Juden und Samariter sind. Von den Allmachtsphantasien der Jünger wird sie aufgeputscht. Sie meinen, Gottes Recht auf ihrer Seite zu haben. Jesus selbst kann in seiner Verkündigung mit dem Feuer spielen (12,49–53). Aber sein Neuansatz, der auf seinem Weg nach Jerusalem auch die Samariter in den Blick nimmt und sie für das Evangelium gewinnen wird, führt in die Zukunft. Von einer aktiven Samaritermission wird erst nachösterlich die Rede sein (Apg 8); aber Jesus zeichnet Samariter als Vorbilder des Liebens (10,25–37) und des Glaubens (17,11–19). Wegen des erzählten Ethos Jesu und der typischen Jüngerkritik spricht viel dafür, dass Lukas im Rahmen seiner Recherchen eine Szene aus dem Leben Jesu eingefangen hat – die er so darstellt, dass sie die Scharnierfunktion in seinem Evangelium ausfüllen kann.

9,57–62
Rufe in die Nachfolge

[57]Und als sie auf dem Weg gingen, sagte einer zu ihm: „Ich will dir folgen, wohin du auch gehst." [58]Jesus antwortete ihm: „Die Füchse haben Höhlen und die Vögel des Himmels Nester. Der Menschensohn aber hat nichts, wohin er seinen Kopf betten könnte." [59]Einem anderen aber sagte er: „Folge mir!" Der aber sagte: „Erlaube mir, zuerst hinzugehen und meinen Vater zu begraben." [60]Er aber sagte: „Lass die Toten ihre eigenen Toten begraben. Du aber geh und verkünde das Reich Gottes." [61]Wieder ein anderer sagte: „Ich will dir folgen, Herr, aber lass mich zuerst umkehren, mich von denen in meinem Haus zu verabschieden." [62]Jesus aber sagt (zu ihm): „Niemand, der die Hand an den Pflug legt und zurückschaut, taugt für das Reich Gottes."

Auf die Ablehnung Jesu in Samaria und die Zurechtweisung der übereifrigen Jünger (9,52–56) folgt eine Dreierszene, die den Ruf in die Nachfolge zum Thema hat. Sie hebt nicht nur die Intensität des Dienstes, sondern auch die Radikalität des Anspruchs Jesu hervor (vgl. 14,25–35).

9,57–62 Rufe in die Nachfolge 263

Beides gehört zusammen, weil seine Zuwendung Kraft hat und sein Anspruch der ist, dass Gott mit seiner Liebe im Recht ist. Die folgende Perikope schildert die Aussendung derer, die sich durch Jesus nicht haben abschrecken, sondern anziehen lassen (10,1–20).

Eine dreifache Schocktherapie wird erzählt: Alle, die sich auf die Nachfolge einlassen, sollen wissen, worum es geht: um alles oder nichts.

9,57–58	Der Wunsch, in die Nachfolge einzutreten, und die Klärung des Anspruchs Jesu	Mt 8,18–20
9,59–60	Der Ruf in die Nachfolge, die Bitte um einen Aufschub und der Hinweis auf den Anspruch der Nachfolge	Mt 8,21–22
9,61–62	Der Wunsch, in die Nachfolge einzutreten, verbunden mit dem Wunsch, zuerst Abschied zu nehmen, und der Hinweis auf den Anspruch der Nachfolge	

Alle drei Szenen haben wenig Beiwerk. Sie sind dialogisch. Sie laufen auf ein Wort Jesu zu, das alles klärt. Sie sind aber nicht schematisch aufgebaut, sondern variieren. Die beiden Flügelszenen sind so gestaltet, dass jemand mit der Bitte, nachfolgen zu dürfen, zu Jesus kommt; in der Mitte ruft Jesus selbst zur Nachfolge auf und stößt auf ein Zögern im Ja. Am Anfang stellt Jesus seine eigene Armut vor, die teilen muss, wer ihm nachfolgen will; in der Mitte macht er die Unbedingtheit seines Anspruchs klar, am Ende stellt er fest, wer untauglich ist. Zweimal spielt ein Verzögerungsmotiv eine Rolle, das aber in den Antworten nicht als Zeitproblem, sondern als Einstellungssache angesprochen wird. In keiner Szene ist die Reaktion auf das Wort Jesu geschildert. Lukas kommt es in dieser Dreierserie also nicht auf das Geschick derer an, die mit Jesus in Kontakt kommen und mit der Härte seines Anspruchs konfrontiert werden, sondern auf diesen Anspruch selbst. Die Szenen spiegeln die Autorität Jesu wider, die Unbedingtheit seines Rufes.

Der Dreiklang ist von Lukas komponiert. Die beiden ersten Szenen sind parallel in Mt 8,18–22 überliefert und stammen deshalb sehr wahrscheinlich aus der Logienquelle. Die dritte Szene gehört zum lukanischen Sondergut. Der Dreiklang gibt keine historische Ereignisfolge wieder, sondern spiegelt eine historische Grundkonstellation des Nachfolgerufes Jesu. Für Jesus ist die Hyperbolik, die übertreibende Zuspitzung, charakteristisch; sie ergibt sich aus der Unbedingtheit Gottes in seiner Entscheidung für die Rettung der Menschen und spiegelt sich in der Entschiedenheit der Menschen für ihn wider. Kontraste verweisen auf Komparative, Alternativen auf Prioritäten. Nicht der vertraute Umgang, sondern die Armut Jesu setzt den Maßstab, nicht der Dienst an den Toten, sondern der Kampf für das Leben, nicht die Orientierung am Alten, sondern die Option für das Neue.

Die drei Szenen spielen „auf dem Weg" (57). Es ist der Weg, der sich vor dem Angesicht Jesu (9,51) für Jerusalem öffnet. Der erste Bittsteller nimmt das Wegmotiv in die Bitte hinein: „... wohin du auch gehst." Er kennt seine Position als Jünger: Er will Jesus folgen, auch wenn er noch nicht weiß, wohin er ihn führt. Die Antwort Jesu (58) ist eine Beschreibung seiner Armut. Jesus identifiziert sich mit dem „Menschensohn": Er ist ein ganzer Mensch, aber vollkommen mit Gott verbunden. Er ist als Menschensohn, von Gott gesandt, vollmächtig (5,24; 6,5), wird aber diffamiert, weil er mitten in der Welt den Segen Gottes spendet (7,34), und muss leiden, wird aber auferstehen (9,27), um wiederzukommen und Gottes Reich zu vollenden (9,26). Er bringt als Menschensohn die Gottesherrschaft nicht erst in der Zukunft (Dan 7,13–14), sondern schon jetzt. Er ist, als Mitglied einer vielköpfigen Familie in Nazareth, die ihn in ihre Arme schließen will (8,19–21), freiwillig arm – nicht, weil er die Welt verachtet, sondern aus Solidarität mit den Armen, die er seligpreist, indem er ihre Armut teilt (6,20–21). Weil er arm ist, ist er auch heimatlos. Sein Weg führt ihn in dieser Welt nicht an ein endgültiges Ziel. Die Orientierung nach Jerusalem steht für diese Offenheit, die sich im Horizont des Reiches Gottes abzeichnet. Das muss der Bittsteller wissen. Wie er reagiert, bleibt offen.

Die zweite Szene (59–60) ist eine Provokation. Diesmal ist es Jesus, der zur Nachfolge auffordert, und derjenige, den er auffordert, verweist auf die dringendste Pietätspflicht, die man im Judentum – und vielen anderen Kulturen – kennt. Einen Toten zu begraben, gilt als Werk der Liebe, das man, komme was wolle, vollbringen muss. Den eigenen Vater nicht zu begraben, wäre ein schlimmes Vergehen. Aus diesem Grund ist die Antwort Jesu, von der Antike bis in die Gegenwart, immer wieder als Symptom eines Fanatismus kritisiert worden, der hoch fragwürdig sei. Dass die „Toten ihre eigenen Toten begraben" sollen, ist aber ein Sarkasmus Jesu, der dazu dient, die überragende Bedeutung des Lebens hervorzuheben, das Gottes Reich bringt. Jesus selbst hebt die Bedeutung der Nachfolge noch über die heiligsten Familienpflichten hinaus – nicht, weil er die Familie verachtete, sondern weil er alles auf die Karte der Gottesherrschaft setzt (vgl. 18,28–30). Das Begräbnis des Vaters wird gerade deshalb genannt, weil es so wichtig ist, so selbstverständlich und bedeutsam. Nach Lev 21,11 ist ein Hohepriester, nach Num 6,7 ein Nasiräer, der ein Reinheitsgelübde abgelegt hat, (nach strittiger Auslegung) von der Pflicht befreit – doch ist dies keine Analogie. Jesus leugnet nicht die Pflicht, setzt aber eine neue Priorität. Die Geschichte der Exegese kennt allegorische Deutungen: Die geistlich Toten sollen sich um die geistlich

9,57–62 Rufe in die Nachfolge 265

Toten kümmern, die Lebendigen jedoch sollen sich nicht in das Reich des Todes ziehen lassen. Aber Jesus will nach Lukas sagen: Nur eines ist noch wichtiger als die pietätvolle Bestattung des eigenen Vaters – die Nachfolge, die im Licht der Auferstehung steht. Die Verkündigung der Gottesherrschaft ist *die* Aufgabe der Jünger auch nach den Aussendungsreden (9,1–6; 10,1–16). Sie muss alles andere in den Hintergrund treten lassen. Auch die Frauen am österlichen Grab werden lernen, nicht weiter den „Lebenden bei den Toten" zu suchen (24,5), ohne dass deshalb ihre Trauer um Jesus geringzuschätzen wäre.

Die dritte Szene **(61–62)** ist nicht weniger anstößig, erklärt sich aber etwas leichter, weil eine biblische Parallele herangezogen werden kann. Elija hat Elischa, den er beim Pflügen berufen hat, noch eine kurze Frist der Verabschiedung eingeräumt (1Kön 19,19–21). Die soll es bei Jesus gerade nicht mehr geben: weil er größer als Elija ist (1,17; 9,8.19.30–33, vgl. 4,25) und weil seine Sache dringlicher ist: die Verkündigung der Gottesherrschaft. Deshalb gibt es keinen Aufschub. Lukas hat bereits erzählt (5,1–11) und später wird noch besprochen (18,28 par. Mk 10,28), dass die Jünger „alles verlassen" hätten, um Jesus nachzufolgen (vgl. Mk 1,16–20). Das heißt aber nicht, dass sie alle Kontakte abgebrochen hätten. Sie dominieren nur das Leben der Jünger nicht mehr, sondern werden durch den Dienst an Gottes Herrschaft einerseits relativiert, andererseits neu konstituiert. Jesus weist die Bitte des Mannes nicht direkt ab, sondern skizziert ein kurzes Gleichnis. Wer pflügen will, muss eine gerade Furche ziehen und darf deshalb nicht zurück-, sondern muss nach vorne schauen: auf das Feld, die harte Arbeit vor Augen, die ansteht. Zurückzuschauen hieße, sich am bislang Erreichten, an den Vorbereitungen, an der Notwendigkeit, vielleicht am Elend zu orientieren, dem Abhilfe geschaffen werden soll. Für die bäuerliche Arbeit ist mit diesem Rückblick aber nichts gewonnen. So muss auch die Arbeit auf dem Feld der Mission (10,2) entschieden zukunftsorientiert sein. Nicht das, was einmal war, ist normativ, sondern das, was gekommen ist und werden soll: Gottes Herrschaft (V. 60). In dieser neuen Blickrichtung wird sich auch der Blick zurück klären: weil die Augen Gottes Spuren folgen, der immer schon aus der Zukunft nahegekommen ist. Die Maßstäbe setzt nicht das Alte, sondern das Neue: Gott selbst. Wer dies verkennt, ist nicht qualifiziert, mit Jesus in die Zukunft zu gehen. Die Warnung, die Jesus ausspricht, hat die Tonlage der Apokalypse, die sich aus dem Ernst der Lage und der Größe der Hoffnung erklärt (17,31 par. Mk 13,15–16). Sie unterstreicht die eschatologische Bedeutung der Nachfolge Jesu.

Im Dreiklang der Nachfolgeszenen, die Lukas an den Beginn des Weges Jesu nach Jerusalem gestellt hat (9,51), kommen sowohl der Anspruch als auch die Verheißung der Nachfolge beispielhaft zum Ausdruck. Der Anspruch ist deshalb so hoch, weil die Verheißung unendlich groß ist. Positiv gewendet, erhellt sie, wie reich die Armut sein kann, wenn sie im Dienst Gottes und der Menschen gelebt wird, wie sehr das Leben die Trauer und den Tod verwandelt, wenn es sich an Gott orientiert, und wie entschieden die Arbeit für Gottes Reich das Leben bestimmt, ohne dass Familienbande die Nachfolge fesseln dürfen. Alle drei Szenen enden offen: Jesus zwingt niemanden, seinem Ruf zu folgen. Er lädt ein und klärt von Anfang an, dass niemand sich Illusionen macht, welch große Herausforderung auf ihn zukommt. Er deckt auf, dass es in der Begegnung mit ihm zur Lebenskrise kommt, weil sie eine Begegnung mit Gott ist. Diese Krise kann im besten Fall zur Umkehr führen. In dieser Umkehr wird das bisherige Leben nicht zerstört, sondern gerettet – indem es verloren wird (9,24). Die unmittelbar anschließende Aussendung der zweiundsiebzig Jünger (10,1–20) erklärt, weshalb Jesus keine Verzögerung zulassen will. Seine Autorität ist kein Selbstzweck; sie dient dazu, die Kunde vom Kommen des Gottesreiches zu verbreiten. So stilisiert die Szenen sind und so eng der Fokus ist: Die Verse bringen nicht historistisch, aber prägnant den Anspruch Jesu ins Wort, der sich aus der Unbedingtheit seiner eigenen Heilsendung erklärt. Es ist, als ob durch die Komposition des Evangelisten in Momentaufnahmen der originale Ton der Sprache Jesu zu Gehör komme.

10,1–20
Die Aussendung der Zweiundsiebzig

[1]Danach bestimmte der Herr zweiundsiebzig andere und sandte sie zu zweit vor seinem Angesicht her in jede Stadt und an jeden Ort, wohin er selbst kommen wollte. [2]Und er sagte ihnen: „Die Ernte ist groß, aber der Arbeiter sind wenige. Bittet also den Herrn der Ernte, Arbeiter in seine Ernte zu schicken. [3]Geht, ich sende euch wie Schafe mitten unter die Wölfe. [4]Nehmt keinen Geldbeutel mit, keine Tasche und keine Schuhe und grüßt niemanden unterwegs. [5]Wenn ihr in ein Haus tretet, sagt zuerst: ‚Friede diesem Haus‘. [6]Und wenn dort ein Sohn des Friedens wohnt, wird euer Friede auf ihm bleiben. Wenn nicht, wird er zu euch zurückkehren. [7]In welchem Haus ihr bleibt: Esst und trinkt das, was vor ihnen ist; denn der Arbeiter ist seines Lohnes wert. Geht nicht von Haus zu Haus. [8]Und wenn ihr in eine Stadt kommt und man euch da aufnimmt: Esst, was euch vorgesetzt wird. [9]Und heilt die Kranken in ihr und sagt ihnen: ‚Die Gottesherrschaft ist euch nahegekommen‘. [10]Und wenn ihr in eine Stadt kommt, die euch nicht aufnimmt, geht hinaus auf ihre Plätze und sagt: ‚[11]Noch den Staub aus eurer Stadt, der uns an den Füßen klebt, lassen wir zurück. Aber das sollt ihr wissen: Die Gottesherrschaft ist nahegekommen.‘ [12]Ich sage euch: Sodom wird es an jenem Tag besser gehen als jener Stadt. [13]Weh dir, Chorazin, weh dir, Bethsaïda: Wenn in

10,1–20 Die Aussendung der Zweiundsiebzig 267

Tyros und Sidon die Machttaten geschehen wären wie bei euch, längst hätten sie in Sack und Asche gesessen und wären umgekehrt. [14]Besser wird es Tyros und Sidon im Gericht gehen als euch. [15]Und du, Kapharnaum, wirst du bis zum Himmel erhoben werden? Bis in die Hölle wirst du fahren. [16]Wer euch hört, hört mich. Und wer euch abweist, weist mich ab. Wer aber mich abweist, weist den ab, der mich gesandt hat." [17]Als aber die Zweiundsiebzig voll Freude zurückkehrten, sagten sie: „Herr, auch die Dämonen gehorchen uns in deinem Namen." [18]Da sagte er ihnen: „Ich sah den Satan wie einen Blitz vom Himmel fahren. [19]Siehe, ich habe euch Macht gegeben, auf Schlangen zu treten und Skorpione, und über alle Kraft des Feindes und nichts wird euch schaden können. [20]Freut euch aber nicht darüber, dass euch die Geister untergeben sind. Freut euch, dass eure Namen im Himmel eingeschrieben sind. "

Lukas erzählt nach der Aussendung der Zwölf (9,1–6) von einer Aussendung der – je nach handschriftlicher Überlieferung – zweiundsiebzig oder siebzig Jünger. Die Aufteilung geht auf Lukas zurück. Die Doppelung erklärt sich aus einer Doppelüberlieferung: Die Aussendung der Zwölf hat Lukas aus Mk 6,6b–13 übernommen (9,1–5), die zweite Aussendung aus der Logienquelle. Matthäus hat beide Traditionen zusammengearbeitet (Mt 10,1–14). Für Lukas ist wichtig, dass Jesus nicht nur einmal, sondern mehrfach seine Jünger ausgesandt hat – zeitweise, so dass sie zwischendurch immer wieder mit ihm zusammenkommen konnten. Beide Aussendungen sind stilisiert und paradigmatisch. Sie stehen für das andauernde Missionsbemühen Jesu vor Ostern.

Die Zweiundsiebzig (oder Siebzig) sind andere Jünger als die Zwölf. Sie bekommen aber denselben Auftrag. Auch sie haben Vollmacht über die Dämonen (10,17; vgl. 9,1 par. Mk 6,7–10,17); auch sie heilen Kranke (10,9; vgl. 9,1.5 par. Mk 6,7); auch sie verkünden das Reich Gottes (10,9.11; vgl. 9,2–10,9.11); auch sie sollen so gut wie nichts auf den Weg mitnehmen (10,4; vgl. 9,3 par. Mk 6,8–9); auch sie sollen ins erstbeste Haus einkehren (10,5–7; vgl. 9,4 par. Mk 6,10) und auf die Gastfreundschaft setzen, die sie dort antreffen; auch sie sollen den Staub von ihren Füßen schütteln, wenn sie nicht aufgenommen werden (10,11; vgl. 9,4 par. Mk 6,11). Die Gemeinsamkeiten erklären sich theologisch daraus, dass die Zweiundsiebzig (oder Siebzig) wie die Zwölf ein und dasselbe Evangelium Jesu in und derselben Vollmacht Jesu weitertragen sollen; dazu müssen sie in ein und derselben Weise beauftragt und bevollmächtigt sein; wären sie es nicht, würden diejenigen, die sie erreichen sollen, mit einem Evangelium zweiter Klasse abgespeist werden. Eine solche Zurücksetzung widerspräche aber dem Menschen- und Gottesbild Jesu. Die Abfolge der Aussendungen der Zwölf und der Zweiundsiebzig ist ekklesiologisch signifikant: Die Sendung

268 9,51–13,21 *Die erste Phase der Reise – mit dem Blick nach Jerusalem*

der Zwölf ist nicht exklusiv, sondern positiv. Sie begründet nicht Privilegien, sondern setzt Reize für andere. Der nächste Schritt bei Lukas ist die Inspiration der 120 zu Pfingsten (Apg 1,15; 2,1–10).
Die Aussendungsrede ist übersichtlich gegliedert. Sie verbindet vorausschauende und rückblickende, aufmunternde und reflektierende, prinzipielle und detaillierte Motive.

10,1	Einleitung	Das Thema:	Voraussendung
10,2–16	Rede	Die Aktion:	Die Sendung der Jünger
2		Die Bitte:	Die Arbeiter im Weinberg
3–15		Die Sendung:	Auf den Spuren Jesu
3		Bild:	Schafe unter Wölfen
4		Weg:	Armut
5–6		Ankunft:	Friedensgruß
7–9		Aufnahme:	Zuwendung
7–8		Bleiben – Essen/Trinken	
9		Therapie – Verkündigung	
10–15		Ablehnung:	Abwendung
10–11		Staub von den Füßen	
12		Sodom	
13–14		Chorazin – Bethsaïda	
15		Kapharnaum	
16		Prinzip:	Sendung als Stellvertretung
10,17–20	Gespräch	Reflexion:	Das Glück der Jünger
17		Der Bericht der Jünger	
18		Die Vision Jesu	
19–20		Die Freude der Jünger	

In Vers 1 formuliert der Evangelist das Thema: die Aussendung der Jünger. Die Verse 2–16 dokumentieren die Aussendung der Jünger durch Jesus. Sie hat einen dialogischen Charakter, weil sie die vorweggenommene Antwort auf ein Gebet um Arbeiter im Weinberg ist (10,2–10,3–15). Sie hat eine narrative Struktur, weil sie die Stationen Gehen – Ankunft – Erfahrung (widersprüchliche Reaktionen und Reaktion auf die Reaktionen) darstellt. Das Eingangsbild nimmt das Drama der Sendung vorweg: Schafe unter Wölfen (10,3); Weg und Ankunft passen zusammen, entsprechend dem Stil der Verkündigung Jesu (10,4–5). Die Alternative Annahme – Zuwendung (10,7–9) und Ablehnung – Abwendung (10,10–15) spiegelt die Gewaltlosigkeit des Evangeliums und seiner Boten, ohne die widersprüchlichen Reaktionen zu relativieren. Die Gerichts- und Weheworte motivieren nicht zur Gewalt, sondern minimieren sie, weil sie Gott ins Spiel bringen. Abschließend wird das

10,1–20 Die Aussendung der Zweiundsiebzig 269

Prinzip der Sendung benannt (10,16): Gemeinschaft mit Jesus, im Guten, aber auch Bösen, das durch Gutes besiegt werden wird. Die Verse 17–20 reflektieren die Sendung und die Erfahrungen, die die Jünger auf dem Weg gemacht haben, im Gespräch mit Jesus, der ihnen die Augen öffnet, welches Glück ihnen – bei aller Ablehnung – zuteilgeworden ist, weil sie sich haben senden lassen.

Die Aussendungsrede ist eng mit dem Kontext verknüpft. Im Rückblick auf die vorangehenden Nachfolgeszenen (9,57–62) wird deutlich, warum jetzt alles so drängt und keine Konkurrenzen mit alternativen Aufgaben geduldet werden: weil Jesus die zweiundsiebzig Jünger aussenden will. Damit wird umgekehrt die Aussendung exemplifiziert: Für Lukas ist immer die Zeit, jetzt loszuziehen und das Evangelium in Wort und Tat zu verkünden. Dieses Timing muss das Verhalten prägen. Im Ausblick auf die Fortsetzung zeigt sich, dass die Jünger, die von Jesus enorm beansprucht werden, unendlich mehr noch von ihm gewinnen: weil er der ist, der sie am Segen der Gottesherrschaft jetzt schon teilhaben lässt (10,17–24).

Der Evangelist macht den Auftakt mit der Themenangabe **(1)**. Es handelt Jesus als „Kyrios". Seine Autorität wendet er an. Er bestimmt über seine Schüler und ihre Arbeit. Die „Bestimmung" ist eine Berufung, aber auch eine Einsetzung *(anédeixen)*. Wie Johannes der Täufer bei Lukas von Gott seine heilsgeschichtliche Rolle zugewiesen bekommt, in Israel das Wort für Gott und den Messias zu ergreifen (1,80), so weist Jesus auch den Jüngern ihre heilsgeschichtliche Rolle zu. Es ist eine „Bezeichnung" oder „Identifizierung" *(deíknymi)*, die einen Aufstieg anzeigt *(aná)* – nicht im Sinn einer irdischen Karriere, sondern einer Öffnung des eigenen Lebens für Gott und sein Reich, von der auch andere profitieren.

Die Handschriftenüberlieferung schwankt zwischen zweiundsiebzig und siebzig Jüngern, die ausgesendet werden. Bezeugt wird die Zweiundsiebzig sowohl vom Papyrus 75 und vom Vaticanus, herausragend guten Zeugen, als auch vom „westlichen" Text, einem notorischen Abweichler, dessen Zeugnis besonderes Gewicht hat, wenn es mit anderen Handschriften zusammengeht. Die Lesart „Siebzig" haben auch sehr gute Handschriften, darunter der Sinaiticus und der Alexandrinus. Beide Zahlen haben bibeltheologisch begründete symbolische Bedeutungen. Nach Ex 24,1–8 hat Mose siebzig „Älteste" (griechisch: Presbyter) mit auf den Berg Sinai genommen, nach Num 11,16.24–25 siebzig Älteste als Listenführer für die Versammlung des Volkes vor dem Offenbarungszelt bestimmt, so wie nach Ex 1,5 und Dtn 10,22 siebzig Israeliten mit Joseph und seinen Brüdern nach Ägypten gekommen sind. Sollte diese Spur richtig sein, würde der Israelbezug verstärkt. Nach Gen 10 gibt es auf der Welt siebzig (He-

270 9,51–13,21 *Die erste Phase der Reise – mit dem Blick nach Jerusalem*

bräische Bibel) oder zweiundsiebzig (Septuaginta) Völker. Dann könnte die Pointe sein, dass nach der Sendung der Zwölf, die israelbezogen ist, die Sendung der Zweiundsiebzig schon die Völkermission antizipieren sollte. Aber im Blick Jesu nach Jerusalem (9,51) ist der Horizont der vorösterlichen Sendung geöffnet. Gleichwohl: 72 ist 6×12. Nach Apg 1,15 sind 10×12 = 120 Jünger vor Pfingsten bei der Nachwahl des Matthias versammelt. Dann ist die Pointe, dass die Sendung der Zwölf (9,1–6) nicht exklusiv, sondern positiv ist und dass umgekehrt die Sendung der Zweiundsiebzig (wie pfingstlich die der Einhundertzwanzig) auf der Sendung der Zwölf basiert und sie einerseits ausweitet, andererseits fortsetzt. Die besseren äußeren und inneren Gründe sprechen für die Zweiundsiebzig. Die Kürzung könnte in dem Interesse erfolgt sein, die „Zwölf" auf die Bischöfe (Apg 1,17: *episkopé*) und die „Siebzig" auf die Presbyter zu beziehen, also das später führende Modell der Kirchenleitung

Jesus sendet die Jünger „zu zweit" aus. In den Zweiergruppen wird nicht nur die kirchliche Gemeinschaft im Kleinsten gepflegt, sondern auch der Glaubwürdigkeit des Evangeliums gedient: „Erst auf die Aussage von zwei oder drei Zeugen darf eine Sache Recht bekommen" (Dtn 19,15; vgl. Mt 18,16; Joh 8,17). Jesus sendet seine Jünger „voraus": dorthin, wohin er selbst kommen will. Sie sind seine Vorboten. Dieses Motiv wird meist so gedeutet, als ob Jesus eine genaue Route im Kopf gehabt habe, die er zuvor von den Jüngern abgehen lasse. Aber Lukas schildert keine „Reise" nach Jerusalem auf der Direttissima, sondern einen permanenten Weg der Suche nach den Verlorenen (19,10). Auf diesem Weg gehen ihm die Jünger voran, weil sie ihn mit sich bringen und er mit ihnen kommt (vgl. V. 16). Jesus selbst geht auf dem Weg nach Jerusalem hierhin und dorthin; die Jünger weiten seinen Aktionsradius aus.

Seine Rede beginnt Jesus mit einem archaischen Bild **(2)**, das an sein Sämann-Gleichnis anknüpft (8,4–8), aber einen neuen Farbton setzt. Es soll die Notwendigkeit der Evangeliumsverkündigung vor Gott bringen und gleichzeitig den Ort der Aussendung markieren. Die „Ernte" ist in der Bibel meist ein Bild für das Gericht – unter dem Aspekt des Ertrages. Hier aber steht es (wie in Joh 4,35) für die Mission – gleichfalls unter dem Aspekt des Ertrages, gleichfalls nicht ohne das Moment des Gerichtes, doch nicht im Sinne futurischer Eschatologie, sondern aktueller Dramatik bei der Verkündigungsarbeit. Der „Herr der Ernte" ist Gott. Ihm werden die Früchte abgeliefert, wie eine positive Wendung des Weinberggleichnisses aussehen würde (20,9–19 par. Mk 12,1–12). Das Problem, das in der Aussendungsrede angesprochen wird, ist aber nicht der Mangel an guten Früchten, sondern an Arbeitern, also an Missionaren. Das Motiv braucht nicht auf aktuelle Motivationsprobleme in der lukanischen Gemeinde schließen zu lassen; es spiegelt vielmehr

10,1–20 Die Aussendung der Zweiundsiebzig 271

die Größe der Ernte wider: Sie ist so reich, dass es immer an Arbeitern
mangelt. Die Bitte an Gott ist der erste Schritt und der Inbegriff der
Verkündigung.

Jesus selbst erfüllt diese Bitte durch die Aussendung der Zweiundsiebzig
nach der Aussendung der Zwölf (9,1–6). Auch die Multiplikation der Zahl
macht in dieser Hinsicht einen guten Sinn: Die Zweiundsiebzig stehen
ihrerseits repräsentativ für weitere, die gesandt werden. Mehr noch: Die
Aussendung ist ihrerseits die Bitte um die Gewinnung weiterer Arbeiter.
Sie spielt sich im Raum des Gebetes ab und ist selbst ein Gebet: Sie ruft
die Hilfe Gottes an, die sie vermittelt; sie macht die Menschen, die gesendet werden, zu Boten, die nicht auf sich selbst, sondern auf Gott vertrauen und darin mit denen eins werden können, denen sie die Botschaft
Jesu bringen – und mit der Botschaft ihn selbst.

Das Bild der Schafe und der Wölfe allerdings (3) macht sofort die massiven Probleme deutlich, die auf die Jünger zukommen, aber auch die
Haltung, mit der sie in die Schwierigkeiten hineingehen. Die Verfolgung um des Glaubens willen ist eine bedrängende Realität – in der
Zeit Jesu, in der Zeit der Urgemeinde (Apg) und auch in der Gegenwart. Die Verfolgungsthematik ist im Evangelium breit entfaltet. Die
Seligpreisungen geben einen Vorgeschmack (6,22); die Endzeitrede wird
die Dramatik, aber auch die Hoffnung deutlich machen (21,12–19). Die
Ablehnung Jesu in Samaria war nicht gewaltsam, löste aber Gewalt-
phantasien bei den Jüngern aus (9,54–56). Hier entsteht das Gegen-Bild.
Dass die Jünger wie „Schafe" gesendet werden, meint nicht, dass sie sich
dumm stellen sollen, sondern dass sie auf Gewalt nicht mit Gegengewalt
reagieren, sondern lieber Unrecht leiden als Unrecht tun sollen. Mission
und Leidensbereitschaft gehören zusammen, nicht Mission und Gewalt-
bereitschaft.

Die Fortsetzung (4) veranschaulicht diese Einstellung und Praxis. Die
Jünger sollen in freiwilliger Armut, im Vertrauen auf die Gastfreundschaft von Menschen und ohne Gewalt das Evangelium verkünden;
darin ahmen sie die Lebensweise und Verkündigungsform Jesu nach.
Ihre Armut ist nicht Ausdruck von Weltverachtung oder Bedürfnislosig-
keit, wie bei den Kynikern, sondern von Solidarität mit den Armen; die
Schutzlosigkeit ist nicht Ausdruck von Unachtsamkeit oder Gleichgültig-
keit, sondern von Gottvertrauen; die Gewaltlosigkeit ist nicht Ausdruck
von Kraftlosigkeit oder Unempfindlichkeit, sondern von Friedensliebe.
Bei Jesus stimmen Botschaft und Leben vollkommen überein, erzählt
Lukas. Bei den Jüngern soll es ebenso sein, damit die Menschen an
ihrem Lebensstil ihre Botschaft erkennen können. Es ist eine Frage der
Glaubwürdigkeit. Für Lukas ist die Aussendungsrede mit ihren strengen
Regeln eine Erinnerung an die Anfangszeit, aber keine Regel für die

272 9,51–13,21 *Die erste Phase der Reise – mit dem Blick nach Jerusalem*

nachösterlichen Missionare (vgl. 22,35–38). Barnabas und Philippus, Petrus und Paulus sind zwar unterwegs; sie leben arm. Aber sie halten sich nicht buchstäblich an eine Vorschrift wie die in der Aussendungsrede, sondern entsprechen ihrem Geist. Paulus hat gearbeitet; nach 1Kor 9,2 war es üblich, die eigene Frau mit auf die Missionswanderschaft zu nehmen. Wanderpropheten, die nach der vorösterlichen Regel gelebt haben, hat es gegeben; aber sie geraten an den Rand (vgl. Didache 11–13). In historischer Hinsicht sind die Regeln im relativ kleinen Galiläa für relativ kurze Phasen der aktiven Mission gedacht und nicht als permanentes Lebensmodell.

Die ethische Pointe der Armut ist, dass die Jünger auf eine elementare Tugend setzen sollen: die Gastfreundschaft derer, die sie zu Hörern des Wortes machen wollen **(5–6)**. Das Gute, das sie erfahren und auf das sie setzen, wird zur Schwelle, über die sie in die Häuser – und Herzen der Menschen gelangen. Der Friedensgruß, den sie ausrichten, ist konventionell und hat großen Tiefgang, weil er die Sendung Jesu insgesamt kennzeichnet (1,78–19) – einschließlich ihrer Dialektik (12,51), weil keine Friedhofsruhe herrschen soll (12,51), sondern Gottes Liebe. Wenn die Türen sich öffnen, sollen die Jünger nicht nach etwas Besserem suchen, sondern bleiben und die entstandene Gemeinschaft mit Sinn füllen: Mahl – Therapie – Verkündigung. So hat Jesus selbst es gehalten. Seine Gesandten sollen nichts Besonderes fordern, sondern das essen, was auch ihre Gastgeber essen **(7–9)**. Der Mahlgemeinschaft entsprechen die Gastmähler Jesu, bei denen er seinerseits Gast und Gastgeber gewesen ist (5,27–32; 7,36–50; 15,1–3; 19,1–10). Jesus hält Mahl mit Freunden und Feinden, um die Gottesherrschaft zu zeigen. Die Jünger können diese Praxis im Kleinen entwickeln. So entstehen Hausgemeinden, die für die Ausbreitung des Christentums wesentlich geworden sind. Wort und Tat gehören zusammen, wie bei Jesus selbst. Die Jünger sagen, was Jesus gesagt hat, und tun, was er getan hat: in seiner Vollmacht. Im Zentrum steht das Reich Gottes (vgl. V. 11): Die Jünger verkünden seine Nähe, wie Jesus selbst es tut (21,31; vgl. 11,20; 17,20–21 u. ö.). Indem sie es tun, öffnen sie die Augen für das, was Gott getan hat; er ist immer schon dort, wohin sie erst kommen.

So wie auf die Annahme sollen die Jünger auf die Ablehnung vorbereitet sein **(10–11)**. Es bleibt bei der Gewaltlosigkeit, aber auch bei der Kritikfähigkeit und der eigenen Freiheit. Besprochen wird, dass die Jünger nicht nur in einem einzelnen Haus, sondern in einer ganzen Stadt auf Ablehnung stoßen werden. Gerade das Reich Gottes polarisiert – weil in Israel klar ist (oder sein sollte), dass es die alles entscheidende Größe ist, und weil Jesus sie, auch durch seine Jünger, in einer Prägnanz vertritt, die ihresgleichen sucht. Aber auch wenn sie Desinteresse oder Ab-

10,1–20 Die Aussendung der Zweiundsiebzig 273

lehnung erfahren, sollen die Jünger nicht Feuer vom Himmel herabrufen; sie sollen vielmehr den Staub von den Füßen schütteln, also nichts mitgehen lassen, und sich anderen zuwenden, so wie Jesus es vorgemacht hat (9,51–56). Der Friede, den sie bringen, breitet sich dann nicht aus, wenn sein Angebot abgelehnt wird, sondern bleibt bei denen, die ihn wünschen (V. 6); die Nähe des Reiches kann aber von der Abweisung nicht zerstört werden: Sie bleibt. Aber sie verweist auf Gottes Endgericht.

Die Wehe- und Gerichtsworte überlassen die Zukunft Gott: Er wird Gericht halten (10,12–15). Die Jünger legen ihre Zukunft und die seiner Feinde in seine Hand. Seligpreisungen und Weherufe sind auch in der Feldrede kontrastiert (6,20–26). Der Kontrast spiegelt das Revolutionäre der Gottesherrschaft und die Notwendigkeit der Umkehr. Das Gericht ist ein wesentlicher Bestandteil der Verkündigung Jesu, weil es keine Versöhnung ohne Wahrheit gibt und kein Heil ohne Gericht. Allerdings gibt es das Gericht um des Heiles, nicht um der Verurteilung und die Wahrheit um der Versöhnung, nicht um der Verdammung willen. Diese Perspektive ergibt sich aus dem Gesamt der Verkündigung Jesu. Sie mindert freilich nicht die Härte des Gerichtes (vgl. 13,1–9). In einem dreifachen Anlauf wird sie an Städten festgemacht (vgl. Mt 10,15; 11,21–24). Sodom **(12)** ist in der Bibel, auch bei Lukas (17,29), die typische Lasterstadt (Gen 19; Jes 3,9), die, dem Untergang geweiht (Dtn 29,22; Jes 1,7), ein warnendes Beispiel für Israel ist (Jes 1,9–10; Jer 23,14), ohne dass damit gesagt würde, es gäbe jenseits des Unheils nicht die Möglichkeit einer Wende zum Heil (Ez 16).

Chorazin und Bethsaïda **(13)** sind Kleinstädte am See Genezareth, unweit von Kapharnaum (V. 15); Lukas erzählt wie die anderen Evangelisten nicht, dass Jesus auch in Chorazin gewirkt hat, setzt es aber voraus. In der Nähe von Bethsaïda (woher nach Joh 1,44 Simon Petrus, Andreas und Philippus stammen) hat er die Fünftausend gespeist (9,10–17). Kontrastiert werden die beiden jüdischen Orte mit Tyros und Sidon; beides heidnische Städte an der Mittelmeerküste, aus denen Menschen zu Jesus strömen (6,17). Die „Machttaten" *(dynámeis)* sind vor allem Jesu Heilungen und Exorzismen. In beiden Küstenstädten hat Jesus nach Lukas nicht gewirkt (vgl. aber Mk 7,24–37 – ohne lukanische Parallele); aber wenn er es getan hätte, wäre dort der Ninive-Effekt eingetreten, der Jona (vgl. 11,29–32) überrascht hat (Jon 3). Das Gericht Gottes trifft alle **(14)** – schon im Wirken Jesu selbst. Aber es wird nicht nur keine Privilegien geben, die Juden genössen – wie schon Johannes der Täufer klargestellt hat (3,7–9); es wird eine desto genauere Prüfung und Beurteilung geben, je besser die Voraussetzungen sind – die nicht besser sein könnten, als jüdisch zu sein, weil Israel auch für Lukas das erwählte Volk Gottes ist, aus dem Jesus selbst stammt.

274 9,51–13,21 *Die erste Phase der Reise – mit dem Blick nach Jerusalem*

Kapharnaum (15) hat ein anderes Problem, das ebenfalls höchst gravierend ist. Jesus hat sehr oft dort gewirkt (4,23.31.42; 7,1–10) – so dass man dort denken mag, besonders ausgezeichnet zu sein. Das ist ein gravierendes Fehlurteil, so wie die Berufung auf die Abrahamskindschaft (die nicht in Zweifel gezogen wird) nicht die Notwendigkeit der Umkehr verringert (3,7–9). Die überlieferten Worte Jesu vom Himmelsturm und Höllensturz greifen eine jesajanische Gerichtsprophetie gegen Babylon auf (Jes 14,11.15) und setzen so das Spiel mit überraschenden Gegensätzen fort, das auf den Ernst der Lage verweist. Das überlieferte Wort mit Ressentiments wegen mangelnder Erfolge zu erklären, unterschätzt die Dialektik der Prophetie Jesu. Die Kontraste arbeiten die eschatologische Umwertung heraus, die das Herz des Evangeliums ist und nicht nur die Auferstehung der Toten ermöglicht, sondern auch die Nähe des Gottesreiches mitten in Israel und über seine Grenzen hinaus.

Die Rede endet prinzipiell (16), wie sie mit der Bitte an Gott um Arbeiter für die Mission begonnen hat (V. 2). Jesus formuliert demnach den Grundsatz der Sendung seiner Jünger (9,48; vgl. Mk 9,37; Mt 10,40; Mk 9,37; Joh 13,20; 20,21) entsprechend dem alttestamentlichen und frühjüdischen Botenrecht (Mischna Berakhot 5,5: „Der Gesandte ist wie der Sendende selbst"). Die Jünger repräsentieren Jesus; er stellt sich durch sie dar. Sie verkünden in seinem Namen; er äußert sich durch sie. Die *repraesentatio Christi* ist die Berufung und Möglichkeit aller, die in der Nachfolge Jesu das Evangelium verkünden – weil Jesus sie dazu beauftragt und befähigt hat. Durch diesen Grundsatz wird klar: Die Menschen, die von den Zweiundsiebzig das Evangelium hören, hören es von Jesus; indem sie ihnen begegnen, begegnen sie ihm. Allerdings sind die Gesandten nicht der Sendende. Sie müssen sich immer von ihm klar unterscheiden, damit er durch sie reden und wirken kann. Dadurch schaffen die Jünger den Freiraum des Glaubens. Jesus selbst wird von Gott gesandt; so werden seine Jünger Gottes Boten. Die negativen Wendungen nehmen das kommende Verfolgungsgeschick der Jünger in den Blick (6,23 u. ö.); sie unterstreichen die Dringlichkeit der Sendung Jesu, lassen aber auch Raum für diejenigen, die sich nicht entscheiden können oder wollen. Nur die Aggression, körperlich, seelich und sozial, wird sanktioniert.

Die Perikope endet mit einem dichten Gespräch zwischen Jesus und seinen Jüngern nach deren Rückkehr (10,17–20). Dieses Gespräch dient der Reflexion ihrer Erfahrungen. Jesus deutet sie ihnen und erschließt deren Dialektik. In dem, was die Jünger über ihre Erfahrungen beim Missionieren erzählen (17), kommt die pure Freude zum Ausdruck, weil sie offenbar die frustrierenden Ablehnungen, auf die Jesus sie vorbereitet hat, nicht in starkem Maße erfahren haben oder nicht – mehr – so wich-

10,1–20 Die Aussendung der Zweiundsiebzig 275

tig finden. Ihre Freude spiegelt die Nähe der Gottesherrschaft, in der sie wirken und die sie ausbreiten. Sie bestätigen Jesus, dass sie sich als Exorzisten haben betätigen können, wie Jesus die Zwölf bevollmächtigt hat (9,1 par. Mk 6,6–7).

Jesus nimmt den Bericht seiner Jünger wohlwollend auf, weitet ihn aber in drei Schritten: mit dem Hinweis auf eine eigene Vision (V. 18), mit einer Charakterisierung ihrer Vollmacht (V. 19) und mit einem Hinweis auf die himmlische Vollendung (V. 20). Zuerst teilt er den Jüngern eine eigene Vision mit **(18)**: Der Satan ist aus dem Himmel gestürzt. Der Sturz Satans läutet in der Tradition des apokalyptischen Judentums die Endzeit ein (vgl. Jes 14,12; Ez 28,14–17; Dan 10,13–14.20–21; Jubiläenbuch 23,29; Ascensio Mosis 10,1; 1QM [Kriegsrolle] 1; 15,12–16,1). Dass Satan – häufig nach heftigem Kampf – aus dem Himmel stürzt, ist der unumkehrbare Anfang eines Dramas, das notwendig auf die Vollendung des Gottesreiches zuläuft, weil Gott der Herr ist, der Satan aber nur sein Widersacher und der große Menschenfeind. Freilich ist die Vertreibung des Teufels aus dem Himmel – wie in der Johannesoffenbarung (Offb 12–13) – häufig auch als Beginn eschatologisch gesteigerter Drangsal auf Erden prophezeit: Dass er im Himmel keinen Platz hat (und weiß, dass er keine Zeit hat), lässt ihn desto wütender auf Erden toben. Der gefährliche Erdblitz ist ein plastisches Bild für diesen Vorgang. Der Satanssturz läutet nicht nur das Ende der alten, sondern auch den Beginn einer neuen Zeit ein, die Gottes Heil bringt. Der Satan ist geschlagen – und deshalb können Jesus und seine Jünger wirken (vgl. 11,28). Häufig wird die jesuanische Authentizität bezweifelt. Aber die größere Wahrscheinlichkeit spricht für die Überlieferung eines im Kern echten Jesuswortes. Sehr oft wird es auf eine Vision bei der Taufe gedeutet und dann als eine Art Berufungsimpuls. Aber dann hätte der Vers einen völlig falschen Platz in der Überlieferung gefunden. Eher spiegelt der Vers eine jener mystischen Gotteserfahrungen Jesu, die seinen gesamten Weg begleiten und sich auch im folgenden Jubelspruch (10,24–26) aussprechen.

Der Sturz Satans schafft den Jüngern Freiheit **(19)**. Indem sie als Boten Jesu heilen und Dämonen austreiben, verwirklichen sie die übernatürliche Kraft der Gottesherrschaft, der keine natürliche Kraft widerstehen kann. Schlange und Skorpion gelten als Tiere mit tödlichem Gift (vgl. Ps 91,13); so groß die Widerstände sind, die sich ihnen entgegenstellen: die Macht des Gottesreiches ist größer. Es gibt die Auferstehung der Toten – vielfältig bereits mitten im Leben.

Aber der tiefste Grund der Freude ist nicht die eigene Macht, die von Gott verliehen worden ist, damit sie gut genutzt werde **(20)**, sondern die eigene Bedeutung im Gedächtnis Gottes: der Name, der im Himmel gut angeschrieben ist (vgl. Jes 43,1). Der Grund für diese himmlische

276   9,51–13,21   *Die erste Phase der Reise – mit dem Blick nach Jerusalem*

Inschrift sind nicht die guten Werke, die im Glauben getan werden, sondern die Menschen selbst, die Gott liebt.

Die Aussendung der Zweiundsiebzig zeigt nach der Aussendung der Zwölf (9,1–6) erneut, wie wichtig Jesus es ist, dass sich sein Evangelium möglichst schnell möglichst weit in Israel verbreitet. Er beauftragt und bevollmächtigt die Jünger so, dass alle, die ihnen begegnen, in Kontakt mit ihm selbst kommen: menschlich vermittelt, aber ohne Abstriche an Verheißung und Wirkung. Bei den Jüngern müssen Botschaft und Leben übereinstimmen. Sie werden mit Widerstand zu kämpfen haben, ohne an ihm scheitern zu müssen. Denn die Mission ist der Wille Gottes; deshalb darf – und muss – Gott um Missionsarbeiter gebeten werden; aus demselben Grund ist es aber auch entscheidend, dass Jesus und seinen Jünger Glauben geschenkt wird. Wo dies geschieht, erschließt sich der Frieden des Gottesreiches bereits hier und jetzt; wo nicht, steht Gottes Gericht an, ohne das es kein Heil geben kann. Jesus selbst weiß sich gesandt; er hat mit dem Sturz Satans den Kairos, die Notwendigkeit wie die Möglichkeit, des Wirkens für Gottes Reich erkannt – so weist er auch seine Jünger ein, auf Satans Sturz und Gottes Nähe zu setzen. Dass Jesus seine Jünger bereits vorösterlich zur Verkündigung ausgesandt hat, ist eine historisch belastbare Überlieferung (vgl. Mk 6,6b–13 parr.). Lukas hält durch die Doppelung (vgl. 9,1–6) fest, dass dies nicht eine einmalige Aktion Jesu gewesen ist, sondern häufiger vorgekommen ist und vermutlich zu seinem Stil gehörte. Der Vergleich der beiden lukanischen Fassungen zeig idealtypisch, wie lebendig die Tradition durch literarische Gestaltung ist: Die Leitmotive bleiben, die Variationen sind stark.

10,21–24
Der Jubelruf Jesu

[21]In jener Stunde jubelte er im Heiligen Geist und sagte: „Ich preise dich, Vater, Herr des Himmels und der Erde, dass du dies verborgen hast vor den Weisen und Klugen und es den Kleinen offenbart hast. Ja, Vater, so hat es Wohlgefallen gefunden vor dir. [22]Alles ist mir übergeben worden von meinem Vater, und niemand weiß, wer der Sohn ist, nur der Vater, und wer der Vater ist, weiß nur der Sohn und wem der Sohn es offenbaren will." [23]Und er wandte sich zu seinen Jüngern allein und sagte ihnen: „Selig die Augen, die sehen, was ihr seht. [24]Ich sage euch: Viele Propheten und Könige wollten sehen, was ihr seht, und sahen es nicht und hören, was ihr hört, und hörten es nicht."

Der eschatologische Jubelruf Jesu (vgl. Mt 11,25–27), der auch die Seligpreisung seiner Jünger umfasst (vgl. Mt 13,16.17), nimmt den positiven Grundton der Aussendungsrede auf, die mit einem Aufruf der Jünger

10,21–24 Der Jubelruf Jesu 277

zur Freude endet (10,20), ohne dass die Probleme, die sie zu meistern haben werden, kleingeredet werden (10,10–11). So ist auch der Jubel nicht enthusiastisch, sondern gut begründet, weil er Schwierigkeiten des Verstehens nicht leugnet, aber weiß, dass Gott sie beheben und weit übertreffendes Heil schaffen wird. Wenn zuvor vom Satanssturz als Heilsvision die Rede war (10,18), wird jetzt die Offenbarung gefeiert, die dem Sohn vom Vater zuteilwird, damit er sie denen weitergeben kann, die nicht meinen, schon alles zu wissen, sondern sich von Gott beschenken lassen. Weil die Jünger die ersten sind, die sich dazu bereit erklären, kann Jesus sie erneut (vgl. 6,20–23) seligpreisen: Im Glauben nehmen sie wahr, was Jesus als Gottes Botschaft verkündet; das ist ihr Glück – und das aller, die auf ihr Wort hin glauben werden: ein Glück, das der Himmel schenkt. Im Nachgang zur Aussendungsrede wird der Horizont ausgespannt, in den die Jünger hineingehen, wenn sie das Evangelium empfangen und verbreiten; vor dem Hintergrund der Aussendungsrede wird erklärt, dass der Jubelruf nicht Illusionen schafft, sondern die Realität deutet.
Die beiden Aspekte spiegeln sich im Aufbau wider.

10,21–22	Das Gotteslob Jesu
21	Die Offenbarung an die Kleinen
22	Die Kenntnis zwischen dem Vater und dem Sohn
10,23–24	Die Seligpreisung der Jünger
23	Die sehenden Augen
24	Der Vergleich mit Propheten und Königen

Die Tradition stammt aus der Redenquelle, ist also sehr altes Jesusgut – das zeigt, in wie hohem Maße Jesus von Anfang an theologisch gesehen wurde: weil er sich selbst so gesehen hat: in lebendiger Beziehung zu Gott, dem Vater, in einer prophetischen Mission, die alles in den Schatten stellt, was war, weil er das endgültige Heil Gottes selbst vermittelt. „Offenbaren" und „Verbergen", „Übergeben" (Tradieren) und „Erkennen" sind jesuanische Motive, die im Johannesevangelium stark ausgebaut worden sind, aber auch tief in der synoptischen Überlieferung wurzeln, wie sich u. a. aus der Gleichnisrede (8,4–18) ergibt.
„Jene Stunde" **(21)**, in der Jesus neu zu sprechen beginnt, ist der Moment, da die Jünger – erfolgreich – von ihrer Missionsreise zurückkommen und Jesus ihre Freude mit ihnen teilt (10,17–20), und darin der Kairos, der durch die Gegenwart Gottes in der Person und Sendung Jesu entsteht, da die Nähe des Reiches Gottes verkündet wird. Jesus spricht „im Heiligen Geist", der nach der Taufe auf ihn herabgekommen ist (3,21), damit er das Evangelium Gottes wirkmächtig verkünde (4,18:

278 9,51–13,21 *Die erste Phase der Reise – mit dem Blick nach Jerusalem*

Jes 61,1). Der Geist verbindet Gott, den Vater, und Jesus, den Sohn. Jesus hat Anteil an Gott selbst; das kommt im Gebet zum Ausdruck. Er „jubelt" (vgl. 1,47), weil er Gott unendlich dankbar für sein Wort, seine Gnade, sein Leben ist. Der Jubel ist Gotteslob – das Gottes Macht und Ehre nichts hinzufügt, sondern beides wahr- und annimmt. Gott ist in diesem Gebet für Jesus der „Vater", und zwar nicht nur sein eigener (vgl. 22,42), sondern der Schöpfer, der als „Herr" in jedem Moment den Himmel und die Erde (vgl. Gen 1,1) ins Leben ruft; das Reich Gottes zerstört die Welt nicht, sondern erschafft sie neu, jenseits des Endes (21,25–28). Der Dank an Gott ist in der Offenbarung begründet *(apokalýpto);* die Offenbarung ist nicht nur die Eröffnung eines Wissens, das es vorher nicht gab, sondern die Anteilgabe an Gottes Geheimnis, das gewahrt bleibt, solange die Zeit währt. „Dies" bezieht sich auf das Reich Gottes, auf die Mission, auf die Vermittlung des Gottesfriedens, auf die gewaltfreie Überwindung des Widerstandes – auf alles, was in der Aussendungsrede zusammengefasst ist (10,1–20) und was Jesus bereits in seiner Antrittspredigt mit dem Propheten Jesaja angekündigt hat (4,18–21 – Jes 61,1–2). Weil es bei der Offenbarung um das Verkünden und Hören des Wortes Gottes mitten in der Welt der Menschen geht, ist in der gesamten biblischen Theologie die Offenbarung die Kehrseite des Verbergens, so auch hier.
Die Dialektik wird freilich konkretisiert – und zwar genau anders, als es gemeinhin zu erwarten wäre. Die „Weisen" und „Klugen" sollten es wissen, weil sie Erfahrung und Schlauheit paaren, Orientierungsvermögen und Planungssicherheit; den „Kleinen" hingegen wird es nicht zugetraut, sich kompetent auf Gott und die Welt zu beziehen. Beim Evangelium des Gottesreiches ist es gerade anders. Die Kleinen sind besonders empfänglich für Gott (18,15–18), weil sie alles von ihm erwarten und nichts ihm in den Weg stellen; die „Weisen" und „Klugen" hingegen blockieren sich, weil sie meinen, das Wesentliche schon zu kennen (vgl. 1Kor 1,18–21). Freilich wäre das Wort unterkomplex interpretiert, wenn es undialektisch aufgefasst würde. Die „Weisen" und „Klugen" müssen – und können – die „Kleinen" werden, denen offenbart wird, was verborgen ist; und die „Kleinen" werden durch das, was ihnen aufgeht, nicht ihrerseits zu „Weisen" und „Klugen", die bereits alles zu wissen glauben, sondern immer wieder in die Haltung der Gotteskinder finden. Diese Offenbarung ist deshalb Gottes „Wohlgefallen" *(eudokía)*, weil sie seinem universalen Heilswillen entspricht (2,14) und die Voraussetzung schafft, dass der eine Gott auch tatsächlich der Gott für alle werden kann, dem sie Glauben schenken: angestoßen durch Jesus.
Diese Offenbarung Gottes ist in der Beziehung zwischen dem Vater und dem Sohn angelegt **(22)**. Sie ist pure Liebe (3,22; vgl. 22,42) – und

10,21–24 Der Jubelruf Jesu 279

die Liebe ist wahr. Deshalb schafft sie Sinn, Heil und Leben. Die „Übergabe" *(paradídomi)* ist der Schlüssel: Sie ist Gabe, die weitergegeben wird; sie schafft Vertrauen, das begründet ist; sie stiftet Beziehungen, die ausstrahlen. „Alles" heißt: alles Heil, alles Leben, alle Wahrheit. Jesus lebt in und aus der Fülle Gottes: eins mit Gott, als Mensch unter Menschen, um ihnen die Nähe Gottes zu offenbaren, die von den Kleinen, den Armen, den Kranken am ehesten erkannt wird, weil sie durch Jesus Gottes Hilfe und Stärke erfahren. So wichtig der Glaube ist: Er weiß, dass er weder Gott noch Jesus als Christus voll erkennen kann, sondern dass nur der Vater den Sohn und der Sohn den Vater voll erkennen, d. h. lieben kann. Genau diese wechselseitige Erkenntnis ist die Quelle der Offenbarung, weil im Heiligen Geist der Vater und der Sohn einander nicht genug sein können, wenn der Vater der Herr des Himmels und der Erde und der Sohn der Messias ist, der in Israel für alle Welt das Evangelium der Befreiung verkündet. Seine Verkündigung ist eine Offenbarung: weil sie nicht nur über Gottes Willen und Wesen informiert, sondern Anteil an ihm selbst gibt und nicht nur auf eine Änderung der inneren Einstellung, auf eine erneuerte Spiritualität und Ethik aus ist, sondern auf die Anteilgabe an der Liebe zwischen dem Vater und dem Sohn. Wem der Sohn diese Liebe offenbaren will, erklärt das Evangelium: allen, die sich ihm nicht versperren, angefangen in Israel.

Die Jünger sind „selig", weil sie bereit sind, sich von Jesus die Augen öffnen zu lassen **(23)**: für ihn selbst als Propheten Gottes, als Lehrer und Erlöser. Was sie sehen können, wenn sie ihrem Glauben folgen, den Jesus geweckt hat und trägt, macht sie selig; denn es ist die Nähe des Gottesreiches, die sie verkünden (10,9.11). Sie ist ihr Heil – und dass all derer, zu denen sie gesandt sind.

Die eschatologische Konstellation, die im Kairos der Gegenwart Jesu entsteht, ist das, worauf hin die „Propheten" geweissagt und die „Könige" gemäß Gottes Willen regiert haben **(24)**. Ganz ähnlich klingt es in der neutestamentlichen Briefliteratur (1Kor 2,9; 1Petr 1,3–12). Daraus folgt nicht eine nachösterliche Entstehung des Wortes, sondern eine im Glauben begründete Entsprechung zwischen der Verkündigung Jesu und dem Bekenntnis der Urgemeinde, das auf gläubiger Erkenntnis beruht. „Viele" heißt in der Sprache der Bibel: alle (vgl. Jes 53,11–12; Mt 26,28; Röm 5,18–19). Jesus quantifiziert aber nicht, sondern qualifiziert: Jesus meint diejenigen, die bereits vor seinem Kommen ganz auf Gott und seine Nähe gesetzt haben, ohne sie in der Person Jesu selbst erfahren zu können. Auch die Jünger besitzen nicht die volle Erkenntnis; aber sie haben Jesus kennengelernt, der sie kennt und ihnen seine Gotteserkenntnis vermittelt.

280 9,51–13,21 Die erste Phase der Reise – mit dem Blick nach Jerusalem

Der eschatologische Jubelruf bringt zum einen den Anspruch Jesu zum Ausdruck, nicht etwas, sondern Gott zu offenbaren, der ein Geheimnis ist und bleibt (vgl. 8,10). Diese Offenbarung schafft Heil, weil sie Anteil an der vollkommenen Gemeinschaft gibt, die zwischen dem Vater und dem Sohn herrscht. Der Heilige Geist vermittelt sie. Die Jünger werden von Jesus seliggepriesen, weil sie ihn vor Augen haben, der ihnen die Nähe Gottes vermittelt (vgl. 17,20–21). Sie sollen und dürfen sich dessen freuen, weil sie Gott erfahren und andere daran teilhaben können (10,1–20). Sie dürfen sich aber nichts darauf einbilden, weil sie ganz auf Jesus setzen müssen. Deshalb entspricht dem Jubelruf die Seligpreisung derer, die sich von Jesus die Augen für Gott und die Welt öffnen lassen. Bei aller Stilisierung erlauben es die Verse für einen Moment, Jesus ins Herz zu schauen – gewiss aus einem größeren Abstand, aber doch mit den Augen des Glaubens. Jesus gibt seinen Jüngern Anteil an dem, was Gott ihm offenbart hat: Das ist das Geheimnis seiner Sendung. Ohne diese Spiritualität gäbe es keine Mission. Lukas hat den Zusammenhang herausgearbeitet und dadurch den Blick auf den geschichtlichen Jesus geschärft.

10,25–37
Das Doppelgebot und das Gleichnis vom barmherzigen Samariter

[25]Und siehe, ein Gesetzeslehrer stand auf und sagte, um ihn auf die Probe zu stellen: „Lehrer, was muss ich tun, um das ewige Leben zu gewinnen?" [26]Der aber sagte: „Im Gesetz, was steht geschrieben? Wie liest du?" [27]Er antwortete und sagte: „Du sollst den Herrn, deinen Gott lieben aus deinem ganzen Herzen und in deiner ganzen Seele und in deiner ganzen Kraft und in deinem ganzen Verstand und deinen Nächsten wie dich selbst." [28]Er aber sagte ihm: „Richtig hast du geantwortet. Tu dies, und du wirst leben!" [29]Der aber wollte sich rechtfertigen und sagte zu Jesus: „Und wer ist mein Nächster?" [30]Das nahm Jesus auf und sagte: „Ein Mensch ging hinab von Jerusalem nach Jericho und fiel unter die Räuber, die ihn ausplünderten und verwundeten, bevor sie verschwanden und ihn halb tot liegen ließen. [31]Da kam ein Priester auf dem Weg hinab und sah ihn und ging vorüber. [32]Desgleichen kam ein Levit an den Ort und sah ihn und ging vorüber. [33]Ein Samariter aber, der unterwegs war, kam zu ihm und sah ihn und hatte Mitleid [34]und trat hinzu und goss Öl und Wein auf seine Wunden und verband sie und hob ihn auf sein eigenes Reittier und brachte ihn in eine Herberge und pflegte ihn [35]und holte am anderen Morgen zwei Denare hervor und gab sie dem Wirt und sagte ihm: ‚Pass auf ihn auf, und was du mehr ausgibst, werde ich dir, wenn ich zurückkomme, erstatten.' [36]Wer von diesen dreien, scheint dir, ist dem, der unter die Räuber gefallen ist, zum Nächsten geworden?" [37]Da sagte er: „Der barmherzig zu ihm gewesen ist." Da sagte ihm Jesus: „Geh und tu desgleichen."

10,25–37 *Das Doppelgebot und das Samariter-Gleichnis* 281

Das Doppelgebot der Gottes- und der Nächstenliebe, das durch das Samaritergleichnis an dem entscheidenden Punkt konkretisiert wird, wer der Nächste sei, den es zu lieben gilt, führt den Gedankengang fort. Nachdem Jesus mit Blick auf Jerusalem (9,51) geklärt hat, was Nachfolge heißt (9,57–62), welche Sendung den Jüngern anvertraut ist (10,1–20) und welche Hoffnung sie haben (10,21–24), folgt jetzt eine Abfolge von Episoden, die das Leben in der Nachfolge konkretisieren. Das Doppelgebot setzt das Vorzeichen. Die Beispielgeschichte (10,30–35) thematisiert das Tun (10,37); die folgende Erzählung von Maria und Martha betont das Hören (10,38–42). Die anschließende Gebetslehre (11,1–13) konkretisiert jene Gottesliebe, die aus dem Hören zum Sprechen und Handeln führt, mit dem Vaterunser als Kern. Durch die Komposition wird die Einheit von Gottes- und Nächstenliebe unterstrichen. Das Doppelgebot selbst klärt – ein weiteres Mal – die Verwurzelung Jesu in der Bibel und im Gottesglauben Israels, die seiner Originalität in keiner Weise Abbruch tut, sondern sie trägt. Gleichzeitig wird das Samariterbild Jesu (vgl. 9,52–56; 17,11–19) weiter ausgeführt – mit einem schlechterdings positiven Beispiel, das weit über die Nachfolge Jesu hinaus Schule gemacht hat.

Der gesamte Text hat eine dialogische Struktur. Jesus agiert im sokratischen Stil: Er lässt den Fragesteller selbst die Antwort finden – nicht irgendwo, sondern im Gesetz und in seinem Gewissen. Der Dialog spiegelt für Lukas die Überlegenheit Jesu und die Menschlichkeit seiner Ethik, aber auch die Lernbereitschaft anderer, die nicht zu seinem Jüngerkreis gehören.

10,25	Der Gesetzeslehrer fragt Jesus nach dem Gewinn des Lebens.
10,26	Jesus fragt zurück, indem er auf das Gesetz verweist.
10,27	Der Gesetzeslehrer zitiert das Doppelgebot.
10,28	Jesus bestätigt und fordert zum Handeln auf.
10,29	Der Gesetzeslehrer fragt Jesus nach der Identität des Nächsten.
10,30–36	Jesus fragt zurück, indem er das Gleichnis erzählt.
10,37a	Der Gesetzeslehrer gibt die richtige Antwort.
10,37b	Jesus fordert zum Handeln auf.

Das Doppelgebot gehört bei Markus und Matthäus in die Reihe der Jerusalemer Debatten Jesu (Mk 12,28.34; Mt 22,45–40), während Lukas es in die Zeit des öffentlichen Wirkens in Galiläa auf dem Weg nach Jerusalem (9,51) vorgezogen hat. Markus überliefert ein Konsensgespräch; Matthäus und Lukas zeichnen die Gesprächslage kritischer, weil beide erzählen, dass Jesus einer Prüfung unterzogen werden soll – die er nach Lukas glänzend besteht, wie auch sein Kontrahent nicht leugnen kann.

Mit einem „Gesetzeslehrer" *(nomikós)* trifft Jesus auf seinem Weg einen Theologen und Juristen **(25)**, der mit den Schriftgelehrten und besonders den Pharisäern zu vergleichen ist (vgl. 7,35; 14,3). Später wird er dessen Kollegen den Vorwurf der falschen Auslegung machen (11,45–46.52); hier hingegen kommt eine Übereinstimmung in der Basis zum Ausdruck, die zeigt, dass von einer Fundamentalopposition keine Rede sein kann, sondern dass es bei allen Differenzen eine tragfähige Verständigungsgrundlage gibt: das Gesetz, die Liebe und das ewige Leben.

Der Gesetzeslehrer will Jesus „auf die Probe" stellen *(ekpeirázo)*. Nach der Lutherbibel handelt es sich um eine Versuchung – was als mögliche Übersetzung korrekt ist, aber nicht verkennen lassen darf, dass ein grundlegender Unterschied zur teuflischen Versuchung Jesu in der Wüste besteht (4,1–13): Soll dort Jesus von seinem Weg abgebracht werden, soll hier geklärt werden, wo der Weg Jesu verläuft und ob er dem Willen Gottes entspricht. Die Frage zielt auf den Gewinn des ewigen Lebens, also die Teilhabe am vollendeten Reich Gottes, jenseits des Todes und des Endes dieser Welt. Es ist eine schlechterdings grundlegende Frage, die in der pharisäischen Bewegung gleichfalls gestellt und mit dem Hinweis auf den Gehorsam gegenüber der Tora beantwortet wird.

Jesus, der „Lehrer", kann deshalb die Frage zurückgeben **(26)**. Er verweist auf das „Gesetz", die Tora, die fünf Bücher Mose, die auch im Judentum als Grundlage allen Gottes- und Lebenswissens gelten. Insofern ist die erste Antwort Jesu konventionell: Sie weist ihn als einen verantwortungsbewussten Lehrer des Gesetzes aus, der ein Lehrer des Lebens ist. Jesus klärt durch seine Gegenfrage aber auch, dass es einer Hermeneutik des Gesetzes bedarf: einer Kunst, die Tora richtig zu lesen und zu verstehen, im Sinne Gottes. Dass es eines solchen Leseschlüssels bedarf, ist im zeitgenössischen Judentum, besonders pharisäischer Prägung, unstrittig; in den Konkretionen gibt es Unterschiede. Deshalb fragt Jesus nach der professionellen Kompetenz des Gesetzeslehrers. Es gibt in der Fülle der Gebote – nach dem babylonischen Talmud sind es 613 Ge- und Verbote (bMakkot 23b–24a) – eine „Hierarchie der Wahrheiten" (wie die katholische Dogmatik im Blick auf die Ökumene sagt), die Zentrales von Peripherem, Wichtiges von weniger Wichtigem unterscheidet. Das Gesetz als Ganzes wird durch eine solche Hermeneutik nicht zerstört, aber es wird aufgeschlüsselt. Bei Markus und Matthäus wird die Geltungsfrage von Anfang an gestellt (Mk 12,28; Mt 22,45), bei Lukas wird sie durch die Gegenfrage Jesu aufgedeckt. Im Judentum der Zeit Jesu wird die Debatte lebendig geführt, allerdings kontrovers. Rabbi Schammai soll die Frage als Zumutung empfunden, Rabbi Hillel aber mit der Goldenen Regel (6,31; vgl. Mt 7,12) beantwortet haben (Schabbath 31a, 1215; vgl. Liber Antiquitatum Biblicarum XI 10.13; Aristesbrief 207 u.a.). An anderen

10,25–37 *Das Doppelgebot und das Samariter-Gleichnis* 283

Stellen wird das Gebot der Nächstenliebe genannt (Aboth Rabbi Nathan [A] 16 [32b]; [B] 26 [27a]; Sifra Levitikus 19,18 [89b]). Dieser Auffassung stimmt der Gesetzeslehrer zu (**27**). Er kombiniert das Hauptgebot der Gottesliebe (Dtn 6,4–5) mit dem Gebot der Nächstenliebe (Lev 19,18). Nach Markus und Matthäus formuliert Jesus das Doppelgebot, hier liest es der Gesetzeskundige aus dem Gesetz heraus. Er zitiert nicht formal, sondern inhaltlich. Beide Gebote haben dasselbe Verb: lieben. Im Griechischen steht *agapáo*: die Liebe von Menschen, die auf die Liebe Gottes antwortet und von ihr durchströmt wird. Die Liebe Gottes gilt dem einzigen „Herrn", der keine fremden Götter neben sich hat; sie erfüllt den ganzen Menschen: das „Herz", das emotionale, personale und soziale Zentrum seiner Identität, die „Seele", seine Verbindung mit Gott als Gottes Ebenbild, den „Verstand", seine Fähigkeit, zu denken und zu reflektieren, um weise zu werden, und seine „Kraft", d. h. seine Energie, zu handeln. Mit der Liebe zu Gott ist die Nächstenliebe verbunden, im selben Satz. Der „Nächste" ist nach dem Heiligkeitsgesetz der Mit-Israelit (Lev 19,17–18), ohne dass aber der „Fremde" (nach der Septuaginta: der Proselyt) ausgegrenzt würde, der auf Dauer im Land lebt (Lev 19,34). Die Pointe ist die Nähe: Nächstenliebe ist eine Ethik auf Sichtweite. Sie klärt, wem angesichts begrenzter Möglichkeiten vor allem Aufmerksamkeit geschenkt werden soll: denen, mit denen man direkt zu tun hat und denen gegenüber eine besondere Verantwortung besteht. Nächstenliebe ist auch eine Ethik auf Augenhöhe: Der Nächste soll wie die eigene Person geliebt werden. Was für die eigene Person wichtig ist, darf demnach nicht dem vorgezogen werden, worauf der Nächste Anspruch hat; was für die eigene Person wichtig ist, wird aber auch nicht geleugnet oder zerstört; vielmehr kommt es zu einem gerechten Ausgleich, in dem sich ausdrückt, dass der Mensch ein soziales Wesen ist. Die Nächstenliebe bewahrheitet die Gottesliebe; denn Gott, den es zu lieben gilt, fordert sie, ist er doch der Herr, der Schöpfer, Erhalter und Erlöser aller Menschen. Umgekehrt gewinnt die Nächstenliebe durch die Gottesliebe an Motivation und Tiefe, kann sie den Nächsten doch als Gottes Ebenbild wahrnehmen, der nicht auf die Anerkennung anderer angewiesen ist, um Mensch zu sein, aber von Gott her einen unbedingten Anspruch hat, als Mensch gesehen zu werden.

Jesus antwortet positiv (**28**). Eine erzählerische Pointe des Evangelisten besteht darin, dass es zwar im frühen Judentum eine ganze Reihe von Sachparallelen zum Doppelgebot gibt, nicht zuletzt in den griechischen Testamenten der Zwölf Patriarchen (Issachar 5,1–2; 7,6–7; Dan 5,13; Benjamin 3,1–5), dass aber die direkte und explizite, im Gesetz verankerte Kombination gerade für die Jesusüberlieferung charakteristisch ist — und der Gesetzeslehrer also das findet, was Jesus bereits kennt, so dass im Umkehrschluss dessen theologische Kompetenz klar wird. Die Ermunterung zum Tun folgt aus dem Duktus des Gebotes; wer Gottes- und Nächstenliebe verbindet, gewinnt das ewige Leben. Vom expliziten Glauben ist an dieser Stelle keine Rede – weil er in der Einheit von Gottes- und Nächstenliebe impliziert ist, aber über das ausgesprochene Christusbekenntnis hinausweist: eine starke Verbindung zwischen dem Judentum und dem Christentum.

Freilich ist die Klärung des Grundsatzes noch nicht die Klärung der Konkretionen, auf die es aber ankommt, wenn es auf das Tun ankommt **(29)**. Deshalb fragt der Gesetzeslehrer weiter; dass er sich „rechtfertigen" will, zielt nicht auf den Versuch, vor Gott und Jesus gut dazustehen, sondern heißt, dass er erklären will, warum er die Frage überhaupt stellt, da über das Doppelgebot als Parameter eigentlich kein Streit herrschen kann. In einem jüdischen Dialog ist klar, wer zu lieben ist, wenn es Gott zu lieben gilt. Aber die Frage nach dem Nächsten ist nicht von vornherein klar. Aus dem Alten Testament (Lev 19,17–18) geht der Israel-Bezug hervor, der aber (wie Lev 19,34 zeigt) nicht exklusiv zu sehen ist. Die Fallbeispiele aus dem Gesetz beweisen, dass auch im Alten Testament *de facto* Feindesliebe gefordert wird, ganz im Sinne Jesu (6,27–36). Doch ist die Frage, ob es Grenzen der Nächstenliebe gibt, nicht überflüssig. Aus der Gegenfrage des Gesetzeskundigen lässt sich nicht schlussfolgern, dass er nach einem Fluchtweg vor ethischer Verantwortung sucht; im Gegenteil will er sie richtig wahrnehmen.

Das Gleichnis ist ein Argument **(30)** – wie oft bei Lukas, der ein Charakteristikum Jesu aufnimmt (vgl. 5,36; 13,6; 15,3; 18,1; 19,11; 20,9 u. ö.): Es beschreibt einen Fall, der beispielhaft ist; es lädt zu einer Übertragung ein, die naheliegt; es lässt eine Situation entstehen, die mit Identifikationen und Irritationen arbeitet, so dass neue Einsichten entstehen, die das Herz berühren. Für Lukas ist eine Serie von Erzählungen typisch, die mit der Einleitung: „Ein Mensch …" einsetzen; mit dem Samaritergleichnis beginnt sie (12,16; 14,16; 15,11; 16,1.19; 19,12). Sonst wird die Hauptperson angekündigt, hier der Anlass der Geschichte. Immer ist deutlich, dass die Erzählung fiktiv ist.

Die Gleichnisgeschichte selbst ist genau gegliedert, so dass der Überraschungseffekt voll ausgekostet werden kann.

10,30	Die Situation
10,31	Der Priester, der sieht und vorübergeht
10,32	Der Levit, der sieht und vorübergeht
10,33–35	Der Samariter,
	33 der sieht und Mitleid hat
	34 und hilft und pflegt
	35 und Vorsorge für die weitere Behandlung trifft

10,25–37 Das Doppelgebot und das Samariter-Gleichnis 285

Die Komposition zeigt, dass der Blick auf das Handeln des Samariters gerichtet wird. Priester und Levit dienen als Kontrastfolien. In dieser Konstellation wird die Frage nach dem Nächsten schlüssig beantwortet.
Der Weg von Jerusalem nach Jericho wird viel begangen; er ist auch nicht ungefährlich. Die Gegend ist recht einsam; Räuberbanden finden günstige Rückzugsgebiete. Die alte Straße verlief leicht nördlich der heutigen. Auf nicht ganz 40 km sind etwa 1000 m Höhenunterschied zwischen Jerusalem (750 m über NN) und Jericho zu überwinden (250 m unter NN) zu überwinden. Wer der „Mensch" ist, interessiert nicht; nur, dass er ein Mensch ist, der lebensgefährlich verletzt wurde, steht im Blick.
Der Figurenkontrast, der aufgebaut wird, hat das Gleichnis berühmt gemacht. Auf der einen Seite stehen der Priester und der Levit **(31–32)**. Priester und Leviten arbeiten am Tempel; viele Familien leben in Jericho. Wenn sie auf dem Weg von Jerusalem nach Jericho sind, haben sie ihren Dienst hinter sich und werden erst später wieder eingeteilt sein (vgl. 1,8–9). Weil ihnen kein jüdischer Laie, sondern ein Samariter entgegengestellt wird, treten sie nicht spezifisch als Kultdiener auf, sondern als Repräsentanten des Judentums. Sie müssten genau wissen, was zu tun ist; in der Gleichniserzählung wissen sie es auch: Wenn sie einen schwerverletzten Menschen sehen, müssen sie helfen. Sie müssten selbst dann eingreifen, wenn sie ihren kultischen Dienst vor sich hätten und befürchten müssten, sich durch die Berührung eines Toten zu verunreinigen, so dass sie nicht am Tempel agieren dürften, sondern sich vertreten lassen müssten. Aber der Mann am Wege ist nicht tot; der Opferdienst liegt gerade hinter ihnen. Sie machen sich der unterlassenen Hilfeleistung schuldig; sie laden nach herrschender Auffassung – und sicher auch nach der des Gesetzeslehrers – schwere Schuld auf sich, weil sie vorübergehen.
Auf der anderen Seite steht der Samariter **(33)**, dem man im jüdischen Umfeld Jesu vielleicht am wenigsten zutrauen würde, dass er tut, was recht ist. Der starke Konflikt der Nachbarn ist gerade deutlich geworden (9,52–56). Aber genau deshalb lässt Jesus einen Samariter als schlechterdings positive Gestalt auftreten (vgl. 17,11–19). Entscheidend ist: Auch er kommt des Weges; auch er sieht – aber geht nicht vorüber, sondern hat Mitleid *(esplagchnízomai)*. Dieses Mitleid hat Jesus mit der Witwe von Naïn, bevor er ihr ihren Sohn zurückgibt (7,13); dasselbe Mitleid hat der Vater mit seinem verlorenen Sohn im Gleichnis (15,20). Es nimmt Anteil an der Barmherzigkeit Gottes, in der er Heil im Unheil schafft (1,78). Mitleid ist nicht gönnerhafte Herablassung, sondern herzliche Solidarität, die Empathie mit Engagement verbindet. Dieser Einsatz wird breit ausgeführt **(34–35)**. Er geht weit über Erste Hilfe hinaus. Der sprichwörtlich gewordene Samariterdienst wird – unter den damaligen Bedingungen, ohne Krankenhäuser und Sanitäter – so intensiv voran-

286 9,51–13,21 *Die erste Phase der Reise – mit dem Blick nach Jerusalem*

getrieben, wie es möglich schien, weit über das zu erwartende Maß hinaus: durch das Versorgen und Verbinden der Wunden, durch den Krankentransport auf dem eigenen Reittier in eine Unterkunft, durch die Pflege und durch die finanzielle Ausstattung des Wirtes, damit er für die Zeit, da der Samariter abwesend sein muss, seine Auslagen für die weitere Krankenbetreuung ersetzt bekommt.

Im Rahmen des erzählten Dialoges stellt Jesus die Frage (36), die komplementär zu der des Gesetzeslehrers ist, wer sein Nächster sei, den es zu lieben gälte. Das Gleichnis ändert die Perspektive: „Wer ist ... zum Nächsten dessen geworden, der unter die Räuber gefallen ist?" Diese Veränderung desavouiert nicht die Ausgangsfrage, wer „mein Nächster" sei (V.29); denn die Notwendigkeit der Priorisierung in Zielkonflikten ist präzise benannt, und der Begriff des Nächsten ist reziprok: Wer nach dem Nächsten fragt, fragt auch nach sich selbst; und wer sich von Nächsten umgeben weiß, denen er verpflichtet ist, muss selbst zum Nächsten derer werden wollen, die auf Hilfe angewiesen sind. Dieser Perspektivwechsel ist allerdings entscheidend, um von der Theorie- auf die Praxisebene zu gelangen: Wer „mein Nächster" ist, erkennt ein Mensch, wenn er Nächstenliebe übt. Die Nächstenliebe ist kreativ: Sie öffnet die Augen und das Herz; sie schafft Mitleid; sie motiviert Hilfe; sie ist vorausschauend und nachhaltig.

Der Gesetzeslehrer ist nicht verstockt (37). Er antwortet richtig. Er sagt zwar nicht, dass es „der Samariter" gewesen sei, aber erkennt dessen Barmherzigkeit (*éleos*), ganz eng mit dem „Mitleid" (V.33) verwandt, ebenfalls wurzelnd in Gottes Erbarmen (1,50.54.58.72.78). Indem er den Mann als vorbildlich erkennt, überschreitet er bereits die Grenze der traditionellen, politisch wie religiös motivierten Feindschaft von Juden zu Samaritern – und hat den ersten Schritt getan, Nächstenliebe auf innovative Weise nicht nur zu denken, sondern auch zu üben. Jesus kritisiert ihn deshalb auch nicht, sondern mahnt ihn zur Konsequenz – wie der Mann es sich ja von Anfang an (V.25) vorgenommen hatte. Durch die Gottesliebe in ihrer Einheit mit der Nächstenliebe, die ihm der Samariter vormacht, wird er das ewige Leben gewinnen (V.28).

Das Doppelgebot der Gottes- und Nächstenliebe ist ein starkes Bindeglied zwischen Altem und Neuem Testament, aber auch zwischen Judentum und Christentum. Die Nächstenliebe ist ein Kriterium der Gottesliebe, die Gottesliebe ein Katalysator der Nächstenliebe – wenn beides, worin Jesus und der Gesetzeslehrer übereinstimmen, eine Antwort auf Gottes Liebe ist, die sich in der Gottes- wie der Nächstenliebe von Menschen ausprägt. So klar der Grundsatz der Einheit von Gottes- und Nächstenliebe ist: Es bleibt die Aufgabe der Konkretisierung. Wie sie beantwortet werden kann, wird durch die Beispiel-

10,38–42
Maria und Martha

geschichte begründet. Der Samariter ist eine Ikone der Menschlichkeit geworden, mit einer Ausstrahlungskraft weit über die Kirchen hinaus: weil er hilft, wo es nottut, und Verantwortung übernimmt, wo es kein anderer tut. Er hat den Verletzten, der ihm vorher völlig unbekannt gewesen ist, als seinen Nächsten erkannt und durch sein tatkräftiges Handeln seine Nächstenliebe unter Beweis gestellt, verdichtet im Mitleid, das tatkräftig ist. Alle Menschen, die ein Herz im Leibe haben, werden erkennen, dass nicht der Priester, nicht der Levit, sondern ausgerechnet der feindliche, der „häretische" Samariter das einzig Richtige getan und dem unter die Räuber gefallenen Menschen geholfen hat. Das aber ist schon der erste Schritt in die Richtung, die Jesus den Menschen zeigt, damit sie Gott und den Nächsten neu entdecken können. Wer aber nicht nur tatkräftig wie der Samariter hilft, sondern als Jude weiß, dass er ihn wegen seiner Nächstenliebe nachahmen sollte, hat eine Grenze überschritten, die durch das Nahekommen der Basileia durchlässig geworden ist. Der Gesetzeslehrer versperrt sich dieser Lektion nicht. Auch er ist deshalb ein positives Beispiel. Die Komposition ist lukanisch – das Ethos ist jesuanisch. Die Formulierung des Doppelgebotes geht – mitten im Judentum – auf Jesus selbst zurück; das Samaritergleichnis ist sein eigenes Paradigma, von Lukas in Worte gefasst.

10,38–42
Maria und Martha

[38]Als sie auf dem Weg waren, kam er in ein Dorf. Dort nahm ihn eine Frau namens Martha auf. [39]Sie hatte eine Schwester, die Maria hieß. Die setzte sich dem Herrn zu Füßen und hörte sein Wort. [40]Martha aber wurde aufgefressen vom vielen Dienst: „Meister", sagte sie, „Herr, kümmert dich nicht, dass meine Schwester mich allein lässt mit dem Dienen? Sag ihr doch, dass sie mit anfasst!" [41]Es antwortete aber und sagte ihr der Herr: „Martha, Martha, du sorgst und mühst dich um vieles. [42]Aber eins ist nötig. Maria hat nämlich den guten Teil erwählt; der soll ihr nicht genommen werden."

Die kurze Geschichte von Maria und Martha gehört zu den bekanntesten und umstrittensten Frauengeschichten des Neuen Testaments, weil sie lebensnah und charakteristisch ist. Sie zeichnet Frauenbilder, die der Bildung mehr Gewicht als der Hausarbeit geben und deshalb traditionelle Erwartungen irritieren. Martha ist stark, weil sie Gastgeberin ist und alles tut, um Jesus zu dienen. Maria ist noch stärker, weil sie ihm zu Füßen sitzt und sich auf sein Wort konzentriert. Jesus stellt sich auf die Seite Marias, ohne Martha herabzuwürdigen.
In der lukanischen Komposition ergibt sich die theologische Stellung der Szene unter dem Vorzeichen der Einheit von Gottes- und Nächsten-

288 9,51–13,21 *Die erste Phase der Reise – mit dem Blick nach Jerusalem*

liebe (10,25–29): von der Notwendigkeit des Tuns (10,30–37) über den Vorzug des Hörens (10,38–42) bis zur Möglichkeit des Sprechens mit Gott (11,1–4). Martha spielt eine Art Samariterrolle. Jesus wird bedient und lässt sich diesen Dienst gefallen. In der allegorischen Exegese des Samaritergleichnisses wird Jesus meist mit dem barmherzigen Samariter, dem Arzt, identifiziert. Aber er lässt sich auch mit dem Opfer identifiziert, das er schließlich selbst geworden ist. Maria hingegen spielt die Rolle der Fragenden und Hörenden – wie der Gesetzeslehrer in der vorangegangenen Geschichte. Nur dass sie nicht sich selbst rechtfertigen, sondern einfach nur Jesus das Wort lassen will. Auf diese Weise sind die Figurenkonstellationen ähnlich, aber die Rollen kontrapunktisch besetzt. Die Episode hat vier Teile.

10,38	Die Aufnahme Jesu durch Martha
10,39	Die Reaktion ihrer Schwester Maria
10,40	Die Beschwerde Marthas bei Jesus über Maria
10,41–42	Die Antwort Jesu: Die Anerkennung Marias und Marthas

Die Szene folgt einfachen Gesetzen volkstümlichen Erzählens, hat aber literarische Klasse und ist in sich vielschichtig. Sie wird von einem allwissenden Erzähler dargeboten, der alles Beiwerk ausblendet und nur das einblendet, was ihm wichtig ist. Deshalb endet die Erzählung mit einem Wort Jesu, das alles sagt – und alles offenlässt, weil jetzt die Geschichte der Auseinandersetzung mit den Frauenrollen beginnen muss, die vom Evangelisten gezeichnet werden. Die Szene gehört zum lukanischen Sondergut. Sie hat eine – weit entfernte – Parallele in Joh 11; dort spielen beide Schwestern eine wichtige Rolle, bevor Jesus Lazarus von den Toten erweckt. Maria und Martha werden nicht nur literarische Kunstfiguren sein, sondern Bekannte Jesu, aus deren Erinnerungen sich die Erzählungen erklären.

Der Auftakt ist eine geradezu idealtypische Missionssituation (**38**). Jesus ergeht es so, wie er es den Jüngern wünscht (9,1–5; 10,1–16) und wie er selbst das Gegenteil in Samaria erlebt hat (9,53). Martha nimmt Jesus auf; sie macht ihm zu essen und zu trinken. Er ist offenbar bereit, zu nehmen, was ihm gegeben wird – wie es nach der Aussendungsrede den Jüngern vorgeschrieben ist. Mehr noch: V. 39 spiegelt wider, wie Jesus, über die Schwelle der Gastfreundschaft ins Haus getreten, den Raum für die Verkündigung des Wortes nutzt. Nach Johannes ist Jesus mit Maria und Martha sowie ihrem Bruder Lazarus befreundet – eine der vielen Nebengeschichten des Evangeliums, die ins Zentrum führen, auch wenn sie anderenorts im Neuen Testament nicht erwähnt werden. Das Thema der Geschichte ist, was in einem Haus geschieht, das sich dem Evange-

10,38–42 Maria und Martha 289

lium und dadurch Jesus öffnet (oder umgekehrt). In diesem Fall ist es ein Frauen-Haus. Es gibt nach Lukas andere Hausbesuche und Tischgespräche, in denen andere Situationen entstehen und andere Rollen gespielt werden (7,36–50; 14,1–24; 19,1–10; vgl. 7,36–50).

Das Frauenthema wird an einem Rollenkonflikt durchgespielt (39). Martha, die Rührige, löst ihn aus, Jesus löst ihn auf. Martha hat Jesus „aufgenommen", also die aktive Rolle gespielt (V. 38). Maria, ihre Schwester, kümmert sich nicht um den Haushalt, sondern konzentriert sich darauf, dem Wort Jesu zu lauschen. Die kurze Intervention Marthas (40) zielt darauf, Maria vom Hören abzubringen und zur Mithelferin zu machen. Man kann spekulieren, ob Martha mehr Zeit haben will, später Jesus zuzuhören. Aber das steht im Text nicht. Sie will, dass Maria tut, was sie tut. Für Martha hat die Hausarbeit Priorität. Das soll Jesus Maria beibringen. Man kann aus dem: „Kümmert es dich nicht?" einen leisen Vorwurf heraushören, weil nach Markus die Jünger so Jesus im Boot fragen, das im Seesturm zu sinken droht (Mk 4,35–42). Aber weil Lukas die Geschichte etwas anders erzählt (8,22–25), gibt es keine direkte Parallele.

Die Antwort Jesu ist zweigeteilt. Das Wort an Martha (41) wird oft als Tadel interpretiert, zumal die Sorgen ums tägliche Überleben nach Jesu Lehre Belastungen des Jüngerseins sind, die abgeworfen werden sollen, damit die Gabe der Gottesherrschaft empfangen werden kann (12,22–32). Allerdings reagiert Jesus erst, nachdem Martha reagiert hat. Es ist also nicht das Kümmern selbst das Problem, sondern der versteckte Vorwurf, auch Maria solle sich jetzt dieser Aufgabe widmen und Jesus – jedenfalls für diesen Moment – nicht mehr zuhören. Das Wort über Maria (42) trägt deshalb das Achtergewicht. Es ist gleichfalls an Martha gerichtet. Sie soll ihre Einstellung ändern und ihre Schwester anders sehen. Gegen das „viele" Sorgen steht das „eine" Notwendige. Das ist die Konzentration auf „den Einen", auf Gott, den es zu lieben gilt (10,25–27), auch in der Liebe zum Nächsten (vgl. 12,31: „Sucht zuerst das Reich Gottes …"). Ein Ausdruck der Gottesliebe ist es in diesem Moment, Jesus zuzuhören und vom ihm zu lernen, wer Gott ist. Deshalb ist es in den überlieferten Worten Jesu „der gute Teil", der Maria nicht genommen werden soll; denn die Gottesliebe, aus der die Nächstenliebe hervorgeht, ergibt sich aus dem Hören (Dtn 6,4–5: „Höre Israel, …"). Wenn Maria „den guten Teil" gewählt hat, heißt dies nicht, dass Martha schlecht gehandelt hätte. Sie darf nur nicht verkennen, was für Maria wichtig ist, und soll davon ablassen, ihr ihre Rolle streitig zu machen. Maria braucht nicht Martha zu werden, und Martha braucht nicht Maria zu werden. Martha wird von Jesus nicht genötigt, den Maria-Modus zu wählen. Aber Maria soll auch nicht gezwungen werden, in den Martha-Modus zu wechseln.

Lukas zeichnet zwei profilierte Frauenrollen, die koexistieren können und sollen. Dass Maria „hört", hat nichts Unterwürfiges an sich, weil sie ja Jesus ihr Ohr leiht, dem Lehrer und Retter aller. Dass Martha – im Haus – arbeitet, wird nicht diskreditiert, auch wenn Hausarbeit nicht alles ist und noch nicht einmal das Wichtigste. Martha und Maria bleiben Schwestern, auch wenn sie ihre Freundschaft mit Jesus unterschiedlich leben. Im Johannesevangelium wird eine Art Gegengeschichte erzählt. Die rührige Martha ist diejenige, die Jesus entgegengeht, um ihn mit ihrer Trauer über Lazarus, den gestorbenen Bruder, den Freund Jesu, zu konfrontieren – und wird dadurch in ein Glaubensgespräch gezogen, das sie zur Glaubenszeugin macht, während Maria, zu Hause, zuerst nichts mitbekommt und erst später Teil der Auferstehungsgeschichte wird (Joh 11,20–27.28–32). Die lukanische Szene erklärt sich in ihrer Intimität und Strahlkraft am besten aus einer persönlichen Erinnerung, die der Evangelist gesammelt und gestaltet hat. Mit wenigen Worten zeichnet er ein farbiges Erinnerungsbild zu einer wichtigen Seite der Verkündigung Jesu: welche Zugänge er zu seiner Zeit Frauen geöffnet hat, den Weg des Glaubens zu gehen.

11,1–4
Das Vaterunser

¹Und es geschah während er an einem Ort betete, als er aufhörte, dass einer seiner Jünger zu ihm sagte: „Herr, lehre uns beten, so wie auch Johannes seine Jünger gelehrt hat." ²Da sagte er: „Wenn ihr betet, sagt: ,Vater, geheiligt werde dein Name, es komme dein Reich, ³das nötige Brot gib uns täglich, ⁴und vergib uns unsere Sünden, denn auch wir vergeben jedem, der an uns schuldig wird. Und führe uns nicht in Versuchung'."

Das Vaterunser zeigt im Kontext beispielhaft, wie die Gottesliebe (10,25–27) sich aussprechen kann, so dass sie das ganze Leben erfüllt. Sie zeigt zugleich, wie Jesus aus seinem eigenen Beten heraus zum Lehrer des Gebetes für seine Jünger wird. Er wird als Prophet wirken, um den Tempel in Jerusalem wieder zu einem „Haus des Gebetes" zu machen (19,46 – Jes 56,7). Im Blick auf sein Ende und seinen Neuanfang in Jerusalem (9,51) bereitet er diese Aktion vor, indem er seine Jünger so zu beten lehrt, wie es seiner Botschaft vom Reich Gottes entspricht (4,43; 8,1 u. ö.). Der thematische Faden wird im Anschluss durch zwei Gleichnisse weitergesponnen, die ermuntern, Gott zu bitten (11,5–8.9–13).
Die Episode ist übersichtlich gegliedert: Eine Bitte wird erfüllt: Kontext und Form des Gebets passen genau zusammen.

11,1–4 Das Vaterunser 291

11,1   Die Bitte eines Jüngers
11,2–4   Die Antwort Jesu
      2   Die Anrede: Vater
          Die Bitte um die Heiligung des Namens
          Die Bitte um das Kommen des Reiches
      3   Die Bitte um das nötige Brot
      4   Die Bitte um den Erlass der Sünden
          Die Bitte um die Bewahrung vor der Versuchung

Der Aufbau des Gebetes ist programmatisch. Zuerst steht die Anrede: eine Anrufung Gottes, die vor jeder einzelnen Bitte mitgehört werden soll. Dann folgen fünf Bitten, die allesamt an den „Vater" gerichtet sind und genau markieren, was ein Bittgebet des Glaubens ist: keine Behelligung Gottes mit Einzelwünschen, die im Zweifel gegen andere gerichtet sind, sondern eine Wahrnehmung seines eigenen Willens, dem sich alle öffnen, die bitten – wie Jesus es in Gethsemane vormachen wird, wenn es um sein Leben geht (22,42). Die beiden ersten Bitten beziehen sich direkt auf Gott: „dein Name" – „dein Reich"; die folgenden nehmen drei schlechterdings elementare Herausforderungen derer auf, die beten: „unser Brot" – „unsere Schulden" – unsere „Versuchung". Eine Bitte folgt aus der anderen: Der „Name" Gottes wird geheiligt, indem sein Reich nahekommt. Diese Nähe zeigt sich darin, dass die Menschen das Brot erhalten, das sie nötig haben; weil sie es haben, können und wollen sie Schuld vergeben und deshalb Gott um die Vergebung ihrer Sünden bitten; deshalb wissen sie, von Gott nicht in eine Versuchung geführt zu werden, die sie nicht bestehen würden, aber auf diesen Schutz keinen Anspruch zu haben, sondern auf ihn angewiesen zu sein.
Alle Bitten richten sich an Gott: Er heilige seinen Namen; er lasse sein Reich kommen; er gebe täglich das nötige Brot; er vergebe denen, die vergeben; er führe nicht in Versuchung. Dies alles, worum er gebeten wird, tut er von sich aus: Wer betet, nimmt es wahr und stimmt Gott zu. Alle Bitten zielen auch darauf, dass Gott die Beter bewege, ermutige und bestärke, seinen Namen zu heiligen, das Kommen seines Reiches zu erkennen und zu befördern, das tägliche Brot dankbar zu empfangen und großzügig zu teilen, um Vergebung der eigenen Sünden Gott zu bitten, nicht ohne selbst zu vergeben, und die Versuchung zu vermeiden, die von Gott abtrünnig machen würde. Indem das Vaterunser gebetet wird, ist Gott als „Vater" gegenwärtig; sein Name wird geheiligt, sein Reich kommt, das Brot wird gereicht, die Schuld wird vergeben, die Versuchung vermieden. Wer betet, stellt sich gegen alle, die Gottes Namen verunglimpfen, insbesondere in Form der Verachtung anderer Menschen und der Beanspruchung von Gott für eigene Interessen, angefangen bei

der eigenen Person. Wer betet, öffnet sich der Nähe des Reiches und dem Kommen Gottes. Wer betet, empfängt das Brot, das dem Leben nottut, erfährt und gewährt Vergebung und ist vor der Versuchung bewahrt – und arbeitet deshalb dafür, dass Gottes Name in der Öffentlichkeit geehrt wird, dass kein Reich dieser Welt sich als Reich Gottes ausgibt, dass alle Menschen das irdische wie das geistige Brot bekommen, das sie zum Leben brauchen, dass Vergebung gewährt wird, wo sie nicht durch eigenes Verhalten verwirkt ist, und dass Situationen der Versuchung vermieden werden, in denen Menschen an Gott und an sich selbst scheitern (vgl. 9,46–48; 17,1–2).

Im Vergleich mit Matthäus, der das Vaterunser in die Bergpredigt stellt (Mt 6,9–13), zeigen sich ein paralleler Aufbau und eine knappere Form. Die lukanischen Bitten finden sich – sprachlich teils leicht verändert – auch bei Matthäus, der aber die Anrede erweitert: „Unser Vater im Himmel", eine dritte Du-Bitte kennt („Dein Wille geschehe wie im Himmel, so auf Erden") und den Schluss voller tönen lässt („..., sondern erlöse uns von dem Bösen"). Häufig wird geurteilt, dies seien sekundäre Erweiterungen eines ursprünglich sehr kurzen Gebetes, wie Lukas es überliefere. Aber Lukas kann auch verkürzt und Matthäus nicht nur aus der Redenquelle geschöpft haben. Beide Versionen weisen in dieselbe Richtung. Die lukanische Dichte ist für das Evangelium typisch.

Das Beten ist eine Grundhaltung und charakteristische Praxis Jesu **(1)**, von der Lukas oft erzählt (3,21; 5,16; 6,12; 9,18.28–29; 22,41). Sie zeigt historisch die Wurzeln seiner Frömmigkeit im lebendigen Judentum und theologisch seine menschliche Verbindung mit Gott, dem Vater. Einer der Jünger, wörtlich: seiner Schüler, bittet ihn, auch ein Lehrer ihres Betens zu werden. Im Judentum der Zeit werden zahlreiche Gebete neu formuliert, meist im engen Austausch mit den Psalmen und weiteren Gebeten, die bereits überliefert sind. Johannes der Täufer wird es nicht anders gehalten haben; allerdings ist seine Gebetslehre nicht überliefert, die einige der Jünger Jesu schon bei ihm mitbekommen haben könnten. Das Vaterunser steht im engen Kontakt mit den Psalmen und mit zeitgenössischen Gebeten, insbesondere dem (allerdings deutlich längeren) Achtzehnbittengebet.

Die Anrede Gottes als „Vater" **(2)** ist für Jesus charakteristisch (vgl. 22,46). Markus und Paulus überliefern die aramäische Grundform „Abba" (Mk 14,36; Gal 4,6; Röm 8,15). „Vater" verweist nicht auf ein angebliches männliches Geschlecht Gottes, sondern ist ein Titel Gottes, der bei Lukas auf den christologischen Titel „Sohn" abgestimmt ist. In seinen Gleichnissen verwendet Jesus männliche ebenso wie weibliche Bilder (15,1–10 u. ö.), um Gottes Geheimnis zu hüten, indem er es ausspricht, und weiterzugeben, indem er es bejaht. Gott ist auch bei Lukas

11,1–4 Das Vaterunser   293

über die menschlichen Geschlechter erhaben. Aber er ist nicht unnahbar; er hat ein Gesicht, das nicht zu sehen, und einen Namen, der unaussprechlich ist. Er ist ein Du. Das kommt im Beten Israels oft und tief zum Ausdruck (Ps 89,27), auch in frühjüdischen Gebeten wie dem „Awinu Malkenu" („Unser Vater, unser König") oder dem Apokryphon des Joseph (4Q372, Fragment 1,16: „mein Vater und mein Gott"). Das Gebet Jesu gehört in diese Spiritualität hinein; es gewinnt durch die Verbindung mit der Sohnschaft Jesu besondere Farben. In der Schule Jesu wird Gott immer auch als Vater Jesu angeredet, der sich nicht von denen abgrenzt, die ihrerseits zu Gott „Vater" sagen, sondern sich ihnen öffnet. In der Anrede kommen Respekt und Vertrauen, Liebe und Anerkennung, Gehorsam und Hoffnung zum Ausdruck. Früher wurde versucht, die besondere Gottesbeziehung Jesu dadurch zu betonen, dass er aus dem Judentum herausrage, weil angeblich erst er Gottes Liebe zum Herz des Glaubens gemacht habe; heute wird gesehen, dass Jesus mitten hinein ins Judentum gehört: dorthin, wo das heiße Herz seiner Gottesliebe schlägt – und dass er dieses Beten für die vielen Heiden öffnet, die Gott auch in sein Herz geschlossen hat.

Der „Name", den Gott heiligen möge **(2)** ist der, den er Mose am brennenden Dornbusch offenbart und verbirgt: „Ich bin, der ich bin" (Ex 3,14), und den er auf der Spitze des Sinai ausruft, um ihn mit seiner Barmherzigkeit und Gnade, seiner Langmut, Huld und Treue zu verknüpfen (Ex 34,5–7). Das Tetragramm JHWH hält die Stelle frei, an der Gott Gott bleibt, aber den Menschen nahekommt. In der Hebräischen Bibel wird *adonaij* gelesen, ein exklusiv für Gott verwendetes Wort, in der griechischen Bibel steht *kyrios,* auf Deutsch übersetzt und in den meisten Bibeln wiedergegeben mit HERR. Der „Name" ist Gott selbst, so wie er sich mitteilt, damit er von Menschen angesprochen werden kann, ob sie loben oder danken, bitten oder klagen wollen. Die Anrede „Vater" entspricht diesem unaussprechlichen Namen Gottes; denn sie macht ihn so ansprechbar, dass er Gott sein und bleiben kann – in der Weise anerkannt, wie er wirken will, und vertraut, wie er nahe ist. Die Heiligung ist die Offenbarung dieses Namens. Gottes Heiligkeit ist die Ausstrahlungskraft seiner Gottheit und damit die Kraft Gottes, die reinigt, was unrein, und belebt, was tot ist (vgl. Jes 6,1–6). Jesus selbst dient der Heiligung des Namens Gottes: durch die Verkündigung und Verwirklichung des Gottesreiches bis in sein Sterben hinein. Seine Jünger gewinnen in der Nachfolge Jesu Anteil an dieser Heiligung, indem sie ihrerseits im Glauben geheiligt werden, so dass sie den heiligen Gott verkünden können: als den nahen, der sein Reich vollenden will. Die Jünger lernen von Jesus, dass Gottes Heiligung nicht an ihrer Heiligkeit hängt, sondern viele Wege bahnt – die sie kennen und gehen, anerkennen und erweitern sollen.

Das Reich Gottes ist die eine große Verheißung Jesu, die alle Verheißungen umfasst: dass es nahegekommen ist und die Menschen rettet, nicht zerstört (10,9.11; 11,20; 21,31; vgl. 17,20–21). Die Bitte, dass es komme, entspricht also der Tatsache, dass es gekommen ist und seine Nähe je neu manifestiert. Jesus hat die Heilungen und Dämonenaustreibungen, die Seligpreisungen und befreienden Lehren als Zeichen dieser Nähe gesetzt und die Jünger beauftragt, es in seinem Namen ihm nachzutun, indem sie verkünden und vergegenwärtigen, was er tut. Das Vaterunser ist selbst ein solches Zeichen: ein Mittel, die unendliche Nähe Gottes wahrzunehmen, auszusprechen und zu vertiefen. Nur Gott kann sein Reich kommen lassen; deshalb richtet sich die Bitte an ihn. Gott aber verwirklicht sein Reich nicht ohne die Menschen, denen er es öffnet; deshalb lehrt Jesus seine Jünger, das Vaterunser zu beten.

Während der Name und das Reich Gottes Gegenstand eines Bittens sind, dem es um Gott selbst geht, richtet sich die erste Bitte, in der die Situation der Betenden selbst zum Ausdruck kommt, auf das „Brot" **(3)**. In der Tradition wurde es sehr oft auf die Eucharistie gedeutet, weil Jesus im Abendmahlssaal Brot nimmt, um es zu verteilen (22,19–20); in der sozialgeschichtlichen Exegese wird es auf den Lebensunterhalt von Wandermissionaren bezogen, die morgens nicht wissen, was sie tagsüber zu essen bekommen und sie abends unterkommen werden (9,1–6; 10,1–20). Beides sind nicht nur mögliche, sondern auch wichtige und wertvolle Deutungen. Aber der Sinn der Vaterunserbitte lässt sich weder auf die eine noch auf die andere Weise eingrenzen; sie ist offener, elementarer: materiell und spirituell. Das Brot steht für alles, was Menschen zum Leben brauchen – zum Überleben und zum Weiterleben, zum sinnvollen und möglichst auch zum guten Leben. Das Attribut des Brotes macht deutlich, wie elementar die Bitte ist. Der griechische Text ist allerdings schwer zu übersetzen, weil das Wort *epiousios* nur hier und bei der matthäischen Parallele sowie in den Auslegungen der Kirchenväter steht. Zwei Deutungstypen lassen sich unterscheiden. Die eine Interpretation geht vom griechischen *epiousa* (das Verb heißt im Infinitiv *epiénai*) aus, der Bezeichnung des kommenden Tages; dann wäre etwa zu übersetzen: Das Brot für morgen gib uns heute. Diese Deutung würde besonders gut zum Leben passen, das die Wanderprediger in der Armut Jesu teilen. Die andere Linie folgt der Grundbedeutung des Wortes selbst; es ist ein Kompositum dessen Vorsilbe *(epi)* „auf", „bei", „über" und dessen Grundwort *(ousios)* „seiend" heißt. Dann geht es um das lebenswichtige, das wesentliche, das notwendige Brot. Hieronymus ist noch darüber hinausgegangen und hat wortwörtlich *supersubstantialem* übersetzt: über-wesentlich. Er wollte damit das „wesentliche" nicht geringschätzen, aber das, was Menschen dringend brauchen, für das öffnen, was Gott ihnen alles gibt.

11,1–4 Das Vaterunser 295

Das Brot steht für Speis und Trank, für das anständige Auskommen und den gerechten Lohn; denn „der Mensch lebt nicht vom Brot allein" (4,4: Dtn 8,3), braucht aber Brot zum Leben (vgl. 9,10–17). Denjenigen, die um das Existenzminimum bangen müssen, sagt Jesus Gottes Nähe zu, die sich materialisiert: nicht zuletzt durch die Hand derer, die das Vaterunser mitbeten. Denjenigen, die mehr als genug zum Essen haben, spiegelt die Bitte die Not der anderen, die es durch Teilen zu lindern gilt (16,19–31). Bei allen stärkt es den Hunger nach dem Brot, das den irdischen Hunger stillt und den Hunger nach dem himmlischen Brot weckt – und den Hunger nach dem Brot des Himmels zu stillen verheißt, damit diejenigen, die selig sind, weil sie „jetzt" hungern (6,21), genug zum Essen bekommen (vgl. 12,22–34). Dieses Brot wird täglich gebraucht: zu jeder Zeit immer wieder neu. Dass Gott um dieses Brot gebeten wird, heißt nicht, dass Menschen aus der Verantwortung entlassen würden, für eine gerechte Verteilung der Güter auf dieser Erde zu sorgen, sondern dass Gott sie anstiftet, alles zu tun, um Not zu lindern. Es gibt mehr als das, was Menschen erarbeiten und konsumieren können; aber dass es dieses Mehr gibt, heißt nicht, dass zu vernachlässigen wäre, was auf der Erde materiell gebraucht wird, sondern dass die menschliche Hilfe nicht mit göttlicher Rettung verwechselt wird und dass sie genau deshalb effektiv werden kann.

Die Bitte um die Vergebung der Sünden **(4)** beleuchtet die dunkle Kehrseite der Bitte ums Brot, das für den Tag die Not behebt. Denn diejenigen, die Brot nötig haben und essen sollen, obgleich sie nicht vom Brot allein leben, sind auch Menschen, die an Gott und an anderen Menschen schuldig werden. Lukas verwendet das theologische Wort: „Sünden", das Vergehen gegen andere und gegen die eigene Person meint, die damit auch das Verhältnis zu Gott zerstören. In der matthäischen Parallele steht das Bildwort aus der Finanzwelt: „Schulden", das auf menschliches Fehlverhalten übertragen werden kann. Zusammen mit der Heilung des Gelähmten klärt Jesus, dass Gott allein die Sünden vergeben kann und dass der Menschensohn auf Erden diese Vollmacht hat (5,21.24); die Bitte im Vaterunser entspricht dieser Aussage: Jesus lehrt diejenigen, die ihm glauben, Gott um Vergebung zu bitten – in der Hoffnung, erhört zu werden. Wie bei der Heilung des Gelähmten steht als Verb *aphiemi*, das auch mit „erlassen" übersetzt werden kann: Die Schuldigen werden von den Fesseln ihres Versagens befreit; ihre Vergehen werden der Vergangenheit überlassen; sie belasten nicht mehr den Weg in die Zukunft. Diese Vergebung ist Gottes Kreativität – die die Vollendung des Reiches Gottes vorwegnimmt. Auf diese Vergebung freilich gibt es nicht nur keinen Anspruch; sie kann auch nicht ehrlichen Herzens erbeten werden, ohne dass die Bereitschaft besteht, vor Gott und den Menschen auch denen zu vergeben, die an der eigenen

Person schuldig geworden sind; Lukas hat – anders als Matthäus – nicht eine Entsprechung („wie auch wir …"), sondern eine Begründung: Wer in der Nachfolge Jesu das Vaterunser betet, hat Vergebung erfahren und gewährt, weiß aber, sie von Gott immer wieder zu benötigen und anderen immer wieder schenken zu dürfen, aber auch zu müssen (17,3–4). Menschen, denen so viel Unrecht angetan wurde, dass sie nicht vergeben können (obgleich sie es täten, wenn sie könnten), werden im Vaterunser nicht aus-, sondern eingeschlossen, weil die Gemeinschaft betet, stellvertretend auch für diejenigen, die selbst die Bitte nicht über die Lippen bekommen. Sie sind nicht übergriffig, weil die Menschen, an denen die Betenden schuldig geworden sind, nicht vergessen sind. Denn erstens ist im Kontext die Einheit von Gottesliebe und Nächstenliebe betont (10,25–27), die das Verhalten der Betenden bestimmen muss, wenn es nicht heuchlerisch sein soll, zweitens lehrt Jesus das Gebet, der stellvertretend den Opfern ihre Stimme vor Gott gibt, indem er sein Leben hingibt (20,19–20), und drittens öffnet das Vaterunser mit den vorhergehenden Bitten das Herz der Gläubigen für das Recht derer, denen Unrecht widerfahren ist.

Die Schlussbitte löst regelmäßig Protest aus, weil Gott nicht in Versuchung führe. Tatsächlich wird er im Vaterunser nicht um etwas gebeten, was er nicht will, sondern um das, was er will. Im Gebet kommt aber zweierlei zum Ausdruck. Zum einen stehen die Jünger selbst in der hohen Gefahr, anderen Menschen ein solches „Ärgernis" zu bereiten, indem sie Gott benutzen, um sie kleinzumachen (17,1–2); nur Gott kann sie davor bewahren (vgl. 17,5: „Gib uns Glauben"). Zum anderen kennt die Bibel durchaus Situationen, in denen Gott in Versuchung führt – aber nicht damit Menschen an ihm scheitern, sondern damit sie an ihm wachsen. Lukas schreibt, dass Jesus vom Teufel in Versuchung geführt wird, nachdem Gottes Geist ihn in die Wüste geführt hat (4,1–13), und dass er diese Versuchung, die es ohne Gott nicht gegeben hätte, mit Gott besteht. Jesus selbst ringt mit Gott in Gethsemane (22,39–46) und hat vorher den Jüngern gedankt, dass sie in seinen Versuchungen mit ihm ausgehalten haben (22,28), nämlich in der Anfechtung, wie hoch der Preis ist, den die Liebe kostet. Im Alten Testament zeigen die Bindung Isaaks (Gen 22) und die Hiob-Geschichte, wie hart es sein kann, an Gott zu glauben, wenn alles dagegen spricht; Gott führt Abraham und Hiob in Versuchung, ihn zu verraten, damit sie zu ihm stehen. So dienen die Versuchungen Jesu der Verdichtung seiner Sendung, auf menschliche Weise Gott zu repräsentieren (vgl. Hebr 2,18; 4,15). Die Jünger, die Jesus zu beten lehrt, bringen mit ihrer Bitte zum Ausdruck, dass sie die „Versuchung", die Jesus besteht, aus eigener Kraft nicht bestehen würden. Aber in dem Moment, in dem sie

11,1–4 *Das Vaterunser*

die Bitte aussprechen, ist sie erfüllt: Sie öffnen sich Gott, im Vertrauen, nicht über ihre Kraft geprüft zu werden. In Gethsemane fordert Jesus die Jünger zweimal zu beten auf: „Betet, nicht in Versuchung zu geraten" (22,40.46). Die Gebetsrichtung ist komplementär zum Vaterunser: Wer im Wissen, erhört zu werden, betet: „Führe mich nicht in Versuchung", weiß, selbst mit Gottes Hilfe alles tun zu müssen, sich nicht einer Versuchung auszusetzen. Der Jakobusbrief, der seiner Überzeugung Ausdruck verleiht, dass Gott nicht in Versuchung führt, ist in der Haltung der Gebetserhörung geschrieben – und lenkt den Blick nun darauf, in einer erlittenen Not nicht selbstgerecht zu werden und Gott die Schuld zu geben (Jak 1,13–15). An dieser empfindlichen Stelle denkt Paulus ganz ähnlich: Gott „wird nicht zulassen, dass ihr über das hinaus versucht werdet, was ihr könnt; er wird mit der Versuchung auch den Ausweg schaffen, damit ihr bestehen könnt" (1Kor 10,13). Die Versuchung ist nicht eine Art Test, die ein Mensch bestehen müsste, um Gott zu gefallen, sondern eine existentielle Krise, in der Menschen an Gott und der Welt, auch an sich selbst scheitern: so dass ihr Leben zerbricht, gerade weil sie meinen, ihm Kraft und Macht, Glanz und Größe zu verleihen. Die Bitte, nicht in Versuchung geführt zu werden, ist die Bitte an Gott, nicht an Gott zu scheitern. Diese Bitte wird erfüllt; die Erfüllung ist nicht selbstverständlich, sondern Gottes Werk, der das nötige Brot schenkt und Schuld vergibt, weil er seinen Namen heiligt und sein Reich kommen lässt.

Jesus betet – und lehrt zu beten. Das Vaterunser ist nicht das Gebet, mit dem sich Jesus persönlich an Gott, seinen Vater, gewandt hat. Aber es ist das Gebet, mit dem er Menschen Anteil an seiner eigenen Gottessohnschaft gibt, indem er sie ihre eigenen Worte als Kinder Gottes finden lässt (Gal 4,6; Röm 8,15). Wie der Vergleich mit Mt 6,9–13 zeigt, ist das Vaterunser kein Text, der in Stein gemeißelt ist, sondern ein Muster, das unterschiedlich ausgeführt werden kann. Auch in der lukanischen Kompaktform ist das ganze Evangelium Jesu in wenigen Worten zusammengefasst: als Gebet, das bewirkt, was es besagt. Es ist in der 1. Person Plural verfasst, d. h. als ein Gebet, das persönlich gesprochen wird, aber nicht einsam macht, sondern mit allen verbindet, die Jesus mit Gott und Gott mit Jesus verbindet. Das Vaterunser wurzelt, wächst und blüht im Judentum; es schafft bleibend tiefe jüdisch-christliche Gemeinsamkeiten. Es überwindet von Anfang an die Grenzen von Konfessionen und Religionen, weil es ganz auf Gott setzt, seinen Namen und sein Reich, und weil es elementar das Leben aller Menschen erfasst: Das Vaterunser spricht an, was sie zum irdischen und zum ewigen Leben brauchen; es bringt ins Wort, was sie einander zu verzeihen haben und was sie einander verzeihen, indem sie sich Gottes Barmherzigkeit öffnen; es drückt das aus, was ihr Leben zerstören würde, wenn Gott es nicht in seinen Händen hielte. In der Anrede öffnen sich alle, die mit den Worten Jesu beten, dem Geheimnis der Liebe Gottes. In den „Du-Bitten" machen sie sich die Sache Gottes zu eigen; in den „Wir-Bitten" bringen sie ihre Sache so vor Gott, dass sie Gott als Vater wirken lassen. In dieser Prägung geht das Vaterunser auf Jesus zurück. Lukas verdichtet es zu einer Kurzform, Matthäus weitet es zu einem Bittpsalm. In beidem Formen kommt der Glaube zum Ausdruck, der von Jesus mit Leben erfüllt wird.

11,5–13
Zwei Gleichnisse: Mut beim Beten

[5]Und er sagte zu ihnen: „Wer von euch hat einen Freund und geht mitternachts zu ihm und sagt ihm: ‚Freund, leih mir drei Brote, [6]denn mein Freund ist unterwegs zu mir gekommen, und ich habe nichts, was ich ihm vorsetzen könnte‘, [7]und jener wird von innen sagen: ‚Mach mir keine Mühe; die Tür ist schon verschlossen, und meine Kinder sind mit mir zu Bett. Ich kann nicht aufstehen, um dir etwas zu geben‘? [8]Ich sage euch: Wenn er schon nicht aufsteht, etwas zu geben, weil er sein Freund ist, wird er doch wegen seines Drängens aufstehen und ihm geben, so viel, wie er bedarf. [9]So sage ich euch: Bittet, und ihr werdet empfangen; sucht, und ihr werdet finden; klopft an, und es wird euch aufgetan. [10]Denn wer bittet, empfängt, wer sucht, findet, und wer anklopft, dem wird aufgetan. [11]Welchen Vater von euch wird der Sohn um einen Fisch bitten, und der gibt ihm anstatt des Fisches eine Schlange? [12]Oder wird er ein Ei erbitten, und der gibt einen Skorpion? [13]Wenn also ihr, die ihr böse seid, gute Gaben euren Kindern zu geben wisst, um wie viel mehr wird der Vater den Heiligen Geist denen geben, die ihn bitten?"

Das Vaterunser (11,1–4) ist ein Bittgebet; es vereint Gottes- und Nächstenliebe (10,25–27). Um die Gottesbeziehung zu stärken, die aus dem Vaterunser spricht, fügt Jesus nach dem Lukasevangelium zwei Gleichnisse an, die Mut zum Beten machen sollen. Beide Gleichnisse werden in der Erzählung von Jesus selbst gedeutet, wie bei Lukas meistens (vgl. 8,4–18 u. ö.). Die Deutungen geben den Jüngern Hinweise, welche Schlüsse sie aus den Gleichnissen ziehen sollen. Sie unterstützen nicht die naive Erwartung, Gott müsse persönliche Wünsche erfüllen. Sie unterstützen auch nicht die Überlegung, das Bittgebet nütze nichts, weil Gott in seiner Freiheit souverän bleibe. Sie führen vielmehr in das Ethos und die Spiritualität des Betens ein, die dem Vaterunser entspricht.
Der Aufbau lässt zwei Schritte des Lehrens erkennen.

11,5–13 Zwei Gleichnisse: Mut beim Beten

11,5–10 Das erste Gleichnis und seine Deutung
5–8   Das Gleichnis vom mitternachts gebetenen Freund
9–10   Die Deutung des Gleichnisses auf die Liebe zu Gott
11,11–13 Das zweite Gleichnis und seine Deutung   (Mt 7,9–11)
11–12 Das Gleichnis vom gebetenen Vater
13   Die Deutung des Gleichnisses auf Gottes Liebe

Das erste Gleichnis ermuntert zum Gebet, das zweite begründet diese Ermutigung. Das erste Gleichnis ist Sondergut, das zweite hat eine entfernte Parallele in der Bergpredigt (Mt 7,9–11). Beide Gleichnisse haben enge Beziehungen zu Leitmotiven jesuanischer Gebetsunterweisung, besonders zur Zusage der Erhörung gläubigen Bittens (Mk 11,24; Mt 7,7–8; vgl. Joh 14,13–14; 15,7; 16,24; Thomasevangelium 94). Beide stellen rhetorische Fragen, die aus Lebenserfahrung klar zu beantworten sind (vgl. 14,5): Kein Freund und kein Vater würde die Bitte verweigern. Um wie viel weniger würde es Gott tun (vgl. 18,1–8).
Das erste Gleichnis schildert einen vielleicht ungewöhnlichen, aber nicht unmöglichen Fall (5–8). Ein Freund sucht spät in der Nacht Kost und Logis; der Freund, bei dem er unterkommt, hat nicht genügend im Haus, um ihn zu bewirten. Er klopft bei seinem befreundeten Nachbarn an, um sich Brot zu leihen. Er will es noch nicht einmal geschenkt, sondern dem Freund die benötigten drei Brote später ersetzen. Alles, was im Gleichnis als Grund angeführt wird, nicht zu helfen, ist eine Ausrede: Nur Bequemlichkeit kann davon abhalten, vom Nachtlager aufzustehen, die Haustür zu öffnen und dem bittenden Freund die gewünschten Brote, die offenbar vorhanden sind, zu geben. Freundschaft besteht gerade darin, einander in der Not zu helfen (Spr 17,17); nur ein falscher Freund würde nicht helfen (Sir 6,8). Ein Freund, der nicht aufstände, wäre keiner. Aber selbst in diesem Fall würde die Zudringlichkeit (vgl. 18,1–8) des Nachbarn, in Verbindung mit der nächtlichen Ruhestörung, die Erfüllung der Bitte erwirken. Die komplementäre Pointe setzt später das Gleichnis vom Hausverwalter, der nach der Sperrstunde nicht mehr öffnet (13,25–28; vgl. Mt 25,1–12).
Während das Gleichnis Allgemeinwissen aufruft, ist die Deutung hoch ambitioniert. Sie besteht aus einer Ermunterung (V. 9) und einer Begründung (V. 10), die im anschließenden Gleichnis und dessen Deutung ausgeführt wird. Ermuntert wird dazu (9), Gott zu bitten und sozusagen an der Himmelstür anzuklopfen, aber auch an die Häuser derer, die Jesus nachfolgen. Die Zusage ist nicht eingeschränkt, weil die Größe der Güte Gottes hervortreten soll, der auf die Klagen und Bitten, auf das Flehen der Menschen hört und sich ihrem Suchen nicht entzieht. Dass nicht egoistische Bitten gemeint sind, ergibt sich aus dem Kontext: Ermuntert

werden diejenigen, die das Vaterunser von Jesus gelernt haben (11,1–4) und in dessen Geist bitten; diese Bitten sind nicht vergeblich, auch wenn bei weitem nicht alle Bitten, die Menschen guten Glaubens an Gott richten, erhört werden. Die mangelnde Erhörung ist für viele ein Grund, mit Gott zu hadern oder abzuschließen; es ist ungerecht, von unerhörten auf ungläubige Bitten zu schließen; aber es ist wichtig, die Erhörung von Bitten, die dem Vaterunser entsprechen, nicht als selbstverständlich hinzunehmen; es ist auch wichtig, bei unerhörten Bitten auf verborgene Formen der Erfüllung zu schauen.

Die Begründung (10) ist nicht tautologisch, sondern bringt Gott als ungenannten Akteur ins Spiel: Wer sich auf den Weg des Bittens in der Nachfolge Jesu macht, wird Gott empfangen, in vielen Dingen. Wer sich auf den Weg der Suche macht, wird Gott finden, ohne je mit dem Suchen aufhören zu können. Wer bei ihm anklopft, wird nicht abgewiesen werden. Die Deutung auf Gott ergibt sich aus der Fortsetzung; wer bittet, sucht und anklopft, ist eingeladen und angehalten, nicht nur die eigenen Erwartungen zu sehen, sondern sich von Gott die Augen, das Herz und den Verstanden öffnen zu lassen, um ihn zu erkennen, auch wo er nicht erkannt wird. Diese Öffnung ist nicht Autosuggestion, sondern Sensibilität für Gottes Spuren in den Phänomenen der Zeit (vgl. 12,56).

Das zweite Gleichnis verstärkt die Nahbeziehungen (11–12): Nach dem Freund kommen Vater und Sohn zur Sprache, und statt eines großen Gefallens stehen kleine Selbstverständlichkeiten an: die Bitte um einen Fisch oder um ein Ei. Ein Vater, der stattdessen eine Schlange oder einen Skorpion gäbe, wäre ein Monster. Schlange und Skorpion können gefährlich, gar tödlich beißen und stechen. Jesus zeichnet eine Groteske – um alle, die er zu Gott führen will, bei ihren elementaren Erfahrungen abzuholen.

Die Übertragung (13) arbeitet mit einem Schwarz-Weiß-Kontrast. Dass Gott gut ist, ist eine Grundüberzeugung der Bibel (18,19 par. Mk 10,18). Dass die Menschen „böse" sind, disqualifiziert nicht ihren Charakter, sondern zeigt, dass sie im Unterschied zu Gott dem Bösen ausgesetzt sind und immer wieder nachgeben: Sie sind nicht frei von Schuld; sie erleiden und verursachen Not; sie leben im Zeichen des Todes und verbreiten ihn durch ihr eigenes Denken und Handeln um sich; deshalb müssen sie um Vergebung bitten (11,4), auch wenn sie ihrerseits durchaus Vergebung gewähren. Gott schenkt denen, die ihn bitten, das Beste, um das sie bitten können: den „Heiligen Geist" (12,11–12). In diesem Geist wird Jesus taufen (3,16); um ihn wird er Gott bitten (24,49: „Kraft aus der Höhe"; vgl. Apg 1,8), damit die Jünger Zeugnis von ihm ablegen können (vgl. Apg 2). Durch die Begründung werden sowohl die Bitten als auch die Gaben qualifiziert, die zugesagt werden: Das Materielle wird

11,14–36 *Die Auseinandersetzung mit Jesu Machttaten* 301

nicht verachtet, sondern gewürdigt – Menschen müssen leben können; das Entscheidende ist der Heilige Geist, weil er Menschen nicht auf ihren Mangel festlegt, sondern aus tiefer Not mit Gott verbindet.

In der Schule des Betens, die zur Nachfolge Jesu gehört, gibt das Vaterunser den Ton an (11,1–4). Ihm folgt bei Lukas die Ermutigung, Gott zu bitten (vgl. 18,1–8). Sie ist vom Glaubensvertrauen getragen, dass Gott sein Ohr den Menschen leiht, die zu ihm rufen (vgl. Mt 6,8). Er ist nicht dazu da, ihre individuellen Wünsche zu befriedigen, wenn sie den berechtigten Interessen anderer entgegenstehen. Er ist ohnehin nicht der *deus ex machina*, der jenseits menschlicher, irdischer, kosmischer Kräfte wirkt. Aber er schenkt seinen Geist, der die Welt erneuert, die Dinge belebt und die Menschen für ihn öffnet. Dieser Geist ist das Geschenk in allen Gaben; die Verleihung des Geistes ist die Erfüllung aller Bitten. Er ist das – oder der – „Gute" von dem die Parallele in Mt 7,11 spricht. Die Gleichnisse sind im Kern jesuanisch; sie passen zum Glauben, den das Vaterunser ausdrückt; deshalb hat Lukas sie redaktionell an diese Stelle gerückt.

11,14–36
Die Auseinandersetzung mit Jesu Machttaten

[14]Und er trieb einen Dämon aus, der stumm war. Es geschah aber, als der Dämon ausgefahren war, dass der Stumme redete und das Volk staunte. [15]Einige von ihnen aber sagten: „Mit Beelzebul, dem Anführer der Dämonen, treibt er die Dämonen aus." [16]Andere aber verlangten von ihm ein Zeichen vom Himmel. [17]Er aber kannte ihre Gedanken und sagte ihnen: „Jedes Reich, das gespalten ist, wird verwüstet und Haus fällt auf Haus. [18]Wenn aber der Satan in sich gespalten ist, wie soll sein Reich Bestand haben? Weil ihr sagt, dass ich die Dämonen mit Beelzebul austreibe. [19]Wenn aber ich mit Beelzebul die Dämonen austreibe, mit wem treiben dann eure Söhne aus? Deshalb werden sie eure Richter sein. [20]Wenn ich mit dem Finger Gottes die Dämonen austreibe, ist Gottes Reich schon zu euch vorgestoßen. [21]Wenn der Starke bewaffnet seinen Hof bewacht, ist das, was er hat, in Frieden. [22]Wenn aber einer, der stärker als er ist, herzukommt und ihn besiegt, nimmt er seine Rüstung, auf die er sich verlassen hat, und verteilt seine Beute. [23]Wer nicht mit mir ist, ist gegen mich, und wer nicht mit mir sammelt, zerstreut. [24]Wenn der unreine Geist aus einem Menschen geht, streift er durch wasserlose Orte, sucht Ruhe und findet sie nicht; dann sagt er: ‚Ich will in mein Haus zurückkehren, aus dem ich gekommen bin'; [25]und wenn er kommt, findet er es gefegt und geschmückt. [26]Dann nimmt er sieben andere Geister mit, böser als er, sie ziehen dort ein und lassen sich nieder, und am Ende geht es dem Menschen schlimmer als zuvor."

302 9,51–13,21 *Die erste Phase der Reise – mit dem Blick nach Jerusalem*

[27]Und es geschah, als er dies sagte, dass eine Frau aus dem Volk die Stimme erhob und ihm sagte: „Selig der Leib, der dich getragen, und die Brüste, an denen du gesogen hast." [28]Er aber sagte: „Selig noch mehr, die Gottes Wort hören und bewahren." [29]Als die Volksmengen herzudrängten, begann er zu sagen: „Dieses Geschlecht ist ein böses Geschlecht. Es fordert ein Zeichen, und ein Zeichen wird nicht gegeben werden, außer dem Zeichen des Propheten Jona. [30]Denn so wie Jona den Niniviten zum Zeichen geworden ist, so wird es auch der Menschensohn diesem Geschlecht sein. [31]Die Königin des Südens wird im Gericht aufstehen mit den Männern dieses Geschlechts und sie verurteilen; denn sie kam von den Enden der Erde, um Salomos Weisheit zu hören – und siehe, hier ist mehr als Salomo. [32]Die Männer Ninives werden aufstehen im Gericht mit diesem Geschlecht und es verurteilen; denn sie sind auf die Predigt des Jona hin umgekehrt – und siehe, hier ist mehr als Jona. [33]Niemand zündet eine Lampe an und stellt sie ins Verborgene oder unter einen Scheffel, sondern auf den Leuchter, damit, die eintreten, das Licht sehen. [34]Die Leuchte des Leibes ist das Auge. Wenn also dein Auge klar ist, ist dein ganzer Leib licht; wenn es aber böse ist, ist dein Leib finster. [35]Schau also, dass das Licht in dir nicht Finsternis sei. [36]Wenn nun dein ganzer Leib Licht ist und keinen finsteren Teil hat, wird er ganz licht sein, wie wenn die Lampe dich mit ihrem Schein erleuchtete."

Nachdem Jesus, mit Blick auf Jerusalem (9,51), zuerst geklärt hat, was Nachfolge ist (9,57–10,24), und dann die Einheit von Gottes- und Nächstenliebe konkretisiert hat, die in der Nachfolge Jesu realisiert werden soll (10,25–11,13), folgt eine längere Auseinandersetzung mit kritischen Rückfragen an seine Praxis. Mit Verweis auf seine spektakulären Dämonenaustreibungen wird die Legitimität der gesamten Sendung Jesu in Frage gestellt (11,14–36). Eine neue Szene eröffnet erst die Notiz von 11,37, dass Jesus die Einladung eines Pharisäers annimmt, bei ihm zu essen; dort wird er die herrschende Theorie und Praxis der Schriftgelehrten in Frage stellen. Dass Jesus gegen Widerspruch seine Sendung zu erklären hat, ist seit seiner Antrittspredigt in Nazareth offenkundig (4,16–30), auch hier sind es nicht nur professionelle Theologen, die Jesus ablehnen, sondern einfache Menschen aus dem Volk, in dem sich viele, aber bei weitem nicht alle auf die Seite Jesu stellen. In dieser Konfliktlage schafft Jesus nach Lukas Klarheit.

Der Passus beginnt mit der denkbar härtesten Kritik an den Exorzismen und der Kritik dieser Kritik durch Jesus (11,14–26); er endet mit der Forderung eines Beglaubigungszeichens und deren Zurückweisung durch Jesus (11,29–36): Die Seligpreisung einer Frau aus der Menge (11,27) ist

11,14–36 *Die Auseinandersetzung mit Jesu Machttaten* 303

der einzige Lichtblick. Der Aufbau zeigt die Differenziertheit der Auseinandersetzung, die notwendig wird.

11,14–16 Die Ausgangslage: Beelzebul-Vorwurf und Zeichenforderung
11,17–28 Die Auseinandersetzung mit dem Beelzebul-Vorwurf
    17–26 Die Zurückweisung des Vorwurfs
       17–19 Die Widersprüchlichkeit des Vorwurfs
       20–26 Die Sendung Jesu
    27–28 Die doppelte Seligpreisung
       27   Die Seligpreisung einer Frau
       28   Die gesteigerte Seligpreisung Jesu
11,29–36 Die Auseinandersetzung mit der Zeichenforderung
    29–32 Die Zurückweisung der Forderung
       29–30 Das Zeichen des Jona
       31–32 Die Königin des Südens und die Niniviten im Gericht
    33–36 Das Licht des Menschen
       33   Das Bild der Lampe
       34–36 Das innere Licht

Lukas hat die Rede so komponiert, dass zwei Zumutungen, mit denen Jesus konfrontiert wird, klar benannt und entschieden zurückgewiesen werden, immer zuerst kritisch in Richtung der Gegner Jesu, dann konstruktiv in Richtung derer, die sich auf Jesu Seite stellen. Zuerst steht der ungeheuerliche Vorwurf, Jesus würde mit dem Teufel im Bunde stehen, wenn er Dämonen austreibt (V. 15), dann die heuchlerische Forderung, durch ein himmlisches Zeichen die Legitimität seiner Sendung unter Beweis zu stellen (V. 16). Bei der Zurückweisung verharrt Jesus nicht in einem Verteidigungsmodus; er nimmt vielmehr die Gelegenheit wahr, in der Herausforderung klar zu benennen, wofür er steht, was für seine Sendung spricht und weshalb es darauf ankommt, ihn zu unterstützen, der er Gottes Heil auf der Erde verbreitet.

Lukas hat den Text zusammengestellt. Aber es gibt vergleichbare Aussagen in anderen Evangelien. Im Blick auf das Matthäusevangelium zeichnet sich eine Parallele in der Redenquelle ab, die auf den Besessenheitsvorwurf mit der Erklärung antwortet, in den Exorzismen offenbare sich die Nähe des Gottesreiches (Mt 12,22–30). Im Blick auf das Markusevangelium zeichnen sich Ansätze einer Doppelüberlieferung ab, weil der Vorwurf, im Namen Beelzebuls Dämonen auszutreiben, auch dort belegt ist, einschließlich der Zurückweisung mit Bildworten, die geeignet sind, die Unsinnigkeit des Vorwurfs zu belegen (Mk 3,22–27). Auch zur Zeichenforderung und deren Zurückweisung gibt es sowohl eine markinische Parallele (Mk 8,11–13) als auch eine Doppelüberlieferung aus Q

304 9,51–13,21 *Die erste Phase der Reise – mit dem Blick nach Jerusalem*

(vgl. Mt 12,38–42), die in der Richtung identisch ist, aber mit dem Verweis auf Jona eigene Farben trägt. Stoff aus der Redenquelle ist auch bei der Warnung vor Rückfall nach Exorzismen (11,24–26 par. Mt 12,43–45) und in der Lichtmetaphorik verarbeitet (11,33 par. Mt 5,15; vgl. Mk 4,21; Lk 11,34–36 par. Mt 6,22–23). Trotz der unterschiedlichen Quellen entsteht ein neues Ganzes: ein literarisches Original, das kreativ die Erinnerung an Jesus auffrischt.

Dass Jesus Dämonen austreibt, mindestens in seinen Augen und denen seiner Zeitgenossen, ist gesichertes historisches Wissen. Auch die historisch-kritische Exegese schließt sich diesem Urteil an, so schwer auch zu deuten ist, was Dämonen sein sollen, die heute meist als psychische Unheilskräfte aufgefasst werden, aber nach antiker Auffassung den Ungeist ganzer Kulturen bestimmen können. Lukas stellt ein Paradebeispiel vor Augen (14), weil er kontroverse Reaktionen thematisiert, die Jesu Wirken auslöst. Die Exorzismen sind auch bei Lukas für Jesus charakteristisch (4,31–37 par. Mk 1,21–27; 4,41 par. Mk 1,34; Lk 7,21; 8,26–39 par. Mk 5,1–20; Lk 9,43–47 par. Mk 9,14–29; Lk 13,10–17). Stummheit kann nach antiker Auffassung viele Ursachen haben; Besessenheit, die Entfremdung bewirkt, ist eine mögliche. Der Stumme, der wieder sprechen kann, weil er durch Jesus den Geist losgeworden ist, der ihm die Stimme genommen hat, löst ein Gespräch aus, das von Seiten der Gegner Jesu vergiftet werden soll, von Jesus aber gereinigt wird.

Im Publikum erhebt sich Widerspruch. Das Staunen ist hier keine Ahnung des Glaubens, sondern die Irrationalität einer vorurteilsbehafteten Skepsis. Die einen machen Jesus den denkbar schwersten Vorwurf (15), dass er nicht im Namen Gottes, sondern als Agent des Teufels Dämonen austreibe. Diese Erklärung ist prinzipiell möglich, weil Dämonenaustreibungen reine Showveranstaltungen sein könnten, die vom „Anführer" der Dämonen inszeniert worden wären. Die Dämonen sind wie ein militärisches Kommando vorgestellt, das sich eines Menschen bemächtigt. „Beelzebul" leitet sich von „Baal-Zebub" ab, in 2Kön 1,2–16 zu „Baal-Sebub" verballhornt: „Gott der Fliegen". „Beelzebul" ist ein volkstümlicher Name für „Satan" (V. 18; vgl. 10,18; 13,16; 22,3.31), den Teufel (4,1–13; 8,12). Der Vorwurf ist bei Lukas absurd, weil Jesus dem Teufel widerstanden hat und der eine Zeit von ihm abläasst (4,13); die Unterstellung ist die denkbar schlechteste, wird aber bei Lukas anders als bei Markus nicht mit der unvergebbaren Sünde „wider den heiligen Geist" in Verbindung gebracht (Mk 3,20–30; vgl. Lk 12,10), sondern als härteste Konfrontation gezeichnet.

Die anderen Skeptiker fordern ein „Zeichen", an dem Jesus sich als messianischer Befreier ausweisen soll (16). Auch diese Erwartung ist populär (vgl. 1Kor 1,22). Sie kann sich vermeintlich auf Dtn 13,2–4 berufen; denn

11,14–36 *Die Auseinandersetzung mit Jesu Machttaten* 305

wenn dort geschrieben steht, dass jemand auch dann ein Falschprophet ist, wenn er Zeichen wirkt, sofern er von Gott abspenstig macht, wie es Jesus ja vorgeworfen wird (V. 15), ließe sich schlussfolgern, wer Gott die Ehre geben wolle, müsse erst recht Zeichen und Wunder tun können. Tatsächlich herrscht aber in der erzählten Forderung nicht das Interesse, Jesus doch als messianischen Heiland zu entdecken, sondern ihn als Scharlatan zu desavouieren (vgl. V. 17).

Jesus durchschaut die „Gedanken" seiner Kritiker, die nichts Gutes im Schilde führen (**17**). Zuerst wendet er sich dem Vorwurf des Teufelsbündnisses zu. Gegen die unterstellte Deutung führt er plausible Gründe an, die er in Bildern entwickelt. Die unausgesprochene Voraussetzung, dass der Stumme redet (V. 14), zeigt beispielhaft, dass die Dämonen und ihr Anführer (V. 15) ihre Macht über den Menschen eingebüßt haben, wenigstens für den Moment. Also kann der Exorzismus nicht im Sinne des Dämonenfürsten sein. Dies vorausgesetzt, erklärt sich die Argumentation: Spaltung zerstört jedes Imperium. Das gilt in der Politik, in der die römischen Bürgerkriege oder die Wirren des Vierkaiserjahres (69 n. Chr.) anschauliche Beispiele liefern; es gilt auch für „Satan" (**18**): Er würde sich selbst verstümmeln, betriebe er Exorzismen; er zerstörte sein eigenes Reich, das er durch Dämonen aber doch aufbaue. Ein *argumentum ad hominem* kommt hinzu (**19**). Ebenso, wie die Geschichtlichkeit der Exorzismen Jesu unbezweifelbar ist, gehören Dämonenaustreibungen anderer Juden in den Erfahrungshorizont. Tobit und Salomo, beide der Überlieferung nach Exorzisten, sollten über jeden Zweifel erhaben sein (Tob 6,8–9; 8,3; Testament des Salomo 1–3; 17; 22–25). Flavius Josephus kennt Dämonenaustreibungen aus salomonischer Tradition bis in seine Zeit (Antiquitates Judaicae 8,42–49). Der pauschale Vorwurf an die Adresse Jesu müsste auch sie treffen, die „Söhne" Israels, die exorzistisch wirken; wenn dies geschieht, stehen sie am Jüngsten Tag als Richter vor denen, die sie falsch angeklagt haben.

Die positive Wendung dieser Kritik ist ein Schlüsselsatz der Verkündigung Jesu (**20**). Der „Finger Gottes" ist nach Ex 8,15 das Instrument, mit dem Mose die Zauberer des Pharao beeindruckt, die ihm nichts entgegenzusetzen haben: ein Bild für die Leichtigkeit, mit der Gott das Schwerste vollbringt. Jesus nimmt für sich in Anspruch, diese Souveränität Gottes zu haben, wenn er als Exorzist wirkt. Die Dämonenaustreibungen sind für besessene Menschen Taten der Befreiung, wie sie Israel in Ägypten erfahren hat. (In der Parallele Mt 12,28 ist vom „Geist Gottes" die Rede.) Das Austreiben ist die entscheidende Perspektive: Die Dämonen werden nicht nur beherrscht; sondern müssen auch von denen ablassen, die sie beherrscht haben: Die bösen Geister werden besiegt und vertrieben. Diese Taten offenbaren die Nähe des Gottesreiches. Das griechische Verb, *phtháno*, kann durchaus einen militärischen Grundsinn haben und einen Vorstoß bezeichnen: Gottes Reich kommt (11,2) aus der jenseitigen Zukunft in die Gegenwart und verschafft sich dort Geltung. Die Konsequenz ist, dass Gottes Reich „nahegekommen" ist (10,9.11; 21,31). Durch die Dämonenaustreibungen wird diese Nähe nicht bewirkt, sondern offenbart. Die Zeitenfolge des Satzes ist prägnant. Das Verb des Hauptsatzes, „vorgestoßen", steht im Aorist, bezeichnet also ein definitives Geschehen. Der Konditionalsatz, der die Exorzismen benennt, bezieht sich auf die Gegenwart (V.14). Jede Austreibung bringt zum Ausdruck, was Gott immer schon bewirkt hat: seine Nähe. Aus diesem Vorlauf erklärt sich die Leichtigkeit, mit der Jesus handelt. Tatsächlich hält auch bei Lukas keine einzige Erzählung fest, dass Jesus irgendwelche Schwierigkeiten gehabt hätte, den Dämonen zu gebieten. Die Exorzismen sind eine Fingerübung Gottes, die Jesus ausführt, weil Gottes Reich nahe ist.

Mit einem Bildwort, das auf V.18 zurückgreift, aber den Blick vom Politischen aufs Private lenkt, unterstreicht Jesus diesen Zusammenhang zwischen dem Vorstoß von Gottes Reich und den Dämonenaustreibungen (21–22). Dort ist der entscheidende Aspekt die Absurdität der Selbstzerstörung „Beelzebuls", hier der Sieg über den Unterdrücker. Der „Starke" steht im Bild für den Teufel, der durch seine Dämonen Menschen in seinen Besitz bringt, der „Stärkere" verweist auf Jesus, der mit dem „Finger Gottes" (V.20) die Dämonen verjagt. Die „Rüstung" mit der sich der Satan gepanzert hat, ist seine Macht, Menschen zu erbeuten, um sie zu Objekten zu machen; wenn Jesus ihm die Rüstung entwindet und die „Beute" des Teufels verteilt, heißt dies: Er gibt den Menschen wieder das Leben zurück; er macht sie frei.

Weil es um das Schicksal von Menschen geht, kann es in dieser Frage keine faulen Kompromisse geben. Deshalb formuliert Jesus hart (23): Wer sich nicht explizit auf seine Seite stellt, legt ihm Steine in den Weg und erschwert deshalb, dass Menschen von Gott befreit werden: Sie werden nicht „gesammelt", d.h. mit Gott und untereinander verbunden, was auch die Aufgabe der Jünger Jesu ist, sondern „zerstreut", also noch mehr ihrer selbst, Israels und Gottes entfremdet. Lukas kennt auch die positive Wendung: „Wer nicht gegen euch ist, ist für euch" (9,50; vgl. Mk 9,40). Dort liegt das Augenmerk auf möglichen Koalitionspartnern, die von den Jüngern nicht abgewiesen werden sollen; hier hingegen sollen Störfaktoren ausgeschaltet werden, damit Menschen von Dämonen befreit werden. Deshalb sind die Wendungen nicht widersprüchlich, sondern komplementär. Je nach dem Kontext, ist einmal das eine, einmal das andere richtig.

Die Dringlichkeit, nicht zu zerstreuen, sondern zu sammeln, ergibt sich aus der Fortsetzung (24–26). Sie greift ein Thema auf, das selten im Neuen

11,14–36 Die Auseinandersetzung mit Jesu Machttaten 307

Testament behandelt wird: die Rückfälligkeit von Geheilten und Befreiten. Meistens wird nur der Moment des Erfolges samt den unmittelbaren Reaktionen geschildert. Hier jedoch wird die Gefährlichkeit ausgetriebener „Geister" angesprochen. Sie verlieren nicht ihre Gefährlichkeit, wenn sie aus einem Menschen vertrieben worden sind, sondern sind wie ein Junkie auf der Suche nach Drogen – die sie am liebsten dort finden wollen, woher sie vertrieben wurden. Die Archaik der Vorstellungswelt ist klar; aber in ihr wird zweierlei deutlich: So wie die Kranken, die Jesus geheilt hat, wieder krank werden können und in jedem Fall alle sterben müssen, einschließlich derer, die Jesus ins Leben zurückgerufen hat, so sind auch die Menschen, die Jesus von Dämonen befreit hat, nicht ein für alle Mal vor Dämonen gefeit, sondern besonders gefährdet. Dieser Umstand mindert nicht die Befreiung, die den Besessenen zuteilwird; es wird auch nicht der Zeichencharakter der Exorzismen undeutlich. Es wird aber klar, dass es starker Vorsicht bedarf, den Sieg über Satan nicht zu verspielen. Dass der vertriebene Dämon, wenn er zurückwill, das Haus – wie es metaphorisch vom Menschen heißt – „gefegt und geschmückt" vorfindet, zeigt den Erfolg des vorausgesetzten Exorzismus, der die Unreinheit beendet hatte. Deshalb braucht der Dämon Verstärkung. Aus diesem Grund geht es einem Menschen, wenn es zu einem Rückfall kommt, schlimmer als zuvor. Die Vertreibung des Dämons wird durch den Rückfall nicht nachträglich in Frage gestellt; es wird vielmehr deutlich, dass sie keinen Schutzautomatismus bietet. Sie bleibt ein Zeichen für den Vorstoß des Gottesreiches (V. 20); aber solange die Vollendung aussteht, wird es Krankheit und Besessenheit geben, auch bei denen, die schon einmal geheilt und befreit worden sind.

Eine positive Reaktion aus dem Volk auf Jesu Klärung, welche Mission er erfüllt und welche Vorsicht er walten lässt (11,20–25), gibt eine Frau **(27)**. Die Würdigung einer weiblichen Stimme ist typisch für Lukas (vgl. 8,1–3; 23,27–30). Die Frau preist – ohne ihren Namen zu nennen – Maria selig und stimmt darin Elisabeth zu (1,45). Der dialogische Makarismus (11,27–28) hat eine kompositorische Schlüsselposition. Die Struktur kritischer Dialoge bleibt bestehen, aber hier folgt nicht Widerspruch auf Widerspruch, sondern Seligpreisung auf Seligpreisung. Die Frau aus dem Volk weist inmitten von Kontroversen die Möglichkeit einer Verständigung auf. Der Grund für die Seligpreisung ist, wie in der Kindheitsgeschichte, Jesus: der Messias, der Gottes Segen verbreitet und seinerseits die Armen seligpreist (6,20–23). Da dieser Messias von einer Frau geboren wurde (vgl. Gal 4,4), strahlt seine Heiligkeit auf ihre Seligkeit ab.

Seiner messianischen Sendung folgt Jesus auch in seiner Antwort **(28)**. Er weist nicht die Frau zurecht, als ob sie etwas Falsches gesagt hätte. Er

308 9,51–13,21 *Die erste Phase der Reise – mit dem Blick nach Jerusalem*

steigert vielmehr ihre Seligpreisung, ganz im Sinne seiner Klarstellung, wer zur Familie Gottes gehört (8,19–21): „Gottes Wort" ist das Evangelium; es zu „hören" und zu „bewahren", heißt, auf Gottes Verheißung zu setzen und das eigene Leben in seiner Gnade zu verankern; das macht „selig" (vgl. 6,20–23). Die familiären Bande werden von Jesus bei Lukas nicht verachtet, aber verändert: Sie bestimmen nicht über den Glauben, sondern der Glaube bestimmt über sie. Die Logik der Seligpreisung ist: So selig die Mutter Jesu, desto seliger alle, die Gottes Wort hören und halten. Maria geht auf diesem Weg der Glaubensverheißung voran (1,38: „Siehe, ich bin die Magd des Herrn. Mir geschehe nach deinem Wort"). Die Pointe der Steigerung passt zum Frauenbild der lukanischen Szene mit Maria und Martha (10,38–42). Die Frau aus der Menge sagt das Richtige – und Jesus zeigt ihr, in welchem Horizont sie Recht hat: in der Welt des Glaubens, den Maria vorlebt: Die Mutter Jesu wird nicht auf ihre leibliche Mutterschaft reduziert, sondern in ihrem Glauben hervorgehoben, der vorbildlich ist.

Jesus setzt neu an, da das Volk seine Nähe sucht **(29–30)**. Es war die gesamte Zeit gegenwärtig. Sein Staunen (V. 14) hatte einige Leute zum abwegigen Vorwurf der Besessenheit geführt (V. 15). Jetzt wird die Kehrseite beleuchtet: eine scheinbare Offenheit, die vorgibt, sich überzeugen lassen zu wollen – durch ein Beglaubigungszeichen. Wie in allen neutestamentlichen Varianten (Mk 8,11–13; Mt 12,38–42; Joh 6,30; vgl. 1Kor 1,22) weist Jesus dieses Ansinnen entschieden zurück. Im Kern geht es in der Zeichenforderung um die Unterscheidung zwischen wahrer und falscher Prophetie. Das Kriterium ist nach Dtn 13,2–6 die Liebe zum einen und einzigen Gott (Dtn 6,4–5), die auch durch „Wunder" nicht irritiert werden darf. Nach Dtn 18,15–16 muss ein echter Prophet „wie" Mose sein, der selbst ein Prophet ist (vgl. Dtn 34,10), also die Bundestreue Gottes verkünden und das Gesetz erfüllen – in der Einheit von Gottes- und Nächstenliebe (10,25–37). Nach Dtn 18,21–23 zeigt sich wahre Prophetie in der Richtigkeit einer Prophezeiung: ein Kriterium, das sich freilich immer erst im Rückblick herausstellen wird. Die Zeichenforderung führt also mitten in die Kontroversen über die Legitimität der Botschaft Jesu und die Authentizität seiner Person hinein, von denen das Evangelium voll ist. Für Lukas ist klar: Jesus handelt im Auftrag Gottes und verkündet den *einen* Gott (11,1–4 u.ö.); er orientiert sich am Gesetz und erfüllt es (10,25–37 u.ö.); er verkündet in Wort und Tat die Nähe des Reiches Gottes (4,43; 8,1 u.ö.). Jesus verweigert sich aber der Zeichenforderung, weil er selbst das Zeichen Gottes ist (vgl. 2,34): in seinem Leben und Sterben, in seinem Wirken und Leiden, in seiner Auferstehung. Alles, was er veranstalten würde, um sich selbst in den Mittelpunkt zu stellen, würde alles Mögliche offenbaren, aber nicht

11,14–36 *Die Auseinandersetzung mit Jesu Machttaten* 309

ihn, der als Retter gesandt ist (2,14). Er ist das Zeichen, das verstanden und geglaubt werden will.

An zwei Beispielen macht Jesus deutlich, was er verweigert, um als er selbst alles geben zu können. Er bezieht sich zuerst auf Jona. Dessen Zeichen, das er ankündigt, ist ein Anti-Zeichen. Die Zurückweisung der Zeichenforderung wird nicht eingeschränkt, sondern unterstrichen **(30)**. Der Lukas-Text bezieht sich auf Jona 3. Ninive ist in der Bibel die Symbolstadt der Feinde Gottes. Ihr gilt der Zorn Gottes; ihr wird vom Propheten das Gericht Gottes angesagt; sie wird dringend zur Umkehr aufgefordert. Wider Willen hat Jona Erfolg. Der „Menschensohn" wird „diesem Geschlecht" ein solches Zeichen sein wie Jona den Niniviten (11,30). Der Menschensohn ist nach Dan 7,13 der „Heilige des Höchsten", Symbol für das endzeitliche Israel und Künder des Gerichts, ohne das es kein Heil im Reich Gottes gibt. Bei Lukas ist Jesus dieser Mensch – und dieser Menschensohn ist Jesus: nicht nur als endzeitlicher Richter (9,26; 12,40; 17,30), sondern zuerst als vollmächtiger Retter (5,24; 6,5; 19,10), der die Armut der Armen teilt (9,58), und als leidender Prophet (22,22.48), der von den Toten auferweckt werden (9,22.44; 18,31–34; 22,69; 24,7) und wiederkommen wird, um Gottes Reich zu vollenden (12,10; 18,8; 21,36). Jesus ist ein „Zeichen", das auf Gottes Gericht und das dadurch vermittelte Heil Gottes verweist, und zwar „diesem Geschlecht", d. h. Israel. Er predigt die Umkehr. Im Spiegel des Sämanngleichnisses (8,4–8) wird klar: Der jetzige Widerspruch, der sich auch in der scheinbaren Offenheit zeigt, ist nicht der Weisheit letzter Schluss; Gott wird eine reiche Ernte erlauben – auf seine Weise.

Die zweite Figur, die Jesus anführt, ist die „Königin des Südens" **(31)**, die Königin von Saba. Sie ist – wie die Niniviten – eine Heidin. Aber sie ist von den „Enden der Erde" gekommen, um in Jerusalem „Salomos Weisheit" zu hören (1Kön 10,1–18), für die er, so die Bibel, weltberühmt gewesen ist. Das Beispiel ist komplementär: Nach dem Mann kommt eine Frau, nach dem Propheten eine Königin, nach einem Boten, der ausgesandt ist, Gottes Botschaft zu verkünden, eine Pilgerin, die sich aufgemacht hat, um in Jerusalem durch Salomo zu Gott zu finden. Der eine wie die andere sind Heiden, die umkehren resp. sich auf den Weg machen. Die Königin wird zur Zeugin am Jüngsten Tag. Sie tritt auf, wie Zeugen sich vor Gericht hinstellen, währen die Richter sitzen (vgl. 22,30). Man könnte denken, dass es umgekehrt sein müsste: dass Juden die Völker richten. Aber es kommt anders, weil Gottes Wort bei ihr auf Gehör gestoßen ist. Ganz ähnlich spricht Jesus von den Niniviten **(32)**, also von allen Heiden, die zur Umkehr gefunden haben werden. Deshalb sind sie als Zeugen qualifiziert: Umkehr ist möglich; wenn sie verweigert wird, fällt das Nein auf die Verweigerer zurück.

310 9,51–13,21 *Die erste Phase der Reise – mit dem Blick nach Jerusalem*

Die positive Wendung der Kritik bildet ein christologisches Selbstbekenntnis Jesu. Sein Schlüsselwort ist: „mehr". Er setzt weder Jona noch Salomo herab, spricht aber von den unendlichen Heilsmöglichkeiten Gottes, die alles übersteigen, was war, weil die Vollendung vorweggenommen wird. Jesus ist „mehr als Jona", weil er nicht nur „einer der alten Propheten" (9,19), sondern *der* Prophet des eschatologisch Neuen ist, der durch das Gericht hindurch das endgültige Heil bringt; bei ihm sind Bote und Botschaft eins. Er ist auch „mehr als Salomo", weil seine Weisheit nicht allein den Alltag von Gott her zu verstehen gibt, sondern das Reich Gottes erhellt, das den Menschen Heil bringt, auch durch den Widerspruch hindurch (7,35).

Den Schluss des Gesprächsganges eröffnet eine neue Ebene: Ging es bislang um die Frage, wie Jesus zu sehen ist, geht es jetzt um das Sehen selbst. Jesus prägt ein Alltagsgleichnis aus **(33)**, das in den Parallelen die Offenbarung der verborgenen Nähe Gottes (Mk 4,21) und die Berufung der Jüngerschaft kennzeichnet (Mt 5,14). Hier macht das Gleichnis die Notwendigkeit sichtbar, genau hinzuschauen, um durch gutes Sehen klare Konsequenzen zu ziehen. Das Thema ist nach wie vor die Wahrnehmung und Deutung dessen, was Jesus tut und will oder was er soll, aber nicht will. Die Übertragung des Bildes rückt das Auge in den Blick **(34–36)**. Das Auge wird insofern als „Lampe" gesehen, als es das Licht, das es aufnimmt, in den Körper abstrahlt. Ein klares Auge sieht nicht nur scharf, sondern entdeckt auch, was ein Phänomen mit Gott zu tun hat, dem Schöpfer und Erlöser. Ein „böses" Auge verstellt sich den Blick auf die Welt, weil es nur den Egoismus einer Person widerspiegelt. Von diesen Eindrücken ist der ganze Mensch bestimmt, zum Guten oder zum Schlechten. Der „Leib", zu dem das Auge gehört, steht für den ganzen Menschen, insofern er einen Körper hat und mit seinen Sinnesorganen Kontakt zur Welt aufnimmt. Die Qualität des Auges ist kein Schicksal, sondern eine Sache der inneren Einstellung: der Offenheit für Gott und den Nächsten, die sich in der Beziehung zu Jesus klärt (V. 35). Der Schluss ist positiv: Wer Jesus so wahrnimmt, wie Gott ihn gesandt hat, wird vom Licht des Evangeliums durchflutet und kann die Welt als Gottes Schöpfung sehen, sich selbst als Gotteskind und die Nächsten als jene Menschen, die Gott durch Jesus gleichfalls zur Erlösung berufen hat.

Der lange Abschnitt arbeitet die Auseinandersetzungen heraus, in die Jesus dadurch gestellt wird, dass er im Auftrag Gottes das Reich Gottes zum Heil der Menschen nahebringt. Die Kritik ist von geradezu grotesker Radikalität, wenn Jesus mit dem Teufel im Bunde gewähnt wird – Konsequenz des Grundvorwurfs, dass er das Erste Gebot verletze, indem er sich als Retter vorstellt. Die Antwort besteht darin, dass Jesus den Blick von den spektakulären Phänome-

11,37–54 *Die Weherede Jesu* 311

nen auf die Wirkungen lenkt: Menschen werden befreit, wenn Jesus Dämonen austreibt. Diese Erlösung kann nicht Teufelswerk, sie muss Gottes Heil sein. Aus demselben Grund weist Jesus die Zeichenforderung zurück. Sie ist Heuchelei, weil sie nicht vom Willen getragen ist, Jesus zu erkennen, sondern von der Absicht, ihn bloßzustellen. Jesus ist für Lukas selbst das Zeichen Gottes: „mehr als Jona", weil seine Prophetie das Reich Gottes bringt, und „mehr als Salomo", weil seine „Weisheit" das Heil Gottes offenbart. Die qualitativ einzigartige Heilssendung Jesu verlangt eine entschiedene Stellungnahme. Basis ist die Bereitschaft zur Umkehr, wie sie die Niniviten und die Königin von Saba an den Tag gelegt haben, zum Vorbild für die Israeliten (vgl. 7,1–10). Eine Frau aus dem Volk, die Jesu Mutter seligpreist, steht für diese positive Möglichkeit, die Jesus zurückspiegelt und auf alle ausweitet, die sich Gottes Wort zu Herzen nehmen. Genau hinzusehen und sich den Blick nicht durch Egoismen trüben zu lassen, ist eine Option für alle, die Chancen des Glaubens zu ergreifen, die Jesus ihnen bietet. Die synoptische Tradition lässt erkennen, dass Lukas durch seine Komposition einen Zug des Lebens Jesu einfängt, der starke historische Referenzen aufweist: Er war umstritten und hat sich gegen Vorwürfe gewehrt; er hat Dämonen ausgetrieben, um Menschen zu befreien; er hat sich in die langen Traditionslinien Israels eingetragen, die Prophetie und Weisheit, die er im Zeichen des Reiches Gottes neu definiert. Er hat in Israel viel Kritik geerntet, aber bei den einfachen Leuten, nicht zuletzt vielen Frauen, auch starke Zustimmung erfahren. Die Gesamtkomposition ist erkennbar lukanisch; die von ihm verbundenen Elemente aber sind genuin jesuanisch: Die Auseinandersetzung mit dem Vorwurf der Besessenheit und die Zeichenforderung sind breit bezeugt und tief verwurzelt; die Bildsprache der Gegenargumentation passt bestens zu Inhalt und Form der Verkündigung Jesu. Die Seligpreisung der Frau, die Jesus mit einer Seligpreisung beantwortet gehört zu den glücklichen Funden der lukanischen Recherchen. Der messianische Sendungsauftrag, der aus dem Vergleich mit Jona und Salomo abzuleiten ist, berührt zwar das Christusbekenntnis der jungen Gemeinden, ist dort aber nirgends so ausgeprägt und deshalb am besten als Echo der Botschaft Jesu zu erklären. Die abschließenden Bildworte sind nicht weit von der Deutung des Sämanngleichnisses (8,9–14) entfernt und in ihrer Motivik gleichfalls so vielfältig bezeugt, dass jede Erklärung, die keinen Ursprung bei Jesus suchte, größere Schwierigkeiten aufwiese.

11,37–54
Die Weherede Jesu

[37]**Während er redete, bat ihn ein Pharisäer zu sich zum Essen. Er kam und nahm Platz.** [38]**Der Pharisäer aber staunte, als er sah, dass er sich vor dem Mahl nicht wusch.** [39]**Da sagte der Herr zu ihm: „Ihr Pharisäer reinigt das Äußere von Becher und Schüssel, aber drinnen seid ihr voller Raub**

und Bosheit. [40]Ihr Toren, hat nicht der, der das Außen, auch das Innen gemacht? [41]Gebt besser das, was drinnen ist, als Almosen, und siehe, alles wird euch rein. [42]Aber wehe euch, den Pharisäern, ihr verzehntet Minze und Raute und jedes Gemüse, übergeht aber Recht und Gottesliebe. Man muss das eine tun und das andere nicht lassen. [43]Wehe euch, den Pharisäern, dass ihr die ersten Plätze in den Synagogen liebt und die Grüße auf der Straße. [44]Wehe euch, dass ihr wie ein unsichtbares Grab seid, über das die Leute laufen, ohne es zu merken." [45]Da erwiderte einer der Gesetzeslehrer: „Wenn du das sagst, beleidigst du auch uns." [46]Er aber sagte: „Wehe auch euch, den Gesetzeslehrern, dass ihr den Menschen mit unerträglichen Lasten beladet, selbst aber mit keinem Finger die Lasten berührt. [47]Wehe euch, dass ihr die Gräber der Propheten aufbaut, die eure Väter getötet haben. [48]Also seid ihr Zeugen und stimmt den Werken eurer Väter zu, weil zwar sie sie getötet haben, ihr aber baut. [49]Deshalb sagte auch die Weisheit Gottes: ‚Ich werde zu ihnen Propheten und Apostel senden, und von ihnen werden sie einige töten und verfolgen, [50]damit das Blut aller Propheten, das von Anbeginn der Welt vergossen wurde, von diesem Geschlecht zurückgefordert wird, [51]vom Blut Abels bis zum Blut des Zacharias, der getötet wurde zwischen Altar und Haus.' Ja, ich sage euch: Zurückgefordert wird es von diesem Geschlecht. [52]Wehe euch, den Gesetzeslehrern, dass ihr die Schlüssel der Erkenntnis tragt und nicht hineingegangen seid und diejenigen behindert habt, die hineingehen wollten." [53]Und als er dort hinausging, begannen die Schriftgelehrten und die Pharisäer heftig zu grollen und ihm auf den Mund zu schauen, noch wegen anderer Dinge. [54]Sie belauerten ihn, um ihn mit seinen eigenen Worten zu fangen.

Nachdem Jesus sich heftiger Angriffe gegen seine Person erwehren musste, die seine gesamte Sendung in Frage stellen (11,14–36), kritisiert er scharf die Führenden seiner Kritiker (11,37–54). Der äußere Rahmen ist ein Gastmahl im Hause eines Pharisäers, der Jesus eingeladen hat (vgl. 7,35; 14,1). Eine neue Szene öffnet sich, wenn Tausende von Menschen herbeiströmen (12,1). Im Haus wählt Jesus das prophetische „Wehe" (vgl. 6,24–26; 10,13; 17,1–3a), das ein begründetes Gerichtsurteil Gottes vorwegnimmt – nicht um zu verdammen, sondern um zur Umkehr zu rufen. Der Passus hat – wie seine ausgefaltete Parallele Mt 23 – antijüdische Ressentiments bedient, gehört aber genuin in die Abteilung innerjüdischer Kontroversen, die seit je mit großer Heftigkeit ausgetragen werden, weil es um etwas geht: die Geltung des Gesetzes, die Heiligung des Namens Gottes, die Stärkung der innerjüdischen Solidarität, das Überleben in der Welt der Völker. Exegetisch zu fragen ist, worum der Streit sich dreht, wie die Parteien sich positionieren und

11,37–54 Die Weherede Jesu

welche Konsequenzen für die historische Sicht Jesu im Judentum seiner Zeit zu ziehen sind.
Die Episode ist szenisch gegliedert.

11,37–38	Die Situation: Verwunderung über Jesus	
11,39–44	Das Wehe gegen die Pharisäer	
	39–41	Der Grundsatz: Wahre Reinheit
	42	Das erste Wehe: Verkehrte Gesetzeslehre
	43	Das zweite Wehe: Heuchlerische Ehrsucht
	44	Das dritte Wehe: Lebendiger Tod
11,45–52	Das Wehe gegen die Gesetzeslehrer	
	45	Der Einwand eines Gesetzeslehrers
	46	Das erste Wehe: Ungleiche Lastenverteilung
	47–51	Das zweite Wehe: Vergiftete Erinnerung
	52	Das dritte Wehe: Vorenthaltene Erkenntnis
11,53–54	Die Reaktion: Aggression gegen Jesus	

Die szenische Gliederung baut den Spannungsbogen auf. Jesus hat von Anfang bis Ende die Initiative. Er provoziert durch sein Verhalten (11,38) und sein Wort (11,45–52); seine Provokationen sind Proklamationen: Verkündigung als Kritik. Die Reaktionen steigern sich von Verwunderung (V. 38) über Kritik (V. 45) zu Ablehnung (11,53–54). Im Kern stehen zweimal drei Weherufe, adressiert an die Pharisäer (11,42–44) und die Gesetzeslehrer (11,45–52). Sie konkretisieren den Grundvorwurf, den Jesus voranstellt (11,39–41): ein falsches Grundverständnis von Reinheit und Unreinheit zu haben. Dieser Fehler wird als prinzipiell falsche Exegese und Theologie des Gesetzes kritisiert (11,42), die sich in ungerechter Lastenverteilung erweist (11,45). Sie wirkt sich doppelt negativ aus: bei den Pharisäern als Heuchelei (11,43) und lebendiger Tod (11,45), bei den Gesetzeslehrern zum einen als vergiftete Erinnerung an die Verfolgung der Propheten, die in Wahrheit nicht aufgehört hat und Heuchelei lebensgefährlich werden lässt (11,47–51), zum anderen als Ausnutzung einer Deutungsmacht, die den Weg zur Erfüllung des Willens Gottes versperrt. Die Weherufe sind eine prophetische Redegattung, komplementär zu den Seligpreisungen (vgl. 6,20–26). Sie sprechen das Gericht Gottes zu; sie nehmen aber nicht eine endgültige Verdammung vorweg, sondern zielen auf eine Umkehr, so wie die Seligpreisungen auf eine Umsetzung im Leben.
Der synoptische Vergleich mit Mt 23 lässt eine gemeinsame Q-Tradition erkennen, die aber sehr unterschiedlich bei Matthäus und Lukas ausgestaltet worden ist, so dass eine halbwegs genaue Rekonstruktion der Vorlage kaum mehr gelingt.

11,37–38	Die Situation	(Mk 7,1.5 par. Mt 15,1–2)
11,39–41	Der Grundsatz	Mt 23,25–26
11,42	1. Wehe gegen Pharisäer: Zehnten	Mt 23,23
11,43	2. Wehe gegen Pharisäer: Ehrenplätze	Mt 23,26–27 (ohne „Wehe")
11,44	3. Wehe gegen Pharisäer: Grab	Mt 23,27–28
11,45	Einwand eines Gesetzeslehrers	
11,46	1. Wehe gegen Gesetzeslehrer: Lasten	Mt 23,4 (ohne „Wehe")
11,47–51	2. Wehe gegen Gesetzeslehrer: Verfolgung	Mt 23,39–46
11,52	3. Wehe gegen Gesetzeslehrer: Schlüssel der Erkenntnis	Mt 23,13
11,53–54	Reaktion auf die Kritik Jesu	(Mk 12,13 par. Lk 20,20)

Der synoptische Vergleich zeigt auf den ersten Blick, wie intensiv Lukas
(nicht anders als Matthäus) gearbeitet hat, um die Tradition der Weheworte in den Gang der Erzählung einzupassen. Er hat – mit Seitenblick
auf Mk 7,1–23 (ohne direkte Parallele bei Lukas) – die Szene eingeleitet
und so ausgeleitet, dass sie in den Reisebericht passt. Er hat die Weheworte in einer typischen Gastmahlsituation verortet (vgl. 7,36; 14,1).
Er hat die Verteilung der Weheworte auf Pharisäer und Gesetzeslehrer
vorgenommen (während für Mt 23 die Doppeladresse „Pharisäer und
Schriftgelehrte" typisch ist). Er hat die beiden Dreierstaffeln gestaltet.
Der synoptische Vergleich lässt erkennen, dass die Aufteilung der Ad-
ressen – erst Pharisäer, dann Gesetzeslehrer – nicht der Differenzierung,
sondern der Intensivierung der Kritik dient. Darauf deutet auch die ein-
gebaute Zwischenfrage in V. 45 hin. Im synoptischen Vergleich lässt sich
gleichfalls erkennen, dass bestimmte Vorwürfe, die Mt 23 äußert, nicht
erscheinen: die Okkupation des Lehrstuhles von Mose (Mt 23,2–3), das
Wort von der Erhöhung und Erniedrigung (Mt 23,12 – vgl. aber Lk 14,11;
18,14) und die Kritik der Proselytenmacherei, die nur mehr Opfer rigider
Gesetze produziere (Mt 23,15). Der Vergleich führt zu der Hypothese,
dass ein Kern von vier Weheworten unterschiedlich ausgestaltet worden
ist und weitere Weheworte reproduziert hat, bei Lukas auf der Basis von
Q (11,43 par. Mt 23,6–7 – 11,46 par. Mt 23,4), bei Matthäus auf der Basis
von Sondergut.
Die Rede Jesu, die durch eine kritische Beobachtung von Pharisäern eingeleitet wird (Vv. 37–38) und nach dem Einwurf eines Gesetzeslehrers
(V. 45) eine neue Wendung nimmt (11,37–54), verlangt eine Auslegung,

11,37–54 *Die Weherede Jesu*   315

die genau auf die erzählte Situation achtet. Sie ist friedlich, aber nicht harmlos. Jesus ist bei einem (namentlich nicht genannten) Pharisäer zu Gast (37). Die Szene passt zur Missionsregel bei den Aussendungen (9,1–6; 10,1–15): sich einladen zu lassen, ohne lange zu fragen, ob es noch eine bessere Unterkunft gibt. Sie entspricht anderen Momenten im Wirken Jesu (7,35; 14,1). Durch die Gastfreundschaft, die Jesus in Anspruch nimmt, ergibt sich die Möglichkeit eines Gespräches. In diesem Fall entsteht eine Kontroverse, die durch Jesu Worte nicht befriedet, sondern angeschärft wird (11,53–54). Das gemeinsame Mahl ist oft ein Zeichen für die Gottesherrschaft, hier aber ein Ort für Diskussionen (vgl. 5,27–32; 14,1–24; vgl. 15,1–32). Ob es sich um ein zweites Frühstück (Brunch) oder ein Mittagessen (Lunch) handelt, ist dem griechischen Wort nicht genau abzulesen.

Kritisiert wird Jesu Freiheit gegenüber den rituellen Waschungen (vgl. Hebr 6,2; 9,10), die den Übergang vom Profanen zum Heiligen am privaten Tisch bewirken sollen (38). Dass Jesus provokativ auf das Waschen verzichtet, trifft die Pharisäer dort, wo sie am stärksten engagiert sind, bei der Heiligung des Alltages durch die Popularisierung priesterlicher Reinheitsvorschriften (s. bei 5,17). Die Aktion Jesu steht bei Lukas nicht allein. Auch bei den Themen des Fastens (5,33–39 par. Mk 2,18–22) und der Sabbatruhe (6,1–5 par. Mk 2,23–28; 6,-13 par. Mk 3,1–6) weicht Jesus signifikant von der pharisäischen Linie ab. Besonders umstritten ist sein Verhalten gegenüber Sündern (5,17–26 par. Mk 2,1–12; 5,27–32 par. Mk 2,13–17; 7,36–50), die er nicht auf Abstand hält, sondern mit Gottes Gnade beschenkt.

Das Prinzip Jesu (39–41) ist auf den Punkt formuliert; der Sache nach entspricht es dem bei Markus überlieferten Streitgespräch über Reinheit und Unreinheit (Mk 7,1–23), das Lukas nicht wiedergibt: Reinheit und Unreinheit sind für die Jesustradition nicht kultische, sondern ethische Kategorien. Mehr noch: Wer sich auf den Kult konzentriert, lenkt vom Wesentlichen ab. Es bedarf einer Reinigung, aber nicht der Schüsseln und Becher, sondern der Herzen. Die Pharisäer würden nicht den Zusammenhang von Kult und Ethos leugnen, aber umgekehrt argumentieren: Das Ethos erkenne man an der Einhaltung der Riten, weil sie die Zugehörigkeit zum Volk, den Gehorsam gegenüber Gottes Gebot und das Wissen um den Unterschied zwischen Heilig und Unheilig zeige. Jesus verändert das Verhältnis von Innen und Außen, Ethos und Ritus. Sein Vorwurf, die Pharisäer seien innen „voller Raub und Bosheit" (V. 39), bezieht sich nicht auf moralische Tatsünden, sondern setzt tiefer an. Bis zur Beispielgeschichte vom Pharisäer und Zöllner (18,9–14) zieht sich die Analyse Jesu durch, dass auch moralischer und ritueller Perfektionismus nicht vor dem Bösen im eigenen Herzen schützt; dieses internalisierte

316 9,51–13,21 *Die erste Phase der Reise – mit dem Blick nach Jerusalem*

Böse aber muss besiegt werden, wenn Gott der Herr des Lebens sein soll. Der Grund für die Neudefinition ist schöpfungstheologisch (V. 40). Gott erschafft das Herz (12,34); in ihm entscheiden sich Gut und Böse, nicht in Äußerlichkeiten. Das beste Gegengift ist Barmherzigkeit, konkret: Unterstützung der Armen mit dem, was im Becher und in der Schüssel ist (V. 41). Doch nicht nur das äußere Tun zählt, das der Selbstdarstellung dienen kann (V. 42), sondern die innere Einstellung, die zu konsequentem Handeln führt – und die Reinheit nicht am Ritus, sondern an der Nächstenliebe festmacht.

Der erste Weheruf bringt die Kritik Jesu an der pharisäischen Gesetzesauslegung auf den Punkt: Die „Hierarchie der Wahrheiten" ist auf den Kopf gestellt (42). Der „Zehnte" ist eine Steuer, die dem Tempel zugutekommt. Mithin steht der Primat des Kultes in Rede. Aus Talmud und Midrasch sind – auf alttestamentlicher Basis – zahlreiche Debatten überliefert, was verzehntet werden muss. Jesus konzentriert sich auf Minibeträge, denen er das denkbar Wichtigste, Recht und Liebe, entgegensetzt. Er leugnet nicht, dass seine Gegner für das Recht und die Liebe Gottes sind, kritisiert aber, dass sie die Prioritäten falsch setzen und das Reinheitsgebot veräußerlichen. Umgekehrt wendet sich Jesus nicht gegen die Tempelsteuer und das Zehngebot. Das eine zu tun, ohne das andere zu lassen, ist die Kunst – wenn das Vorzeichen richtig gesetzt ist.

Der zweite Weheruf gegen die Pharisäer kritisiert die Heuchelei als Grundversuchung der Frommen (43). Zu dieser Kritik gibt es zahlreiche Parallelen in der Jesustradition (20,46–47 par. Mk 12,37–40; Mt 6,1–18), aber auch in der jüdischen Literatur der Zeit. Kritisiert wird nicht, dass anders gehandelt als geredet wird, sondern dass die Religiosität der Selbstdarstellung dient. Das wiederum wird als Konsequenz der falschen Prioritäten angesehen: Wer nicht alles auf die Gottesliebe richtet, gibt anderen religiösen Vorlieben den Vorzug.

Der dritte Weheruf gegen die Pharisäer ist der härteste (44). Er nimmt das Thema der Unreinheit auf, weil er von einem Totengrab spricht (Num 19,16), und wirft den Pharisäern vor, die faktische Unreinheit zu verschleiern, die aus den falschen Prioritäten (V. 42) und ihren fatalen Konsequenzen (V. 43) resultiert, so dass alle, die sich auf dieses Fundament stützen, *de facto* sich verunreinigen: Sie setzen ihrerseits falsch an, konzentrieren sich aufs Äußerliche und vernachlässigen die seelische Hygiene. Dadurch tragen sie – gegen ihre ureigene Intention – dazu bei, dass die Unreinheit sich ausbreitet: die falschen Ansätze und Prioritäten des Gesetzesverständnisses. Durch die hohe Bedeutung, die seit alters im Judentum der Totenruhe zugemessen wird, wird der Vorwurf Jesu scharf. Die Pietät wird aber nicht denunziert (auch nicht in 9,59–60). Vielmehr bildet sie die Basis für die Kritik.

11,37–54   Die Weherede Jesu   317

Der Einwand eines Gesetzeslehrers (45) reflektiert die Härte der Kritik, moralisiert sie aber seinerseits und verfehlt damit die Pointe Jesu. Jesus „beleidigt" nicht, sondern kritisiert, hart aber fair. Die „Gesetzeslehrer" sind für Lukas – wie auch historisch – nicht mit den Pharisäern identisch, weil sie einen Berufsstand bilden, der Jura und Exegese vereint, während die Pharisäer eine Reformbewegung sind. Es gab aber viele Überschneidungen, weil die Pharisäer die Gesetzeslehrer brauchen und viele Gesetzeslehrer Pharisäer waren.

Der erste Weheruf gegen die Gesetzeslehrer (46) variiert die Kritik des ersten Weherufes gegen die Pharisäer (V. 42) und bereitet den dritten Weheruf vor (V. 52). Die Lasten, die aufgebürdet werden, sind die Einzelvorschriften des Gesetzes, insbesondere jene, die ungebührlich gewichtet sind. Diese Klage findet sich auch später im Munde des Petrus (Apg 15,10). Der komplementäre Vorwurf, selbst keinen Finger zu krümmen, zielt nicht darauf, dass die Gesetzeslehrer sich an die eigenen Vorschriften nicht hielten, sondern darauf, dass sie nichts tun, den Menschen die Lasten abzunehmen, die sie nicht tragen können. Diese Kritik passt zum Vorwurf, das Himmelstor zu verschließen (V. 52). Indirekt zielt die Kritik auf ein anderes Verständnis und eine andere Auslegung des Gesetzes, aber auch auf die messianische Sendung Jesu, das Gesetz nicht nur auszudeuten, sondern zu erfüllen, nämlich das Heil Gottes zu verwirklichen, auf das es verweist.

Der zweite Weheruf gegen die Gesetzeslehrer ist der längste (11,47–51). Er zielt auf den Vorwurf, gezielt die Propheten zu verfolgen. Mit dieser Erinnerung wird die Verfolgung Jesu antizipiert, das Thema der Gräber und des Todes variiert und ein altes Motiv der selbstkritischen Geschichtsschreibung Israels aktualisiert, dass die Propheten bis aufs Blut verfolgt würden (Neh 9,26). Im ersten Teil des Weherufes (47–48) wird die an sich unstrittige Verehrung der Gräber von Propheten kritisiert, weil ihr – wie der zweite Teil zeigen wird – keine Praxis in der Gegenwart entspricht. Dadurch ist die Totenverehrung eine Fassade, die den Skandal der Gegenwart vertuscht. Die Verehrung der Prophetengräber ist im Judentum des Zweiten Tempels vergleichsweise jung; deshalb wird immer noch an den Gräbern gebaut. Aber durch die Konstruktionen kann man das historische Gewissen nicht entlasten. Im Gegenteil entsteht eine Art Perversion: Wer Prophetengrabmäler baut und selbst Propheten verfolgt, macht seine Pietät zum Zeugnis für die eigene Aggression. Die Erinnerung an die Opfer ist vergiftet.

Im zweiten Teil (49–51a) wird die Kritik des ersten Teiles prophetisch begründet, indem Jesus der Weisheit Stimme leiht. Diese Figurenrede ist christologisch begründet: Jesus ist „mehr als Salomo" (11,31). Die Weisheit sandte und sendet Propheten und „Apostel", also Boten, heißt es hier, wie es sonst nur von Gott heißt (Jer 7,25 u.ö.): Jesus ordnet sich und seine Jünger in die Geschichte des Werbens Gottes um sein Volk ein (V. 49; vgl. 20,9–13). Er ist nicht mit der „Weisheit" identisch, sondern setzt sich für sie ein (7,35), verleiht ihr Stimme (11,49) und schenkt sie seinen Jüngern (21,15). Die „Weisheit" ist bei Lukas wie der Heilige Geist. Was die Weisheit in Erinnerung ruft, sind Schandtaten, denen Gerechte zum Opfer gefallen sind. Der Bogen spannt sich von Abel (Gen 4,1–16) bis zu Zacharias (Sacharja/Secharja), den Sohn des Priesters Jojada, der Gottes Gericht denen ansagt, die auf Gottes Propheten nicht gehört haben, und deshalb „im Hof des Hauses des Herrn" (2Chron 24,20–21), nach einer frühjüdischen Quelle nahe des Altares (Vitae Prophetarum 23,1), gesteinigt worden ist. Das Motiv stammt aus der selbstkritischen Geschichtsschreibung Israels, besonders der deuteronomistischen Tradition (Neh 9,26; vgl. 6,23), die sich auch der Passionsgeschichte einschreibt (vgl. 20,9–19). Das „Blut" zurückzufordern, heißt nicht, eine kollektive Todesstrafe zu verhängen, sondern die Gemeinschaft zur Verantwortung zu ziehen, die sich auf die verfolgten Propheten beruft, aber auch eine Generationenverbindung mit den Tätern hat. Der Ort dieser Rückforderung ist Gottes Gericht.

Jesus bestätigt, was er als Wort der Weisheit zitiert **(51b)**. So wie sich das „Gnadenjahr des Herrn" verdichtet (4,18–19 – Jes 61,1–2), so auch das Gericht. Es fordert Rechenschaft. Da die gegenwärtige Generation sich bewusst und normativ auf die Väter bezieht, muss sie auch deren Sünden büßen, die sie fortsetzt. Weil Jesus die Weisheit zitiert und bestätigt, greift die Dialektik von Heil und Gericht (vgl. 13,34–35). Jesus muss seine Gegner mit der bitteren Wahrheit konfrontieren, wie falsch sie liegen, um durch diese Kritik dem Willen Gottes Genüge zu tun.

Der dritte Weheruf gegen die Gesetzeslehrer **(52)** führt an den Beginn der Kritik Jesu zurück und spitzt sie auf den entscheidenden Punkt zu. So wie sie das Gesetz lehren (indem sie Propheten und Apostel verfolgen), versperren sie sich selbst und anderen die Tür ins Reich Gottes. Die Gesetzeslehrer tragen die „Schlüssel der Erkenntnis". Das ist eine Sachparallele zur Aussage von Mt 23,2, dass sie auf der Kathedra des Mose sitzen. Sie haben alles: die Kenntnis des Gesetzes, den Willen zur Befolgung und den Auftrag zur Deutung. Jesus selbst steht nicht gegen das Gesetz, sondern auf seiner Seite. Das hat das Gespräch über das Doppelgebot ergeben (10,25–28; vgl. 16,16–17). Aber, so der Vorwurf: Die Gesetzeslehrer, die sich von Jesus beleidigt glauben (V. 45), benutzen nicht den Schlüssel, um die Tür zum Reich und zum Volk Gottes aufzuschließen, sondern um sie abzuschließen. Die Gesetzeslehre, die Jesus kritisiert, nimmt keine Lasten ab, sondern bürdet sie auf, so dass der Weg zu beschwerlich wird. Mit diesem soteriologischen Argument hat Jesus

11,37–54 Die Weherede Jesu 319

nach Lukas seine entscheidende Position zum Gesetz und zu dessen Geltung beschrieben. So ausgelegt, wie Jesus es gleich zu Anfang ausführt (11,39–41), gehört es auf die Seite der Gottesherrschaft, der Gottesliebe und des Lebens. Wenn es anders ausgelegt wird, verstärkt sich die Notwendigkeit der Heilssendung Jesu. Mit seiner Kritik verschafft er den Gesetzeslehrern die Gelegenheit, anders zu denken.
Allerdings erzählt Lukas, dass sie die Chance (noch) nicht ergriffen haben **(53–54)**. Der Evangelist spricht jetzt von den Schriftgelehrten, hier synonym mit den Gesetzeslehrern, und den Pharisäern, die von Anfang an die Szene beherrscht haben (V. 37). Ihre Reaktion ist nicht vom Willen zur Erkenntnis, sondern von Rechthaberei geprägt. Das Pauschalurteil des Evangelisten wird Einzelnen nicht gerecht, soll aber eine problematische Grundtendenz anzeigen, der Jesus nicht ausweichen kann, auch wenn er alles getan hat, sie zu verändern.

Die Weherede gehört zur härtesten Polemik Jesu, die das Lukasevangelium überliefert. Sie deckt auf, dass es bei allen Gemeinsamkeiten einen Grundwiderspruch im Verständnis und in der Auslegung des Gesetzes zwischen Jesus einerseits, den meisten Pharisäern, Gesetzeslehrern und Schriftgelehrten andererseits gibt. Zwar sind Übereinstimmungen nicht ausgeschlossen, sogar im Kern des Gesetzes, dem Doppelgebot (10,25–37). Desto härter ist der Gegensatz, wenn – so der überlieferte Vorwurf Jesu – nicht „Recht und Gottesliebe" (V. 42), sondern die äußerliche Einhaltung von Reinheitsgeboten die Gesetzeshermeneutik beherrschen. Bei Lukas wendet Jesus sich nicht gegen die praktische Frömmigkeit pharisäischer Provenienz. Aber wer Recht und Gottesliebe von der Einhaltung der Vorschriften abhängig macht und nicht umgekehrt Reinheit von Innen her versteht, begeht einen schweren theologischen Fehler, der sich bitter rächt, weil im vermeintlichen Recht der Irrtum lauert und Menschen im Namen Gottes der Weg ins Reich Gottes versperrt. Das „Wehe" deckt dieses Dilemma auf; es ist um der Befreiung der Menschen willen notwendig. Es spiegelt die Heilsbedeutung der Verkündigung Jesu einschließlich seiner Theorie und Praxis des Gesetzes. Es zeigt die kritische Kraft seiner Prophetie. Es fordert zu seiner Entscheidung: für die Umkehr und den Glauben. Die Parallele in Mt 23 spricht für eine sehr alte Tradition, die ein Echo der Worte Jesu selbst einfängt. Er hat die Auseinandersetzung mit den führenden Vertretern des damaligen Judentums nicht gescheut. Die Evangelien, auch Lukas, konzentrieren sich auf die Konflikte und stellen die Gegner Jesu in ein schlechtes Licht; aber sie fangen ein, dass Jesus – innerhalb des jüdischen Spektrums seiner Zeit – eine ebenso profilierte wie umstrittene Position mit einem prophetischen Anspruch vertreten hat, der nur durch Gottes Wahrheit gedeckt sein kann. Die Weherede hat – gegen ihre Intention – den Antijudaismus von Christen befeuert, der die Juden als notorische Heuchler und als engstirnige

320   9,51–13,21   *Die erste Phase der Reise – mit dem Blick nach Jerusalem*

Kasuisten verleumdet hat. Jesus hingegen wird von Lukas mitten ins Judentum hineingezeichnet, der kritisiert, was auch jüdische Theologen kritisiert haben. Dieser Kontext prägt die historische Dimension der nachösterlich gestalteten Szene: Sie zeigt Jesus in innerjüdischen Debatten, die hart sind, weil sie die Gottesfrage stellen. Sie fängt ein, dass Jesus mit seiner Botschaft vom Reich Gottes nicht harmonisch an die Verheißungen Israels anknüpft, um sie einfach zu bestätigen, sondern kritisch Position bezieht, wenn die Messiashoffnung durch Gesetzeshärte *de facto* abgeschottet wird, damit die Fülle des Segens Gottes die Menschen erreichen kann.

12,1–3
Die Kritik heuchlerischer Schriftgelehrter

[1]Unterdessen strömten tausende Menschen herbei, so dass es ein Gedränge gab. Da fing er an und sagte zuerst seinen Jüngern: „Hütet euch vor dem Sauerteig der Pharisäer, das heißt: der Heuchelei. [2]Aber nichts ist verhüllt, was nicht offenbar wird, und nichts ist verborgen, was nicht erkannt werden wird. [3]Im Gegenteil: Was ihr im Dunkeln sagt, wird im Hellen gehört werden, und was ihr in der Kammer ins Ohr flüstert, wird von den Dächern verkündet werden."

Direkt im Anschluss an das kontroverse Tischgespräch (11,37–54) folgt ein Szenenwechsel: In der Öffentlichkeit wendet Jesus sich „zuerst" an seine Jünger (V. 1), aber nicht, um die Massen auszuschließen, sondern um ihnen zu offenbaren, was er seinen Jüngern anvertraut. Die Rede (bis 12,53) ist gegliedert; sie schafft Transparenz: was Jesus von seinen Jüngern will und was die Menge von diesem Jüngerverhältnis wissen soll. Diese Kommunikationsstrategie wird zum Thema seiner Lehre. Im folgenden Passus (ab V. 4) redet Jesus seine „Freunde" an: Sympathisanten, die nicht unbedingt ihm nachfolgen müssen, aber seine Sendung unterstützen. Beide Perikopen setzen Gegenakzente gegen die vorhergehenden Perikopen, die stark unter dem Eindruck kritischer Auseinandersetzungen mit Jesus standen (11,14–54).
Die kurze Perikope ist so aufgebaut, dass die einfache Warnung Jesu vor den Pharisäern differenziert begründet wird.

12,1a	Die Situation		
12,1b–3	Das Wort Jesu an seine Jünger		
	1b	Die Warnung vor den Pharisäern	
	2–3	Die Dialektik von Verbergen und Offenbaren	
		2	Der Grundsatz
		3	Die Anwendung auf die Verkündigung

12,1–3 Die Kritik heuchlerischer Schriftgelehrter 321

Der synoptische Vergleich lässt ein komplexes Bild entstehen. Die Warnung vor dem „Sauerteig der Pharisäer" findet sich bei Markus an einer anderen Stelle mit einem ähnlich grundsätzlichen Ton (Mk 8,15; Mt 16,6). Die Dialektik von Verhüllen und Offenbaren steht bei Markus als Gegenstück zum Verstockungsauftrag, den Jesus mit seinen Gleichnissen erfüllt (Mk 4,22). Der Bezug zur Verkündigung hat eine Parallele bei Matthäus, dort im Kontext der Aussendungsrede (Mt 10,26–27). Das lukanische Stück ist eine Collage und wirkt doch aus einem Stück.

Das Resümee der Weherede, das Jesus zieht (1), stellt klar, dass Jesus sich nicht gegen die Pharisäer als Pharisäer wendet, sondern gegen „Heuchelei", heißt: gegen eine Lehre und Praxis des Gesetzes, die falsche Prioritäten setzt, weil das „Recht" und die „Gottesliebe" hinter Kleinigkeiten des Verzehntens zurückhängen (11,39–42). „Sauerteig" funktioniert nach dem Motto: Wenig beeinflusst viel. Das gilt im Guten (Mt 13,33: Gleichnis vom Sauerteig), aber auch im Bösen. Konsequenz: Man darf sich auf die Logik der Heuchelei nicht einlassen; es geht um eine andere Qualität.

Seine Kritik weitet Jesus im Anschluss aus. Zuerst (2) prognostiziert er, dass sich die Pharisäer seiner Kritik nicht werden entziehen können, weil alles ans Licht der Öffentlichkeit kommt, gerade das Verborgene. Die Heuchelei kommt heraus, mag sie sich noch so gut hinter Frömmigkeit und Tradition verstecken: Die Jünger müssen Aufklärer sein. Es geht nicht darum, die Pharisäer, Gesetzeslehrer und Schriftgelehrten zu entlarven; es geht um das Evangelium der Befreiung und um das Heil der Menschen. Die Parallele im Kontext der Gleichnisrede unterstreicht diese positive Bedeutung (8,16–17).

Die Jünger sollen Kommunikatoren des Evangeliums sein (3). Dass sie hinter vorgehaltener Hand reden und ins Ohr flüstern müssen, reflektiert die bedrängte Lage, in der sie das Evangelium verkünden müssen. Es spiegelt auch die Bedeutung der Mund-zu-Mund-Propaganda im frühen Christentum. Was aber klein beginnt, kommt groß raus, weil Gott zu Wort kommt, auf menschliche Weise. Es gibt keine Notwendigkeit, alles gleich an die große Glocke zu hängen. Entscheidend ist nur, dass man bei der Wahrheit bleibt. Die Kommunikation des Evangeliums wird dann erfolgreich sein, wenn sie der Logik der Öffentlichkeit folgt. Denn das Wort Gottes ist für die Öffentlichkeit bestimmt. Es schafft sich seine Öffentlichkeit. Die Jünger sind so etwas wie Pressesprecher Jesu.

Die gesamte Kritik Jesu, die hinter der Weherede (11,37–54) steht, ist vom Konzept der Öffentlichkeit bestimmt, das Jesus im Anschluss für seine Jüngern entwickelt (12,1–3). Das Gesetz muss der Öffnung dienen: letztlich für das Reich Gottes. Das Evangelium schafft Öffentlichkeit für Gott, indem es offene Räume für Gottes Reich schafft. Dies geschieht nicht nur durch lautes, sondern auch durch leises Reden, nicht so sehr durch spektakuläre Zeichen als durch stille Gesten. Denn Gott ist in den Schwachen stark. Er begegnet in den Armen. Er macht aus leisen Tönen große Musik. Das ist die Melodie Jesu – wie Lukas sie zum Klingen bringt.

12,4–12
Aufforderung zum furchtlosen Bekenntnis

⁴Aber euch, meinen Freunden, sage ich: Fürchtet euch nicht vor denen, die den Leib töten, danach aber nichts mehr tun können. ⁵Ich werde euch aber zeigen, wen ihr fürchten müsst: Fürchtet den, der nach dem Töten Vollmacht hat, in die Hölle zu werfen. Ja, ich sage euch: den fürchtet. ⁶Verkauft man nicht fünf Spatzen für zwei Asse? Und nicht einer ist vor Gott vergessen. ⁷Bei euch aber sind sogar die Haare auf dem Kopf alle gezählt. Fürchtet euch nicht. Ihr unterscheidet euch von den vielen Spatzen. ⁸Ich sage euch: Jeder, der sich zu mir vor den Menschen bekennt, zu dem wird sich auch der Menschensohn bekennen vor den Engeln Gottes. ⁹Wer aber mich vor den Menschen verleugnet, wird auch vor den Engeln Gottes verleugnet werden. ¹⁰Und jedem, der ein Wort gegen den Menschensohn sagen wird, wird vergeben werden; wer aber den Heiligen Geist lästert, dem wird nicht vergeben werden. ¹¹Wenn sie euch aber hinführen zu den Synagogen und den Herrschern und den Mächten, sorgt euch nicht, wie ihr antworten oder sprechen sollt. ¹²Denn der Heilige Geist wird euch in jener Stunde lehren, was ihr sagen müsst.

Nachdem Jesus seinen Jüngern vor Augen geführt hat, wie ihre schwachen Worte starke Wirkungen entfalten können (12,1–3), wendet Jesus sich, da Tausende zu ihm gekommen sind (12,1), denen zu, die er „Freunde" nennt. Das Thema sind die Bedrängnisse, die allen gewärtig sein müssen, wenn sie sich – wie auch immer – auf die Seite Jesu stellen. Dass Jesus selbst scharf kritisiert worden ist (11,17–36) und scharfe Kritik geübt hat (11,37–54), zeigt den Sitz im Leben dieses Themas. Drei verschiedene Aspekte der Bedrohungssituationen werden geschildert.

12,4–7	Die Unterscheidung zwischen begründeter und unbegründeter Furcht
	4–5 Warnung vor echter Bedrohung
	6–7 Der unendliche Wert des Menschen vor Gott
12,8–10	Die Notwendigkeit des Bekenntnisses zum Menschensohn
	8 Das Bekenntnis und seine Konsequenzen
	9 Die Verleugnung und ihre Konsequenzen
	10 Die Lästerung des Heiligen Geistes

12,4–12 Aufforderung zum furchtlosen Bekenntnis 323

12,11–12 Der Beistand des Geistes vor Gericht
11 Der Zuspruch von Mut
12 Die Verheißung der Inspiration

Die Aspekte sind unterschiedlich, aber der Gedankengang ist stimmig: Der erste Teil (12,4–7) beschreibt den Rahmen, der zweite (12,8–10) das geforderte Bekenntnis, der dritte (12,11–12) die Möglichkeit, die Krise zu bestehen. Der erste Teil, der tödliche Bedrohungen zeitlicher und ewiger Dimensionen unterscheidet, läuft auf eine anthropologische Basisaussage zu, die auf die Gotteskindschaft der Menschen abgestimmt ist (12,6–7); die beiden folgenden Teile sind pneumatologisch abgesichert, zuerst negativ, dann positiv: Der Heilige Geist darf nicht gelästert werden (V. 10); er ist die entscheidende Gotteskraft, die Menschen eine Stimme gibt, wenn ihnen ihres Glaubens wegen Gewalt angetan wird.

Die Überlieferung geht in ihrem Kern auf die Redenquelle zurück (vgl. Mt 10,28–33). Auch der Kontext wird von ihr vorgegeben (vgl. 12,2–3 par. Mt 10,26–27). Die Verkündigung ist ebenso notwendig wie prekär. Die Zeiten ändern sich; aber die kritischen Situationen bleiben. Die Notwendigkeit des Bekenntnisses wird auch im Markusevangelium unterstrichen, in einem Kontext, der von der Kreuzesnachfolge und vom unvergleichlichen Wert des menschlichen Lebens spricht, des irdischen wie des ewigen (Mk 8,34–38). Die Doppelüberlieferung unterstreicht die Bedeutung des Themas.

Die Jünger bilden den engsten Kreis um Jesus (12,1–3); sie sind seine „Freunde" (**4a**), weil ihre Beziehung auf Wechselseitigkeit beruht. Dass es weitere „Freunde" gibt, enge Sympathisanten, die aber nicht direkt Jesus nachfolgen, ist in der Anrede eingeschlossen. Vor Gott sind sie mit ihm eine verlässliche Verbindung eingegangen, auf Basis der gemeinsamen Gottesliebe, nicht auf anderen Interessen beruhend. Jesus gewährt ihnen diese Freundschaft (vgl. Joh 15,13–15); sie haben sie ergriffen und müssen sie nun bewähren.

Eine erste Erklärung führt sie dazu, Risiken richtig abzuschätzen (**4b– 5**). Die natürliche Sorge angesichts einer tödlichen Bedrohung gilt dem eigenen Überleben. Jesus fordert aber ein differenziertes Urteil. Es gibt unheilvolle Kräfte, die nur den „Leib", d. h. das irdische Leben, bedrohen können: Menschen, die Schlechtes im Schilde führen. Die später am Horizont aufziehenden Verfolger stehen für diese Bedrohung. So hart sie ist, ist sie doch begrenzt. Sie kann Schmerzen zufügen und sogar den Tod bereiten. Aber sie kann aus eigener Kraft nur den „Leib" *(soma)* treffen. Er steht zwar für den ganzen Menschen, aber nicht in jeder Hinsicht, sondern unter dem Aspekt der Kreatürlichkeit, der Geschichtlichkeit

324 9,51–13,21 *Die erste Phase der Reise – mit dem Blick nach Jerusalem*

und Endlichkeit. Die „Furcht", die diesen Mächten nicht gebührt, ist die kreatürliche Angst ums Dasein. Anders sieht es mit der Macht aus, die in die „Hölle" werfen kann. Im Griechischen steht „Gehenna" – der Name eines Tales der Toten bei Jerusalem, wo Menschenopfer dargebracht worden sein sollen. Dieser Ort ist auch im Judentum ein Symbol für die von Gott verlassene Unterwelt geworden. Die Macht, in die „Hölle" zu verbannen, hat Gott. Ihn zu fürchten, d. h. zu respektieren, zu verehren und zu gehorchen, besteht aller Anlass. Untergangsphantasien werden nicht beflügelt; aber harmlos ist das Evangelium nicht: Es geht um Leben und Tod.

Die Begründung für die Furchtlosigkeit gegenüber irdischen Herrschern und für die Furcht gegenüber dem überirdischen Widersacher liegt im Wert des menschlichen Lebens. Ein Kontrast macht ihn anschaulich **(6–7)**. Für einen ganz geringen Betrag kann man Spatzen (zum Essen) verkaufen – und auch sie sind Geschöpfe, auf die Gott sein Augenmerk richtet. Ein As ist der sechzehnte Teil eines Denars, des Tageslohnes eines einfachen Arbeiters (vgl. Mt 20,1–16). Der Wert eines Menschen ist im Vergleich zum kleinen Vogel unvergleichlich hoch. Am unwichtigsten scheinen die Haare, die nicht gezählt werden können, wenn sie kräftig gewachsen sind. Aber die Vorsehung Gottes ist so groß und stark, dass nicht nur der Mensch als ganzer, sondern noch das kleinste Teil von ihm unter Gottes Schutz steht. Der Leib eines Menschen ist nicht unwichtig, im Gegenteil (12,23); aber der Mensch ist mehr als die Summe seiner kleinen und großen Körperteile. Deshalb ist es richtig, Furcht zu haben – doch nicht vor den Mächten, die nur dem Körper, nicht aber der Seele schaden können. Das Ergebnis ist nicht Unverantwortlichkeit, sondern innere Freiheit, die sich mutig äußert.

Worum es bei der Warnung und Mahnung geht, ergibt sich aus dem Fortgang **(8–9)**. Es kommt darauf an, den „Menschensohn" nicht zu verleugnen, sondern zu bekennen. Der „Menschensohn" ist für Lukas Jesus selbst, der in Gottes Vollmacht das Evangelium verkündet (5,24 u. ö.), in Gottes Liebe den Weg des Leidens geht (9,22 u. ö.) und in Gottes Leben von den Toten aufersteht, auf dass er wiederkommt, um Gottes Reich zu vollenden (9,26 u. ö.). Dass Jesus immer in der 3. Person vom Menschensohn spricht, verweist nicht auf eine andere Gestalt, sondern auf die Spannung, die zwischen den Menschensohnerwartungen und seiner eigenen Sendung besteht: weil er ein echter Mensch und wahrhaft Gottessohn ist, der nicht nur die vollendete Zukunft, sondern bereits die reale Gegenwart des Gottesreiches vermittelt. Das Bekenntnis geschieht in Worten und Taten. Es bewährt sich angesichts von Widerstand. Das Gegenbeispiel ist Petrus, der Jesus

12,4–12 Aufforderung zum furchtlosen Bekenntnis 325

verleugnet (22,54–62). Das Bekenntnis ist entscheidend, weil es jenseits der Heuchelei die Echtheit des Glaubens, also des Gottvertrauens, bewährt, in dem das ganze Leben eines Menschen verwurzelt ist. Eine Verleugnung hingegen wäre ein Selbstwiderspruch: ein Verrat an Jesus, dem die Freunde, die hier angesprochen werden, aber doch ihr Vertrauen geschenkt haben. Dem Verhalten jetzt entspricht das Verhalten des Menschensohnes am Jüngsten Tag. Das „Bekenntnis" ist gleichbedeutend mit der Rettung, die Verleugnung gleichbedeutend mit der Verurteilung – die aber nicht sofort die ewige Verdammung bedeutet (vgl. V. 10). Die Entsprechungen folgen dem Prinzip der Gerechtigkeit, ohne die Gottes Barmherzigkeit Willkür wäre. Ein Bekenntnis des Menschensohnes zu denen, die ihn verleugnet haben, wäre unehrlich.

Freilich ist nicht jedes Wort gegen den Menschensohn gleich ein religiöses Todesurteil **(10)**. Petrus hat eine Chance auf Umkehr – die er genutzt hat, weil Jesus ihn neu berufen hat. So kann es anderen auch gehen, selbst am Letzten Tag. Doch ist die Vergebung nicht unbegrenzt. Wäre sie es, würde sie nichts wert sein. Sie ist eine Wirkung des Heiligen Geistes. Wer ihn lästert, d.h. leugnet und schlechtredet, hat sich selbst von der Vergebung abgeschnitten.

Zum Abschluss des Passus werden die menschlichen Instanzen genannt, vor denen Jesus als Menschensohn bekannt werden soll, aber auch verleugnet werden kann **(11–12)**. Es handelt sich um religiöse und politische Foren: Synagogen und Gerichtshöfe (vgl. 21,12). Die Apostelgeschichte wird zahlreiche Beispiele bringen (Apg 4,5–7; 5,27–28; 17,6–8; 24,1–9 u.ö.). Aus eigener Kraft wüssten die „Freunde" Jesu nichts zu sagen; aber der Heilige Geist wird ihnen die richtigen Worte eingeben (21,12–15). Das Bekenntnis ist geistgewirkt; der Geist klärt die Beziehung zu Jesus und gibt Kraft, sie auszudrücken.

So wichtig es ist, dass die Jünger, auch gegen Widerstand, das Evangelium verkünden (12,1–3), so wichtig ist für sie, sich als „Freunde" zu Jesus zu bekennen, auch wenn es einen hohen Preis kostet, und sei es das irdische Leben. Jesus fordert nicht das Martyrium um jeden Preis. Aber er macht klar, wie wichtig der Glaube für das Glück und den Segen des Lebens ist. Er hat die Kraft, die Furcht vor jeder menschlichen Instanz zu überwinden und allein Gott die Ehre zu geben; damit erkennt er, worin der Wert des menschlichen Lebens besteht. Das Bekenntnis, das den Glauben ausdrückt, führt nicht ins Nichts, sondern vor Gottes Engel zur Rettung durch den Menschensohn. Die Verleugnung des Menschensohnes hingegen führt in die Krise des Gerichts, aus der nur Gott zu retten vermag. Die Erlösung ist nicht automatisch; sie kann ehrlicherweise nur erfolgen, wenn Gottes Geist, der sie schafft, nicht verteufelt wird. Mit diesem Wort Angst zu verbreiten und Menschen in tiefe Not zu schicken, ist ein Missbrauch, der nicht versteht, dass Jesus mit ihm gerade die Vergebung aller Sünden ermöglicht. Die Sünde wider den heiligen Geist ist weder ein moralisches Fehlverhalten noch eine psychische Glaubensblockade, sondern ein schreiender Selbstwiderspruch, der Gottes Barmherzigkeit noch mehr fordert als nur durch die Vergebung von Sünden. Desto wichtiger ist die Freiheit, die sich kraft des Geistes im Widerstand gegen die Unterdrückung des Glaubens aus religiösen und politischen Gründen erweist. Die erzählte Szene gewinnt nach Ostern immer mehr an Gewicht, ist deshalb aber längst nicht eine nachösterliche Projektion auf die vorösterliche Zeit. Vielmehr ist der messianische Anspruch Jesu so wenig bestreitbar wie seine Verkündigung des Reiches Gottes; zum Glauben gehört auch für den historischen Jesus das Bekenntnis. Lukas hat diese Traditionen recherchiert und so arrangiert, dass im Licht des österlichen Glaubens Jesus von Nazareth kenntlich wird, wie er Eindruck gemacht hat.

12,13–21
Ablehnung einer Erbschaftsschlichtung

[13]Einer aus der Menge sagte zu ihm: „Lehrer, sag meinem Bruder, dass er das Erbe mit mir teilt." [14]Er aber sagte ihm: „Mensch, wer hat mich zum Richter oder Schlichter über euch gesetzt?" [15]Er sagte aber zu ihnen: „Seht zu und hütet euch vor jeder Habgier. Denn auch wenn einer Überfluss hat, kommt sein Leben nicht aus seinem Besitz." [16]Er erzählte ihnen ein Gleichnis und sagte: „Das Land eines reichen Menschen hatte gut getragen. [17]Da überlegte er bei sich und sagte: ‚Was soll ich tun? Ich habe nichts, wo ich meine Früchte sammeln könnte.‘ [18]Und er sagte: ‚Das werde ich tun: Ich werde meine Scheunen niederreißen und größere bauen und dort werde ich all mein Getreide und meine Güter lagern, [19]und ich werde meiner Seele sagen: Seele, du hast viele Güter liegen für viele Jahre. Ruh dich aus, iss und trink, sei fröhlich.‘ [20]Aber Gott sagt ihm: ‚Narr, diese Nacht wird deine Seele von dir zurückgefordert. Was du vorbereitet hast – wem wird es gehören?‘ [21]So geht es dem, der für sich Schätze sammelt und nicht vor Gott reich ist."

Den Jüngern, die Jesus zum mutigen Bekenntnis auffordert (12,4–12), macht Jesus auch klar, worum sie sich kümmern und was sie besser bleiben lassen sollen. Er konnte auch Nein sagen.
Vor der Warnung der Jünger, sich zu sorgen (12,22–32), steht bei Lukas eine markante Szene aus zwei Teilen, wobei der zweite stark ausgebaut ist.

12,13–21 Ablehnung einer Erbschaftsschlichtung 327

12,13–14 Die Ablehnung einer Bitte um Erbschlichtung
12,15–21 Die Ausweitung des Fallbeispiels
  15   Die Weisheitssentenz Jesu: Warnung vor Habgier
  16–20 Die Beispielgeschichte vom törichten Reichen
  21   Die Anwendung

Die Szene ist Sondergut, hat aber starke Resonanzen in der synoptischen Tradition. Sie ist typisch für die überlieferte Stellung Jesu zum Reichtum. Im Lukasevangelium gewinnt das Thema eine besondere Brisanz, weil Jesus einerseits vor der gefährlichen Verführung durch Geld warnt (8,14; 12,34; 16,13), andererseits aber zum sorgfältigen Umgang mit Geld mahnt, besonders im Interesse der Armenfürsorge (16,9–13).

Die kurze Szene **(13–14)** der Bitte und ihrer Abweisung spiegelt die Reputation wider, die Jesus erlangt hat. Er wird wie ein Gesetzeslehrer in Rechtsangelegenheiten gefragt. Das scheint seiner Friedensmission zu entsprechen, verkennt aber, wofür Jesus sich wirklich einsetzen will: Er will nicht Geldgeschäfte optimieren, sondern den himmlischen Lohn auszahlen. Er ist nicht zum „Richter und Schlichter" in Rechtshändeln „gesetzt"; seine Mission ist die Vermittlung des Gottesreiches, das Gottes Segen verbreitet. Er muss an dieser Stelle Nein sagen, damit er in seiner gesamten Sendung Gottes Ja sagen kann.

Seine Weigerung begründet Jesus zweifach **(15)**: Ethisch verweist er auf die Verführung durch Habgier *(pleonexía)*, die allgemein verpönt ist, weil sie Geld als Mittel der Selbstbefriedigung auf Kosten anderer und der Selbststeigerung durch vergängliche Güter missbraucht – ein ebenso populäres wie fatales Unterfangen, das in den Untergang führt, weil es selbstwidersprüchlich ist. Anthropologisch macht Jesus den Unterschied zwischen Haben und Sein deutlich, der auch der Verurteilung der Habgier zugrundeliegt: So angenehm Geld das Leben machen kann und so viel Gelegenheit Besitz gibt, Gutes zu tun, so wenig kann aus dem, was ein Mensch hat, der Sinn seines Lebens folgen, seine Bestimmung durch Gott, seine Berufung zur Gottes- und Nächstenliebe (10,25–37).

Die Beispielgeschichte **(16–20)** illustriert ein weiteres Mal die didaktische Kunst Jesu, mit einem Gleichnis die Spannung zu lösen, den Horizont zu weiten und eine neue Perspektive zu gewinnen (vgl. 10,25–35; 15,1–32 u. ö.). Jesus weist den Mann, der ihn zum Erbstreitschlichter machen will, öffentlich zurück (12,13.14), vor seinen Jüngern (12,4), inmitten der Menge (12,1). So erzählt Jesus auch das Gleichnis seinen Jüngern, auf dass alle es hören können. Die Geschichte eines reichen Kornbauern, der angesichts einer großen Ernte sein ganzes Leben darauf einstellt, durch kluge materielle Vorsorge für lange Zeit seiner Seele Frieden und Freude zu verschaffen, ist aus dem Leben gegriffen und gewinnt abrupt jenen existentiellen Ernst, den sie hinter der Fassade der Harmlosigkeit von Anfang an hatte. Jesus demaskiert den Mann, indem er – ganz selten in einem Gleichnis – Gott selbst zum Reichen reden lässt, der keine Ahnung hat, dass es noch „heute Nacht" mit ihm zu Ende geht. Der reiche Bauer scheint rational zu handeln, weil er wirtschaftliche Vorsorge treibt und sich einen ruhigen Lebensabend ohne hektische Arbeit organisieren will. Dennoch handelt der Mann irrational, weil er nicht bedenkt, dass er sein Leben nicht in der Hand hat. Er folgt der Logik des Besitzes – das ist sein großer Fehler. Im Rückblick zeigt sich, dass Geld die letzten Stunden seines Lebens beherrscht hat, er aber nichts davon mit zu Gott nehmen kann, sondern alles zurücklassen muss. Das Gleichnis erläutert die Sentenz von Vers 15b und beleuchtet den Hintergrund der Weigerung Jesu.

Jesus deutet sein Gleichnis bei Lukas selbst (21). Er zeigt, wie weit sein Sinn ist. Jesus analysiert den Unterschied und potentiellen Widerspruch zwischen dem Reichtum auf Erden und dem Reichtum bei Gott. Das Problem ist nicht das Geld, sondern der Egoismus. Das Problem ist auch nicht die irdische Schatzsuche, sondern die Orientierung des ganzen Lebens an ihr. Nur der himmlische Lohn zahlt sich wirklich aus.

Das Gespräch mit dem anschließenden Gleichnis beantwortet weder die Frage, welches der Schatz im Himmel ist und wie man ihn gewinnt, noch wie man so mit Geld umgehen soll, dass der Zugang nicht versperrt wird. Es konzentriert sich auf die Frage, was im Leben wichtig und nicht so wichtig ist. Das Denken sehr vieler Menschen kreist ums Geld – nicht nur das der Armen, die nicht wissen, wie sie auskommen sollen (12,22–34), sondern auch das der Reichen, die in der lebensbedrohlichen Gefahr stehen, sich der Habgier hinzugeben, so milde auch immer sie in Erscheinung treten mag. Das letzte Hemd hat keine Taschen. Wer sein Leben auf seinen Besitz gründet, ist armselig, mag er sich auch glücklich fühlen und von anderen ob seines Reichtums beneidet werden. Zwangsläufig ist es nicht, der Versuchung zu erliegen. Es gibt die Alternative, die Jesus durch seine Verweigerung, als Erbschlichter zu wirken, öffnet: Geld zu nutzen, um Gutes zu tun, nicht, um das Ego aufzubauen. Lukas gilt zu Recht als Evangelist der Armen – nicht nur deshalb, weil Jesus selbst arm gewesen ist, auch nicht nur deshalb, weil er (im Stile der Psalmen) ein Armutsideal vertritt, dessen prägnanter Ausdruck die Seligpreisungen sind (6,20–23), sondern auch deshalb, weil er den Reichen ins Gewissen redet, der Armen zu gedenken und Taten der Barmherzigkeit zu erbringen. Auch wenn es sich nicht um die schriftliche Aufzeichnung eines Gesprächs handelt, das Jesus genau so geführt hat: Durch die literarische Gestaltung kommt gut heraus, worin die jesuanische Option für die Armen historisch und theologisch bestanden hat und welche Weisheit in ihr zu entdecken ist.

12,22–34
Warnung vor falscher Sorge

[22]Er sagte zu seinen Jüngern: „Deshalb sage ich euch: Sorgt nicht um eure Seele, was ihr essen, noch für den Leib, was ihr anziehen sollt. [23]Denn die Seele ist mehr als Nahrung und der Leib mehr als Kleidung. [24]Achtet auf die Raben: Sie säen nicht und ernten nicht, sie haben keine Vorratskammern und Scheunen, und Gott ernährt sie. Um wie viel mehr unterscheidet ihr euch von den Vögeln! [25]Wer von euch kann durch Sorgen seiner Lebenszeit auch nur eine Spanne hinzufügen? [26]Wenn ihr das Geringste nicht könnt, was sorgt ihr euch um das Übrige? [27]Achtet auf die Lilien des Feldes, wie sie wachsen. Sie arbeiten nicht und spinnen nicht. Aber ich sage euch: Sogar Salomo in all seiner Pracht war nicht besser gekleidet als sie. [28]Wenn aber Gott das Gras, das heute auf dem Feld steht und morgen ins Feuer geworfen wird, so kleidet, um wie viel mehr euch, ihr Kleingläubigen. [29]So sucht auch ihr nicht, was ihr essen und was ihr trinken sollt, und seid nicht unruhig! [30]Denn dies alles suchen die Völker der Welt; euer Vater aber weiß, dass ihr dies braucht. [31]Sucht vielmehr nach seinem Reich, und dies wird euch hinzugegeben werden. [32]Fürchte dich nicht, du kleine Herde; denn euer Vater hat daran Gefallen gefunden, euch das Reich zu geben. [33]Verkauft, was ihr habt, und gebt es als Almosen. Macht euch Geldbeutel, die nicht alt werden, einen unerschöpflichen Schatz im Himmel, wo kein Dieb naht und keine Motte frisst. [34]Denn wo euer Schatz ist, da ist euer Herz.

Seine Verweigerung, einen Erbstreit zu schlichten, begründet Jesus mit der Warnung davor, Schätze nicht im Himmel, sondern nur auf Erden zu sammeln (12,21). Hier knüpft er an, indem er wieder seine Jünger anredet, also eine Lehre für die Nachfolge zieht. Sie haben nicht das Problem, zu viel Geld zu haben, an das sie ihr Herz hängen können. Sie kommen, soweit bekannt, aus Familien, die hart arbeiten müssen, aber ihr Auskommen finden können. Doch haben sie in der Nachfolge Jesu freiwillig die Armut gewählt (vgl. 9,58). Vor allem haben sie die Solidarität mit den Armen eingeübt (6,20–23), wenn sie das Evangelium für die Armen annehmen und verbreiten (4,18–20). Jesus macht den Jüngern klar, dass es im Umgang mit Geld, in der Organisation des Alltags und im Überlebenskampf der Ausgebeuteten auch dann Probleme gibt, die den Lebenssinn und die Hoffnung gefährden, wenn es nicht Habgier ist, die Reiche immer noch reicher werden lassen soll und dadurch seelisch verarmen lässt. Die Rede an die Jünger wird mit dem Gleichnis von den wachsamen Knechten (ab 12,35) direkt fortgeführt, aber unter einem neuen Aspekt.

Die Mahnrede setzt bei der falschen Sorge an und führt zur richtigen Suche hin.

12,22–28	Die Warnung vor der falschen Sorge
22–23	Die Aufforderung
	und ihre Begründung im Wert des Menschen
24–26	Das Beispiel der Raben
24a	Das Bild
24b–26	Die Übertragung
24b	Der Wert des Menschen
25	Die Begrenztheit des Sorgens
26	Die Konzentration aufs Wesentliche
27–28	Das Beispiel der Lilien
27	Das Bild
28	Die Übertragung: Der Wert des Menschen
12,29–34	Die Mahnung zur richtigen Suche
29–32	Die Möglichkeit und Notwendigkeit der Gottessuche
29	Die Problematik der Suche nach Essen und Trinken
30	Die Vorsehung Gottes
31	Die Suche nach dem Reich Gottes
32	Die Verheißung des göttlichen Beistandes
33–34	Die Möglichkeit und Notwendigkeit der Solidarität
33	Die Aufforderung zur Caritas
34	Die anthropologische Begründung

Die Rede dient der Befreiung von einer Sorge, die lähmt, so verständlich sie ist. Jesus öffnet mitten in den Alltagsnöten die Augen für das Reich Gottes und die in ihm begründete Möglichkeit, sich aufs Wesentliche zu konzentrieren – im Vertrauen, nicht verantwortungslos zu handeln, sondern rational und ethisch. Diese Alternative zur Sorge ist doppelt begründet: in Gottes Vorsehung und in der Solidarität der Menschen. An den Raben und den Lilien können Menschen erkennen, wie Gott für seine Geschöpfe sorgt; an den anderen Jüngern sollen die Gläubigen erkennen, was es heißt, tatkräftig zu helfen, wo Not herrscht, so dass niemand zu verhungern und zu verdursten braucht.

Die Rede geht auf die Logienquelle zurück (vgl. Mt 6,25–34). Der synoptische Vergleich zeigt kleine Unterschiede, aber große Gemeinsamkeiten, sowohl in den Bildern als auch im Gedankengang. Der größte Unterschied besteht darin, dass bei Lukas die Hinweise zum Schätzesammeln, das anderen Menschen zugutekommen soll, folgen lässt, während sie bei Matthäus vorangestellt sind (Mt 6,19–21). Die lukanische Komposition lässt die Ethik als Konsequenz der Verheißung

12,22–34 Warnung vor falscher Sorge 331

hervortreten, passend zum Kontext und zur Gesamtanlage des Evangeliums.

Jesus redet die Jünger an **(22)**, weil sie ihm nachfolgen und seine Botschaft verbreiten sollen. Dass sie dazu die Armut Jesu teilen sollen, haben die Aussendungsreden deutlich gemacht (9,1–6; 10,1–16). Jetzt sind die Jünger mit Jesus auf dem Weg nach Jerusalem (9,51). Sie haben ihre Arbeit und ihren Besitz zurückgelassen (5,1–11.27–28). Was früher eine zeitlich begrenzte Lebensform war, wird jetzt zu einer längeren; wenngleich nicht permanenten (vgl. 22,35–38). Die Jünger werden nicht mehr nach Kapharnaum zurückkehren, sondern, so die Apostelgeschichte, von Jerusalem aus in aller Welt missionieren (Apg 1,8). Wovon sie leben sollen, ist ungewiss, wird sich aber finden (vgl. Apg 2,42–46; 4,32–37). Sie teilen die Armut der Armen. Hier setzt Jesus nach Lukas an. Deshalb sind die Mahnungen und Klärungen nicht nur im Rückblick auf eine frühere Vergangenheit wichtig, sondern für die Armen aller Zeiten, freiwillig oder nicht. So wenig das Alltagsleben verachtet und die soziale Not kleingeredet werden darf, so sehr kann die Sorge das Leben in den Bann schlagen und dadurch auffressen, dass es nur noch ums Überleben kreist. Aber die „Seele" *(psyché)* – man kann auch übersetzen: das Leben – geht nicht in Essen und Trinken auf **(23)**, so wenig, wie der „Leib" *(soma)* sich auf die Kleidung reduzieren lässt. Leib und Seele zeichnen den Menschen als Gottes Geschöpf aus. Beides sollen Menschen nicht verachten, sondern achten – aber ihr Leben nicht auf die Befriedigung ihrer elementaren Lebensbedürfnisse reduzieren. Dass sie bestehen, wird keineswegs geleugnet. Aber wenn ihre Befriedigung der entscheidende Lebenssinn wird, entsteht ein Problem, selbst wenn das Sorgen der Not gehorcht: Das Menschsein selbst wird kleingemacht; die Verkrampfung löst kein Problem, sondern schafft ein neues.

Die „Raben" öffnen die Augen **(24)**. Sie sind für die Jünger nicht Vorbilder, sondern Anschauungsmaterial. Die Raben gelten in der Bibel Israels als gefräßige Vögel, die Gott ernährt (Hiob 38,41; Ps 147,9). So ist es auch hier – unter dem Aspekt, dass sie weder arbeiten noch Vorräte anlegen, sondern ganz auf Gottes Fürsorge bauen dürfen. Der Vergleich markiert eine qualitative Differenz: Der Wert eines Menschen ist in Gottes Augen ungleich höher als der eines Raben; deshalb fehlt es Menschen gewiss nicht an göttlicher Fürsorge. Die Pointe ist nicht, auf Arbeit und Planung zu verzichten, sondern das Leben Gottes Führung anzuvertrauen. Dieses Gottvertrauen ernüchtert und ermutigt. Denn alles Sorgen kann das Leben nicht verlängern **(25)**; im Gegenteil: Eher verkürzt es das Leben und saugt es auf. Wenn aber das Sorgen nicht einmal die kleinste Lebensverlängerung bewirkt, ist es sinnlos, mehr von ihm zu erwarten **(26)**: das Glück und den Sinn des Lebens. Was

Jesus sagt, ist nicht fatalistisch, sondern realistisch. Deshalb schafft er Freiheit.

Das zweite Beispiel liefern die Lilien (27). Sie gelten auch zur Zeit Jesu als besonders schön (Sir 39,14; 50,8; Hos 14,6). Sie werden mit der sprichwörtlichen Pracht Salomos verglichen (1Kön 10,1–29; 2Chr 9,1–28) – und diesem Glanz gegenüber hervorgehoben. Erneut ist die Pointe: Sie verdanken ihre Pracht nicht ihrer eigenen Arbeit, sondern Gott (28); sie müssen sie nicht erringen, sondern strahlen sie aus. Erneut sollen die Jünger im Blick auf die Lilien erkennen, wie sehr sie, die sie Menschen sind, Gottes Ebenbilder, auf Gott vertrauen dürfen. Die Lilien sind wie die Raben nicht Vorbilder fürs Nichtstun, sondern Zeichen für Gottes Güte, die um so mehr den Menschen gilt.

Der zweite Teil der Rede zieht aus dem ersten die Konsequenz. Das Leitwort heißt: suchen (29). Das falsche Sorgen richtet die Suche nur auf Materielles, auf Essen und Trinken, auf Kleidung. Das Ergebnis ist eine innere Unruhe, weil die Suche nie zu ihrem Ziel gelangen, sondern immer nur neue Nöte beheben kann. Laissez-faire ist keine Option – Gelassenheit schon. Den Überlebenskampf der Armen zu verachten, wäre zynisch; die Armen auf ihn zu reduzieren, auch. Wer, wie die Heiden aus den Völkern, nicht weiß, wer Gott ist (30), mag keine andere Wahl haben, als alles auf die Sorge um das eigene Überleben zu setzen, auch in der Religion. Aber wer mit Jesus das Vaterunser betet (11,1–4), kann es besser wissen: Gott braucht nicht auf die menschliche Not aufmerksam gemacht zu werden; er hat von sich aus im Blick, was Menschen zum Leben brauchen: ihn selbst, aber auch das, was sie an Essen und Trinken, an Geld und Kleidung, an Wissen und Können, an Glück und Sinn nötig haben.

Dieses Glaubenswissen gibt Menschen in der Suche ihres Lebens Orientierung (31). Das Suchen ist ein Sinnen und Trachten, das auf ein Ziel aus ist. Das alles entscheidende Ziel ist das Reich Gottes, der Inbegriff des Heiles, nicht erst im künftigen Jenseits, sondern auch schon im gegenwärtigen Diesseits (4,43; 8,1 u.ö.). Weil es verborgen ist, muss es gesucht werden; weil es der Inbegriff des Heiles ist, machen sich Menschen auf die Suche nach ihm; weil es nahegekommen ist (10,9.11), ist die Suche nach ihm nicht vergeblich. Es schenkt den vollen Segen Gottes. Es lässt erkennen, wie unendlich wertvoll jeder Mensch in Gottes Augen ist; es lässt angesichts der Vergeblichkeit, durch eigene Mühen das eigene Leben zu verlängern, nicht verzweifeln, sondern schafft die Sicherheit, dass Menschen sich auf das Wesentliche konzentrieren können – und dann selbstverständlich auch auf die Organisation ihres Alltages. Der Zuspruch an die „kleine Herde" (32) verdichtet diese Heilszusagen. Die „Herde" der Jünger ist „klein", weil sich nur wenige auf den Weg der

12,22–34 Warnung vor falscher Sorge 333

Nachfolge gemacht haben; auch wenn die Kirche einmal „groß" werden will und soll, bleibt sie „klein", nicht nur unter quantitativen, sondern unter qualitativen Aspekten: Sie mag alles Mögliche sein und werden – Gott ist sie nicht. Das Leben kann sie nicht schenken und noch nicht einmal verlängern. Genau das kann und muss sie – im Glauben – wissen; deshalb vermag sie zu wirken.

Diese positive Wirkung beschreibt der Abschluss **(33)**. Wo das Reich Gottes gesucht wird, verändert sich das ganze Leben. Gott schenkt nicht nur geistliche, sondern auch materielle und soziale Güter, so wenig Wohlstand auf Gnade und Armut auf Ungnade schließen lassen (vgl. 18,28–30). Freilich werden die materiellen Nöte nicht automatisch behoben; sie werden auch nicht spirituell überhöht. Vielmehr sind die Jünger selbst gefragt – in ihrer Glaubensgemeinschaft, mag sie auch nur klein sein (V. 32). Die Gütergemeinschaft der Urgemeinde setzt die Maßstäbe (Apg 2,45; 4,32–37). Wer sich auf die Suche nach Gottes Reich macht, landet in der Gemeinschaft der Jünger Jesu, die ihrerseits auf der Suche nach Gottes Reich sind; deshalb sind sie bereit, mit ihren Möglichkeiten denen zu helfen, die es nötig haben. Auch sie können ihren Mitgeschwistern das Leben zwar nicht retten, aber erleichtern. Wenn sie es tun, zeigen sie, dass sie ein „Herz" haben **(34)**. Wenn sie ihr Leben der Habgier widmen (vgl. 12,13–21), verlieren sie es ebenso, wie wenn sie sich vom Kampf ums Dasein bestimmen und von den Alltagssorgen auffressen lassen. Wenn aber ihr Herz von der Liebe zu Gott und zum Nächsten erfüllt ist, hellt sich auch ihr eigenes Leben auf (11,33–39).

Die Warnung vor der falschen Sorge wird oft missdeutet: so als ob Jesus einer Sorglosigkeit das Wort geredet hätte, die nur verantwortungslos genannt werden kann. Von der Verachtung der Kyniker für materielle Dinge ist er meilenweit entfernt. Die Sorge ist die Versuchung der Armen. Jesus will, dass diese Sorge nicht ihr Leben beherrscht; dann wird es aufgefressen. Jesus verkennt nicht die Notwendigkeit, den Alltag zu meistern; er kennt die Armut der Armen am eigenen Leib. Deshalb weiß er, wie sehr das Leben verarmt, wenn nicht Gottes Reich seinen Sinn ausmacht. Dass die Suche das entscheidende Merkmal des Christseins in der Nachfolge Jesu ist, greift die eschatologische Spannung auf: dass Gottes Reich nahe, aber nicht vollendet ist. So lange das Leben währt und so fest der Glaube ist, so wichtig ist und wird die Suche nach Gott und seinem Reich. Der Weg der Nachfolge führt nicht ins Schlaraffenland umfassender Bedürfnisbefriedigung, aber in die Solidargemeinschaft derer, die Jesus nachfolgen, weil sie ihm glauben, dass Gott sie nicht im Stich lässt und billig abspeist, sondern leben lässt und retten wird. Im Filter und Verstärker des Evangeliums klingt ein Leitmotiv der Verkündigung Jesu an, passend zu seiner Zeit und aktuell in jeder Zeit.

12,35–48
Mahnung zum treuen Dienst

[35]Lasst eure Lenden umgürtet sein und eure Lampen brennen – [36]und ihr seid Menschen gleich, die den Herrn erwarten, wenn er von der Hochzeit aufbricht, damit sie ihm sogleich öffnen, wenn er kommt und anklopft. [37]Selig sind jene Knechte, die der Herr, wenn er kommt, wach findet. Amen, ich sage euch: Er wird sich gürten und sie zu Tisch bitten und hinzutreten und sie bedienen. [38]Und wenn er in der zweiten oder in der dritten Nachtwache kommt und sie findet: Selig sind jene. [39]Dies aber erkennt: Wenn der Hausherr wüsste, zu welcher Stunde der Dieb kommt, ließe er ihn nicht in sein Haus einbrechen. [40]Werdet auch ihr bereit, denn zu einer Stunde, da ihr es nicht meint, kommt der Menschensohn." [41]Da sagte ihm Petrus: „Herr, sagst du dieses Gleichnis zu uns oder zu allen?" [42]Und es antwortete der Herr: „Wer also ist der treue und kluge Hausverwalter, den der Herr über seine Dienerschaft einsetzen wird, Speise zu geben zur rechten Zeit? [43]Selig jener Knecht, den der Herr, wenn er kommt, dies tun findet. [44]Wahrhaftig, ich sage euch: Er wird ihn über seinen ganzen Besitz einsetzen. [45]Wenn aber jener Knecht in seinem Herzen denkt: ‚Mein Herr lässt sich Zeit, bis er kommt', und anfängt, die Knechte und Mägde zu schlagen und zu essen und zu trinken und sich zu berauschen, [46]wird jener Herr an einem Tag kommen, da er es nicht erwartet, und zu einer Stunde, die er nicht kennt – und er wird ihn zweiteilen und seinen Anteil bei den Ungläubigen geben. [47]Jener Knecht aber, der den Willen seines Herrn kennt und nichts seinem Willen gemäß bereitet oder getan hat, wird viele Schläge erhalten. [48]Wer ihn aber nicht kennt und etwas getan hat, was Schläge verdient, wird wenige erhalten. Wem viel gegeben wurde, von dem wird viel zurückgefordert, und wem viel anvertraut wird, von dem werden sie umso mehr verlangen.

Die Rede wird nach der Warnung vor der falschen Sorge mit einem neuen Ansatz und mit einer späteren Zwischenfrage des Petrus fortgesetzt (V. 41), aus der hervorgeht, welches neue Thema gesetzt wird. Es bleibt beim Ethos der Verantwortung, das speziell den Jüngern abverlangt wird. Es verschiebt sich aber der Blickwinkel von den alltäglichen Herausforderungen zur endzeitlichen Krise. Diese eschatologische Perspektive wird bis zum Schluss die Lektionen beherrschen, die Jesus seinen Jüngern mit auf den Weg gibt. Auch die Fortsetzung (ab V.49) wird nahtlos erfolgen – aber dann mit Blick auf das Handeln Jesu, der im kommenden Herrn wiedererkannt werden soll.
Jesus argumentiert mit Gleichnissen, ähnlich wie zuvor (12,16–21.24–28), aber nun so, dass zuerst ein Gleichnispaar zwei Seiten einer Medaille

12,35–48 Mahnung zum treuen Dienst 335

beleuchtet, bevor nach einer Zwischenfrage, die Petrus stellt (V. 41), eine Übertragung auf die Jünger Jesu erfolgt, die an die Deutungen der beiden Gleichnisse anknüpft.

12,35	Die wegweisende Aufforderung	
12,36–38	Das Gleichnis von den wachsamen Knechten	
	36	Die Erzählung
	37–38	Die Übertragung
12,39–40	Das Gleichnis vom Hausherrn	
	39	Die Erzählung
	40	Die Übertragung
12,41	Die Zwischenfrage des Petrus	
12,42–48	Die Antwort Jesu: Die Rollen der Knechte	
	42–44	Der gute Knecht
	45–48a	Schlechte Knechte
		45–46 Der unverschämte Knecht
		47 Der faule Knecht
		48a Der unwissende Knecht
	48b	Die allgemeine Regel

Der gesamte Redeteil spielt im Bereich des antiken Hauses und seiner Verwaltung. Der „Hausverwalter", der den zweiten Teil beherrscht, ist in der Regel ein „Knecht" oder „Sklave" (V. 42 u. ö.), von dem bereits im ersten Gleichnis die Rede ist (12,36–38); der Verwalter untersteht einem Hausherrn, der in der gesamten Rede das Gegenüber des Knechtes ist. Das erste Gleichnis zeichnet ein helles Bild, das durch eine tiefe Übereinstimmung zwischen dem Herrn und seinen Knechten gekennzeichnet ist; sogar ein Rollentausch findet statt: Der Herr wartet den Knechten auf. Die Pointe ist die wache Bereitschaft der Knechte, den Herrn dann zu empfangen, wenn er kommt, wann immer es sei – und nicht nur dann bereit zu sein, wenn sie sich denken, dass er kommen sollte und müsste. Dies wird im zweiten Gleichnis durch ein Spiegelbild erläutert: Der Hausherr selbst muss aufpassen, um nicht Opfer von Dieben und Räubern zu werden. Beide Gleichnisse werden im Fortgang besprochen: Auf die Zwischenfrage des Petrus hin, ob – nur – sie gemeint seien, die Apostel als Jünger (V. 41), differenziert Jesus Mahnung und Warnung. Zuerst bleibt er beim guten Beispiel, baut aber die Belohnung weit aus; danach wendet er sich verschiedenen schlechten Beispielen zu: Unverschämtheit, Faulheit und Ahnungslosigkeit werden unterschieden und klar verurteilt, aber differenziert bewertet. In diesem Zug wird der ethische Anspruch deutlich, dem sich vor allem die Jünger stellen müssen, wenn sie als Knechte Jesu tun wollen, was ihre Berufung ist. Der Horizont ist die Eschatologie des Reiches Gottes. Sie wird durch den Auftakt ins Bild gesetzt (V. 35).

Der Passus ist Sondergut. Lukas hat die Szene nicht frei erfunden. Die Motive sind in der Jesustradition tief verwurzelt (vgl. 17,1–10). Besonders enge Beziehungen bestehen zum Gleichnis vom guten und schlechten Knecht im Matthäusevangelium (Mt 24,45–51), das bei ähnlichen Erzählzügen so anders verläuft, dass eine gemeinsame (schriftliche) Vorlage schwer vorstellbar scheint. Das Gleichnis vom Türhüter (Mk 13,34–37) ist verwandt, aber keine Parallele.

Das Eingangsbild (35) führt in eine eschatologische Aufbruchsstimmung, die angesichts der kommenden Parusie nicht das Ende der Zeit, sondern die Dichte des Augenblicks vor Augen führt, die Aufklärung über den Kairos, der die Zeit bestimmt (vgl. 12,56), die Chance des Wirkens, die es zu ergreifen gilt – wie Matthäus es im Gleichnis von den klugen Jungfrauen geschrieben hat (Mt 25,1–13); die Mahnungen zur Aufmerksamkeit und Wachsamkeit sind Sachparallelen (Mk 13,34–35.37 par. Mt 25,15; 1Kor 16,11; 1Thess 5,1–11; 1Petr 5,8). Das Umgürten der Lenden ist ein Zeichen für die Bereitschaft, hart zu arbeiten, auch im Tischdienst am Nächsten (vgl. 12,37; 17,8); die Lampen verweisen auf die Nacht – im metaphorischen Sinn, der durch das folgende Gleichnis weiter beleuchtet wird, aber auch im Verweis auf schwere Arbeiten, die nachts erledigt werden, vom Fischen (5,5) bis zum Hüten (2,8), das Beten eingeschlossen (6,12).

Die Hochzeit (36) ist ein uraltes, ewig junges Bild für die Vollendung, nicht nur im Alten Testament, das den Ehebund zwischen Gott und seinem Volk feiert, sondern auch in der Jesustradition (vgl. Mt 25,1–13 u. ö.), wo es die Festzeit ausdrückt, die Jesus ansagt (5,34–35). Mythische Motive einer heiligen Hochzeit zwischen einer Gottheit und einem privilegierten Menschenkind liegen fernab. Dass der „Herr" – ein Wort für den Messias Gottes (vgl. 1Kor 4,5; 1Thess 3,13 u. ö.) – von einer Hochzeitsfeier wieder nach Hause kommt, lenkt den Blick auf die Wiederkunft (17,22–37; 21,25–28) dessen, der zur Rechten Gottes erhöht ist (20,41–44). Lukas hat kein mythisches Weltbild, dass er einen bestimmten Tag hätte ausrechnen wollen, sondern das eschatologische Zeitverständnis der Jesustradition, dass es nicht eine unendliche, sondern eine befristete Zeit gibt, die gut genutzt sein will, weil in jedem Augenblick mit Jesus Gott eintreten kann, vor dem Rechenschaft abzulegen ist. Wenn die Zeit sich zieht, wird diese Dringlichkeit nicht als Irrtum erkannt, sondern die Fülle kostbarer Momente immer größer. Der „Herr" wird anklopfen, um eingelassen zu werden, weil er nicht mit Gewalt sein Eigentum erobern, sondern dort seine verlässlichen und wachsamen Diener finden will. Dies nimmt die Seligpreisung auf (37–38) – auf der theologischen

12,35–48 *Mahnung zum treuen Dienst* 337

Höhe der Seligpreisungen der Armen (6,21–23), denen die Weherufe der Reichen gegenüberstehen (6,24–26). Die Seligkeit besteht darin, zu wissen, dass die Auferstandenen am Tisch Gottes Platz nehmen werden, der ihnen gedeckt wird, damit sie das Festmahl der Vollendung mitfeiern (Jes 25,6–8). Der „Herr" wird zum Diener: Er wartet auf. So wirkt Jesus als Diakon, was er seinen Jüngern im Abendmahlssaal sagt (22,27). Die Fußwaschung aus dem Johannesevangelium ist eine Sachparallele (Joh 13,1–20). In der jüdisch-christlichen Schrift der Himmelfahrt des Propheten Jesaja aus dem 3. oder 4. Jh. n. Chr. bleibt diese Hoffnung lebendig: „Der Herr wird jene bedienen, die in dieser Welt wachsam gewesen sind." Die zweite Nachtwache kann – je nach Zählung – um 22 Uhr oder um 21 Uhr, die dritte um 2 Uhr oder um Mitternacht beginnen: Es kann spät werden und dunkel sein, wenn der „Herr" kommt; an der Erwartung seiner Ankunft darf es nicht mangeln, auch wenn die Zeit sich hinzieht.

Ein zweites Gleichnis lässt die Gegenseite aufleuchten **(39)**: Wer ein Haus besitzt, kann nicht wissen, wann ein Einbrecher kommt, muss also hinreichend Vorsorge für jede Zeit getroffen haben, um nicht spontan improvisieren zu müssen. Dieses Bild wird sofort auf die Jünger übertragen **(40)**. Sie sollen „bereit" sein, den „Menschensohn" zu empfangen: Jesus als den Herrn, der von Gott kommt. „Bereit" heißt: vorbereitet, wachsam, willig. „Stetsbereitschaft", wie oft gedeutet wird, ist zu wenig. Nicht nur die psychologischen, auch die ethischen und kulturellen Voraussetzungen müssen stimmen. Der Termin der Wiederkunft kann nicht ausgerechnet werden. Diese Unsicherheit soll aber keine Nervosität auslösen, sondern das Ausdauertraining motivieren und zu einer Haltung führen, weil sie in der Unverfügbarkeit Gottes begründet ist, ohne den es keine Rettung geben kann. Die Ausdauer und Geduld stehen für die Nachhaltigkeit eines Glaubens, der erkennen kann, was die Stunde geschlagen hat (12,56), und die Chancen, Schuld abzubauen, nutzt, die sich auf Erden bieten, weil der Himmel noch wartet. Allerdings geht es nicht ewig so weiter. Eines ist im Glauben sicher: Jesus kommt wieder, als Menschensohn. Deshalb ist die geschenkte Zeit kostbar und das himmlische Jenseits die Vollendung allen Glücks, die Seligkeit.

Die erzählte Zwischenfrage des Petrus **(41)** spricht die Übertragung der Gleichnisrede (ab V. 36) an, die in der Aufforderung kulminiert, sich auf die Wiederkunft vorzubereiten (V. 40). Petrus fragt als Sprecher der Zwölf und der Jünger (12,1) im Blick auf eine mögliche amtliche oder eine allgemeine Verpflichtung. Aus der Antwort lässt sich ableiten, dass es keine Alternative gibt, sondern eine Differenzierung, je nach Verantwortung und Wissen. Zuerst nimmt Jesus die Frage auf und fokussiert diejenigen, die Verantwortung für das Haus Gottes tragen **(42)**, als

338 9,51–13,21 *Die erste Phase der Reise – mit dem Blick nach Jerusalem*

Ökonomen, die eine abgeleitete Führungsaufgabe übernehmen werden, im Auftrag ihres Herrn, nicht zuletzt für das Essen und Trinken, also die Ernährung der Hausangehörigen. Unter den Ökonomen gibt es gute und schlechte. Der Blick richtet sich zuerst auf die guten. Sie sind „treu" (vgl. 1Kor 4,2), weil sie ihre Pflichten gegenüber ihrem Herrn erfüllen, und „klug", weil sie wissen, dass es auf sie und ihr Zeitgefühl, ihre Ausdauer und ihr Pflichtbewusstsein ankommt. Die Seligpreisung **(43)** folgt auf dem Fuß, entsprechend den beiden früheren Seligpreisungen (12,37.38), die gleichfalls die trainierte Aufmerksamkeit und internalisierte Erwartungshaltung ansprechen. Die Verheißung **(44)** bleibt im Bild: Wer sich bewährt, wird befördert. Nicht nur ein einzelnes Haus, sondern der ganze Besitz wird dem anvertraut, der sich in seinem Verantwortungsbereich als effektiv, solidarisch und verlässlich erwiesen hat (vgl. 16,10).

Auf das positive Beispiel folgen drei negative Beispiele. Zuerst werden Knechte besprochen, die unverschämt sind **(45)**, weil sie kalkulieren, dass es bis zur Rückkehr des Herrn noch dauern wird und weil sie die Zeit zu ihrem eigenen Vorteil ausnutzen wollen, ohne Rücksicht auf andere, im Gegenteil: unter Gewalt gegen Untergebene, nur um durch Genuss das eigene Leben zu steigern – bis zum Rausch. Sie sind Geistesverwandte des dummen Reichen (12,16–21). Die Strafe wird drastisch sein **(46)**. Sie wird Konventionen antiker Brutalität gemäß, aber metaphorisch auf das Gericht Gottes fokussiert (vgl. 19,27), der zwischen Guten und Bösen scharf unterscheidet, um das Böse zu vernichten und das Gute siegen zu lassen. Diese Trennung vollzieht sich nicht nur zwischen verschiedenen Menschen, sondern in jedem Menschen: Die Trennung geht mitten durch das Herz von Menschen hindurch, die meistens nicht nur auf die eine oder auf die andere Seite gehören. Zu den „Ungläubigen" werden sie dann (von Gott) gezählt, wenn sie gelebt und gehandelt haben, als ob es ihn nicht gäbe, wiewohl sie ihm allein ihre Stellung und das ganze Haus verdanken, das sie ausbeuten.

Nicht viel besser ergeht es dem „Knecht", der zwar weiß, was er zu tun hat, aber nichts tut **(47)**. Er wird schuldig durch Unterlassen, auch wenn er die Situation, dass der „Herr" abwesend ist, nicht ausnutzt, um sich auf Kosten anderer zu bereichern. Es geht ihm ähnlich wie dem Diener, der aus Angst vor seinem Herrn das ihm anvertraute Geld vergräbt, statt es zu investieren, um wenigstens Zinsen zu erzielen (19,11–27; vgl. Mt 25,14–30). Die „Schläge" sind eine weniger harte Strafe als das Zerhauen (V. 46), aber gleichwohl ein rüdes Vorgehen.

Zum Schluss werden Diener besprochen, die nicht wissen, was Gott will **(48a)**. Hier steht zwar nicht erneut das Wort „Knecht". Doch folgt daraus nicht, dass nach kirchlichen Amtsträger sich nun „Laien" an-

12,35–48 *Mahnung zum treuen Dienst* 339

gesprochen wissen sollen. Vielmehr bleibt es bei dem Bezug auf die vom Herrn eingesetzten Ökonomen. Es gibt jene, die sich nicht klargemacht haben, welche Aufgaben auf sie zukommen. Es mag sein, dass sie gleichwohl das Richtige tun. Wenn aber nicht, müssen auch sie sich verantworten und werden für ihr Fehlverhalten bestraft werden, gemäß den antiken Vorstellungen, die im traditionellen Bild bleiben, durch „Schläge".

Eine moralische Sentenz mit soteriologischer Perspektive zieht die allgemeine Folgerung **(48b)**. Mit Petrus (V. 41) stehen diejenigen im Fokus, denen „viel gegeben" und „viel anvertraut" wurde: das Wort Jesu, die Kompetenz der Hausverwaltung in der Kirche, die Hoffnung auf Erlösung. Nach dem Prinzip der Gerechtigkeit werden sie von Gott beurteilt werden, auch mit den Augen Jesu: „Zurückverlangt" wird von ihnen, was ihnen „gegeben" worden ist: ihre Aufgabe, zusammen mit der Hoffnung, um deren Erfüllung willen es den Dienst gibt. Der parallele Satz holt die kirchliche Perspektive ein: Auch die anderen Gläubigen verlangen von ihren Führungskräften Verantwortung: desto mehr, weil der Auftrag, der ihnen anvertraut ist, größer ist als das, was sie selbst bewirken können.

Nachdem Jesus zuvor ethische Themen gesetzt hatte, vor allem den Umgang mit Geld (12,22–54), wendet er sich in der Ansprache an seine Jünger jetzt eschatologischen Themen zu. Sie werden bis zum Ende der gesamten Wegetappe dominant bleiben (13,21). Der Übergang ist gleitend, weil das Ethos der Verantwortung bleibt und auch die voranstehenden Mahnungen in den Horizont befristeter Zeit und ewiger Vollendung gestellt worden waren. Aber jetzt geht es um die Frage, wie die verbleibende Zeit am besten genutzt werden kann. Der erste Abschnitt erläutert, wie die Jünger ihre große Verantwortung, die sie als Hausverwalter, als Ökonomen, als Stellvertreter Jesu, als Knechte ihres Herrn tragen, gut wahrnehmen können. Es zeigt sich, dass keine spektakulären Sonderfähigkeiten gefragt sind, sondern allgemeine Tugenden der Verlässlichkeit und Sorgfalt ohne Skrupulosität, getragen vom Wissen über die große Bedeutung der geschenkten Zeit, die genutzt sein will, und der großen Verantwortung derer, die Verantwortung im Haus der Kirche tragen: Sie werden vor Gottes Gericht Rechenschaft ablegen, dürfen sich aber aufgrund ihrer Hoffnung freuen, mit Zuversicht und Gottvertrauen ihre Arbeit zu leisten (V. 35). Jede schwärmerische Naherwartung, jedes Rechnen mit festen Terminen, jedes Spekulieren auf bestimmte Fristen wird im Ansatz überwunden. In historischer Hinsicht zeigt sich, wie wichtig die Jünger für Jesus gewesen sind; er hat sie geschult: ihr Wissen und ihr Verhalten. Diese historischen Bezüge haben die Traditionen aufgebaut, die Lukas aufnimmt, um ein komplexes Gesamtbild zu zeichnen, das in der Gegenwart Orientierung schafft.

340 9,51–13,21 *Die erste Phase der Reise – mit dem Blick nach Jerusalem*

12,49–53
Das Feuer Jesu

[49]Feuer auf die Erde zu werfen, bin ich gekommen, und was wollte ich, dass es schon brennte. [50]Eine Taufe aber habe ich, mit der ich getauft werde, und wie werde ich bedrängt, dass sie vollendet werde. [51]Denkt ihr, dass ich gekommen bin, Frieden auf die Erde zu bringen? Nein, sage ich euch, vielmehr Spaltung. [52]Denn von nun an werden in einem Haus fünf entzweit sein, drei mit zweien und zwei mit dreien. [53]Vater wird mit Sohn entzweit sein und Sohn mit Vater, Mutter mit Tochter und Tochter mit Mutter, Schwiegermutter mit ihrer Schwiegertochter und Schwiegertochter mit Schwiegermutter."

Die Mahnung, treu und klug den Dienst im Haus Gottes zu tun (12,35–48), darf nicht zu dem Fehlurteil verleiten, Friedhofswärter werden zu müssen. Das Ethos der Verantwortung ist in der Eschatologie der revolutionären Erneuerung verankert. Während Jesus zuvor auf die Jünger geblickt hatte, die ihrem „Herrn" dienen sollen, bringt er jetzt sich selbst ins Spiel. Während der Blick zuvor auf die Parusie und die Zeit bis dahin gerichtet war, geht es jetzt um den Umsturz, der die neue Zeit herausführen wird. Nach wie vor sind auch das Haus und die Familie wichtig, die Keimzelle der antiken Gesellschaft, aber nicht als Bild für die Kirche, die mit der revolutionären Botschaft Jesu unterwegs ist, sondern als sozialer Organismus, der von Grund auf verändert werden muss, weil Gott Jesus gesandt hat (vgl. 18,28–30).
Der Redeteil ist so gegliedert, dass erst die eschatologische Ansage gemacht und dann ein Missverständnis ausgeräumt wird: Es ist nicht harmlos, wie Jesus Gottes Güte verkündet, im Gegenteil: Er rüttelt auf, es erschüttert und ist umstürzend, weil *Gottes* Reich nahe ist.

12,49–50	Die doppelte Prophetie Jesu	
	49	Das Feuer
	50	Die Taufe
12,51–53	Die doppelte Aufklärung Jesu	
	51	Das Schwert
	52–53	Die Entzweiung

Die Bilder sind stark: Feuer und Wasser, Schwert und Entzweiung. Stark sind auch die Emotionen: das Selbstbewusstsein (V. 49) und die Bangigkeit Jesu (V. 50), die hoffnungsvollen Erwartungen und der herausfordernde Realitätssinn.
Der Vergleich mit dem Matthäusevangelium lässt auf eine Überlieferung aus der Redenquelle schließen (Mt 10,34–36), die Lukas ausgebaut und

12,49–53 *Das Feuer Jesu*   341

im Kontext neu platziert hat. Bei Matthäus bildet die Aussendung der
Jünger den Zusammenhang (Mt 9,35–11,1), bei Lukas den Hintergrund
(10,1–20). Angeredet sind die Jünger (2. Person Plural), aber so, dass die
Volksmenge es hören kann (12,54).

Das Feuer **(49)** Jesu ist bereits durch den Täufer Johannes angekündigt
worden, zum einen als Hinweis auf die Taufe mit dem Heiligen Geist,
die der nach ihm Kommende, Jesus, spenden wird (3,16), zum anderen
als Bild für das Gericht Gottes (3,17): Gottes Heil verwirklicht sich nicht
ohne Gottes Gericht. Jesus baut diese Spannung auf; Lukas betont, dass
es Gottes Gericht um des Heiles Gottes willen gibt (13,1–9). Diese Dialektik ist der Duktus in der Jüngeranrede. Die Bezüge zur Johannestra-
dition sind eng, wie das Bild der Taufe im parallel gebauten Folgevers
zeigt (V. 50). Jesus ist „gekommen", wie das Reich Gottes „gekommen"
ist (10,9.11; vgl. 11,20); das Kommen ist die Grundbewegung seiner Sendung (5,32; 7,54; 19,10): Jesus bringt Gottes Heil, gegen jeden Widerstand, werde er durch die Sünde aufgebaut oder durch Gerechte, die meinen, der Vergebung nicht zu bedürfen (18,9). Deshalb gehört das Gericht
zur Heilsverkündigung. Jesus hat die Jünger zurechtgewiesen, die nach
der Abweisung bei Samaritern Feuer vom Himmel haben herabrufen
wollen (9,54), weil sie nur die Strafe im Sinn haben. Jetzt spricht er von
seiner eigenen Verkündigung. Feuer verbrennt und läutert. Diese Dramatik entspricht dem Evangelium. Jesus blickt zurück und nach vorn: Er
ist gekommen, definitiv. Er hat begonnen, „Feuer auf die Erde zu werfen"; aber es ist noch nicht so, dass es aufgelodert wäre und seine volle
Kraft entwickelt hätte. Vielmehr ist dieser Weltenbrand der Herzens-
wunsch Jesu. Er ist nicht etwa auf ein ultimatives Inferno aus, sondern
auf jene Feuerprobe, die für das Jüngste Gericht steht, weil dort jedes
Unheil vergeht und jedes Heil aufgeht, dadurch, dass die Wahrheit ans
Licht kommt. Solange die Zeit währt, gilt es, die Lenden zu gürten und
die Lampen brennen zu lassen (12,35), also vorwegzunehmen und anzu-
zeigen, was noch aussteht: die Vertreibung der Dunkelheit durch Gottes
Glanz, die Vollendung des Reiches Gottes durch das Jüngste Gericht, der
Sieg über Sünde und Tod in der Auferstehung und vollendeten Erlösung.
Die Feuerzungen des Pfingstfestes (Apg 2,1–13) sind Leuchtzeichen dieser
Hoffnung. Das Jüngste Gericht wird ja nicht auf den St. Nimmerleinstag
verschoben, sondern soll in seiner Heilsdramatik bereits die Gegenwart
bestimmen. Deshalb redet Jesus vom Feuer.

Parallel ist das Bildwort der Taufe gesetzt **(50)**. Es steht hier für den Tod
und die Auferstehung: Unter- und Auftauchen, Abwaschen und Reinigen
sind die Riten, die zu Metaphern werden. Paulus hat den Zusammenhang
christologisch und soteriologisch geklärt (Röm 6,4–5). Die jesuanische
Bildsprache führt noch tiefer zurück: Die Taufe, die Johannes spendet,

342 9,51–13,21 *Die erste Phase der Reise – mit dem Blick nach Jerusalem*

dient der Vergebung der Sünden (3,3). Jesus unterzieht sich ihr (3,21–22), als zeichenhafte Vorwegnahme seines gesamten Heilsdienstes, in dem er stellvertretend den Tod der Sünder stirbt, um durch seine Auferstehung ihnen das Leben Gottes zu vermitteln. Mit der Jordantaufe beginnt Jesus den Weg seiner öffentlichen Evangeliumsverkündigung, die ihn nach Jerusalem (9,51) und durch den Tod hindurch zur Auferstehung führt. So ist das Bild der Taufe bereits im Markusevangelium geprägt (Mk 10,38–39). Es passt zum Bild des Feuers (V. 49), das Jesus auf die Erde wirft, weil durch den stärksten Gegensatz – Feuer und Wasser – der engste Zusammenhang deutlich wird: Leben aus dem Tod. Jesus bleibt nicht neutral, sondern ist selbst Teil des Heilsdramas. Deshalb spricht er von seiner Bedrängnis – wie er im Abendmahlssaal von seinen Versuchungen sprechen wird (22,28). Jesus leidet an der eschatologischen Spannung von „Noch nicht" und „Schon"; sie ficht ihn an – Ursache seiner Empathie, Ausdruck seiner Hingabe, inneres Motiv seiner Proexistenz.

Das, was Jesus in aller Härte und Offenheit über seine Sendung sagt (12,49–50), ist nicht leicht zu akzeptieren. Deshalb setzt Jesus nach Lukas mit einer antithetischen Erklärung an **(51)**. Seine gesamte Sendung steht im Zeichen des Friedens, den Gott in einer unheilvollen Welt stiftet (2,14; vgl. 1,79); Geheilten sagt er auf ihren Glauben hin Gottes Frieden zu (7,50; 8,48); sein Ziel ist es, Jerusalem den Frieden zu bringen (19,42); so sollen seine Jünger den Frieden Gottes in jedem Haus wünschen, an dessen Tür sie klopfen, um das Evangelium vom Reich Gottes zu verkünden (10,5). In dieser Sendung ereignet sich für Lukas die verheißene Friedensinitiative Gottes selbst (Lev 26,6; Jer 14,13; Hag 2,9 u. ö.). Deshalb beschwichtigt die Friedensbotschaft nicht; sie dient nicht einer diplomatischen Vermittlung zwischen Gut und Böse: Appeasement mit dem Teufel ist Sünde. Der Friede, den Jesus stiftet, ist der himmlische Friede. Deshalb führt er auf Erden notwendig zur „Spaltung"; denn was Gott will, ist strittig – und muss es sein, wenn Gott nicht ein Teil des irdischen, auch des religiösen Sinnkosmos ist, sondern er selbst in seinem Geheimnis und seiner Kraft. Jesus entlarvt die Kriegstreiber und isoliert sie, um die Friedenstifter und Opfer zu schützen. Die Lutherbibel übersetzt „Zwietracht" – kein Fehler, aber der Fokus liegt nicht auf moralischen Problemen, sondern auf einer soteriologischen Dialektik: Ohne die Kritik, die Auseinandersetzung, die klare Differenzierung zwischen Gut und Böse, Sünde und Gerechtigkeit, Heil und Unheil gibt es keinen Frieden. Dieses Ethos entspricht der Feldrede und dem Gebot der Feindesliebe (6,27–36). Die Heilssendung Jesu besteht darin, mit dem Einsatz seines ganzen Lebens diesen Prozess voranzutreiben.

Die Notwendigkeit der kritischen Unterscheidung macht Jesus nicht an der großen Politik, sondern am privaten Umfeld fest **(52–53)**. Denn die

12,49–53 Das Feuer Jesu 343

Familie ist für seine Jünger die primäre Bezugsgröße im sozialen Umfeld, während die Herrschaftsdynastien weit entfernt sind. Einen Gegensatz zum politischen Versprechen der Pax Romana zu sehen, verkennt die Pointe, so herrschaftskritisch Jesus ist (22,25–26 u. ö.). Der Text lenkt den Blick nicht auf mögliche Optionen, sondern auf reale Welten. Der Familie kommt in den traditionellen Gesellschaften, auch in Israel, die dominante Rolle zu; sie bestimmt über Beruf und Heirat, Zukunftsaussichten und Religion. Dieser Primat, der den Patriarchalismus begünstigt, wird von Jesus gebrochen: weil nicht die Herkunft zählt, sondern der Glaube, der eine neue Familie begründet, die Familie Gottes (8,19–21). Wer zum Glauben kommt, findet sich oft genug im Streit mit anderen Familienmitgliedern, die nicht glauben. Die Auseinandersetzungen können sogar lebensbedrohlich werden (21,16). Aber sie sind unvermeidlich, weil Gottes Reich nicht bestätigt, sondern von Grund auf verändert, was ist. Die Entzweiung braucht nicht bis in alle Ewigkeit zu bestehen; aber sie soll kein Grund sein, den Glauben zu verweigern oder zu verraten. Der familiäre Streit zeigt im Kleinen, im Nahbereich, wie schmerzhaft es sein kann, auf Jesus zu setzen. Der Streit ist aber kein Selbstzweck; er ist ein Mittel zum Zweck: weil es gilt, aus vorgespurten Bahnen auszubrechen, um Jesus nachfolgen zu können.

Die Erklärung Jesu zur kritischen Seite seiner Mission spiegelt den Ernst des Evangeliums, der sich aus der Güte der Botschaft erklärt. Jesus lässt Gott in der Welt entdecken und muss deshalb alle Barrieren aufheben, die den Blick auf ihn versperren. Dazu gehören auch Größen, die wichtig sind und erstrebenswert scheinen: der Friede und die Familie. Aber damit tatsächlich Gottes Friede werden kann, muss jeder irdische Scheinfriede zerstört werden; und damit das Evangelium auch die Familien mit Leben zu erfüllen vermag, müssen sie die kritischen Auseinandersetzungen durchlaufen, die dazu führen, die dominanten Verhaltensmuster aufzubrechen. Die Kritik menschlicher Friedensideen, die der Weisheit letzter Schluss sein wollen (vgl. 1Thess 5,3), offenbart Jesus aber nicht als Zeloten, der mit Gewalt Gottes Reich errichten wollte, sondern als Propheten, der Klartext spricht. So ist es auch verfehlt, Jesus ein a-familiäres Ethos zuzuschreiben: Er will vielmehr, dass die Familien Raum für den Glauben geben und deshalb die Freiheit ihrer Mitglieder bejahen, damit die Beziehung desto intensiver werden kann (8,19–21; 18,28–30). Jesus setzt sich den Konflikten, die er auslöst, selbst aus: Er ist denen nahe, denen er Gott nahebringt. Den Passus entweder wegen des christologischen Anspruchs oder der Härte des Gerichts Jesus selbst abzusprechen, besteht kein Grund. Vielmehr fokussiert die Perikope wie in einem Brennglas das Pathos und Ethos der Verkündigung Jesu: Er setzt auf den Gott des Friedens, der keine Ruhe „um des lieben Friedens willen" gibt, weil Menschen nicht mit halbherzigen und

344 9,51–13,21 *Die erste Phase der Reise – mit dem Blick nach Jerusalem*

eigennützigen Verheißungen abgespeist werden sollen. Er zerstört Familien nicht, sondern deckt auf, wie zerstörerisch sie sind, wenn sie Zwang ausüben, statt Freiheit zu gewähren. Die Kehrseite: Wer um des Streitens willen streitet, verfehlt, was Jesus will. Jesus setzt auf den Unterschied zwischen Leben und Tod; wer hingegen Äußerlichkeiten, und seien es heilige Zeichen, zu Kriterien macht, die über Leben und Tod entscheiden sollen, zieht sich das „Wehe" zu, das Jesus an die Adresse der Pharisäer und Gesetzeslehrer richtet (11,37–54). Jesus leidet, um das Leiden zu beenden; er streitet für den Frieden, der den Hass überwindet (6,27–36). In wenigen Worten kommt, hoch konzentriert, zur Sprache, was Jesus selbst heilig gewesen ist, wie auch viele weitere Traditionen, nicht zuletzt die Feldrede, erkennen lassen: die Leidenschaft für Gott, die kritisch gegenüber jeder Konvention werden lässt, aber sich nicht Radikalismen erschöpft, sondern nach neuen Lebensformen suchen lässt.

12,54–59
Die Nutzung der Zeit für Gerechtigkeit

[54]**Er sagte aber auch den Volksscharen: „Wenn ihr eine Wolke im Westen aufsteigen seht, sagt ihr: ‚Regen kommt', und so wird es geschehen.** [55]**Und wenn der Südwind weht, sagt ihr, dass es heiß wird – und es geschieht.** [56]**Heuchler, das Angesicht der Erde und des Himmels wisst ihr zu prüfen, diese Zeit aber, wie wisst ihr sie nicht zu prüfen?** [57]**Warum beurteilt ihr nicht von euch selbst aus, was gerecht ist?** [58]**Denn wenn du mit deinem Gegner zum Herrscher gehst, so gib dir auf dem Weg Mühe, von ihm loszukommen; sonst schleppt er dich vor den Richter, und der Richter wird dich dem Gerichtsdiener übergeben, und der Gerichtsdiener wird dich ins Gefängnis werfen.** [59]**Ich sage dir: Du wirst von dort nicht herauskommen, bis du den letzten Cent bezahlt hast."**

Nachdem Jesus zuvor die Jünger angesprochen hat, die inmitten der Volksmenge stehen (12,1), öffnet er nach Lukas nun explizit das Auditorium für die tausende Interessierten (12,1), ohne dass die Jünger ausgeschlossen wären. Ging es in der Jüngerschulung um den Dienst an Gott inmitten des Volkes, so geht es jetzt um die Aufmerksamkeit des Volkes für Gott. Am Anfang steht die Kritik, die Zeit nicht richtig einzuschätzen und zu nutzen. Zuweilen wird ein Schnitt zwischen den Versen 56 und 57 gesetzt. Aber der Passus bildet eine literarische und thematische Einheit. Erst danach beginnt eine neue Redesituation (13,1). Probleme bei der Zeitdiagnose (V.56) entsprechen einem Mangel an Urteilskraft, Gerechtigkeit zu fördern (V.57). Dieses Zeitproblem wird abschließend mit einem Gleichnis veranschaulicht, das wie ein *argumentum ad hominem* wirkt: Wer seinen Verstand beisammenhat, wird sich als Schuldner mit

12,54–59 Die Nutzung der Zeit für Gerechtigkeit 345

seinem Gläubiger zu verständigen versuchen, solange dazu noch die Chance besteht.

In drei Schritten führt Jesus von der Kritik an mangelndem Zeitbewusstsein über die Kritik an mangelnder Urteilskraft in Sachen Gerechtigkeit zur Aufforderung in Form eines Gleichnisses, beides dringend zu ändern.

12,54–56	Die Kritik an der Inkompetenz in der Beurteilung der Zeit	
	54–55	Die Fähigkeit der Wetterbeobachtung
	56	Die Unfähigkeit der Zeitdiagnose
12,57	Die Kritik an der mangelnden Urteilskraft in Sachen Gerechtigkeit	
12,58–59	Das Gleichnis vom Schuldner	
	58a	Das Kalkül des Schuldners
	58b.59	Die Warnung vor der Alternative

In seiner Kritik am Denken und Handeln, das im Volk verbreitet ist, greift Jesus die unangemessenen Debatten über seine Dämonenaustreibungen mit der populistischen Verdächtigung des Teufelsbündnisses auf (11,14–35), bezieht aber auch ein, was er den Pharisäern und Schriftgelehrten entgegengehalten (11,37–54) und seinen Jüngern erschlossen hat: die Möglichkeit und Notwendigkeit, sich in den Dienst seines Evangeliums zu stellen, das keinen faulen, sondern einen echten Frieden bringt (12,1–53).

Der erste Teil ist Sondergut, der zweite hat eine enge Sachparallele in der Bergpredigt (Mt 5,25–26), ist aber literarisch nicht erkennbar von einer gemeinsamen Vorlage in der Logienquelle abhängig. Es ist der Evangelist selbst, der in der ersten Phase des Weges Jesu, der in Galiläa beginnt, um in Jerusalem zu enden (9,51), nach der Jüngerbelehrung auch das Volk in die Verantwortung gerufen findet. Dies entspricht der kerygmatischen Dramatik, die Lukas immer wieder aufbaut, wenn er Jesus sprechen lässt.

Die Beispiele aus der Natur **(54–55)** sind erfahrungsgesättigt; sie reproduzieren Alltagswissen, das für Bauern und Fischer besonders wichtig ist. Westwind kann vom Mittelmeer Regen bringen (vgl. 1Kön 18,44–45), Südwind aus dem Negev Hitze. Der Blickwinkel passt nach Palästina und besonders gut nach Galiläa. Die Pointe ist die Präzision der Wettervorhersage, als Beispiel populärer Zukunftsprognose.

Hier setzt die Übertragung an **(56)**. Sie baut einen Kontrast auf. Das Schlüsselwort ist *kairós*, die richtige Zeit, der günstige Moment, der schnell verstreichen, aber auch gut genutzt werden kann. Lukas rückt mit dem Wort teils eine wichtige Phase in den Blick, die Jesus durch seine Verkündigung füllt (13,1; 18,30; 20,10), teils einen wichtigen Moment, auf den es ankommt: Eine Frist läuft ab, nach der Leben entsteht

346 9,51–13,21 *Die erste Phase der Reise – mit dem Blick nach Jerusalem*

(1,20); eine Phase der Gottesbegegnung beginnt, die Jesus schafft (4,13; 19,44); die Stunde der Wahrheit schlägt, die Gott selbst ans Licht bringt (8,13), um aller Irritation ein Ende zu bereiten (21,24); ein Punkt ist gekommen, da soziale Verantwortung übernommen wird (12,42). Nach der Endzeitrede machen Pseudopropheten eine falsche Zeitansage (21,7–9), weil sie aus der Zerstörung des Tempels das Ende der Welt ableiten. Jesus hingegen markiert mit seiner Ankündigung, dass Gottes Reich nahe ist (21,31; vgl. 11,20; 17,20–21 u. ö.), den eschatologischen Kairos, um den es hier geht: die verborgene Gegenwart Gottes mitten in der Zeit, die Wende zum Heil mitten im Unheil, das Geheimnis des Glaubens mitten in den Phänomenen der Natur. Dieser Kairos hat zwei Indikatoren, an denen das Volk ihn erkennen könnte: die Gerechtigkeit angesichts von Ungerechtigkeit (V. 57) und die Klugheit, eine gütliche Einigung vor einem harten Konflikt zu suchen, gerade wenn man in der schlechteren Position ist (Vv. 58–59). Jesus kritisiert jedoch, dass dieser Kairos typischerweise vom Volk verkannt wird, obwohl es sich in der Natur auskennt. Das positive Gegenbeispiel ruft er in der Endzeitrede auf: Wenn die Blätter des Feigenbaums sprießen, wissen alle, dass sich die Erntezeit nähert (21,39); so kann aus der Konsequenz natürlicher Phänomene auf die Konsequenz des eschatologischen Heilshandelns Gottes geschlossen werden, dem sich Menschen öffnen sollen, aber zu oft entziehen. Mithin gilt es, zwischen dem Wissen über das, was sich in Gottes Natur tut, und dem Glauben an das, was sich in Gottes Reich ereignet, keinen Gegensatz zur konstruieren, sondern mit menschlichen Augen den Kairos des Gottesreiches zu erkennen, den Jesus schenkt, und mit den Augen Jesu mitten in den Phänomenen der Schöpfung die Spuren des rettenden Gottes zu erkennen, der seiner Verheißung treu bleibt.

Die Inkompetenz, Jesu Worte und Taten, seine Person und sein Geschick, als Indikatoren der Gottesnähe zu erkennen und mit seinen Augen die Welt so zu betrachten, dass Gottes Fingerzeige deutlich werden, wird zur Frage an die Urteilskraft des Volkes (**57**). Jesus appelliert an den Gerechtigkeitssinn und die Freiheit der Menschen: Sie sollen sich nicht gängeln lassen, sondern selbstständig urteilen; sie sollen auf Gerechtigkeit setzen – und werden dann Jesus nicht verkennen, sondern erkennen und mit Jesus die Zeit, in der sie leben und Gott zu suchen berufen sind. Dass es auf Gerechtigkeit ankommt, würde niemand bestreiten; worin sie besteht, wenn Gottes Reich nahe kommt, ist die Frage.

Ein Vergleich aus dem Gerichtswesen unterstreicht die Dringlichkeit, eine Chance, die sich bietet, zu ergreifen, bevor die Frist abläuft (**58–59**). Wer sich wegen aufgehäufter Schulden in einer schlechten Position befindet, tut gut daran, alles zu versuchen, um sich mit seinem Gläubiger auf dem Weg zum Herrscher, der Konsequenzen ziehen wird, gütlich

13,1–9 Die Mahnung zur Umkehr 347

zu einigen; sonst ist die Gefahr mit Händen zu greifen, vor den Richter gezerrt und verurteilt, ja sogar in Schuldhaft genommen zu werden, bis alles bezahlt wird; ein Lepton („das Dünne") ist eine sehr kleine Münze (21,2). Bei der Übertragung darf keine naive Identifizierung mit Gott stattfinden. Aber das Bild ist nicht zufällig gewählt. Die Menschen sind schuldig – vor Gott und ihren Nächsten. Das Gleichnis macht Gott als Richter sichtbar, vor dem Rechenschaft abgelegt werden muss, auch wenn Jesus mit seinem Gleichnis keine Vision des Jüngsten Tages entwirft. Die Pointe ist: Die Zeit bis zum Letzten Tag gilt es zu nutzen, um sich mit Gott zu versöhnen. Dem Bildwort würde niemand widersprechen; Gerechtigkeit soll walten – aber nicht als unbarmherzige Verurteilung, sondern als kreative Kraft, Schuld loszuwerden. Für die Erfüllung dieser Aufgabe muss die Zeit genutzt werden. Sie ist befristet, also kostbar.

Seine Volksbelehrung beginnt Jesus mit der Aufforderung, die Chance zu ergreifen, für Gerechtigkeit einzustehen (V. 57). Dies gelingt, wenn zwei Bedingungen erfüllt sind: Zum einen bedarf es einer präzisen Urteilskraft, die von Gott geschenkte Zeit zu nutzen, Schulden loszuwerden und sich mit Gott versöhnen zu lassen – analog zur Fähigkeit, sich in der Welt zurechtzufinden und aus bestimmten Naturphänomenen nicht nur präzise Wetterprognosen zu stellen (Vv. 54–55), sondern auch im Licht des Evangeliums zu erkennen (V. 56). Zum anderen braucht es die Klugheit und Größe, einen Ankläger, der allen Grund hat, sein Recht einzufordern, zu bewegen, ein Versöhnungsangebot anzunehmen, damit er nicht auf der vollen Strafe besteht (12,58–59). Der Kairos, den Gott schafft, schenkt Zeit zur Reue, zum Bekenntnis und zur Wiedergutmachung, weil er die Augen für Gottes Wirken mitten in der Welt öffnet: wo Jesus selbst agiert. So wird die vorhergehende Jüngerbelehrung geöffnet: Es kommt darauf an, sich Jesus zu öffnen, und zwar jetzt. Zugleich wird das folgende Thema vorbereitet: die Notwendigkeit der Umkehr (13,1–9). Die Motive sind jesuanisch, auch wenn die Gestaltung lukanisch ist.

13,1–9
Die Mahnung zur Umkehr

[1]Es kamen aber zu der Zeit einige, die ihm von den Galiläern berichteten, deren Blut Pilatus mit dem ihrer Opfer vermischt hatte. [2]Und er antwortete und sagte ihnen: „Meint ihr, dass diese Galiläer Sünder waren, alle anderen aber nicht, weil sie dies erlitten haben? [3]Nein, ich sage euch: Wenn ihr nicht umkehrt, werdet ihr alle so umkommen. [4]Oder jene achtzehn, auf die der Turm in Schiloach stürzte und sie tötete: Meint ihr, dass jene schuldig geworden sind im Gegensatz zu allen anderen Menschen, die in Jerusalem wohnen? [5]Nein, sage ich euch: Wenn ihr nicht umkehrt,

werdet ihr alle so umkommen." [6]Er erzählte ihnen aber dieses Gleichnis: „Jemand hatte einen Feigenbaum in seinen Weinberg gepflanzt und kam, an ihm Früchte zu finden, fand aber keine. [7]Da sagte er zum Weingärtner: ,Siehe, drei Jahre sind es, die ich gekommen bin, Frucht an diesem Feigenbaum zu ernten und finde keine. Hau ihn um! Was nimmt er dem Boden die Kraft?' [8]Er aber antwortete und sagte ihm: ,Herr, lass ihn auch dieses Jahr, bis ich um ihn aufgrabe und Dünger ausbringe. [9]Vielleicht trägt er künftig Frucht. Wenn nicht, dann wirst du ihn umhauen.'"

Im Anschluss an seine Aufforderung, die von Gott gewährte Gunst der Stunde zur Versöhnung zu nutzen (12,54–59), redet Jesus so hart von der Unheilsmacht der Sünde, dass manche denken, das Wort gehöre eigentlich in den Mund des Täufers Johannes mit seiner drakonischen Strafpredigt angesichts des kommenden Gerichtes (3,1–20). Die Perikope lässt die Frage aufkommen, ob Jesus wirklich so friedliebend war, wie sein Image ist (vgl. 12,49–53). Anderseits lässt sich der Vorwurf, er wolle nicht wahrhaben, dass es Bosheit gebe, angesichts einer Rede wie dieser kaum aufrechterhalten. Mithin stellt sich die Frage einer inneren Widersprüchlichkeit oder einer dialektischen Konsequenz Jesu. Nach Lukas bleibt Jesus dabei, seine Lehre an das Volk zu adressieren (vgl. 12,54). Aber es entsteht eine neue Situation; denn Jesus wird mit schlechten Nachrichten aus der Welt der Politik und Religion konfrontiert. Er nutzt die Neuigkeiten zu einer Grundsatzerklärung über Sünde und Umkehr. Dadurch unterstreicht er, was er zur rechten „Zeit" gesagt hat, die nicht verpasst werden darf (12,56). Er wird aber nicht zu einem feurigen Strafprediger, sondern zeigt mit einem Gleichnis auf, wie Gott Zeit schenkt, damit die Umkehr zur Rettung führt. Diese Linie zieht er im Anschluss weiter aus: zuerst bei der Frau mit dem verkrümmten Rücken, weil Jesus sie am Sabbat heilt (13,10–17; vgl. 14,1–6), dann mit den Gleichnissen vom Senfkorn (13,18–19) und vom Sauerteig (13,20–21), weil aus klein groß und aus wenig viel wird, wenn Gott am Werk ist.
Die beiden Teile der Episode schärfen das Problembewusstsein und fördern Konsequenzen der Umkehr.

13,1–5	Zwei Katastrophen: Opfer als Schuldige?
	1–3 Die Opfer des Pilatus
	4–5 Die Opfer des Turmeinsturzes beim Teich Schiloach
13,6–9	Das Gleichnis vom Feigenbaum: Zeit zur Umkehr

Die beiden Fälle, in denen Menschen sterben, nimmt Jesus zum Anlass, eine todernste Warnung vor der populären Praxis auszusprechen, Opfer zu Schuldigen zu erklären, selbst aber in einer angeblich neutralen Be-

13,1–9 Die Mahnung zur Umkehr 349

obachterposition zu verbleiben. Die Warnung ernst zu nehmen, heißt, umzukehren vom Tod zum Leben. Das Gleichnis öffnet die Augen dafür, dass Gott die Zeit dafür schenkt.

Die Umkehrpredigt mit den beiden Katastrophen (13,1–5) ist lukanisches Sondergut, wegen seiner Härte und aktuellen Referenz vermutlich sehr alt. Das Gleichnis vom Feigenbaum (13,6–9) ist gleichfalls Sondergut, aber im Motiv sowohl des Weinbergs wie des Feigenbaumes tief in der synoptischen Tradition verwurzelt. Die Kombination scheint ein Werk des Evangelisten zu sein, weil es keine engere Verbindung zwischen den beiden Teilen als diejenige gibt, die in der lukanischen Theologie der Umkehr besteht.

Jesus wird mit einem politischen Skandal konfrontiert, der in der Statthalterschaft des Pilatus Furore gemacht haben dürfte (1). Er passt ins Bild, das Josephus von der Statthalterschaft des Pilatus zeichnet: Er hat mit unerbittlicher Härte jeden Aufstand im Keim erstickt (Antiquitates Judaicae XVIII 3,2; De bello Judaico 2,9,2–4). Allerdings gibt es keinen weiteren Beleg für das Blutbad, das Pilatus nach dem Lukasevangelium mit den Galiläern angerichtet hat, die zum Opfern nach Jerusalem gekommen sind. Jesus kommentiert nicht den Vorgang, sondern die Einstellung zu ihm (2). Er wendet sich zum einen gegen die ebenso populäre wie fatale Einstellung, wer Unglück habe, sei selber schuld. Zum anderen wendet er sich gegen die beliebte Spielart des Sündenbock-Syndroms, sich selbst, durch eine Strafe, die andere trifft, entlastet zu sehen. Die Umkehr, das neue Denken aus der empfangenen Vergebung (5,32), zu verweigern (3), hieße, in der Beschuldigung der Opfer und in der Selbstrechtfertigung aufgrund des eigenen Lebensglücks zu verharren – eine fatale Einstellung, die den Tod bringt, weil sie das Leben zerstört.

Konnte man beim ersten Beispiel mithin noch überlegen, ob die getöteten Galiläer eine Mitschuld treffen könnte, weil sie sich womöglich von ihren religiösen Gefühlen haben hinreißen lassen, ist dies beim zweiten Beispiel (4) anders. Beim Einsturz eines Turmes werden Unschuldige getroffen. Auch dieser Fall ist aus anderen zeitgenössischen Quellen nicht belegt. Der Turm wird zur südlichen Stadtbefestigung beim Teich Schiloach gehört haben, der aus dem Johannesevangelium als Schauplatz des Wirkens Jesu bekannt ist (Joh 9). Nach dem Prinzip der Steigerung wird das Problem derer demaskiert, die sich selbst für unschuldig halten wollen, weil sie von einem Unglück nicht betroffen sind (5). Nur die Umkehr führt aus dem Desaster eines solchen Denkens; wer sie verweigert, verbreitet den Tod um sich, den er selbst stirbt. Ein erster Schritt der Umkehr: Anerkennung der eigenen Schuld und der eigenen Erlösungsbedürftigkeit.

350   9,51–13,21   *Die erste Phase der Reise – mit dem Blick nach Jerusalem*

Das Gleichnis vom Feigenbaum **(6–9)** setzt einen Gegenakzent. So wichtig die Umkehr ist, so sehr fordert und ermöglicht sie Gott auch. Jesus erzählt ein Beispiel aus der Landwirtschaft. Der Weinberg lässt an Israel denken (vgl. 20,9–19). Der Feigenbaum steht für jeden einzelnen Menschen, der zu Israel gehört, und nun gefragt ist, Früchte zu bringen (3,8; 6,43–46). Das Problem des Baumes ist aber, dass er auch im dritten Jahr nach seiner Pflanzung nicht trägt, wiewohl er nach ein bis zwei Jahren tragen sollte. Daraus folgert der Weinbergbesitzer, dass der Baum umgehauen werden soll, zumal er den Weinstöcken Nahrung wegnimmt. So entspricht es der Ankündigung des Täufers Johannes (3,9). Die Pointe ist allerdings die Intervention des Weingärtners, der für das Gedeihen des gesamten Gutes und auch für eine reiche Weinlese verantwortlich ist. Er sieht das Risiko für die Reben als vergleichsweise gering an und will dem Baum noch eine Chance geben, zumal eine Feigenernte einiges abwerfen würde. Sein Wahlverwandter ist der Gutsbesitzer aus dem matthäischen Gleichnis vom Taumellolch unter dem Weizen, der seine Knechte warnt zu früh das Unkraut auszureißen, weil auch der Weizen Schaden nehmen könnte (Mt 13,24–30.36–43). Der Feigenbaum soll ein weiteres Jahr haben; mit einem gut aufbereiteten Boden und mit kräftigem Dünger. Wenn auch das nichts fruchtet, wird es zum Umhauen kommen, weil der Besitzer darauf bestehen wird. Diese Fristverlängerung ist die Perspektive des Gleichnisses, passend zur vorherigen Perikope, die darauf zielte, den Kairos nicht zu verpassen (12,54–59).

Jesus versucht nicht, eine Erklärung für die Unglücksfälle zu geben, die in Israel bekannt gewesen sein werden. Er zielt weder auf eine Kritik an Pilatus (die er geübt hat: 22,25) noch an Pfusch am Bau (den er aufgedeckt hat: 6,47–49; 14,28–30). Er problematisiert vielmehr, wie typischerweise auf Ereignisse wie diese reagiert wird: Selbst schuld, lautet die fatale Parole. Das Unglück, das andere getroffen hat, soll aber alle Israeliten, Galiläer wie Jerusalemer, nicht zur Selbstgerechtigkeit, sondern zur Einsicht in die eigene Fehlbarkeit führen. Niemand ist von Sünde frei – das ist das nüchterne Urteil, das Jesus fällen muss (vgl. 11,16.29–42 par. Mt 12,38–42). In der Gerichtspredigt der Redenquelle diagnostiziert Jesus, nicht anders als der Täufer Johannes (3,1–20), dass auch die Israeliten vom Bösen beherrscht sind. Am ärgsten zeigt sich dieses Phänomen dort, wo die eigene Verstrickung in das Netzwerk des Todes angesichts des Unglücks anderer verkannt wird, das deren Sünde offenbaren soll. Die Umkehr, zu der Jesus ruft, ist also die Überwindung der eigenen Unbarmherzigkeit, die aus dem Unglück anderer moralisches Kapital schlagen will, und die Anerkennung der eigenen Erlösungsbedürftigkeit. Die Drohung, die Jesus ausspricht, unterstreicht den Ernst der Mahnung. Die Sünde tötet; die Sünder sterben an ihren eigenen Untaten; die Idee, nur die anderen seien

13,10–17 *Die Heilung einer Frau am Sabbat* 351

schuld, ist moralisches Gift. Das Gleichnis setzt eine komplementäre Pointe: So nötig die Umkehr ist, so geduldig müssen diejenigen sein, die sie fordern (vgl. 17,4). Der Zeitfaktor spielt wieder eine große Rolle: Gott schafft Gelegenheiten. Mit extremer Naherwartung ist das Gleichnis nicht zu vereinbaren. Zwar gibt es eine letzte Frist. Gäbe es sie nicht, ginge alles immer irgendwie so weiter: eine Horrorvorstellung vor allem für die Opfer von Gewalt. Aber solange die Zeit währt, besteht die Möglichkeit der Umkehr. Mehr noch: Damit es sie gibt, wird die Zeit geschenkt und die Frist verlängert. Dieses Zeitverständnis passt genau zur Reich-Gottes-Botschaft Jesu. Die Szene ist von Lukas so nachgearbeitet worden, dass diese Passung sichtbar wird: Nähe heißt Dichte und Präsenz, sie umschließt Transzendenz; Offenbarung wahrt das Geheimnis.

13,10–17
Die Heilung einer Frau am Sabbat

[10]Er lehrte in einer der Synagogen am Sabbat. [11]Und siehe, eine Frau hatte einen Geist, der sie schwächte, achtzehn Jahre lang, und sie war verkrümmt und konnte sich nicht zur Gänze aufrichten. [12]Als aber Jesus sie sah, rief er sie zu sich und sagte ihr: „Frau, du bist von deiner Schwäche erlöst." [13]Und er legte ihr die Hände auf, und auf der Stelle wurde sie wieder aufgerichtet, und sie lobte Gott. [14]Es antwortete aber der Synagogenvorsteher, empört, dass Jesus am Sabbat heilte, und sagte der Volksmenge: „Sechs Tage sind es, da man arbeiten muss; kommt also an diesen Tagen, euch heilen zu lassen, und nicht am Tag des Sabbats." [15]Ihm antwortete der Herr und sagte: „Heuchler, bindet nicht jeder von euch am Sabbat seinen Ochsen oder seinen Esel von der Krippe los und führt ihn zur Tränke? [16]Sie aber ist eine Tochter Abrahams, die der Satan gefesselt hat, siehe: achtzehn Jahre lang. Musste sie nicht am Sabbattag von dieser Fessel gelöst werden?" [17]Und als er dies gesagt hatte, schämten sich alle, die ihm widersprachen, und das ganze Volk freute sich über all die glänzenden Taten, die durch ihn geschahen.

Die Geschichte gehört zu den Sabbatheilungen Jesu, die von Seiten der jüdischen Eliten regelmäßig Widerspruch auslösen, wenn keine Gefahr im Verzug ist und Jesus angeblich bis zum nächsten Werktag hätte warten können (6,6–11 par. Mk 3,1–6; Lk 14,1–6). Sie bieten aber immer Anlass, das Fest des Sabbats neu zu feiern. Zuerst klärt Jesus, dass es der Sinn des Sabbats ist, Gutes zu tun (6,6–11); später zielt er auf die Belehrung seiner Kritiker, ihr enges Sabbatverständnis aufzubrechen (14,1–6); hier steht die Frau im Mittelpunkt, die „Tochter Abrahams" (V. 16), die es von einem Geist zu befreien gilt, der sie schwächt.

Die Perikope ist so aufgebaut, dass eine Heilungsgeschichte in ein Streitgespräch übergeht, das zu einer Lehrstunde Jesu wird, ähnlich wie bei der Heilung des Gelähmten, dem Jesus die Sünden vergibt (5,17–26).

13,10	Die Situation: Jesu Lehren in einer Synagoge
13,11–13	Die Heilung der verkrümmten Frau
11	Die Krankheit der Frau
12–13a	Die Erlösung durch Jesus
13b	Der Erfolg der Heilung
13,14–16	Das Gespräch über die Heilung
14	Der Einwand des Synagogenvorstehers
15–16	Die Widerlegung des Einwandes durch Jesus
15	Der selbstverständliche Tierschutz am Sabbat
16	Die Würde der Frau
13,17	Die Wirkung der Heilung
17a	Die Scham der Gegner
17b	Die Freude des Volkes

Das Lehren Jesu bildet den Rahmen; Wort und Tat gehören zusammen. Jesu Heilung bewahrheitet seine Lehre; seine Lehre entwickelt selbst therapeutische Kraft. Die Perikope ist Sondergut, aber eng verwandt mit anderen Sabbatheilungen – mit der Besonderheit, dass eine Frau geheilt wird, während sonst nur Männer im Blick stehen, wahrscheinlich wegen der restriktiven Zugangsregeln in Synagogen, die damals nicht fixiert, aber üblich waren.

Das Lehren **(10)** ist die übliche Tätigkeit Jesu (4,15; 5,3.17; 13,22), auch am Sabbat (4,31; 6,6), später im Tempel (19,47; 20,1; 21,37). In welcher Synagoge Jesus wirkt, bleibt offen. Im Lehren kommt der Sinn des Evangeliums zur Sprache: wie es Gott, die Welt und das eigene Ich so verbindet, dass zusammen mit dem Glauben auch Wissen und Weisheit, Empathie und Solidarität entstehen. Deshalb ist das Heilen direkt mit dem Lehren verbunden (vgl. 6,6–11). Jesus handelt in einer Synagoge; dass es während des Gottesdienstes geschieht (wie nach 4,16–22, wenn er predigt), ist nicht unbedingt gesagt, weil die Synagoge auch ein Lehrhaus ist.

Die Heilung der Frau setzt den Akzent. Ihre Krankheit wird ohne medizinisches Fachvokabular anschaulich beschrieben **(11)**: eine Schwäche, die ihr nicht erlaubt, sich aufzurichten, weniger eine Wirbelsäulenverkrümmung (Skoliose) oder Wirbelverkrümmung (Spondylitis) als eine Muskelatrophie. Die Krankheit wird durch einen „Geist" verursacht, also dämonisch erklärt (8,2; 9,39; vgl. 4,39). Dass die Krankheit achtzehn Jahre dauert, zeigt, wie schwer sie ist. Jesus ergreift von sich aus die Ini-

13,10–17 Die Heilung einer Frau am Sabbat 353

tiative (12), wie bei einer früheren Sabbatheilung (6,6–11) und bei einer Berufung (5,27–28; vgl. 19,1–10). Jesus sieht diese Frau, die von vielen übersehen wird, und ruft sie herbei. Weil sie als Frau nicht unter den Männern sitzt, wenn sich eine Synagogengemeinde versammelt, holt Jesus sie in seine Nähe und bricht dadurch die Geschlechtergrenzen auf – die bis vor gar nicht so langer Zeit auch in vielen Kirchen üblich gewesen ist. Jesus spricht sie bei Lukas nicht mit ihrem Namen, sondern als Frau an; ihr Geschlecht spielt also eine Rolle: Es verstärkt das Leiden, weil ihre soziale Abhängigkeit durch die körperliche Einschränkung erhöht wird. Das Wort, das er an sie richtet, bewirkt die Heilung; indem er ihr zuspricht, dass sie von der Schwäche, die der Geist verursacht hat, erlöst ist, ist sie schon geschehen. Subjekt der Erlösung ist Gott. Das Verb ist das „Lösen", weil der Geist die Frau an ihren schwachen Körper gefesselt hat; in den folgenden Vergleichen ist gleichfalls das Losbinden die Handlung (V. 15). Die Handauflegung (13) stellt Gottes rettende Kraft dar und vermittelt sie dadurch (4,40); sie vollzieht sich gleichzeitig mit dem Wort (das „und" beschreibt keine Abfolge, sondern ein Miteinander). Die Wirkung tritt augenblicklich und durchschlagend ein. Zum einen wird die Erlösung von der Plage festgestellt – im Passiv, das auf Gott verweist. Zum anderen findet die Frau zum Gotteslob, genau angemessen dem Ort, der Synagoge, dem Fest, der Sabbatfeier, und der Therapie, der Erlösung durch Gott.

Der zweite Teil der Perikope beginnt mit einem Einwand, den der Synagogenvorsteher erhebt (14), der Leiter der Synagogengemeinschaft (vgl. 8,41), sicher in der Überzeugung, seiner Verantwortung gerecht werden zu müssen. Er wendet sich nicht an Jesus oder an die Frau, sondern an die Volksmenge, die am Sabbat in der Synagoge versammelt ist. Dadurch wird der Bogen zu den vorangehenden Episoden (seit 12,54) geschlagen, in denen Jesus sich immer wieder an das Volk wendet; gleichzeitig wird der Schluss vorbereitet, in dem Lukas zwischen den Experten und der Menge unterscheidet (V. 17). Der Einwand wird schulmäßig vorgebracht: Der Sabbat dient der Arbeitsruhe (Ex 20,8–12; Dtn 5,12–15); ärztliche Hilfe ist Arbeit; alle Werktage stehen für sie zur Verfügung. Bei einem akuten Notfall wäre jederzeit Hilfe erlaubt; aber die Frau, die bereits achtzehn Jahre leidet, kann – scheint die Überlegung zu sein – gut und gerne noch einen Tag länger warten, bis sie geheilt wird. Der Synagogenvorsteher kritisiert aber nicht direkt Jesus, sondern warnt die anwesenden Leute, aus dem, was Jesus getan hat, die Erwartung abzuleiten, ohne weiteres am Sabbat kommen zu können, um Heilung zu erfahren. Indirekt soll ein schlechtes Licht auf die Frau fallen, die aber nicht von sich aus gekommen, sondern dem Ruf Jesu gefolgt ist.

354 9,51–13,21 *Die erste Phase der Reise – mit dem Blick nach Jerusalem*

Jesus antwortet unmittelbar **(15)**. Lukas kennzeichnet ihn als „Herr" *(kýrios)*, um seine messianische Autorität hervorzuheben. Jesus reagiert doppelt. Zuerst wirft er dem Vorsteher vor, ein „Heuchler" zu sein. Das Wort steht im Plural, weil der Mann nicht lediglich seine persönliche Meinung sagt, sondern einem typischen Einwand seiner Berufsgruppe Ausdruck verleiht. „Heuchler" sind die Protagonisten Israels nicht, weil sie unehrlich wären, sondern weil sie zwar die Heiligkeit des Sabbats verteidigen wollen, aber ihn durch seine Strenge entweihen. Der Synagogenvorsteher benutzt ihn, um Menschen in die Schranken zu weisen, während der Sabbat dazu da ist, Gottes Güte Raum zu geben (6,6–11). Dies ist bei Tieren selbstverständliche Praxis. Sie müssen auch am Sabbat trinken. Deshalb werden sie von ihrer Futterstelle losgebunden und an die Tränke geführt, ohne dass dies von irgendjemandem als Sabbatbruch beanstandet würde, auch vom Synagogenvorsteher nicht (vgl. 14,5). Ochsen und Esel werden genannt, weil sie relativ große Arbeitstiere sind, sehr wichtig für die Landwirtschaft.

Die Pointe ist die Übertragung nach dem einfachen Qal-Wachomer-Schluss **(16)**: Wenn schon bei Tieren die Fürsorge greift, obwohl sie nicht gleich vor Durst sterben würden, wenn sie einen Tag nicht trinken würden, dann gilt es desto mehr, einem Menschen am Sabbat Gutes zu tun und nicht auf einen Werktag zu warten. Jesus würdigt die Frau, so krank und schwach sie gewesen ist, als „Tochter Abrahams", als vollwertige Israelitin, wie er später den Oberzöllner Zachäus als „Sohn Abrahams" ansprechen wird, ungeachtet seiner notorischen Sünde (19,9). Jesus ruft die Schwere und Länge ihrer Erkrankung ins Gedächtnis, und zwar nicht mit dem Hintergedanken, sie könne durchaus noch einen Tag länger dauern, sondern mit dem Vorsatz, so schnell wie möglich zu beenden, was schon viel zu lang gedauert hat. Der Sabbat kommt gerade recht: ein Tag des Aufatmens für die Frau und der Freude für Israel. Der Teufel wird besiegt, der durch seinen bösen Geist (V. 11) die Frau an sich gefesselt hat. Von Jesus hat er abgelassen (4,13), bis er das Herz des Judas in Besitz nehmen wird (22,3). Jesus wird zwar als Kumpan des Teufels diffamiert; aber er weist für Lukas überzeugend nach, dass er im Gegenteil die befreiende Gegenwart Gottes realisiert, wenn er Dämonen austreibt (11,14–36). Das Ereignis in der Synagoge ist ein ausgezeichneter Beleg.

Bei einer Heilungsgeschichte ist es üblich, dass zum Schluss **(17)** der Erfolg festgestellt (4,39; 5,15 u. ö.), und zum Ende eines Streitgespräches, dass der Sieg Jesu konstatiert wird (5,39 u. ö.). Hier ist beides verbunden (vgl. 5,26). Freilich wird differenziert. Zuerst ist von Widersachern Jesu die Rede, seinen professionellen Kritikern, darunter der Synagogenvorsteher (V. 14). Oft wird übersetzt, dass sie „beschämt" würden. Aber das

13,18–21 Die Gleichnisse vom Senfkorn und vom Sauerteig

Verb steht im Aktiv: Sie schämen sich, weil ihnen, so Lukas, an diesem Beispiel klar wird, dass sie mit ihrer hergebrachten Gesetzestheologie Gott und seiner Güte im Wege stehen (vgl. 11,37–54). Die Reaktion der Menge hingegen ist eindeutig positiv: Die Anwesenden stimmen der Sabbattheologie Jesu zu; sie sind von der Heilung fasziniert, weil sie ihre kühnsten Hoffnungen erfüllt und noch übertrifft. In ihrem Brennspiegel erkennen sie die Grundbedeutung der gesamten Heilssendung Jesu.

Die Heilung der verkrümmten Frau ist typisch für den Heilsdienst Jesu. Sein Blick gilt der Kranken; seine Macht erweist sich in ihrer Erlösung aus den Klauen des Teufels, der sie krankmacht. Dass er sie, die „Tochter Abrahams" (V. 16), aufrichtet, wird zum Bild für die Aufrichtung Israels, der seine gesamte Sendung gilt. Der Sabbat kann ihn nicht hindern; er schafft im Gegenteil durch die Versammlung derer, die der Lehrer Jesus anzieht, die Chance, dass sein Blick auf sie fällt. Der biblische Tierschutz, auch mit dem Sabbat verbunden (Ex 20,10–11), wird zum Hinweis auf Gottes Güte, die das Gesetz nicht verbietet, sondern fördert. Zusammen mit der Frau wird auch der Sabbat befreit. Jesus löst die Fesseln einer skrupulösen Gesetzeshermeneutik (vgl. 11,37–54) und stellt den Tag als genuinen Schöpfungstag wieder her, an dem gefeiert wird, was gut ist, und gutgemacht wird, was schlecht ist. Lukas hat keine einzelne Begebenheit aus dem Leben Jesu aufgezeichnet, sondern eine ideale Szene gestaltet, die ins Licht stellt, was für ihn charakteristisch gewesen ist – auch im historischen Rückblick der Gegenwart.

13,18–21
Die Gleichnisse vom Senfkorn und vom Sauerteig

[18]Er sagte aber: „Wem ist das Reich Gottes gleich? Womit soll ich es vergleichen? [19]Es gleicht einem Senfkorn, das ein Mensch nahm und in seinen Garten warf, und es wuchs auf und wurde zu einem Baum, und die Vögel des Himmels nisteten in seinen Zweigen." [20]Und wieder sprach er: „Womit soll ich das Reich Gottes vergleichen? [21]Es gleicht Sauerteig, den eine Frau nahm und mit drei Scheffel Mehl vermengte, bis alles durchsäuert war."

Mit zwei kurzen Gleichnissen beendet Jesus die erste Phase seiner Wege, die er mit Blick auf Jerusalem einschlägt (9,51). Beide Gleichnisse beziehen sich auf seine Verkündigung, die im Zeichen des Reiches Gottes steht (4,43; 8,1; 9,11 u. ö.); beide verbinden das Kleine bzw. das Wenige des Anfangs mit der Größe und der Weite der Wirkung; beide passen genau zu dem, was sich bislang ereignet hat: Jesus hat klein angefangen;

er wird aber groß herauskommen. Er baut Israel neu auf und wird es mit seinem Evangelium durchdringen. Die vorherige Situation ist nicht aufgelöst: Jesus spricht als Lehrer am Sabbat in der Synagoge (13,10); er redet die Widersacher an, die sich schämen, und die Menge, die sich über das Fest des Lebens am Sabbat freut (13,17). Den einen erschließen die Gleichnisse, dass sie sich noch ganz anders in Frage stellen müssen, wenn die zarten Anfänge der Jesusbewegung sich entwickelt haben werden; den anderen spiegeln sie, dass erst nur sehr wenig zu sehen ist und das Große bei allem Glanz der Gegenwart unvergleichlich alles überstrahlen wird.

Die Szene markiert den doppelten Akzent: Aus Klein kann Groß werden, ganz wenig kann eine große Wirkung entfalten.

| 13,18–19 | Das Gleichnis vom Senfkorn | Mk 4,30–32 |
| 13,20–21 | Das Gleichnis vom Sauerteig | Mt 13,33 |

Beide Gleichnisse sind parallel aufgebaut: Einer rhetorischen Frage, im ersten Fall gedoppelt, folgt eine Kurzgeschichte, die ein Naturprodukt – ein Senfkorn und Sauerteig – ins Bild rückt und dessen Geschichte erzählt, die ein Mensch, im zweiten Fall eine Frau, in Gang setzt. Es fehlen Deutungen (wie in 8,4–13); die Gleichnisse sprechen für sich.

Das erste Gleichnis hat eine Parallele im Markusevangelium (Mk 4,30–32 par. Mt 13,31–32), im Gleichniskapitel, wo Lukas es ausgelassen hat, das zweite bei Matthäus (Mt 13,33), wo es zusammen mit dem Senfkorngleichnis den Abschluss der Gleichnisrede bildet (Mt 13,1–34). Der synoptische Vergleich spricht für eine lukanische Komposition. Doppelgleichnisse gehören zu seinem Repertoire (vgl. 5,34–36; 15,1–10). Sie zeigen von zwei Seiten, was es von Gottes Reich zu entdecken gilt. Die Gleichnisse werden dadurch als Gleichnisse gekennzeichnet, das Reich Gottes wird als vergleichbar mit irdischen Phänomenen anschaulich, so sehr es sich einer Gleichsetzung entzieht.

Der Vergleich, den Jesus sucht und findet (18), hält Gottes Gegenwart ebenso klar fest wie sein Geheimnis. Das Gleichnis fordert eine Übertragung, die Gemeinsamkeiten wie Unterschiede entdeckt und geltend macht. Ein Vergleich ist möglich, weil Gott, der sein Reich nahekommen lässt, der Schöpfer und der Herr der Geschichte ist; ein Vergleich ist nötig, weil Gottes Reich nicht mitten in der Welt aufgeht, sondern über sie hinaus und mitten in sie hinein weist (vgl. 17,20–21). Das Senfkorn (19) gilt als eines der kleinsten Samenkörner. Es misst ca. 1,5 mm im Durchmesser und wiegt etwa ein 1 mg. Senfstauden werden gezüchtet, damit die Früchte mit neuen Senfkörnern geerntet werden können. Ausgewachsen, kann eine Staude an die 3 m und mehr erreichen.

13,18–21 Die Gleichnisse vom Senfkorn und vom Sauerteig

Der Kontrast sticht in die Augen, ist aber kein reiner Gegensatz, sondern entsteht durch starkes Wachstum. Das Schlussbild mit den Vögeln, die in den Zweigen nisten, ruft die Prophetie des Ezechiel ins Gedächtnis, der auf die Völkerwallfahrt in der Zukunft jenseits der jetzigen Geschichte vorausschaut (Ez 17,23). Der theologische Bezug wird durch diese Referenz noch enger. Der kurze Satz bringt alle entscheidenden Momente zusammen. Die Übertragung auf das Reich Gottes muss die Vielschichtigkeit des Gleichnisses berücksichtigen, ohne es zu einer Allegorie zu machen. Gottes Reich macht mit Jesus kleine Anfänge: nicht nur, weil Jesus zunächst nur wenige hat, die sich ihm anschließen, sondern auch, weil er das Kleine wertschätzt: in den Armen, den Kranken, den Gefangenen. Er macht sie reich, gesund und frei, indem er ihre Armut, Krankheit und Gefangenschaft teilt. So entwickelt sich das Reich Gottes zu einer Größe, die allen, die sich anziehen lassen, Raum zum Leben gibt. Der Vergleich endet, wo ein organisches Wachstum erwartet werden würde; hier hilft der Blick zum Sämanngleichnis, um die Verluste und Brüche nicht zu verdrängen (8,4–8). Der entscheidende Aspekt ist hier aber die Wachstumsoption, die sich gerade deshalb ergibt, weil der Anfang so klein ist: nämlich so, wie Jesus ihn macht.

Das Sauerteiggleichnis unterstreicht die Pointe. Die Einführung **(20)** ist so ähnlich wie die zum Senfkorngleichnis (8,18) gebaut, nur etwas kürzer. Wieder ist das Reich Gottes das Thema, das Herzstück der Verkündigung Jesu (4,43; 6,20; 8,1 u. ö.). Der Vergleich kommt diesmal aus dem Haushalt **(21)**: Eine Frau macht ihre Arbeit. Der Fokus liegt auf dem Sauerteig, wie zuvor auf dem Senfkorn. Drei Scheffel Mehl sind ungefähr 40 Liter. Die Pointe: Ein einziges Stück Sauerteig reicht, um diese große Menge ganz zu durchsäuern. Es braucht Arbeit und Zeit; aber das Ergebnis steht fest. Die Arbeit der Frau besteht darin, unterzumengen. Würde sie den Sauerteig separiert haben, würde er nicht wirken können; je besser sie ihn untermengt, desto stärker kann er sich mit Mehl verbinden, so dass der Teig aufgeht und gebacken werden kann. Das Gleichnis zeigt das Reich Gottes, wie es in den Herzen von Menschen ankommt. Verborgen hat er bereits alles erfasst; aber diejenigen, die es glauben, sind erst nur wenige, die aber alles zu verwandeln die Hoffnung haben dürfen, auch wenn es Zeit dauern wird, bis sie sich erfüllt.

Die Gleichnisse vom Senfkorn und vom Sauerteig zeigen, dass trotz kleiner Anfänge etwas Großes wachsen und trotz geringer Mittel viel erreicht werden kann – wenn Gott seine Hand im Spiel hat. Beide Gleichnisse zeigen auch, dass es in Gottes Reich die Größe und Weite *wegen* der kleinen Anfänge und wenigen Mittel gibt. Der Grund besteht nicht darin, dass Gott Freude daran hat, dass Menschen schwach und klein sind; er besteht darin, dass Gott die

Schwachen stärkt, wie die Heilung der Frau gerade gezeigt hat (13,11–17), und aus Wenigen Viele macht, wie sich aus der Aufforderung ableiten lässt, die Zeit zur Entschuldigung und Versöhnung zu nutzen (12,54–59). Beide Gleichnisse sind jesuanisch; Lukas hat sie in sein Evangelium so hineinkomponiert, dass ihre Aufschlusskraft zur Geltung kommt.

Ausgewählte Literatur

Kommentare

Bovon, F., Das Evangelium nach Lukas (EKK III/1–4), 4 Bde., Ostfildern (1989.1996.2001.2009) [2]2011.

Eckey, W., Das Lukasevangelium, 2 Bde., Neukirchen-Vluyn (2004) [2]2006.

Ernst, J., Das Evangelium nach Lukas (RNT), Regensburg (1977) [6]1993.

Evans, C. A., Luke (NIBCNT), Peabody (MA) 1990.

Fitzmyer, J. A., The Gospel according to Luke. Introduction, translation and notes (AncB XXVIII. XXVIIIa), 2 Bde., Garden City (NY) 1981.1985.

Green, J. B., The Gospel of Luke (NICNT), Grand Rapids (MI) 1997.

Johnson, L. T., The Gospel of Luke (SP III), Collegeville (MN) 1991.

Klein, H., Das Lukasevangelium (KEK I/3), Göttingen 2005.

Kremer, J., Lukasevangelium (NEB.NT III), Würzburg (1989) [5]2010.

Marshall, I. H., The Gospel of Luke. A Commentary on the Greek Text (NIGTC III), Exeter (1978) 1998.

Nolland, J., Luke (WBC XXXV/A-C), 3 Bde., Waco (TX) 1989.1993.1993.

Peterson, E., Lukasevangelium und Synoptica, hg. v. R. von Bendemann, Würzburg 2005.

Radl, W., Das Evangelium nach Lukas. Bd. I: 1,1–9,50, Freiburg i. Br. [u. a.] 2003.

Schmithals, W., Das Evangelium nach Lukas (ZBK III/1), Zürich 1980.

Schneider, G., Das Evangelium nach Lukas (ÖTBK.NT III/1.2), 2 Bde., Gütersloh (1977) [3]1992.[2]1984.

Schürmann, H., Das Lukasevangelium (HThK.NT III/1.2), 2 Bde., Freiburg [u. a.] (1969.1993) 2000. [bis Lk 11,54]

Schweizer, E., Das Evangelium nach Lukas (NTD III), Göttingen (1982) [3]1993.

Tannehill, R. C., Luke (ANTC), Nashville (TN) 1996.

Wiefel, W., Das Evangelium nach Lukas (ThHK III), Leipzig 1989.

Wolter, M., Das Lukasevangelium (HNT V), Tübingen 2008.

Wright, N. T., Luke for Everyone, London/Louisville (KY) 2004.

Monographien

Adrian, M., Mutuum date nihil desperantes (Lk 6,35). Reziprozität bei Lukas (NTOA/StUNT 119), Göttingen 2019.

Backhaus, K., Das lukanische Doppelwerk. Zur literarischen Basis frühchristlicher Geschichtsdeutung (BZNW 240), Berlin 2022.

Bauckham, R. (Hg.), The Book of Acts in Its Palestinian Setting, Grand Rapids (MI) 1995.

Bauspieß, M., Geschichte und Erkenntnis im lukanischen Doppelwerk. Eine exegetische Untersuchung zu einer christlichen Perspektive auf Geschichte (ABG 42), Leipzig 2012.

Becker, M., Lukas und Dion von Prusa. Das lukanische Doppelwerk im Kontext paganer Bildungsdiskurse, Paderborn 2020.

Bendemann, R. von, Zwischen δόξα und σταυρός. Eine exegetische Untersuchung der Texte des sogenannten Reiseberichts im Lukasevangelium (ZNW 101), Berlin 2001.

Bieringer, R. (Hg.), Luke and his Readers. FS. A. Denaux (BEThL 182), Leuven 2005.

Blumenthal, Chr., Basileia bei Lukas: Studien zur erzählerischen Entfaltung der lukanischen Basileiakonzeption (HBS 86), Freiburg im Breisgau 2017.

Bøe, S., Cross-bearing in Luke (WUNT II/278), Tübingen 2010.

Bormann, L., Recht, Gerechtigkeit und Religion im Lukasevangelium (StUNT 24), Göttingen 2001.

Bussmann, C. – W. Radl (Hg.), Der Treue Gottes trauen. FS G. Schneider, Freiburg im Breisgau 1993.

Conzelmann, H., Die Mitte der Zeit. Studien zur Theologie des Lukas (BHTh 17), Tübingen ⁶1977 (¹1954).

Crump, D. M., Jesus the Intercessor: Prayer and Christology in Luke-Acts (WUNT II/49), Tübingen 1992.

Denaux, A., Studies in the gospel of Luke. Structure, language and theology (Tilburg Theological Studies IV), Berlin/Münster 2010.

Edelmann, J.-A., Das Römische Imperium im Lukanischen Doppelwerk, Darstellung und Ertragspotenzial für christliche Leser des späten ersten Jahrhunderts (WUNT II/547), Tübingen 2021.

Eisele, W., Das Lukasevangelium. Gott macht Geschichte, Freiburg i. Br. 2021.

Ernst, J., Lukas. Ein theologisches Portrait, Düsseldorf ²1991 (¹1985).

Frauenlob, Th., Die Gestalt der Zwölf-Apostel im Lukasevangelium. Israel, Jesus und die Zwölf-Apostel im ersten Teil des lukanischen Doppelwerks (FzB 131), Würzburg 2015.

Giambrone, A., Sacramental charity, creditor Christology, and the economy of salvation in Luke's Gospel (WUNT II/439), Tübingen 2017.

Gillner, J., Gericht bei Lukas (WUNT II/401), Tübingen 2015.

Gradl, H.-G., Zwischen Arm und Reich. Das lukanische Doppelwerk in leserorientierter und textpragmatischer Perspektive (FzB 107), Würzburg 2005.

Haacker, K., Zeugnis und Zeitgeschichte. Studien zum lukanischen Werk (BWANT 235) Stuttgart u. a. 2022.

Horn, F. W., Glaube und Handeln in der Theologie des Lukas (GTA 26), Göttingen [2]1986.

Klein, H., Lukasstudien (FRLANT 209), Göttingen 2005.

Korn, M., Die Geschichte Jesu in veränderter Zeit. Studien zur bleibenden Bedeutung Jesu im lukanischen Doppelwerk (WUNT II 51), Tübingen 1993.

Kramer, H., Lukas als Ordner des frühchristlichen Diskurses um „Armut und Reichtum" und den „Umgang mit materiellen Gütern". Eine überlieferungsgeschichtliche und diskurskritische Untersuchung zur Besitzethik des Lukasevangeliums unter besonderer Berücksichtigung des lukanischen Sonderguts (Neutestamentliche Entwürfe zur Theologie 21), Tübingen 2015.

Kuecker, A., The Spirit and the „Other". Social Identity, Ethnicity and Intergroup Reconciliation in Luke-Acts (LNTS 444), London 2011.

Kurth, Chr., „Die Stimme der Propheten erfüllt". Jesu Geschick und „die" Juden nach der Darstellung des Lukas (BWANT 148), Stuttgart 2000.

Lohfink, G., Die Sammlung Israels. Studien zur lukanischen Ekklesiologie (StANT 39), München 1974.

Löning, K., Das Geschichtswerk des Lukas. Bd. 1: Israels Hoffnungen und Gottes Geheimnisse (UB 455), Stuttgart u. a. 1997; Bd. 2: Der Weg Jesu, Stuttgart u. a. 2006.

Maloney, L. M., „All That God Had Done with Them". The Narration of the Works of God in the Early Christian Community as Described in the Acts of the Apostles (AUS VII/91), New York 1991.

Marshall, J., Jesus, patrons and benefactors: Roman Palestine and the Gospel of Luke (WUNT II/259), Tübingen 2009.

Mineshige, K., Besitzverzicht und Almosen bei Lukas. Wesen und Förderung des lukanischen Vermögensethos (WUNT II/163), Tübingen, 2003.

Nassauer, G., Heil sehen. Strategien anschaulicher Christologie in Lk 1–2 (HBS 83), Freiburg im Breisgau 2016.

Pokorný, P., Theologie der lukanischen Schriften (FRLANT 174), Göttingen 1998.

Radl, W., Paulus und Jesus im lukanischen Doppelwerk (EHS 23/49), Frankfurt/M. u. a. 1975.

– (Hg.), Das Lukasevangelium (EdF 261), Darmstadt 1988.

Reinmuth, E., Pseudo-Philo und Lukas. Studien zum Liber Antiquitatum Biblicarum und seiner Bedeutung für die Interpretation des lukanischen Doppelwerks (WUNT 74), Tübingen 1994.

Rowe, C. K., Early Narrative Christology: The Lord in the Gospel of Luke (BZNW 139), Berlin 2006.

Seo, P.-S., Luke's Jesus in the Roman Empire and the Emperor in the Gospel of Luke, Cambridge 2015.

Söding, Th., Das Lukas-Evangelium. Anregungen zum Lesejahr C (Exegese und Predigt), Würzburg 2003.

Stegemann, W., Zwischen Synagoge und Obrigkeit. Zur historischen Situation der lukanischen Christen (FRLANT 132), Göttingen 1991.

Stenschke, Chr., Luke's Portrait of Gentiles Prior to Their Coming to Faith (WUNT II/108), Tübingen 1999.

Strong, J. D., The fables of Jesus in the gospel of Luke. A new foundation for the study of parables, Paderborn 2021.

Taeger, J.-W., Der Mensch und sein Heil. Studien zum Bild des Menschen und zur Sicht der Bekehrung bei Lukas (StNT XIV), Gütersloh 1981.

Tuckett, C. M. (Hg.), Luke's Literary Achievement. Collected Essays (JSNT.S CXVI), Sheffield 1995.

Wasserberg, G., Aus Israels Mitte – Heil für die Welt. Eine narrativ-exegetische Studie zur Theologie des Lukas. (BZNW 92), Berlin u.a. 1998.

Weissenrieder, A., Images of Illness in the Gospel of Luke. Insights from Ancient Medical Texts, Tübingen 2003.

Wolter, M., Theologie und Ethos im frühen Christentum: Studien zu Jesus, Paulus und Lukas, Tübingen 2009.

Register

Das Register umfasst den vorliegenden Band 1. Ein Gesamtregister befindet sich am Ende von Band 2.

Abel 318
Abraham 41, 48, 62, 76, 296, 354
Alt/Neu 134
Angesicht *(prosopon)* 259
Anstoß 181
Anthropologie s. Mensch
Antijudaismus 245, 319–320
Apostel 22, 140–141, 222
Archelaos 73
Arme/Armut 54, 55, 88, 100–101, 149, 223, 328
Arzt 131
As 324

Auferstehung/Auferweckung 231–232
Auge 310
Augustus 35, 52, 53–54
Aussatz 122–123
Aussendung s. Sendung der Jünger

Barmherzigkeit 76, 160–161, 286
Beelzebul 304
Befreiung (s. a. Erlösung) 48, 62, 65, 107, 146, 192, 235, 252, 279, 305, 307, 319, 321
Bekenntnis 323–325

Benedictus 44–50
Berg 238
Bergpredigt 145 (s. auch Feldrede)
Berufung 118, 130–131, 269
Beschneidung 45, 46, 60–61
Besessenheit s. Exorzismus
Besitz s. Reichtum
Beten 295–301 (s. auch Jesus – Gebet)
Bethlehem 50, 52–53, 55
Bethsaïda 226, 273
Bibel s. Schrift
Blind(e) 101, 164–165, 198–199, 203
Blut 318
Brot 294
Bund 47–48

Cantica 24, 25
Chorazin 273
Christologie
    in der Botschaft an Maria 34
    im Spiegel des Magnificat 41
    im Weihnachtsevangelium 55
    im Lobgesang des Simeon 63–64
    in der Geschichte vom Zwölf-
    jährigen im Tempel 68
    in der Tauferzählung 81
    in der Genealogie 84
    in der Versuchungs-
    geschichte 86, 90
    in der Antrittspredigt in
    Nazareth 101
    in der Feldrede 162
    in den Machttaten 107
    in Streitgesprächen 139, 310–
    311, 317–318
    im Dialog mit dem Täufer
    Johannes 179–182
    in Gleichnissen 194
    in Jüngerbelehrungen 231, 235
    in der Verklärung 239–240
Christus s. Messias
Chuza 192

Dämonen(austreibung)
    s. Exorzismus
Darbringung 60
Davidssohn 34, 55
Demut 39, 40, 41, 239
Denar 189, 324
Dienen/Dienst 110, 192
Dorf 191–192

Ehre/Schande 31, 56
Engel 31, 34, 55, 56
Elija 31, 99, 103, 230, 238–239, 265
Elisabeth 26, 28, 29, 31, 37–42,
    43–46
Elischa 99, 103, 265
Epiphanie 207, 237
epiousios 294–295
Erbarmen s. Barmherzigkeit
Erbe 327
Erfüllung 102
Erinnerung 317 (s. auch Gedenken)
Erlösung (s. auch Befreiung) 35, 47,
    49, 56, 65, 127, 225, 325, 339, 349,
    353, 355
Erniedrigung/Erhöhung 23, 314
Eschatologie 26, 45, 47–48, 56,
    76, 78, 101–102, 141, 147, 180,
    235–236, 254, 274, 340 (s. auch
    Heil, Gericht, Reich Gottes)
Esel 354
Essen/Fasten 115, 133
Ethik 154–163, 281
Eucharistie (Dank) 47, 226, 294
Evangelium
    Botschaft 101, 321–322 (s. auch
    Wort Gottes)
    Buch 17–19, 21–22
Exodus 72, 74, 75, 88, 239
Exorzismus 107–108, 112, 209–213,
    247–248, 303–307

Register

Falschpropheten 152
Familie 264, 342–343
Jesu 68, 102, 205
Fasten 88, 133–135 (s. auch Essen/
Fasten)
Feigenbaum 350
Feindesliebe 153–162, 284
Feld 54
Feldrede 143–170
Festmahl s. Mahl
Feuer 77, 79, 261, 341
Fisch 120
Frau(en) 29, 31, 38, 40, 42, 57, 110,
177, 188–192, 215–218, 251,
287–290, 307–308, 351–355
Freude 30, 39–40, 50, 69, 149, 151,
202, 244, 274–275, 278–280
Freund 299, 323
Friede 49, 56–57, 218, 273, 342,
343–344
Fürbitte 158

Gabriel 31, 34
Galiläa 91, 93, 95, 249, 260–261, 349
Gastfreundschaft 110, 223, 272,
288, 315
Gastmahl s. Mahl
Gebet s. Beten
Gebot s. Gesetz
Gedenken 47–48
Gegner Jesu 251, 319–320
Geheimnisse 198–200
Gehenna s. Hölle
Geist, Heiliger 35, 36, 40, 62, 79–80,
87, 95, 277–278, 300, 325
Gelähmt(er) s. lahm
Geld 192, 329 (s. auch Denar,
Lepton)
Genealogie 83
Generation 242
Genezareth s. See Genezareth
Gerasa 211

Gerecht(igkeit)/Ungerecht(igkeit)
27, 29, 48, 62, 161, 165, 170 325,
338, 346–347
Gericht (s. auch Heil; Richten) 76,
77, 152, 261, 273, 318, 341
Geschlecht 41, 185, 309
Gesetz 60, 257, 282, 284, 312,
317–319
Gesetzeslehrer 282, 312, 317–318
Gethsemane 296–297
Gewalt/Gewaltüberwindung 157–
159, 262, 271
Glauben 126, 190, 216, 218
Gleichnis 134, 164, 185, 188, 193–
204, 284, 310, 327–328, 334–335,
348, 350, 355–358
Gloria 56
Gnade 33–34, 40, 56, 63, 65, 69, 161
Gnadenjahr 101
Goldene Regel 159
Gott (s. auch Reich Gottes, Sohn
Gottes, Wille Gottes, Wort
Gottes)
„Einer" 273,
Name 291, 293
„Vater" 291–293, *II 219*, 252
als Vater Jesu 36, 83, 86–90, 231,
239, 278–279
Güte, Heil, Gnade 63, 65, 69,
99, 127, 132, 160, 212–213,
218, 228, 243, 300–301, 329,
331–332 (s. auch Barmherzigkeit,
Vergebung)
als Retter 40–41, 44–45, 236
als Befreier 108–109 (s. auch
Befreiung)
Ratschluss 185 (s. auch Weisheit)
Finger Gottes 305
Richter 164–166, 328 (s. auch
Gericht)
Zorn 76 (s. auch Gericht, Wehe)
Anspruch 338 (s. auch Ethik)

in der Verkündigung des Täufers
Johannes 30–31
in der Verkündigung Jesu 18,
96, 100–101, 114, 250–251
(s. Evangelium, Wort Gottes)
im Gleichnis 328
Liebe zu Gott 283, 289
Lob Gottes 47–48, 56–57
Opfer für Gott 61–62, 136
Gottesherrschaft s. Reich Gottes
Gottesliebe 278, 283, 290
Gottessohn s. Sohn Gottes
Gottesvolk 142 (s. auch Israel)
Groß s. Klein/Groß

Habgier 327
Handauflegung 353
Hanna 26, 64–65
Hannas 73
Hass 158
Hauptmann 174
Haus 25, 109, 169–170, 288–289,
337–338
Heidenmission s. Völkermission
Heil (durch Gericht) 64
Heiland s. Retter
Heiliger Gottes 108
Heiligkeit/Heiligung 62, 293
Heiligtum s. Tempel
Heilung 110, 112, 126, 128, 138,
176, 190, 216, 242, 352
Herde 332–333
Herodes „der Große" 28, 54, 73
Herodes Antipas 48, 73, 77, 224–225
Herr s. Gott und Kyrios
Herz 333
Heuchelei 316
Heute 55, 101–102
Hiob 296
Hirten 55, 57
Hochzeit 336
Hohepriester 73, 229,

Hölle 324
Hören 198
Humanität 69, 88

Isaak 62, 296
Israel (s. auch Judentum) 41, 47–48,
56, 62, 63, 65, 71, 75–76,134, 141,
174, 185, 227, 242, 284, 309, 354

Jakobus, Sohn des Zebedäus 142,
217, 238, 261
Jericho 285
Jerusalem 17–18, 25, 60, 67–68, 239,
258, 259–261, 285
Jesaja 75, 80, 100, 180, 181, 198
Jesus
als Sohn Marias 32–37
Name 34, 61
Stammbaum 82–84
Familie 68, 102
Geburt 50–58
Beschneidung 60–61
Darbringung 61–62
Bestimmung durch Gott 63–64
Kindheit 65–69
Taufe 78–81
Versuchung 85–90
Verkündigung 95–96, 99–103,
113, 115, 181, 191–192, 195
Machttaten 107, 111–112, 126,
128, 181, 240–241, 273, 304, 352
Nachfolgeruf 263–265
Lehre 108, 241, 282, 352
Sündenvergebung 129, 185–186
Speisung 227–228
Verklärung 236–240
Vollmacht 108, 124, 127–127, 135,
185, 222, 251, 267, 275, 295, 305
Gebet 79–80, 124, 140, 228,
229–230, 271, 292
als Zeuge für Johannes den
Täufer 32, 182–186

Register

als Prophet 102–103, 230
Passion 230–233, 244
Auferstehung 230–233
Wiederkunft 235
Johanna 192
Johannes der Täufer 24, 28, 30–32,
39, 44–45, 48–50, 72–78, 133,
179–186, 225, 230, 292
Johannes, Sohn des Zebedäus 217,
238, 248, 261
Jona 309, 310
Jordan 74
Joseph 50, 63, 68
Jubel s. Freude
Judäa 114
Judas Iskarioth 141, 142, 244
Judentum (s. auch Israel) 174–176, 297
als Heimat des Täufers 32
als Heimat Jesu 23, 59, 67, 99,
139, 240
Jünger 121–122, 131, 140–141, 146,
148, 199, 226–227, 230, 238–239,
242, 244, 245–246, 247–248, 249–
250, 257, 260, 269, 331, 332–333,
337–339 (s. auch Nachfolge; Zwölf)
Jungfrau 35–36, 64–65
Jüngster Tag s. Gericht

Kaiaphas 73
Kairos 90, 101, 257, 277, 345–346
Kapharnaum 105, 107, 113, 173–175,
214, 274
Kind(er) 185–186, 245–246
Kirche 209, 228, 248, 339
Klage 242
Klein/Groß 184, 245–246, 278, 356
Knecht 174
Königin des Südens/von Saba 309–
310
Kreuzesnachfolge 233–236
Krippe 54, 55
Kyrios 48, 55, 169, 269, 336, 354

Lahm 179, 124–129
Leben 234–245
Lehre(r/n) 96, 108, 119, 282
Leib 310, 323–324, 331
Leiden s. Passion
Lepton 347
Levi 130, 132
Levit 285
Licht 310
Liebe 189, 278–279 (s. auch
Gottesliebe, Nächstenliebe)
Lilien 332
Lohn 145, 148, 150, 160–161, 165,
295, 327
Lukas, Evangelist 15–17, 21
Lysanias 73

Magnificat 40, 42
Mahl 131, 188
Maria (Mutter Jesu) 23, 25, 26,
32–42, 50–59, 60, 62–64, 67–69,
205–106, 308
Maria Magdalena 192
Maria, Schwester Marthas 288–290
Martha 288–290
Mensch 39–40, 65–66, 121, 165,
167, 202, 235, 306–307, 327,
331–332
Menschenfischer 121–122
Menschensohn 127–128, 136–137,
232, 235, 244, 264, 309, 324, 337
Messias 55, 76–77, 180, 231
Mission
Jesu 94–95, 208, 343
der Jünger/der Zwölf 120–121,
142, 222, 265, 270, 321
Mitleid 177, 189, 285
Mose 230, 238–239

Nachfolge 110, 118, 130–131, 192,
219, 246, 260, 262–266 (s. auch
Kreuzesnachfolge)

Nacht 336
Nächstenliebe 156–157, 281–286
Naherwartung 235–236
Nain 177
Name Gottes 293
Nazareth 53, 94, 95, 103–104
Nunc dimittis 63–64

Ochse 354
Offenbarung 278
Opfer 61–62

Parusie 235
Passion 231–232, 244
Petrus s. Simon Petrus
Pharisäer 127, 131, 136, 138,
    184–185, 188, 251, 314–316,
    321
Philippus, Tetrarch 73
Pontius Pilatus 73, 349
Priester 30, 285
Prophet(ie) 46, 49, 62, 64, 96, 98–99,
    180, 232, 239, 308
Psalm(en) 42,47

Quirinius 52, 53–54

Raben 331
Rangstreit 245–246
Rauchopfer 29
Recht s. Gerechtigkeit
Rechtfertigung 16, 60, 186, 284
Reich Gottes 113, 181, 191–192,
    197–200, 204, 222, 227, 236, 250,
    272, 291, 294, 305–306, 318, 332,
    351, 357
Reichtum 151, 202, 327–328
Reinheit/Unreinheit 123–124, 315,
    316
Reinigung 61, 123–124
Reisebericht 252
repraesentatio Christi 246, 274

Retter/Rettung 40–41, 47, 51, 55,
    177, 181, 295, 325, 348
Richten 164

Sabbat 99, 111, 115, 135–139,
    351–355
Salbung Jesu 100, 188
Salomo 305, 309–310
Sämann 198
Samariter, Samaria 250–251, 258–
    262, 285–286
Samen 198
Satan s. Teufel
Sauerteig 321, 357–358
Schande s. Ehre/Schande
Schlangenbrut 75–76
Schrift (Bibel) 57, 85–86, 97, 99–101,
    136, 181–182
Schriftgelehrte 127, 131, 138, 319,
    321
Schuld 164 (s. auch Sünde)
Schweigegebot 108, 124, 218, 231, 232
Schweigen 239
Schweine 210–212
Schwert 59, 342
See Genezareth 200
Seele *(psyche)* 234–235, 331
Segen 158
Seligpreisung(en) 147–153, 181, 276,
    307–308, 336–337
Sendung 246
    der Zwölf 221–223
    der Jünger 267–276
Senfkorn 356–357
Sidon 146, 273
Simeon 27, 62–64
Simon Petrus 117–122, 142, 217,
    230–231, 238, 337
Simon von Cyrene 234
Simon der Pharisäer 188–189
Simon der Zelot 142
Sklave 174

Register

Sodom 273
Sohn Gottes 34, 70, 78–81, 84, 87–90, 112, 238, 279
Soldat 76
Sorge 202, 289, 329–333
Soteriologie s. Heil
Spatz 324
Speisung des Volkes 225–228
Stadt 191–192
Staunen 57, 63, 102, 128, 175, 304
Stephanus 159
Sturmstillung 207–209
Suche 332–333
Sünde(nvergebung) 74, 75, 120–121, 125, 127, 131, 186–190, 295–296, 326, 348–349, 350–351
  Sünde und Krankheit 126–127
Sünder 118, 130, 151, 161, 184–185, 187–190
Susanna 192
Synagoge 99–100, 109, 352

Taube 80
Taufe 48, 74–75, 77, 341–342
  Ort der Johannestaufe 74–75
  Taufe Jesu 78–81
Tempel 25, 59–60, 316
Teufel 87–90, 201, 304, 311–312, 354
Theodizeefrage 29–30
Tiberius 73
Tierschutz 355
Timotheus 17 22
Tobit 305
Tochter 217–218, 354
Tod und Auferstehung 231–232
Tora s. Gesetz
Totenbegräbnis 264–265
Totenerweckung 177, 217
Tyros 146, 273

Umkehr 74, 131, 185, 347–351
Unglaube 241

Universalität 63, 71, 99, 174–176
Unreinheit s. Reinheit/Unreinheit
Unverständnis 244, 247

Vaterunser 290–298
Verfolgung 150–151, 158, 271, 317
Vergebung 46, 125, 164–165, 185–186, 189–190 (s. auch Sünde)
Vergeltung 158
Verheißung 41, 47–49, 69, 150, 153, 160–161, 233, 239, 265–266, 294, 320, 338
Verklärung 236–240
Verleugnung 325
Verstockung 198–199
Versuchung 84–90, 296–297
Völkermission 18, 63, 81, 270
Völkerwallfahrt 357
Volk s. Israel
  als Auditorium Jesu 344, 347, 353
Vollmacht 108, 135, 176

Wachsamkeit 336–337
Weg (s. auch Reisebericht)
  Theologie des Weges 23–24, 104, 249–255
Weheworte 147–148, 151–153, 312, 319
Weihnachtsevangelium 50–58
Wein 134
Weisheit 65, 186, 278, 317–318
Wiederkunft s. Parusie
Wille Gottes 206–207
Windel 54, 55
Witwe 64, 98, 103, 177–178
Wohlgefallen 56
Wolke 239
Wort Gottes 103, 106, 116, 119, 120, 175, 201, 203–204, 207, 308 (s. auch Evangelium)
Wüste 75, 87–88

Zacharias, Vater des Täufers 25–27,
28–29, 45
Zacharias, Sohn des Jojada 318
Zehnter/n 316
Zeichen 55, 64, 304–305, 308–309

Zeit 345–346
Zeugen 270
Zöllner 76, 130, 184–185
Zorn 76
Zwölf 140–142, 192, 221–223, 242